SAISONS & CLIMATS

Où partir ? Quand partir ?

2003

Jean-Noël Darde

SAISONS & CLIMATS

Où partir ? Quand partir ?

2003

HACHETTE

Conception graphique et couverture : Susan Walker

Photos de couverture : © Getty Images / Terry Donnelly (mer et montagne) ; © Vloo (ciel)

Photos « Atlas du voyageur » : © Jean-Noël Darde

Sommaire

Quoi de neuf en 2003 ?

Ouvrage de référence pour tous les voyageurs et les professionnels du voyage, *Saisons & Climats* rejoint Hachette-Livre à l'occasion de sa 10ᵉ édition.

La généralisation des 35 heures qui favorise des vacances réparties tout au long de l'année, le goût des jeunes retraités pour les voyages, l'achat de billets soldés sur Internet pour des départs immédiats, tout concourt à ce qu'un public de plus en plus nombreux s'interroge plusieurs fois dans l'année : OÙ PARTIR ? QUAND PARTIR ?

Saisons & Climats, conçu pour répondre à ces questions, aide au choix d'une destination et à la préparation du départ. S'adaptant au développement et à la diversification des voyages, ce guide innove à chaque millésime par de nouvelles rubriques et de nouveaux chapitres.

▶ Cette année, l'*Atlas du voyageur*, point fort de l'édition 2003, présente sur des cartes en couleur les températures de la mer sur tous les océans du globe, mois par mois. Ces planisphères seront utiles à ceux qui veulent fuir l'eau froide et aideront les amateurs à traquer facilement les destinations « bains de mer à plus de 30° ».

Dans ce même atlas, destiné à s'étoffer d'année en année, on trouvera aussi les étonnants graphes *Les jours et les nuits du voyageur* qui affichent la force du soleil selon les latitudes, les mois et les heures de la journée. Ils permettront à nos lecteurs d'éviter les nuits trop longues et quelques coups de soleil...

▶ Alors que les Français fractionnent de plus en plus leurs vacances, *La durée des vols* devient un critère décisif dans le choix d'une destination. Elle fait donc aussi l'objet d'un nouveau chapitre. Si les plages tunisiennes, à moins de 3 heures de Paris, font aujourd'hui figure de destination week-end, mieux vaut avoir du temps devant soi avant d'embarquer pour le Vanuatu : deux escales et 29 heures de vol...

Apparu dans les dernières éditions, *Le coût de la vie pays par pays* a été mis à jour sur la base des enquêtes 2002 de *Mercer Human Resource Consulting*. On y trouve cette année 18 nouveaux pays dont l'Arménie, la Bolivie, le Cambodge, le Myanmar, Oman et la Tanzanie.

Dans le hors-texte *Internet et les voyageurs*, une place importante a été accordée aux prévisions météo à moyen terme.

Une vingtaine de pays supplémentaires bénéficient de la rubrique *Foule*, tant il est de plus en plus conseillé d'éviter certaines destinations au plus fort de leurs saisons touristiques.

Enfin, le Timor oriental, État de plein exercice depuis 2002, a droit à un chapitre indépendant de celui de l'Indonésie.

Suivez le guide, et bon voyage en 2003,

Jean-Noël Darde   dardejn@aol.com

Le guide
pour savoir
où et quand partir ?

Tous ceux qui voyagent – que ce soit pour leur plaisir ou pour des raisons profession-
nelles – ont au moins une préoccupation commune : le temps, cet élément décisif pour
la réussite d'un séjour à l'étranger. Et pourtant, si surprenant que cela soit, lorsqu'on
aime voyager on constate très vite à quel point il est difficile d'obtenir de vraies réponses
à des questions telles que : sur les plages de Djerba, peut-on se baigner au mois d'avril ?
Quels sont les mois où il est possible de sillonner l'île de Sri Lanka en échappant aux deux
moussons ? Quelle est la meilleure saison pour remonter l'Amazone ? Mon entreprise
m'envoie à la foire de Canton : que dois-je mettre dans ma valise ? Etc.

C'est précisément ce que vous propose *Saisons & Climats* : des réponses claires et
détaillées à toutes les questions que l'on peut se poser concernant le climat et bien
d'autres sujets avant de choisir une date de voyage, une destination de vacances, ou avant
de faire sa valise. Trois situations se présentent le plus fréquemment :

QUAND PARTIR ?

Vous avez déjà décidé de votre destination (déplacement d'affaires ou vacances), mais
vous ne savez pas quelle période choisir pour faire ce voyage : vous trouverez dans
Saisons & Climats un chapitre consacré à chacun des 190 pays ou unités géographiques
du monde (archipels et îles peuvent être traités indépendamment de leurs métropoles).
Chacun de ces chapitres comprend :

▶ Une description climatique du pays concerné dans sa diversité régionale, mettant en
évidence la ou les meilleures périodes pour y partir compte tenu du type de voyage
envisagé (pour prendre un exemple évident, en Grèce, juillet et août sont parfaits pour un
séjour consacré à la plage et au soleil, alors que mai, juin et septembre sont plus
favorables à la découverte des richesses archéologiques du pays).
Ce texte vous donnera aussi des informations utiles sur les vents, la température de la
mer, les spectacles de la nature liés aux saisons tels que migrations animales, floraisons,

les précautions médicales à prendre avant de partir, la valise (que mettre dedans ?), les « bestioles » et leurs saisons favorites, la période où l'affluence touristique est maximale, etc.

▶ Deux tableaux, qui vous permettront de vous faire une idée encore plus précise du climat de la période qui vous intéresse ; et un troisième tableau, pour les pays baignés par la mer, qui présente les températures de l'eau. Souvent, les chiffres n'ont pas très bonne presse : pourtant vous constaterez en lisant « Tableaux, mode d'emploi », comment on peut sans difficulté les interpréter, et même y prendre goût... Que ceux qui sont définitivement réfractaires aux chiffres se rassurent : l'essentiel est dit dans les textes !

▶ Ces informations climatiques sont précédées de la superficie du pays, en comparaison de celle de la France ; de la situation géographique, du décalage horaire et de la durée du jour pour la capitale ou, dans certains cas, une ville plus significative pour le voyageur (par ex., Johannesburg plutôt que Pretoria, en Afrique du Sud, Rio plutôt que Brasilia au Brésil) ; et enfin d'une carte destinée à situer les villes de référence traitées dans les tableaux (l'échelle de chaque carte étant, bien entendu, différente selon les pays).

OÙ PARTIR ?

Deuxième cas de figure, vous connaissez la date de vos vacances, mais vous n'avez pas encore choisi votre destination :

▶ Les deux tableaux synoptiques, « Visite et découverte » et « Plage, mer et soleil », sélectionnent près de 200 villes et plus de 100 pays pour les meilleures périodes. Ils vous permettront de faire un premier « tri » avant de vous reporter aux chapitres des pays retenus.

▶ Si les dates de vos voyages sont conditionnées par les vacances scolaires, vous trouverez aussi des idées de destination pour Noël, les vacances d'hiver, Pâques et juillet-août.

Les considérations climatiques, si elles ont une grande importance, ne sauraient être les seules à être retenues pour décider d'une destination. L'affluence touristique selon les saisons, les conditions sanitaires, le coût de la vie sur place, la situation socio-économique du pays, sont autant d'informations qu'il faut intégrer pour faire le meilleur choix. C'est pourquoi les éditions successives de *Saisons & Climats* ont été l'occasion d'ouvrir de nouvelles rubriques et de nouveaux chapitres : la rubrique *Foule*, les chapitres *La santé en voyage*, *Le coût de la vie pays par pays*, *Internet et les voyageurs*, *Obtenir ses visas*, *Le monde tel qu'il est*. Enfin, cette édition 2003 a vu l'arrivée de l'*Atlas du voyageur* et le chapitre *La durée des vols*.

QUE METTRE DANS SA VALISE ?

Quant à ceux qui doivent partir à une date déterminée pour un pays donné (voyage diplomatique, rendez-vous d'affaires, congrès, séminaires...), *Saisons & Climats* leur dit à quoi s'attendre : type de temps, affluence, coût de la vie, vaccinations, visas, que mettre dans sa valise ?, etc.

LES SOURCES

Les tableaux des statistiques climatiques et des températures de la mer ont été établis à partir d'une documentation recueillie auprès de l'Organisation météorologique mondiale (OMM), à Genève, et les offices météorologiques nationaux de nombreux pays.

Outre Météo France, naturellement, il faut particulièrement citer les offices britannique, américain, allemand et russe, qui centralisent des données concernant le monde entier.

Mention doit aussi être faite de l'Institut de géographie, de l'Institut océanographique et de l'IRD (ex-ORSTOM) pour la richesse de leurs fonds documentaires.

Une fois les données collectées à partir de ces diverses sources, le travail a notamment consisté à vérifier leur cohérence et, au besoin, à les homogénéiser – prise en compte des unités de mesure anglo-saxonnes, calculs de nouvelles moyennes, dans certains cas, lissage de courbes ou extrapolations, etc.

Pour la rubrique *Foule*, les données nécessaires à sa rédaction ont été rassemblées auprès des différents ministères du Tourisme des pays récepteurs, de l'Organisation mondiale du tourisme (OMT), à Madrid, et de l'Organisation de coopération et de développement économiques (OCDE), à Paris.

Pour les autres chapitres cités précédemment, les sources (Société de médecine des voyages, Mercer Human Resource Consulting, Visas Express, Programme des Nations unies pour le développement, etc.) sont présentées dans chacune des introductions respectives.

Remercions encore tous les météorologues, climatologues, océanographes et documentalistes qui nous ont aidé dans ces travaux, et tous ceux qui nous ont fait part de leur expérience.

Pour cette édition 2003, une mention particulière pour Lionel Ruiz, chef du projet *Astrothèque* (www.astrosurf.com/aubagne) : il est le créateur du logiciel d'astronomie qui a permis de générer les étonnants graphes *Les jours et les nuits du voyageur* présentés dans l'*Atlas du voyageur*.

J.-N. D.

N. B : Ceux qui n'aiment que les tornades, le blizzard, la fournaise, les déluges et les vents furieux ont toute notre sympathie. Ils trouveront eux aussi dans *Saisons & Climats* de quoi satisfaire leur passion pour les éléments déchaînés et l'aventure.

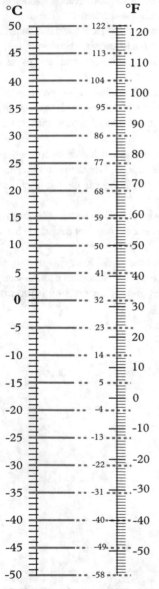

Fahrenheit
&
Celsius

Sur le territoire des États-Unis, la température est donnée en degrés Fahrenheit ; on évitera donc de trop se réjouir à l'annonce d'une température de 25°. Exprimée en Fahrenheit, elle équivaut en effet à – 4° Celsius et n'est donc pas très propice à la flânerie en tenue d'été...

Sur l'échelle Fahrenheit, l'eau gèle par définition à 32° et bout à 212°, alors que sur l'échelle Celsius, l'eau gèle à 0° et bout à 100°. Ainsi, une différence de 180° dans l'échelle Fahrenheit correspond à une différence de 100° dans l'échelle Celsius.

Pour convertir des degrés Celsius en degrés Fahrenheit, il faut donc multiplier par 1,8 et ajouter 32 au résultat, ainsi :

10 ° Celsius = (1,8 × 10) + 32 = 50 ° Fahrenheit.

Pour convertir des degrés Fahrenheit en degrés Celsius, il faut retirer 32 et multiplier le résultat par 5/9 (0,55555...), ainsi :

68 ° Fahrenheit = $\dfrac{(68 - 32) \times 5}{9}$ = 20 ° Celsius.

Visite
et
découverte

Attention ! Ce tableau hiérarchise, pour une même destination, le « confort climatique » de près de 200 villes suivant les saisons ; il n'est donc en aucun cas destiné à permettre la comparaison du climat entre plusieurs villes : la période la plus favorable pour séjourner dans une ville peut très bien, à s'en tenir au seul point de vue climatique, être moins agréable que la plus mauvaise des périodes pour se rendre dans une autre. C'est pourquoi, pour comparer les avantages et les inconvénients de plusieurs destinations, il est toujours nécessaire de consulter les chapitres traitant des pays dont elles dépendent.

■ : meilleure période   ▒ : période favorable   □ : période la moins favorable

		J	F	M	A	M	J	J	A	S	O	N	D
A	ABIDJAN	■	■	▒			□						■
	ABOU DHABI	■	■	■	▒		□	□	□	□		▒	▒
	ACCRA	■	▒			□	□					■	■
	ADDIS-ABEBA	■	■	▒			□	□			▒	▒	▒
	ADEN	■	▒				□	□	□			▒	▒
	ALGER	□			▒	■	■			▒	▒		□
	ALICE SPRINGS	□	□		■	▒				■		□	□
	ALMA-ATA	□	□			■	■			■			□
	AMMAN				▒	■	▒	■		■	■		
	AMSTERDAM	□				▒	■	■	■				□
	ANCHORAGE	□	□	□	□		■	■	■		□	□	□
	ANKARA	□	□			■	▒			▒	▒		□
	ANTANANARIVO				■	▒				■	■		
	ASMARA			▒	▒			□	□		■	■	▒
	ASUNCIÓN	□			▒	■			■	■			□
	ATHÈNES	□			▒	■				▒	■		□
B	BAGDAD			■	▒		□	□	□	□		■	
	BAKOU			■		▒				▒			
	BAMAKO	■	▒		□	□	□	□	□				■

13

	J	F	M	A	M	J	J	A	S	O	N	D
BANGKOK	■	■			□	□	□	□	□	□		■
BANGUI	■	■				□	□	□	□	□		■
BANJUL	▨	■	▨	▨	▨		□	□	□		▨	■
BATA			□	□		▨	■	■	▨	□	□	
BEIRA	□	□	□			■	■	■	■	▨		□
BELGRADE	□	□			▨	■	■	▨	▨			□
BELIZE-CITY		■	■	■		□	□	□	□	□	□	□
BERLIN	□	□			■	■	■	▨	▨			
BEYROUTH	□	□			▨	■			▨	■		
BISSAU	■	■	■	■	■	■		□	□	□	▨	■
BOGOTÁ	■	■								□		
BOMBAY	■	■	▨		□	□	□	□			▨	■
BRASÍLIA	□	□			▨	■	■	■			□	□
BRATISLAVA	□	□			▨	■	■	■	▨			□
BRAZZAVILLE						■	■	▨	■	▨		
BRUXELLES	□				▨	■	■	■	▨			□
BUCAREST	□	□			▨	■	■	▨	■			□
BUDAPEST	□	□		▨	■	■	■	▨	■			□
BUENOS AIRES				■		□	□			▨	▨	■	▨
BUJUMBURA	□				▨	■	■	■	▨		□	□
C CALCUTTA	■	▨		□	□	□	□	□	□		▨	■
CANTON						□			▨	■	■	
CARACAS	■	■	■									
CASABLANCA	□				▨	■	■	■	■	▨		□
CAYENNE						□	□		▨	■	■	▨
CHICAGO	□	□			■	■	■		■			□
COLOMBO	■	■	■		□	□					□	
CONAKRY	■	■	■	■		□	□	□	□			■
COPENHAGUE	□	□			▨	■	■	▨	▨			□
COTONOU	■	■	▨				□				■	■
D DACCA	■	▨		□	□	□	□	□	□	□		■
DAKAR	■	■	■	■	■			□			▨	■
DALLAS					■	■				▨	■	
DAMAS				■	■		□	□		■		
DAR ES-SALAAM	▨	▨	□	□	□	▨	■	■	■	▨	▨	▨
DJAKARTA	□	□					▨	■	■			□
DJEDDAH	■	■			□	□	□	□	□			■
DJIBOUTI	■	■	▨		□	□	□	□	□		▨	■
DOUALA					□	□	□				▨	■
DUBLIN	□				■	■	■	▨				□
E EREVAN	□	□			■	▨			▨	▨		□
F FORT-DE-FRANCE	■	■	■	■						□	□	■
FREETOWN	■	■	■	▨			□	□	□			■
G GABORONE	□							■	■			
GENÈVE	□				▨	■	■	■	▨			□
GEORGETOWN	□				□	□	□		■	■		□
GUATEMALA-CITY	■	■	■	▨		□	□	□	□		▨	■
GUAYAQUIL	□	□			■	■	■	■	▨			
H HANOI				▨						▨	■	
HARARE (Zimb.)	□	□		▨	■	■	■	■	■			□
HELSINKI	□				▨	■	■	■	▨		□	□
HO-CHI-MINH-VILLE	▨	■	■	▨			□	□	□	□	□	
HONG KONG					□	□	□	□	□	▨	■	■

14

	J	F	M	A	M	J	J	A	S	O	N	D
HONOLULU					■	■	■	■	■			
I ISTANBUL	□	□			■	■			■	■		□
J JÉRUSALEM	□		■	■	■	■			■	■	■	
JOHANNESBURG	■	■	■	■	■			■	■	■	■	■
K KABOUL	□	□		■	■		□	□		■		□
KAMPALA	■	■	□	□	□						□	
KARACHI	■	■					□	□				□
KATMANDOU	■	■	■			□	□	□	□	■	■	■
KHARTOUM	■	■		□	□	□	□	□			■	■
KIEV	□				■	■	■	■				□
KIGALI				□	■	■	■	■				
KINGSTON	■	■	■	■					□	□		■
KINSHASA					■	■	■	■				
KOWEIT-CITY	■	■	■			□	□	□	□	□	■	■
KUALA LUMPUR					■	■	■			□	□	□
L LAGOS	■	■	■			□	□				■	■
LA HAVANE	■	■	■	■						□	□	■
LA PAZ	□			■	■	■	■	■	■	■		
LE CAIRE			■	■			□	□		■	■	■
LE CAP	■	■	■							■	■	■
LHASSA	□	□			■	■	■	■	■		□	□
LILONGWE	□	□		■	■	■	■	■	■	■		
LIMA	■	■	■	■		□	□	□				■
LISBONNE	□			■	■	■	■	■	■	■		□
LJUBLJANA					■	■	■	■			□	□
LOMÉ	■	■				□	□			□	■	■
LONDRES					■	■	■	■	■			□
LOS ANGELES					■	■	■	■	■	■	■	
LUANDA					■	■		■				
LUSAKA	□	□		■	■	■	■	■				
LUXEMBOURG	□				■	■	■	■	■			□
M MACAO			□			□	□	□		■	■	■
MADRAS	■	■		□	□	□	□	□		□	□	
MADRID	□			■	■	■			■	■		□
MANAGUA	■	■	■			□	□	□			■	■
MANAUS	□	□		□		■	■	■	■	■		
MANILLE	■	■			□	□	□	□	□	□		■
MELBOURNE	■	■				□	□	□			■	■
MEXICO	■	■	■	■						■	■	■
MIAMI	■	■	■	■		□	□				■	■
MINSK	□	□			■	■	■	■	■		□	□
MONROVIA	■	■	■		□	□	□	□	□	□		■
MONTEVIDEO	■	■	■	■		□	□			■	■	■
MONTRÉAL	□	□	□			■	■	■	■			□
MOSCOU	□	□	□		■	■	■	■			□	□
MUNICH	□	□			■	■	■	■	■			
N NAIROBI	■	■	■			□	□					■
N'DJAMENA	■	■	□	□	□	□	□	□			■	■
NEW DELHI	■	■				□	□	□			■	■
NEW ORLEANS			■	■	■		□	□		■	■	
NEW YORK	□	□			■	■		■				□
NIAMEY	■	■		□	□	□	□	□				■
NICOSIE				■	■				■	■	■	

	J	F	M	A	M	J	J	A	S	O	N	D
NOUMÉA				■					■	■	■	
O OSLO	□	□				■	■	■				□
OUAGADOUGOU	■	■		□	□	□					■	■
OULAN-BATOR	□	□	□				■	■			□	□
P PANAMÁ	■	■	■	■		□	□	□	□	□	□	
PAPEETE	□			■	■	■	■	■	■	■		□
PARAMARIBO				□	□	□			■	■	■	
PÉKIN	□	□		■	■			■	■	■	□	
PHNOM PENH	■	■			□	□	□	□	□	□		■
POINTE-À-PITRE	■	■	■	■						□	□	
PORT-AU-PRINCE	■	■	■									■
PORT OF SPAIN	■	■	■	■						□	□	
PRAGUE	□	□			■	■	■	■	■			□
PRETORIA	■	■	■	■				■		■	■	■
PYONGYANG	□	□			■	■		■				□
Q QUÉBEC	□	□	□			■	■	■	■		□	□
QUITO				□		■	■	■				
R REYKJAVIK	□				■	■	■	■			□	
RIGA	□					■	■	■				
RIO DE JANEIRO	■	■	■	■	■	■	■	■	■			■
RIYADH	■	■			□	□	□	□	□	□		■
ROME	□			■	■	■			■	■		
S ST-DENIS (Réun.)	□	□	□		■	■	■	■	■			
SAINT-DOMINGUE	■	■	■	■				■		□		■
SAINT-PÉTERSBOURG	□	□	□		■	■	■	■			□	□
SALV. DE BAHIA	■	■	■	■				■	■	■	■	■
SANAA			■	■				■	■			
SAN FRANCISCO					■	■	■	■	■	■		
SAN JOSÉ (C. Rica)	■	■	■	■		□	□	□	□	□		■
SAN JUAN (P. Rico)	■	■	■	■					□	□		
S. SALVADOR (Sal.)	■	■	■			□			□		■	■
SANTIAGO (Chili)			■	■		□	□			■	■	
SARAJEVO	□					■	■	■	■			□
SÉOUL	□	□		■	■		□	□	■	■		□
SÉVILLE				■	■					■	■	
SHANGHAI				■	■		□	□		■	■	
SINGAPOUR	■	■		□	□	□					■	■
SOFIA	□	□			■	■	■	■	■			
STOCKHOLM	□	□				■	■	■				
SYDNEY	■	■				□	□				■	■
T TACHKENT	□			■	■				■	■		
TAIPEI	■					□	□	□			■	■
TALLINN	□					■	■	■			□	□
TBILISSI	□				■	■	■	■	■			
TEGUCIGALPA	■	■	■	■					□		■	■
TÉHÉRAN			■	■	■				■	■	■	
TEL-AVIV	□			■	■	■	■			■		□
TIRANA				■	■			■	■	□	□	
TOKYO	□	□		■	■	■		□	■	■		
TORONTO	□	□	□		■	■		■				□
TRIPOLI				■	■				■	■	□	□
TUNIS	□			■	■	■			■	■		□
U USHUAIA	■	■	■			□	□				■	■

16

	J	F	M	A	M	J	J	A	S	O	N	D
V VANCOUVER	□				▦	■	■	■			□	□
VARSOVIE	□	□			■	■	■	■	▦			
VIENNE	□	□			■	■	▦	▦	■			□
VIENTIANE	■	■			□	□	□	□	□		■	■
VILNIUS	□					■	■	▦				□
W WASHINGTON	□			▦	■	▦		▦	■	▦		
WELLINGTON	■	■	▦	▦			□				▦	▦
WINDHOEK				■	■	▦	▦	■	▦	▦	▦	
Y YANGON (ex Rangoon)	■	▦				□	□	□	□	□		▦
YAOUNDÉ	▦	▦						□	□	□		■
Z ZAGREB	□	□				■	■	■	▦			□

Soleil,
mer et plage

Les remarques faites précédemment restent valables pour ce tableau : il n'est pas destiné à permettre une comparaison entre les climats de plusieurs pays, mais seulement à signaler pour un pays donné les périodes les plus et les moins favorables. Rien n'interdit en effet qu'au mois d'août on préfère les plages des îles Maldives, dont c'est pourtant la période la moins favorable, à la côte vendéenne...

D'autre part, rappelez-vous que la meilleure période climatique correspond le plus souvent à celle où les touristes sont les plus nombreux et les prix les plus élevés.

■ : meilleure période   ▦ : période favorable   □ : période la moins favorable

	J	F	M	A	M	J	J	A	S	O	N	D
A AÇORES	□	□	□			▦	■	■	■	■		□
AF. DU S. (Le Cap)	■	■	▦		□	□	□	□				
AF. DU S. (Durban)	■	■	■	■	■			□			■	■
ALGÉRIE	□	□	▦	▦	▦	■	■	■	■	▦	□	□
ANGOLA (Luanda)	■	■	■	■	■							■
ANTILLES	▦	■	■	▦				□	□	□		
ARGENTINE	■	■	▦			□	□	□				■
AUSTRALIE (Syd.)	■	■			□	□	□	□	□			■
AUSTRALIE (Perth)	■	■	■			□	□	□	□		■	■
AUSTR. (Darwin)	□	□			■	■	■	■	■	▦		□
B BAHAMAS			■	■	■	■	■	■	▦	■		
BÉLIZE	■	■	■	▦					□	□		
BENIN	■	■	▦		□	□	□				■	■
BERMUDES	□	□			▦	■	■	■	▦			□
BRÉSIL (Rio)	■	■	■	▦							■	■
BRÉSIL (Salv.)	■	■	▦					▦	■	■	■	■
BRUNEI		■	■	■	▦							
BULGARIE	□	□	□			▦	■	■	▦			□
C CAMEROUN											■	■
CANARIES	□				■	■	■	▦		□	□	
CAP-VERT				▦	■	■	■			□	■	■
CHILI (Viña)	▦	■	▦		□	□	□	□				▦
CHYPRE	□	□			■	■	■	■	■	▦		□

	J	F	M	A	M	J	J	A	S	O	N	D
COLOMBIE (Caraïbes)	■	■	■	■				□	□	□		■
COSTA RICA	■	■	■	■			□	□	□	□		
CÔTE-D'IVOIRE	■	■	■	■		□	□					■
CROATIE	□	□	□			■	■	■	■			□
CUBA	■	■	■	■					□	□		■
CURAÇAO	■	■	■									
D DJIBOUTI	■	■	■	■	□				□		■	■
E ÉGYPTE	□	□			■	■	■	■	■			□
ESPAGNE (Atl.)	□	□	□	□			■	■	■		□	□
ESPAGNE (Médit.)	□	□	□			■	■	■	■		□	□
É.-U. (Long Island)	□	□	□	□			■	■	■		□	□
É.-U. (Los Angeles)	□	□					■	■	■	■		
É.-U. (Miami)	■	■	■	■	■				□	□	■	■
F FIDJI	□	□	□	□			■	■	■	■	■	
FRANCE (Médit.)	□	□	□				■	■	■	■		□	□
FRANCE (Atl.)	□	□	□	□				■	■		□	□
G GAMBIE	■	■	■	■	■		□	□	□		■	■
GÉORGIE	□	□				■	■	■	■			□
GHANA	■	■	■								■	■
GRÈCE	□	□				■	■	■	■			□
GUADELOUPE	■	■	■	■								
GUATEMALA (Car.)	■	■	■			□		■				
GUINÉE	■	■	■	■		□	□	□	□			■
GUINÉE-BISSAU	■	■	■	■	■		□	□	□		■	■
GUYANA				□	□	□			■	■		
GUYANE FRANÇAISE				□	□		■	■	■	■		
H HAÏTI	■	■	■					□	□			
HAWAII	□	□		■	■	■	■	■	■			
I INDE (Goa)	■	■	■			□	□	□	□		■	■
INDE (Pondichéry)	■	■	■	■						□	□	
INDONÉSIE	□	□			■	■	■	■	■	■		□
ISRAËL (Médit.)	□	□			■	■	■	■	■	■		
ISRAËL (M. Rouge)	□		■	■	■					■	■	
ITALIE	□	□	□			■	■	■	■		□	□
J JAMAÏQUE	■	■	■	■					□	□		
K KENYA				□	□	□		■	■			
L LIBÉRIA	■	■	■			□	□	□	□	□		■
M MADAGASCAR (O.)	□	□	□		■	■	■	■	■			□
MADAGASCAR (E.)			□							■	■	
MADÈRE	□	□			■	■	■	■			□	
MALAISIE (EST)	□	□		■	■	■	■	■	■			□
MALAISIE (OUEST)					■	■	■		□	□	□	
MALDIVES	■	■	■	■		□	□	□	□			■
MALTE	□	□				■	■	■			□	□
MARIANNES		■	■	■	■		□	□	□	□	□	
MAROC (Atl. sud)	□					■	■	■	■	■		□
MAROC (Médit.)	□	□	□			■	■	■	■			□
MARSHALL	■	■							□	□		
MARTINIQUE	■	■	■	■					□	□	□	
MAURICE	□	□	□			■	■	■	■	■	■	
MEXIQUE (Acapulco)	■	■	■	■							■	■
MONTÉNÉGRO	□	□				■	■	■	■			□
N NIGERIA	■	■	■			□	□				■	■

20

		J	F	M	A	M	J	J	A	S	O	N	D
	NLLE-CALEDONIE		□	□	■	■					■	■	■
	NLLE-ZÉLANDE (N.)	■	▨	▨	□	□	□	□	□				▨
O	OMAN	■	■	▨		□	□	□	□	□		□	■
P	PANAMÁ	▨	▨	■	▨		□	□	□	□	□		
	PAPOUA.-NLLE-GUI.	□	□	□	□		■	■	■	■			
	PÉROU	■	■	▨			□	□	□	□			▨
	PHILIPPINES		■	■	■		□	□	□	□	□		
	PORTO RICO	■	■	■	▨					□	□		▨
	PORTUGAL	□	□	□			■	■	■	▨		□	□
R	RÉUNION	□	□	□		■	■	■	■	■	■	▨	
	RÉP. DOMINICAINE	■	■	■	▨				□	□	□		■
	ROUMANIE	□	□	□			■	■	■	▨			□
	RUSSIE (mer Noire)	□	□				■	■	■	■			□
S	SALVADOR	■	■	■	▨		□	□	□	□		▨	■
	SÉNÉGAL	▨	■	■	■	■			□	□	▨	■	■
	SEYCHELLES	□	□		▨	■	▨			▨	■	▨	□
	SIERRA LEONE	■	■	■	▨		□	□	□	□			■
	SRI LANKA (S.-O.)	■	▨	■		□	□	□	□	□	□	□	
	SRI LANKA (N. et E.)	■	■	■	■	■	■	▨	■		□	□	□
	SURINAM				□	□	□		▨	■	■	▨	
T	TAHITI	□	□		■	▨	■	■	■	■	▨		□
	TANZANIE				□	□	▨	■	■	■	▨		
	THAÏLANDE	■	■							□	□		■
	TOGO	■	▨				□	□	□			■	■
	TRINIDAD ET TOBA.	▨	■	■	■			□	□	□			
	TUNISIE	□	□	□			■	■	■	▨			□
	TURQUIE (M. Noire)	□	□	□			■	■	■			□	□
	TURQUIE (Médit.)	□	□	□			■	■	■	▨			□
U	UKRAINE	□	□	□			■	■	■	▨			□
	URUGUAY	■	■	▨			□	□	□				▨
V	VANUATU	□	□	□		▨	■	■	■	■	▨		
	VENEZUELA	■	■	■	▨			□	□	□			▨

Quelques idées
pour
vos vacances

VACANCES DE NOËL

Soleil, mer et plage

En Afrique : Côte-d'Ivoire, Ghana, Togo, Bénin, îles du Cap-Vert, Gambie, Sénégal. À noter : dans ces deux derniers pays, la température de la mer est sensiblement moins élevée que dans les premiers. Ajoutons aussi Djibouti, pour les amateurs de plongée.

En Amérique : le Mexique (à la hauteur d'Acapulco, sur la côte pacifique), le Guatemala et le Costa Rica (côte pacifique) ; les côtes caraïbes de la Colombie et du Venezuela sont déjà accueillantes, Salvador de Bahia (Brésil) est idéal. La mer est encore assez fraîche à Rio, et il vaut mieux attendre les vacances de février pour profiter du cœur de la saison sèche aux Antilles.

En Asie : l'Inde (Goa, côte ouest) ; c'est aussi le début de la bonne saison aux Maldives et en Thaïlande.

▶ Attention : au Maroc, même au sud de la côte (Tarfaya), la mer est très fraîche (18°).

Voyage et découverte

Noël est la meilleure époque pour parcourir les régions sahariennes et nombre de pays africains : Mali, Niger, Tchad, Centrafrique, Burkina-Faso, Bénin, Cameroun.

La fin de l'année est une période favorable pour un voyage en Floride, en Amérique centrale (Guatemala, Nicaragua, Salvador, Honduras), en Terre de Feu, ou même pour embarquer à Ushuaia et réveillonner en Antarctique.

En Asie : l'Inde (sauf le Cachemire), le Népal, le Bangladesh, la Birmanie (Myanmar), la Thaïlande, le Laos, les Philippines. Des pays du Moyen-Orient comme le Yémen et Oman.

Ski

❱ Attention : à Noël, la couche de neige est souvent mince dans les Pyrénées et les Alpes du Sud. Les risques sont plus limités dans les stations du massif du Mont-Blanc, en Suisse et en Autriche. La neige est assurée en Scandinavie, mais les jours y sont alors vraiment très courts.

VACANCES D'HIVER

Soleil, mer et plage

Les destinations « bronzage et bains de mer » proposées pour Noël restent valables en février. Ajoutons-y tous les pays des petites et grandes Antilles qui sont en pleine saison sèche, Rio et, en Asie, la côte sud-est de l'Inde (Pondichéry), le Sri-Lanka (la côte est comme la côte ouest).

Pour ceux qui ne sont pas trop exigeants sur la température de la mer, on peut aussi conseiller toutes les grandes plages des pays du sud de l'hémisphère austral, qui vivent alors leur plein été : Punta del Este (Uruguay), Mar del Plata (Argentine), Viña del Mar (Chili), les côtes péruviennes, particulièrement propices à la pratique du surf ; on peut aussi aller bronzer sur les plages du Cap (Afrique du Sud), ou séjourner sur les côtes orientales et occidentales de l'Australie (Sydney, Perth).

Voyage et découverte

En Afrique, c'est une bonne saison pour visiter les réserves animalières du Kenya – où le *touristicus safaritus* est plus rare qu'en été – mais aussi celles de la Côte-d'Ivoire, du Cameroun ou de Centrafrique ; ou encore pour séjourner en Guinée. C'est le début de la meilleure époque pour se rendre au Sénégal, et il est encore temps de se rendre dans les régions sahariennes, au Niger, au Mali, au Tchad, au Burkina-Faso, avant l'irrésistible montée des températures. Et n'oubliez pas l'Égypte.

Février est favorable à la visite des sites archéologiques de l'Amérique centrale (Guatemala, Honduras) et aux voyages en Colombie, au Venezuela, ou en Terre de Feu (Argentine et Chili).

En Asie, c'est toujours la saison de l'Inde, et le mois idéal pour parcourir le Sri Lanka d'est en ouest sans craindre les moussons, ou visiter la Thaïlande, le sud du Vietnam, les Philippines, le Yémen.

En Océanie, le sud de l'Australie et la Nouvelle-Zélande connaissent un été agréable.

Ski

Partout en Europe, pas de problèmes d'enneigement, mais c'est l'époque où les températures sont les plus basses et l'ensoleillement le plus faible.

VACANCES DE PÂQUES

Soleil, mer et plage

Si Pâques n'est pas trop tardif : la Côte-d'Ivoire ; fin mars et avril sont idéals pour le Sénégal et la Gambie ; c'est également une bonne époque sur la côte du Natal (Afrique du Sud).

En Amérique : Floride, les Bahamas ; la saison sèche se termine dans les Antilles et sur les côtes caraïbes de Colombie et du Venezuela.

En Inde, le soleil est là, mais il fait trop chaud, même sur les plages. La période est favorable pour les côtes nord et est du Sri Lanka, la côte est de la péninsule malaise, les Philippines.

▶ Attention : en Tunisie, le beau temps n'est pas encore garanti, et la mer encore très fraîche, même à Djerba. Il en va de même pour tous les pays méditerranéens. En Israël, l'eau est bonne, mais seulement du côté de la mer Rouge (Eilat).

Voyage et découverte

Bonne époque pour parcourir le sud de l'Espagne (Séville).

En Afrique, meilleure période pour visiter les réserves animalières sénégalaises et camerounaises, l'intérieur de Madagascar.

En Amérique : le sud des États-Unis (Texas, New Orleans), Santiago du Chili, Buenos Aires.

Au Moyen-Orient : Israël, Jordanie, Syrie, Iran.

En Asie : la Chine (Pékin, Shanghai), le Japon des cerisiers en fleurs.

En Océanie : l'outback australien.

Ski

Si Pâques est tardif, la neige sur les pistes de ski françaises, autrichiennes, suisses, italiennes, est parfois insuffisante ou de qualité médiocre. C'est le moment de penser aux stations scandinaves, d'autant plus qu'elles commencent à bénéficier de très longues journées.

VACANCES D'ÉTÉ (JUILLET-AOÛT)

Soleil, mer et plage

Rives de la mer Noire et de la Méditerranée : Roumanie, Bulgarie, Israël, Turquie, Chypre, Grèce, Croatie, Italie, Espagne, Baléares, Malte, Maroc, Tunisie (c'est sur les côtes de la Méditerranée orientale que la mer est la plus chaude).

Côtes atlantiques (France, Espagne, Portugal) : mer fraîche.

Îles atlantiques : Canaries, Madère, Açores.

En Afrique de l'Est : Tanzanie, Kenya.

Îles de l'océan Indien : Madagascar (côte ouest), La Réunion, Maurice, Comores, Seychelles.

En Amérique : la Californie (mer fraîche), Bermudes.

En Asie : Malaisie, Indonésie, Papouasie-Nouvelle-Guinée.
Océanie : la côte nord de l'Australie, îles Fidji, Vanuatu, Tahiti, Hawaii...

Voyage et découverte

Pays scandinaves, Grande-Bretagne, Irlande, Islande, Europe du Nord et Europe centrale.

En Afrique, les réserves animalières de : Tanzanie, Afrique du Sud, Namibie, Zambie, Zimbabwe, Kenya, Botswana, Congo, Gabon.

Aux Amériques : la côte ouest des États-Unis, le Canada, le bassin amazonien (Manaus, Iquitos), l'Équateur, le Pérou inca, la Bolivie, le Paraguay, le nord du Chili et de l'Argentine.

En Asie : la Malaisie, l'Indonésie, le Tibet, la Mongolie.

Ski

Pour skier en plein été, partez vers l'hiver... : Argentine, Chili, Nouvelle-Zélande et Australie.

Le temps qu'il fait

DES AÇORES AU ZIMBABWE

Mode d'emploi des tableaux

 Températures

Ces tableaux donnent deux chiffres pour chaque mois. Le premier, sur la ligne supérieure, est celui de la moyenne des températures maximales du mois considéré (en degrés centigrades) ; le second, celui de la moyenne des températures minimales.

On appelle température maximale la température la plus élevée observée au cours d'une journée de 24 heures. Elle est le plus souvent relevée au début de l'après-midi. Notre premier chiffre correspond donc à la moyenne de toutes les températures maximales relevées au cours du mois considéré. De même, notre second chiffre correspond à la moyenne des températures minimales quotidiennes, généralement relevées un peu avant le lever du jour.

Observations :

❱ On peut d'abord constater que si le voyageur a toutes les chances d'expérimenter les températures maximales, il est généralement encore au fond de son lit au moment le plus froid de la journée.

❱ Soulignons encore que ces chiffres n'expriment que des moyennes. Pour prendre l'exemple de Paris, alors que la plus haute moyenne maximale est de 24°, en juillet, il y a néanmoins une moyenne de 11 jours par an où les températures atteignent ou dépassent 30°; et on y a même déjà relevé des températures approchant les 40° ! De même, si la plus basse moyenne minimale est de 2°, en janvier et février, on relève près de 10 jours par an, en moyenne, des températures égales ou inférieures à − 5°, le record pour les 60 dernières années étant − 15°.

 Ensoleillement et précipitations

L'ensoleillement :

Le chiffre de la ligne supérieure exprime, en heures, la durée moyenne d'ensoleillement par jour en un lieu et pour un mois donnés.

Observations :

❱ En juin, par exemple, les 10 heures d'ensoleillement de Saint-Pétersbourg ne sont pas comparables aux 10 heures d'ensoleillement à Lubumbashi (Congo). En effet, à Lubumbashi, située en dessous de l'Équateur, la durée du jour est alors inférieure à 12 heures et le taux d'ensoleillement atteint 87 %, alors qu'à Saint-Pétersbourg, où le jour dure plus de 19 heures, ce taux n'est que de 53 %. La mise en regard de l'ensoleillement moyen avec les durées mensuelles de jour de chaque pays permet au lecteur d'évaluer avec une précision suffisante le pourcentage d'ensoleillement. (On sait qu'en mars et en septembre, au moment des équinoxes, la durée du jour est d'environ 12 heures partout dans le monde.)

❱ Ces heures de soleil peuvent d'autre part se répartir très différemment suivant les climats : certaines régions tropicales connaissent des saisons où les pluies tombent presque tous les jours à heures fixes. La durée quotidienne d'ensoleillement varie alors peu d'un jour à l'autre et elle reste très proche de la moyenne indiquée. (À Belem par exemple, au nord du Brésil, la première averse tombe tous les jours à la même heure avec la régularité d'une horloge : à tel point que l'on se donne rendez-vous « *antes da chuva* » ou « *depois da chuva* », « avant la pluie » ou « après la pluie ».) Sous d'autres climats, un chiffre de 5 heures d'ensoleillement moyen peut alors fort bien correspondre à deux semaines nuageuses suivies de deux semaines où le soleil se montrera particulièrement généreux.

Les précipitations :

Les deux chiffres de la ligne inférieure correspondent aux précipitations. Le premier indique la hauteur des précipitations mensuelles, mesurée en millimètres ; le second, le nombre de jours de pluie, plus précisément le nombre de jours où il est tombé au moins 1 millimètre d'eau, que ce soit sous forme de pluie ou de neige.

Observations :

▶ La mise en regard des chiffres concernant les précipitations et de ceux concernant les températures permet de savoir si ces précipitations tombent essentiellement sous forme de pluies ou de neige : il neige quand la température descend en dessous de 0°. On peut considérer que la neige se maintient au sol de manière permanente pendant les périodes où la température moyenne (moyenne des maxima + moyenne des minima, le tout divisé par 2) est inférieure à – 1,5°. On n'aura donc, par exemple, aucun mal à déduire des tableaux concernant la Russie qu'au moins de la mi-novembre à la fin mars, un manteau blanc recouvre la campagne moscovite.

▶ La mise en regard des chiffres concernant les précipitations et de ceux concernant l'ensoleillement permet de déduire le type de précipitations : en Irlande, les 75 millimètres de décembre associés à une moyenne quotidienne de 2 heures de soleil laissent présager des petites pluies fréquentes et têtues. À Fort-de-France, en Martinique, les 245 millimètres de juillet associés aux 8 heures de soleil ne s'expliquent que par le caractère violent mais bref des averses tropicales. Enfin, que ce soit à Lima ou sur la côte de Namibie, de l'absence de précipitations associée au faible ensoleillement on peut conclure à la présence d'un brouillard persistant pendant l'hiver austral.

Températures de la mer

Les chiffres donnés sont ceux de la température moyenne de la mer en surface, mois par mois. Selon les années, ces températures évoluent autour de ces moyennes, mais avec des écarts modérés. Bien entendu, à proximité immédiate du rivage, ces températures varient aussi selon des considérations très locales : orientation et exposition de la plage notamment.

Açores

Superficie : 0,005 fois la France. Ponta Delgada (latitude 37°45'N ; longitude 25°40'O) : GMT + 1 h. Durée du jour : maximale (juin) 15 heures, minimale (décembre) 9 heures 30.

À savoir : les îles du Sud-Est (voir Ponta Delgada) sont nettement moins arrosées que celles du Nord-Ouest (voir Santa Cruz).

▌ Les fleurs de toutes sortes, d'ailleurs, abondent aux Açores – azalées, camélias, lauriers roses, hibiscus, magnolias... – et le printemps y est donc une saison particulièrement accueillante pour les amateurs de flore.

▌ Dans ces îles ancrées au milieu de l'océan Atlantique, vous trouverez toute l'année des températures agréables, grâce à l'action régulatrice du Gulf Stream : suffisamment chaudes en été, jamais froides en hiver.

En revanche, sauf peut-être **entre juillet et septembre**, pendant l'été qui est la meilleure saison pour y séjourner, ne comptez pas battre des records de bronzage : les Açores ne sont pas l'archipel favori du soleil et subissent, de l'automne au printemps, des pluies abondantes. En témoigne la profusion d'hortensias, particulièrement sur Flores la bien nommée.

▌ Évitez plutôt les mois de novembre à avril, période où les pluies sont accompagnées de tempêtes.

▌ La température de la mer est agréable en été (23° en août-septembre), mais elle descend en dessous de 18° entre janvier et mai.

VALISE : de juin à septembre inclus, vêtements d'été, mais également quelques lainages, une veste ou un blouson, un imperméable ou un anorak ; de novembre à mai, des vêtements de demi-saison (quelques-uns plus légers pour les belles journées), un imperméable ou un parapluie. ●

moyenne des températures maximales / moyenne des températures minimales

	J	F	M	A	M	J	J	A	S	O	N	D
Santa Cruz	17	17	17	18	19	22	24	26	24	22	19	18
(Flores)	12	12	12	13	14	17	19	20	19	17	15	14
Angra do Heroismo	16	16	16	17	18	21	23	24	23	21	18	17
(Terceira)	12	12	12	12	13	16	18	19	18	16	14	13
Ponta Delgada	17	17	17	18	20	22	25	26	25	22	20	18
(San Miguel)	11	11	11	12	13	15	17	18	17	16	14	12

Voir tableaux p. suivante

nombre d'heures par jour  hauteur en mm / nombre de jours

	J	F	M	A	M	J	J	A	S	O	N	D
Santa Cruz	2	3	3	4	5	5	6	7	5	4	3	2
	180/16	160/14	165/15	110/11	85/10	70/8	60/6	80/8	110/11	120/13	140/13	160/15
Angra do Heroismo	3	3	4	5	5	6	6	7	6	4	3	3
	145/15	130/14	150/14	75/10	70/9	50/7	45/6	45/7	100/9	125/12	145/13	110/13
Ponta Delgada	3	3	4	5	5	5	6	7	6	4	3	3
	120/14	100/13	105/13	65/10	60/9	40/7	25/5	30/6	80/9	105/12	120/13	100/14

température de la mer : moyenne mensuelle

	J	F	M	A	M	J	J	A	S	O	N	D
Atlantique	17	16	16	17	17	19	21	23	23	21	20	18

Afghanistan

Superficie : 1,2 fois la France. Kaboul (latitude 34°33'N ; longitude 69°12'E) : GMT + 4 h 30. Durée du jour : maximale (juin) 14 heures 30, minimale (décembre) 10 heures.

L'hiver est également la saison où tombe l'essentiel des précipitations ; bien que très modestes, elles sont suffisantes, en tombant sous forme de neige, pour bloquer de nombreux cols.

▌ Le printemps n'est pas très long et il faut en profiter : il peut faire encore très frais et même froid fin mars, et déjà trop chaud dès la fin du mois de mai.

▌ L'été est vraiment là quand, au début du mois de juin, le *bad-i-sad-u-bist-ruz* – littéralement : le vent de 120 jours – se met de la partie dans la région du Séistan, au sud-ouest du pays. Il est redoutable : sec, chaud, chargé de poussière et de sel. Quand il cesse... 120 jours plus tard, c'est-à-dire à la fin du mois de septembre, l'été s'achève. Le reste du pays a également connu un été torride et sec, moins chaud cependant en altitude où les nuits restent fraîches. Un été sans pluies, si l'on excepte les chaînes montagneuses de l'extrême Sud-Est, arrosées par quelques restes de la mousson indienne.
Le mois d'octobre arrive, agréable... puis un nouvel hiver.

▌ Si vous en avez la possibilité, nous ne saurions trop vous conseiller les saisons intermédiaires pour entreprendre un voyage dans ce pays. En effet, dans la plus grande partie de l'Afghanistan les hivers sont rudes et les étés torrides. Les mois d'**avril, mai et octobre** sont sans aucun doute les plus propices, du point de vue climatique, à la découverte d'un pays dont la situation politique nous a fait quelque peu oublier l'hospitalité légendaire de son peuple et la magnificence de certains de ses paysages ; nous pensons notamment aux cinq lacs de Band-i Amir, souvent tenus pour les plus beaux du monde, et qui ne seront de nouveau accessibles qu'une fois la paix complètement revenue.

▌ Assez froid, l'hiver reste cependant modéré au sud du pays, c'est-à-dire jusqu'à une ligne Farah-Kandahar. Au nord de cette ligne, c'est une saison rigoureuse, surtout dans les vallées ventées, et à mesure que l'on s'élève en altitude dans les grands massifs montagneux qui occupent les deux tiers du pays. Dans la capitale, les températures nocturnes inférieures à – 5° ne sont pas rares, mais il faut aussi convenir que pendant la journée elles sont en général beaucoup plus douces.

VALISE : aux intersaisons, des vêtements légers en fibres naturelles de préférence, faciles à entretenir, un ou deux lainages, une veste ou un blouson chaud. On se déchausse à l'entrée des mosquées et de la plupart des maisons : il vaut mieux éviter les chaussures à lacets. En été : vêtements très légers et amples ; sans aller jusqu'à adopter le chadri, cette sorte de tente en soie plissée qui couvre les femmes de la tête aux pieds, les shorts, jupes courtes, robes décolletées sont totalement à proscrire.

SANTÉ : risques de paludisme en dessous de 2 000 mètres d'altitude, particulièrement de mai à novembre. Zones de résistance à la Nivaquine.

BESTIOLES : moustiques dans tout le pays, surtout actifs après le crépuscule. ●

moyenne des températures maximales / moyenne des températures minimales

	J	F	M	A	M	J	J	A	S	O	N	D
Mazar-i-Sharif	9	12	17	24	31	37	39	37	32	25	16	10
(380 m)	-2	0	5	11	16	22	26	24	17	9	3	-1
Kaboul	5	7	13	18	24	30	32	32	29	23	15	8
(1 800 m)	-7	-5	1	5	9	12	15	14	9	4	-1	-5
Herat	10	13	19	24	29	35	36	35	31	25	17	12
(960 m)	-3	0	4	8	13	18	21	19	13	7	1	-2
Kandahar	13	16	23	28	34	39	40	39	34	29	22	16
(1 010 m)	0	3	7	12	15	19	23	20	14	9	3	0

nombre d'heures par jour   hauteur en mm / nombre de jours

	J	F	M	A	M	J	J	A	S	O	N	D
Mazar-i-Sharif	5	5	5	6	10	12	12	11	10	8	6	5
	25/4	25/5	30/7	25/7	6/2	0/0	0/0	0/0	0/0	2/0	10/2	15/2
Kaboul	6	6	6	7	10	12	12	11	10	9	8	6
	25/3	45/4	55/8	80/8	15/3	1/0	4/1	0/0	1/0	1/0	15/3	15/2
Herat	6	6	7	8	11	12	12	12	11	10	8	6
	40/5	30/5	45/5	20/5	1/1	0/0	0/0	0/0	0/0	0/0	7/2	30/4
Kandahar	5	6	5	5	5	4	3	3	3	4	5	6
	35/6	30/5	12/2	13/2	1/0	0/0	0/0	0/0	0/0	0/0	4/1	13/2

Afrique du Sud

Superficie : 2,2 fois la France. Johannesburg (latitude 26°14'S ; longitude 28°09'E) : GMT + 2 h. Durée du jour : maximale (décembre) 14 heures, minimale (juin) 10 heures 30.

◗ L'Afrique du Sud est située dans l'hémisphère austral : ses saisons sont donc inversées par rapport à celles de l'Europe. Il n'y fait jamais très froid en hiver et les étés sont modérément chauds, sauf au centre et au nord-ouest du pays, où ils peuvent être torrides (voir Kimberley).

◗ Sur les côtes, le climat varie beaucoup d'une région à l'autre :
Autour du **Cap** et dans l'arrière-pays, l'été (**décembre à mars**) est la saison la plus agréable : le temps est sec et ensoleillé, chaud sans excès avec des nuits assez fraîches ; la mer atteint sa température maximale (jamais très chaude : aux environs de 20°). Un grand vent frais du sud-est, l'efficace *Cape Doctor*, souffle de novembre à mars : il est parfois fatigant – Le Cap est en été une des trois villes les plus ventées du monde – mais il chasse insectes, poussière et pollution de la ville, dont l'atmosphère est de ce fait saine et revigorante. Et c'est lui qui étend tous les jours une « nappe » de nuages blancs au-dessus de la Table Mountain – un spectacle surprenant. Cette région est aussi très agréable au printemps (septembre à novembre) : ses jardins botaniques et réserves florales, parmi les plus remarquables du monde, offrent alors le spectacle d'une

exubérante floraison (mais la mer, elle, est un peu réfrigérante à cette saison : de 15° à 18°). De mai à juillet inclus, les températures restent douces dans la journée, mais il pleut davantage et les nuits sont très fraîches, voire froides.
En remontant vers le nord sur la **côte atlantique**, on se rapproche du climat très sec et chaud du désert du Namib. Le long de cette côte, d'une grande beauté sauvage et peuplée surtout par d'innombrables oiseaux (pélicans, flamants, etc.), un courant froid rend les baignades assez... sportives. Tout au nord, un océan de fleurs sauvages recouvre le semi-bx;1désert du Namaqualand durant quelques semaines, après les premières pluies de printemps.
Du Cap à Port-Elizabeth, sur la route-jardin bordée de réserves naturelles, de lacs et de belles plages de sable, les pluies se répartissent également tout au long de l'année, mais sont assez modérées pour permettre au soleil de briller fréquemment. L'été austral est, là encore, la période la plus agréable. On y bénéficie d'une eau plus chaude qu'au Cap : 22° en janvier et février.
La **côte du Natal**, au nord et au sud de Durban, est la principale région balnéaire du pays. On peut s'y baigner toute l'année (la température de la mer est de 20° en plein hiver et d'environ 24° en été), mais il peut faire un peu frais l'hiver, et l'été est une saison assez pluvieuse : choisissez de préférence les intersaisons (avril-mai et septembre-octobre) pour séjourner sur cette côte si vous avez l'intention de profiter des plages.
Le **Zoulouland**, au nord du Natal, comporte de nombreuses réserves d'animaux,

à visiter de préférence **entre juillet et septembre** (voir chapitre Kenya). On y rencontre notamment des hippopotames, des crocodiles et les fameux rhinocéros blancs. Sur la chaîne des Drakensberg, qui domine la province du Natal, il peut neiger en juillet et août.

◗ Dans la région de **Johannesburg** et **Pretoria**, les températures ne sont jamais excessives. L'été y est très agréable : de novembre à février, les pluies sont abondantes mais tombent essentiellement en fin de journée. Durant l'hiver, sec et ensoleillé, il fait assez bon dans la journée mais les nuits sont froides. Dans les régions montagneuses situées entre Johannesburg et le Transkei, les températures baissent bien sûr avec l'altitude. On peut même pratiquer le ski (surtout de randonnée) près de la frontière avec le Lesotho.

◗ Le **parc national Krüger** – une des plus belles réserves animalières d'Afrique – s'étend au nord-est de Johannesburg, à la frontière du Mozambique. La meilleure saison pour le visiter se situe incontestablement entre mai et octobre, durant la saison sèche, et plus particulièrement en **septembre et octobre** (voir chapitre Kenya). Durant les mois pluvieux, les précipitations sont beaucoup plus abondantes au sud du parc qu'au nord.

Une autre réserve particulièrement intéressante à parcourir est celle du **parc national du Kalahari**, le long de la frontière avec la Namibie. Dans cette région semi-désertique – où abondent lions, guépards, léopards, zèbres, antilopes et gnous bleus en immenses troupeaux... – les pluies sont faibles toute l'année. Les journées d'été peuvent être excessivement chaudes, mais les nuits restent fraîches. Les hivers sont ensoleillés, avec des nuits froides.

VALISE : pendant l'été austral, vêtements légers, pull ou veste pour les soirées sur les côtes ; vêtements très légers et amples pour les régions intérieures et le Kalahari ; un imperméable ou un anorak léger. En hiver, vêtements de demi-saison (plus vêtements d'été pour le Natal), un pardessus ou une veste chaude. Pour visiter les réserves, vêtements de sport confortables, de couleurs neutres, chaussures de marche en toile.

SANTÉ : vaccin antirabique conseillé pour de longs séjours. Quelques zones avec risques de paludisme, particulièrement de novembre à mars : au nord-est du pays, dans le parc Krüger et les régions bordant les frontières avec le Mozambique, le Zimbabwe et une partie du Botswana ; sur la côte du Natal, au nord de Richards Bay. Zones de résistance à la Nivaquine.

BESTIOLES : moustiques toute l'année au nord du pays (Transvaal, parc Krüger et nord de la côte du Natal), surtout actifs la nuit.

FOULE : une pression touristique encore très modérée mais en plein essor. Ce pays est voué à devenir l'une des premières destinations africaines.
Les visiteurs se répartissent assez bien tout au long de l'année. Avec cependant des pointes en juillet et décembre. Aujourd'hui encore, ils proviennent essentiellement des pays voisins, notamment du Zimbabwe. Britanniques et Allemands fournissent les plus importants contingents de voyageurs européens. ●

Voir tableaux p. suivante

moyenne des températures maximales / moyenne des températures minimales

	J	F	M	A	M	J	J	A	S	O	N	D
Johannesburg	26	25	24	22	19	17	17	20	23	25	25	26
(1 650 m)	14	14	13	10	6	4	4	6	9	12	13	14
Kimberley	33	31	29	25	21	19	19	22	25	28	30	32
(1 200 m)	18	17	15	11	6	3	3	5	8	12	14	16
Durban	27	28	27	26	24	22	22	22	23	23	25	26
	20	21	20	18	14	11	11	12	15	17	18	19
Le Cap	26	26	25	22	19	18	17	18	19	21	23	25
	16	16	14	12	10	8	7	8	9	11	13	15
Port-Elizabeth	25	25	24	23	22	20	19	20	20	21	22	24
	16	17	16	13	10	8	7	8	10	12	14	15

nombre d'heures par jour   hauteur en mm / nombre de jours

	J	F	M	A	M	J	J	A	S	O	N	D
Johannesburg	8	8	7	8	9	9	9	10	9	9	9	9
	115/12	100/9	80/8	45/5	25/3	9/1	8/1	6/1	25/3	60/7	110/10	120/11
Kimberley	10	10	9	9	9	9	9	10	10	10	10	10
	55/6	65/9	70/8	45/5	20/3	15/1	6/1	11/1	11/1	30/4	45/5	60/6
Durban	6	7	6	7	7	7	7	7	6	5	6	6
	120/11	130/9	115/9	90/7	60/4	35/3	25/3	40/4	65/6	85/10	120/11	125/12
Le Cap	11	10	9	7	6	6	6	6	7	9	10	11
	12/2	8/2	17/3	45/6	85/9	80/9	85/10	70/10	45/7	30/15	17/3	11/2
Port-Elizabeth	8	8	8	8	7	7	7	8	7	8	8	9
	35/5	35/5	50/6	45/5	65/6	60/5	60/6	55/6	60/8	65/8	60/7	40/5

température de la mer : moyenne mensuelle

	J	F	M	A	M	J	J	A	S	O	N	D
Le Cap	20	20	19	19	17	16	16	16	16	17	17	19
Port-Elizabeth	22	22	22	21	19	18	18	18	18	19	19	20
Durban	23	24	24	23	22	21	21	20	21	21	22	23

laska

Superficie : 3 fois la France. Anchorage (latitude 61°10'N ; longitude 147°59'O) : GMT + 10 h. Durée du jour : maximale (juin) 19 heures 30, minimale (décembre) 5 heures 30.

▶ En Alaska, au nord du nord du continent américain, l'**hiver** est, on le conçoit aisément, particulièrement rigoureux et long (de mi-octobre à fin avril) sur la plus grande partie du territoire. Les records de froid sont enregistrés au cœur de l'État, dans la vallée du Yukon, où les températures peuvent descendre en dessous de − 50°.
Les hivers sont un peu moins froids sur la côte pacifique (voir Anchorage) où, par contre, le brouillard est très fréquent à cette saison ; ils sont nettement plus cléments dans l'extrême sud (voir Juneau).

▶ Le **printemps**, au mois de mai, est aussi bref que brutal ; c'est la période de la fonte des glaces, *the breakup*, pendant laquelle les déplacements en Alaska sont particulièrement problématiques.

▶ En **été** – de début juin à fin août – les longues journées sont assez chaudes – parfois même très chaudes – et ensoleillées dans les régions continentales ; mais les « nuits », réduites à un crépuscule de quelques heures en juin à la latitude de Fairbanks, restent très fraîches. Dans le sud, il fait un peu moins chaud et surtout plus humide : août et septembre sont des mois assez pluvieux à Anchorage. La période la plus agréable est donc le début de l'été : **juin et juillet.**

▶ Alors que le centre est plutôt sec, l'extrême sud de l'État est une région très arrosée. Les précipitations sont abondantes toute l'année, et notamment entre fin août et novembre, période durant laquelle une pluie fine peut tomber sans interruption des jours durant sur Juneau. Ketchikan, la ville la plus méridionale, reçoit plus de 4 mètres d'eau par an, essentiellement sous forme de pluies : les chutes de neige y sont relativement rares.
Aux îles Aléoutiennes, qui s'étendent sur 1 800 kilomètres au sud-ouest de l'Alaska, l'été est aussi pluvieux que dans la région de Juneau, et de violentes tempêtes sont fréquentes en hiver. Sur les îles Pribilof, on peut observer entre juin et août les innombrables phoques et loutres de mer (ils sont plus d'un million et demi) qui viennent y mettre au monde leurs petits.

VALISE : de juin à août, des vêtements de demi-saison, quelques tee-shirts ou chemises de coton léger, veste ou blouson chaud. En plein hiver, sous-vêtements de laine ou de soie, parka matelassée ou anorak en duvet, bottes fourrées, couvre-chef en fourrure, etc.

BESTIOLES : en été, l'Alaska est infesté de moustiques ; ils envahissent aussi bien les côtes que l'intérieur du pays. ●

moyenne des températures maximales / moyenne des températures minimales

	J	F	M	A	M	J	J	A	S	O	N	D
Fairbanks	- 19	- 13	- 5	5	15	21	22	18	12	1	- 11	- 18
	- 29	- 26	- 21	- 8	2	8	9	7	1	- 8	- 20	- 28
Anchorage	- 6	- 3	0	7	13	17	19	18	13	6	- 2	- 7
	- 15	- 12	- 10	- 3	3	7	10	9	4	- 2	- 9	- 14
Juneau	- 1	1	3	8	13	17	18	17	13	8	3	0
	- 7	- 6	- 4	0	4	7	9	8	6	2	- 2	- 5

nombre d'heures par jour   hauteur en mm / nombre de jours

	J	F	M	A	M	J	J	A	S	O	N	D
Fairbanks	2	4	7	10	10	11	9	5	4	3	2	1
	20/7	15/5	10/4	6/2	30/5	35/8	45/10	55/11	30/8	20/9	15/7	15/6
Anchorage	2	4	7	9	9	10	8	6	4	3	2	2
	20/6	20/5	13/5	11/4	13/4	25/5	45/9	65/12	65/12	45/8	25/6	25/6
Juneau	2	3	6	7	7	8	6	5	4	2	2	2
	100/16	75/15	90/6	75/15	80/4	80/13	115/16	125/16	180/17	210/20	150/17	120/19

température de la mer : moyenne mensuelle

	J	F	M	A	M	J	J	A	S	O	N	D
Anchorage	4	3	4	5	6	8	11	12	11	10	7	5
Juneau	7	7	7	7	9	11	13	14	13	11	10	8

Albanie

Superficie : 0,05 fois la France. Tirana (latitude 41°20'N ; longitude 19°47'E) : GMT + 1 h. Durée du jour : maximale (juin) 15 heures, minimale (décembre) 9 heures.

Ce pays connaît des différences climatiques importantes selon que l'on se trouve dans les régions élevées de l'intérieur ou sur les plaines côtières.

▶ Pour apprécier le charme des villes-musées de Berat et Gjirokaster, des citadelles de Lezhë ou Shkodër, les meilleures périodes sont **juin et septembre** : la chaleur est modérée même dans les plaines, et les pluies sont peu fréquentes.

▶ Juillet et août sont des mois secs et très ensoleillés, mais il fait très chaud, surtout dans les plaines. C'est la bonne période si vous souhaitez profiter de la Riviera albanaise – d'une grande beauté dans sa partie méridionale.

▶ En hiver, le climat est doux mais assez pluvieux sur la côte et dans les plaines (voir Tirana) ; le froid est rigoureux en altitude (voir Korçë). Alors que l'on continue de cueillir citrons et oranges dans la plaine de Vrine, au sud, neige et verglas sont le lot des régions montagneuses.

VALISE : en été, vêtements légers et quelques lainages. En hiver, vêtements chauds, imperméable. ●

moyenne des températures maximales / moyenne des températures minimales

	J	F	M	A	M	J	J	A	S	O	N	D
Tirana	12	12	15	18	23	28	31	31	27	23	17	14
	2	2	5	8	12	16	17	17	14	10	8	5
Korçë (900 m)	4	5	9	14	19	23	27	28	24	17	12	7
	-3	-3	1	4	8	12	14	14	11	7	4	0

nombre d'heures par jour   hauteur en mm / nombre de jours

	J	F	M	A	M	J	J	A	S	O	N	D
Tirana	4	4	5	7	8	10	11	11	9	7	3	3
	135/10	150/10	130/11	115/10	120/9	85/5	30/4	30/3	60/5	105/7	210/12	175/12
Korçë	3	5	5	7	7	9	11	11	8	7	4	3
	70/9	80/8	55/9	60/9	80/10	45/7	25/4	25/3	40/5	80/7	145/11	100/10

température de la mer : moyenne mensuelle

	J	F	M	A	M	J	J	A	S	O	N	D
Mer Adriatique	14	13	14	15	17	21	24	25	23	21	17	15

Algérie

Superficie : 4,5 fois la France. Alger (latitude 36°43'N ; longitude 03°15'E) : GMT + 1 h. Durée du jour : maximale (juin) 14 heures 30, minimale (décembre) 9 heures 30.

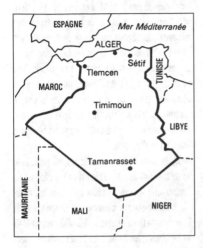

L'Algérie connaît trois grandes zones climatiques : la côte, les régions montagneuses, le désert saharien.

▸ Les Algériens se baignent de **fin mai à octobre** sur les **côtes** – notamment sur la côte Turquoise, à l'ouest d'Alger, qui est la mieux aménagée.
Les grandes villes de la côte sont assez étouffantes en plein été à cause de la relative humidité de l'air. Pour y séjourner, il vaut mieux choisir le **printemps** (avril à mi-juin) ou le **début de l'automne**.
En hiver, les températures sont douces mais il pleut souvent.

▸ Dans les **régions montagneuses** (monts de Tlemcen, Atlas, Haute-Kabylie, Aurès), il peut faire réellement froid en hiver : il neige régulièrement au-dessus de 1 500 mètres de décembre à mars. On trouve même à une centaine de kilomètres d'Alger quelques stations de sports d'hiver, ouvertes de décembre à fin mars.
Au **printemps**, les paysages sont verdoyants, le climat est doux et ensoleillé.

En été, la terre est aride et brûlée par le soleil, il fait très chaud dans la journée mais les nuits restent douces.

▸ Au sud commence l'immense **Sahara**, où les températures varient en fonction de l'altitude.
Dans le Hoggar et le Tassili des Ajjers (voir Tamanrasset), l'été est brûlant mais la chaleur, très sèche, est relativement supportable, d'autant les températures nocturnes sont très agréables, grâce à l'altitude. Plus au nord, à partir de Biskra et Gardaia, dans les régions basses comme le Grand Erg oriental et le Grand Erg occidental (voir Timimoun), l'été est vraiment à éviter (de juin à août inclus).
La période traditionnelle des voyages dans le sud est l'hiver, de novembre à février inclus (voir encadré ci-dessous). Mais attention : les nuits sont très fraîches, parfois même glaciales.

▸ L'Algérie n'est jamais à l'abri d'un coup de sirocco, vent brûlant et sec venu du sud-est, qui souffle plus fréquemment au printemps. On l'appelle aussi *gergi* lorsqu'il provoque des tempêtes de sable.

VALISE : en été, vêtements très légers, amples, en coton ou en lin de préférence, et un pull léger pour les soirées en altitude. En hiver, vêtements de demi-saison, imperméable dans le Nord. Pour le Sud et le Sahara, vêtements légers, blouson ou anorak chaud, pulls, chaussures de marche et sandales, écharpe de coton pour vous protéger de la poussière et des vents de sable.

SANTÉ : faibles risques de paludisme dans le sud-est du pays. Vaccin antirabique conseillé pour de longs séjours.

BESTIOLES : moustiques de mai à novembre, surtout actifs après le crépuscule. Au Sahara, il y a des serpents et des scorpions : vous ne risquez pas grand-chose si vous faites attention. ●

Le Sahara

Le plus vaste désert du monde – environ 8 000 000 kilomètres carrés de Zagora à Gabès et de Béchar à Tombouctou – se laisse plus facilement découvrir à l'automne ou en hiver.

En octobre, la chaleur de l'été est encore très forte dans la journée mais les nuits sont assez douces. Dans les palmeraies règne une activité intense : c'est l'époque de la récolte des dattes. Il faut se méfier, en octobre et en novembre particulièrement (mais aussi en plein été), des crues soudaines des oueds après un orage, et éviter de suivre leur lit lorsqu'il est encaissé : ces crues peuvent être si soudaines et brutales que des imprudents s'y noient parfois...

En hiver, la chaleur est agréable dans la journée, et grâce au soleil et à la sécheresse de l'air le climat saharien est alors un des plus sains qui soient. Mais les nuits très froides – il peut geler en janvier et février – requièrent un équipement conséquent (vêtements chauds, duvet de montagne). Les scorpions et les serpents, rendus léthargiques par le froid nocturne, sont inoffensifs. Dans le Hoggar, le ciel est parfois assez nuageux ; au Sahel, le rivage sud du Sahara (Niger, Mali, Mauritanie), c'est la saison sèche et par conséquent les pistes sont praticables partout. Au début de l'hiver, on échappe en outre aux tempêtes de sable : les vents, qui ne cessent jamais de souffler au Sahara, deviennent beaucoup plus violents à partir de février et jusqu'en mai ou juin.

Mais, au Sahara comme ailleurs, on peut préférer les extrêmes, la fournaise suffocante... Sachez que même en plein été, dans les massifs montagneux comme le Hoggar (voir Tamanrasset), qui culmine à 3 000 mètres, l'Aïr ou le Tibesti, les nuits sont assez douces, alors que dans les régions plus basses de dunes sablonneuses l'écart est moins accentué entre le jour et la nuit.

moyenne des températures maximales / moyenne des températures minimales

	J	F	M	A	M	J	J	A	S	O	N	D
Alger	15	16	17	20	23	27	28	29	27	23	19	16
	9	9	11	13	15	18	21	22	21	17	13	11
Sétif	9	11	14	18	22	28	33	32	27	21	14	10
(1 080 m)	1	1	3	6	9	13	17	17	14	9	4	1
Tlemcen	12	13	16	18	22	27	30	32	27	22	16	13
(810 m)	6	7	8	10	12	16	19	21	18	14	10	7
Timimoun	19	22	27	32	36	42	44	43	39	32	24	20
	4	7	11	16	19	24	28	27	24	18	11	6
Tamanrasset	19	22	26	30	33	35	35	34	33	25	26	21
(1 405 m)	4	6	9	13	17	21	22	21	19	15	11	6

Voir tableaux p. suivante

nombre d'heures par jour ![pluie] hauteur en mm / nombre de jours

	J	F	M	A	M	J	J	A	S	O	N	D
Alger	5	6	7	8	10	10	11	10	9	6	5	5
	115/11	75/9	60/9	65/5	35/5	14/2	2/0	4/1	30/4	85/7	90/11	120/12
Sétif	5	7	7	8	10	10	12	10	9	7	6	5
	60/7	45/6	45/5	35/5	50/6	30/3	11/1	14/2	35/4	40/5	50/6	50/7
Tlemcen	5	6	8	9	10	10	11	11	9	8	6	5
	70/5	70/5	75/6	60/5	50/4	15/2	2/0	3/0	15/2	40/4	70/4	80/6
Timimoun	8	9	10	11	12	12	13	12	11	10	9	8
	2/0	3/1	2/0	2/0	2/0	1/0	0/0	0/0	2/0	3/1	3/1	2/0
Tamanrasset	9	10	10	10	11	10	11	10	9	9	9	9
	4/1	1/1	1/1	2/1	6/2	4/3	3/2	10/3	7/3	2/2	2/1	2/1

![température] **température de la mer :** moyenne mensuelle

	J	F	M	A	M	J	J	A	S	O	N	D
Alger	15	14	15	16	18	20	23	24	24	22	18	16

Allemagne

Superficie : 0,7 fois la France. Berlin (latitude 52°28′N ; longitude 13°26′E) : GMT + 1 h. Durée du jour : maximale (juin) 17 heures, minimale (décembre) 7 heures 30.

Les influences maritimes et continentales se disputent l'Allemagne. Au nord, les températures sont adoucies par la proximité de la mer du Nord et de la Baltique, alors que plus au sud le climat continental donne des hivers froids, renforcés par l'altitude. En revanche, cette dernière modère en été la chaleur d'une ville du sud comme Munich.

▶ Au nord-ouest du pays, la côte de la mer du Nord est souvent exposée aux tempêtes en hiver et régulièrement battue par les vents, même en été. Si les températures hivernales y sont rarement très basses (les moyennes minimales sont légèrement supérieures à 0° sur le littoral), l'humidité et le vent ne feront pas regretter au voyageur d'être chaudement vêtu. À la belle saison, la température de la mer est encore assez basse (13° en juin, au mieux 17° en août). Le littoral de la Baltique est moins venteux, mais les températures d'hiver y diminuent vers l'est. C'est à la frontière danoise, côté Baltique – c'est-à-dire au nord-est du Schleswig-

Holstein – qu'il faut aller chercher un des hivers les plus modérés de toute l'Allemagne. Sur l'ensemble de l'année, la côte balte bénéficie aussi d'un ensoleillement un peu supérieur à celui de la côte ouest.

▶ Dans la vaste plaine qui s'étend du nord des Pays-Bas à la frontière polonaise, la rigueur de l'hiver s'accentue graduellement sur un axe nord-ouest / sud-est, c'est-à-dire au fur et à mesure que l'on s'éloigne des deux mers. De décembre à février, le brouillard n'est pas rare. Les chutes de neige sont fréquentes et rendent parfois la circulation difficile, notamment dans la région de Berlin. Au sud de cette grande plaine, l'altitude accentue la rigueur des températures hivernales, que ce soit sur les hauteurs du Harz, celles du massif de Thuringe ou les pittoresques reliefs de la « Suisse saxonne » ; on peut d'ailleurs y skier. Mai, juin et les mois d'été sont les périodes qui reçoivent le plus de précipitations, souvent orageuses. La fin de la saison estivale et le début de l'automne sont tout indiqués pour parcourir les magnifiques forêts de Thuringe qui abritent de nombreux châteaux Renaissance, baroques ou rococo.

▶ Dans la moitié sud du pays, la diversité géographique impose des climats variés. À l'ouest, les coteaux du Rhin et de la Moselle reçoivent suffisamment de soleil pour être bien adaptés à la culture de la vigne ; l'automne y est particulièrement agréable. L'hiver des villes rhénanes s'adoucit à mesure que le Rhin approche de la mer. Tout au sud, on pratique le ski de fond sur les hauteurs de la Forêt Noire et le ski alpin dans les stations de Haute Bavière. Entre les massifs de la Bohême et les Alpes allemandes, la vallée du Danube (Ratisbonne, Ulm) est ouverte aux influences les plus continentales.

Dans toute cette région, et suivant leurs orientations, les vallées basses peuvent être particulièrement brumeuses, surtout en hiver.

C'est du mois de mai au mois d'août que tombe l'essentiel des précipitations, pour une bonne part sous la forme de fortes averses orageuses. Dans ces régions, l'été est plutôt chaud et connaît ses températures les plus élevées en juillet.

▶ Si l'on excepte le plein hiver, à moins que l'on y aille faire du ski, il n'y a pas de période à déconseiller formellement pour voyager en Allemagne. Il reste que la période qui va **de la fin du mois d'août à la fin de septembre** est, d'après nous, particulièrement adaptée au voyage.

VALISE : pour un départ hivernal sur les côtes de la mer du Nord, on n'oubliera pas qu'une température modérément basse peut, associée au vent et à l'humidité, s'accompagner d'une sensation thermique très inférieure. En été, les soirées peuvent être assez fraîches dans toute l'Allemagne. Par ailleurs, on emportera de quoi se protéger d'une bonne averse orageuse.

FOULE : pression touristique moyenne. Juillet et août sont les mois les plus fréquentés alors que la période décembre-janvier est la plus tranquille. Les États-Unis et les Pays-Bas, puis le Royaume-Uni fournissent à l'Allemagne les plus importants groupes de visiteurs. Les Français – moins de 5 % du total – y sont moins nombreux que les Suédois ou les Italiens. ●

moyenne des températures maximales / moyenne des températures minimales

	J	F	M	A	M	J	J	A	S	O	N	D
Rostock	2	2	6	11	17	20	22	21	18	12	7	3
	-2	-3	-1	3	7	10	13	13	9	6	2	-1
Hambourg	2	3	7	13	18	21	22	22	19	13	7	4
	-2	-2	-1	3	7	11	13	12	10	6	3	0
Berlin	2	3	8	13	19	22	24	23	20	13	7	3
	-3	-3	0	4	8	12	14	13	10	6	2	-1
Essen	4	5	9	13	17	21	22	22	19	14	8	5
	-1	-1	2	5	8	11	13	13	11	7	3	1
Dresde	2	3	8	14	19	22	24	23	20	13	8	3
	-4	-3	0	4	8	11	13	13	10	5	2	-2
Erfurt (310 m)	2	3	8	13	18	21	23	23	19	13	7	3
	-3	-4	-1	3	8	11	13	12	9	5	2	-2
Francfort	3	5	11	16	20	23	25	24	21	14	8	4
	-2	-1	2	6	9	13	15	14	11	7	3	0
Nuremberg (335 m)	2	3	9	13	18	22	23	23	20	13	7	2
	-4	-4	-1	3	7	11	13	12	9	5	1	-3
Munich (530 m)	1	3	9	14	18	21	23	23	20	13	7	2
	-5	-5	-1	3	7	11	13	12	9	4	0	-4

Voir tableaux p. suivante

nombre d'heures par jour hauteur en mm / nombre de jours

	J	F	M	A	M	J	J	A	S	O	N	D
Rostock	1	2	4	5	7	8	7	7	6	3	2	1
	45/10	35/8	30/7	40/8	50/8	60/8	80/9	70/8	70/8	65/10	40/9	45/10
Hambourg	2	2	4	6	7	8	7	7	6	3	1	1
	55/11	50/10	40/8	50/10	55/10	65/10	85/12	85/12	65/11	60/11	60/11	60/12
Berlin	2	2	5	6	8	8	8	7	6	4	2	1
	45/10	40/8	35/8	40/8	50/8	65/9	75/8	70/8	50/7	50/8	45/9	45/9
Essen	1	2	4	5	7	7	6	6	5	3	2	1
	75/13	65/11	45/10	60/11	65/10	75/11	85/12	90/12	65/11	65/11	70/12	65/13
Dresde	2	3	4	5	7	7	7	7	5	4	2	2
	40/9	40/8	40/8	50/9	65/10	70/10	120/11	65/9	50/8	55/9	40/8	45/9
Erfurt	2	3	4	6	7	8	7	7	6	4	2	1
	35/8	30/8	25/7	35/8	60/9	70/9	65/10	55/9	45/7	40/8	30/8	30/8
Francfort	1	2	4	5	7	8	7	7	5	3	1	1
	60/10	45/10	40/8	45/9	55/9	75/11	70/11	75/10	55/9	50/9	55/10	55/10
Nuremberg	2	3	4	6	7	8	7	7	6	3	2	1
	45/10	40/10	35/8	40/9	55/10	70/11	90/12	75/11	45/9	45/9	40/9	40/9
Munich	2	3	5	6	7	8	8	8	6	4	2	2
	60/11	55/10	50/9	60/10	105/12	125/14	140/13	105/12	85/10	65/9	55/8	50/10

 température de la mer : moyenne mensuelle

	J	F	M	A	M	J	J	A	S	O	N	D
Baltique	3	2	3	5	9	13	17	17	15	12	8	5
Mer du Nord	4	4	5	7	10	13	16	17	16	13	9	6

Angola

Superficie : 2,3 fois la France. Luanda (latitude 8°51'S ; longitude 13°14'E) : GMT + 1 h. Durée du jour : maximale (décembre) 12 heures 30, minimale (juin) 11 heures 30.

Le climat angolais se caractérise par deux saisons sans périodes intermédiaires :

❱ **La saison sèche, de mai à septembre**, dite *cacimbo*, qui est sans doute la meilleure période pour voyager en Angola. La chaleur est en général assez modérée, en tout cas très supportable. À noter toutefois, sur la plaine côtière, l'abondance de brouillard créé par le courant froid de Benguela, et qui a pour conséquence un ensoleillement médiocre, surtout au sud (voir Moçâmedes), entre juillet et septembre.

Dans certaines régions du plateau qui occupe l'essentiel du pays (par exemple dans la région de Malange et des chutes de la rivière Lucala), on observe à cette saison des écarts de températures tout à fait spectaculaires entre le jour et la nuit (voir Cangamba) : il gèle parfois aux petites heures du matin en juin-juillet, alors qu'il fait très chaud dans la journée.

Dans la chaîne montagneuse qui borde le littoral, il peut aussi faire très frais la nuit. La meilleure saison pour visiter les réserves (Quiçama, Cameia, Milando, Luando, etc.) se situe entre mi-août et décembre (voir chapitre Kenya).

❱ L'intensité de la **saison des pluies**, d'octobre à avril, varie suivant les régions : sur la côte, les pluies sont peu importantes, voire quasi inexistantes dans sa partie sud, qui est un prolongement du désert du Namib. Elles augmentent au fur et à mesure que l'on s'éloigne de la mer et deviennent assez abondantes sur les zones les plus élevées de l'intérieur.

Dans la région de Luanda, la saison des pluies est, au mois de janvier de certaines années, interrompue par une très brève période sèche, le « petit *cacimbo* ». C'est une saison chaude et étouffante dans l'ensemble, un peu moins au sud de la côte et dans les régions élevées où les nuits, au moins, restent tempérées.

❱ Le courant froid de Benguela est responsable de la fraîcheur de l'eau de mer le long de toute la moitié sud du littoral.

❱ Dans l'enclave de Cabinda, enserrée, au nord, entre l'ex-Zaïre (Congo-Kinshasa) et le Congo (-Brazzaville), les pluies tombent à peu près à la même période qu'à Luanda, mais elles sont plus abondantes. Le ciel est très souvent obstrué par d'épais nuages bas, même durant la saison sèche.

VALISE : vêtements très légers, amples et d'entretien facile ; une veste ou un pull pour les soirées dans l'intérieur du pays. Pendant la saison des pluies, un anorak.

SANTÉ : risques de paludisme toute l'année, particulièrement de novembre à avril ; zones de résistance à la Nivaquine et multirésistance. Vaccination contre la fièvre jaune recommandée ; vaccin antirabique conseillé pour de longs séjours.

BESTIOLES : des moustiques toute l'année, actifs la nuit. ●

moyenne des températures maximales / moyenne des températures minimales

	J	F	M	A	M	J	J	A	S	O	N	D
Luanda	30	31	31	31	29	27	24	24	26	28	29	30
	24	24	24	24	23	20	18	18	20	22	23	23
Cangamba	29	29	31	32	32	30	28	31	32	31	29	29
(1 325 m)	17	17	17	14	11	9	8	8	13	15	16	16
Huambo	25	25	25	25	26	25	25	27	29	27	25	25
(1 700 m)	14	14	15	14	11	8	8	10	13	14	14	15
Moçâmedes	26	28	29	28	25	22	20	21	22	23	26	26
	18	20	21	19	15	14	13	14	15	16	17	18
Enclave de Cabinda	30	31	31	30	29	26	26	26	27	28	29	28
	23	23	23	23	23	21	18	19	21	23	23	23

nombre d'heures par jour hauteur en mm / nombre de jours

	J	F	M	A	M	J	J	A	S	O	N	D
Luanda	7	7	7	7	8	7	6	5	5	5	6	7
	25/2	35/3	100/7	125/9	20/2	0/0	0/0	1/0	2/0	6/2	35/3	25/3
Cangamba	4	5	5	7	9	10	10	9	8	6	5	4
	225/12	185/13	170/13	4/6	1/1	0/0	0/0	5/1	5/1	40/5	130/12	215/14
Huambo	5	5	5	6	8	9	9	8	7	5	5	5
	210/16	180/14	230/17	145/10	16/2	0/0	0/0	1/0	19/3	125/13	230/18	230/17
Moçâmedes	7	7	7	8	7	5	4	4	4	5	7	7
	8/1	11/1	18/2	13/1	2/0	0/0	0/0	1/0	1/0	2/0	3/0	3/0
Enclave de Cabinda	4	4	5	5	3	3	3	2	2	2	2	3
	60/5	110/6	85/7	120/8	60/3	1/0	0/0	1/4	6/2	35/6	115/8	90/6

température de la mer : moyenne mensuelle

	J	F	M	A	M	J	J	A	S	O	N	D
Luanda	26	27	27	27	26	23	22	21	22	24	25	25
Moçâmedes	21	22	24	24	22	19	18	17	18	19	20	21

Antarctique

Superficie : 25 fois la France. Amundsen-Scott (latitude 90°00'S ; longitude 140°01').

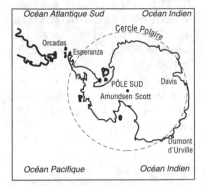

En partie constitué par un vaste plateau central élevé (la base américaine Amundsen-Scott, au Pôle sud, est située à 2 800 m. d'altitude), l'Antarctique est le plus froid, le plus venteux et le plus sec des continents.

▌ Durant les mois les plus froids, de juin à août, les températures habituelles du plateau central varient entre – 45° et – 70° (un record de – 89,6° a été relevé en 1983 sur la base russe de Vostok). Pendant la saison « chaude », de décembre à février, le thermomètre remonte entre – 40° et – 15°.

▌ Sur le bord du continent (voir Davis et Dumont d'Urville), les températures sont moins extrêmes qu'à l'intérieur. Pendant l'été austral, elles sont le plus souvent positives en milieu de journée.

▌ Le vent est un facteur essentiel du climat antarctique. Par temps calme, la sécheresse de l'air rend les températures beaucoup plus supportables que ce à quoi on s'attend, mais dès que le vent se lève, le *wind chill factor* aidant, il n'y a pas d'autre issue que de chercher à s'abriter. Au moment de leur formation, au centre

de l'Antarctique, les vents catabatiques sont généralement modérés (de 10 km/h à 20 km/h) ; ils prennent de la vitesse en glissant sur la calotte glacière et arrivent sur les régions côtières à des vitesses de 30 km/h à 70 km/h. Mais, dans certaines conditions, ces vents peuvent atteindre des vitesses considérables (324 km/h enregistré en juin 1977 sur la base française de Dumont d'Urville). Les vents catabatiques, qui sévissent toute l'année, se lèvent aussi soudainement qu'ils s'arrêtent. Ils sont cependant moins forts et moins fréquents en décembre et janvier. À Dumont d'Urville, on compte en janvier une moyenne de 7 jours avec des vents supérieurs à 100 km/h et une moyenne de 14 jours en août.

▌ Dans ces régions, les rares précipitations prennent surtout la forme de cristaux de glace plutôt que de flocons de neige. Dès que le vent prend une certaine force, il peut soulever du sol des quantités phénoménales de cristaux de glace : on parle alors de blizzard. En cas de blizzard, rare en décembre et janvier, la visibilité peut se limiter à quelques mètres, voire être nulle.

▌ Ushuaia, en Terre de Feu (voir le chapitre Argentine), est la principale base de départ du tourisme antarctique. Ce tourisme est limité à la période décembre-février pour éviter les conditions extrêmes du long hiver crépusculaire. Ces voyages consistent pour l'essentiel en des escales et débarquements sur les îles Shetland et Orcades du Sud (voir Base Orcadas) et la partie de la péninsule antarctique qui est en deçà du cercle polaire (voir Base Esperanza). Ces latitudes connaissent des températures bien moins rigoureuses que celles du continent antarctique proprement dit. Mais les précipitations y sont moins négligeables et le soleil, même pendant ces mois d'été austral, est très souvent masqué par les nuages ou la brume.

VALISE : les organisateurs des croisières vers l'Antarctique mettent généralement à la disposition des voyageurs des vêtements spécifiques adaptés aux conditions polaires. La protection contre le froid commence par une bonne protection contre le vent (vêtement « respirant », en Gore-Tex, doublé d'une « au vent »,. Les sous-vêtements de soie ou de laine sont indiqués. Lunettes et crèmes solaires à haute protection indispensables.

FOULE : les voyages vers l'Antarctique se développent : on escomptait environ 15 000 croisiéristes pendant l'été austral 2002-2003, la moitié étant américains. Allemands (2 000), Britanniques (1 500) et Australiens (1 200) constituent les autres contingents significatifs ; 200 environ, les Français restent très minoritaires. ●

moyenne des températures maximales / moyenne des températures minimales

	J	F	M	A	M	J	J	A	S	O	N	D
B. Orcadas (Argentine)	3 / - 1	3 / - 1	2 / - 2	0 / - 5	- 2 / - 8	- 5 / - 12	- 5 / - 14	- 5 / - 13	- 2 / - 9	- 0 / - 6	2 / - 3	3 / - 1
B. Esperanza (Argentine)	3 / - 2	2 / - 3	0 / - 6	- 3 / - 11	- 6 / - 13	- 7 / - 15	- 7 / - 15	- 6 / - 15	- 3 / - 11	- 0 / - 7	1 / - 5	3 / - 2
B. Davis (Australie)	3 / - 1	0 / - 5	- 6 / - 11	- 10 / - 16	- 12 / - 19	- 13 / - 19	- 14 / - 20	- 14 / - 21	- 13 / - 20	- 9 / - 15	- 3 / - 8	2 / - 2
B. Dumont d'Urville (France)	2 / - 3	1 / - 4	- 6 / - 12	- 10 / - 17	- 11 / - 19	- 12 / - 20	- 12 / - 20	- 13 / - 21	- 11 / - 19	- 10 / - 17	- 4 / - 10	1 / - 4
B. Amundsen Scott (2 850 m) (USA)	- 26 / - 30	- 38 / - 43	- 51 / - 57	- 54 / - 61	- 54 / - 62	- 55 / - 62	- 56 / - 63	- 56 / - 63	- 55 / - 62	- 49 / - 54	- 37 / - 40	- 26 / - 29

nombre d'heures par jour · hauteur en mm / nombre de jours

	J	F	M	A	M	J	J	A	S	O	N	D
B. Orcadas	1,5 / 45/*	1,5 / 75/*	1 / 75/*	1 / 75/*	0,5 / 65/*	0,4 / 50/*	0,5 / 45/*	1 / 50/*	1,5 / 50/*	1,5 / 50/*	2 / 45/*	2 / 45/*
B. Esperanza	* / 55/*	* / 65/*	* / 75/*	* / 60/*	* / 55/*	* / 45/*	* / 55/*	* / 70/*	* / 60/*	* / 55/*	* / 65/*	* / 60/*
B. Davis	9 / 2/*	6 / 6/*	3 / 10/*	2,5 / 11/*	0,7 / 12/*	0 / 9/*	0,2 / 7/*	2 / 5/*	4 / 4/*	5,5 / 4/*	7,5 / 3/*	9,5 / 2/*
B. Dumont d'Urville	9,5 / */*	7 / */*	5,5 / */*	3,5 / */*	1,5 / */*	0,3 / */*	0,7 / */*	2,5 / */*	5 / */*	8,5 / */*	11 / */*	11,5 / */*
B. Amundsen Scott	* / 0,1/0	* / 0/0	* / 0/0	* / 0/0	* / 0/0	* / 0/0	* / 0/0	* / 0/0	* / 0/0	* / 0/0	* / 0/0	* / 0,1/0

Antilles (îles des petites)

(Anguilla, Saint-Martin, Antigua et Barbuda, Saint-Barthélemy, Saint-Kitts et Nevis, Montserrat, Guadeloupe, Désirade, Marie-Galante, les Saintes, Dominique, Martinique, Sainte-Lucie, Saint-Vincent et les Grenadines, Grenade, Barbade, etc.)
Fort-de-France (latitude 14°37'N ; longitude 61°04'O) : GMT − 4 h. Durée du jour : maximale (juin) 13 heures, minimale (décembre) 11 heures 30.

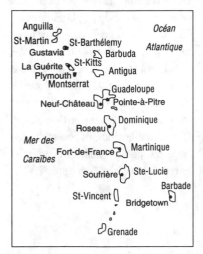

▶ La meilleure saison pour passer des vacances sur les îles des petites Antilles est bien sûr la saison **sèche**, appelée « carême », qui s'étend, à quelques variantes près, **de février à avril** : les températures sont très agréables, chaudes sans excès, et le soleil très présent malgré quelques averses orageuses.

▶ La **saison des pluies**, dite « hivernage », dure de juin-juillet à novembre. Il fait alors plus chaud et plus humide, voire étouffant lorsque les alizés – les « rois des Antilles » –, heureusement très fréquents, ne rafraîchissent pas l'atmosphère. Le mois d'octobre est le plus humide. Les averses, violentes et spectaculaires mais de courte durée, tombent surtout en fin d'après-midi : le soleil peut donc néanmoins briller une bonne partie de la journée. C'est aussi la saison des cyclones, surtout d'août à octobre, avec un maximum pendant les trois premières semaines de septembre. Citons le cas du cyclone *Hugo* qui fit, dans la nuit du 16 au 17 septembre 1989, des dégâts considérables en Guadeloupe, avant de continuer sa course jusqu'en Floride. Ou encore celui de *Luis* venu ravager l'île de Saint-Martin le 4 septembre 1995.

Si vous partez aux Antilles pendant la saison des pluies, choisissez bien votre côte : les côtes orientales (ou atlantiques), dites « au vent », sont plus arrosées que les côtes ouest (ou caraïbes), dites « sous le vent ». Les pluies sont particulièrement abondantes dans les îles qui ont un relief accentué, telles que Basse-Terre en Guadeloupe, la Dominique et la Martinique, sur lesquelles il peut tomber à certains endroits plus de 8 mètres d'eau par an. En contrepartie, sur ces îles volcaniques, la floraison est particulièrement spectaculaire lors de la saison des pluies : flamboyants, tulipiers, lianes Saint-Jean, etc., émaillent de leurs couleurs somptueuses une végétation toujours luxuriante.

Les îles plates, calcaires ou coralliennes, telles que Anguilla, Barbuda, Saint-Martin, Antigua, Désirade, Marie-Galante, Les Saintes et Grande-Terre en Guadeloupe, Barbade, sont plus sèches. Elles sont souvent pourvues de belles plages de sable abritées derrière des barrières de corail.

▶ On se baigne toute l'année aux Antilles dans une eau délicieusement tiède : elle peut dépasser 28° de juillet à octobre et ne descend pas au-dessous de 26° durant la saison sèche, qui est aussi la haute saison touristique (janvier à avril).

VALISE : quelle que soit la saison, vêtements très légers et amples en coton ou lin de préférence ; des tennis ou des sandales en plastique pour marcher sur les récifs coralliens ; de quoi se protéger des averses.

SANTÉ : pour l'île de Grenade, vaccination antirabique fortement conseillée.

BESTIOLES : des moustiques toute l'année (surtout actifs après le coucher du soleil). Méfiez-vous des oursins qui sont venimeux. En Martinique et à Sainte-Lucie, on risque (mais c'est rare) de se faire mordre par un serpent dangereux, le « fer de lance » (uniquement dans les forêts et les champs : portez des chaussures fermées en promenade).

FOULE : depuis longtemps très fréquentée par les Nord-Américains, notamment en hiver, cette région s'est aussi imposée comme l'une des grandes destinations pour les Européens.

Mars (Martinique, Saint-Martin, Barbade) et avril (Anguilla, Sainte-Lucie) sont les mois de plus grande affluence. Juillet et août font aussi le plein, alors que septembre et octobre constituent une période creuse commune à toutes les îles. À défaut de trouver beaucoup de plages désertes, on peut choisir ses compagnons de bronzage : ils viennent majoritairement des États-Unis à Anguilla, Grenade, Saint-Kitts et Saint-Martin, du Royaume-Uni sur les plages d'Antigua et de Barbade, et sont français à La Martinique et en Guadeloupe. Quant aux Allemands, ils restent discrets dans les petites Antilles et préfèrent investir Cuba et Saint-Domingue. ●

moyenne des températures maximales / moyenne des températures minimales

	J	F	M	A	M	J	J	A	S	O	N	D
Gustavia (St-Barthélemy)	27 23	28 23	28 23	29 24	30 24	30 25	30 25	30 25	31 25	30 25	29 24	28 23
La Guérite (St-Kitts)	27 22	27 21	28 22	28 23	29 24	29 24	30 24	30 24	30 24	29 24	29 23	28 23
Plymouth (Montserrat)	28 21	28 21	29 21	30 22	31 23	31 25	31 25	31 25	32 23	31 23	29 23	28 22
Pointe-à-Pitre (Guadeloupe)	28 19	28 19	29 19	29 21	30 22	30 23	30 23	31 23	31 23	30 22	30 21	29 20
Neuf-Château (300 m) (Guadeloupe)	26 18	26 18	26 18	27 19	28 20	28 21	28 21	28 22	29 20	28 20	28 20	27 19
Roseau (Dominique)	29 20	29 19	31 20	31 21	31 22	32 23	32 23	32 23	32 23	32 22	31 22	30 21
Fort-de-France (Martinique)	27 21	27 21	28 22	29 22	29 23	29 23	29 23	29 24	30 24	29 23	29 23	28 22
Soufrière (Sainte-Lucie)	28 21	28 21	29 21	31 22	31 23	31 23	31 23	31 23	31 23	30 22	29 22	28 21
Bridgetown (Barbade)	29 22	29 21	30 22	30 22	31 23	31 24	30 23	31 23	31 23	30 23	30 23	29 22

nombre d'heures par jour hauteur en mm / nombre de jours

	J	F	M	A	M	J	J	A	S	O	N	D
Gustavia (St-Barthélemy)	8 60/14	9 40/9	9 40/8	9 55/9	8 90/12	9 55/10	8 85/11	9 90/12	8 110/14	8 105/14	8 95/13	8 95/13
La Guérite (St-Kitts)	8 95/15	8 50/9	9 60/9	8 60/8	8 95/10	8 90/10	8 110/14	8 130/14	8 155/14	8 150/13	7 155/15	7 115/14
Plymouth (Montserrat)	8 120/12	8 85/9	9 100/9	8 90/8	8 95/10	8 110/13	8 155/14	8 180/16	8 170/13	7 195/14	7 180/16	7 140/13
Pointe-à-Pitre (Guadeloupe)	7 90/15	8 60/11	8 70/10	8 115/11	8 160/14	8 145/14	7 205/18	8 190/17	7 245/18	7 245/18	7 210/17	7 145/17
Neuf Château (Guadeloupe)	6 230/19	6 165/14	7 130/14	6 285/18	6 390/19	6 325/18	6 355/22	6 365/20	7 410/20	6 445/21	6 430/20	6 325/20
Roseau (Dominique)	* 125/16	* 75/10	* 75/13	* 60/10	* 95/11	* 200/15	* 275/22	* 260/22	* 225/16	* 200/16	* 225/18	* 160/16
Fort-de-France (Martinique)	8 105/17	8 80/12	9 65/13	9 90/13	8 130/15	7 180/18	8 245/22	8 230/21	7 255/19	7 225/18	8 205/18	8 135/17
Soufrière (Sainte-Lucie)	* 135/18	* 90/13	* 95/13	* 85/10	* 150/16	* 220/21	* 240/23	* 270/22	* 250/21	* 235/19	* 230/20	* 195/19
Bridgetown	9 65/12	9 40/9	9 35/7	9 50/7	9 70/7	8 105/14	9 140/19	9 145/15	8 170/15	8 175/15	8 180/14	8 95/13

 température de la mer : moyenne mensuelle

	J	F	M	A	M	J	J	A	S	O	N	D
Pointe-à-Pitre	25	25	25	26	26	27	28	28	28	28	27	26
Fort-de-France	25	25	25	26	26	27	28	28	28	28	27	26
Bridgetown	25	25	25	26	26	27	27	28	28	27	27	26

Arabie Saoudite

Superficie : 4 fois la France. Riyadh (latitude 24°42'N ; longitude 46°43'E) : GMT + 3 h. Durée du jour : maximale (juin) 13 heures 30, minimale (décembre) 10 heures 30.

Dans cet immense pays en grande partie désertique, le climat est généralement très chaud et aride. Il y a cependant des nuances importantes selon les régions :

▶ Sur la *tihama*, la plaine côtière qui borde la mer Rouge (voir Djeddah), la chaleur est très forte toute l'année, avec des écarts assez faibles entre le jour et la nuit. Elle est rendue encore plus désagréable par une humidité persistante, qui voile le ciel et enveloppe les côtes d'une épaisse brume de chaleur. Cette humidité ne se dissipe que lorsque souffle le simoun, un vent brûlant et poussiéreux qui vient du désert. Les mois les moins suffocants sont **décembre, janvier et février**.
Sur le littoral du golfe Persique, à l'est, le climat est à peu près le même qu'au bord de la mer Rouge d'avril à octobre, mais le reste de l'année il fait moins chaud dans la journée et les nuits sont presque fraîches.
(On se baigne rarement sur les côtes saoudiennes, ou alors tout habillé(e) : sachez tout de même que la température de

la mer ne descend jamais au-dessous de 20° – en janvier – et peut dépasser 30° en juin.)

▶ Dans les régions montagneuses et sur le haut plateau qui occupent l'ouest et le centre du pays, l'atmosphère est de moins en moins humide à mesure que l'on progresse vers l'intérieur. La variation des températures est beaucoup plus importante, à la fois entre le jour et la nuit, et d'une saison à l'autre : à Riyadh et à Médine, le thermomètre chute de plus de 20° entre le jour et la nuit. Entre mi-novembre et fin février, il fait froid la nuit, et il peut geler. Dans les régions élevées du Nord (voir Hail), il peut même faire vraiment froid en milieu de journée durant cette période.

▶ Dans le sud-est du pays, occupé par le très inhospitalier désert de Rub al-Khâli, le climat est encore plus difficile à affronter, même pour les Bédouins. Il ne pleut que très exceptionnellement.

▶ Il n'existe pas à l'heure actuelle de données statistiques concernant l'ensoleillement en Arabie Saoudite. Le ciel est le plus souvent sans nuages, avec quelques restrictions : en « hiver », pendant les périodes orageuses, le temps peut être couvert durant d'assez longues périodes sur le plateau central et sur la côte du golfe Persique. Même chose sur l'Assir – le massif montagneux qui surplombe la côte ouest – lorsqu'il pleut. (On peut se référer aux moyennes d'ensoleillement données pour les Émirats arabes unis.)

VALISE : de mai à octobre, vêtements très légers ; évitez les couleurs sombres, trop chaudes, mais optez pour une mode très pudique : les shorts sont mal acceptés, même pour les hommes ; quant aux minijupes, débardeurs et robes décolletées, inutile d'y songer. En hiver, ajoutez une veste, un ou deux pulls pour les soirées et des tenues plus chaudes si vous prévoyez un voyage dans le Nord.

SANTÉ : quelques risques de paludisme dans les provinces du Sud et de l'Ouest, excepté les villes de Djeddah, Médine, Makkah et Taif. Quelques zones de résistance à la Nivaquine à l'ouest du pays. Vaccin méningo-coccique A + C obligatoire durant la période du pèlerinage à La Mecque.

BESTIOLES : moustiques toute l'année, particulièrement actifs après le coucher du soleil. ●

moyenne des températures maximales / moyenne des températures minimales

	J	F	M	A	M	J	J	A	S	O	N	D
Hail	16	18	23	27	32	37	37	38	36	32	23	16
(910 m)	3	3	7	10	16	20	22	21	18	15	11	5
Dhahran	20	22	26	31	38	41	42	42	39	34	28	23
	11	11	15	20	24	28	29	29	26	22	17	12
Riyadh	20	23	28	32	39	41	43	42	40	35	27	22
(620 m)	8	10	14	19	24	26	27	27	24	19	14	9
Médine	24	26	30	34	39	42	39	42	41	36	30	25
(640 m)	12	13	17	21	25	28	28	29	27	22	17	13
Djeddah	29	29	31	33	35	37	38	37	36	35	32	30
	21	18	20	22	24	25	26	27	26	24	22	20

nombre d'heures par jour　　hauteur en mm / nombre de jours

	J	F	M	A	M	J	J	A	S	O	N	D
Hail	*	*	*	*	*	*	*	*	*	*	*	*
	10/3	15/1	13/2	6/1	10/2	0/0	0/0	0/0	0/0	1/0	3/5	13/3
Dhahran	*	*	*	*	*	*	*	*	*	*	*	*
	14/3	15/3	20/3	12/2	1/0	0/0	0/0	0/0	0/0	1/0	5/1	11/2
Riyadh	*	*	*	*	*	*	*	*	*	*	*	*
	11/3	10/3	24/4	29/5	8/2	0/0	0/0	1/0	0/0	1/0	6/1	11/2
Médine	*	*	*	*	*	*	*	*	*	*	*	*
	8/2	1/1	8/2	12/2	5/2	0/0	0/0	0/0	0/0	1/0	9/3	4/1
Djeddah	*	*	*	*	*	*	*	*	*	*	*	*
	14/3	6/2	1/0	5/1	2/1	0/0	0/0	0/0	1/0	2/1	12/3	12/3

Argentine

Superficie : 5 fois la France. Buenos Aires (latitude 34°35'S ; longitude 58°29'0) : GMT − 3 h. Durée du jour : maximale (décembre) 14 heures 30, minimale (juin) 10 heures. Durée du jour à Ushuaia (Terre de Feu), maximale 17 heures 30, minimale 7 heures.

L'Argentine, qui s'étend sur 3 700 kilomètres de long, connaît une grande variété climatique, du nord-est subtropical au climat froid et rude de la Terre de Feu. Elle est entièrement située dans l'hémisphère sud : les saisons y sont donc inversées par rapport à la France.

▶ Si vous prévoyez de parcourir durant le même séjour à la fois l'extrême Sud (Terre de Feu, lago Argentino) et l'extrême Nord (chutes d'Iguazú, Jujuy), ne cherchez pas la saison idéale pour faire un tel voyage : elle n'existe pas. Toutefois, dans un pareil cas, nous opterions pour les mois où le climat est le plus clément au sud (**décembre à mars**), quitte à risquer un peu de canicule au nord.

▶ Au nord-est du pays (voir Iguazú), climat humide et lourd avec des averses violentes mais de courte durée de novembre à mars ; le soleil reste très présent durant cette période. De mai à septembre, les températures sont très agréables dans la journée, un peu fraîches la nuit, et les orages sont encore assez fréquents. La crue des eaux de l'Iguazú culmine en mars, et la période où les chutes sont le plus spectaculaires se situe entre janvier et mai.

▶ Au nord-ouest (voir Salta), d'octobre à mars, il fait chaud dans la journée et assez frais la nuit ; c'est la saison pluvieuse. De mai à septembre, les journées sont douces, mais les nuits froides ; le ciel est assez souvent nuageux bien que les pluies soient presque inexistantes durant cette période.

▶ À Buenos Aires, la meilleure saison est le printemps (**fin septembre à début décembre**). Les étés sont chauds et humides, avec des orages. Pendant cette saison, on se baigne au sud de Buenos Aires (Mar del Plata), cependant l'eau reste toujours assez fraîche : de 18° à 19°. En hiver (juin à août), les températures ne sont jamais très basses, mais l'humidité les rend parfois pénibles, surtout le matin. La météo locale donne d'ailleurs, en plus de la température réelle, la « sensation thermique » qui, du fait de l'humidité, est en hiver sensiblement plus basse. Un vent frais, le *sudestada*, se manifeste de temps à autre dans toute cette région, particulièrement sur la côte atlantique.

▶ Le climat de la partie sud des Andes (voir Bariloche) est assez voisin de celui des Alpes. On y skie de juin à août, sur les magnifiques pistes de Bariloche et de Las Lenas.

▶ En Patagonie (voir Puerto Madryn), les pluies sont relativement rares toute l'année ; en hiver, le temps est sec et plutôt ensoleillé, mais bien que les températures ne soient jamais très basses, le vent augmente considérablement la rigueur du climat. Il faut savoir que, même quand il fait 10°, un vent de force 5 donne une impression de « froid ». Au printemps et en été, climat doux, ensoleillé, mais toujours venté.

▶ En Terre de Feu (voir Ushuaia), hiver froid ; été toujours frais mais pas désagréable. Là encore, le vent se laisse rarement oublier avec une intensité maximale de novembre à février.

VALISE : au nord, d'octobre à avril, vêtements très légers et amples, en fibres naturelles de préférence, un lainage ou deux, éventuellement un anorak type K-way ; le reste de l'année, ajouter quelques vêtements de demi-saison. À Buenos Aires, vêtements de plein été de décembre à mars, et lainages, veste chaude de juin à août. En Patagonie et en Terre de Feu, vêtements confortables et chauds, qui coupent le vent (blouson, anorak, etc.), chaussures de marche.

SANTÉ : d'octobre à mai, faibles risques de paludisme dans quelques zones rurales des provinces de Salta et de Jujuy.

BESTIOLES : des moustiques dans la partie nord du pays et, près de Buenos Aires, dans le delta du rio Paraná ; surtout pendant la saison des pluies.

FOULE : le décrochage, en 2002, du peso vis-à-vis du dollar a fait considérablement baisser le coût d'un séjour en Argentine et a favorisé d'autant le tourisme. La pression touristique en 2003 restera cependant très modérée, surtout si l'on considère l'immensité du pays. Les Chiliens, encore à l'écart de la crise, constituent une bonne part des visiteurs. ●

Les baleines s'amusent

Elles nous offrent un spectacle exceptionnel sur les côtes de la péninsule Valdés (Puerto Madryn), à mi-chemin entre Buenos Aires et la Terre de Feu :
Les baleines franches se rassemblent par centaines dans le golfe de San José à partir de juillet, saison de leurs amours, et se livrent dans ces eaux à toutes sortes de facéties et sauts impressionnants. En novembre, elles regagnent la haute mer.
Les éléphants de mer : au mois de juillet, les « machos » se taillent un territoire sur les plages, où bientôt accourent leurs épouses. C'est de la mi-septembre à la mi-octobre, période de pointe des naissances, que ces plages sont le plus bondées.
Plus au sud, Punta Tumbo est en septembre le lieu de rendez-vous de plusieurs centaines de milliers de pingouins qui viennent y nidifier. Après avoir donné aux petits pingouins une éducation sommaire, la colonie quitte la région fin mars pour gagner les latitudes moins australes.

Voir tableaux p. suivante

Voir également les rubriques :
La santé en voyage, p. 401
Le coût de la vie, p. 441
Le monde tel qu'il est, p. 461
Obtenir ses visas, p. 471
La durée des vols, p. 485
Atlas du voyageur, en début de volume
Internet et les voyageurs, en fin de volume

moyenne des températures maximales / moyenne des températures minimales

	J	F	M	A	M	J	J	A	S	O	N	D
Salta	28	28	26	23	21	21	21	21	25	26	27	27
(1 220 m)	15	16	15	12	7	5	4	6	9	12	14	16
Chutes d'Iguazú	33	32	31	26	23	20	21	22	25	27	30	32
	22	22	21	17	14	12	12	12	14	16	18	21
Córdoba	31	30	28	24	21	18	18	21	23	25	28	30
(420 m)	16	16	14	11	7	3	3	4	7	11	13	16
Buenos Aires	29	28	26	22	18	14	14	16	18	21	24	28
	17	17	16	12	8	5	6	6	8	10	13	16
Bariloche	22	22	19	15	10	7	6	8	10	14	18	21
(830 m)	7	7	5	2	1	- 1	- 1	- 1	0	2	5	7
Puerto Madryn	27	27	24	21	16	12	12	14	17	19	23	26
	13	13	11	8	4	2	1	2	4	7	8	12
Ushuaia	14	14	13	9	6	4	4	6	8	11	12	13
	5	5	3	1	- 2	- 3	- 4	- 3	- 1	2	2	4

 nombre d'heures par jour hauteur en mm / nombre de jours

	J	F	M	A	M	J	J	A	S	O	N	D
Salta	6	5	4	5	5	5	6	7	6	5	6	6
	175/14	150/13	95/12	25/6	6/3	3/1	2/1	4/1	5/2	25/6	60/8	120/12
Chutes d'Iguazú	9	9	9	9	9	9	8	7	8	9	8	9
	150/10	135/9	165/11	140/9	155/10	155/10	130/8	80/7	130/8	145/9	125/8	140/9
Córdoba	9	8	7	7	6	5	6	7	7	8	9	9
	100/10	90/8	95/9	40/5	25/4	10/3	8/2	15/3	30/4	75/7	90/8	110/10
Buenos Aires	9	9	7	7	5	4	5	6	6	7	9	9
	105/7	80/7	120/8	90/7	80/6	70/7	60/6	70/7	80/7	100/8	90/8	85/8
Bariloche	11	10	8	6	4	3	4	5	6	8	10	11
	35/6	12/4	30/7	50/9	140/16	90/16	145/17	105/15	50/11	25/6	16/5	20/5
Puerto Madryn	10	10	8	7	5	4	5	6	7	9	10	10
	6/3	14/4	17/4	11/3	19/5	11/5	15/5	13/4	15/5	17/4	13/3	14/4
Ushuaia	6	6	4	3	2	1	1	3	5	6	6	6
	60/13	50/12	55/11	45/12	50/13	45/19	45/10	50/8	40/7	35/11	50/11	50/13

 température de la mer : moyenne mensuelle

	J	F	M	A	M	J	J	A	S	O	N	D
Mar del Plata	18	19	18	17	15	13	11	10	11	13	15	17
Puerto Madryn	15	16	15	14	12	10	8	8	8	9	12	14
Ushuaia	7	8	7	7	6	5	3	3	4	5	6	6

Arménie

Superficie : 0,05 fois la France. Erevan (latitude 40°08'N ; longitude 44°28'E) : GMT + 3 h. Durée du jour : maximale (juin) 15 heures, minimale (décembre) 9 heures 30.

Située à mi-chemin entre la mer Noire et la mer Caspienne, mais sans débouché sur l'une d'elles, presque entièrement occupée par de hauts plateaux hérissés de massifs volcaniques, l'Arménie subit un climat rude et contrasté.

▌ En hiver, on est d'autant plus surpris par le froid que la latitude du pays laisserait augurer des températures plus clémentes. Les 200 000 habitants de Goumri, il est vrai située à 1 500 m d'altitude, subissent ainsi tôt le matin des températures équivalentes à celles de Moscou. En cours de journée cependant, la température y dépasse nettement celle de la capitale russe. De temps en temps un vent de fœhn vient réchauffer l'atmosphère.
Les chutes de neige ne sont pas très fréquentes, mais la température la fixe au sol quelques semaines à Erevan ; trois mois près du lac Sevan, à 2 000 m d'altitude.

▌ Au printemps, le mois de mai connaît un maximum de pluies. Cependant, elles sont peu importantes en valeur absolue et tombent essentiellement sous la forme d'orages violents, notamment dans la région d'Erevan et sur toute la façade sud-ouest du pays.

▌ De toutes les régions caucasiennes (Géorgie, Azerbaïdjan, sud de la Russie), c'est celle d'Erevan qui offre sur l'année le taux le plus élevé de jours totalement libres de nuages : en moyenne, 106 jours. Ils sont pour une grande part comptabilisés en été. Pendant cette saison, le temps est assez chaud et sec, sans pour autant que les orages soient rares. Signalons deux situations particulières : celle du nord-ouest du pays où les pentes exposées aux masses d'air venues de la mer Noire reçoivent des pluies considérables ; et, tout au sud du pays, le climat de la région de Meghri (ville sur les bords de l'Araxe) permet la culture du coton et de fruits tropicaux.

▌ L'Arménie offre aux voyageurs ses meilleures conditions climatiques pendant les saisons intermédiaires : de la **fin avril à la mi-juin** et de la **mi-septembre à la mi-octobre.**

VALISE : à la fois continentale et située à des altitudes conséquentes, l'Arménie a des écarts de température importants entre le jour et la nuit. Les soirées restent donc froides au printemps et en automne et peuvent être très fraîches même en été. Un vêtement chaud n'est donc jamais superflu. ●

Voir tableaux p. suivante

moyenne des températures maximales / moyenne des températures minimales

	J	F	M	A	M	J	J	A	S	O	N	D
Goumri	**- 4**	**- 2**	**4**	**12**	**18**	**22**	**25**	**26**	**22**	**16**	**9**	**1**
(1 500 m)	- 14	- 13	- 6	0	6	8	13	12	7	1	- 2	- 9
Erevan	**1**	**3**	**12**	**18**	**24**	**29**	**32**	**33**	**28**	**21**	**13**	**6**
(900 m)	- 7	- 5	1	7	11	14	18	18	13	8	3	- 2

nombre d'heures par jour   hauteur en mm / nombre de jours

	J	F	M	A	M	J	J	A	S	O	N	D
Goumri	**3**	**5**	**5**	**6**	**8**	**10**	**12**	**11**	**8**	**7**	**5**	**3**
	25/10	25/9	35/9	60/10	80/12	70/11	60/7	35/6	35/6	40/6	25/6	35/8
Erevan	**3**	**4**	**5**	**7**	**9**	**11**	**12**	**11**	**10**	**8**	**5**	**3**
	23/7	25/6	30/6	42/8	50/9	25/6	13/3	10/2	12/2	25/4	28/5	22/6

ustralie

Superficie : 14 fois la France. Sydney (latitude 33°52'S ; longitude 151°02'E) : GMT + 10 h. Durée du jour : maximale (décembre) 14 heures 30, minimale (juin) – 10 heures.

L'île-continent, située dans l'hémisphère austral, a des saisons inversées par rapport à celles de l'Europe.

Étant donné son immensité, la meilleure période pour y voyager diffère selon les régions. Ce sont les saisons intermédiaires – les mois de **mai et septembre**, ou mieux encore **d'avril et octobre** – qui vous permettront d'échapper à la fois au plus désagréable de la saison des pluies dans le Nord, et aux ciels couverts et au froid (relatif) de l'hiver austral dans le Sud.

▶ Au nord de l'Australie – le « Top End », de la péninsule de Dampier au cap York –, le climat est tropical (voir Darwin, Daly Waters) : une saison sèche, *the dry*, de mai à mi-octobre, avec des journées très chaudes et des nuits plus fraîches, surtout dans l'intérieur du pays, et une saison des pluies, *the wet*, de novembre à mars, avec des températures très élevées, une forte humidité qui peut être pénible, et des pluies très abondantes sur les régions côtières entre novembre et mars. Certaines routes et pistes peuvent être fermées pendant cette saison des pluies.

C'est cette dernière période qui est la moins plaisante dans le nord de l'Australie, d'autant plus que les cyclones, surtout de février à mi-mars, y font parfois des dégâts considérables.

La mer, elle, reste à une température agréable toute l'année : entre 25° et 28°.

▶ **Sur la côte est**, de la Grande Barrière de corail à Sydney, les pluies se répartissent plus également tout au long de l'année, avec tout de même des périodes plus arrosées entre décembre et mars au nord et vers Brisbane, entre mars et mai vers Sydney.

Les températures sont agréables en toute saison, un peu fraîches la nuit en hiver (juin à août). Se baigner en cette saison, vers Sydney, est réservé aux courageux : dans cette rade où débarquèrent voici deux siècles les forçats loqueteux dont les *Aussies* se disputent aujourd'hui l'ascendance, la température de l'eau de mer ne dépasse pas 17°. En revanche, à Brisbane, elle descend rarement en dessous de 19°, et au niveau de la Grande Barrière de corail elle est toujours bonne.

La Grande Barrière de corail est une région très riche en flore et en faune marines : de septembre à mars, des milliers de tortues de mer viennent s'y reproduire. Des millions d'oiseaux (sternes, mouettes, goélands, frégates, aigles des mers) trouvent refuge et se reproduisent (de novembre à mars) sur North West Island et Heron Island.

▶ **En Australie occidentale** (voir Perth), le climat est très agréable d'**octobre à début mai** : journées très ensoleillées et chaudes, nuits fraîches. La région souffre parfois de la sécheresse au milieu de l'été. En hiver, de juin à septembre, il fait un peu frais et surtout il pleut fréquemment.

◗ Tout au **sud** de l'Australie et en Tasmanie (voir Melbourne, Hobart), les hivers sont plus marqués : nuits froides, vent coupant, ciel souvent nuageux ; mais les gelées sont rares et il ne neige qu'au-dessus de 1 000 mètres (entre juin et août, on skie dans l'État de Victoria, notamment à Mount Buller, et dans les Snowy Mountains, au sud-ouest de Canberra). Les étés sont agréables, chauds sans excès, avec des nuits fraîches. Les pluies, assez modérées, se distribuent uniformément tout au long de l'année.

Si vous aimez l'eau fraîche, le sud de l'Australie est pour vous : la température de la mer n'atteint jamais 20°.

◗ Dans l'*outback*, l'immense désert intérieur (voir Alice Springs, Giles, Oodnadatta), le climat est torride dans la journée d'octobre à mars et de violents orages éclatent parfois ; durant cette période, les nuits sont heureusement assez douces. En hiver, de mai à août, les journées sont tempérées et les nuits froides. Les meilleures périodes sont le début et la fin de cette saison (**avril-mai, août-septembre**).

VALISE : les Australiens sont peu formalistes sur la question de l'habillement ; d'octobre à avril, des vêtements légers, analogues à ceux que vous porteriez dans le sud de la France en été, seront tout à fait adaptés dans les grandes villes (aucun problème pour les ferventes du short, de la minijupe, etc.). Le reste de l'année, des vêtements plus chauds et un imperméable sont nécessaires. Dans l'*outback*, vêtements de sport, chaussures de marche. Pour se promener sur les récifs coralliens : des sandales de plastique ou des tennis.

BESTIOLES : certains coquillages magnifiques que l'on a envie de ramasser, sur la Grande Barrière notamment, sont hérissés d'épines empoisonnées dont les piqûres sont très douloureuses ; plus dangereux encore, le *stone fish*, qui porte sur le dos des piquants au poison violent (ne jamais se promener nu-pieds sur les récifs). Dans les eaux tropicales australiennes, attention aux *sea wasps* (guêpes de mer) et aux méduses qui sont très venimeuses (de décembre à mars surtout).

FOULE : faible pression touristique, surtout si l'on considère l'immensité du pays. Mais le tourisme y est en forte progression. L'affluence, toute relative, atteint son maximum au mois de décembre, au début de l'été austral. L'Australie accueille alors deux fois plus de visiteurs qu'en mai et juin, c'est-à-dire à la fin de l'automne, la période la plus calme. En 2001, le Japon et la Nouvelle-Zélande à égalité, suivis du Royaume-Uni et des États-Unis, ont fourni à eux quatre 60 % des visiteurs. Comme la Nouvelle-Zélande, l'Australie a enregistré ces dernières années une hausse notable des visiteurs des pays de l'Union européenne. ●

Printemps dans le bush

Près du ruisseau, les mimosas d'or, arbustes élancés, dorés, éclataient d'un feu printanier au-dessus de votre tête ; et les senteurs du printemps australien, et la plus éthérée des fleurs d'or, le mimosa duveteux, aux boules innombrables, et cette solitude absolue, l'absence de toute créature humaine ; là-haut, le bleu intact du ciel, la silhouette farouche et sombre des eucalyptus, à quelques pas de là, et puis les cris d'étranges oiseaux, cris éclatants d'étranges et rutilants oiseaux, passant comme des ombres. Seuls ces cris et parfois comme le coassement d'une grenouille interrompaient ce silence indescriptible, absolu, millénaire, de la brousse australienne.
Extrait de *Kangourou*,
de D. H. Lawrence.

moyenne des températures maximales / moyenne des températures minimales

	J	F	M	A	M	J	J	A	S	O	N	D
Darwin	32	32	33	33	33	31	31	32	33	34	34	33
	25	25	25	24	23	21	19	21	23	25	26	26
Daly Waters	37	36	35	34	31	29	29	32	36	38	39	38
	24	23	22	19	16	14	12	13	18	22	24	24
Alice Springs	36	35	32	27	23	19	19	23	27	31	34	36
(580 m)	21	21	17	12	8	5	4	6	9	14	18	20
Giles	36	35	32	28	24	21	21	23	27	29	32	36
	22	21	19	14	9	6	6	7	10	14	17	21
Oodnadatta	36	36	32	27	22	18	18	21	24	29	33	35
	21	21	17	13	8	6	5	6	9	13	17	19
Brisbane	29	29	28	26	23	21	20	22	24	27	28	29
	21	20	19	16	13	11	9	10	13	16	18	19
Perth	29	29	27	24	21	18	17	18	19	21	24	27
	17	17	16	14	12	10	9	9	10	12	14	16
Eucla	26	26	26	24	22	19	18	19	21	23	24	25
	17	17	16	13	11	8	7	7	9	11	13	16
Adélaïde	30	30	27	23	19	16	15	17	19	23	26	28
	16	17	15	13	10	8	7	8	9	11	13	15
Sydney	26	26	24	22	19	16	16	17	19	22	23	25
	18	18	17	14	11	9	8	9	11	13	16	17
Melbourne	26	26	24	20	17	14	13	15	17	19	22	24
	14	14	13	11	8	7	6	6	8	9	11	12
Hobart	21	21	20	17	14	12	11	13	15	17	19	21
(Tasmanie)	12	12	11	9	7	5	4	5	6	8	9	11

température de la mer : moyenne mensuelle

	J	F	M	A	M	J	J	A	S	O	N	D
Darwin	26	27	27	28	28	26	26	25	26	27	28	28
Perth	19	20	21	21	20	19	18	17	16	17	18	19
Adelaïde	17	18	19	17	16	15	14	13	13	14	15	16
Sydney	21	22	21	20	19	17	16	15	16	17	18	20
Brisbane	25	25	25	24	22	20	20	19	20	21	23	24
Hobart	14	15	14	13	12	11	11	10	11	11	12	13

Voir tableau p. suivante

Pour choisir une destination, voir également :

La santé en voyage, p. 401
Le coût de la vie, p. 441
Le monde tel qu'il est, p. 461
Obtenir ses visas, p. 471
La durée des vols, p. 485
Atlas du voyageur, en début de volume
Internet et les voyageurs, en fin de volume

nombre d'heures par jour ☔ hauteur en mm / nombre de jours

	J	F	M	A	M	J	J	A	S	O	N	D
Darwin	6	6	7	8	9	10	10	10	10	10	8	7
	385/15	310/14	255/14	95/5	15/1	2/1	1/0	1/0	13/2	50/4	120/8	240/14
Daly Waters	8	8	9	9	10	10	10	11	10	10	11	10
	165/8	150/7	120/6	25/2	5/1	8/1	3/0	2/1	5/1	20/2	55/5	100/8
Alice Springs	10	11	10	10	8	9	9	10	10	10	11	10
	45/3	35/3	30/3	10/2	15/2	1/1	8/1	8/2	9/1	18/2	30/3	40/3
Giles	10	10	10	9	8	8	9	10	11	11	10	10
	25/3	30/2	45/3	35/2	25/3	17/2	8/2	10/2	2/1	15/2	25/3	30/2
Oodnadatta	11	11	10	9	8	7	8	9	10	10	11	11
	13/2	15/1	8/2	8/2	7/1	13/2	5/1	8/1	7/1	13/2	13/2	18/2
Brisbane	8	7	7	7	7	7	7	8	8	8	8	9
	16/10	160/11	145/11	95/9	70/8	65/7	55/6	50/5	50/6	60/7	95/8	130/9
Perth	10	10	9	7	6	5	5	6	7	9	10	10
	8/2	10/2	20/4	45/6	130/10	180/12	170/14	145/14	85/12	55/9	20/5	13/3
Eucla	10	10	9	7	6	6	6	7	8	9	9	9
	15/3	18/3	25/4	25/6	30/7	30/8	25/7	20/6	17/5	18/4	18/3	13/3
Adélaïde	10	9	8	6	5	4	4	5	6	7	8	9
	20/3	18/3	25/3	45/7	70/9	75/10	65/11	65/11	50/10	40/8	30/6	25/4
Sydney	7	7	6	6	6	5	6	7	7	7	8	8
	90/10	100/9	130/10	135/10	130/9	120/8	120/8	75/8	75/8	70/8	75/8	75/9
Melbourne	8	8	6	5	4	3	4	4	5	6	6	7
	50/6	45/5	55/6	60/9	55/10	55/10	50/11	50/12	60/11	70/10	60/10	60/8
Hobart	8	7	6	5	4	4	4	5	6	6	7	7
	50/9	40/7	45/9	50/10	45/10	55/12	55/13	50/14	55/13	60/14	60/12	55/10

ATLAS DU VOYAGEUR

Le monde : frontières, États et territoires
Où se trouve le Vanuatu ?

Cartes des températures de la mer, mois par mois.
Où et quand se plonger dans une mer à plus de 30° C ?

Graphes *les jours et les nuits du voyageur*
Du soleil, mais pas trop...

Cartes *durée utile de jour*
Pour éviter les nuits trop longues

Carte des fuseaux horaires
Quelle heure est-il ?

Le monde : frontières, États et territoires

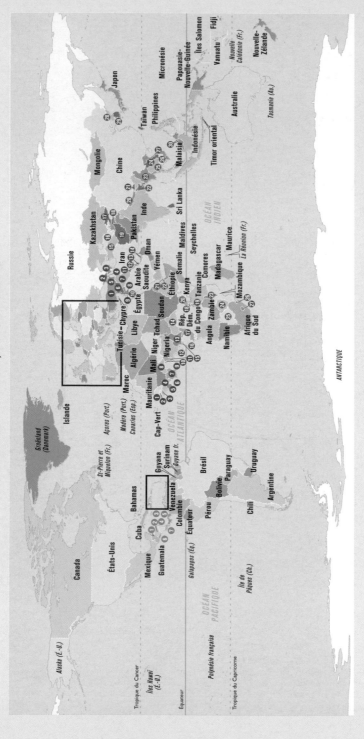

Températures moyennes de la mer : février

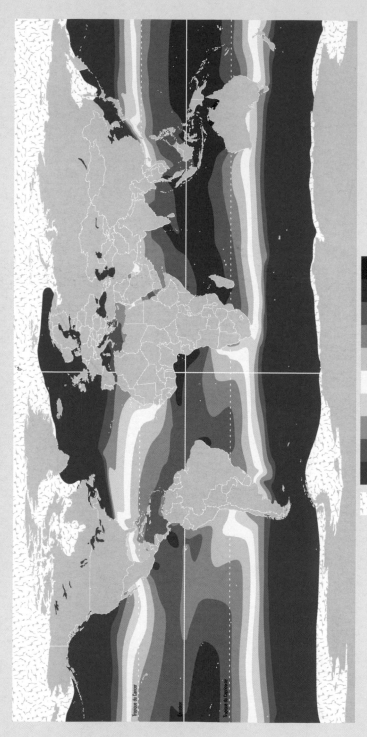

glace   0°   14°   16°   18°   20°   22°   24°   26°   28°   30°

Au cœur de l'hiver, on se baigne en mer Rouge dans une eau à plus de 20°. Au nord de l'Australie, la mer dépasse les 30°, mais c'est la saison des cyclones.
Au sud de ce pays, comme en Argentine et au Chili, et même pendant l'été austral, la mer reste assez fraîche.

Températures moyennes de la mer : avril

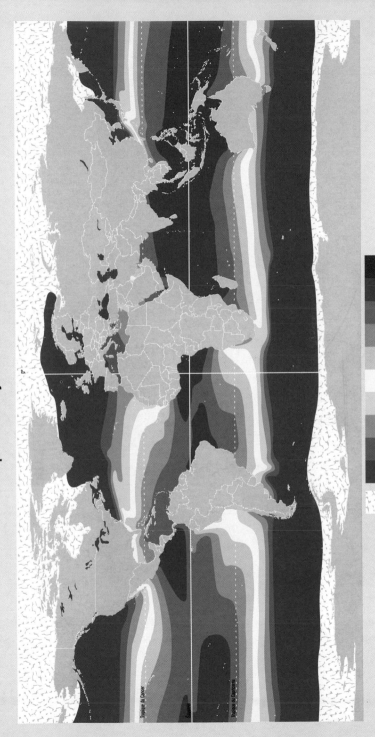

glace 0° 14° 16° 18° 20° 22° 24° 26° 28° 30°

Des côtes nord du Brésil au golfe de Guinée, l'Atlantique atteint ses records annuels de températures.

À Salvador de Bahia comme à Abidjan, les précipitations n'excluent pas une présence honorable du soleil. À Madagascar, sur la côte ouest, mer chaude et soleil.

Températures moyennes de la mer : juin

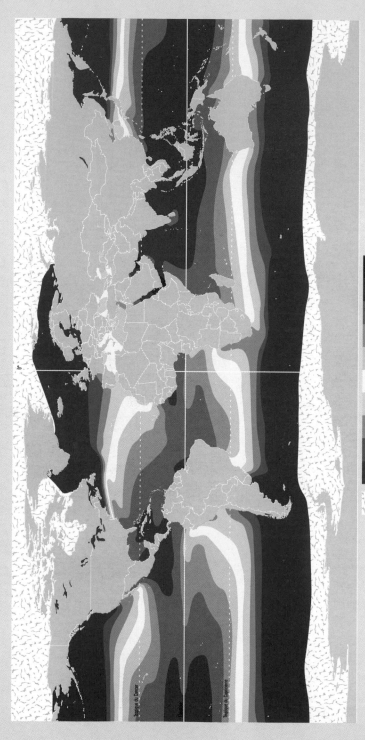

glace 0° 14° 16° 18° 20° 22° 24° 26° 28° 30°

Il faut gagner la partie orientale de la Méditerranée pour profiter d'une mer agréable. Elle l'est plus encore passé le canal de Suez.
Beaucoup plus loin, en Indonésie, la mer reste chaude toute l'année mais le début de la saison sèche est un bonne période pour s'y rendre.

Températures moyennes de la mer : août

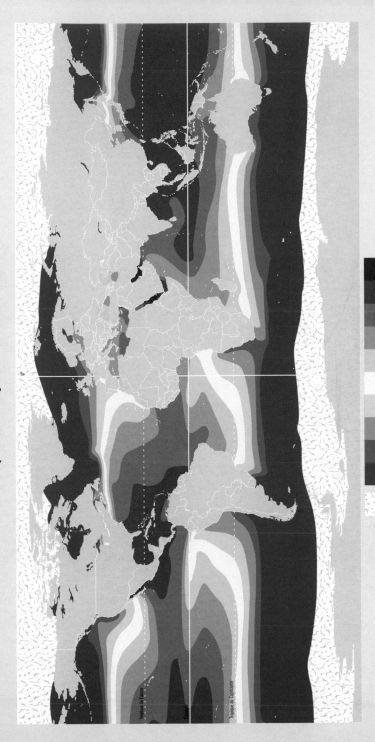

glace 0° 14° 16° 18° 20° 22° 24° 26° 28° 30°

Même en été, la mer n'est jamais très chaude en Bretagne ni au Portugal. Elle est encore plus fraîche sur la côte ouest des États-Unis ; mais la frontière mexicaine franchie mer chaude et canicule garanties en Basse Californie.

Températures moyennes de la mer : octobre

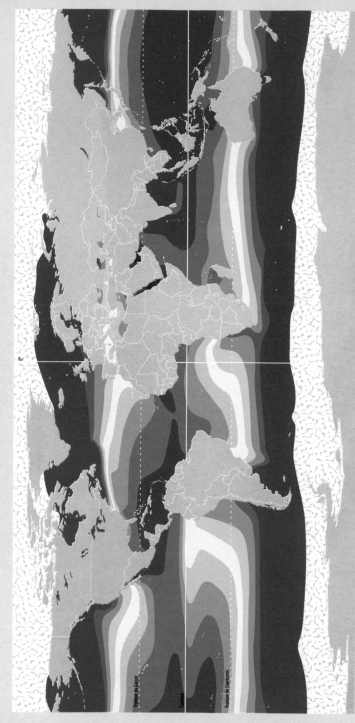

glace 0° 14° 16° 18° 20° 22° 24° 26° 28° 30°

Au début de l'automne, la mer reste très « bonne » à Chypre, Rhodes, et même en Crète, en Tunisie et en Libye.
Au Sénégal aussi, où se conjuguent une mer assez chaude, la fin de la saison des pluies, et une fréquentation touristique réduite.

Températures moyennes de la mer : décembre

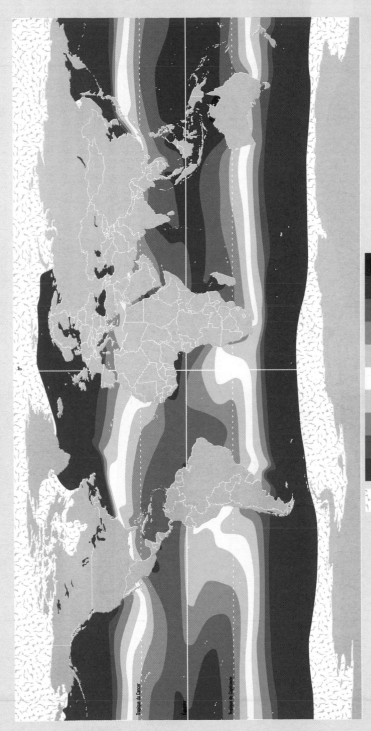

glace 0° 14° 16° 18° 20° 22° 24° 26° 28° 30°

Vers l'Est, la bonne saison commence au Kerala (Inde du Sud) et en Thaïlande. Vers l'Ouest aussi : les Caraïbes, les plages du Brésil et la côte pacifique du Mexique et de l'Amérique centrale sont accueillantes. À Mombasa (Kenya), mer chaude, soleil et chaleur.

Tropique du Cancer

Équateur

Tropique du Capricorne

Fuseaux horaires

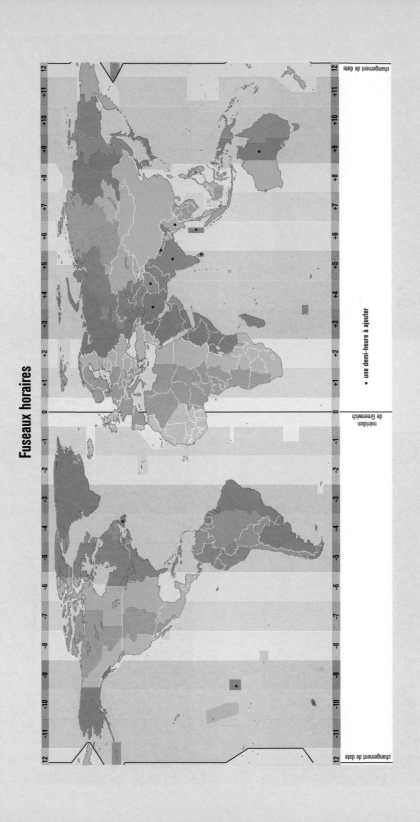

changement de date

méridien de Greenwich

changement de date

• une demi-heure à ajouter

Autriche

Superficie : 0,15 fois la France. Vienne (latitude 48°15'N ; longitude 16°22'E) : GMT + 1 h. Durée du jour : maximale (juin) 16 heures, minimale (décembre) 8 heures.

▶ Le **printemps** et l'**automne** – particulièrement **mai, juin et septembre** – sont de bonnes périodes pour découvrir Vienne et Salzbourg, les deux grandes capitales autrichiennes du baroque et de la musique. Les autres saisons, sans être formellement contre-indiquées, ont chacune leurs inconvénients : les hivers du bassin viennois, sans être excessivement rigoureux, sont assez froids et souvent brumeux ; juillet et août sont souvent assez humides et orageux à Vienne, et carrément pluvieux à Salzbourg.

▶ **De la mi-mai à la fin du mois de septembre**, on peut s'adonner aux plaisirs des randonnées dans les différents massifs des Alpes autrichiennes, des paysages pittoresques du Tyrol aux « rivieras » des lacs de Carinthie et à la verte Styrie. Les forêts alpines offrent alors d'excellents abris aux marcheurs surpris par les averses ou les orages, il est vrai assez fréquents en été. On peut aussi pratiquer le ski d'été dans certaines stations.

▶ L'**hiver** autrichien est par excellence la saison du ski (**de décembre à avril**) dans ce pays aux trois quarts montagneux. Les stations situées en altitude, nombreuses au Tyrol, offrent des pistes bien enso-

leillées alors que les vallées restent souvent plongées dans le brouillard. C'est dans cette même région, cependant, que sévit le plus régulièrement le fœhn, vent chaud et sec, qui peut en hiver provoquer des diminutions spectaculaires de l'enneigement ou des avalanches. Plus à l'est, la Carinthie connaît le *jauk*, variété locale du même vent.

VALISE : de juin à septembre, vêtements d'été et lainages, veste pour les soirées toujours fraîches. De novembre à mars, lainages, manteau d'hiver, écharpe, gants, etc. En toute saison un imperméable ou un parapluie peuvent être utiles.

FOULE : un flux touristique modéré, en baisse depuis quelques années, et assez inégalement réparti sur l'année. L'Autriche accueille en juillet et en août 10 fois plus de monde qu'en novembre, le mois des plus basses eaux du tourisme.
Plus de la moitié des visiteurs de l'Autriche viennent de l'Allemagne voisine. Moins de 4 % de France. ●

Voir tableaux p. suivante

Voir également les rubriques :
La santé en voyage, p. 401
Le coût de la vie, p. 441
Le monde tel qu'il est, p. 461
Obtenir ses visas, p. 471
La durée des vols, p. 485
Atlas du voyageur, en début de volume
Internet et les voyageurs, en fin de volume

moyenne des températures maximales / moyenne des températures minimales

	J	F	M	A	M	J	J	A	S	O	N	D
Vienne	1	3	8	14	19	23	25	24	20	14	7	3
	-4	-2	1	6	10	14	15	15	11	7	3	-1
Salzbourg	2	4	9	14	19	22	23	23	20	14	8	3
(435 m)	-6	-5	-1	3	7	11	13	13	9	5	0	-4
Innsbruck	1	4	11	16	20	24	25	24	21	15	8	2
(580 m)	-7	-5	0	4	8	11	13	12	10	5	0	-4
Graz	1	4	9	15	19	23	25	24	20	14	7	2
(377 m)	-5	-4	0	5	9	12	14	14	11	6	1	-2

nombre d'heures par jour   hauteur en mm / nombre de jours

	J	F	M	A	M	J	J	A	S	O	N	D
Vienne	2	3	4	6	8	8	9	8	7	4	2	2
	40/8	45/7	45/8	45/8	70/9	65/9	84/9	70/9	40/7	55/8	50/8	45/8
Salzbourg	2	3	4	5	7	7	7	7	6	4	2	2
	75/12	65/11	70/10	90/13	130/14	165/15	195/15	165/14	110/12	80/10	70/10	65/11
Innsbruck	2	4	5	5	6	6	7	6	6	5	3	2
	55/9	50/8	40/7	50/9	75/11	110/14	135/14	110/13	80/10	65/8	55/8	45/7
Graz	2	4	5	6	7	8	8	8	6	4	2	2
	25/6	35/6	35/6	55/8	95/11	120/11	125/11	100/10	80/8	80/8	55/7	45/6

Azerbaïdjan

Superficie : 0,15 fois la France. Bakou (latitude 40°21'N ; longitude 49°50'E) : GMT + 3 h 30. Durée du jour : maximale (juin) 15 heures, minimale (décembre) 9 heures 30.

Limité au nord par la chaîne du Grand Caucase, à l'ouest par les contreforts du Petit Caucase, au sud par les monts Talych, l'Azerbaïdjan s'ouvre largement sur la mer Caspienne.

▶ **En hiver**, le pays est en règle générale bien protégé des influences polaires par la chaîne du Grand Caucase. La basse vallée du Koura et les côtes de la mer Caspienne connaissent à cette période de nombreux jours, certes frais, mais clairs et secs. Régulièrement cependant, un redoutable vent du nord – type *Bora* – profite du passage entre le Caucase et la mer pour venir refroidir Bakou et le littoral. À l'inverse, la Péninsule d'Apchéron, au nord de la capitale, peut de temps à autre voir grimper sa température en quelques heures sous l'effet du fœhn.
À l'ouest de l'Azerbaïdjan, si quelques tempêtes de neige peuvent avoir lieu en altitude, la couche neigeuse est rarement très épaisse. Mais, dans la région du Haut-Karabakh notamment, le froid peut être très rigoureux. Dans les plaines, et sur les rives de la mer Caspienne, il arrive souvent qu'il ne neige pas de tout l'hiver.

▶ **Au printemps**, l'ouest du pays voit tomber le plus de pluies. Rien de très important cependant, dans la mesure où l'Azerbaïdjan est globalement peu arrosé – exception faite toutefois de la région des monts Talych, à l'extrême sud du pays (en moyenne, 1 250 mm par an à Astara).

▶ **L'été** est très chaud, d'autant plus que l'on s'éloigne de la mer Caspienne, mais il est aussi très sec. La région de Bakou et la péninsule d'Apchéron sont régulièrement balayées par un vent du nord, souvent chargé en poussière.

▶ C'est **en automne** que les monts Talych et l'extrémité sud de la côte reçoivent leur maximum de pluies – en moyenne près de 200 mm par mois, de septembre à novembre. Le taux d'humidité y est alors élevé, près de 80 %. Dans le reste du pays, le climat est assez agréable.

▶ Les saisons intermédiaires sont les plus propices à un voyage en Azerbaïdjan : de **la fin avril à la fin juin, septembre et octobre.**

VALISE : ne pas oublier des vêtements coupe-vent en hiver. Se rappeler que les soirées peuvent être très fraîches jusqu'en mai, et à partir d'octobre. Les porteurs de lentilles de contact emporteront une bonne vieille paire de lunettes pour les périodes de vent de poussière. La majorité de la population azerbaïdjanaise est de tradition musulmane, les voyageuses éviteront les tenues qui pourraient choquer.

SANTÉ : faibles risques de paludisme au sud du pays. ●

moyenne des températures maximales / moyenne des températures minimales

	J	F	M	A	M	J	J	A	S	O	N	D
Guandji	7	8	13	17	24	28	31	30	26	19	14	9
(300 m)	-1	-1	3	7	13	16	19	19	15	10	5	1
(ex–Kirovabad)												
Bakou	7	8	10	15	22	26	29	29	25	20	14	10
	0	0	2	7	13	18	21	21	19	14	8	2

nombre d'heures par jour   hauteur en mm / nombre de jours

	J	F	M	A	M	J	J	A	S	O	N	D
Guandji	3	4	4	5	7	10	10	9	7	5	4	3
	12/5	14/4	17/5	40/8	40/8	50/8	25/4	17/4	25/5	25/5	11/4	18/4
Bakou	3	4	5	6	8	11	11	10	8	6	4	3
	25/7	16/6	25/6	25/5	17/4	13/3	8/2	7/2	15/3	30/5	35/7	25/7

Bahamas

Superficie : 0,02 fois la France. Nassau (latitude 25°03'N ; longitude 77°28'O) : GMT – 5 h. Durée du jour : maximale (juin) 14 heures, minimale (décembre) 10 heures 30.

Il fait toujours beau aux Bahamas : ciel dégagé, soleil, brises soutenues qui tempèrent les excès de chaleur.

▶ Cependant, de décembre à mars, il fait parfois un peu frais pour passer ses journées sur les plages lorsque le vent souffle fort.

Il est donc peut-être préférable de partir **entre avril et août**. C'est durant cette période que tombe l'essentiel des pluies, qui toutefois ne risquent pas de gâcher votre séjour puisqu'elles sévissent surtout en fin de journée ou pendant la nuit, sous formes de grosses averses.

La partie méridionale de l'archipel peut être touchée par un ouragan. Ils sévissent généralement en septembre ou en octobre, ainsi *Andrew* en 1992, mais atteignent plus rarement les Bahamas que le reste des Antilles.

▶ Déjà bonne pendant les mois d'hiver, la mer est chaude en été : sa température peut atteindre 29° au mois d'août.

VALISE : vêtements très légers, en fibres naturelles de préférence ; un anorak pendant la saison des pluies ; un ou deux pull-overs, une veste ou un blouson pour les soirées de novembre à avril.

FOULE : une pression touristique très forte, même en basse saison. Les mois les plus fréquentés – mars en premier lieu, puis avril et juillet – reçoivent près de deux fois plus de visiteurs que septembre et octobre, les mois « creux », quoiqu'ils ne le soient que très relativement.

Il s'agit d'un tourisme à 90 % d'origine nord-américaine, à moins de 1 % d'origine hexagonale. ●

moyenne des températures maximales / moyenne des températures minimales

	J	F	M	A	M	J	J	A	S	O	N	D
Nassau	24	25	26	27	29	30	31	31	31	29	27	25
	17	17	18	20	21	23	24	24	23	22	20	18

nombre d'heures par jour / hauteur en mm / nombre de jours

	J	F	M	A	M	J	J	A	S	O	N	D
Nassau	7	8	8	9	9	8	9	8	7	7	8	7
	35/6	45/6	45/5	80/6	115/11	160/14	150/16	135/16	165/17	165/15	85/9	40/9

température de la mer : moyenne mensuelle

	J	F	M	A	M	J	J	A	S	O	N	D
Nassau	24	24	24	25	26	27	28	28	28	27	26	25

Bangladesh

Superficie : 0,3 fois la France. Dacca (latitude 23°46'N ; longitude 90°23'E) : GMT + 6 h. Durée du jour : maximale (juin) 13 heures 30, minimale (décembre) 10 heures 30.

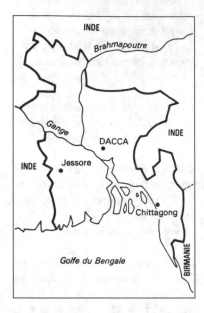

▶ La courte saison fraîche, **de la fin novembre à la fin février**, est la meilleure période pour se rendre dans ce pays oublié des dieux. Il fait chaud pendant la journée, frais le soir, l'air est relativement humide, mais sans excès ; il pleut rarement et le ciel est clair.

▶ De fin février à fin mai, les températures sont très élevées ; elles atteignent leur maximum au mois d'avril, et l'humidité qui est toujours importante les rend accablantes. Cette saison est aussi celle des *nor'westers*, orages soudains et violents souvent accompagnés de grêle, qui éclatent de temps à autre en fin d'après-midi et peuvent se prolonger pendant la nuit.

▶ La mousson arrive normalement en juin. Les précipitations, particulièrement abondantes en juillet, durent jusqu'en septembre ou octobre. C'est l'est du pays qui reçoit les pluies les plus diluviennes, au sud-est (voir Chittagong), mais surtout au nord-est, région en comparaison de laquelle le sud-ouest (voir Jessore) semble aride ! Partout, le taux d'humidité de l'air est très élevé. Le ciel est plombé et la chaleur encore plus pénible, de jour comme de nuit. Dans ce pays amphibie, essentiellement occupé par l'immense delta où se mêlent les eaux du Gange et celles du Brahmapoutre, il est parfois difficile à cette époque de distinguer où finit la terre et où commence l'eau. Les crues des deux grands fleuves et de leurs affluents provoquent régulièrement des inondations dévastant récoltes, routes, maisons... La fin de la mousson, vers octobre, est accompagnée de vents violents.

▶ Des cyclones viennent périodiquement semer la mort et la désolation dans le sud du pays, le long du golfe de Bengale. Ces catastrophes arrivent principalement en octobre et novembre ; mais rien n'exclut qu'elles soient plus précoces, ou plus tardives. Ainsi, en 1989, l'un des cyclones les plus meurtriers des cinquante dernières années (près de 150 000 victimes) a frappé un 30 avril.

VALISE : de mars à octobre, les vêtements les plus légers possibles, en coton ou en lin ; inutile d'espérer supporter un imperméable et le parapluie est d'une efficacité très limitée. De décembre à février, vous pouvez avoir besoin d'un pull-over, d'une veste ou d'un blouson.

SANTÉ : vaccination antirabique fortement conseillée. Risques de paludisme toute l'année, excepté à Dacca. Résistance élevée à la Nivaquine.

BESTIOLES : des moustiques toute l'année ; ils attaquent la nuit mais aussi en milieu de journée dans les régions élevées. ●

La saison des pluies au Bengale

4 juillet, 1893.

Ce matin on aperçoit un petit rayon de soleil. Hier, la pluie a cessé un peu et il y a eu une éclaircie, mais les nuages s'amoncellent si lourdement sur les bords du ciel qu'il n'y a pas beaucoup d'espoir de voir durer l'éclaircie. C'est comme si un lourd tapis de nuages avait été roulé sur le côté, qu'à tout instant une brise tracassière pourrait en soufflant redéployer entièrement, couvrant toute trace de ciel bleu et de soleil doré. Quelle réserve d'eau contient le ciel cette année ! Le fleuve a déjà atteint les bancs de sable bas, menaçant de submerger toutes les cultures sur pied. Les malheureux paysans, désespérés, coupent et emportent en bateau des bottes de riz à demi mûr. Je les entends se lamenter sur leur sort alors qu'ils passent à côté de mon bateau. Il est facile de comprendre combien il est déchirant pour un cultivateur d'être obligé de récolter le riz juste avant qu'il ne soit mûr.

Extrait de *Les Feux du Bengale*, de Rabindranâth Tagore.

moyenne des températures maximales / moyenne des températures minimales

	J	F	M	A	M	J	J	A	S	O	N	D
Dacca	25	28	32	33	33	32	31	31	32	31	29	26
	13	15	20	23	24	26	26	26	26	24	19	14
Jessore	26	28	33	36	35	33	31	32	32	32	29	27
	10	13	18	23	25	26	26	26	25	23	16	11
Chittagong	26	28	31	32	32	31	30	30	31	31	29	27
	13	15	19	23	24	25	25	25	24	23	18	14

nombre d'heures par jour — hauteur en mm / nombre de jours

	J	F	M	A	M	J	J	A	S	O	N	D
Dacca	9	9	9	8	7	5	4	4	5	7	8	9
	14/1	25/2	45/3	160/7	245/10	345/14	350/19	365/18	240/14	170/6	30/2	20/0
Jessore	10	9	9	9	8	5	4	4	5	8	9	10
	14/1	25/2	35/2	90/5	180/9	275/13	315/18	305/16	195/12	135/6	20/2	16/10
Chittagong	9	9	9	8	7	4	4	4	5	7	8	9
	10/1	25/1	60/2	115/5	285/10	510/15	645/19	570/15	345/11	230/7	55/2	17/1

température de la mer : moyenne mensuelle

	J	F	M	A	M	J	J	A	S	O	N	D
Chittagong	25	25	27	28	29	29	29	29	28	27	27	26

Belgique

Superficie : 0,06 fois la France. Bruxelles (latitude 50°48'N ; longitude 04°21'E) : GMT + 1 h. Durée du jour : maximale (juin) 16 heures 30, minimale (décembre) 8 heures.

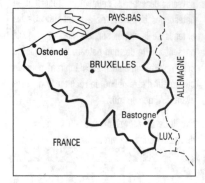

Le climat belge est plutôt instable, moyennement ensoleillé, avec des précipitations fréquentes. Il est plus doux sur la côte (voir Ostende) qu'à l'intérieur du pays, ce contraste s'accentuant à mesure que l'on s'approche des Ardennes.

▶ La meilleure saison pour découvrir les villes d'art du plat pays se situe **entre fin mai et fin septembre** : on risque une petite ondée de temps en temps, mais le soleil est malgré tout assez présent, et les températures sont agréables dans la journée. En plein été (juillet-août), on peut se baigner sur les immenses plages de sable de la côte belge. Cependant l'eau est toujours fraîche (elle dépasse rarement 18°) et le littoral est assez venté.

▶ À l'est du pays, les Ardennes belges connaissent un hiver rude. Certaines années on y pratique même le ski de fond. Les Ardennes sont un cadre magnifique pour faire des randonnées en forêt **en été et au début de l'automne**. Dès la mi-octobre, les températures fraîchissent nettement.

VALISE : de juin à septembre, vêtements d'été et de demi-saison. En hiver, vêtements chauds, imperméable ou parapluie.

FOULE : le flux touristique atteint son apogée en juillet et août. Décembre et janvier représentent les mois les plus délaissés. Un tourisme à plus de 80 % d'origine européenne où, dans l'ordre, Britanniques, Allemands, Néerlandais et Français sont les plus nombreux. ●

moyenne des températures maximales / moyenne des températures minimales

	J	F	M	A	M	J	J	A	S	O	N	D
Ostende	5	6	9	11	15	18	19	20	19	15	10	6
	1	2	3	6	10	11	13	13	12	8	5	2
Bruxelles	4	7	10	14	18	22	23	22	20	15	9	6
	- 1	0	2	5	8	11	12	12	11	7	3	0
Bastogne (515 m)	3	4	9	12	17	20	22	21	18	13	7	4
	- 3	- 3	0	2	6	9	11	10	8	4	1	- 1

nombre d'heures par jour 🌧 hauteur en mm / nombre de jours

	J	F	M	A	M	J	J	A	S	O	N	D
Ostende	2	3	5	6	7	8	7	7	5	4	2	2
	50/10	50/9	40/7	35/8	30/7	35/7	60/8	55/9	60/7	75/9	65/10	55/10
Bruxelles	2	3	4	5	6	7	6	6	5	4	2	1
	75/14	60/11	50/10	55/11	55/10	55/10	80/11	75/10	70/11	70/11	70/11	70/13
Bastogne	2	2	4	6	7	7	7	6	5	4	2	1
	70/13	70/11	50/10	50/9	70/9	80/9	85/10	105/10	70/10	60/10	75/12	85/12

〜〜 **température de la mer :** moyenne mensuelle

	J	F	M	A	M	J	J	A	S	O	N	D
Ostende	6	6	6	8	11	13	16	17	16	14	11	9

Belize

Superficie : 0,04 fois la France. Belize (latitude 17°31'N ; longitude 88°12'O) : GMT – 6 h. Durée du jour : maximale (juin) 13 heures, minimale (décembre) 11 heures.

culminent à 1 400 mètres, la chaleur est un peu plus modérée et donc l'humidité plus supportable.

▶ La ville de Belize est sur le chemin des cyclones, assez fréquents notamment vers octobre et parfois très destructeurs ; c'est pourquoi le gouvernement a décidé en 1970 la création d'une nouvelle capitale située à 80 kilomètres au sud-ouest, à l'intérieur des terres : Belmopan.

VALISE : en toute saison, des vêtements très légers, un pull et de quoi vous protéger des averses. De décembre à février, ajoutez un ou deux lainages : une vague de « fraîcheur » n'est pas exclue à cette saison.

SANTÉ : risques de paludisme toute l'année en dehors des zones urbaines.

BESTIOLES : moustiques toute l'année, surtout actifs la nuit. Méfiez-vous des serpents dans les zones rurales ; les morsures sont cependant rares.

FOULE : une assez forte pression touristique. Les États-Unis fournissent à eux seuls plus du tiers des voyageurs au Belize. Les Britanniques constituant le plus fort contingent européen. ●

▶ Le meilleur moment pour se rendre au Belize, l'ex-Honduras britannique, se situe entre les mois de **février et avril**. La moitié nord de ce petit pays au climat chaud et pluvieux connaît alors une saison que l'on peut qualifier de « sèche » sans se couvrir de ridicule (voir Belize). Au sud, cette saison est beaucoup moins marquée.
En tout état de cause, quel que soit le moment, vous aurez peu de chance d'échapper à un taux d'humidité élevé, particulièrement désagréable durant les mois les plus arrosés (juin à décembre) et sur les terres basses, au nord du pays. Au sud, sur les hauteurs des monts Mayo, qui

moyenne des températures maximales / moyenne des températures minimales

	J	F	M	A	M	J	J	A	S	O	N	D
Belize	28	29	30	31	32	31	31	31	31	30	29	28
	19	20	22	23	24	25	24	24	24	23	21	20

nombre d'heures par jour hauteur en mm / nombre de jours

	J	F	M	A	M	J	J	A	S	O	N	D
Belize	6,5	7	8	9	8,5	6,5	7	7,5	6	6,5	6	5,5
	140/12	75/7	60/5	50/4	105/7	260/15	240/15	185/14	280/16	260/15	185/13	175/14

température de la mer : moyenne mensuelle

	J	F	M	A	M	J	J	A	S	O	N	D
Mer des Caraïbes	25	26	26	27	27	28	29	28	28	28	27	26

Bénin

Superficie : 0,2 fois la France. Cotonou (latitude 6°21'N ; longitude 02°23'E) : GMT + 1 h. Durée du jour : environ 12 heures toute l'année.

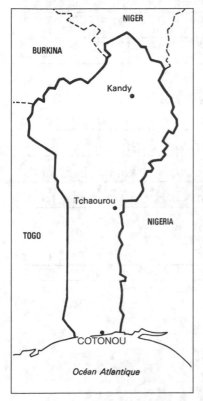

ment fraîches. L'*harmattan*, brûlant et poussiéreux ou chargé de sable, souffle du désert pendant toute la saison sèche. Durant cette période, les brumes sèches sont fréquentes le matin dans le nord.

Le parc national du Pendjari et le parc du W (créé conjointement avec le Niger et le Burkina-Faso), situés tous les deux à l'extrême nord du pays, sont accessibles de décembre à mai : le meilleur moment pour les visiter est la fin de cette période (voir chapitre Kenya).

❱ D'avril à octobre, c'est la **saison des pluies**, interrompue sur la côte par une petite saison sèche, en août-septembre (durant laquelle le ciel reste très nuageux et l'humidité pénible à supporter). Dans la moitié nord du pays, la saison des pluies est ininterrompue, mais moins abondante, sauf sur les hauteurs de l'Akatora, au nord-ouest, où les mois de septembre et octobre sont en général particulièrement arrosés. Dans le nord, il pleut surtout en fin d'après-midi et la nuit, et sur la côte plutôt la nuit et le matin.

❱ La meilleure période pour faire un voyage au Bénin est la **grande saison sèche, de novembre à mars**.

Sur la côte (voir Cotonou), le ciel, souvent nuageux le matin, est dégagé l'après-midi mais la capitale béninoise connaît un fort taux d'humidité tout au long de l'année qui rend la chaleur étouffante. On peut se baigner toute l'année sur les belles plages du littoral (à condition de faire attention à la barre, assez dangereuse par endroits). Sur les plateaux situés plus au nord (voir Tchaourou, Kandi), la chaleur impose une vie au ralenti en milieu de journée (le thermomètre atteint souvent 40°), mais l'air est plus sec et les nuits sont relative-

VALISE : vêtements légers de coton ou de lin de préférence, faciles à laver ; un lainage pour les soirées dans le nord en hiver ; les épaules nues ne choquent personne au Bénin, mais il n'en va pas de même pour les minijupes et shorts féminins. Pendant la saison des pluies, un anorak léger à capuche vous sera utile. Pour visiter les réserves, vêtements résistants de couleurs neutres, chaussures de marche.

SANTÉ : vaccination contre la fièvre jaune obligatoire ; vaccin antirabique conseillé pour de longs séjours. Risques de paludisme toute l'année. Résistance à la Nivaquine.

BESTIOLES : moustiques toute l'année, surtout actifs la nuit. ●

moyenne des températures maximales / moyenne des températures minimales

	J	F	M	A	M	J	J	A	S	O	N	D
Kandi	35	36	37	35	33	31	28	28	29	31	33	34
	19	20	23	23	22	21	21	21	20	20	19	21
Tchaourou	35	36	36	35	33	31	27	28	29	29	33	34
(330 m)	19	21	23	23	22	21	21	21	21	20	18	21
Cotonou	29	30	30	30	29	27	27	27	27	28	29	29
	24	25	26	25	24	23	23	23	23	24	24	24

nombre d'heures par jour   hauteur en mm / nombre de jours

	J	F	M	A	M	J	J	A	S	O	N	D
Kandi	9	9	9	8	8	8	5	6	9	9	9	9
	0/0	1/0	8/1	30/3	90/7	150/10	190/13	280/18	220/16	50/5	2/0	0/0
Tchaourou	8	8	8	7	7	6	3	3	4	6	7	8
	7/1	15/1	60/4	105/6	140/10	160/13	165/12	160/11	215/16	160/11	16/2	7/1
Cotonou	7	7	7	7	7	5	4	5	5	6	8	7
	3/1	50/2	100/5	135/8	200/12	340/21	120/12	20/5	80/6	165/8	70/4	19/1

température de la mer : moyenne mensuelle

	J	F	M	A	M	J	J	A	S	O	N	D
Golfe du Bénin	27	27	28	28	27	26	26	26	25	25	26	27

Bermudes

Fort George (latitude 32°N ; longitude 63°E) : GMT – 4 h. Durée du jour : maximale (juin) 14 heures 30, minimale (décembre) 10 heures.

Le Gulf Stream, qui entraîne à la latitude déjà élevée des Bermudes les eaux tropicales des Antilles, permet à ces îles de bénéficier d'un climat chaud et humide sans excès et contribue à en faire un lieu de séjour enchanteur.

❱ **D'avril à septembre**, le soleil ne chôme pas ; la mer n'est pas très chaude au début de cette période, mais se réchauffe vite ; la chaleur est parfois forte en juillet et août, mais grâce aux brises marines elle est en général très supportable.

❱ **Entre décembre et mars**, les températures restent très agréables, un peu fraîches cependant pour se baigner. Les jours sont plus courts et moins ensoleillés.

❱ Les pluies sont réparties sur toute l'année, avec cependant un maximum entre août et octobre. Elles tombent essentiellement sous forme d'averses drues et brèves qui n'affectent pas sensiblement l'ensoleillement mais permettent l'épanouissement d'une végétation luxuriante.

VALISE : de juin à octobre, vêtements de plein été, légers et amples, en coton ou autres fibres naturelles de préférence ; de quoi vous protéger des averses. De décembre à avril, ajoutez un ou deux pullovers, une veste ou un blouson.

BESTIOLES : des moustiques en été, surtout actifs après le coucher du soleil.

FOULE : très forte pression touristique. Août, puis juin et juillet sont les mois de plus grande affluence. Janvier et février, les mois les moins fréquentés, reçoivent en comparaison 4 fois moins de monde. En 2001, des visiteurs à près de 90 % d'origine nord-américaine. Et parmi les Européens, 80 % de Britanniques et 3 % de Français. ●

moyenne des températures maximales / moyenne des températures minimales

	J	F	M	A	M	J	J	A	S	O	N	D
Fort George	20	19	20	22	24	27	30	30	29	27	24	21
	15	14	15	16	19	22	24	24	23	21	19	16

Voir tableaux p. suivante

nombre d'heures par jour 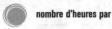 hauteur en mm / nombre de jours

	J	F	M	A	M	J	J	A	S	O	N	D
Fort George	5	5	6	8	8	9	10	9	8	6	6	5
	105/13	95/12	110/11	105/8	115/7	95/8	110/10	145/12	145/12	160/13	115/11	115/13

température de la mer : moyenne mensuelle

	J	F	M	A	M	J	J	A	S	O	N	D
Fort George	20	19	19	20	22	24	26	27	26	25	23	21

Bhoutan

Superficie : 0,1 fois la France. Thimbou (latitude 27°39'N ; longitude 89°20'E) : GMT + 5 h 30. Durée du jour : maximale (juin) 14 heures, minimale (décembre) 10 heures 30.

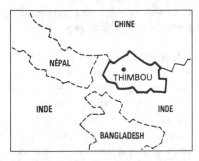

Il n'existe pas de statistiques climatiques très complètes concernant le Bhoutan, petit royaume enserré entre le Tibet, le Sikkim et l'Assam. Cependant, comme au Népal, on peut y distinguer essentiellement trois zones climatiques :

▶ Au sud, à moins de 1 500 mètres d'altitude, une ceinture chaude et humide avec des pluies de mousson (de mi-juin à septembre), d'autant plus importantes que l'on va vers l'ouest du pays.

▶ Les régions comprises entre 1 500 et 3 000 mètres d'altitude connaissent quant à elles un climat tempéré et frais ; avec des différences notables suivant l'exposition des vallées. Elles sont moins touchées par la mousson, particulièrement à l'est où ne tombe qu'environ 1 mètre de précipitations par an.

▶ Les régions élevées du Nord, au-dessus de 3 000 mètres, ont un climat de type alpin, quoique plus rude ; avec des précipitations, essentiellement en été, qui ne dépassent pas 500 millimètres par an.

▶ La saison la plus agréable au Bhoutan, quelle que soit l'altitude, est bien entendu la saison sèche, de **novembre à avril**.

VALISE : vêtements légers en coton, confortables et pratiques, pour la journée ; pull-overs, veste chaude pour les soirées. De quoi se protéger de la pluie pendant la mousson. Vêtements adaptés, si vous projetez un trekking.

SANTÉ : risques de paludisme dans la moitié sud du pays ; zones de résistance à la Nivaquine.

BESTIOLES : des moustiques toute l'année dans les basses vallées.

FOULE : un nombre de visiteurs très contingenté, moins de 10 000 ces dernières années. Japonais et Américains réunis représentent la moitié de tous les voyageurs au Bhoutan. Britanniques et Allemands sont les plus nombreux des Européens, assez loin devant les Français qui composent environ 5 % du total. ●

Pour choisir une destination, voir également :
La santé en voyage, p. 401
Le coût de la vie, p. 441
Le monde tel qu'il est, p. 461
Obtenir ses visas, p. 471
La durée des vols, p. 485

Biélorussie

Superficie : 0,4 fois la France. Minsk (latitude 53°52'N ; longitude 27°32'E) : GMT + 2 h. Durée du jour : maximale (juin) 17 heures, minimale (décembre) 7 heures 30.

La Biélorussie est essentiellement occupée par de vastes plaines. On trouve quelques régions de collines dans la moitié nord du pays (Minsk est situé à 240 m d'altitude) et une grande dépression marécageuse au sud. Cet ensemble sans reliefs très marqués offre un climat homogène qui varie d'abord en fonction de la continentalité.

▶ L'hiver biélorusse est froid, des températures de plus en plus rigoureuses au fur et à mesure que l'on va vers le nord, mais surtout vers l'est – toujours ce facteur de continentalité qui prime sur celui de la latitude. Au sud-ouest du pays, la couverture de neige s'installe en moyenne à la mi-décembre pour disparaître aux premiers jours de mars. Au nord-ouest, elle reste presque quatre mois et il faut attendre le début avril pour que la neige cède la place à la boue. Durant ces semaines de dégel, l'époque de la *rapoutitsa*, les dé-placements en dehors des grandes villes peuvent être problématiques.

▶ Le véritable printemps est court, il tient presque dans le mois de mai à lui tout seul. Juin à peine arrivé, et c'est déjà l'été avec des températures qui varieront peu jusqu'à la fin du mois d'août. C'est en été, surtout en août, que tombent les précipitations les plus importantes ; souvent sous forme de fortes averses orageuses. Il n'empêche que pendant cette période estivale, l'ensoleillement est généralement assez satisfaisant. Ainsi, la période qui va **de la fin mai à la mi-septembre** est certainement la plus propice pour visiter la Biélorussie.

▶ On parlera d'automne en septembre et au tout début d'octobre, mais ses douceurs dépassent rarement la première quinzaine de ce dernier mois. À partir de cette époque, le brouillard devient très fréquent – ceci jusqu'à la fin janvier – et le soleil assez rare.
Novembre et décembre sont certainement les périodes les moins recommandables pour se rendre en Biélorussie.

VALISE : en hiver, de quoi lutter contre le froid et une bonne tempête de neige. En été, les soirées peuvent être fraîches, aussi un bon pull-over est-il nécessaire. ●

moyenne des températures maximales / moyenne des températures minimales

	J	F	M	A	M	J	J	A	S	O	N	D
Minsk	- 7	- 4	1	11	18	22	23	22	17	11	3	- 3
	- 13	- 11	- 7	2	8	11	12	12	8	4	- 1	- 8
Brest	- 3	- 1	3	13	19	23	24	23	19	13	6	- 1
	- 9	- 8	- 4	3	8	12	13	12	9	5	1	- 6
Vasilevitchi	- 5	- 3	2	12	20	23	24	23	19	12	4	- 2
	- 12	- 10	- 6	3	9	11	13	12	8	4	- 1	- 8

nombre d'heures par jour hauteur en mm / nombre de jours

	J	F	M	A	M	J	J	A	S	O	N	D
Minsk	2	2	4	5	8	10	9	8	6	3	1	1
	30/13	40/12	40/10	40/10	73/10	63/10	63/10	82/10	45/9	45/10	65/13	42/13
Brest	2	2	4	5	8	10	9	8	6	4	1,5	1
	40/14	45/12	35/9	40/9	60/10	65/8	70/8	70/8	40/7	40/9	55/13	40/12
Vasilevitchi	2	2	4	5	8	10	10	8	7	3	1	1
	40/13	35/12	35/11	50/9	60/10	60/8	85/9	65/8	30/6	35/7	60/12	55/14

Bolivie

Superficie : 2 fois la France. La Paz (latitude 16°30'S ; longitude 68°10'E) : GMT - 4 h. Durée du jour : maximale (décembre) 13 heures, minimale (juin) 11 heures.

▌ Il ne fait jamais très chaud dans la partie élevée des Andes boliviennes (La Paz, Uyuni, Potosi) ; les matins d'hiver peuvent même y être glacials. De fin avril à octobre-novembre, c'est la saison sèche. Les précipitations, particulièrement rares au cœur de l'hiver (juin et juillet), tombent alors le plus souvent sous la forme de brèves giboulées de grésil. Les températures, parfois chaudes l'après-midi, baissent brusquement une fois le soleil couché. Mais l'extrême sécheresse de l'air permet de bien supporter ce froid, qui est vif quand le vent souffle. La pureté des ciels et l'excellente visibilité rendent les extraordinaires paysages boliviens particulièrement saisissants. Naturellement, les températures augmentent quand l'altitude diminue. À Sucre, et plus encore dans le bassin bien abrité de Cochabamba (2 500 mètres), on enregistre des écarts de 7° à 10° avec La Paz.

▌ L'hiver est aussi la saison sèche dans les plaines du Sud-Est et du Nord qui, si elles sont beaucoup moins peuplées que la partie andine, occupent plus de 70 % du territoire. Au Sud-Est, le Chaco bolivien a un climat voisin de son équivalent paraguayen. À partir du centre du pays, c'est un climat de type amazonien qui prédomine, de plus en plus nettement à mesure que l'on va vers le Nord (voir Concepción). La saison sèche y est moins marquée ; il fait chaud dans la journée, moins chaud cependant en juin-juillet qui connaît des jours balayés par des vents froids venus d'Argentine, et des nuits qui peuvent même être fraîches.

▌ L'été, de novembre à mars, est la saison pluvieuse, très peu marquée cependant en bordure de la frontière chilienne, qui est une des régions les plus arides du monde. En altitude, les températures de la journée ne sont pas beaucoup plus élevées que celles enregistrées en hiver ; les minima sont en revanche sensiblement moins rigoureux.
Dans les plaines, dès Santa Cruz, la chaleur estivale est forte et l'atmosphère d'autant plus étouffante que l'on descend dans le bassin amazonien. L'importance des pluies rend alors souvent les déplacements très aléatoires.

▌ L'hiver austral, de juin à septembre, est souvent conseillé pour un voyage sur l'*Altiplano* bolivien (La Paz, lac Titicaca, salar d'Uyuni et Potosi). Mais en juillet, et dans une moindre mesure en juin et en août, les températures nocturnes sont rigoureuses et le vent fréquent. En réalité, **avril-mai** et **septembre-novembre** sont les meilleures périodes pour visiter l'ensemble de la Bolivie, en prenant soin cependant de commencer son voyage par les régions hautes dans le premier cas, et par les régions basses dans le second.

VALISE : quelle que soit la date de votre voyage, il est essentiel de prévoir à la fois des vêtements très légers, en coton ou autres fibres naturelles, et des vêtements chauds (pull-over, anorak qui puisse vous protéger du vent) faciles à mettre ou enlever en fonction des changements brusques de température (vous n'aurez aucun mal à trouver de très chauds lainages sur place). Pendant la saison des pluies, ajoutez un anorak type K-way. En Amazonie, des vêtements de coton couvrant bras et jambes vous seront utiles (à cause des moustiques).

SANTÉ : risques de paludisme toute l'année en dessous de 1 500 mètres d'altitude ; zones de résistance à la Nivaquine et multirésistances dans le Nord. Pas de risques dans la région de La Paz, les départements d'Oruro et de Potosi et les villes de Cochabamba, Sucre et Santa Cruz. Vaccination contre la fièvre jaune souhaitable, sauf pour les voyageurs ne séjournant que sur l'*Altiplano*. Vaccin antirabique conseillé pour de longs séjours. En haute altitude (Potosi est à 4 000 mètres), attention au *soroche*, le mal des montagnes qui se traduit par des symptômes tels que maux de tête, fatigue, insomnie, palpita-tions cardiaques, essoufflement : vous devez laisser à votre organisme le temps de s'habituer à la raréfaction de l'oxygène en altitude, en évitant les efforts soutenus et en ralentissant votre rythme habituel.

BESTIOLES : moustiques toute l'année dans les régions basses (actifs le soir et la nuit) et dans les vallées des régions montagneuses (actifs aussi dans la journée). Quelques risques (très faibles pour un voyageur) de rencontrer un serpent : mettez des chaussures fermées pour vous promener dans le Chaco.

FOULE : un flux touristique encore très modeste. Juillet et août, en plein hiver austral, sont les deux mois où se concentrent les visites des touristes européens et nord-américains. À l'opposé, la période de décembre à février voit la visite des touristes chiliens et argentins. Globalement, les voyageurs sont pour moitié originaires d'Amérique latine, et pour environ 30 % d'Europe occidentale – les Français représentent de 3 % à 4 % du total. Remarquons que les deux périodes que nous conseillons pour un voyage en Bolivie sont aussi celles où les touristes sont les plus rares. ●

moyenne des températures maximales / moyenne des températures minimales

	J	F	M	A	M	J	J	A	S	O	N	D
La Paz	18	18	18	18	18	17	16	17	18	19	19	19
(3 650 m)	7	7	7	6	4	3	2	3	4	5	6	6
Cochabamba	25	24	25	26	25	24	24	25	26	27	27	26
(2 500 m)	12	12	11	11	9	7	6	8	9	10	11	12
Concepción	31	30	30	30	28	27	28	30	31	32	32	31
	20	20	19	17	15	14	13	14	16	18	19	19
Santa Cruz	30	30	30	28	26	24	25	27	30	30	31	31
	21	21	20	19	17	16	15	16	18	19	20	21
Sucre	21	21	22	22	22	21	21	22	22	23	23	22
(2 900 m)	10	10	10	9	7	5	4	6	7	9	10	10
Potosi	17	16	16	16	16	14	13	14	16	17	17	17
(4 000 m)	4	4	4	3	- 1	- 2	- 3	- 1	1	3	4	4
Uyuni	21	20	20	18	15	12	12	15	16	19	21	21
(3 650 m)	5	4	3	- 2	- 6	- 8	- 9	- 8	- 6	- 3	0	3

nombre d'heures par jour hauteur en mm / nombre de jours

	J	F	M	A	M	J	J	A	S	O	N	D
La Paz	5	5,5	6	7	8,5	10	10	9	8,5	7	6	6
	110/19	90/16	65/14	25/7	10/3	6/2	5/2	11/3	30/7	30/9	45/10	80/15
Cochabamba	6,5	6,5	7	7,5	8,5	9	9,5	9	8,5	8,5	8	7
	125/15	100/14	65/10	17/4	5/1	1/0	2/1	5/1	7/2	17/4	45/10	90/12
Concepción	6	6	6,5	7	8	8,5	9	8,5	8	7	6	6
	185/14	150/13	130/11	70/7	65/5	35/5	25/2	30/3	50/5	90/7	145/10	135/12
Santa Cruz	6	6,5	6,5	7	7,5	8	8,5	8,5	8	7	6,5	6
	185/13	130/11	120/10	100/8	90/9	70/8	50/5	40/4	65/5	105/7	125/9	165/11
Sucre	6	6	6,5	7	8,5	8,5	9	8,5	8	8	7,5	6,5
	145/17	110/15	110/11	40/7	3/2	2/1	4/1	10/2	30/6	55/7	75/11	120/14
Potosi	5,5	6,5	7	8	9	9	9,5	9,5	8,5	8	7,5	6,5
	100/15	100/15	60/14	12/4	5/1	2/1	1/0	4/1	13/2	25/4	45/8	90/14
Uyuni	8,5	8	8	9	9	8	8,5	9,5	9,5	10	10	10
	55/10	60/6	50/6	8/2	3/1	3/1	1/0	4/1	5/1	3/1	8/2	30/5

Bosnie-Herzégovine

Superficie : 0,1 fois la France. Sarajevo (latitude 43°52'N ; longitude 18°26'E) : GMT + 1 h. Durée du jour : maximale (juin) 15 heures 30, minimale (décembre) 9 heures.

▶ Dans la basse vallée de la Neretva (voir Mostar), on trouve un climat assez proche de celui de Dubrovnik (Croatie), avec un été cependant encore plus chaud, dans la mesure où la ville est à quelque distance de la mer et au fond d'une vallée.

▶ Le reste du pays est formé des massifs des Alpes Dinariques, qui dépassent 2 000 m d'altitude au sud-ouest et descendent au nord-est vers la vallée de la Save, frontière naturelle avec la Croatie. Les hivers y sont rudes et assez ventés. La couverture neigeuse reste en moyenne deux mois, de la mi-décembre à la mi-février, à l'altitude de Sarajevo ; beaucoup plus sur les hauteurs qui entourent la ville. Fréquents coups de fœhn au printemps. Les étés sont chauds et bénéficient d'un ensoleillement honorable. Les précipitations annuelles sont importantes (2 000 mm) sur les plus hautes altitudes des Alpes Dinariques.

VALISE : ne pas oublier que si les températures estivales sont élevées pendant la journée, les soirées peuvent être fraîches au centre du pays, même aux mois de juillet et août. ●

moyenne des températures maximales / moyenne des températures minimales

	J	F	M	A	M	J	J	A	S	O	N	D
Banja-Luka	4	7	11	17	22	25	28	28	24	17	11	7
	- 4	- 3	0	5	9	13	14	13	10	6	3	- 1
Sarajevo (650 m)	3	5	10	15	19	23	26	27	23	16	10	6
	- 4	- 3	0	4	8	12	13	13	10	6	3	- 1
Mostar	9	11	14	19	24	28	32	32	27	21	14	11
	2	3	5	9	13	16	19	19	16	11	7	5

nombre d'heures par jour hauteur en mm / nombre de jours

	J	F	M	A	M	J	J	A	S	O	N	D
Banja-Luka	2	3	4	5	7	7	9	9	7	4	2	2
	70/11	70/11	75/10	90/10	100/10	120/11	75/9	65/5	70/6	105/8	105/13	115/12
Sarajevo	2	3	4	5	6	8	9	9	7	4	2	2
	65/11	65/10	60/10	65/10	90/12	90/11	70/9	70/6	80/7	105/9	90/11	85/11
Mostar	4	4	6	6	7	9	11	10	8	5	4	3
	135/10	130/9	115/8	110/9	105/9	70/7	40/4	50/3	100/6	170/10	200/12	225/14

Botswana

Superficie : 1,1 fois la France. Gaborone (latitude 24°60'S ; longitude 25°95'E) : GMT + 2 h. Durée du jour : maximale (décembre) 13 heures 30, minimale (juin) 10 heures 30.

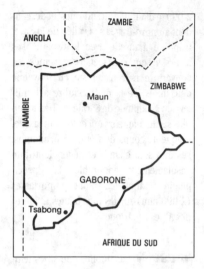

▶ La meilleure période pour visiter le Botswana est la **saison sèche**, de mai à octobre. C'est une période particulièrement ensoleillée, bien que le ciel soit parfois légèrement voilé par une brume sèche. Il fait chaud, parfois très chaud dans le nord durant la journée, mais les soirées sont fraîches et les nuits froides – en particulier de juin à août : durant ces trois mois, il gèle très fréquemment dans le désert de Kalahari, vaste plateau de 1 000 mètres d'altitude moyenne (voir Tsabong), et cela arrive aussi, moins fréquemment, dans le reste du pays.

La saison sèche est aussi le meilleur moment (voir chapitre Kenya) pour parcourir les très belles – et encore méconnues – réserves du Botswana. La plupart d'entre elles, que ce soit au nord – parc national de Chobé, réserve de Moremi – ou au sud – réserve de Tuli – sont ouvertes toute l'année, mais certaines zones, rendues impraticables par les pluies, sont fermées entre novembre et avril.

Signalons cependant que la fin de la saison sèche, si elle est particulièrement propice à la découverte de la faune, est également une période de très fortes chaleurs : les températures, en septembre et octobre, peuvent dépasser 40°.

▶ La **saison des pluies** (de novembre à avril) n'est vraiment marquée que dans le nord (voir Maun) et à l'est, dans la vallée du Limpopo (voir Gaborone), qui sont les régions les plus peuplées. Dans le reste du pays, occupé par le désert de Kalahari, les pluies sont faibles, mais la chaleur est alors assez torride.

VALISE : durant la bonne saison, vêtements légers pour la journée, lainages, veste chaude pour les soirées. Pour visiter les réserves : des chaussures de marche, des vêtements de couleurs neutres. Pendant la saison des pluies : surtout des vêtements très légers, un lainage, un anorak type K-way ou éventuellement un parapluie.

SANTÉ : vaccination antirabique fortement conseillée. De novembre à mai, risques de paludisme, surtout dans la moitié nord du pays ; résistance à la Nivaquine.

BESTIOLES : il y a des moustiques pendant la saison des pluies, à toutes les altitudes.

FOULE : assez forte pression touristique. Les visiteurs du Botswana viennent en majorité d'Afrique du Sud. Les Britanniques constituent une bonne partie du modeste contingent de voyageurs originaires d'Europe. ●

moyenne des températures maximales / moyenne des températures minimales

	J	F	M	A	M	J	J	A	S	O	N	D
Maun	32	31	31	31	28	25	25	29	33	35	34	32
(940 m)	19	19	17	14	10	6	6	9	13	18	19	19
Gaborone	31	30	28	26	23	21	21	24	27	30	31	31
	17	17	14	10	5	1	1	4	9	13	15	16
Tsabong	35	33	31	28	25	22	22	25	28	31	33	34
(960 m)	18	18	16	11	6	1	1	3	7	12	15	17

nombre d'heures par jour hauteur en mm / nombre de jours

	J	F	M	A	M	J	J	A	S	O	N	D
Maun	8	7	8	9	10	10	10	11	10	9	9	7
	110/10	100/10	85/7	25/3	20/1	1/0	0/0	0/0	1/0	15/3	45/5	80/8
Gaborone	9	9	9	9	10	10	10	10	10	10	9	9
	100/10	100/9	85/7	40/5	20/2	10/1	6/1	3/1	17/2	45/5	65/7	100/8
Tsabong	11	10	10	10	9	10	10	11	11	11	11	11
	35/4	50/5	45/5	30/4	10/2	8/1	2/0	1/0	11/1	13/2	20/3	40/4

Brésil

Superficie : 15 fois la France. Rio de Janeiro (latitude 22°54'S ; longitude 43°10'O) : GMT – 2 h. Durée du jour : maximale (décembre) 13 heures 30, minimale (juin) 10 heures 30.

L'immensité du Brésil et la diversité de ses climats ne permettent pas de désigner une saison idéale pour parcourir l'ensemble du pays au cours du même voyage.

▶ L'**Amazonie** (voir Manaus, Belém) est une région chaude, humide et pluvieuse. Au cœur de la forêt, le taux d'humidité est toujours fort. Les orages éclatent souvent en début d'après-midi, mais des averses peuvent aussi survenir à tout autre moment de la journée. Cependant, certaines journées échappent complètement aux pluies, notamment durant la saison « sèche », **de juin à octobre**, qui est certainement la période la plus propice pour voyager en Amazonie.

Précisons qu'au nord de cette région, au-dessus de l'équateur, la saison sèche est inversée : elle se situe entre novembre et février. D'autre part, plus on s'approche de la côte nord (Santarém, Belém), plus les pluies sont abondantes.

▶ **Salvador de Bahia**, ses églises baroques et ses longues plages de sable peuvent être appréciés toute l'année. En été,

de décembre à mars, il fait chaud et quelquefois un peu lourd ; les averses ne sont pas rares, mais elles sont courtes. D'avril à début août, les pluies sont abondantes et parfois prolongées, sans exclure pour autant de bonnes périodes ensoleillées. C'est pourquoi la période intermédiaire (**septembre à mi-décembre**) est souvent conseillée pour un séjour à Salvador. La température de la mer varie de 25° à 27° selon la saison.

À l'intérieur, dans le Nordeste, se succèdent à un rythme imprévisible de grandes périodes de sécheresse et des pluies diluviennes provoquant des inondations souvent catastrophiques.

▶ **À Rio**, en revanche, on trouve deux saisons plus marquées : pendant l'hiver austral, de juin à septembre, les températures sont agréables (on peut dîner en terrasse) mais la mer est fraîche, et pas seulement pour les *Cariocas* (environ 21°). En été, de décembre à mars, il peut faire étouffant au centre-ville (il est préférable de choisir un hôtel climatisé), et c'est la saison des pluies ; mais ne vous inquiétez pas : il fait le plus souvent beau et ensoleillé durant la journée, les averses ne tombant généralement qu'en fin d'après-midi. La température de la mer tourne alors autour de 25°.

À l'intérieur, sur le plateau du Minas Gerais (Belo Horizonte) et, plus au nord, dans la région de Brasília, la période sèche est très marquée (de mai à début septembre). Les nuits sont agréables en été et fraîches en hiver, saison durant laquelle un vent glacial souffle parfois.

Au sud-est de Rio, São Paulo, qui sans être très éloigné de la côte est déjà en altitude, bénéficie de températures assez agréables toute l'année, bien qu'elles puissent être un peu fraîches en hiver ; mais le ciel est souvent nuageux et le soleil fréquemment voilé dans cette ville qui est une des plus polluées du monde. Les pluies sont très abondantes de fin novembre à la mi-mars.

▶ Au **sud** du Brésil, la côte (voir Porto Alegre) offre un climat quasi méditerranéen : l'hiver est doux, trop frais cependant pour se baigner ; en été, il fait très chaud dans la journée mais les nuits sont plus douces qu'à Rio ; quant à la mer, elle n'est jamais très chaude.

À l'intérieur, les montagnes du Rio Grande do Sul connaissent de temps à autre le gel et la neige en juillet et août.

▶ Quand aller aux chutes d'Iguazú ? Voir le chapitre Argentine.

VALISE : à Rio ou Salvador, vous aurez besoin, de décembre à avril, de vêtements d'été, en coton ou en lin de préférence, d'un ou deux pulls légers (pour l'air conditionné) et d'un anorak type K-way ; de mai à novembre, ajoutez un lainage, une veste pour les soirées. À Brasília, São Paulo ou sur la côte sud, prévoir également, outre des vêtements légers, de quoi vous couvrir le soir, même en été, et vous protéger du vent d'hiver (veste, anorak ou blouson) ; pour l'Amazonie, prévoyez des vêtements de coton faciles à entretenir bien sûr et qui couvrent les épaules, les bras et les jambes (protection contre les moustiques) ; même dans cette région, une veste légère peut être utile, surtout si vous êtes en bateau.

SANTÉ : risques de paludisme dans le nord-ouest du pays (au nord du 15e parallèle sud et à l'ouest du rio Tocantins, à l'exclusion des villes de Manaus et Belém) : risques assez faibles le long de l'Amazone, mais élevés dans les régions minières et agricoles ; résistance élevée à la Nivaquine. Pour ceux qui voyagent dans cette région, le vaccin contre la fièvre jaune est souhaitable. Vaccin antirabique conseillé pour de longs séjours.

BESTIOLES : à la campagne ou en forêt, une mauvaise rencontre avec un serpent n'est pas impossible (ou avec un scorpion dans le sud-est du pays) : il vaut mieux porter des chaussures fermées. Quant aux *pernilongos* et autres *borachudos*, ce ne sont que de vulgaires moustiques, qui sont très nombreux hors des villes (actifs après le coucher du soleil). En Amazonie, mouches, araignées, moustiques et autres fourmis pullulent... mais aussi les papillons.

FOULE : les Argentins représentaient, avant la crise qui a touché la région, près de la moitié des touristes au Brésil. Un tourisme d'abord balnéaire, de janvier à mars, c'est-à-dire pendant l'été austral. Les Français constituent moins de 3 % du flux touristique total vers ce pays. ●

Voir tableaux p. suivante

Voir également les rubriques :
La santé en voyage, p. 401
Le coût de la vie, p. 441
Le monde tel qu'il est, p. 461
Obtenir ses visas, p. 471
La durée des vols, p. 485
Atlas du voyageur, en début de volume
Internet et les voyageurs, en fin de volume

moyenne des températures maximales / moyenne des températures minimales

	J	F	M	A	M	J	J	A	S	O	N	D
Belém	31	30	30	31	31	32	32	32	32	32	32	32
	22	22	22	22	23	22	22	22	22	22	22	22
Manaus	31	31	31	31	31	31	32	33	33	33	32	31
	23	23	23	23	23	23	23	23	24	24	24	24
Porto Velho	30	30	29	31	31	30	32	33	33	32	31	31
	22	22	22	22	21	19	18	19	21	22	22	22
Salvador de Bahia	30	30	30	29	28	27	26	26	27	28	29	29
	24	24	24	23	23	22	21	21	22	22	23	23
Brasília (912 m)	27	27	27	27	26	25	25	27	28	28	27	26
	17	17	17	17	15	13	13	15	16	17	17	17
Cuiabá	33	33	33	33	32	31	32	34	34	34	33	32
	23	23	23	22	20	17	17	18	22	22	23	23
Belo Horizonte	28	29	29	28	26	25	25	26	27	28	28	27
	19	19	19	17	15	13	13	14	16	17	18	18
Rio de Janeiro	29	30	29	28	26	25	25	26	25	26	27	29
	23	23	23	22	20	19	18	19	19	20	21	22
São Paulo (760 m)	27	28	27	25	23	22	22	23	24	25	26	26
	19	19	18	16	14	12	12	13	14	15	17	18
Porto Alegre	30	30	28	25	22	19	20	20	22	24	27	29
	20	21	19	16	13	11	11	12	13	15	17	19

nombre d'heures par jour — hauteur en mm / nombre de jours

	J	F	M	A	M	J	J	A	S	O	N	D
Belém	4,5	3,5	3,5	4	6	7,5	8	8,5	7,5	7,5	7	6
	360/26	420/26	435/27	360/26	305/25	140/20	150/16	130/14	140/16	115/14	110/12	215/18
Manaus	3,5	3	3	4	5	6	7	7	5	5,5	5	4
	260/18	290/18	315/19	300/18	260/17	110/11	85/7	60/5	85/7	125/11	180/11	215/15
Porto Velho	3,5	3,5	4	4	4	6,5	7	5	5	5	6	4
	350/22	300/18	310/19	205/17	120/12	40/4	25/3	60/5	65/8	190/16	205/18	330/22
Salvador de Bahia	8	8	7,5	6,5	5,5	5,5	6	6,5	7	7,5	7	7,5
	110/13	8/15	145/18	320/21	325/24	250/23	205/22	135/19	110/14	125/14	120/14	130/14
Brasília	5	5,5	6	7	7,5	8,5	8,5	8,5	7	5,5	5	4,5
	240/19	215/18	190/17	125/11	40/4	9/1	12/1	13/2	50/4	170/13	240/18	250/20
Cuiabá	5,5	5,5	6	7	7	7	8	7,5	6	7	6,5	6
	210/18	200/17	170/18	125/11	55/6	16/3	10/2	11/2	60/5	115/10	155/14	195/18
Belo Horizonte	6	7	7	7,5	8	8	8,5	8,5	7	6	6	5,5
	300/16	7/13	165/12	60/7	30/3	15/2	15/1	15/1	40/4	125/10	225/15	320/19
Rio de Janeiro	6,5	7	6,5	5,5	5,5	5,5	6	6	4,5	5	5,5	5,5
	115/11	7/11	105/13	135/11	85/10	80/8	55/7	50/7	85/9	90/11	95/12	170/14
São Paulo	5	5	5	5	5	5	5	5	4,5	4,5	5	4,5
	240/15	215/14	160/13	75/9	75/9	55/7	45/5	40/5	80/8	125/12	125/13	200/15
Porto Alegre	8	7,5	6,5	6	5,5	4,5	5	5	5	6,5	7	8
	100/9	110/9	100/8	85/7	95/9	130/11	120/10	140/11	140/11	110/9	100/9	100/9

température de la mer : moyenne mensuelle

	J	F	M	A	M	J	J	A	S	O	N	D
Salvador de Bahia	27	27	27	27	26	26	25	25	24	25	26	26
Rio de Janeiro	25	26	25	25	23	22	21	20	20	21	22	24
Rio Grande do Sul	23	24	23	22	21	19	18	16	17	18	20	22

Brunei

Superficie : 0,01 fois la France. Bandar Seri Begawan (latitude 4°55'N ; longitude 114°55'E) : GMT + 8 h. Durée du jour : environ 12 heures toute l'année.

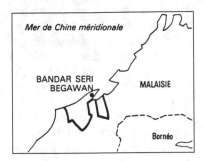

Mer de Chine méridionale

BANDAR SERI BEGAWAN

MALAISIE

Bornéo

▶ Dans le sultanat de Brunei, petit pays de la taille d'un département français enclavé dans le territoire de la Malaisie orientale, les températures varient peu d'un bout à l'autre de l'année : elles sont élevées pendant la journée et restent chaudes la nuit. Le taux élevé d'humidité rend cette chaleur souvent accablante, sur la plaine côtière comme sur les contreforts de la Crocker Range, à l'intérieur, en particulier pendant la période durant laquelle les pluies sont très abondantes (mai à janvier).

▶ Si vous projetez un voyage au Brunei, que ce soit pour affaires ou pour visiter les palais et les villages lacustres de ce pays pétrolier, choisissez de préférence les mois de **février à mi-avril** : vous essuierez peut-être quelques violents orages à la mi-avril, mais rien de comparable avec ce qui tombe le reste de l'année.

▶ La côte, en grande partie marécageuse, envahie par la mangrove, est bordée par la mer de Chine qui, à cette latitude, est chaude toute l'année.

VALISE : en toute saison, vêtements amples et très légers, de préférence sans fibres synthétiques ; inutile d'emporter un imperméable, la chaleur le rendrait difficile à supporter.

BESTIOLES : des moustiques toute l'année, particulièrement sur la côte, surtout actifs à partir du coucher du soleil. Ils ne sont cependant pas vecteurs du paludisme.

FOULE : forte pression touristique. Des visiteurs essentiellement originaires des pays voisins du Sud-Est asiatique. Dans la très modeste part prise par les Européens dans ce flux – moins de 5 % du total – on trouve 10 Britanniques pour 1 Français. ●

moyenne des températures maximales / moyenne des températures minimales

	J	F	M	A	M	J	J	A	S	O	N	D
Bandar Seri Begawan	30 23	30 23	32 23	32 24	32 24	32 24	32 23	32 23	32 23	31 23	31 23	31 23

nombre d'heures par jour   hauteur en mm / nombre de jours

	J	F	M	A	M	J	J	A	S	O	N	D
Bandar Seri Begawan	6,5 280/16	7 130/11	7,5 130/11	8 175/15	7,5 240/18	7 210/16	7 220/16	7 205/16	6,5 255/19	6,5 305/20	7 335/23	7 345/22

température de la mer : moyenne mensuelle

	J	F	M	A	M	J	J	A	S	O	N	D
Mer de Chine	27	27	28	28	28	28	28	28	28	28	28	27

Bulgarie

Superficie : 0,2 fois la France. Sofia (latitude 42°49'N ; longitude 23°23'E) : GMT + 2 h. Durée du jour : maximale (juin) 15 heures 30, minimale (décembre) 9 heures.

❱ En Bulgarie, la saison balnéaire sur la mer Noire va de juin à la fin septembre. Le temps est généralement au beau fixe avec des nuits agréablement fraîches, et quand il pleut c'est surtout sous forme d'orages.

❱ Pour connaître l'intérieur du pays, partez de préférence **entre mai et septembre**. Les champs de rosiers fleurissent du 15 mai au 15 juin dans la célèbre vallée des Roses (de Karlovo à Kazanlâk), et, dès ce moment, on bénéficie de la chaleur d'un été précoce et ensoleillé. Le début de l'automne – jusqu'à mi-octobre – est particulièrement agréable pour voyager : les orages sont plus rares, et les grandes chaleurs ont disparu.

❱ Dès le mois de novembre, il fait très frais et le ciel se couvre. Les mois de décembre à février sont froids et nuageux – bien que les précipitations soient assez faibles à cette saison.

L'hiver est rude dans les massifs montagneux de l'ouest et du sud, sur lesquels il neige souvent dès le mois de novembre et jusqu'en avril. La saison de ski, à Borovetz ou à Pamporovo, dure de fin décembre à fin mars.

VALISE : en été, des vêtements légers et un ou deux pulls pour les soirées ; un imperméable léger peut être utile. En hiver, vêtements chauds.

FOULE : pression touristique modérée. Juillet et août, en pleine saison balnéaire, sont les mois les plus fréquentés. Les visiteurs issus des anciens pays de l'Est – notamment de la Roumanie – et de la Turquie constituent l'essentiel du flux touristique en Bulgarie. Les Français s'y font quant à eux assez rares. ●

moyenne des températures maximales / moyenne des températures minimales

	J	F	M	A	M	J	J	A	S	O	N	D
Varna	6	6	11	16	22	26	30	29	26	21	13	7
	- 1	- 1	2	7	12	16	19	18	14	11	6	1
Sofia	2	4	10	16	21	24	27	26	22	17	9	3
(550 m)	- 4	- 3	1	5	10	13	16	15	11	8	2	- 2

nombre d'heures par jour   hauteur en mm / nombre de jours

	J	F	M	A	M	J	J	A	S	O	N	D
Varna	2	3	4	6	8	9	11	10	8	6	3	2
	30/4	30/5	25/3	35/4	25/4	65/5	45/3	35/3	25/3	60/4	35/5	65/5
Sofia	2	3	4	6	7	9	10	10	7	5	3	1
	35/6	30/6	40/7	60/8	85/9	75/8	70/7	65/6	40/4	65/7	50/7	50/8

température de la mer : moyenne mensuelle

	J	F	M	A	M	J	J	A	S	O	N	D
Varna	7	6	7	10	14	19	22	23	21	17	13	9

Burkina-Faso

Superficie : 0,5 fois la France. Ouagadougou (latitude 12°21'N ; longitude 01°31'O) : GMT + 0 h. Durée du jour : maximale (juin) 13 heures, minimale (décembre) 11 heures 30.

▶ La saison généralement recommandée pour se rendre au Burkina-Faso est la saison sèche, et en particulier les mois de **décembre à février**, qui permettent d'éviter la plus forte canicule et de visiter le parc du W, les réserves d'Arly, de Po ou des Deux-Balés dans de bonnes conditions (voir chapitre Kenya). De plus, à cette période, les nuits sont assez douces pour permettre à l'organisme une bonne récupération après les grosses chaleurs de la journée.

Il faut cependant préciser que la brume sèche et les tourbillons de poussière, fréquents entre décembre et mars, voilent le ciel et réduisent la visibilité. Alors que durant la saison des pluies, entre deux averses, couleurs et reliefs éclatent dans une atmosphère d'une limpidité surprenante.

▶ La **saison sèche** s'étend d'octobre à fin avril dans la majeure partie du pays. Dans le nord (voir Dori), quasi désertique, elle dure d'octobre à mai. C'est à la fin de cette saison sèche, entre mars et mai, que les chaleurs les plus extrêmes sont enregistrées.

▶ Durant la **saison pluvieuse**, appelée hivernage (de mai à fin septembre), les pluies tombent le plus souvent sous forme d'averses orageuses et torrentielles, souvent précédées de brèves tornades. Le mois d'août excepté, elles durent rarement plus de quelques heures, que ce soit dans la capitale, Ouagadougou, ou dans le Sud-Ouest (voir Bobo-Dioulasso) et l'Est, qui sont les régions les plus arrosées. Entre juillet et septembre, on note une baisse sensible des températures, mais l'humidité rend la chaleur plus étouffante.

VALISE : vêtements simples et pratiques, en fibres naturelles de préférence, un pull-over pour les soirées pendant la saison sèche. Pour visiter les réserves : vêtements de couleurs neutres, chaussures de marche en toile, un foulard ou une écharpe de coton pour se protéger de la poussière.

SANTÉ : vaccination contre la fièvre jaune obligatoire ; vaccin antirabique conseillé pour de longs séjours. Dans tout le pays, risques de paludisme toute l'année, particulièrement de mai à septembre ; résistance à la Nivaquine.

BESTIOLES : les moustiques burkinabés sont sur la brèche toute l'année (mais la nuit surtout).

FOULE : peu de voyageurs. La France en fournit cependant plus du quart, trois fois plus que la Côte-d'Ivoire, pourtant celui de ses 6 voisins à envoyer le plus gros contingent de visiteurs. ●

Voir tableaux p. suivante

93

moyenne des températures maximales / moyenne des températures minimales

	J	F	M	A	M	J	J	A	S	O	N	D
Dori (310 m)	33 / 14	37 / 16	40 / 20	41 / 24	41 / 27	38 / 25	35 / 24	33 / 23	35 / 23	39 / 22	37 / 18	34 / 15
Ouagadougou (300 m)	34 / 16	37 / 19	39 / 23	39 / 26	37 / 25	34 / 23	32 / 22	31 / 22	32 / 22	35 / 22	36 / 20	34 / 17
Bobo-Dioulasso (435 m)	33 / 18	35 / 21	36 / 23	36 / 24	34 / 23	32 / 22	30 / 21	29 / 21	30 / 21	33 / 21	34 / 20	33 / 18
Gaoua	35 / 19	37 / 21	37 / 24	36 / 24	34 / 23	32 / 22	30 / 21	30 / 21	31 / 21	34 / 21	35 / 20	35 / 19

nombre d'heures par jour hauteur en mm / nombre de jours

	J	F	M	A	M	J	J	A	S	O	N	D
Dori	9,5 / 0/0	10 / 0/0	9,5 / 2/0	9,5 / 5/2	9,5 / 25/3	9,5 / 75/6	9 / 150/9	8 / 185/12	9 / 90/7	9,5 / 15/3	10 / 1/0	9,5 / 0/0
Ouagadougou	9 / 0/0	9 / 2/1	9 / 5/2	8,5 / 25/3	8,5 / 85/6	8,5 / 115/9	7,5 / 180/11	6,5 / 250/13	7 / 150/10	9 / 40/4	9 / 2/0	8,5 / 1/0
Bobo-Dioulasso	9 / 1/0	9 / 4/2	8,5 / 20/4	8 / 45/5	8 / 110/7	8 / 125/9	6,5 / 225/11	5,5 / 315/15	7 / 210/12	8 / 65/6	9 / 6/2	8,5 / 2/0
Gaoua	9 / 4/2	9 / 4/2	8,5 / 32/4	8 / 80/6	8 / 120/7	7,5 / 140/10	6,5 / 180/11	5,5 / 220/14	6,5 / 200/13	8 / 85/6	9 / 15/3	9 / 9/3

Burundi

Superficie : 0,05 fois la France. Bujumbura (latitude 3°19'S ; longitude 29°19'E) : GMT + 2 h. Durée du jour : environ 12 heures toute l'année.

▌ Dans ce petit pays au relief contrasté et accidenté, le climat varie surtout en fonction de l'altitude. Les températures changent peu dans une même région d'une saison à l'autre.

▌ La meilleure saison est sans doute la grande saison sèche, **de juin à septembre**. C'est la période la plus ensoleillée, bien que des brumes sèches soient fréquentes le matin. Dans les régions d'altitude moyenne, les journées sont chaudes et ensoleillées, les nuits agréablement fraîches. Sur la crête « Zaïre-Nil » qui culmine à 2 700 mètres au Burundi, la fraîcheur s'accentue avec l'altitude : il peut geler la nuit pendant la saison sèche.

▌ Les pluies tombent de fin septembre à fin mai, avec une très nette accalmie en décembre-janvier, qui est plus marquée à l'est du pays. Les pluies sont très abondantes sur les régions montagneuses, et diminuent progressivement en intensité avec l'altitude. L'humidité est assez forte durant cette période, avec souvent du brouillard le matin.

▌ Sur les bords du lac Tanganyika, il fait chaud toute l'année et assez humide, sauf durant la grande saison sèche : des vents chauds et secs soufflent fréquemment à cette période. L'eau du lac est tiède : 23° environ.

VALISE : emportez à la fois des vêtements d'été pour la journée et des lainages, une veste ou un blouson. D'octobre à mai, un anorak.

SANTÉ : vaccination contre la fièvre jaune recommandée ; vaccination antirabique fortement conseillée. Risques de paludisme toute l'année ; résistance élevée à la Nivaquine.

BESTIOLES : des moustiques toute l'année dans les terres basses. ●

moyenne des températures maximales / moyenne des températures minimales

	J	F	M	A	M	J	J	A	S	O	N	D
Bujumbura (815 m)	27 19	27 19	27 19	27 19	28 18	27 17	27 17	29 18	29 19	29 19	27 19	26 19

nombre d'heures par jour / hauteur en mm / nombre de jours

	J	F	M	A	M	J	J	A	S	O	N	D
Bujumbura	5	6	6	7	8	9	9	8	8	7	5	5
	90/11	110/12	120/13	125/10	55/6	11/1	7/1	10/1	30/4	60/6	100/13	115/12

Cambodge

Superficie : 0,3 fois la France. Phnom Penh (latitude 11°33'N ; longitude 104°51'E) : GMT + 7 h. Durée du jour : maximale (juin) 12 heures 30, minimale (décembre) 11 heures 30.

Au Cambodge, le climat est régi par la mousson et se partage en deux saisons :

▌ La **saison des pluies**, qui démarre début mai pour s'achever début novembre dans le nord du pays (voir Kratié), fin novembre dans le sud (voir Phnom Penh).
Durant cette saison, l'humidité ambiante rend la chaleur, toujours élevée, pénible à supporter. Les pluies sont très abondantes sur tout le pays, mais plus particulièrement sur les régions montagneuses du sud-ouest : les monts des Cardamomes reçoivent environ 5 mètres de pluies par an. Des typhons peuvent frapper le Cambodge vers la fin de cette période (septembre ou octobre).

▌ La **saison sèche** commence par une période « fraîche », en **novembre et décembre**, en réalité à peine moins torride que la canicule qui s'installe ensuite en mars et avril. Les régions plus élevées sur le pourtour du pays sont les seules à y échapper quelque peu.

▌ La température de la mer, sur le littoral cambodgien, varie entre 26° en janvier et 29° en juillet.

VALISE : pour toute l'année, vêtements légers.

SANTÉ : risques de paludisme toute l'année, surtout de mai à novembre ; résistance élevée à la Nivaquine et multirésistance. Vaccin antirabique recommandé pour de longs séjours.

BESTIOLES : moustiques toute l'année dans les régions basses et forestières et dans les régions montagneuses.

FOULE : pression touristique encore modeste mais en forte progression. Si l'on veut découvrir les temples d'Angkor Vat dans un calme relatif, il vaut mieux éviter décembre, le mois de plus grande affluence, et choisir janvier. Mai, juin et septembre sont aussi des mois de basse saison, mais au climat défavorable. Depuis 2000, les Américains sont devenus le premier contingent de voyageurs, devançant les Français, en seconde position. ●

moyenne des températures maximales / moyenne des températures minimales

	J	F	M	A	M	J	J	A	S	O	N	D
Kratié	32	34	35	36	34	33	31	32	31	31	31	31
	20	22	23	24	24	24	23	24	24	23	21	20
Phnom Penh	31	32	34	35	33	33	32	32	31	30	30	30
	21	22	23	24	24	24	24	25	25	24	23	22

		J	F	M	A	M	J	J	A	S	O	N	D
nombre d'heures par jour													
hauteur en mm / nombre de jours													
Kratié		8	7	9	7	6	6	4	5	4	6	6	7
		9/1	13/1	25/2	110/6	240/14	240/15	345/19	255/18	345/19	175/12	75/6	25/2
Phnom Penh		8	8	9	8	7	6	5	6	4	6	7	8
		7/1	10/1	40/3	75/6	135/14	155/15	170/16	160/16	225/19	255/17	125/9	45/4

température de la mer : moyenne mensuelle

	J	F	M	A	M	J	J	A	S	O	N	D
Golfe de Thaïlande	26	27	27	28	28	28	29	28	28	27	27	27

Pour choisir une destination, voir également :

La santé en voyage, p. 401
Le coût de la vie, p. 441
Le monde tel qu'il est, p. 461
Obtenir ses visas, p. 471
La durée des vols, p. 485
Atlas du voyageur, en début de volume
Internet et les voyageurs, en fin de volume

Cameroun

Superficie : 0,9 fois la France. Yaoundé (latitude 3°52'N ; longitude 11°32'E) : GMT + 1 h. Durée du jour : environ 12 heures toute l'année.

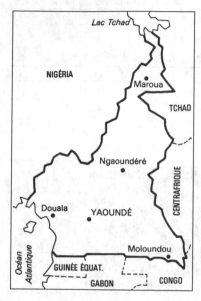

On trouve un éventail de climats assez différents au Cameroun, entre celui, chaud et très humide, du littoral et du sud du pays, largement recouvert d'une épaisse forêt tropicale, et celui, encore plus chaud mais sec, des savanes sahéliennes du nord, brûlées par le soleil une bonne partie de l'année.

▶ À **Yaoundé** et sur tout le **plateau sud-camerounais** (voir aussi Moloundou), la saison sèche ne dure que trois mois, de fin novembre à fin février. Le ciel est très souvent nuageux même durant cette période (les éclaircies sont plus fréquentes l'après-midi). Des pluies abondantes tombent de mars à novembre, avec un très net ralentissement entre fin juin et mi-août. Yaoundé, la capitale africaine aux sept collines, doit à sa situation élevée un climat assez agréable, avec des nuits tempérées.

▶ Le **littoral**, surtout dans sa partie nord jusqu'à l'embouchure du Sanaga (voir Douala), est la région la plus arrosée et la plus humide du pays, ainsi que le versant ouest du mont Cameroun (4 070 mètres). Les pluies, très fortes, tombent également de mars à novembre, mais sans aucun ralentissement, et avec des maxima diluviens entre juin et septembre. À Douala, le ciel est paradoxalement aussi nuageux en janvier-février, à la fin de la saison sèche, qu'au plus fort de la saison des pluies. Mais novembre et décembre sont des mois bien ensoleillés. L'atmosphère est étouffante presque toute l'année dans la principale ville du pays, et il faut se rendre à Buéa, sur le versant est du mont Cameroun, ou plus au nord, en pays bamiléké et bamoun, pour trouver un peu de fraîcheur.

À Limbé (plage de sable volcanique) et à Kribi (sable blond), principaux pôles d'attraction balnéaires du pays, on se baigne toute l'année dans une eau qui descend rarement au-dessous de 24° (août-septembre) et grimpe à 28° en mars-avril.

▶ Au **centre** du pays, le plateau de l'Adamaoua (voir Ngaoundéré) – au nord duquel se trouvent les réserves animalières de Faro, de la Bénoué et de Boubandji-dah – jouit d'un climat plus sec et plus tempéré, avec des nuits fraîches toute l'année grâce à l'altitude. L'ensoleillement y est excellent durant la saison sèche, qui dure cinq mois, de novembre à fin mars.

▶ Dans le **nord** du pays (Maroua, Garoua), de plus en plus aride à mesure que l'on se rapproche du lac Tchad, la saison sèche dure sept mois, d'octobre à avril, durant lesquels souffle l'*harmattan*, vent brûlant du Sahara.

Les températures sont très élevées, en particulier de mars à mai, qui sont des mois torrides ; mais la sécheresse de l'air les rend relativement plus supportables que la chaleur humide de la côte.

Au nord de Maroua se trouve le parc national de Wasa, le plus important du pays (éléphants, girafes, antilopes, lions, guépards, léopards y cohabitent). Il est ouvert du 15 novembre au 15 juin, et la meilleure période pour le visiter, ainsi que les réserves déjà citées, se situe entre mi-décembre et mi-avril (voir Kenya).

▶ En conclusion, notre préférence, pour partir à la découverte du Cameroun, va à la saison sèche, bien sûr, mais plus précisément aux mois de janvier et février, qui permettent d'éviter à la fois les pluies au sud et les plus fortes chaleurs au nord.

VALISE : vêtements très légers, lainages pour les soirées en altitude. Pendant la saison des pluies, un anorak léger à capuche.

SANTÉ : vaccination contre la fièvre jaune obligatoire ; vaccin antirabique conseillé pour de longs séjours. Risques de paludisme toute l'année dans tout le pays ; résistance à la Nivaquine, élevée dans le sud du pays.

BESTIOLES : moustiques toute l'année, surtout actifs la nuit.

FOULE : peu de tourisme au Cameroun. Les voyageurs qui s'y rendent viennent de France pour moitié. ●

moyenne des températures maximales / moyenne des températures minimales

	J	F	M	A	M	J	J	A	S	O	N	D
Maroua (420 m)	33 / 18	36 / 20	39 / 24	40 / 25	37 / 24	34 / 22	31 / 21	30 / 21	31 / 21	35 / 21	36 / 20	33 / 18
Ngaoundéré (1 110 m)	30 / 13	31 / 14	32 / 17	30 / 17	28 / 17	27 / 17	26 / 16	26 / 17	27 / 16	28 / 16	29 / 14	30 / 13
Douala	31 / 23	32 / 23	32 / 23	32 / 23	31 / 23	29 / 23	27 / 22	27 / 22	28 / 23	29 / 23	30 / 23	31 / 23
Yaoundé (760 m)	29 / 19	29 / 19	29 / 19	29 / 19	28 / 19	27 / 19	26 / 18	25 / 18	27 / 19	27 / 19	28 / 19	29 / 19
Moloundou (380 m)	31 / 21	32 / 21	32 / 21	32 / 21	31 / 21	29 / 21	28 / 20	28 / 20	29 / 20	30 / 20	30 / 21	30 / 19

nombre d'heures par jour   hauteur en mm / nombre de jours

	J	F	M	A	M	J	J	A	S	O	N	D
Maroua	9 / 0/0	10 / 0/0	9 / 2/1	8 / 20/3	8 / 65/6	7 / 170/12	6 / 245/14	5 / 245/14	6 / 190/12	8 / 25/3	10 / 0/0	10 / 0/0
Ngaoundéré	9 / 4/0	9 / 2/1	7 / 40/4	6 / 150/11	6 / 21/18	5 / 23/19	4 / 270/19	4 / 275/20	4 / 240/20	6 / 145/14	8 / 13/2	9 / 2/0
Douala	4 / 60/5	5 / 90/7	5 / 225/13	6 / 240/16	6 / 355/19	4 / 470/22	4 / 710/28	4 / 725/29	4 / 630/26	4 / 400/24	5 / 145/12	9 / 60/5
Yaoundé	5 / 22/2	6 / 65/5	5 / 145/12	5 / 180/14	5 / 205/17	4 / 150/13	3 / 55/6	3 / 75/6	3 / 200/17	4 / 300/22	5 / 125/13	6 / 20/3
Moloundou	5 / 60/3	6 / 90/9	5 / 135/9	6 / 180/14	6 / 145/10	5 / 105/9	4 / 70/6	4 / 95/10	4 / 225/12	4 / 210/13	5 / 135/13	5 / 65/8

température de la mer : moyenne mensuelle

	J	F	M	A	M	J	J	A	S	O	N	D
Atlantique	27	27	28	28	27	26	25	24	25	25	26	27

Canada

Superficie : 18 fois la France. Montréal (latitude 45°28'N ; longitude 73°45'O) : GMT – 6 h. Durée du jour : maximale (juin) 16 heures, minimale (décembre) 8 heures 30.

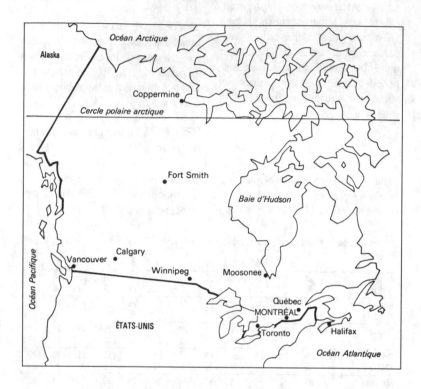

L'automne est généralement reconnu comme la période d'élection pour découvrir le Canada. Mais d'aucuns affirment qu'on ne peut connaître l'âme de ce pays sans y avoir séjourné en hiver...

▶ Au Québec, l'**hiver** commence dès novembre pour ne s'achever que vers la fin avril. Il est encore plus précoce dans l'intérieur du pays et à mesure que l'on remonte vers le nord. C'est la saison du ski, des randonnées en motoneige et des courses en raquettes. Le Canada possède de très nombreuses stations de sports d'hiver, dans les Rocheuses bien sûr, mais aussi à proximité de Québec (dans les Laurentides notamment).

Les records de froid sont enregistrés dans les immenses territoires du nord-ouest du pays (voir Coppermine et Fort Smith). La ville de Québec est recouverte de neige 150 jours par an ; Montréal, un peu plus méridionale, l'est 30 jours de moins. Attention au *barbier*, ce vent glacé qui transforme les moustaches en stalactites et les barbes en buissons d'épines givrés. Sur le versant est des Rocheuses (voir Calgary), cet hiver très rigoureux peut être sujet à de spectaculaires revirements sous l'effet du *chinook*, vent chaud et sec du même type que le *fœhn* (on l'a déjà vu faire passer la température de – 15° à + 25° en quelques minutes !).

L'hiver est moins rude sur la côte atlantique (voir Halifax). Mais seule la côte pacifique, à l'ouest, échappe vraiment aux grands froids (seulement 11 jours d'enneigement par an à Vancouver) – sans être pour autant à l'abri des précipitations, qui sont très abondantes sur cette côte en hiver.

La fin de l'hiver et le début du printemps (suivant les années, fin mars à début mai à Montréal, 15 jours plus tard à Québec) est une période à déconseiller : le dégel transforme alors les villes en vastes étendues de *slush*, gadoue de neige fondue.

▶ Le **printemps** est bref et, dès le début de juin, il fait chaud dans la journée. L'**été** (jusqu'à fin août) peut être étouffant, en particulier dans les plaines centrales d'Ontario, du Manitoba et du Saskatchewan (voir Winnipeg). À Montréal, les climatiseurs marchent à plein régime. Cependant, même dans les périodes de grande chaleur, les nuits et les soirées restent relativement fraîches. Sur les côtes, l'été est tempéré, et la mer suffisamment froide pour que l'on ne songe pas à se baigner.

▶ L'**automne** est souvent une saison magnifique, flamboyant du pourpre des érables durant de courtes semaines (fin septembre-début octobre). Alternent alors journées fraîches et journées chaudes, où l'on peut encore se promener sans pullover. Dans les forêts, les insectes ont déjà commencé à battre en retraite.

VALISE : de novembre à avril, « tuque », « doudoune » et « claques » (bonnet de laine ou de fourrure, veste en duvet et couvre-chaussures) sont indispensables pour affronter le froid, ainsi que gants, écharpes, sous-vêtements de soie ou de laine, etc. (Mais sachez aussi que les Canadiens, pour emmagasiner des réserves de chaleur, surchauffent leurs maisons :

on y a souvent assez chaud avec une chemise ou un tee-shirt.) En été, des vêtements légers mais aussi des lainages, veste ou blouson car il fait frais le soir et le matin. Vous apprécierez peut-être, malgré la chaleur, une chemise à manches longues et un pantalon (voir ci-dessous).

BESTIOLES : à part les grizzlis, qu'il est plus facile d'éviter, les bestioles les plus nuisibles sont les maringouins (moustiques), grand fléau de l'été canadien (ils sont surtout actifs à partir du crépuscule et durant les journées nuageuses) et les mouches noires qui prennent le relais au lever du soleil. On les rencontre principalement dans les forêts et les parcs nationaux, mais aussi dans les villes.

FOULE : un flux touristique modéré, surtout si on tient compte de l'immensité du territoire. Juillet et août sont les mois qui reçoivent le plus de visiteurs, 5 fois plus qu'en janvier et février pendant lesquels arrivent cependant les amateurs de sports d'hiver.

Les États-Unis, pays frontalier, mis à part, c'est le Royaume-Uni, loin devant la France et le Japon, qui fournit le plus gros contingent de voyageurs au Canada. On comprendra que les Japonais soient surreprésentés à l'Est et les Français au Québec. ●

Voir tableaux p. suivante

Voir également les rubriques :
La santé en voyage, p. 401
Le coût de la vie, p. 441
Le monde tel qu'il est, p. 461
Obtenir ses visas, p. 471
La durée des vols, p. 485

moyenne des températures maximales / moyenne des températures minimales

	J	F	M	A	M	J	J	A	S	O	N	D
Coppermine	- 24	- 26	- 21	- 12	- 1	7	13	12	6	- 3	- 15	- 22
	- 32	- 34	- 30	- 21	- 9	0	5	5	0	- 9	- 22	- 30
Fort Smith	- 20	- 17	- 7	4	14	20	23	21	14	5	- 7	- 16
	- 30	- 28	- 21	- 9	1	6	9	8	3	- 4	- 15	- 25
Moosonee	- 14	- 11	- 5	3	11	18	22	21	15	8	- 1	- 10
	- 26	- 24	- 18	- 8	0	6	10	9	5	0	- 8	- 20
Calgary	- 4	- 3	1	10	16	19	24	22	17	12	3	- 1
	- 16	- 15	- 10	- 3	3	7	10	8	4	- 1	- 8	- 12
Winnipeg	- 13	- 10	- 3	9	18	22	26	25	19	12	- 1	- 9
	- 22	- 21	- 13	- 2	5	10	14	13	7	1	- 8	- 17
Vancouver	6	7	10	14	17	20	23	22	19	14	9	7
	0	1	3	5	8	11	13	12	10	7	3	2
Québec	- 7	- 5	0	8	17	22	25	24	19	12	4	- 5
	- 16	- 14	- 8	- 1	5	10	14	13	8	3	- 3	- 12
Montréal	- 5	- 4	2	11	18	23	26	25	20	14	5	- 2
	- 13	- 11	- 5	2	9	14	17	16	11	6	0	- 9
Halifax	0	1	4	9	14	19	23	23	20	14	9	3
	- 7	- 7	- 4	1	5	10	14	14	11	7	2	- 4
Toronto	- 1	0	4	12	18	24	27	26	22	15	7	1
	- 8	- 7	- 3	3	9	14	17	16	12	7	2	- 4

nombre d'heures par jour   hauteur en mm / nombre de jours

	J	F	M	A	M	J	J	A	S	O	N	D
Coppermine	0,5	3	5	7	7	9	9	6	2	2	0,5	0
	12/6	8/4	13/6	10/5	12/6	20/6	35/9	45/10	30/9	25/9	15/8	11/6
Fort Smith	2	4	5	8	9	11	10	9	4	3	2	1
	15/7	17/7	19/7	17/5	25/6	30/7	55/9	35/9	40/9	30/9	25/10	25/10
Moosonee	3	4	4	5	6	6	7	6	4	3	1	1
	45/15	45/12	40/11	45/11	75/12	95/13	80/13	80/13	85/14	75/13	75/15	55/16
Calgary	3	4	5	6	8	8	10	9	6	5	4	3
	17/8	20/8	25/11	35/9	50/10	90/13	60/10	60/11	35/8	25/7	16/7	15/7
Winnipeg	4	5	5	6	8	8	10	9	6	5	3	3
	25/10	19/9	25/9	30/7	50/9	85/11	75/10	70/9	50/9	40/7	30/9	20/9
Vancouver	2	3	4	6	8	7	9	8	6	4	2	1
	210/18	160/14	150/13	90/11	70/9	65/9	40/6	45/6	85/9	175/13	200/16	245/18
Québec	2	3	4	5	6	6	7	7	5	4	2	2
	80/14	75/12	70/11	75/10	75/10	110/11	105/11	90/9	100/10	80/10	95/13	100/14
Montréal	3	4	5	5	7	8	8	8	6	4	2	2
	90/15	75/13	85/13	80/12	80/11	90/11	100/11	85/9	95/11	85/10	90/13	90/15
Halifax	3	4	5	5	6	7	8	7	6	5	3	3
	140/13	115/12	115/12	110/11	110/12	95/10	90/9	95/9	115/9	120/9	145/13	130/11
Toronto	3	4	4	6	7	9	9	8	7	5	3	2
	65/13	60/11	65/11	65/10	70/10	60/8	75/8	60/8	65/8	60/8	65/11	60/12

température de la mer : moyenne mensuelle

	J	F	M	A	M	J	J	A	S	O	N	D
Halifax	1	1	1	1	5	9	14	16	14	11	8	3
Vancouver	9	8	9	10	11	13	14	15	14	12	11	10

Prendre une marche autour de Québec

À moins d'une heure en char de la ville, le cap Tourmente, à l'estuaire du Saint-Laurent, offre à nos yeux éblouis (et à nos oreilles abasourdies) le spectacle de milliers d'oies blanches qui jacassent en tourbillonnant dans l'air.

Sur le chemin du sud, les premières y font halte début septembre, et les dernières en repartent quand les marais sont gelés, habituellement fin novembre. Elles sont de retour à la fin du mois de mars et y demeurent environ un mois et demi, avant de reprendre leur vol vers leurs zones de nidification en Arctique. Plus loin sur la même route, entre fin août et fin septembre, Tadoussac est un lieu de rendez-vous très connu pour les baleines Beluga ; on peut les approcher à bord de petites vedettes.

Beaucoup plus au nord, dans le golfe du Saint-Laurent, des myriades de fous de Bassan se rassemblent dans l'île Bonaventure pour y nidifier, à partir du début avril. Réputés muets ailleurs, ils remplissent l'air de leurs « car-uk car-uk car-uk » retentissants jusqu'à la fin de l'été.

Canaries (îles)

Superficie : 0,01 fois la France. Las Palmas (latitude 27°56'N ; longitude 15°23'O) : GMT + 0 h. Durée du jour : maximale (juin) 14 heures, minimale (décembre) 10 heures 30.

▶ S'il fallait désigner le mois idéal pour se rendre aux Canaries, nous choisirions juin. C'est incontestablement le mois le plus « régulier » de l'année. Le soleil est omniprésent, le souffle des alizés continu et agréable, et les périodes de temps perturbé sont très rares, de même que les vagues de chaleur. C'est aussi une bonne époque pour quitter les côtes, grimper sur les anciens volcans qui dominent les îles de La Palma, Ténérife et de la Grande Canarie, et admirer leurs paysages étonnamment contrastés.

▶ Le grand soleil est bien sûr aussi garanti en **juillet** et **août**. Mais quand les vents d'est apportent un air brûlant et desséchant d'origine saharienne, il peut faire trop chaud, même sur les côtes. Sur les îles les plus orientales, le *Sirocco* s'accompagne souvent de vents de sable.

▶ L'automne commence très bien, mais finit souvent sous la pluie. Novembre est en effet le mois le plus pluvieux de l'année sur la plus grande partie des Canaries. Ce sont les versants des reliefs « au vent », c'est-à-dire tournés vers le nord et le nord-est, qui sont les plus arrosés.

▶ L'hiver est généralement doux et agréable ; il est particulièrement sec et enso-leillé quand souffle le vent d'est depuis l'Afrique. De temps à autre, les Canaries subissent des *borrascas*, de courtes périodes de pluies diluviennes provoquées par l'arrivée de dépressions qui naissent au sud des Açores.

▶ Aux Canaries, la mer n'est jamais trop froide pour les intrépides, et toujours trop fraîche pour ceux qui apprécient les bains chauds et prolongés. En hiver, les Scandinaves y trouvent une eau à 18° ou 19°, c'est-à-dire plus chaude que celle des côtes de leur pays en plein été. Par contre, ceux qui pensent que les Canaries c'est l'Afrique, et qu'en Afrique la mer est toujours chaude, seront déçus : elle n'atteint 20° qu'en juin et plafonne à 22° ou 23° en août et septembre. À noter que les eaux des îles les plus éloignées de la côte africaine bénéficient d'un léger bonus.

VALISE : en été, des vêtements légers en coton ou autres fibres naturelles, un pull, des sandales et des chaussures de marche ; le reste de l'année, ajouter quelques lainages, une veste et un imperméable.

FOULE : les îles Canaries ont reçu en 2001 plus de 10 millions de visiteurs : en premier lieu des Britanniques, en progression constante, puis des Allemands, en baisse relative. Les autres nationalités, dont les Français, arrivent très loin derrière. Il y a des touristes tout le long de l'année. Juin, pourtant climatiquement favorable, et mai sont les mois les plus calmes alors que mars est le mois de plus grande affluence. ●

moyenne des températures maximales / moyenne des températures minimales

	J	F	M	A	M	J	J	A	S	O	N	D
Santa Cruz de la Palma	21	21	21	21	22	24	25	26	26	26	24	22
	15	14	15	16	16	18	19	21	21	19	18	16
Santa Cruz de Ténérife	21	21	22	23	24	26	28	29	28	26	23	22
	14	14	15	16	17	19	21	21	21	19	16	16
Las Palmas	21	22	22	22	23	24	25	26	26	26	24	22
	14	14	15	16	17	18	19	21	21	19	18	16

nombre d'heures par jour   hauteur en mm / nombre de jours

	J	F	M	A	M	J	J	A	S	O	N	D
Santa Cruz de la Palma	5	6	7	8	9	10	11	10	8	7	5	5
	80/9	6/4	35/4	20/4	10/3	2/0	1/0	2/0	10/3	40/4	115/9	75/7
Santa Cruz de Ténérife	6	7	7	8	10	11	11	11	8	7	6	6
	40/5	7/4	30/3	15/2	5/1	1/1	0/0	0/0	3/1	30/3	50/6	60/6
Las Palmas	6	7	8	8	10	11	11	11	9	7	7	6
	30/5	20/3	20/3	10/2	4/1	1/0	0/0	0/0	4/1	25/3	50/6	40/6

température de la mer : moyenne mensuelle

	J	F	M	A	M	J	J	A	S	O	N	D
Atlantique	19	18	18	19	19	20	21	22	23	22	21	19

Cap-Vert (Îles du)

Superficie : 0,01 fois la France. Praía (latitude 14°54'N ; longitude 23°31'O) : GMT − 1 h. Durée du jour : maximale (juin) 13 heures, minimale (décembre) 11 heures.

▶ Le climat cap-verdien est d'une extrême sécheresse, longtemps responsable de *fomas* (famines, en portugais) périodiques freinant le développement de ce pays, qui s'ouvre au tourisme.

Le vent est une autre constante des îles du Cap-Vert. Il souffle avec une force redoublée vers janvier ; moins fort en juillet-août, il laisse parfois pendant cette période quelques jours de calme plat.

▶ Les températures varient assez peu d'un mois à l'autre, que ce soit dans les îles *barlavento*, au vent (voir Mindelo) ou dans les îles *sotavento*, sous le vent (voir Praía). Il fait un peu plus frais entre décembre et mai.

VALISE : vêtements légers, un coupe-vent, un ou deux pulls, une veste (surtout de décembre à mai) ; chaussures de marche confortables, sandales ; un anorak léger pour août et septembre.

SANTÉ : faibles risques de paludisme. ●

moyenne des températures maximales / moyenne des températures minimales

	J	F	M	A	M	J	J	A	S	O	N	D
Mindelo	23	22	23	24	24	26	27	27	26	26	26	24
(São Vicente)	19	19	19	19	19	21	22	23	23	23	22	21
Praía	25	25	26	26	27	28	28	29	29	29	28	26
(São Tiago)	20	19	20	21	21	22	24	24	25	24	23	22

nombre d'heures par jour   hauteur en mm / nombre de jours

	J	F	M	A	M	J	J	A	S	O	N	D
Mindelo	*	*	*	*	*	*	*	*	*	*	*	*
	2/1	4/2	0/0	0/0	0/0	0/0	4/2	16/3	35/4	25/3	12/3	4/2
Praía	6	6,5	6,5	7	6,5	6	5	5	6	6,5	6,5	5
	1/0	2/0	0/0	0/0	0/0	0/0	9/2	50/5	80/7	50/4	14/2	5/1

température de la mer : moyenne mensuelle

	J	F	M	A	M	J	J	A	S	O	N	D
Atlantique	23	22	21	22	23	25	25	26	27	27	26	24

Centrafrique

Superficie : 1,1 fois la France. Bangui (latitude 4°23'N ; longitude 18°34'E) : GMT + 1 h. Durée du jour : maximale (juin) 12 heures 30, minimale (décembre) 11 heures 30.

▶ La meilleure période pour se rendre à **Bangui** et dans tout le sud du pays, couvert d'une forêt dense et humide, correspond aux trois mois de la saison sèche, **de décembre à mars**. Les températures sont très élevées, mais elles le sont dans l'ensemble du pays toute l'année durant, et c'est le moment où la chaleur est rendue moins pénible à supporter par une relative baisse de l'humidité ambiante. Le ciel est souvent nuageux dans le sud, d'où un ensoleillement assez médiocre même durant la saison sèche.

Le reste de l'année, les pluies sont fortes et prolongées, tombant surtout la nuit, en début de matinée et d'après-midi. Au sud-est (Obo, Djema, réserve de Zemongo), elles sont moins abondantes.

▶ Plus on va vers le nord et plus la saison sèche se prolonge : à **Ndélé**, elle dure 6 mois. C'est pourquoi, si vous projetez de visiter la réserve de Bamingui-Bangoran, vous choisirez plutôt les mois de **février à mars**, qui correspondent à la fin de cette période (voir chapitre Kenya).

Dans le centre du pays, la saison sèche est interrompue en février par les petites « pluies des mangues », appelées ainsi car elles correspondent à l'époque de la cueillette de ces fruits.

▶ Encore plus au **nord** (Birao, réserves de l'Aouk-Aoakole et de Yata-Ngaya), les pluies ne durent que trois à quatre mois, de fin mai à septembre. La chaleur est encore plus forte qu'au sud, surtout durant la longue saison sèche. L'*harmattan* souffle en janvier et février sur toute la moitié nord du pays, provoquant des tourbillons de poussière dans l'extrême Nord sahélien.

VALISE : vêtements de plein été en fibres naturelles de préférence, un pull ; les femmes ne portent ni shorts ni minijupes en Centrafrique. Pendant la saison des pluies, un anorak type K-way, ou un parapluie dans les villes. Pour visiter les réserves, porter de préférence des couleurs neutres ; prévoir un foulard pour se protéger des vents de poussière.

SANTÉ : vaccination contre la fièvre jaune obligatoire ; vaccin antirabique conseillé pour de longs séjours. Risques de paludisme toute l'année dans tout le pays ; résistance élevée à la Nivaquine.

BESTIOLES : moustiques toute l'année, surtout actifs après le coucher du soleil. ●

Voir tableaux p. suivante

Voir également les rubriques :
La santé en voyage, p. 401
Le coût de la vie, p. 441
Le monde tel qu'il est, p. 461
Obtenir ses visas, p. 471
La durée des vols, p. 485

moyenne des températures maximales / moyenne des températures minimales

	J	F	M	A	M	J	J	A	S	O	N	D
Ndélé (600 m)	37 19	37 21	37 23	37 23	33 22	31 21	30 21	29 21	31 20	32 20	34 18	36 18
Bangassou (500 m)	34 18	34 19	33 21	33 21	32 21	31 20	30 19	30 19	31 19	31 19	32 19	33 17
Bangui (390 m)	33 20	34 20	33 21	33 21	32 21	31 21	29 20	30 20	31 20	31 20	31 20	32 19

nombre d'heures par jour hauteur en mm / nombre de jours

	J	F	M	A	M	J	J	A	S	O	N	D
Ndélé	9 6/0	9 35/1	8 15/2	7 45/4	7 215/14	6 155/12	5 210/16	5 260/18	5 270/18	6 200/14	8 15/2	9 0/0
Bangassou	7 13/2	7 60/4	6 110/9	6 120/9	7 225/16	6 200/14	5 215/14	4 190/16	5 205/15	5 260/18	6 120/10	7 40/2
Bangui	7 20/2	7 45/5	6 125/9	6 130/10	6 170/14	5 135/12	4 185/14	4 225/17	5 185/16	5 200/17	6 100/10	7 35/3

Chili

Superficie : 1,5 fois la France. Santiago (latitude 33°27'S ; longitude 70°42'O) : GMT − 4 h. Durée du jour : maximale (décembre) 14 heures 30, minimale (juin) 10 heures.

▶ Le Chili, qui s'étire sur environ 4 000 kilomètres, connaît bien évidemment des climats extrêmement divers. On y trouve, au nord, une des régions les plus sèches du monde – à Iquique, entre Arica et Antofagasta, il est arrivé qu'on doive attendre 14 ans pour voir tomber la pluie –, alors qu'au sud il pleut 325 jours par an à Bahia Felix, un peu au-dessus du détroit de Magellan !

▶ Dans le **tiers supérieur** du pays, d'Arica à La Serena, s'étend donc une région désertique où les pluies sont particulièrement rares (voir Arica, Antofagasta). Sur la côte cependant, les *camanchacas*, des brouillards dus au courant froid de Humboldt, sont fréquents surtout durant l'hiver austral (juin à septembre). L'été (décembre à mars), très ensoleillé, est rarement d'une chaleur accablante grâce à ce courant et à la sécheresse de l'air. La température de la mer ne dépasse 18° que de décembre à avril.

À l'intérieur, sur la *puna* andine, le ciel est d'une pureté intense toute l'année. En été, les journées sont chaudes, mais les nuits restent froides.

▶ Le **centre** du pays, de part et d'autre de Santiago, a un climat tempéré. Dans la capitale, le **printemps** et l'**automne** sont des saisons très agréables. Durant l'été, sec et ensoleillé, les matinées et les soirées sont souvent fraîches, alors qu'en début d'après-midi les pointes de chaleur peuvent être pénibles, d'autant que cette ville, située dans une cuvette, partage avec Mexico et São Paulo la palme de la pollution en Amérique latine. En hiver il fait froid la nuit, frais et surtout humide pendant la journée.

Sur la côte, à la même latitude que Santiago, le port de Valparaiso et les plages de Viña del Mar ne subissent pas en été les inconvénients que connaît la capitale. Tout le monde peut y bronzer, mais seuls ceux qui apprécient l'eau fraîche s'y baignent.

C'est à l'est de cette région, au cœur des Andes, que sont installées les plus importantes stations de sports d'hiver (Portillo, La Parva...). La saison commence vers le 15 juin et se prolonge parfois jusqu'à la fin du mois de novembre dans certaines stations.

▶ Plus on va vers le **sud** et plus les pluies sont abondantes. Concepción, qui connaît encore un été chaud pendant la journée et assez ensoleillé, est pluvieuse en hiver ; Valdivia reçoit déjà près de 2,5 mètres de pluies par an, surtout d'avril à septembre. La région de Puerto Montt, l'île de Chiloé, la région des lacs, que surplombent des volcans encore en activité, se visitent de préférence **entre la fin du printemps et le début de l'automne.** Sur les côtes, l'hiver est brumeux mais jamais très rigoureux.

▶ On peut maintenant emprunter à partir de Puerto Montt la *Carretera Austral* qui aboutit à Punta Arenas. C'est entre ces deux villes, sur ces côtes déchiquetées, le long de glaciers dévalant vers la mer, que l'on observe des records de précipitations – auxquels échappent cependant Punta Arenas et sa région. L'été est, là encore, la meilleure période pour entreprendre le voyage. Les vents, soutenus et têtus, arriveront sans peine à vous persuader qu'il y fait très froid en hiver et très frais en été.

▶ **L'île de Pâques** (voir chap. Pacifique Sud), presque à mi-chemin entre la côte chilienne et la Polynésie, a une saison chaude bien ensoleillée – **de novembre à mai** – et une saison plus fraîche de juin à octobre. Le vent souffle avec vigueur quelle que soit la saison et les pluies sont assez également réparties sur toute l'année ; quant à la température de la mer, elle varie entre 20° (de juin à octobre) et 23°- 24° (de décembre à avril).

VALISE : en été, des vêtements légers, quelques lainages, un anorak ou une veste coupe-vent pour le sud. En hiver, des vêtements de demi-saison, un bon pullover, une veste chaude pour les soirées, un imperméable ou un parapluie pour Santiago ; ajouter quelques vêtements légers pour le nord, ou des vêtements chauds (manteau ou anorak en duvet) pour le sud.

FOULE : l'affluence touristique vers le Chili reste modérée, d'autant plus que les Argentins, principal contingent de visiteurs, se font beaucoup plus rares depuis 2002, après la chute de leur monnaie. Vous rencontrerez surtout des Nord-Américains mais les Européens commencent à y voyager. Janvier (c'est l'été austral) est le mois le plus fréquenté ; viennent ensuite février et mars. Juin, en début d'hiver, est le mois le plus calme. ●

moyenne des températures maximales / moyenne des températures minimales

	J	F	M	A	M	J	J	A	S	O	N	D
Arica	26	27	26	24	22	20	19	19	20	21	23	25
	18	18	17	16	14	14	13	13	13	14	15	17
Antofagasta	24	24	22	20	19	18	16	17	18	18	20	22
	16	16	15	12	12	11	10	10	11	12	14	15
Santiago	29	28	27	23	18	14	15	17	19	22	26	28
(520 m)	12	11	9	7	5	3	3	4	6	7	9	11
Concepción	25	25	22	19	16	14	13	14	16	18	21	23
	11	10	8	7	6	6	5	4	5	7	9	10
Punta Arenas	14	14	12	10	7	5	4	6	8	11	12	14
	7	7	5	4	2	1	- 1	1	2	3	4	6

nombre d'heures par jour hauteur en mm / nombre de jours

	J	F	M	A	M	J	J	A	S	O	N	D
Arica	11	10	8	7	6	6	5	4	5	6	7	8
	0,5/0	0/0	0/0	0/0	0/0	0/0	0/0	0/0	0/0	0/0	0/0	0/0
Antofagasta	11	10	8	7	6	6	6	5	6	6	7	9
	0/0	0/0	0/0	0,5/0	0/0	2/0	2/0	1/0	1/0	1/0	0/0	0/0
Santiago	11	10	9	7	4	4	4	4	5	7	9	11
	2/0	3/0	4/1	14/1	60/5	85/6	75/6	55/5	30/3	15/3	6/1	4/0
Concepción	8	8	7	5	3	2	3	4	5	7	8	9
	17/2	20/3	50/5	85/9	210/15	250/17	240/16	180/14	105/12	60/8	45/7	30/4
Punta Arenas	8	6	6	5	3	3	3	4	5	7	7	8
	35/6	30/5	45/7	45/9	50/6	40/8	40/6	40/5	35/5	25/5	30/5	35/8

 température de la mer : moyenne mensuelle

	J	F	M	A	M	J	J	A	S	O	N	D
Arica	21	22	21	20	19	17	17	16	17	17	18	20
Antofagasta	20	21	20	19	17	16	15	15	16	17	18	19
Valparaiso	17	18	17	16	15	14	13	13	13	14	15	16
Concepción	16	17	16	15	14	13	12	12	12	13	14	15

Chine

Superficie : 18 fois la France. Pékin (latitude 39°57'N ; longitude 116°19'E) : GMT + 8 h. Durée du jour : maximale (juin) 15 heures, minimale (décembre) 9 heures 30. Durée du jour à Canton : maximale (juin) 14 heures, minimale (décembre) 10 heures 30.

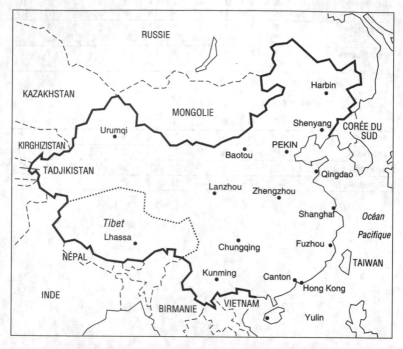

▶ Contrairement à une croyance très répandue, qui la situe plutôt parmi les « pays chauds », la Chine offre une palette climatique d'une diversité presque inégalée. Des hivers quasi sibériens du nord du pays aux moiteurs tropicales des étés méridionaux, en passant par toutes les nuances de ses climats tempérés, on trouve de tout, climatiquement parlant, dans l'Empire du Milieu. On conçoit donc aisément qu'il ne soit guère possible de suggérer une saison idéale pour parcourir la Chine en tous sens au cours d'un seul séjour. Cependant, on peut affirmer que **le printemps** – très bref, en fait le mois d'avril – et **l'automne**, surtout de la mi-septembre à la mi-octobre, sont les saisons qui vous permettront le mieux d'éviter les extrêmes climatiques chinois. Bien que l'automne soit aussi l'époque des typhons qui, de temps en temps, viennent ravager les régions littorales du sud du pays. Parfois, ils peuvent faire sentir leurs effets plus à l'intérieur des terres, voire jusqu'à Pékin.

▶ La Chine du **Nord-Est** (voir Harbin) connaît des hivers extrêmement froids, particulièrement dans le nord de la Mandchourie, où ils durent près de 6 mois, de novembre à mi-avril. Au sud de la Mandchourie (voir Shenyang), les températures sont agréables dès avril et jusqu'à octobre. À Pékin et dans la grande plaine qui s'étend au sud de la capitale, jusqu'à Kaifeng et Soutchéou, il fait également très froid en hiver, surtout lorsque souffle le « vent jaune » venu de Mongolie, glacial et chargé de poussière. Déforestation et érosion des sols aidant, ces tempêtes de poussière sont, depuis 20 ans, de plus en plus fréquentes à la fin de l'hiver et au début du printemps. L'année 2002 a, à cet égard, battu des records.

L'été est très chaud dans le nord-est de la Chine, et c'est entre début juin et fin août que tombe l'essentiel des pluies. La *nomenklatura* chinoise et les « nouveaux capitalistes » fuient alors la canicule humide de Pékin pour séjourner dans des stations de montagne comme Lushan, ou à Beidaihe, le Deauville chinois. Sur ces rivages septentrionaux, la température de l'eau de mer ne dépasse 20° qu'entre juillet et septembre (24° en août) et elle est proche du gel en janvier !

L'automne est réputé pour être dans cette partie de la Chine particulièrement doux et ensoleillé, avec des ciels lumineux, un air sec et pur.

▌ Au **nord-ouest**, les hauts plateaux de l'Ordos (voir Baotou) sont très arides : il ne pleut qu'entre juillet et août, et relativement peu. L'hiver y est aussi très froid et venté, l'été un peu moins chaud que dans la plaine, grâce à l'influence de l'altitude. Le plateau continental de Dzoungarie, au nord du Tibet (voir Urumqi), a un climat du même type, en plus accentué encore. La sécheresse de l'air y est extrême, et les vents soufflent avec violence, surtout en hiver et au printemps.

Entre la Dzoungarie et le Tibet, le désert du Tarim, tout aussi sec, est beaucoup plus chaud : les températures sont souvent positives en hiver au milieu de la journée et atteignent fréquemment 25° dès avril.

▌ Au **Tibet**, le climat est bien sûr très rude : fréquentes tempêtes de poussière, de sable ou de neige, températures très contrastées. Outre les effets produits sur l'organisme par la raréfaction de l'air,

l'altitude commande les variations climatiques :

Au-dessous de 3 900 mètres (voir Lhassa), d'octobre à mars, les nuits sont polaires, mais les journées seraient assez clémentes sans le vent constant, qui donne une impression de froid vif et pénétrant ; les routes sont souvent impraticables en hiver. De mai à septembre, le temps est agréable et ensoleillé ; il peut faire très chaud dans la journée (alors que les nuits restent froides), mais les vents de poussière sont parfois pénibles à supporter.

Au-dessus de 3 900 mètres, le gel est à peu près permanent, et la température ne dépasse pas 5° en plein jour.

La meilleure saison pour le trekking au Tibet se situe entre mars et juin, avant la chaleur du plein été.

▌ En **Chine centrale**, qui commence au-dessous du 35e parallèle, l'hiver reste assez froid, et même parfois rigoureux. Ce n'est que dans la partie la plus méridionale de cette région qu'apparaît une flore de type subtropical. À Shanghai même, pourtant sur la mer, il vaut mieux arriver assez couvert pour un séjour hivernal, d'autant que, à part les hôtels pour étrangers, les intérieurs sont assez mal ou pas du tout chauffés. En été, en revanche, la Chine centrale connaît des températures élevées. Nankin, Chungking et Wuhan, sur les bords du Yangzi Jiang, sont réputées pour être alors de vraies fournaises. Les précipitations sont assez abondantes de juin à septembre, et dans une ville comme Shanghai, l'humidité et les nuages fréquents accentuent la moiteur étouffante de l'air.

▌ En **Chine du Sud** (voir Canton, Hong Kong, Yulin), on connaît enfin un véritable climat subtropical. On voit même des cocotiers s'épanouir dans le sud de la province de Canton et sur l'île de Hainan. L'hiver de la Chine du Sud offre des températures « printanières » et les gelées y sont rares ; les périodes intermédiaires sont brèves. En été, les températures sont élevées, et les précipitations abondantes de mai à août. Pendant cette saison, on subit une atmosphère humide et étouffante, et à vrai dire assez éprouvante. Fin août-début septembre est la période préférée des typhons qui provoquent des dégâts considérables. À savoir : du 15 mai au 15 juin et du 15 octobre au 15 novembre, Canton est assaillie par des milliers de visiteurs du monde entier, qui y sont attirés par les foires aux articles chinois d'exportation.

VALISE : en hiver, vêtements très chauds, matelassés ou doublés de fourrure (les Chinois en fabriquent d'excellents), sauf en Chine du Sud (vêtements de demi-saison). En été, des vêtements pratiques et légers, un lainage ; en dehors de Pékin, Canton, Hong Kong, Shanghai, évitez les tenues très dénudées si vous n'avez pas envie de choquer. Au Tibet, pour faire face aux changements brusques de température et au vent, emportez des vêtements faciles à superposer et à enlever ou remettre progressivement, et un foulard pour vous protéger de la poussière. Aux intersaisons : vêtements légers pour la journée, lainages et veste pour les soirées dans le Nord ; vêtements légers dans le Sud. Les chaussures chinoises en toile sont également très confortables pour les longues marches.

SANTÉ : faibles risques de paludisme au-dessous de 1 500 mètres d'altitude : de juillet à novembre dans quelques zones rurales au nord-est ; de mai à décembre dans le centre ; toute l'année dans les régions situées au sud du 25e parallèle, où l'on observe des zones de forte résistance à la Nivaquine (à la frontière vietnamienne et à l'extrême sud : Guangxi, Guizhou, Hainan, Yunnan).

BESTIOLES : des moustiques durant été en Chine du Nord, et toute l'année en Chine du Sud.

FOULE : très faible pression touristique si l'on considère l'ensemble du pays et l'importance de la population, mais un tourisme assez concentré sur quelques circuits bien balisés.
Allemands, Britanniques et Français comptent chacun pour environ 6 % du tourisme en Chine, si l'on fait abstraction des visiteurs des pays du Sud-Est asiatique, dont une majorité sont eux-mêmes d'origine chinoise. ●

Voir tableaux p. suivante

Voir également les rubriques :
La santé en voyage, p. 401
Le coût de la vie, p. 441
Le monde tel qu'il est, p. 461
Obtenir ses visas, p. 471
La durée des vols, p. 485
Atlas du voyageur, en début de volume
Internet et les voyageurs, en fin de volume

moyenne des températures maximales / moyenne des températures minimales

	J	F	M	A	M	J	J	A	S	O	N	D
Harbin	- 14	- 9	0	12	21	26	28	27	20	12	- 2	- 12
	- 26	- 23	- 12	- 1	7	14	18	17	8	0	- 12	- 22
Urumqi (912 m)	- 10	- 8	1	15	24	27	30	28	23	11	- 1	- 8
	- 22	- 19	- 9	3	12	15	18	16	10	1	- 11	- 18
Shenyang (416 m)	- 7	- 2	5	16	23	28	30	29	23	16	4	- 5
	- 18	- 16	- 7	2	11	16	20	19	11	3	- 6	- 15
Baotou (1 040 m)	- 5	- 2	7	15	23	28	29	27	22	16	5	- 3
	- 19	- 16	- 7	0	8	14	17	15	6	0	- 9	- 17
Pékin	1	4	11	21	27	31	31	30	26	20	10	2
	- 11	- 8	- 1	7	13	19	21	20	14	6	- 2	- 8
Qingdao	3	4	8	14	20	26	27	27	25	20	12	5
	- 5	- 4	1	6	12	21	23	23	18	12	5	- 2
Lanzhou (1 510 m)	1	7	12	18	24	27	29	27	22	17	8	3
	- 14	- 9	- 2	4	10	14	16	16	11	4	- 5	- 11
Zhengzhou	5	8	14	21	27	32	32	31	27	22	14	8
	- 5	- 3	2	9	14	20	23	22	16	10	3	- 3
Shanghai	8	8	13	19	25	28	32	32	28	23	17	12
	1	1	4	10	15	19	23	23	19	14	7	2
Lhassa (3 680 m)	7	9	12	16	19	24	23	22	21	17	13	9
	- 10	- 7	- 2	1	5	9	9	9	7	1	- 5	- 9
Chungqing	11	13	18	23	27	29	33	32	28	22	17	12
	6	7	11	15	19	21	24	25	20	16	12	7
Fuzhou	15	15	18	23	26	30	34	33	30	26	22	18
	8	8	10	15	19	23	25	25	23	19	15	10
Kunming (1 890 m)	23	22	29	31	30	29	28	28	28	27	25	23
	6	6	9	13	17	20	20	20	19	16	12	8
Canton	18	18	21	25	29	31	32	32	31	29	25	21
	9	10	14	18	22	24	24	24	23	21	15	11
Hong Kong	18	17	19	24	28	29	31	31	29	27	23	20
	13	13	16	19	23	26	26	26	25	23	18	15
Yulin	25	26	28	30	31	31	31	31	30	30	27	25
	17	19	21	23	25	25	25	25	24	22	19	17

température de la mer : moyenne mensuelle

	J	F	M	A	M	J	J	A	S	O	N	D
Yulin	22	22	23	25	27	28	30	28	28	27	24	23
Hong Kong	19	19	21	23	25	27	29	28	28	28	23	21
Shanghai	9	8	11	14	18	23	26	27	25	22	17	13
Qingdao	6	5	7	9	14	19	23	26	23	20	15	9
Beidaihe lat. Pékin	0	1	2	6	12	17	22	24	22	18	12	5

Voir tableaux p. suivante

nombre d'heures par jour hauteur en mm / nombre de jours

	J	F	M	A	M	J	J	A	S	O	N	D
Harbin	6	8	8	8	8	9	9	8	7	7	6	6
	4/1	6/1	17/3	25/3	45/7	90/9	165/10	120/11	55/7	36/5	15/2	8/2
Urumqi	6	5	6	7	10	9	9	9	9	7	5	5
	8/10	15/11	15/7	35/8	25/5	35/6	16/7	35/5	15/4	45/9	20/11	11/10
Shenyang	6	7	8	8	8	9	7	7	8	7	6	6
	6/2	6/2	14/5	30/6	65/10	95/12	175/15	160/12	75/9	40/6	25/4	10/3
Baotou	7	7	8	9	9	9	8	8	9	8	6	7
	1/1	4/2	4/3	19/4	30/6	30/7	80/10	75/10	30/6	25/4	4/3	1/1
Pékin	7	7	8	8	9	9	7	7	8	8	6	6
	4/1	5/1	8/2	17/2	35/4	80/6	240/10	140/9	60/4	16/1	10/2	3/1
Qingdao	6	6	7	7	8	7	6	7	7	7	6	5
	11/3	9/3	19/3	35/4	40/4	75/6	150/8	150/8	85/6	35/3	20/3	17/2
Lanzhou	5	5	5	6	6	7	7	7	5	5	5	5
	1/1	3/1	8/4	14/4	35/7	40/7	65/10	90/12	55/10	18/4	4/2	2/1
Zhengzhou	6	6	6	7	8	9	8	8	7	6	6	6
	10/3	15/4	30/6	50/6	45/6	70/7	135/12	130/11	65/8	40/6	35/6	9/3
Shanghai	4	4	4	5	5	5	7	7	5	6	5	4
	55/6	40/9	65/9	60/9	90/9	160/11	150/9	155/9	195/11	110/4	75/6	45/6
Lhassa	6	6	6	6	7	6	5	6	6	6	7	6
	2/0	13/1	7/1	5/1	25/2	63/5	120/10	90/7	65/4	13/2	2/1	0/0
Chungqing	2	2	3	4	4	4	7	7	4	2	2	2
	17/4	20/4	40/7	95/9	145/13	180/11	140/6	120/6	145/11	110/13	50/9	20/6
Fuzhou	4	3	4	5	5	5	8	8	6	5	5	4
	55/10	80/13	120/15	140/15	210/18	230/17	120/9	140/12	150/12	30/6	30/7	30/8
Kunming	6	8	9	8	7	4	3	4	5	5	6	6
	30/9	10/5	15/4	30/8	160/17	250/25	370/28	340/27	170/21	170/20	65/13	35/11
Canton	4	3	3	3	5	5	7	7	7	7	6	5
	30/5	65/8	100/11	185/12	255/15	290/17	265/16	250/13	150/10	50/4	50/3	35/5
Hong Kong	5	4	3	4	5	5	8	6	6	7	7	6
	30/4	60/5	70/6	135/8	330/13	480/17	235/15	415/15	365/13	35/5	45/3	17/3
Yulin	*	*	*	*	*	*	*	*	*	*	*	*
	11/3	7/2	2/3	28/4	150/10	195/14	150/14	190/16	290/19	190/12	55/6	40/5

Chypre

Superficie : 0,02 fois la France. Nicosie (latitude 35°09'N ; longitude 33°17'E) : GMT + 2 h. Durée du jour : maximale (juin) 14 heures 30, minimale (décembre) 10 heures.

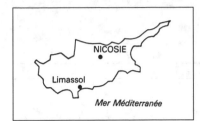

Ce pays divisé, annexé dans sa partie orientale par la Turquie, a pour territoire l'île la plus chaude de la Méditerranée. Mais sur la côte sud, le vent est assez fréquent tout au long de l'année.

▶ Pendant l'été, Chypre jouit d'un ensoleillement exceptionnel, et les amateurs de plage se baigneront dans une mer tiède. Des brises marines y modèrent les effets de la chaleur, alors qu'à cette période la canicule peut dissuader d'un voyage à l'intérieur, du moins dans la plaine de Nicosie. À l'ouest, dans les régions élevées autour du mont Troodos, on peut trouver un peu de fraîcheur dans les forêts.

▶ Pour visiter l'île et partir à la découverte des vestiges gréco-romains ou des monas-

tères byzantins, la meilleure période serait soit le **printemps** soit l'**automne**, d'autant plus que ce sont des saisons où les bains de mer sont également possibles.

▶ Les **hivers** chypriotes sont particulièrement doux dans la plaine et sur les côtes, mais le mont Troodos est enneigé en février et mars : on peut même y skier. Les sportifs qui aiment varier les plaisirs pourront, après avoir skié le matin, se baigner dans une mer très fraîche l'après-midi.

VALISE : de mai à octobre, vêtements d'été très légers, en coton ou en lin ; un pull pour le soir. En hiver, vêtements assez chauds, imperméable ou parapluie.

FOULE : dans la partie occidentale de l'île, flux touristique en hausse et forte pression pendant la saison balnéaire. Les visiteurs sont surtout d'origine européenne, et majoritairement britanniques. On compte sur les plages chypriotes presque 50 Britanniques, 5 Suédois et 3 Finlandais pour 1 Français. ●

moyenne des températures maximales / moyenne des températures minimales

	J	F	M	A	M	J	J	A	S	O	N	D
Nicosie	15	16	19	24	30	34	37	37	33	28	22	17
	5	5	7	10	14	18	21	21	18	14	10	7
Limassol	16	17	19	23	28	32	34	34	32	28	23	19
	7	8	8	11	15	19	22	22	20	16	13	9

Voir tableaux p. suivante

nombre d'heures par jour ![rain] hauteur en mm / nombre de jours

	J	F	M	A	M	J	J	A	S	O	N	D
Nicosie	95	7	7	9	11	13	13	12	11	9	7	5
	75/9	45/6	35/7	17/3	20/2	9/1	1/0	2/0	7/1	20/2	32/5	75/8
Limassol	5	6	7	8	10	12	12	12	11	9	6	5
	110/8	65/5	50/6	18/3	13/2	3/1	0/0	0/0	4/1	35/2	55/5	110/8

température de la mer : moyenne mensuelle

	J	F	M	A	M	J	J	A	S	O	N	D
Limassol	17	16	17	18	20	23	25	27	26	25	21	19

Colombie

Superficie : 2 fois la France. Bogotá (latitude 4°38'N ; longitude 74°05'O) : GMT – 5 h. Durée du jour : environ 12 heures toute l'année.

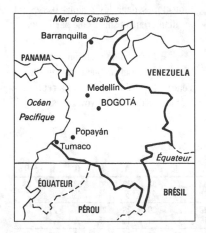

▶ C'est bien sûr pendant les saison s sèches qu'il est conseillé de voyager en Colombie, c'est-à-dire, pour la plus grande partie du pays, de **décembre à mars**. Nous ne vous cacherons cependant pas que dans certaines régions, quelle que soit l'époque choisie, l'overdose de pluies est assurée.

▶ Au **nord**, la côte caraïbe (voir Barranquilla) connaît une saison sans pluies et bien ensoleillée de fin décembre à fin avril. La chaleur est à peine moins forte que le reste de l'année, mais c'est cependant la meilleure saison pour visiter Carthagène et ses fortifications de l'époque coloniale, ou pour se baigner, sur les plages bordées de cocotiers. Le nord de la côte est très aride ; en revanche, près de la frontière avec le Panama, s'il ne pleut que modérément à cette époque, le reste de l'année est très arrosé.

▶ Dans tout le **centre** du pays, on observe généralement une saison sèche plus ou moins prononcée de décembre à mars et parfois un ralentissement des précipitations au milieu de la saison des pluies. Le climat dépend ici essentiellement de l'altitude. Au-dessus de Bogotá, au climat toujours frais, le ciel est gris une bonne partie de l'année, avec une sensible amélioration de décembre à fin février. 1 000 mètres plus bas, à Medellín, il fait chaud pendant la journée mais les matinées peuvent être fraîches. On dit de cette ville, célèbre pour ses orchidées, que le printemps y est éternel. À Cali (965 mètres), comptez encore 4° de plus qu'à Medellín. Dans les terres basses – moins de 700 mètres d'altitude –, vous n'avez aucune chance d'échapper à la suffocante chaleur des tropiques.

▶ Les autres régions, que ce soit l'**est** du pays ou la **côte pacifique** (voir Tumaco) sont très pluvieuses. La base orientale des Andes, qui fait face au bassin amazonien, est particulièrement arrosée : Villavicencio, 2 000 mètres en contrebas de la capitale, reçoit plus de 4 mètres d'eau par an, avec un répit sensible de décembre à février. Mais c'est du côté de l'océan Pacifique que tous les records sont battus, et cette fois-ci pas de trêve : dans les vallées des fleuves San Juan et Atrato, parallèles à la partie nord de la côte, jamais moins de 500 millimètres par mois ! Quant à la ville de Quibdo, elle est la plus « rincée » de toutes les Amériques : près de 10 mètres d'eau par an. La beauté des sites vaut cependant largement que l'on plonge dans cette chaleur moite et éprouvante. En plus de ses *aguaceros* déments, entre lesquels le soleil apparaît, le Pacifique vous offre aussi de magnifiques plages quasi désertes et une mer chaude.

VALISE : vous aurez besoin à la fois de vêtements d'été très légers, en coton ou autres fibres naturelles, de lainages et d'un imperméable ou d'un anorak.

SANTÉ : risques de paludisme toute l'année en dessous de 800 mètres d'altitude dans les zones rurales ; résistance élevée à la Nivaquine ; sur la côte caraïbe, pas de risques à Barranquilla, Carthagène et dans l'île de San Andrés. Vaccination contre la fièvre jaune souhaitable pour les voyageurs séjournant en dehors de Bogotá et des grandes villes de la côte caraïbe. Vaccin antirabique conseillé pour de longs séjours.

BESTIOLES : attention, le crépuscule venu il n'y a pas de couvre-feu pour les moustiques dans les régions basses, et particulièrement sur la côte pacifique.

FOULE : très faible pression touristique. Des visiteurs qui viennent en majorité du Venezuela voisin. Les Français représentent moins de 1 % des voyageurs. ●

moyenne des températures maximales / moyenne des températures minimales

	J	F	M	A	M	J	J	A	S	O	N	D
Barranquilla	31	31	32	33	33	33	33	33	33	33	33	33
	22	22	23	24	25	24	24	24	24	23	23	23
Medellín	28	28	29	28	28	28	29	28	28	27	27	27
(1 450 m)	14	15	15	16	16	15	15	15	15	15	15	15
Bogotá	19	20	19	19	19	18	18	19	19	19	19	19
(2 560 m)	9	9	10	11	11	11	10	10	9	10	10	9
Popayán	23	23	23	23	23	23	24	25	25	23	22	22
(1 750 m)	12	12	12	12	12	12	11	11	11	12	12	12
Tumaco	27	28	28	28	28	28	28	28	27	27	27	27
	24	24	24	24	24	24	25	25	24	24	23	24

nombre d'heures par jour — hauteur en mm / nombre de jours

	J	F	M	A	M	J	J	A	S	O	N	D
Barranquilla	9	9	9	8	7	6	7	6	6	5	7	8
	1/0	0/0	1/0	11/1	85/6	105/8	55/5	100/6	140/11	200/13	80/6	65/3
Medellín	8	7	6	5	5	6	6	5	5	5	6	6
	40/7	50/8	75/10	145/18	180/19	110/14	105/13	135/16	130/16	160/20	115/17	80/11
Bogotá	6	5	4	3	3	4	4	4	4	3	4	5
	50/7	50/7	70/10	100/7	105/17	55/16	45/16	40/13	55/12	145/18	140/15	85/12
Popayán	6	6	5	4	4	5	6	6	6	4	4	5
	150/17	145/15	170/17	185/20	140/18	100/16	40/10	30/7	90/11	265/22	310/24	285/22
Tumaco	3	5	5	4	3	3	5	5	5	5	6	5
	430/22	300/19	240/14	370/20	440/25	305/24	205/20	195/19	170/18	165/15	135/13	170/16

température de la mer : moyenne mensuelle

	J	F	M	A	M	J	J	A	S	O	N	D
Mer des Caraïbes	26	25	25	26	27	27	28	28	28	27	27	26
Pacifique	26	26	26	26	26	26	26	25	26	27	26	26

Comores

Moroni (latitude 11°42'S ; longitude 43°14'E) : GMT + 3 h. Durée du jour : maximale (décembre) 13 heures, minimale (juin) 11 heures 30.

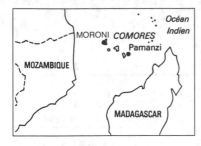

▶ Si vous projetez un voyage aux Comores, évitez de préférence la **saison chaude**, de novembre à avril, généralement très pluvieuse et très humide.

Durant cette saison, les pluies sont très inégalement réparties en fonction de l'altitude et de l'exposition. En effet, les îles les plus élevées de cet archipel volcanique, et surtout la Grande Comore et Anjouan, sont beaucoup plus arrosées que les îles à faible relief comme le territoire français de Mayotte. D'autre part, les côtes ouest, exposées à la mousson, reçoivent beaucoup plus de pluies que les côtes est qui sont « sous le vent ». C'est ainsi que sur la Grande Comore, le volcan du Karthala (2 400 mètres) reçoit 5 mètres d'eau par an, alors que Moroni, sur la côte « au vent », en reçoit moitié moins, et Tumbuni, sur la côte « sous le vent », seulement le quart.

À l'autre extrême de l'archipel, au sud-est, Mayotte est l'île la moins arrosée. La saison sèche y est beaucoup plus marquée, en particulier sur la côte orientale (voir Pamanzi), comme sur les autres îles.

▶ La meilleure saison pour séjourner aux Comores est donc indiscutablement la **saison sèche**, dite « fraîche », **de mai à octobre**, bien que les températures soient toujours agréablement chaudes durant cette période. C'est la saison la plus ensoleillée, surtout, là encore, sur les côtes exposées à l'est.

On se baigne toute l'année sur les plages de sable blanc (plus petites et moins nombreuses que celles des autres îles de l'océan Indien) ou de sable volcanique de l'archipel. En août et septembre, la mer est particulièrement calme, et d'autant plus propice à la plongée sous-marine.

VALISE : vêtements légers en coton ou en lin de préférence, un pull ou une veste pour les soirées de la saison « fraîche », des tennis ou autres chaussures confortables pour marcher dans la Grande Île, dont le sol est très accidenté. Les Comores sont un pays musulman : évitez les mini-jupes, shorts (pour les femmes), etc. Emportez aussi un anorak, un jean si vous prévoyez une randonnée sur le Karthala ou sur les M'Tingui.

SANTÉ : risques de paludisme toute l'année dans tout le pays ; zones de résistance élevée à la Nivaquine.

BESTIOLES : moustiques toute l'année, surtout actifs la nuit.

FOULE : une pression touristique encore faible, bien qu'en hausse. Des visiteurs dont les Français et les Sud-Africains constituent à eux seuls 80 %. ●

Voir tableaux p. suivante

moyenne des températures maximales / moyenne des températures minimales

	J	F	M	A	M	J	J	A	S	O	N	D
Moroni	30	30	31	30	29	28	28	28	28	29	30	31
(Grande Comore)	23	23	23	23	21	20	19	18	19	20	22	23
Pamanzi	30	30	31	31	30	28	28	28	29	30	30	31
(Mayotte)	24	24	24	24	23	22	21	20	21	22	23	24

 nombre d'heures par jour hauteur en mm / nombre de jours

	J	F	M	A	M	J	J	A	S	O	N	D
Moroni	6	6	7	6	7	8	8	7	7	8	8	7
	425/17	275/13	245/14	340/14	230/8	160/10	295/9	135/8	110/8	85/9	130/9	200/13
Pamanzi	6	6	7	8	9	8	9	9	9	8	8	7
	315/12	230/11	165/12	100/10	50/4	15/3	13/3	9/3	18/3	4/6	90/7	185/11

température de la mer : moyenne mensuelle

	J	F	M	A	M	J	J	A	S	O	N	D
Océan Indien	28	28	28	27	27	25	24	25	25	25	26	27

Congo (Brazzaville)

Superficie : 0,6 fois la France. Brazzaville (latitude 4°15'S ; longitude 15°14'E) : GMT + 1 h. Durée du jour : maximale (décembre) 12 heures, minimale (juin) 11 heures 30.

▶ **La saison sèche, de début juin à fin septembre**, est la meilleure période pour circuler dans ce pays couvert d'une dense forêt équatoriale sur les deux tiers de son territoire. Cependant, même à cette saison, une constante humidité – en particulier sur la côte et dans le nord-est du pays (voir Ouesso) – peut rendre la chaleur assez pénible à supporter, et le ciel est souvent nuageux.

La mer est alors à une température agréable, quoique plus fraîche que le reste de l'année.

La saison sèche est bien marquée sur toute la moitié sud du pays. Le mois d'août est sans doute le mois idéal pour observer les animaux des réserves de la Léfini, du mont Fouari et de Nyanga (voir chapitre Kenya). En remontant vers le nord (Makoua, parc national d'Odzala), la saison sèche est de moins en moins nette, pour ne plus être au niveau d'Ouesso qu'un simple ralentissement des pluies.

▶ Durant la **saison des pluies** – de fortes averses orageuses dans la journée et le soir –, les régions les plus arrosées au sud du pays sont le plateau Koukouya, au nord de Brazzaville, sur lequel il pleut deux fois plus que sur la capitale, et les monts du Mayombé, qui longent la côte. Par ailleurs, on note une baisse des pluies de décembre à février, mais elle n'est vraiment nette que dans le nord.

VALISE : vêtements les plus légers possible, en fibres naturelles de préférence ; un pull pour les soirées, surtout en saison sèche.

SANTÉ : vaccination contre la fièvre jaune obligatoire. Risques de paludisme toute l'année dans tout le pays ; résistance élevée à la Nivaquine.

BESTIOLES : moustiques toute l'année, surtout actifs après le coucher du soleil. ●

moyenne des températures maximales / moyenne des températures minimales

	J	F	M	A	M	J	J	A	S	O	N	D
Ouesso	31	32	32	32	31	30	29	29	30	30	30	30
(350 m)	20	20	21	21	21	21	21	21	21	21	21	20
Brazzaville	30	31	31	32	30	28	27	28	30	30	30	29
	21	21	22	22	21	18	17	18	20	21	21	21
Pointe-Noire	30	30	31	30	29	27	25	25	26	28	29	29
	24	24	24	24	23	20	18	19	21	23	23	24

nombre d'heures par jour — hauteur en mm / nombre de jours

	J	F	M	A	M	J	J	A	S	O	N	D
Ouesso	5	6	5	6	6	5	4	4	4	5	5	5
	55/4	80/5	150/9	130/8	150/11	115/9	80/6	155/10	220/13	22/14	15/11	85/6
Brazzaville	4	5	5	5	5	5	4	5	4	4	5	4
	120/9	125/8	185/10	210/13	135/8	2/0	1/0	2/0	3/3	140/9	225/13	195/12
Pointe-Noire	5	5	5	5	4	4	4	4	2	3	4	5
	150/9	210/10	225/12	180/11	90/5	1/0	0/0	2/1	13/4	70/10	165/12	145/9

température de la mer : moyenne mensuelle

	J	F	M	A	M	J	J	A	S	O	N	D
Atlantique	27	27	27	28	27	25	23	23	24	25	26	26

Pour choisir une destination, voir également :

La santé en voyage, p. 401
Le coût de la vie, p. 441
Le monde tel qu'il est, p. 461
Obtenir ses visas, p. 471
La durée des vols, p. 485
Atlas du voyageur, en début de volume
Internet et les voyageurs, en fin de volume

Congo (Kinshasa)

Superficie : 4,3 fois la France. Kinshasa (latitude 4°23'S ; longitude 15°26'E) : GMT + 1 h. Durée du jour : environ 12 heures toute l'année.

Dans la majeure partie de l'ex-Zaïre, le climat est chaud et humide toute l'année. Il y a néanmoins des périodes plus agréables que d'autres, différentes selon les régions :

▶ Dans la cuvette du fleuve Congo, au centre du pays, occupée par une forêt dense et difficilement pénétrable dans les zones non habitées, l'humidité est permanente, le ciel souvent nuageux et il pleut beaucoup.
Sa partie sud (voir Kinshasa, Kananga), connaît cependant une saison sèche, **de juin à septembre**, qui est sans conteste la meilleure période. En remontant vers le nord, à mesure que l'on s'approche de l'équateur, cette saison sèche est moins marquée. À partir de l'équateur commence à se dessiner une saison sèche inversée (décembre à février) d'abord peu marquée, puis plus nette au nord du pays (voir Gemena). Dans cette région, **février** est le meilleur mois (le moins humide).

▶ Dans les régions élevées du nord-est et de l'Est (région des lacs et du parc animalier du lac Kivu), les températures sont agréables grâce à l'altitude, parfois même fraîches la nuit, et l'air est beaucoup moins humide.

▶ Au sud du pays, sur le plateau minier, la chaleur est plus modérée. La saison sèche est nettement plus étendue et très ensoleillée : à Lubumbashi, elle dure d'avril à octobre. La meilleure période se situe **entre avril et août** (en septembre-octobre, il fait très chaud dans la journée). Février est le mois le plus humide.

▶ Sur l'étroite bande côtière, le climat est un peu plus frais qu'à l'intérieur du pays pendant la saison sèche (mi-mai à mi-octobre). On peut se référer aux chiffres donnés pour Cabinda, dans le chapitre Angola.

VALISE : en toute saison, vêtements très légers, en fibres naturelles de préférence ; un ou deux pulls pour les soirées.

SANTÉ : risques de paludisme toute l'année dans tout le pays ; zones de résistance élevée à la Nivaquine. Vaccination obligatoire : fièvre jaune. Vaccination souhaitable : rage, typhoïde.

BESTIOLES : moustiques toute l'année, surtout actifs après le coucher du soleil. ●

Voir tableaux p. suivante

	J	F	M	A	M	J	J	A	S	O	N	D
Gemena	31	32	32	32	31	30	29	29	30	30	30	31
(450 m)	18	19	20	20	20	20	19	20	19	19	19	18
Kisangani	30	31	31	30	30	30	29	28	29	29	29	29
(490 m)	20	19	20	20	20	20	19	20	19	20	20	20
Kinshasa	30	31	31	32	30	28	27	28	30	30	30	30
(360 m)	22	22	22	22	22	18	17	18	20	22	22	22
Kananga	29	29	30	30	31	31	30	30	30	30	29	29
(660 m)	20	20	20	20	20	18	18	19	19	19	20	20
Lubumbashi	27	27	27	27	27	25	25	28	31	32	29	27
(1 290 m)	17	17	17	15	12	9	8	11	14	16	17	16

nombre d'heures par jour · hauteur en mm / nombre de jours

	J	F	M	A	M	J	J	A	S	O	N	D
Gemena	7	7	6	6	6	5	5	5	5	6	6	7
	40/2	65/4	135/8	165/9	190/10	180/9	185/10	250/13	205/11	210/12	130/7	55/4
Kisangani	7	7	6	6	6	5	5	4	5	5	6	6
	85/6	100/6	150/10	150/11	175/11	125/9	145/10	170/10	180/12	240/15	180/13	125/10
Kinshasa	4	5	5	6	5	5	4	5	4	4	5	4
	130/8	140/8	180/10	210/12	135/9	5/0	1/0	4/0	35/3	140/9	235/13	170/11
Kananga	5	4	5	5	7	9	7	6	6	6	5	4
	130/9	125/9	205/12	175/12	90/6	16/1	17/1	50/4	120/8	165/11	240/13	245/13
Lubumbashi	4	4	6	8	9	10	10	10	10	9	6	4
	255/20	265/19	210/17	55/7	3/1	0/0	0/0	3/1	30/4	165/14	260/20

température de la mer : moyenne mensuelle

	J	F	M	A	M	J	J	A	S	O	N	D
Atlantique	27	27	27	28	27	25	23	23	24	25	26	26

Corée du Nord

Superficie : 0,2 fois la France. Pyongyang (latitude 39°01'N ; longitude 125°49'E) : GMT + 9 h. Durée du jour : maximale (juin) 15 heures, minimale (décembre) 9 heures 30.

▶ D'un point de vue climatique, l'automne est la meilleure saison en Corée du Nord. Il est bref – **mi-septembre à fin octobre** –, mais ensoleillé, lumineux et sec, avec des températures douces (nuits très fraîches cependant).
L'**hiver** est très froid, plus encore à l'ouest du pays (voir Pyongyang) qu'à l'est (voir Wonsan). C'est également une saison ensoleillée et sèche ; la neige est donc rare, mais les rivières sont gelées jusqu'à la mi-avril. Un vent glacial venu de Sibérie souffle fréquemment, et il peut faire – 40° la nuit dans les régions montagneuses du nord du pays.

▶ Le **printemps**, tout aussi court que l'automne, ne s'annonce qu'au cours du mois d'avril. C'est aussi une bonne saison, quoique souvent un peu brumeuse (avec parfois un léger crachin et le désagréable « vent jaune », qui descend de Mandchourie chargé de poussière de lœss).

▶ L'**été**, qui s'installe dès la fin de mai, est chaud, humide et pluvieux, surtout en juillet et août. C'est la seule période de l'année où l'eau de mer dépasse 20°.

VALISE : en hiver, manteau chaud, gants, etc. Printemps et automne : vêtements de demi-saison, imperméable. En été : vêtements légers, un ou deux lainages. Dans ce pays de l'intégrisme marxiste-léniniste, les shorts et les mini-jupes choquent. ●

moyenne des températures maximales / moyenne des températures minimales

	J	F	M	A	M	J	J	A	S	O	N	D
Wonsan	1	2	7	15	21	24	27	27	23	18	11	3
	- 8	- 7	- 2	4	10	15	19	20	14	8	1	- 5
Pyongyang	- 3	0	7	16	22	26	29	29	24	18	9	0
	- 13	- 10	- 3	3	9	15	20	20	13	6	2	- 9

nombre d'heures par jour ⟨pluie⟩ hauteur en mm / nombre de jours

	J	F	M	A	M	J	J	A	S	O	N	D
Wonsan	7	7	7	8	8	7	6	6	7	7	6	6
	30/3	30/4	45/5	70/5	85/7	125/9	275/14	310/13	180/9	70/5	60/5	30/3
Pyongyang	6	7	8	8	9	9	7	7	8	8	6	6
	15/3	11/3	25/4	45/5	65/7	75/7	235/12	230/10	110/7	45/6	40/7	20/4

Corée du Sud

Superficie : 0,2 fois la France. Séoul (latitude 37°34'N ; longitude 126°58'E) : GMT + 9 h. Durée du jour : maximale (juin) 15 heures, minimale (décembre) 9 heures 30.

▶ L'automne est la meilleure saison pour se rendre au « Pays du matin calme ». **De mi-septembre à fin octobre**, l'air est doux et sec, la lumière très pure et les forêts se colorent de pourpres flamboyants.

▶ L'**hiver**, froid et sec, commence fin novembre et dure jusqu'à fin mars dans le nord (voir Séoul), fin février dans le sud (voir Pusan, Mokpo). L'hiver, à Séoul, ressemble davantage – la neige en moins – à celui des pays scandinaves qu'à celui de Palerme, qui est pourtant à la même latitude que la capitale sud-coréenne : le ciel est d'un bleu intense, des vents polaires et chargés de poussière soufflent du nord. En hiver, l'estuaire du Naktong, au nord de Pusan, accueille des myriades d'oiseaux fuyant la Sibérie et la Mandchourie.

▶ Le **printemps**, tardif et bref, est une saison agréable bien que les pluies démar-rent dès avril, surtout sur le littoral est, qui est la région la plus arrosée du pays. En mai, les azalées en fleur envahissent les collines ; Coréens et visiteurs vont admi-rer la splendide et fugace éclosion des fleurs de cerisier dans la région de Pusan.

▶ L'**été** – de début juin à mi-septembre – est chaud, pluvieux et lourd, surtout en juillet-août. C'est la saison où l'on peut profiter des plages coréennes (surtout sur les côtes est et sud, autour de Mokpo et de Pusan, la côte ouest étant encombrée par la vase des hautes marées). Dans le sud, la température de la mer dépasse 20° entre juin et octobre.
Mais l'été est aussi la saison préférée des typhons, qui peuvent être meurtriers, comme cela a été le cas en juillet 1987.

▶ Une originalité climatique : les météo-rologues sud-coréens voient leur tâche très simplifiée par une alternance cycli-que particulière à la péninsule, qui per-mettrait de prévoir, avec peu de risques d'erreur, quatre belles journées à la suite de trois jours de mauvais temps (grand froid en hiver, pluie en été).

VALISE : en été, vêtements légers (mini-jupes et shorts risquent de choquer) ; inu-tile de se charger : vous trouverez sur place, à des prix imbattables, tout ce dont vous pouvez avoir besoin comme jeans, tee-shirts, etc. ; anorak léger ou parapluie (que vous pourrez aussi acheter sur place) ; pensez à emporter des chaussu-res sans lacets que vous pourrez enlever facilement à l'entrée des maisons et des temples. En hiver, vêtements chauds (manteau ou anorak en duvet, etc.).

FOULE : faible pression touristique. Le mois d'octobre est, de toute l'année, celui qui reçoit le plus de visiteurs. Janvier et février sont à l'opposé. Les Japonais représentent près de la moitié des voyageurs, les Français moins de 0,5 %. ●

moyenne des températures maximales / moyenne des températures minimales

	J	F	M	A	M	J	J	A	S	O	N	D
Séoul	0	3	8	17	22	27	29	31	26	19	11	3
	- 9	- 7	- 2	5	11	16	21	22	15	7	0	- 7
Pusan	6	7	12	17	21	24	27	29	26	21	15	9
	- 2	- 1	3	8	13	17	22	23	18	12	6	1
Mokpo	5	6	10	17	21	25	28	31	27	21	14	8
	- 2	- 2	2	7	13	17	22	23	18	12	6	1

nombre d'heures par jour / hauteur en mm / nombre de jours

	J	F	M	A	M	J	J	A	S	O	N	D
Séoul	6	6	8	8	8	7	6	6	7	7	6	5
	17/3	20/3	55/6	70/6	85/7	170/9	360/14	225/10	140/7	50/5	35/5	30/5
Pusan	7	7	7	7	8	7	6	7	6	7	7	6
	25/3	45/4	90/6	115/7	140/8	195/9	245/11	165/8	205/9	75/4	45/4	40/4
Mokpo	4	5	6	7	8	7	6	7	6	7	6	4
	35/6	40/5	60/5	85/5	100/6	135/8	185/10	190/8	155/7	55/6	45/6	45/7

température de la mer : moyenne mensuelle

	J	F	M	A	M	J	J	A	S	O	N	D
Mer Jaune (latit. de Séoul)	5	5	5	8	13	17	22	24	23	19	14	9
Mer du Japon (Pusan)	12	11	11	12	15	19	24	26	24	20	16	12

Costa Rica

Superficie : 0,1 fois la France. San José (latitude 9°56'N ; longitude 84°05'O) : GMT – 6 h. Durée du jour : maximale (juin) 12 heures 30, minimale (décembre) 11 heures 30.

▶ Le voyageur aura tout intérêt à choisir la période qui va de **décembre à avril** pour se rendre au Costa Rica. C'est la **saison sèche**, du moins dans tout le plateau central (San José) et sur la côte pacifique qui jouissent alors d'un bon ensoleillement. Notons que le plateau central est assez venté tout au long de l'année et particulièrement pendant cette saison sèche. Les températures varient essentiellement en fonction de l'altitude : la capitale bénéficie de la chaleur agréable des *tierras templadas* (de 800 à 1 500 mètres) ; il peut y faire frais le matin ou en soirée. Il fait nettement moins chaud sur les cordillères volcaniques (*tierras frias*) qui culminent à 3 800 mètres et où il peut geler la nuit. Les côtes et les plaines basses (*tierras calientes*) ont des températures élevées. Cette saison est aussi la meilleure pour se rendre sur les nombreuses et belles plages de la moitié nord de la côte pacifique.

▶ **La saison des pluies**, toujours sur la côte pacifique et le plateau central, dure de mai à novembre, et c'est aussi l'époque des fortes chaleurs. Sur la côte pacifique, c'est dans la moitié sud, la plus arrosée, que l'atmosphère est la plus lourde. Les précipitations tombant surtout à partir de l'après-midi, on peut cependant profiter dans tout le pays de belles matinées très ensoleillées.

▶ Du côté caraïbe (voir Puerto Limon), il n'y a pas de saison sèche. Ici, spécialement dans la partie nord, la moiteur ambiante laisse peu de répit et incite tout au long de l'année à plonger dans une mer chaude.

VALISE : quelle que soit la date de votre voyage, des vêtements d'été, amples et très légers, un ou deux pull-overs et une veste pour les soirées en altitude ; de mai à novembre, un imperméable léger, un anorak ou un parapluie.

SANTÉ : risques de paludisme peu virulent toute l'année, dans les zones rurales en dessous de 500 mètres d'altitude.

BESTIOLES : quelques risques (peu, à vrai dire) de déranger un serpent (portez de préférence des chaussures fermées dans les zones rurales) ; quant aux moustiques, ils sont assez envahissants dans les régions basses pendant la saison des pluies.

FOULE : pression touristique modérée mais en progression sensible ces dernières années avec le développement de l'écotourisme. Décembre, janvier et février, puis juillet sont les mois les plus fréquentés. Mai, juin et novembre, les mois où les voyageurs se font le plus rares. Près de 40 % des voyageurs viennent des États-Unis. Parmi les Européens, Espagnols, Allemands, Britanniques et Italiens distancent largement les Français. ●

moyenne des températures maximales / moyenne des températures minimales

	J	F	M	A	M	J	J	A	S	O	N	D
Puntarenas	34	35	35	35	33	33	32	32	32	32	31	32
	23	23	23	23	22	23	23	23	23	23	22	22
Puerto Limon	29	30	30	30	31	31	30	30	30	30	30	29
	20	20	21	21	22	22	22	22	22	22	21	21
San José	24	24	26	26	27	26	25	26	26	25	25	24
(1 120 m)	14	14	15	17	17	17	17	16	16	16	16	14

nombre d'heures par jour   hauteur en mm / nombre de jours

	J	F	M	A	M	J	J	A	S	O	N	D
Puntarenas	8,5	9	9	8,5	6,5	5	5,5	5,5	5,5	5,5	6	7,5
	6/1	2/0	6/1	30/4	190/14	220/17	175/16	230/20	290/21	250/20	115/11	32/4
Puerto Limon	5	5,5	5,5	6	5,5	4,5	4	4,5	5	5,5	5	5
	320/20	200/15	195/12	290/15	280/15	280/16	410/24	290/18	165/13	200/15	370/20	400/22
San José	7	8	8	7	5	4	4	4	4	4	5	6
	15/2	5/0	20/2	45/5	230/17	240/20	210/20	240/21	310/22	305/22	145/13	40/4

température de la mer : moyenne mensuelle

	J	F	M	A	M	J	J	A	S	O	N	D
Mer des Caraïbes	26	26	27	27	28	28	28	28	28	27	27	27
Pacifique	26	27	27	28	28	28	27	27	27	27	27	26

Côte-d'Ivoire

Superficie : 0,6 fois la France. Abidjan (latitude 5°15'N ; longitude 03°56'O) : GMT + 0 h. Durée du jour : environ 12 heures toute l'année.

Le climat ivoirien varie sensiblement selon que l'on se trouve sur la côte et dans les régions forestières qui occupent près de la moitié du sud du pays, ou dans la savane quasi soudanienne au nord.

▎ Dans le **sud** du pays, il y a deux saisons des pluies : la première, de mi-avril à juillet, est la plus importante ; la deuxième, après une petite saison « presque sèche » en août et septembre, dure deux mois (octobre et novembre).

Dans les régions où il pleut le plus, comme la partie occidentale de la côte (2 mètres de pluie par an à Tabou, près de la frontière libérienne), ou la région montagneuse autour de Man, la seule période relativement sèche va de mi-décembre à février.

Ailleurs, et notamment à Abidjan, les pluies tombent souvent en fin de journée ou la nuit, laissant la place à de belles éclaircies. Évitez absolument le mois de juin, de loin le plus arrosé.

Sachez également que durant les pluies, dès que l'on s'éloigne de la côte où souf-

flent en général quelques brises, on doit s'accoutumer, et parfois non sans mal, à une chaleur de serre suffocante et lourde, et à un ciel souvent plombé.

Pendant la grande saison sèche (décembre à mi-avril), l'humidité ambiante s'atténue quelque peu, et le soleil est plus souvent présent.

À condition d'éviter les parties du littoral où la barre rend les sports nautiques dangereux, on peut se baigner toute l'année (par exemple sur les plages de Grand-Bérébi ou autour d'Abidjan).

▎ Plus on se dirige vers le nord et plus le climat devient sec, ce qui rend la chaleur, pourtant très forte surtout en saison sèche, beaucoup plus supportable que sur la côte. D'autant que dans ces régions les nuits sont souvent assez fraîches pour permettre à l'organisme de récupérer.

▎ Dans la moitié **nord** du pays (environ à partir de Bouaké), il n'y a qu'une saison des pluies, d'avril à fin octobre, avec un point culminant en août. Elle est suivie par une saison sèche de 5 à 6 mois, durant laquelle souffle l'*harmattan*, chaud et desséchant. L'air est souvent limpide et le ciel dégagé entre deux averses durant la saison des pluies, et la saison sèche est plus ensoleillée que dans la zone des forêts.

À l'extrême nord (voir Ferkessédougou), la saison des pluies est encore moins longue (de mai à octobre) et moins virulente.

▎ En conclusion, la saison la plus agréable pour un voyage en Côte-d'Ivoire est certainement la **saison sèche**, et en particulier les mois de **décembre à mars**, ou de février et mars si l'on projette de visiter les réserves de la Camoé, de la Maraoué ou d'Asagny (voir chapitre Kenya). Le parc de la Camoé est ouvert de décembre à juin.

VALISE : en saison sèche, vêtements très légers en coton ou en lin de préférence, en quantité suffisante (on se change souvent) et un pull-over « au cas où ». Vous trouverez d'ailleurs sur les marchés d'Abidjan des tailleurs qui vous feront des vêtements sur mesure en 24 ou 48 heures.

Pour visiter les réserves, vêtements confortables de couleurs neutres, chaussures de marche en toile, foulard pour se protéger des vents de poussière. Pour la saison des pluies, vous pouvez emporter un anorak léger, mais en réalité il fait trop chaud et la pluie tombe trop fort pour que cela vous soit d'une grande utilité.

SANTÉ : vaccination contre la fièvre jaune obligatoire ; vaccination antirabique fortement conseillée. Risques de paludisme toute l'année ; zones de résistance à la Nivaquine.

BESTIOLES : moustiques toute l'année, actifs la nuit.

FOULE : faible pression touristique. Les voyageurs en Côte-d'Ivoire viennent pour moitié de ses voisins africains. Avec 20 % du total des visiteurs, la France fournit l'essentiel des touristes d'origine européenne. ●

moyenne des températures maximales / moyenne des températures minimales

	J	F	M	A	M	J	J	A	S	O	N	D
Ferkessédougou (350 m)	34 / 16	35 / 20	35 / 23	34 / 23	33 / 23	31 / 22	29 / 21	29 / 21	30 / 21	31 / 21	33 / 20	33 / 17
Bouaké (365 m)	33 / 20	34 / 21	34 / 21	33 / 21	33 / 22	31 / 21	29 / 20	29 / 20	30 / 20	32 / 20	33 / 21	33 / 20
Abidjan	31 / 23	32 / 24	32 / 24	32 / 24	31 / 24	29 / 23	28 / 23	28 / 22	28 / 23	29 / 23	31 / 23	31 / 23

nombre d'heures par jour   hauteur en mm / nombre de jours

	J	F	M	A	M	J	J	A	S	O	N	D
Ferkessédougou	9 / 5/0	9 / 25/1	8 / 4/4	8 / 80/6	8 / 150/9	7 / 150/11	6 / 185/12	5 / 305/16	6 / 240/17	8 / 120/12	9 / 30/3	8 / 8/1
Bouaké	6 / 13/1	7 / 45/3	7 / 90/5	6 / 140/7	6 / 155/9	4 / 135/10	3 / 100/8	2 / 110/8	4 / 225/12	5 / 140/10	6 / 35/3	5 / 25/2
Abidjan	6 / 26/3	7 / 40/4	7 / 120/7	9 / 170/9	6 / 365/16	4 / 610/19	4 / 200/10	4 / 35/6	4 / 55/9	6 / 225/13	7 / 190/13	6 / 110/7

température de la mer : moyenne mensuelle

	J	F	M	A	M	J	J	A	S	O	N	D
Abidjan	27	27	28	28	27	27	26	25	24	24	26	27

Croatie

Superficie : 0,1 fois la France. Zagreb (latitude 45°49'N ; longitude 15°59'E) : GMT + 1 h. Durée du jour : maximale (juin) 15 heures 30, minimale (décembre) 8 heures 30.

▶ **Du golfe de Trieste à Dubrovnik**, la Croatie contrôle l'essentiel du littoral de l'ancienne Yougoslavie. Aujourd'hui, les touristes ont retrouvé les côtes d'Istrie et de Dalmatie, très ensoleillées pendant toute la période estivale (les plages y sont plus souvent de gravier que de sable). De la mi-mai à la mi-septembre, un *mistral* local souffle périodiquement sur la côte. L'automne est l'époque des plus fortes pluviosités. L'hiver, il neige rarement sur la côte : une demi-dizaine de jours dans sa partie la plus septentrionale. Mais, de décembre à la mi-avril, c'est la saison de la *bora* – un redoutable vent de nord-est qui profite de la relative modestie des reliefs intérieurs pour pousser sur l'Adriatique l'air froid de l'Europe centrale ; ses rafales peuvent être très violentes. Le *jugo* (aussi appelé *juzina* ou *siloko*) souffle depuis le sud, entre la mi-octobre et la mi-mai, il amène les nuages bas et la pluie. Ces vents s'accompagnent d'une mer agitée et peuvent bloquer les bateaux au port.

Les températures hivernales diminuent un peu au fur et à mesure que l'on remonte la côte (à Rijeka, l'ancienne Fiume, 9° et 3° pour les moyennes maxi et mini de jan-

vier), mais il suffit de passer une chaîne côtière pour trouver des froids assez rigoureux, qui s'expliquent par l'arrêt des influences maritimes (voir Gospic).

▶ **À l'intérieur du pays**, il fait froid en hiver, mais cependant rien de très excessif. Les températures sont souvent inférieures dans les basses vallées à celles relevées à une altitude de 500 mètres. Dans la région de la capitale, la neige reste au sol environ un mois et demi. Le printemps connaît ses jours de fœhn, nombreux à Zagreb où la température grimpe alors de quelques degrés. L'été est assez chaud, notamment aux limites de la grande plaine hongroise, et c'est la saison qui recueille le maximum de pluies, souvent sous forme d'averses orageuses. Ceci n'empêche pas le soleil de faire honorablement son devoir.

▶ On conseillera bien sûr l'été pour les amateurs de vacances balnéaires, mais aussi les mois de mai, juin et septembre pour ceux qui veulent parcourir ce pays.

VALISE : ne pas oublier des vêtements coupe-vent, surtout en hiver. Même en été, un bon pull ne sera jamais de trop pour certaines soirées à l'intérieur du pays.

FOULE : de nouveau en très forte progression, le tourisme vers la Croatie est cependant encore loin d'avoir retrouvé les sommets atteints vers 1985. C'est un tourisme très concentré : sur la côte et les îles (400 000 touristes sur la seule île de Krk) et les mois de juillet et août. En 2001, les Allemands représentaient à eux seuls plus du quart des visiteurs. Slovènes, Tchèques, Italiens et Autrichiens suivaient. Les Français sont peu nombreux à choisir cette destination. ●

moyenne des températures maximales / moyenne des températures minimales

	J	F	M	A	M	J	J	A	S	O	N	D
Zagreb	3	5	11	17	21	25	27	27	22	15	9	4
	- 2	- 1	3	8	12	15	17	16	13	8	4	0
Gospic	3	4	9	14	19	23	26	26	22	15	9	5
(570 m)	- 6	- 6	- 2	3	6	9	11	10	7	4	1	- 3
Dubrovnik	12	13	14	17	21	25	29	28	25	21	17	14
	6	6	8	11	14	18	21	21	18	14	10	8

nombre d'heures par jour   hauteur en mm / nombre de jours

	J	F	M	A	M	J	J	A	S	O	N	D
Zagreb	2	3	5	6	7	8	9	9	7	4	2	2
	55/9	50/7	45/6	60/8	85/9	95/9	80/8	75/6	70/6	90/9	90/10	70/9
Gospic	2	3	3	5	7	8	10	9	7	5	1	1
	120/11	120/10	110/10	105/10	105/10	95/8	70/6	65/5	100/6	180/9	180/11	160/11
Dubrovnik	4	5	5	6	8	10	12	11	9	7	4	3
	140/9	125/9	105/8	105/7	75/7	50/4	25/2	40/2	100/5	160/8	200/12	180/11

température de la mer : moyenne mensuelle

	J	F	M	A	M	J	J	A	S	O	N	D
Mer Adriatique (nord)	11	11	11	14	17	20	23	24	22	19	16	13
Dubrovnik	13	13	14	15	18	21	23	24	22	20	17	14

Cuba

Superficie : 0,2 fois la France. La Havane (latitude 23°09'N ; longitude 82°21'O) : GMT − 5 h. Durée du jour : maximale (juin) 13 heures 30, minimale (décembre) 11 heures.

▶ La meilleure saison pour se rendre à Cuba va **de la fin novembre à la mi-avril** ; c'est la **saison « fraîche »**, plus marquée dans cette île que dans le reste des Antilles. Parfois même le froid vient de l'ouest : quand l'air polaire dévale des plaines yankees, le souffle des *nortes* peut provoquer quelques gelées sur les sierras, au-dessus de 300 mètres d'altitude ; le Sud (voir Santiago de Cuba) est moins sensible à ces brusques rafraîchissements. Les nuits sont relativement douces, ce qui permet de récupérer de la chaleur diurne. À cette saison l'air est moins humide, et la température de la mer est comprise entre 25° et 27°.

▶ Pendant la **saison des pluies**, de la fin avril au début du mois de novembre, les températures grimpent, l'humidité est forte et l'atmosphère devient moite et souvent étouffante, malgré le souffle des alizés ; il est alors plus plaisant de prendre des bains prolongés dans une mer qui atteint facilement 29° que de rester des heures à ruisseler sous le soleil en écoutant les discours fleuves du leader *maximo* à son crépuscule. Les pluies tombent essentiellement en fin d'après-midi et marquent un ralentissement en juillet (surtout dans le sud) ; elles sont plus abondantes sur les côtes et versants des reliefs exposés au nord-est, c'est-à-dire aux alizés.

Les mois de septembre et octobre sont la période préférée des ouragans. Bien que Cuba ne soit pas leur cible favorite, ils ne la dédaignent pas de temps à autre. Ainsi *Michelle*, en novembre 2001, a été le plus violent ouragan à frapper l'île depuis 1952.

VALISE : en toute saison, des vêtements très légers de plein été, un pull ou une veste pour se promener sur les hauteurs (ou pour les soirées à La Havane, entre décembre et avril) ; éventuellement un anorak.

BESTIOLES : moustiques, surtout en été sur la côte, et spécialement du côté de Guama ; et crabes de cocotiers (totalement inoffensifs, mais assez bruyants : la nuit, lorsqu'ils se rassemblent par milliers sur les plages à l'époque de la ponte, ils émettent des grincements continus qui troubleront peut-être votre sommeil si vous logez au bord de la mer).

FOULE : soumis à une pression balnéaire importante, mais cependant inférieure à celle de Saint-Domingue, Cuba voit ses plages très fréquentées. La haute saison couvre la période décembre-mars avec une petite résurgence en juillet-août. Mai et juin sont assez tranquilles, mais on ne peut véritablement parler de basse saison que de septembre à décembre. Embargo oblige, les Américains sont rares et ce sont les Canadiens les plus nombreux (20 % du total des voyageurs). En 2001, les Européens se sont classés dans l'ordre suivant : Allemands, Italiens, Espagnols et Français. ●

moyenne des températures maximales / moyenne des températures minimales

	J	F	M	A	M	J	J	A	S	O	N	D
La Havane	26	26	27	29	30	31	32	32	31	29	27	26
	18	18	19	21	22	23	24	24	24	23	21	19
Santiago de Cuba	28	28	29	29	29	31	32	32	32	31	29	29
	18	18	19	20	21	22	23	23	23	22	21	20

nombre d'heures par jour   hauteur en mm / nombre de jours

	J	F	M	A	M	J	J	A	S	O	N	D
La Havane	6	7	8	7	6	6	6	6	5	5	6	6
	70/6	45/4	45/4	60/4	120/7	165/10	125/9	135/10	150/11	170/11	80/7	60/6
Santiago de Cuba	7	8	8	7	6	6	7	7	5	5	6	7
	30/3	17/2	40/4	70/6	150/10	130/11	55/6	95/9	150/11	215/14	100/7	30/3

température de la mer : moyenne mensuelle

	J	F	M	A	M	J	J	A	S	O	N	D
La Havane	25	25	26	26	26	27	28	28	29	28	27	26
Santiago de Cuba	25	25	26	26	27	27	28	29	29	28	27	26

Curaçao, Aruba, Bonaire

Superficie : 0,002 fois la France. Willemstad (latitude 12°12'N ; longitude 68°58'O) : GMT – 4 h. Durée du jour : maximale (juin) 13 heures, minimale (décembre) 11 heures 30.

Les « îles A-B-C » (Aruba, Bonaire et Curaçao), ancrées au large des côtes vénézuéliennes et qui appartiennent à la province autonome des Antilles hollandaises, reçoivent très peu de pluies tout au long de l'année, excepté en novembre et décembre. Elles comptent ainsi parmi les plus ensoleillées des îles Caraïbes. La faiblesse des précipitations explique l'aridité de leurs paysages, particulièrement sur Aruba, l'île la plus occidentale.

❱ Les températures sont élevées toute l'année, mais l'alizé qui souffle quasi continuellement – au point que les cactus eux-mêmes poussent inclinés – les rend très supportables. On distingue cependant les côtes « au vent » (nord et nord-est), surtout rocheuses, battues par le ressac et assez peu hospitalières, et les côtes « sous le vent » (sud et sud-ouest) où de belles plages sablonneuses sont baignées par des eaux calmes et protégées par une barrière corallienne.

❱ S'il fallait désigner la meilleure période, nous choisirions **février et mars**, mois secs et qui sont inclus dans la période la « moins chaude ». Mais à condition d'aimer la chaleur, on peut séjourner toute l'année sur les « A-B-C ».

VALISE : en toute saison, vêtements légers, des sandales de plastique pour marcher sur les récifs coralliens.

BESTIOLES : quelques moustiques...

FOULE : forte pression touristique. Juillet et décembre sont les mois les plus fréquentés. Juin reçoit le moins de visiteurs. La Hollande, pour des raisons historiques, fournit à elle seule le tiers des voyageurs. Le Venezuela voisin et les États-Unis occupant dans ce domaine les 2e et 3e places. Les Français ne représentent que 0,3 % du flux total. ●

moyenne des températures maximales / moyenne des températures minimales

	J	F	M	A	M	J	J	A	S	O	N	D
Willemstad	29	29	29	30	30	31	31	31	32	31	30	29
(Curaçao)	24	24	24	25	25	25	25	26	26	25	25	24

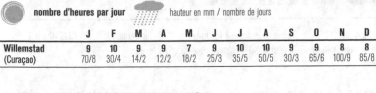

	J	F	M	A	M	J	J	A	S	O	N	D
Willemstad	9	10	9	9	7	9	10	10	9	9	8	8
(Curaçao)	70/8	30/4	14/2	12/2	18/2	25/3	35/5	50/5	30/3	65/6	100/9	85/8

température de la mer : moyenne mensuelle

	J	F	M	A	M	J	J	A	S	O	N	D
Mer des Caraïbes	26	26	25	26	26	27	28	28	27	27	27	26

Pour choisir une destination, voir également :

La santé en voyage, p. 401
Le coût de la vie, p. 441
Le monde tel qu'il est, p. 461
Obtenir ses visas, p. 471
La durée des vols, p. 485
Atlas du voyageur, en début de volume
Internet et les voyageurs, en fin de volume

Danemark

Superficie : 0,1 fois la France. Copenhague (latitude 55°38'N ; longitude 12°40'E) : GMT + 1 h. Durée du jour : maximale (juin) 17 heures 30, minimale (décembre) 7 heures.

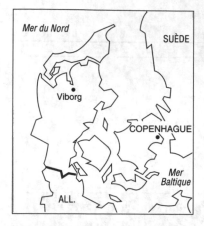

Bornholm, une petite île danoise située au sud de la mer Baltique, jouit d'un micro-climat doux et ensoleillé.

▶ L'hiver est froid et pluvieux, quoique moins rigoureux qu'en Suède et en Norvège. Vent et plafond de nuages bas en font une saison peu agréable, d'autant que les nuits sont longues de novembre à février. La neige dure peu : 3 ou 4 semaines par an.

VALISE : en été, emportez des vêtements légers mais aussi un bon pull-over, une veste chaude, un imperméable. En hiver, manteau et lainages chauds.

▶ La meilleure période pour visiter le Danemark se situe **entre la fin du mois de mai et la mi-septembre**. Les journées sont longues et les nuits claires et fraîches. Juin, le mois des fêtes, est moins pluvieux que juillet et août. En septembre, le Danemark se pare des couleurs flamboyantes de ses forêts de hêtres.

Les plages sont nombreuses, mais il faut aimer l'eau froide pour se baigner dans la mer du Nord : sa température se hausse péniblement à 16° en août ; la Baltique n'est pas beaucoup plus chaude.

FOULE : pression touristique modérée. Pour près de la moitié, les visiteurs au Danemark viennent d'un autre pays scandinave, les Suédois étant de loin les plus nombreux, environ 30 % – un contingent équivalent à celui des Allemands, les voisins du sud. Les Français représentent juste un peu plus de 1 % du total des visiteurs. ●

moyenne des températures maximales / moyenne des températures minimales

	J	F	M	A	M	J	J	A	S	O	N	D
Viborg	2	2	5	11	16	19	21	21	17	12	7	4
	- 3	- 4	- 2	1	5	9	11	11	8	5	2	- 1
Copenhague	2	2	5	10	16	19	22	21	17	12	7	4
	- 2	- 2	- 1	3	7	11	14	13	10	7	3	1

nombre d'heures par jour hauteur en mm / nombre de jours

	J	F	M	A	M	J	J	A	S	O	N	D
Viborg	9	10	9	8	8	7	6	5	6	8	10	10
	70/12	45/10	40/8	40/9	40/8	50/10	90/11	95/11	85/12	90/12	70/13	65/13
Copenhague	1	2	4	5	8	8	8	7	5	3	1	1
	50/12	40/10	30/9	40/10	45/8	45/10	70/11	65/11	60/12	60/12	50/12	50/13

température de la mer : moyenne mensuelle

	J	F	M	A	M	J	J	A	S	O	N	D
Mer Baltique	3	3	3	6	9	14	17	17	14	12	7	5
Mer du Nord	4	4	4	6	9	13	16	16	14	12	9	7

Djibouti

Superficie : 0,04 fois la France. Djibouti (latitude 11°33'N ; longitude 43°09'E) : GMT + 3 h. Durée du jour : maximale (juin) 13 heures, minimale (décembre) 11 heures 30.

▶ La meilleure période pour se rendre à Djibouti est la **saison « fraîche », d'octobre à avril**. La chaleur est un peu moins torride que le reste de l'année, et les alizés soufflent assez fréquemment sur la côte. Le ciel est dégagé, l'atmosphère particulièrement limpide.

▶ Pendant la **saison chaude**, de juin à septembre, les températures, exceptionnellement élevées, sont rendues encore plus difficiles à supporter par le *khamsin*, un vent sec et brûlant. Le soleil est parfois voilé par une brume sèche et poussiéreuse, surtout en juin-juillet. Sur le littoral, des brises de mer provoquent habituellement une baisse de la température en milieu d'après-midi.
Dans les régions élevées de l'intérieur du pays, la canicule est un peu moins forte le soir et la nuit.

▶ Ce sont les mois de transition entre les deux saisons, mai et septembre, qui sont les plus pénibles de l'année, du fait de l'absence de vent.

▶ Les pluies sont rares et irrégulières sur la côte ; elles sont un peu plus abondantes sur les massifs du Goda et du Mablas. Il arrive même, certaines années, que des orages violents créent d'éphémères torrents furieux.

▶ On se baigne toute l'année sur les plages de sable du golfe de Tadjoura, des îles Musha et Maskali : la mer qui baigne cette côte est parmi les plus chaudes du monde, et elle est très propice aux longues plongées sous-marines autour des récifs coralliens, riches d'une faune et d'une flore aquatiques étonnantes.

VALISE : vêtements très légers et amples, en fibres naturelles de préférence ; évitez les couleurs sombres qui « absorbent » davantage la chaleur que les couleurs claires, et pour les femmes les robes décolletées, shorts, etc.

SANTÉ : la vaccination contre la fièvre jaune n'est plus obligatoire depuis 2001, mais reste recommandée. Risques de paludisme toute l'année dans tout le pays ; zones de résistance élevée à la Nivaquine.

BESTIOLES : moustiques toute l'année, surtout actifs la nuit. ●

moyenne des températures maximales / moyenne des températures minimales

	J	F	M	A	M	J	J	A	S	O	N	D
Djibouti	29	29	31	32	34	38	41	39	36	33	31	28
	23	24	25	26	28	30	31	29	29	27	25	23

nombre d'heures par jour hauteur en mm / nombre de jours

	J	F	M	A	M	J	J	A	S	O	N	D
Djibouti	8	7	9	9	11	10	8	9	10	10	9	9
	12/3	11/2	25/2	12/1	5/1	1/0	2/1	8/1	8/1	10/1	20/2	13/2

température de la mer : moyenne mensuelle

	J	F	M	A	M	J	J	A	S	O	N	D
Djibouti	24	25	26	29	29	30	29	28	29	28	27	26

Dominicaine (Rép.)

Superficie : 0,1 fois la France. Saint-Domingue (latitude 18°29'N ; longitude 69°54'O) : GMT – 4 h. Durée du jour : maximale (juin) 13 heures, minimale (décembre) 11 heures.

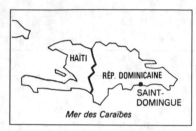

HAÏTI

RÉP. DOMINICAINE

SAINT-DOMINGUE

Mer des Caraïbes

▶ La saison « fraîche », **de décembre à fin avril**, est la meilleure époque pour voyager en République dominicaine. Les températures un peu moins élevées, des pluies plus rares et une atmosphère moins humide imposent ce choix. Il faut cependant distinguer la côte méridionale, où est située Saint-Domingue, de la côte nord-est et des versants « sous le vent » des reliefs. Sur la côte sud et dans les plaines qui s'étendent entre les deux hautes sierras qui barrent l'île d'est en ouest, la saison « sèche » est bien marquée ; les pluies sont même quasi inexistantes dans la région semi-aride du lac Enriquillo à cette époque. Sur la côte nord-est, déjà plus arrosée, les écarts de précipitations entre les deux saisons sont moins sensibles ; enfin, sur les versants des montagnes qui s'offrent de plein fouet aux alizés venus de l'est et du nord-est, les pluies sont fréquentes toute l'année.

▶ De mai à octobre, les averses brusques et drues, mais rarement prolongées, n'empêchent pas le soleil de briller ; en revanche, la touffeur ambiante, elle, peut empêcher le visiteur de jouir pleinement de son séjour. C'est aussi la saison des ouragans, surtout d'août à octobre ; ils sont parfois dévastateurs et meurtriers (ce fut le cas par exemple des ouragans *David* et *Frédéric,* fin août 1979).

VALISE : quelle que soit la saison, vêtements très légers ; ajouter un lainage pour la saison fraîche.

SANTÉ : quelques risques de paludisme à l'ouest du pays. Vaccin antirabique conseillé pour de longs séjours.

BESTIOLES : moustiques toute l'année, surtout sur la côte.

FOULE : plus que Cuba encore, la République dominicaine joue la carte du tourisme de masse. Elle a accueilli en 2001 plus de 2,5 millions de touristes, dont un tiers venait d'Amérique du Nord et la moitié d'Europe (500 000 Allemands et 200 000 Français). Les lieux de villégiatures ne désemplissent pas de décembre à août (avec un sommet en juillet). On observe un certain répit de septembre à novembre. ●

moyenne des températures maximales / moyenne des températures minimales

	J	F	M	A	M	J	J	A	S	O	N	D
Saint-Domingue	29	29	29	29	30	31	31	31	31	31	30	29
	19	19	19	21	22	22	22	23	22	22	21	19

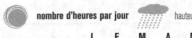

nombre d'heures par jour · hauteur en mm / nombre de jours

	J	F	M	A	M	J	J	A	S	O	N	D
Saint-Domingue	6	6	7	7	6	6	6	7	7	6	6	6
	45/7	40/6	40/5	65/7	190/11	175/12	160/11	145/11	170/11	160/11	115/10	65/8

température de la mer : moyenne mensuelle

	J	F	M	A	M	J	J	A	S	O	N	D
Saint-Domingue	25	25	25	26	26	27	27	28	28	28	27	26

Pour choisir une destination, voir également :

La santé en voyage, p. 401
Le coût de la vie, p. 441
Le monde tel qu'il est, p. 461
Obtenir ses visas, p. 471
La durée des vols, p. 485
Atlas du voyageur, en début de volume
Internet et les voyageurs, en fin de volume

Égypte

Superficie : 1,8 fois la France. Le Caire (latitude 30°08'N ; longitude 31°34'E) : GMT + 2 h. Durée du jour : maximale (juin) 14 heures, minimale (décembre) 10 heures.

Méditerranéen sur la côte (Alexandrie), le climat égyptien est déjà semi-désertique à la hauteur du Caire, et totalement désertique dans le sud (Louxor, Assouan, Abou Simbel).

▶ Quand partir à la découverte de l'Égypte des pharaons ? De préférence en **hiver**, c'est-à-dire **de novembre à fin février**. Dans la journée, le temps est alors agréable partout : bien ensoleillé malgré quelques pluies au nord (voir Alexandrie, Le Caire), sec et tempéré au sud (voir Louxor, Assouan).

Cependant, les nuits sont très fraîches, voire froides dans le sud. En novembre, il fait encore très chaud à Louxor, alors qu'en janvier et février il peut faire un peu trop frais au Caire, même en milieu de journée. Un inconvénient à signaler : à cette période, des régiments de touristes partent en rangs serrés à l'assaut des sites les plus célèbres ; les hôtels et les avions sont combles.

▶ Le **printemps** – mars-avril – est plus chaud, mais c'est la saison où souffle le *khamsin* (autre dénomination du *sirocco*), qui soulève des tempêtes de poussière et de sable brûlant. Il peut sévir jusqu'au mois de mai et est parfois si perturbant pour la vie quotidienne qu'il a été surnommé « la onzième plaie d'Égypte ». Certains vols des lignes intérieures doivent être annulés lorsque le vent souffle trop fort pour permettre le décollage. Cette réserve faite, c'est encore une bonne période pour visiter l'Égypte.

▶ En **été**, il fait très chaud et souvent étouffant dans le nord (particulièrement au Caire) à cause de l'humidité. Le sud est torride dans la journée ; toutefois, la canicule y est rendue plus supportable par la sécheresse de l'air. Nous aurions tendance à penser que, pour ceux qui supportent bien la chaleur, le prix à payer n'est pas exorbitant au regard du plaisir qu'il y a à découvrir en toute tranquillité des temples et des pyramides quasi déserts. À condition, bien sûr, de le faire tôt le matin, et de consacrer le début de l'après-midi à une sieste réparatrice.

VALISE : en hiver, vous aurez besoin de vêtements légers pour la journée dans le sud, mais aussi de vêtements plus chauds (pulls, veste) pour Le Caire et pour les visites matinales (et les nuits si vous descendez dans des hôtels bon marché : souvent, ils ne sont pas chauffés). En été, vêtements très légers, mais toujours un lainage.

SANTÉ : de juin à octobre, risques de paludisme dans la vallée et le delta du Nil, les oasis et quelques zones de la haute-Égypte. Ces risques sont très minimes pour les voyageurs qui ne s'éloigneront pas des sites archéologiques, et tout à fait absents au Caire et à Alexandrie. Vaccin antirabique conseillé pour de longs séjours.

BESTIOLES : moustiques de juin à octobre, actifs la nuit. Dans les régions désertiques, faites attention aux scorpions et aux serpents, surtout en été (mais là encore, pour un voyageur les risques de se faire piquer ou mordre sont très faibles).

FOULE : ces dernières années, baisse du tourisme due à l'activité de groupes extrémistes. Août reste le mois qui connaît le plus d'affluence, mais l'essentiel des voyageurs fréquentent alors les zones balnéaires. Pendant la grande saison des croisières sur le Nil, février est le mois le plus tranquille. ●

moyenne des températures maximales / moyenne des températures minimales

	J	F	M	A	M	J	J	A	S	O	N	D
Alexandrie	18	19	20	24	27	29	30	30	30	28	24	20
	9	9	11	14	16	20	22	23	21	17	14	10
Le Caire	19	21	23	28	32	34	34	34	33	30	25	20
	9	10	12	15	17	20	22	22	20	18	14	10
Hurghada	21	22	24	28	31	33	33	33	32	30	26	22
	10	11	14	18	21	25	26	26	24	21	16	13
Louxor	23	25	27	35	39	41	41	40	39	35	29	24
	5	7	10	16	20	23	24	23	21	17	12	7
Assouan	21	25	30	35	39	41	41	40	39	38	28	24
	8	10	14	19	23	25	26	26	24	20	15	11

nombre d'heures par jour hauteur en mm / nombre de jours

	J	F	M	A	M	J	J	A	S	O	N	D
Alexandrie	6	7,5	8	9	10	12	11,5	11	10	9	7,5	6,5
	50/1	25/3	13/1	4/1	1/0	0/0	0/0	0/0	1/0	11/1	30/2	50/1
Le Caire	7	8	9	10	11	11	12	11	10	10	9	7
	7/1	4/1	4/0	2/0	0/0	0/0	0/0	0/0	0/0	1/0	3/1	5/3
Hurghada	8,5	10	9	9,5	10	11,5	11,5	10,5	10	9	9	8
	0/0	0/0	0/0	0/0	0/0	0/0	0/0	0/0	0/0	2/0	2/0	1/0
Louxor	*	*	*	*	*	*	*	*	*	*	*	*
	0/0	0/0	0/0	0/0	0/0	0/0	0/0	0/0	0/0	1/0	0/0	0/0
Assouan	9,5	10	10,5	10,5	11	12	12	11,5	10	10	10	9,5
	0/0	0/0	0/0	0/0	0/0	0/0	0/0	0/0	0/0	0/0	0/0	0/0

température de la mer : moyenne mensuelle

	J	F	M	A	M	J	J	A	S	O	N	D
Méditerranée	17	16	17	18	21	23	25	26	26	24	22	19
Mer Rouge (Hurghada)	19	20	21	23	25	26	27	27	25	23	21	20

Émirats arabes du Golfe

(Koweit, Bahrein, Qatar, Émirats arabes unis)
Superficie : 0,15 fois la France. Abou Dhabi (latitude 24°26'N ; longitude 54°27'E) : GMT + 4 h. Durée du jour : maximale (juin) 14 heures, minimale (décembre) 10 heures 30.

▶ La meilleure période pour voyager dans les pays du golfe Persique se situe **entre novembre et fin avril** : les températures sont alors agréables dans la journée, et les nuits très fraîches, voire froides, surtout au Koweit (le thermomètre peut descendre à 0°).

▶ De fin avril à fin octobre, la chaleur est torride – 50° n'ont rien d'exceptionnel en milieu de journée –, et l'humidité ambiante, due à l'évaporation des eaux du golfe, rend cette chaleur suffocante et très inconfortable. Si vous êtes contraint de faire un voyage dans le golfe à cette saison, sachez cependant que l'air conditionné est très répandu dans les hôtels, restaurants, etc. (et que les horaires de bureau sont établis en fonction des heures les moins chaudes).
En été, un vent brûlant et très violent, le *shammal*, peut provoquer des tempêtes de sable rendant toute circulation impossible. Le *shargi* souffle surtout sur l'ancienne côte des Pirates (Émirats arabes unis) en automne.

▶ Les pluies, très faibles, tombent entre novembre et avril. Partout, on doit dessaler l'eau de mer et irriguer pour pouvoir cultiver, sauf au Bahrein, qui possède quelques sources d'eau douce, et dans l'émirat de Ras al-Khaym (au nord-ouest de la presqu'île d'Oman), qui est un peu plus arrosé.

▶ La température de la mer dépasse 20° en janvier et peut atteindre 30° en juin.

VALISE : bien que moins intransigeants que leurs voisins saoudiens, les Émirats sont des pays où la tradition islamique est omniprésente : robes décolletées et courtes, shorts pour les femmes y sont à bannir. De novembre à mars, ajoutez un pull et une veste dans votre valise.

BESTIOLES : moustiques toute l'année, surtout actifs après le coucher du soleil. ●

Voir également les rubriques :
La santé en voyage, p. 401
Le coût de la vie, p. 441
Le monde tel qu'il est, p. 461
Obtenir ses visas, p. 471
La durée des vols, p. 485
Atlas du voyageur, en début de volume
Internet et les voyageurs, en fin de volume

Les mirages

L'étendue d'eau fraîche et miroitante qui apparaît parfois au voyageur traversant un désert, si elle est bien illusoire, n'est cependant pas nécessairement le produit délirant d'un esprit dérangé par la chaleur et la soif. Il s'agit d'un phénomène optique, ou plutôt de deux phénomènes différents :

Dans les déserts chauds comme le Sahara ou le désert d'Arabie, la chaleur intense produit l'apparence d'une nappe liquide au-dessus de laquelle tout ce qui se trouve à une certaine hauteur (palmiers, montagnes) semble flotter et se refléter à l'envers. C'est un phénomène assez courant, que l'on observe parfois – en moins spectaculaire – dans des endroits aussi peu exotiques que nos routes et autoroutes.

Le mirage proprement dit, lui, donne l'illusion de la présence proche d'objets qui, en temps normal, seraient trop éloignés pour être visibles. Produit par une réfraction de la lumière lorsque l'air froid qui est proche du sol et l'air chaud des couches supérieures de l'atmosphère entrent en contact, ce phénomène est plus exceptionnel. On l'observe surtout dans les déserts froids comme le désert de Gobi, ou dans l'Arctique.

moyenne des températures maximales / moyenne des températures minimales

	J	F	M	A	M	J	J	A	S	O	N	D
Koweït	**19**	**20**	**27**	**31**	**39**	**44**	**45**	**45**	**42**	**35**	**28**	**22**
(Koweït)	8	11	14	18	24	28	29	29	26	20	15	9
Muharraq	**20**	**21**	**24**	**29**	**33**	**36**	**37**	**38**	**36**	**32**	**27**	**22**
(Bahreïn)	14	16	18	22	26	29	30	31	29	26	22	17
Doha	**21**	**22**	**26**	**32**	**37**	**41**	**42**	**42**	**39**	**35**	**28**	**22**
(Qatar)	12	12	16	20	25	28	29	29	26	12	18	13
Abou Dhabi	**23**	**24**	**28**	**31**	**34**	**36**	**38**	**39**	**37**	**34**	**29**	**25**
(Émirats arabes unis)	13	14	17	19	22	24	28	28	26	21	18	14

nombre d'heures par jour   hauteur en mm / nombre de jours

	J	F	M	A	M	J	J	A	S	O	N	D
Koweït	**8**	**9**	**9**	**8**	**10**	**10**	**10**	**11**	**10**	**10**	**8**	**7**
	15/3	7/1	8/2	11/2	3/1	0/0	0/0	0/0	0/0	0/0	25/3	40/6
Muharraq	**7**	**8**	**8**	**9**	**10**	**10**	**11**	**11**	**10**	**9**	**8**	**7**
	30/3	13/2	9/1	9/1	2/1	0/0	0/0	0/0	0/0	0/0	2/1	13/2
Doha	**7**	**8**	**8**	**9**	**10**	**11**	**11**	**10**	**10**	**9**	**9**	**8**
	20/2	12/2	11/1	3/1	2/1	0/0	0/0	0/0	0/0	0/0	4/1	20/2
Abou Dhabi	**7**	**8**	**8**	**10**	**11**	**11**	**11**	**10**	**10**	**10**	**9**	**8**
	40/3	6/1	10/1	30/3	3/1	0/0	0/0	0/0	0/0	0/0	17/2	20/2

Équateur

Superficie : 0,5 fois la France. Quito (latitude 0°08'N ; longitude 78°29'O) : GMT - 5 h. Durée du jour : 12 heures toute l'année.

Trois climats très différents coexistent en Équateur : celui de la côte, celui de la cordillère andine (la *sierra*), et celui de la zone amazonienne (l'*oriente*).

▶ Sur les terres basses de la côte (voir Guayaquil), la période la plus agréable est sans doute la saison sèche, qui va **de juin à novembre** (*el verano*). C'est la saison la moins chaude. La saison des pluies (*el invierno*) commence fin décembre et finit en mai ; ces pluies sont plus abondantes sur la partie nord du littoral à la végétation exubérante. Le long des plages du sud, dans une région semi-aride, la température de la mer est de 21° en septembre, et grimpe à 25° en avril.

▶ Dans la Cordillère (voir Quito), le climat est tempéré toute l'année. Plus on monte en altitude et plus les nuits sont fraîches. Il pleut beaucoup d'octobre à mai : la saison la plus ensoleillée et la plus agréable, dans la capitale, se situe **entre juin et août**. Souvent, décembre-janvier,

el veranillo del Niño (le petit été de l'enfant) est une période propice. Pour gagner les neiges éternelles des superbes volcans équatoriens, on évitera la période juin-août trop ventée sur les sommets.

▶ Dans la partie amazonienne (voir Puyo), la pluie ne cesse de tomber abondamment, quelle que soit la saison. Bien que les températures ne soient pas très élevées, l'humidité permanente donne dans cette région un avant-goût de « l'Enfer vert ».

▶ L'archipel des Galapagos (voir Puerto Baquerizo) a un climat capricieux et très variable suivant les années, selon le jeu changeant des courants marins (le Humboldt et *el Niño*). **De janvier à mai** : sur les côtes, saison des pluies sous forme d'averses dispersées avec de longues périodes ensoleillées. C'est sans doute la meilleure période pour visiter les Galapagos : la mer est calme et le vent faible ; de plus, c'est l'époque de la ponte pour nombre des espèces qui ont choisi ces îles comme refuge : tortues, iguanes, geckos, phoques, pingouins, etc. (les plages sont d'ailleurs un peu embouteillées). Dans l'intérieur, il pleut très peu. De juin à décembre, il ne pleut pas sur les côtes, mais le soleil est voilé par un brouillard léger, la *garua*. Par contre, sur les hauteurs, il pleut et le brouillard est plus intense.

VALISE : si vous voyagez à la fois sur la côte et dans la *sierra*, emportez des vêtements légers en coton ou en lin de préférence, des lainages, une veste chaude, un imperméable ou un anorak à capuche, des chaussures imperméables. Dans la région amazonienne, vous serez peut-être content(e), malgré la chaleur, de porter un pantalon long et une chemise à manches pour vous protéger des moustiques.

SANTÉ : quelques risques de paludisme toute l'année en dessous de 1 500 mètres d'altitude ; résistance à la Nivaquine. Vaccination contre la fièvre jaune souhaitable pour les voyageurs séjournant dans les zones rurales de la partie est du pays. Vaccin antirabique conseillé pour de longs séjours.

BESTIOLES : les moustiques font des ravages toute l'année dans la région amazonienne, et sur la côte à la saison des pluies.

FOULE : assez faible pression touristique. Le voisin colombien et les États-Unis comptent à eux deux pour plus de la moitié dans le flux des visiteurs vers l'Équateur. Les Français représentent environ 3 % du total des voyageurs. ●

moyenne des températures maximales / moyenne des températures minimales

	J	F	M	A	M	J	J	A	S	O	N	D
Quito	22	21	21	21	22	21	22	23	23	22	21	21
(2 820 m)	8	8	8	9	8	8	7	7	7	8	8	8
Puyo	26	26	26	26	26	25	25	26	27	27	27	27
(950 m)	17	17	17	17	17	16	16	16	16	16	17	17
Guayaquil	31	30	31	31	30	29	28	28	29	29	29	29
	23	23	23	23	22	21	20	20	20	21	21	22
Puerto Baquerizo	29	30	30	30	29	27	25	24	24	25	26	27
(Galapagos)	23	23	23	23	22	21	19	19	18	19	20	21

nombre d'heures par jour hauteur en mm / nombre de jours

	J	F	M	A	M	J	J	A	S	O	N	D
Quito	6	5	5	4	6	6	7	6	6	5	5	6
	120/13	130/14	155/17	185/19	130/16	55/9	20/4	25/4	80/9	135/16	95/12	105/12
Puyo	2	3	2	2	2	3	3	3	3	3	3	3
	300/21	295/19	390/22	455/23	325/22	390/22	340/22	345/21	355/21	360/23	365/21	370/21
Guayaquil	3	4	5	5	5	4	4	5	5	4	3	5
	210/15	290/17	290/17	225/12	55/4	11/1	4/1	0/0	0/0	1/0	2/1	30/4
Puerto Baquerizo	6	8	8	8	8	8	6	6	5	5	6	6
	50/9	65/6	85/5	35/4	16/3	2/1	4/3	5/4	7/6	7/6	5/4	7/10

température de la mer : moyenne mensuelle

	J	F	M	A	M	J	J	A	S	O	N	D
Golfe de Guayaquil	24	26	25	25	24	23	22	22	21	22	22	23
Puerto Baquerizo	25	26	27	27	26	25	24	23	23	23	23	24

Érythrée

Superficie : 0,2 fois la France. Asmara (latitude 15°20'N ; longitude 38°58'E) : GMT + 3 h. Durée du jour : maximale (juin) 13 heures, minimale (décembre) 11 heures.

▶ Le territoire de cet État, né officiellement en mai 1993, correspond à la partie nord de l'ancienne Éthiopie et s'allonge tout au long de la mer Rouge. Le climat y est de type tropical, mais varie de manière très sensible avec l'altitude et l'éloignement de la mer.

▶ La partie la plus **occidentale** du pays (voir Agordat), frontalière avec le Soudan et séparée de la mer Rouge par le relief, connaît des températures élevées. Cependant, les records de températures se rencontrent dans les parties les plus basses de la dépression des Danakils, dans la partie **orientale** du pays. Cette région criblée de lacs salés (on peut descendre jusqu'à – 80 m en dessous du niveau de la mer) a des moyennes annuelles de températures parmi les plus élevées du globe.

▶ Dans les régions en **altitude**, comme celle de la capitale Asmara, les variations des moyennes de température sont assez limitées tout au long de l'année : les températures diurnes sont chaudes, mais sans excès ; la nuit, il fait doux, voire frais.
En pleine saison des pluies – juillet et août –, ces régions de hauts plateaux subissent de fréquents et longs orages.

VALISE : dans les régions basses, vêtements de cotons, légers et faciles à laver. Sur les hauts plateaux, il faut des vêtements plus chauds et des lainages pour les soirées ; un anorak pour la saison des pluies.

SANTÉ : risques de paludisme en dessous de 2 000 mètres d'altitude, toute l'année ; zones de résistance élevée à la Nivaquine. Vaccination contre la fièvre jaune souhaitable ; vaccination antirabique conseillée pour les longs séjours.

BESTIOLES : moustiques toute l'année dans les régions basses. ●

moyenne des températures maximales / moyenne des températures minimales

	J	F	M	A	M	J	J	A	S	O	N	D
Massaoua	29	29	30	33	38	39	39	39	37	33	33	30
	20	21	22	24	25	27	29	29	27	25	23	21
Asmara	23	24	25	26	26	26	25	24	23	22	22	22
(2 320 m)	7	8	9	11	12	12	12	12	13	12	10	9
Agordat	33	34	37	39	40	39	35	33	36	38	37	35
(630 m)	18	18	18	21	24	24	23	22	23	23	22	20
Assab	29	30	32	34	37	37	39	38	37	34	31	30
	22	23	24	26	27	29	30	31	29	26	24	22

nombre d'heures par jour ![rain] hauteur en mm / nombre de jours

	J	F	M	A	M	J	J	A	S	O	N	D
Massaoua	8	7	8	9	10	9	8	9	9	9	10	8
	25/4	35/6	15/3	20/2	3/1	1/0	8/1	1/0	2/1	18/2	20/2	45/3
Asmara	10	10	9	8	8	6	4	4	6	10	10	10
	2/0	2/1	10/3	40/5	40/5	35/5	170/17	124/14	35/5	8/2	10/2	2/1
Agordat	*	*	*	*	*	*	*	*	*	*	*	*
	0/0	0/0	1/0	2/1	20/1	35/2	105/8	150/11	45/5	3/1	2/0	0/0
Assab	9	9	9	9	10	9	8	8	9	10	9	9
	2/1	2/0	2/0	1/0	1/0	0/0	4/1	2/0	2/0	1/0	5/1	12/2

![wave] **température de la mer :** moyenne mensuelle

	J	F	M	A	M	J	J	A	S	O	N	D
Mer Rouge	23	24	26	27	28	30	30	29	28	27	26	24

Espagne

Superficie : 0,9 fois la France. Madrid (latitude 40°24'N ; longitude 03°41'O) : GMT + 1 h. Durée du jour : maximale (juin) 15 heures, minimale (décembre) 9 heures 30.

Vous trouverez en Espagne une assez grande variété de climats selon les régions, du nord atlantique pluvieux à la douceur du littoral méditerranéen, en passant par les plateaux intérieurs, froids l'hiver et qui peuvent être torrides en été.

▶ Les amateurs de plage et de soleil doivent savoir que la côte atlantique, au nord de l'Espagne (voir Santander), est assez pluvieuse même en été, et que la température de l'eau de mer y plafonne à 20° au mois d'août.

Partout ailleurs, les côtes espagnoles sont très ensoleillées **de mai à octobre** et offrent en hiver un climat doux et agréable. La région de Málaga bat à cet égard tous les records ibériques : une moyenne journalière de 6 à 7 heures de soleil hivernal, avec des moyennes de températures maximales et minimales respectivement de 17° et 8°. D'ailleurs, dans la partie la plus septentrionale du littoral espagnol – d'Almería, à la frontière portugaise – on n'enregistre que très exceptionnellement des températures en dessous de 0°. C'est dans la région d'Alicante (Costa Blanca) et aux îles Baléares que la mer est la plus chaude, dépassant les 20° de juin à octobre et atteignant 25° en août. (Plus au sud, sur la *Costa del Sol* entre Almería et

Gibraltar, l'eau est un peu moins chaude, sous l'influence de l'Atlantique ; elle est nettement plus fraîche – 21° en août – du côté atlantique, dans le golfe de Cadix.)

Si l'on considère la durée d'ensoleillement annuel sur le littoral espagnol, la médaille d'or revient incontestablement à la *Costa de la Luz*, située sur l'Atlantique, au fond du golfe de Cadix (plus de 3 200 heures de soleil par an !) ; viennent ensuite, côté Méditerranée, les régions d'Almería et de Málaga. Au nord, le Pays basque dispute la dernière place à la région du cap Ortegal, tout à l'ouest (moins de 1 750 heures de soleil par an).

Les côtes de Galicie et d'Asturies sont les plus venteuses. Mais, dans le détroit de Gibraltar, souffle aussi le *levante*, un vent d'est comme son nom l'indique. Aux Baléares, l'île de Minorque, la plus orientale, a aussi la réputation d'être très venteuse.

▶ Si vous projetez de visiter l'Espagne : pour Madrid et toute la Castille, le **printemps** est tout indiqué et plus encore l'**automne**, saison très lumineuse qui met parfaitement en valeur les terres fauves de la Castille.

Bien que assez ensoleillé, l'hiver y est rigoureux. Janvier est le mois le plus froid ; c'est au nord-ouest de la capitale, sur la Sierra de Guadarrama, que l'on enregistre les températures les plus basses.

En été, il fait très chaud ; mais cette chaleur est sèche et donc très supportable, d'autant que les températures baissent rapidement le soir. À Madrid, par exemple, on approche un écart de 15° entre les températures extrêmes du jour et de la nuit.

L'Andalousie (Séville, Cordoue, Grenade, Cadix) est particulièrement belle au printemps et en automne. En été, trop de chaleur et d'affluence touristique peuvent nuire à la découverte des villes andalouses. Dans cette région, les records de chaleur sont enregistrés à l'ouest de Séville et à Cordoue, sur les hauteurs de la Sierra Morena.

▶ On peut aussi apprécier le voyage d'hiver en Espagne pour aller y skier. Non seulement dans les stations pyrénéennes, mais aussi dans celles de la région de Madrid, ou beaucoup plus au sud, celles de la Sierra Nevada. Après une matinée sur les pistes de Solynieve (soleil et neige), rien n'empêche de descendre goûter la douceur de la côte méditerranéenne (à 130 km).

VALISE : en été, vêtements très légers, sandales, mais même en cette saison vous pourrez avoir besoin d'un pull ou d'une veste pour les soirées. En hiver, des vêtements de demi-saison et un imperméable sont suffisants sur la côte méditerranéenne. Mais à Madrid et dans l'intérieur du pays, des vêtements chauds sont indispensables, encore plus dans les régions montagneuses.

FOULE : forte pression touristique. L'Espagne reste la troisième destination touristique dans le monde. Août est incontestablement le mois le plus fréquenté, pendant lequel les zones balnéaires du littoral méditerranéen sont surpeuplées. Novembre, janvier, février et mars sont les mois qui voient le moins de visiteurs en Espagne. En 2001, 14 millions de Britanniques, 10 millions d'Allemands et 6 millions de Français ont passé des vacances en Espagne (y compris aux Baléares et aux Canaries). ●

moyenne des températures maximales / moyenne des températures minimales

	J	F	M	A	M	J	J	A	S	O	N	D
Santander	12	12	14	15	17	20	21	22	21	18	15	13
	7	7	8	10	11	14	16	16	15	12	10	8
Barcelone	13	14	16	18	21	25	28	28	25	21	16	13
	6	7	9	11	14	18	21	21	19	15	10	7
Madrid	8	11	15	18	21	27	31	30	25	19	13	9
	1	2	5	7	10	15	17	17	14	10	5	2
Alicante	16	17	19	21	24	28	31	31	29	24	20	17
	6	6	8	10	13	17	20	20	18	14	10	7
Séville	15	17	20	24	27	32	36	36	32	26	20	16
	5	6	9	11	13	17	20	20	18	14	10	7
Grenade	12	14	17	20	23	30	34	33	29	23	17	12
	2	3	5	7	10	14	17	17	15	10	6	3
Palma de Majorque	14	15	17	19	22	26	29	29	27	22	18	15
	6	6	8	10	13	17	20	20	18	14	10	8

température de la mer : moyenne mensuelle

	J	F	M	A	M	J	J	A	S	O	N	D
Santander	12	11	12	13	14	16	18	20	18	16	14	13
Cadix	15	15	15	16	17	18	20	21	20	19	18	16
Alicante	14	14	14	15	17	20	23	25	23	21	18	15
Barcelone	13	12	13	14	16	19	22	23	22	19	16	14
Palma de Majorque	14	13	14	15	17	21	24	25	24	21	18	15

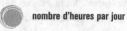 **nombre d'heures par jour** hauteur en mm / nombre de jours

	J	F	M	A	M	J	J	A	S	O	N	D
Santander	3	4	5	6	6	6	7	6	5	4	3	2
	120/16	90/14	80/13	85/13	90/14	65/13	55/11	85/14	115/14	135/14	125/15	160/18
Barcelone	5	6	6	7	8	9	10	9	7	5	5	4
	30/5	40/5	50/8	45/9	55/8	40/6	30/4	50/6	80/7	85/9	50/6	45/6
Madrid	5	6	6	8	9	11	12	11	9	7	5	5
	40/8	35/7	45/10	50/9	45/10	30/5	11/2	15/3	35/6	55/8	45/9	50/10
Alicante	6	7	7	9	10	11	12	11	8	7	6	6
	30/5	20/4	18/6	40/6	30/6	12/3	4/1	14/2	45/5	50/7	35/6	25/6
Séville	6	6	6	8	9	11	12	11	9	7	6	5
	65/8	60/6	90/9	55/7	40/6	8/1	1/<1	5/<1	19/2	70/6	65/7	80/8
Grenade	5	6	6	7	7	8	11	10	8	6	5	4
	50/8	50/8	60/10	55/10	45/8	8/2	3/1	8/1	25/4	50/7	50/8	70/10
Palma de Majorque	5	6	6	7	10	10	11	11	8	6	5	4
	40/8	35/6	50/8	30/6	30/5	17/3	3/1	25/3	55/5	75/9	45/8	40/9

Pour choisir une destination, voir également :

La santé en voyage, p. 401
Le coût de la vie, p. 441
Le monde tel qu'il est, p. 461
Obtenir ses visas, p. 471
La durée des vols, p. 485
Atlas du voyageur, en début de volume
Internet et les voyageurs, en fin de volume

Estonie

Superficie : 0,08 fois la France. Tallinn (latitude 59°25'N ; longitude 24°48'E) : GMT + 2h. Durée du jour : maximale (juin) 18 heures 30, minimale (décembre) 6 heures.

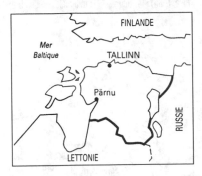

▶ Un froid humide, un ciel souvent nuageux, c'est l'hiver estonien. Plus de trois mois de couverture neigeuse à l'intérieur du pays, environ de la mi-décembre à la fin mars, nettement moins sur les côtes et les grandes îles de Sarema et de Khiuoma.

▶ Passée la période de la fonte des neiges, qui transforme la campagne en bourbier, on commence à parler de printemps. Il faut cependant attendre le mois de mai pour véritablement pouvoir expérimenter les « températures printanières ».

▶ Au solstice de juin, les nuits de Tallinn sont courtes et restent fraîches. Les températures diurnes sont alors rarement excessives et n'augmenteront pas beaucoup plus en juillet et août. L'ensoleillement est satisfaisant ; encore faut-il, particulièrement ici, comparer la durée d'ensoleillement à la durée totale du jour. La période **entre la mi-juin et la fin du mois d'août** est certainement la plus favorable à un voyage en Estonie. On voit les températures baisser rapidement dès la fin de septembre et à la mi-octobre on trouve déjà des jours froids.

VALISE : si, en hiver, le pays ne connaît pas de températures extrêmes, l'humidité y rend le froid pénétrant. On se couvrira donc en conséquence. L'été, on n'oubliera pas les soirées qui restent fraîches et la pluie. ●

moyenne des températures maximales / moyenne des températures minimales

	J	F	M	A	M	J	J	A	S	O	N	D
Tallinn	- 4	- 4	0	7	14	19	20	19	15	10	3	- 1
	- 10	- 10	- 7	0	5	10	12	11	9	4	- 1	- 7
Pärnu	- 5	- 4	0	7	15	20	21	20	16	10	3	- 2
	- 11	- 11	- 8	0	6	11	13	12	9	5	- 1	- 7

nombre d'heures par jour hauteur en mm / nombre de jours

	J	F	M	A	M	J	J	A	S	O	N	D
Tallinn	1	2	4	6	7	11	10	9	5	2	1	0,5
	40/13	30/11	20/9	30/8	45/8	40/7	70/9	80/10	70/11	70/12	45/12	40/13
Pärnu	1,5	2	4	6	7	10	9	8	4	2	1	0,5
	35/12	30/11	25/10	30/7	45/8	35/6	55/8	65/10	65/12	75/12	55/12	40/12

température de la mer : moyenne mensuelle

	J	F	M	A	M	J	J	A	S	O	N	D
Tallinn	1	0	1	2	5	11	15	16	13	9	6	3
Pärnu	1	0	1	3	7	13	16	17	13	10	6	4

États-Unis

Superficie : 17 fois la France. New York (latitude 40°42'N ; longitude 74°01'O) : GMT – 5 h. Durée du jour : maximale (juin) 15 heures, minimale (décembre) 10 heures 30. Los Angeles (34°03'N ; 118°14'O) : décalage horaire, GMT – 8 h. Durée du jour : maximale (juin) 14 heures 30, minimale (décembre) 10 heures.

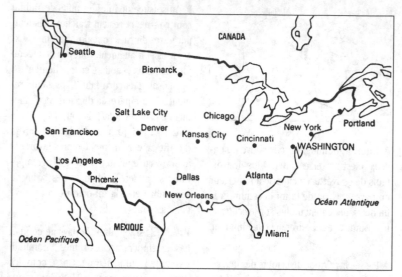

La meilleure époque pour se rendre à **New York** est sans doute le début de l'automne, de la mi-septembre à la Toussaint ; les températures sont encore chaudes et les journées ensoleillées, après des débuts de matinée parfois brumeux. Les hivers sont rudes et prolongés, et les bourrasques de neige sont fréquentes. Mai et juin sont également des mois agréables, bien qu'à cette période le temps soit souvent instable. L'été est chaud, ensoleillé, souvent orageux, mais c'est surtout la forte humidité ambiante qui peut rendre cette saison pénible dans la *Big Apple*. Près de New York (Long Island), on ne se baigne qu'en été (18° ou 19° en juillet et août).

Plus au nord, en **Nouvelle-Angleterre** (du Maine au Connecticut, voir Portland), l'automne est aussi une saison privilégiée, et l'occasion d'admirer les splendeurs de l'été indien. Il fait doux dans la journée et très frais la nuit. La fin du printemps et l'été y sont aussi très attrayants, les désagréments de l'humidité étant beaucoup moins sensibles hors des grandes villes, que ce soit sur la côte ou dans les forêts et autour des lacs de l'intérieur. L'hiver est en général très froid et enneigé. À cette saison, de nombreux habitants de la côte est partent en week-end faire du ski dans les stations du Vermont, du Maine et de l'État de New York.

Dans tout le **sud-est** des États-Unis, de la Caroline du Sud à la Louisiane (voir Atlanta, New Orleans), les meilleures saisons sont également le **printemps** et l'**automne** ; ce sont des périodes ensoleillées, avec des nuits plutôt fraîches mais des journées très agréables. Les températures restent assez douces en hiver dans la journée. L'été est généralement très chaud, et très humide. Ces États, et celui de la Floride, subissent parfois le passage de cyclones, essentiellement d'août à octobre. Citons *Andrew*, en 1992, qui a causé des dégâts records.

▶ **La Floride** (voir Miami), qui bénéficie d'un climat quasi subtropical, est un cas particulier. La haute saison se situe **entre novembre et avril** : il peut faire frais en soirée et en matinée pendant les mois d'hiver, mais les journées sont très agréablement chaudes et ensoleillées. En été, de juin à septembre, on est souvent incommodé par l'excès de chaleur et d'humidité.
Le sud de la Floride est la seule région de la côte atlantique où l'on peut se baigner toute l'année : la température de la mer est de 22°-23° de décembre à avril.

▶ **Les grandes plaines centrales**, du Michigan et du Dakota du Nord à l'Oklahoma, connaissent un climat continental, c'est-à-dire avec de très grands écarts de température entre l'été et l'hiver. Les pluies sont assez faibles, et le soleil très présent, même en hiver.
Au nord (voir Bismarck), il fait très chaud en été durant la journée mais les nuits restent assez fraîches. Les hivers sont glacials, d'autant plus quand souffle le blizzard. Ils sont un peu moins rigoureux dans la région des grands lacs, mais ventés : Chicago est surnommée *The Windy City*.
À mesure que l'on descend vers le sud (voir Kansas City), les températures hivernales sont moins rudes, mais les étés sont encore plus chauds que dans le nord.

▶ Au **Texas**, l'hiver est très doux sur le golfe du Mexique, plus frais au nord (voir Dallas), mais les températures peuvent baisser brusquement lorsque souffle le *norther*, amenant des vagues d'air polaire. L'été est torride mais assez sec à Dallas, et très chaud et humide à Houston.

▶ Dans la chaîne des **montagnes Rocheuses** (voir Denver et Salt Lake City), on retrouve, du nord au sud, les mêmes caractéristiques climatiques que dans les plaines centrales, avec des nuances dues à l'altitude : hivers un peu plus froids (avec parfois de brusques montées de la température, au nord des Rocheuses, quand souffle le *chinook*), étés un peu moins chauds. Les États du Colorado, du Nevada, du Montana, la région de Salt Lake City abondent en stations de ski réputées pour leur belle neige poudreuse (Squaw Valley, Vail, Copper Mountain...).

▶ **La partie nord de la côte pacifique** (voir Seattle) est la région la plus arrosée des États-Unis. Les précipitations tombent essentiellement durant l'hiver, qui est relativement doux. La meilleure saison pour visiter cette partie de la côte est l'**été**, assez sec et bien ensoleillé.

▶ Plus au sud, **San Francisco** a la particularité de connaître de faibles écarts de températures d'une saison à l'autre : en été, les températures sont en principe très agréables dans la journée, mais elles peuvent baisser brusquement lorsque le vent souffle, ce qui est fréquent, et les nuits sont fraîches ; en hiver, il fait doux dans la journée mais il pleut souvent et les nuits sont froides. Les brouillards sont très fréquents, ce qui n'empêche pas un bon ensoleillement général, surtout d'**avril à septembre**.

▶ Dans le **sud de la Californie** (voir Los Angeles), le climat est de type méditerranéen, avec des hivers particulièrement doux et des étés secs et chauds sans excès. Cependant, une dizaine de fois par an, aussi bien en hiver qu'en été, la côte de cette région est balayée par le redoutable *Santa Ana*, un vent violent, sec et poussiéreux qui souffle parfois plusieurs jours durant.

L'eau est très fraîche sur les plages de la côte ouest : elle ne dépasse pas 17° à San Francisco en plein été. Tout au sud, à San Diego, elle n'atteint 20° qu'entre fin juillet et début octobre. C'est plutôt dissuasif, d'autant qu'il y a beaucoup de courants dangereux.

Du littoral pacifique, on peut chaque année observer la migration des baleines : fin novembre, elles arrivent au large de l'Oregon ; mi-décembre, elles défilent devant San Francisco, et à Noël, elles saluent San Diego.

▶ Dès que l'on pénètre à l'**intérieur de la Californie**, que ce soit au nord ou au sud, l'altitude fait baisser les températures (sur les chaînes côtières et dans la Sierra Nevada). Par ailleurs, les régions désertiques à l'est et au nord-est de Los Angeles (désert de Mojave, Death Valley) sont à éviter en été, de même que Phoenix, qui est alors la ville la plus ensoleillée mais aussi la plus torride des États-Unis.

VALISE : en été, il vous faudra surtout des vêtements légers, un ou deux pulls ou une veste pour l'air conditionné, et quelques vêtements un peu plus chauds si vous allez à Seattle ou pour les soirées en altitude, dans les parcs nationaux. En hiver, vêtements chauds (manteau, chaussures, imperméable) partout sauf en Floride (vêtements d'été plus quelques lainages) et dans les États du Sud (vêtements de demi-saison, imperméable).

BESTIOLES : moustiques et moucherons sévissent un peu partout en été (dans les grandes plaines du centre, dans les bois du Maine et de l'Oregon, mais aussi à New York...). En y mettant vraiment du sien (c'est-à-dire en marchant pieds nus la nuit dans une région désertique de l'Arizona, du Nouveau-Mexique ou de Basse-Californie) on peut se faire piquer par un serpent.

FOULE : en dehors de la situation particulière qui a prévalu après les événements du 11 septembre 2001, assez forte pression touristique. Il n'y a pas de considérables écarts d'affluence touristique au cours de l'année aux États-Unis ; la Floride surtout, et aussi la Californie, étant d'importantes destinations d'hiver. Reste que, globalement, juillet et août sont les mois les plus fréquentés et novembre, janvier et février le sont presque deux fois moins.

Les États-Unis, il est vrai très vastes, sont, après la France, la deuxième destination touristique dans le monde.

Les Canadiens à eux seuls constituent plus de 40 % de ce flux touristique. Japonais et Britanniques occupent, loin derrière, les 2e et 3e rangs. Les Français représentent moins de 2 % du total. ●

Voir tableaux p. suivante

Voir également les rubriques :
La santé en voyage, p. 401
Le coût de la vie, p. 441
Le monde tel qu'il est, p. 461
Obtenir ses visas, p. 471
La durée des vols, p. 485
Atlas du voyageur, en début de volume
Internet et les voyageurs, en fin de volume

moyenne des températures maximales / moyenne des températures minimales

	J	F	M	A	M	J	J	A	S	O	N	D
Seattle (Washington)	8 / 2	9 / 3	12 / 4	15 / 6	19 / 9	21 / 11	24 / 13	24 / 13	21 / 11	16 / 8	11 / 5	9 / 3
Bismarck (500 m) (Nord Dakota)	-7 / -19	-5 / -17	2 / -9	13 / 0	20 / 6	25 / 12	30 / 15	29 / 13	23 / 7	15 / 1	4 / -7	-3 / -14
Portland (Maine)	0 / -11	1 / -11	5 / -6	11 / 0	18 / 5	23 / 11	26 / 14	26 / 13	21 / 8	15 / 3	9 / -2	2 / -9
Chicago (Illinois)	1 / -7	2 / -6	6 / -2	14 / 5	21 / 11	26 / 16	29 / 20	28 / 19	24 / 14	17 / 8	8 / 0	2 / -5
Salt Lake City (490 m) (Utah)	3 / -6	6 / -3	11 / 0	17 / 5	22 / 9	28 / 13	33 / 18	32 / 17	27 / 12	19 / 6	10 / -1	5 / -4
New York (NY)	4 / -3	4 / -2	9 / 1	15 / 6	21 / 12	26 / 17	28 / 20	27 / 19	24 / 16	18 / 10	12 / 4	6 / -1
Denver (1 600 m) (Colorado)	6 / -10	7 / -8	10 / -5	16 / 0	21 / 5	28 / 11	31 / 14	31 / 13	26 / 8	19 / 2	11 / -5	7 / -8
Kansas City (310 m) (Missouri)	4 / -5	7 / -3	11 / 1	19 / 8	24 / 13	30 / 19	33 / 22	32 / 21	28 / 16	22 / 9	13 / 1	7 / -2
Cincinnati (Ohio)	5 / -3	6 / -3	11 / 1	18 / 7	24 / 12	29 / 17	31 / 19	30 / 18	27 / 14	21 / 8	12 / 2	6 / -2
Washington (D. C.)	7 / -1	8 / -1	12 / 2	19 / 8	24 / 13	29 / 18	31 / 21	30 / 20	26 / 16	20 / 10	14 / 4	8 / -1
San Francisco (Californie)	13 / 5	15 / 6	16 / 7	18 / 8	19 / 10	21 / 11	22 / 12	22 / 12	23 / 12	21 / 10	18 / 8	14 / 6
Los Angeles (Californie)	18 / 7	18 / 8	18 / 9	19 / 11	20 / 13	22 / 15	24 / 17	24 / 17	24 / 16	23 / 14	22 / 11	19 / 9
Atlanta (310 m) (Géorgie)	12 / 2	14 / 3	17 / 5	22 / 10	27 / 15	31 / 19	31 / 21	31 / 20	28 / 17	23 / 11	17 / 5	12 / 2
Phoenix (340 m) (Arizona)	18 / 2	20 / 4	24 / 6	29 / 10	34 / 14	39 / 19	40 / 24	39 / 23	37 / 20	30 / 13	23 / 6	19 / 3
Dallas (Texas)	13 / 2	15 / 4	19 / 7	24 / 13	28 / 17	33 / 22	35 / 24	35 / 24	31 / 20	26 / 14	19 / 7	14 / 3
New Orleans (Louisiane)	18 / 7	19 / 9	22 / 11	25 / 15	29 / 18	32 / 21	33 / 23	33 / 23	31 / 21	27 / 16	21 / 10	19 / 8
Miami (Floride)	24 / 14	25 / 15	27 / 16	28 / 19	30 / 21	31 / 23	32 / 24	32 / 24	31 / 24	29 / 22	27 / 18	25 / 15

température de la mer : moyenne mensuelle

	J	F	M	A	M	J	J	A	S	O	N	D
Portland	2	2	2	3	6	10	15	17	15	12	10	5
Miami	23	22	22	23	25	27	28	28	28	27	25	23
New Orleans	20	19	20	22	25	27	28	29	28	27	23	20
Los Angeles	15	15	15	15	16	16	18	19	19	18	17	16
San Francisco	13	13	13	13	14	15	15	16	16	15	15	14
Seattle	9	9	10	10	11	13	14	15	15	13	11	10

nombre d'heures par jour hauteur en mm / nombre de jours

	J	F	M	A	M	J	J	A	S	O	N	D
Seattle	2	4	5	7	8	8	10	8	7	4	3	2
	140/16	105/12	90/13	55/10	40/9	35/7	17/4	20/4	45/6	90/11	135/14	145/16
Bismarck	5	6	7	8	9	10	12	10	8	7	5	4
	10/6	10/4	20/6	30/5	50/7	85/9	55/7	45/7	30/5	25/4	15/4	10/5
Portland	5	6	6	7	8	9	10	9	8	7	5	5
	110/10	100/9	110/10	95/10	85/11	80/10	75/8	60/8	90/8	80/7	105/9	100/9
Chicago	4	5	7	7	9	10	10	9	8	7	5	4
	45/8	40/8	70/9	75/9	95/10	105/9	85/7	80/7	70/6	70/6	55/8	50/8
Salt Lake City	4	6	7	9	11	12	13	11	10	8	6	4
	35/7	30/6	40/7	45/6	35/5	25/4	15/3	25/4	13/3	30/4	35/5	30/6
New York	5	6	7	7	8	10	10	7	8	7	6	5
	90/9	75/8	105/9	90/9	90/9	85/8	100/8	120/8	90/6	85/6	90/7	85/8
Denver	7	8	8	9	11	10	10	10	10	8	7	6
	15/4	18/5	30/7	55/7	70/9	35/6	40/7	35/6	30/4	25/4	18/4	12/3
Kansas City	4	6	6	8	9	11	11	10	7	8	6	5
	35/6	30/6	65/7	90/8	110/10	115/8	80/6	95/7	85/6	75/6	45/5	40/6
Cincinnati	3	5	6	7	8	10	10	9	8	7	5	4
	95/11	70/9	100/11	90/11	95/11	105/9	90/7	85/7	70/6	55/6	75/8	70/9
Washington	4	6	7	7	8	9	9	8	8	6	5	4
	85/9	70/7	95/10	85/8	105/9	90/8	110/9	120/8	100/7	80/6	75/7	75/8
San Francisco	5	7	8	10	11	11	10	9	9	8	7	6
	100/8	90/8	70/7	35/4	13/2	3/1	0/0	0/0	5/1	18/3	40/5	105/8
Los Angeles	7	8	9	9	9	10	12	11	10	9	8	8
	70/5	75/4	45/4	30/3	3/1	3/1	0/0	0/0	5/1	10/1	30/2	60/4
Atlanta	5	6	6	8	9	10	9	9	8	7	6	5
	110/9	115/9	135/10	115/8	80/7	95/8	120/10	90/8	85/6	60/6	75/6	110/9
Phoenix	8	10	11	12	13	14	13	12	12	10	9	9
	18/3	25/3	18/2	8/1	3/0	3/0	20/3	30/4	18/2	13/2	13/2	25/2
Dallas	5	6	7	8	9	11	11	10	9	8	7	6
	60/6	65/6	75/6	100/6	120/7	80/5	50/4	50/4	70/4	70/4	70/5	70/6
New Orleans	5	5	7	8	9	9	8	8	8	8	6	5
	95/8	100/7	135/7	115/6	110/7	110/9	170/11	135/11	125/8	70/5	85/6	105/8
Miami	8	8	9	9	9	9	9	8	7	7	7	7
	50/5	50/5	60/5	100/6	160/8	190/11	170/14	180/13	240/15	210/12	70/7	45/6

Éthiopie

Superficie : 2 fois la France. Addis-Abéba (latitude 9°00'N ; longitude 38°44'E) : GMT + 3 h. Durée du jour : maximale (juin) 12 heures 30, minimale (décembre) 11 heures 30.

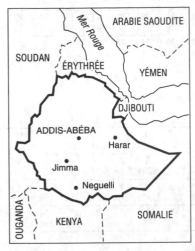

▶ L'Éthiopie est un pays tropical dont le climat varie surtout en fonction de l'altitude : alors qu'au nord-est, la dépression des Danakils, parsemée de lacs salés, est une région semi-désertique et torride, les hauts plateaux abyssins qui occupent la plus grande partie du pays ont un climat beaucoup plus tempéré.

Il y a quelques années, l'Éthiopie a connu une période de sécheresse catastrophique, responsable de grandes famines. En 2000 et 2001, la partie Est du pays a de nouveau subi la sécheresse.

▶ Addis-Abéba, au centre des **hauts plateaux** (voir aussi Harar et Jimma), est réputée pour bénéficier d'un des climats les plus sains du monde. Sur l'ensemble des hautes terres, les températures sont toujours agréables dans la journée et fraîches la nuit, voire froides d'octobre à février. Les pluies sont, en principe, abondantes de juin à septembre et atteignent leur maximum en juillet-août, qui sont aussi les mois les plus orageux.

▶ Le **Sud** (voir Neguelli) connaît des températures diurnes plus élevées. C'est une région verdoyante aux collines douces qui ressemble davantage à la campagne anglaise qu'à l'image que l'on se fait habituellement d'un paysage africain. Les précipitations y tombent essentiellement pendant deux périodes : les grandes pluies en avril-mai et les petites pluies en octobre-novembre.

VALISE : dans les régions basses, vêtements de coton très légers, pratiques et faciles à laver. À Addis-Abéba, il faut des vêtements un peu plus chauds et des lainages pour les soirées ; prévoir un imperméable léger ou un anorak pour la saison des pluies.

SANTÉ : risques de paludisme au-dessous de 2 000 mètres d'altitude, toute l'année ; zones de résistance élevée à la Nivaquine. Vaccination contre la fièvre jaune souhaitable ; vaccination antirabique conseillée pour de longs séjours. ●

Voir tableaux p. suivante

Voir également les rubriques :

La santé en voyage, p. 401
Le coût de la vie, p. 441
Le monde tel qu'il est, p. 461
Obtenir ses visas, p. 471
La durée des vols, p. 485

moyenne des températures maximales / moyenne des températures minimales

	J	F	M	A	M	J	J	A	S	O	N	D
Harar	25	26	27	27	27	26	24	23	24	26	26	26
(1 750 m)	13	14	14	15	15	14	14	14	14	14	13	13
Addis-Abéba	23	24	25	25	25	23	20	20	21	22	22	22
(2 450 m)	6	7	9	10	9	10	11	11	10	7	4	5
Jimma	27	27	27	26	25	24	22	22	23	25	26	26
(1 750 m)	12	13	13	14	14	14	14	14	14	12	10	10
Neguelli	28	28	28	25	24	24	24	24	26	25	25	26
(1 500 m)	12	13	13	14	12	13	12	12	12	13	12	11

nombre d'heures par jour   hauteur en mm / nombre de jours

	J	F	M	A	M	J	J	A	S	O	N	D
Harar	8	8	7	8	7	7	4	4	6	7	9	10
	11/2	30/4	60/7	110/12	120/12	100/12	140/14	135/15	100/14	45/5	25/2	10/1
Addis-Abéba	9	9	8	7	7	5	2	3	5	9	9	9
	16/4	45/4	70/5	85/7	95/7	135/11	280/14	295/16	190/13	25/3	15/1	6/2
Jimma	8	6	7	6	6	5	3	4	6	7	6	7
	40/4	50/5	80/7	180/9	150/10	220/12	230/11	210/14	190/12	85/6	40/4	35/3
Neguelli	*	*	*	*	*	*	*	*	*	*	*	*
	8/2	4/1	35/5	170/11	100/11	8/1	6/1	7/1	16/2	120/12	50/5	25/3

Fidji (îles)

Superficie : 0,03 fois la France. Suva (latitude 18°08'S ; longitude 178°26'E) : GMT + 12 h. Durée du jour : maximale (décembre) 13 heures 30, minimale (juin) 11 heures.

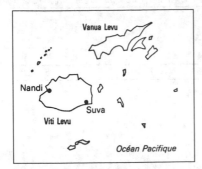

▶ **La saison « fraîche », de juin à octobre**, est la meilleure période pour jouir des petits paradis fidjiens. C'est la saison sèche, assez marquée à l'ouest sur les côtes « sous le vent » des deux îles principales (voir Nandi), beaucoup moins sur les côtes orientales (voir Suva). Les centaines de petites îles coralliennes, dispersées dans le Pacifique et qui sont autant d'endroits rêvés pour tout oublier de la civilisation, reçoivent quant à elles moins de précipitations, leur relief ne faisant pas obstacle aux alizés.

▶ Durant la saison des pluies, de fin novembre à avril, des trombes d'eau se déversent sur l'archipel, et les tempêtes n'y sont pas rares. L'ensoleillement reste toutefois satisfaisant. C'est surtout la chaleur humide, assez étouffante, qui peut éventuellement être dissuasive. Cette saison est aussi celle d'éventuels cyclones, surtout entre la mi-février et la mi-mars.

▶ Au large des côtes, la température de la mer oscille, suivant la saison, entre 24° et 28° ; elle est toujours un peu plus chaude dans les lagons.

VALISE : en toute saison, des vêtements légers, simples et pratiques, en fibres naturelles de préférence ; tennis ou sandales de plastique pour marcher sur les récifs coralliens. Pendant la saison des pluies, de quoi vous protéger des averses.

BESTIOLES : les moustiques s'activent dès le coucher du soleil.

FOULE : assez forte pression touristique. Juillet et août sont les mois les plus fréquentés ; février l'est le moins.
En 2000, les visiteurs venaient d'abord d'Australie (25 % du total) puis des États-Unis et de Nouvelle-Zélande. Les Britanniques, un peu plus nombreux que les Japonais, représentaient plus de la moitié des Européens. ●

moyenne des températures maximales / moyenne des températures minimales

	J	F	M	A	M	J	J	A	S	O	N	D
Nandi	30	30	30	29	28	27	26	26	28	28	29	30
	23	23	23	23	22	21	20	20	21	21	22	23
Suva	30	30	30	29	28	27	26	26	27	27	28	29
	23	23	23	23	22	21	20	20	21	21	22	23

nombre d'heures par jour ☔ hauteur en mm / nombre de jours

	J	F	M	A	M	J	J	A	S	O	N	D
Nandi	7	6	6	6	7	7	7	8	7	7	7	8
	305/16	295/16	420/19	220/15	105/10	105/10	55/7	65/7	85/8	60/8	130/11	210/12
Suva	6	6	5	5	5	5	5	5	5	5	6	6
	305/18	295/18	375/21	330/19	255/16	165/13	135/14	190/15	205/16	220/15	250/15	305/18

température de la mer : moyenne mensuelle

	J	F	M	A	M	J	J	A	S	O	N	D
Pacifique	28	28	27	27	26	25	25	24	25	25	26	27

Finlande

Superficie : 0,6 fois la France. Helsinki (latitude 60°19'N ; longitude 24°58'E) : GMT + 2 h. Durée du jour : maximale (juin) 19 heures, minimale (décembre) 6 heures.

C'est un pays qui ne connaît pratiquement que deux saisons violemment contrastées, l'hiver et l'été, à peine séparées par un printemps fulgurant et spectaculaire, et un automne très bref mais éclatant de couleurs.

❙ La Finlande est sans doute le pays scandinave qui offre au voyageur l'**hiver** le plus dépaysant. Il dure au moins cinq mois dans le sud du pays (voir Helsinki), de fin octobre à début avril, et plus de sept mois en Laponie (voir Sodankylä), de fin septembre à mi-mai. Un manteau blanc recouvre alors tout le pays, les nuits sont interminables, les fleuves et les innombrables lacs sont gelés. Même le golfe de Botnie peut être pris par les glaces.
La Finlande est durant tout ce long hiver le pays idéal pour les amateurs de ski de fond et de randonnée. Février et mars sont les mois où la neige est la meilleure. Mais la saison se prolonge beaucoup plus tard en Laponie ; entre mi-avril et mi-mai, lorsque les jours sont déjà très longs et réchauffés par le soleil, il n'est pas rare de rencontrer des skieurs en maillot de bain.

❙ Après une tardive fonte des neiges – il peut encore geler à la fin du mois de mai –, l'**été** s'impose presque brutalement. Tout s'épanouit en un clin d'œil, des fleurs qui poussent à toute allure aux Finlandais qui profitent des très longues journées, de la douceur de l'air et du soleil. La belle saison dure trois mois : dès le début de septembre, la fraîcheur revient.

VALISE : en été, vêtements légers et confortables pour les journées qui sont chaudes (pantalons et chemises à manches longues pour se protéger des moustiques dès le coucher du soleil) ; lainages et veste ou blouson chaud pour matinées et soirées, anorak à capuche. En hiver, anorak en duvet ou manteau matelassé, bottes et gants fourrés, etc.

BESTIOLES : des moustiques tout l'été dans toute la région des lacs, et surtout en Laponie.

FOULE : pression touristique modérée. Juillet est le mois où la Finlande reçoit le plus de visiteurs. Janvier, février et avril, les mois où les voyageurs se font le plus rares. Suédois et Russes, la géographie le commande, sont les voyageurs les plus nombreux en Finlande ; suivent les Allemands. Notons aussi un fort contingent britannique. Les Français n'ont représenté en 2001 qu'à peine plus de 3 % des visiteurs de ce pays. ●

Soleil d'une nuit d'été

En Laponie (dont la limite sud-est à peu près le 66e degré de latitude nord), le soleil n'apparaît plus au-dessus de l'horizon à partir de novembre ou décembre, selon les régions. Le « jour » n'est plus qu'un clair-obscur incertain, parfois zébré par les jets lumineux des aurores boréales. Les avions atterrissent sur des skis et les camions roulent en procession sur les lacs gelés comme sur des autoroutes. Mais lorsque au froid implacable (– 40° ou – 50° sont couramment enregistrés à Inari, au nord de la Laponie finlandaise) s'ajoutent le blizzard et les tempêtes de neige qu'il provoque, il n'y a plus d'autre possibilité que de se terrer chez soi.

Les premiers craquements de la fonte des glaces se font entendre début mai dans le Sud. De mi-mai à mi-juin, la grande débâcle transforme les routes en bourbiers, les villes en cloaques et les rivières en torrents furieux charriant d'énormes blocs de glace dans un vacarme assourdissant.

L'été s'installe brusquement vers la mi-juin, alors que les dernières neiges ont à peine disparu dans le Nord. Le soleil est de plus en plus chaud (le thermomètre grimpe fréquemment au-dessus de 20°) et, au nord du cercle polaire, ne se couche plus dès la fin mai. On dort très peu en Laponie à cette époque, pour profiter de chaque heure de ces quelques mois de douceur et de lumière. Fin juin-début juillet, la toundra se couvre d'un prodigieux tapis de fleurs sauvages. Les seuls nuages de l'été lapon sont ceux que forment les moustiques qui, après avoir hiberné eux aussi pendant la longue nuit polaire, mettent à rude épreuve la patience des touristes comme des Lapons, qui se promènent en agitant autour d'eux de petites branches feuillues. Heureusement, les moustiques ont des horaires (après 6 heures du soir).

Début septembre, la neige refait son apparition au nord de la Laponie – après un automne flamboyant, aussi fugace que le printemps l'avait été. La neige est beaucoup plus abondante à l'ouest de la Laponie, sur les montagnes norvégiennes et suédoises, que dans la plaine finlandaise.

moyenne des températures maximales / moyenne des températures minimales

	J	F	M	A	M	J	J	A	S	O	N	D
Sodankylä	- 9	- 9	- 3	3	9	16	20	17	10	2	- 3	- 6
	- 19	- 19	- 16	- 8	0	6	9	7	2	- 4	- 10	- 15
Kuopio	- 7	- 7	- 1	5	13	18	21	19	13	5	0	- 4
	- 14	- 14	- 11	- 3	3	10	12	11	7	1	- 4	- 9
Helsinki	- 3	- 4	0	6	13	19	22	20	15	8	3	0
	- 8	- 9	- 7	- 1	4	9	12	12	7	3	- 1	- 5

nombre d'heures par jour   hauteur en mm / nombre de jours

	J	F	M	A	M	J	J	A	S	O	N	D
Sodankylä	0,5	2	4	6	7	9	9	6	3	2	1	0
	25/8	25/8	20/6	30/8	30/7	55/10	75/10	70/11	55/10	45/9	40/10	30/10
Kuopio	1	2	5	6	7	9	8	6	4	2	1	0,5
	35/9	20/8	20/6	25/7	35/7	60/9	70/10	60/10	55/10	45/10	35/10	40/10
Helsinki	1	2	4	6	9	10	10	8	5	2	1	0,5
	55/11	40/9	35/7	45/8	40/7	50/8	70/10	70/10	70/9	75/11	70/11	65/11

température de la mer : moyenne mensuelle

	J	F	M	A	M	J	J	A	S	O	N	D
Helsinki	1	0	1	2	5	11	15	16	13	9	5	3

France

Superficie : 547 000 km2. Paris (latitude 48°58'N ; longitude 02°27'E) : GMT + 1 h. Durée du jour : maximale (juin) 16 heures, minimale (décembre) 8 heures 30.

Le climat de la France est de manière générale tempéré, c'est-à-dire sans extrêmes. Cependant, exposée à la fois aux influences continentales, océaniques et méditerranéennes, la France offre une grande diversité de nuances climatiques : nous ne traiterons que des principales.

▶ À l'**ouest**, le climat est océanique : des pluies fréquentes tout le long de l'année, mais rarement intenses ; des hivers doux, humides, surtout sur les côtes bretonnes, du Cotentin et du Pays basque ; des étés assez frais. La zone comprise entre l'estuaire de la Loire (Nantes) et le bassin d'Arcachon bénéficie de manière générale d'un bon ensoleillement, alors que la grisaille est souvent le lot du littoral de la mer du Nord.

Des îles bretonnes comme Bréhat, au large de Paimpol, ou Belle-Île, au sud de Quiberon, bénéficient de micro-climats plus doux, plus secs et ensoleillés que sur le continent : des palmiers, des figuiers et même des mimosas y poussent en pleine terre.

L'océan Atlantique n'est jamais très chaud ; à la hauteur de Royan, la température de l'eau est encore aux environs de 17° en juin et ne frise les 20° qu'au mois d'août ; comptez 2 degrés de moins pour la côte sud de la Bretagne. La situation ne s'améliore pas sur les côtes de la Manche : 15° et 18° à Saint-Malo en juin et août, 14° et 17° au Touquet.

▶ Les régions plus centrales (**Bassin parisien, Val-de-Loire, Nivernais, Champagne**, etc.), de par leur éloignement des influences atlantiques, connaissent des saisons plus contrastées : hivers plus froids, étés plus chauds ; et des précipitations nettement moins abondantes que sur les côtes.

▶ On peut parler d'un climat continental modéré pour le **quart nord-est** de la France ; les régions montagneuses exceptées, c'est ici que l'on observe les hivers les plus rigoureux. Si Nancy et Strasbourg sont les plus froides des grandes villes françaises, elles restent cependant très fréquentables même au cœur de l'hiver, d'autant plus que les vents y sont faibles. Les saisons intermédiaires (printemps et automne) sont assez brèves et il fait chaud, parfois orageux, en été, bien que les nuits restent en général assez fraîches.

▶ Le climat méditerranéen s'impose sur le **littoral, de Menton à Perpignan,** et sur les plaines côtières de la **Corse**. Il se caractérise par la rareté des pluies d'été, l'excellent ensoleillement et la chaleur en général sans excès qui règnent en cette saison. Les hivers sont doux et les pluies tombent essentiellement à la fin de l'automne et en début d'hiver. La zone qui va de Beaulieu-sur-Mer à Menton est sans aucun doute la plus privilégiée, certains hivers échappant tout à fait aux gelées. Plus à l'ouest, de Toulon à Montpellier, le *mistral* qui dévale depuis Valence ne se laisse jamais oublier plus de quelques jours tout au long de l'année ; avec la *tramontane*, qui sévit quant à elle sur le Languedoc et le Roussillon, il constitue l'élément le plus déplaisant de ce climat méditerranéen, particulièrement en hiver et au printemps.

La Méditerranée a une température d'environ 20° en juin. Entre Menton et Nice, elle atteint 24° en août, et 22°-23° de Marseille à Perpignan.

◗ **En montagne** (Alpes et Pyrénées pour la haute montagne, Massif central, Vosges et Jura pour les massifs moins élevés), on observe un écart important entre les températures diurnes et nocturnes et on compte une baisse moyenne de température d'environ 6° pour une élévation de 1 000 mètres. Les hivers sont froids et les étés en général chauds et orageux (avec des nuits fraîches). Les températures varient cependant beaucoup suivant l'exposition des versants et selon que la région est ou non soumise aux influences maritimes ou continentales. Ainsi, pour ce qui est des altitudes moyennes (900-1 500 mètres), c'est dans le massif jurassien (département du Doubs et du Jura) que l'on relève régulièrement les températures les plus basses. En altitude, la nébulosité est pour l'ensemble des massifs généralement plus importante en été qu'en hiver.

Les grands domaines skiables sont multiples en France, que ce soit en Haute-Savoie, en Savoie, dans les Alpes du Sud, près de la frontière italienne ou dans les Hautes-Pyrénées. On pratique le ski d'été sur glacier dans des stations comme l'Alpe- d'Huez, les Deux-Alpes, Tignes, Val d'Isère, etc. Les stations du Vercors, du Jura et des Vosges sont plutôt consacrées au ski de fond.

VALISE : de juin à septembre, vêtements d'été et de demi-saison. Pull souvent utile en soirée. En hiver, vêtements chauds. Imperméable ou parapluie, automne et printemps compris.

FOULE : forte pression touristique. Août puis juillet sont les mois où la France accueille le plus de visiteurs. À l'opposé, février, novembre et décembre sont de ce point de vue les mois les plus calmes. Parmi ces visiteurs, les Britanniques sont nettement les plus nombreux, suivis des Allemands et des Italiens qui les talonnent. Le contingent américain représente pas loin de 10 % des visiteurs. ●

température de la mer : moyenne mensuelle

	J	F	M	A	M	J	J	A	S	O	N	D
Le Conquet (Finistère)	10	9	10	11	12	14	16	17	16	15	13	11
Royan (Charente-Maritime)	11	11	11	12	14	16	18	20	18	17	14	12
Sète (Hérault)	12	12	13	13	15	18	21	22	21	18	15	13
Nice (Alpes-Maritimes)	13	12	13	14	16	20	22	23	22	19	16	14
Ajaccio (Corse)	13	13	13	14	16	20	22	23	22	19	17	15

moyenne des températures maximales / moyenne des températures minimales

	J	F	M	A	M	J	J	A	S	O	N	D
Lille	5	6	10	13	17	20	22	22	19	15	9	6
	0	0	2	4	8	10	12	12	10	7	3	1
Paris	6	8	11	15	19	22	24	23	21	16	10	7
	2	2	4	7	10	13	15	15	12	9	5	3
Nancy	4	6	10	14	18	22	23	23	20	15	8	5
	- 2	- 1	1	3	7	11	12	12	9	6	2	0
Brest	9	9	11	12	15	18	20	20	18	15	11	10
	4	4	5	6	8	10	12	13	11	9	6	5
Limoges	7	9	12	15	19	22	24	24	21	17	11	8
	0	0	2	4	7	10	12	12	9	6	3	1
Lyon	6	8	12	15	20	23	26	25	22	16	10	6
	0	1	3	5	9	13	15	14	12	8	3	1
Bordeaux	9	11	14	16	20	23	25	25	23	18	13	10
	2	3	4	6	9	12	14	14	12	9	5	3
Nice	12	13	14	17	20	23	26	26	24	20	16	14
	5	5	7	9	13	16	19	19	16	13	8	6
Perpignan	12	13	15	18	22	26	29	28	25	20	15	13
	4	5	7	9	13	16	19	18	16	12	7	5
Ajaccio	13	14	15	17	21	25	27	28	25	22	17	14
	4	4	5	7	10	14	16	16	14	11	7	5

nombre d'heures par jour   hauteur en mm / nombre de jours

	J	F	M	A	M	J	J	A	S	O	N	D
Lille	2	3	4	6	7	7	7	6	5	4	2	1
	55/11	45/9	35/7	40/7	50/8	50/9	65/9	65/9	57/9	65/8	60/10	55/10
Paris	2	3	5	6	7	8	8	7	6	4	2	1
	55/10	45/9	30/7	40/6	50/8	50/9	55/8	60/9	50/8	50/8	50/8	50/9
Nancy	1	3	4	5	7	7	7	6	6	4	2	1
	65/11	55/10	40/10	50/7	55/10	75/11	60/10	65/10	55/9	60/10	60/12
Brest	2	3	4	6	7	7	7	6	5	4	2	2
	135/18	95/14	85/14	70/9	70/9	55/9	60/11	80/10	90/13	105/13	140/16	150/19
Limoges	2	3	5	6	7	8	8	7	6	5	3	2
	90/13	75/11	65/11	65/8	80/10	65/11	70/9	75/10	85/10	80/10	90/11	95/14
Lyon	2	3	5	7	8	9	9	8	7	4	2	2
	50/10	45/8	55/9	55/6	70/9	85/10	55/7	90/9	95/8	75/9	80/9	55/10
Bordeaux	3	4	5	7	8	8	9	8	6	5	3	2
	90/13	75/10	65/11	50/8	60/10	65/9	55/8	70/9	85/10	85/10	95/11	110/13
Nice	5	6	7	8	9	10	12	10	8	7	5	5
	70/6	60/7	75/7	75/7	70/5	35/4	20/2	25/3	75/5	125/8	130/9	105/8
Perpignan	5	6	7	8	9	9	10	9	7	6	5	4
	40/5	50/4	65/7	40/4	50/6	40/5	25/4	30/4	80/5	75/6	55/3	85/7
Ajaccio	4	5	7	8	10	11	12	11	9	7	5	4
	75/9	65/9	55/7	50/7	50/7	20/3	10/1	16/2	50/4	90/7	95/9	90/10

Gabon

Superficie : 0,5 fois la France. Libreville (latitude 0°27'N ; longitude 09°25'E) : GMT + 1 h. Durée du jour : environ 12 heures toute l'année.

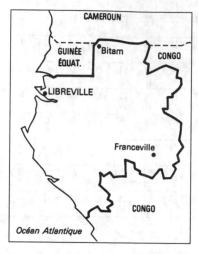

qu'elles s'arrêtent, elles font en général place à un ciel lavé et à de belles périodes ensoleillées.

Les régions les plus arrosées sont la côte, en particulier dans sa partie nord (voir Libreville), les monts de Cristal, à la frontière de la Guinée équatoriale, et les alentours du mont Iboundji.

Au nord (voir Bitam), les pluies sont moins abondantes et la saison sèche un peu moins marquée. La saison des pluies marque un très net ralentissement de décembre à février, ralentissement que l'on retrouve très atténué dans le reste du pays.

▶ Dans la partie sud de la côte, le courant froid de *Benguela* produit encore, bien que très atténuée, une légère baisse des températures et des pluies. Mais la mer est assez chaude pour que l'on puisse s'y baigner toute l'année.

Pays équatorial, le Gabon a un climat chaud et humide toute l'année, avec une saison sèche et une saison des pluies. Chaque saison présentant ses avantages et ses inconvénients, il nous est difficile d'en recommander une de préférence à l'autre. Mais si votre programme inclut la visite des réserves (de Wonga-Wongé, de Petit Loango ou du parc national de Lopé-Okanda, etc.), choisissez plutôt la fin de la saison sèche (voir chapitre Kenya).

▶ Durant la **saison sèche**, de début juin à mi-septembre, la chaleur est moins excessive, et l'humidité baisse quelque peu. Mais c'est aussi, paradoxalement, la période où le ciel est le plus souvent nuageux.

▶ En effet, si la **saison des pluies** se manifeste par des averses torrentielles (surtout en octobre-novembre), lors-

VALISE : vêtements très légers, en fibres naturelles de préférence ; les femmes éviteront de porter shorts et minijupes. Pour la saison des pluies, vous pouvez emporter un anorak très léger (il fait trop chaud pour supporter un imperméable). Pour visiter les réserves, vêtements de couleurs neutres, chaussures de marche en toile.

SANTÉ : vaccination contre la fièvre jaune obligatoire. Risques de paludisme toute l'année dans tout le pays ; résistance élevée à la Nivaquine.

BESTIOLES : des moustiques toute l'année ; ils sont surtout actifs après le coucher du soleil. ●

moyenne des températures maximales / moyenne des températures minimales

	J	F	M	A	M	J	J	A	S	O	N	D
Bitam	29	30	30	30	30	28	27	27	28	29	29	29
(600 m)	20	20	20	20	20	20	19	19	20	20	20	20
Libreville	30	31	31	31	30	29	28	28	29	29	30	30
	24	23	23	23	24	23	22	22	23	23	23	24
Franceville	29	30	31	31	29	28	27	28	29	29	29	29
(430 m)	20	20	20	20	20	19	18	18	19	19	19	20

nombre d'heures par jour   hauteur en mm / nombre de jours

	J	F	M	A	M	J	J	A	S	O	N	D
Bitam	4	4	4	4	4	4	3	2	3	3	4	4
	50/4	70/5	180/11	190/14	230/14	100/8	25/4	40/4	275/15	300/20	210/14	75/7
Libreville	6	6	5	6	5	4	4	4	3	3	4	5
	205/14	290/15	265/17	395/19	245/15	40/3	1/0	11/5	105/13	360/22	415/21	260/16
Franceville	5	5	5	6	5	4	4	5	4	4	5	5
	200/10	205/11	260/12	205/11	240/15	15/2	2/0	15/1	105/7	275/15	285/18	160/12

température de la mer : moyenne mensuelle

	J	F	M	A	M	J	J	A	S	O	N	D
Atlantique	27	27	28	28	27	25	24	24	24	25	26	26

Gambie

Superficie : 0,02 fois la France. Banjul (latitude 13°21'N ; longitude 16°34'0) : GMT + 0 h. Durée du jour : maximale (juin) 13 heures, minimale (décembre) 11 heures.

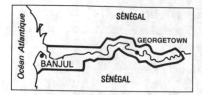

▶ La meilleure période pour séjourner en Gambie est la **saison sèche, de novembre à mai**. La chaleur est alors tempérée sur la côte (voir Banjul) par des brises venues de la mer, les nuits sont agréables et l'ensoleillement excellent. Dans l'intérieur du pays, il fait beaucoup plus chaud et le thermomètre grimpe fréquemment à 40°, mais les nuits restent douces (voir Georgetown).

▶ Durant l'hivernage, nom donné en Afrique tropicale à la **saison des pluies**, ces dernières sont abondantes, surtout sur la côte. Les températures baissent légèrement, mais l'humidité les rend plus pénibles à supporter. Cependant, de très belles périodes ensoleillées sont courantes en juin et en octobre : c'est surtout de mijuillet à mi-septembre qu'il vaut mieux éviter le voyage.

VALISE : vêtements très légers, amples, en coton ou lin de préférence ; les femmes éviteront shorts et minijupes. Pour la saison des pluies, éventuellement un anorak.

SANTÉ : vaccination contre la fièvre jaune recommandée ; vaccin antirabique conseillé pour de longs séjours. Risques de paludisme toute l'année dans tout le pays. Zones de résistance à la Nivaquine.

BESTIOLES : moustiques toute l'année, surtout actifs la nuit. ●

moyenne des températures maximales / moyenne des températures minimales

	J	F	M	A	M	J	J	A	S	O	N	D
Georgetown	35	37	39	40	39	36	32	31	32	34	35	34
	16	17	20	22	23	24	23	23	23	23	19	16
Banjul	31	32	33	32	31	32	31	31	32	33	33	31
	18	19	20	20	21	23	24	24	24	24	23	20

nombre d'heures par jour — hauteur en mm / nombre de jours

	J	F	M	A	M	J	J	A	S	O	N	D
Georgetown	6,5	7	7,5	7	6,5	4,5	3,5	3,5	4	5	5,5	6
	1/0	1/0	0/0	1/0	9/2	105/9	200/14	270/17	230/16	85/8	5/2	1/0
Banjul	8,5	9	9,5	10	9,5	8	7	6	7	8	8,5	8
	1/0	1/0	0/0	0/0	2/1	60/5	240/15	380/18	260/17	90/8	12/2	0/0

température de la mer : moyenne mensuelle

	J	F	M	A	M	J	J	A	S	O	N	D
Atlantique	23	22	21	22	24	26	26	26	26	27	27	25

Géorgie

Superficie : 0,13 fois la France. Tbilissi (latitude 41°41′N ; longitude 44°57′E) : GMT + 3 h. Durée du jour : maximale (juin) 15 heures 30, minimale (décembre) 9 heures.

Bordée dans toute sa partie occidentale par les rives de la mer Noire et encadrée respectivement au nord et au sud par les hautes chaînes du Grand Caucase et du Petit Caucase, la Géorgie comprend dans sa partie orientale le plateau de Souram, puis la partie haute de la vallée du Koura, fleuve qui descend vers l'est se jeter dans la mer Caspienne. Cette géographie diversifiée s'accompagne de régimes climatiques assez contrastés.

▶ Les côtes de la Géorgie (voir Soukhoumi et Batoumi) offrent un hiver aux températures assez clémentes, en tout cas les plus douces de l'ancien empire soviétique. Le Grand Caucase, qui culmine à 5 700 m (le mont Elbrouz), protège en effet cette région des influences polaires.
Les précipitations sont importantes, essentiellement sous forme de pluies ; sur la côte, il ne neige en moyenne pas plus d'une dizaine de jours par an.
Les températures baissent nettement à l'est du pays (voir Tbilissi), mais le froid y est sec. Les précipitations y sont plus rares, mais tombent souvent sous forme de neige (elle reste fixée environ deux semaines en janvier dans la région de la capitale). En altitude, le brouillard est fréquent.

Les effets du fœhn − brusque augmentation des températures et baisse du taux d'humidité − sont notables dans la région de Koutaïsi, au pied des reliefs du Grand Caucase.

▶ Au début du **printemps,** on trouve quelques jours de brume ou de bruine sur la côte ; le mois de mai est celui des orages, surtout dans le secteur nord-est du littoral. Ils mettent régulièrement à mal vignes et vergers. Tout ceci n'empêche pas le soleil de s'en sortir honorablement.

▶ L'**été**, les températures augmentent en fonction de l'éloignement de la mer Noire. La région de Koutaïsi connaît périodiquement un vent très chaud qui, s'il dure plusieurs jours, arrive à flétrir toute la végétation.

▶ L'**automne** est la saison où la côte reçoit le plus de précipitations, sans pour autant que le soleil soit moins présent qu'au printemps. Les pentes du Grand Caucase bénéficient en septembre et en octobre de ciels très dégagés et de températures agréables.

▶ Le **printemps** et l'**été** ont chacun leurs avantages et l'**automne** offre des températures agréables. Si on note que l'hiver géorgien n'a pas de quoi effrayer, on en conclura qu'il n'existe pas de période qu'il faille à tout prix éviter.

VALISE : emporter de quoi se protéger de la pluie, quelle que soit la saison, si l'on projette un séjour sur les rives de la mer Noire. En hiver, des vêtements bien chauds si vous devez vous rendre dans les montagnes du Caucase. ●

moyenne des températures maximales / moyenne des températures minimales

	J	F	M	A	M	J	J	A	S	O	N	D
Soukhoumi	9	10	13	17	21	25	28	28	25	21	16	12
	2	3	5	9	13	17	20	20	16	13	8	4
Koutaïsi	8	9	13	18	23	26	28	28	26	21	15	11
	1	2	5	8	13	16	18	19	16	12	8	4
Batoumi	11	12	14	16	22	25	27	28	25	22	17	14
	1	2	3	6	11	15	18	18	15	11	7	5
Tbilissi	7	8	13	17	24	28	31	30	26	20	14	9
(500 m)	- 1	0	3	8	12	16	19	18	15	9	5	1

nombre d'heures par jour ☔ hauteur en mm / nombre de jours

	J	F	M	A	M	J	J	A	S	O	N	D
Soukhoumi	3	3	4	5	7	8	9	9	8	6	4	3
	115/13	120/13	110/13	120/13	100/13	100/10	110/10	115/9	135/9	110/9	130/10	135/11
Koutaïsi	3	4	5	6	7	8	7	8	7	6	5	3
	105/10	130/11	100/11	110/11	85/10	105/10	105/12	85/10	115/9	110/9	140/10	140/13
Batoumi	3	4	4	5	7	8	7	7	7	6	4	3
	240/13	205/14	135/14	140/14	80/13	165/13	180/14	235/14	315/13	260/11	300/13	260/14
Tbilissi	3	4	5	5	7	9	9	8	7	6	3	3
	17/4	15/4	25/6	60/9	75/8	55/7	45/5	45/6	45/5	30/5	25/5	20/4

température de la mer : moyenne mensuelle

	J	F	M	A	M	J	J	A	S	O	N	D
Soukhoumi	8	8	9	11	16	21	24	24	22	19	16	11
Batoumi	6	7	9	10	16	21	23	23	21	17	11	8

Ghana

Superficie : 0,4 fois la France. Accra (latitude 5°36'N ; longitude 00°10'O) : GMT + 0 h. Durée du jour : environ 12 heures toute l'année.

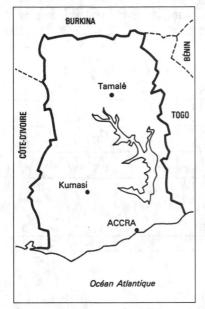

BURKINA

BÉNIN

CÔTE-D'IVOIRE

Tamalé

TOGO

Kumasi

ACCRA

Océan Atlantique

▶ Le moment le plus agréable pour se rendre au Ghana est la **saison sèche (de novembre à mars)**, en tout cas en ce qui concerne la moitié sud du pays, avec une petite préférence pour novembre et décembre, qui sont les mois les plus ensoleillés.

Le climat est généralement chaud et humide dans cette **moitié sud**, aux paysages verdoyants et boisés. La saison des pluies s'étend de fin mars à fin octobre, mais les mois à éviter sont surtout mai et juin. La région la plus arrosée est la partie ouest de la côte, balayée par la mousson (plus de 2 mètres de pluies entre Takoradi et la frontière ivoirienne). La région de Kumasi est également assez pluvieuse ; en revanche, il ne pleut que modérément sur la côte orientale (voir Accra). Le long des plages ghanéennes, la mer est chaude toute l'année.

▶ Dans la **moitié nord** du pays (voir Tamalé), région de savanes, la chaleur est encore plus forte, avec des maxima souvent torrides entre novembre et avril, mais l'humidité diminue et les pluies sont de moins en moins abondantes à mesure que l'on se rapproche du Burkina-Faso.

Dans l'extrême nord, c'est la sécheresse qui règne pendant 4 à 6 mois de l'année, sous l'influence notamment de l'*harmattan*, vent chaud et poussiéreux soufflant du Sahara.

VALISE : vêtements très légers en fibres naturelles de préférence ; préférez les couleurs claires, qui sont moins chaudes à porter que les couleurs sombres. Pour la saison des pluies, un anorak léger.

SANTÉ : vaccination contre la fièvre jaune obligatoire. Risques de paludisme toute l'année dans tout le pays ; zones de résistance à la Nivaquine.

BESTIOLES : moustiques toute l'année, actifs la nuit. ●

Voir tableaux p. suivante

Voir également les rubriques :
La santé en voyage, p. 401
Le coût de la vie, p. 441
Le monde tel qu'il est, p. 461
Obtenir ses visas, p. 471
La durée des vols, p. 485

moyenne des températures maximales / moyenne des températures minimales

	J	F	M	A	M	J	J	A	S	O	N	D
Tamalé	36	37	37	36	33	31	29	29	30	32	34	35
	21	23	24	24	24	22	22	22	22	22	22	20
Kumasi	30	33	33	32	31	29	28	27	28	30	31	31
	19	21	22	22	22	22	21	21	21	21	21	20
Accra	32	32	32	32	31	29	27	27	28	30	31	31
	23	24	24	24	23	23	22	21	22	23	21	23

nombre d'heures par jour   hauteur en mm / nombre de jours

	J	F	M	A	M	J	J	A	S	O	N	D
Tamalé	8	9	8	8	8	7	5	4	5	8	10	9
	2/0	9/1	50/3	90/6	120/8	130/10	130/10	190/12	215/16	100/9	13/1	5/1
Kumasi	6	7	7	7	6	5	3	2	3	5	7	6
	25/2	65/5	135/10	140/10	190/12	225/15	115/11	75/10	170/14	200/17	95/11	30/3
Accra	7	7	7	7	7	5	5	5	6	7	8	8
	16/1	35/2	75/5	80/5	145/9	195/11	50/5	16/3	40/5	80/7	40/3	18/2

température de la mer : moyenne mensuelle

	J	F	M	A	M	J	J	A	S	O	N	D
Accra	27	27	27	28	28	27	26	26	25	26	27	27

Grèce

Superficie : 0,25 fois la France. Athènes (latitude 37°58'N ; longitude 23°43'E) : GMT + 2 h. Durée du jour : maximale (juin) 15 heures, minimale (décembre) 9 heures 30.

❱ L'été grec, **de début juin à mi-septembre**, est particulièrement sec, ensoleillé et chaud. Pour qui ne rêve que de bains de mer et de bronzage, c'est la saison idéale.

Sur les côtes du nord de la Grèce, les fortes chaleurs sont tempérées par des brises légères qui soufflent régulièrement dans l'après-midi ; en mer Égée, c'est le *meltem* qui souffle impitoyablement de juillet à septembre et rend parfois la mer dangereuse. À la même époque, la côte nord de la Crète bénéficie d'agréables brises ; en revanche, sur la côte sud – incontestablement la plus sauvage et la plus belle – alternent périodes calmes et périodes où souffle un vent violent qui peut durer plusieurs jours.

L'été, par contre, n'est pas l'époque la plus indiquée pour visiter les sites archéologiques de l'intérieur du pays ou grimper sur le mont Parnasse, à moins de se lever tôt pour échapper à la canicule. À Athènes, pourtant près de la côte, mais il est vrai une des villes les plus polluées d'Europe, les périodes sans vent en juillet et en août sont souvent pénibles ; et la

montée vers l'Acropole en fin de matinée peut alors se transformer en véritable Golgotha. Aux grandes chaleurs, le *néfos* (nuage) créé par les gaz d'échappement et la pollution industrielle recouvrent la région de la capitale. De nombreux Athéniens, et aussi des touristes – surtout les personnes âgées et fragiles – sont alors victimes de troubles cardiaques et respiratoires.

❱ Les amateurs de Grèce antique choisiront de préférence le **printemps, mai** notamment, et le **début de l'automne** pour parcourir les ruines grecques et romaines sans craindre une chaleur excessive.

Au printemps, ils apprécieront une Grèce déjà bien ensoleillée et couverte de fleurs sauvages, aux vergers resplendissants. Il fait chaud dans la journée et les nuits sont douces. Dès le début du mois de mai, les excursions peuvent toujours se conclure par un plongeon dans une mer encore un peu fraîche mais très acceptable.

En automne, les raisins sèchent au soleil sur le bord des routes, et la mer reste accueillante : sa température ne redescend en dessous de 20° qu'au mois de novembre. Dès la mi-octobre, cependant, le soleil manque d'ardeur et la pluie se rappelle à notre souvenir.

❱ L'**hiver** grec est assez pluvieux, mais il a la réputation, justifiée, d'être doux ; l'Acropole n'est cependant jamais à l'abri de l'avancée d'un front froid, et il arrive qu'elle soit recouverte de neige. D'autre part, cette douceur n'est pas de tradition sur les hauteurs du centre et de l'est du pays : à Florina (690 mètres), près de la frontière macédonienne, les moyennes des maxima et des minima en janvier ne sont respectivement que de 4° et de − 3°, et l'on pratique le ski de randonnée dans la région du mont Olympe, point culminant de la Grèce (2 900 mètres)...

VALISE : en été, vêtements en coton ou en lin de préférence, un ou deux pull-overs et une veste légère pour les soirées et pour vous protéger du vent (surtout si vous prenez un bateau). Aux intersaisons, des vêtements légers également, mais aussi une veste chaude ou un blouson et des lainages. En hiver, vêtements chauds et de demi-saison, imperméable.

FOULE : toujours une forte pression touristique, d'autant plus que la Grèce est devenue l'une des destinations estivales préférées des touristes de l'Europe centrale. Juillet et août sont les mois qui accueillent le plus grand nombre de visiteurs, alors concentrés en bord de mer. Janvier et février sont au cœur de la basse saison. Les compatriotes de Lord Byron constituent toujours le principal contingent de visiteurs (20 % du total en 2000) et les Allemands les suivent de près. Très loin derrière, les Italiens, puis les Néerlandais au coude à coude avec les Français. ●

moyenne des températures maximales / moyenne des températures minimales

	J	F	M	A	M	J	J	A	S	O	N	D
Thessalonique	9	12	14	20	25	29	32	32	28	22	16	11
	2	3	5	10	14	18	21	21	17	13	9	4
Athènes	13	14	15	20	25	30	33	33	29	24	19	15
	6	7	8	11	16	20	23	23	19	15	12	8
Naxos	14	15	16	19	23	26	27	28	26	24	20	17
	10	10	11	13	16	20	22	22	20	18	15	12
Rhodes	15	16	17	20	25	29	32	33	29	25	21	17
	7	8	9	11	15	19	21	22	19	15	12	9
Eraklion	16	16	17	20	23	27	29	29	27	24	21	18
	9	9	10	12	15	19	21	22	19	16	14	11

nombre d'heures par jour hauteur en mm / nombre de jours

	J	F	M	A	M	J	J	A	S	O	N	D
Thessalonique	4	5	5	8	9	10	12	11	8	6	4	4
	45/7	35/5	40/6	40/6	40/6	40/4	20/3	15/2	30/4	55/7	55/8	55/7
Athènes	4	5	6	8	9	11	12	12	9	7	5	4
	60/10	35/6	35/6	25/4	25/4	15/1	6/1	7/1	15/2	50/6	55/8	70/9
Naxos	4	5	6	8	10	11	12	12	10	7	5	4
	90/9	75/7	70/6	20/3	12/2	11/1	2/0	1/0	11/1	45/3	50/5	95/9
Rhodes	4	5	7	9	10	11	12	12	11	8	6	4
	165/12	100/9	90/7	20/4	20/3	1/0	1/0	0/0	10/1	80/6	100/9	190/13
Eraklion	4	5	6	8	10	11	12	12	10	7	6	4
	95/9	45/6	45/7	25/4	15/3	3/1	1/0	1/0	11/2	65/5	70/8	80/9

température de la mer : moyenne mensuelle

	J	F	M	A	M	J	J	A	S	O	N	D
Thessalonique	13	13	13	14	18	21	24	24	23	19	17	14
Athènes	15	14	15	16	18	21	24	24	23	21	18	16
Rhodes	16	15	16	17	19	21	24	25	24	23	20	18
Eraklion	16	15	16	17	19	22	24	25	24	23	21	18

Groenland

Superficie : 4 fois la France. Jakobshavn (latitude 69°13'N ; longitude 51°06'O) : GMT – 3 h. Durée du jour : maximale (juin) 24 heures, minimale (décembre) 0 heures.

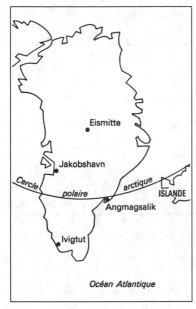

Océan Atlantique

▌ Fort peu de voyageurs auront l'occasion d'atterrir près de la station d'Eismitte, située au cœur de l'immense calotte glaciaire qui recouvre près de 85 % du Groenland. À remarquer cependant (voir le tableau) : un des étés les plus ensoleillés de la planète !
Cette région autonome danoise est plus hospitalière sur sa bande côtière, libre de glace sur une profondeur de 10 à 200 kilomètres. Venant d'Islande, on l'aborde souvent par l'est (Angmagsalik). C'est pourtant au sud-ouest qu'est concentré l'essentiel de l'activité économique et que l'infrastructure touristique est la plus développée.

▌ La moitié nord du Groenland connaît une longue **nuit polaire** du début du mois de décembre à la mi-janvier. À cette époque, le jour est très court dans le sud et c'est pourquoi la saison du ski nordique et des longues randonnées en traîneaux tirés par des chiens ne commence qu'en février. Quand elle s'achève, en mai, le froid a perdu de son mordant et les jours sont déjà très longs. Au sud (voir Lvittut), plus arrosé que le nord, la pluie remplace la neige au début du mois de mai, et seulement début juin à la hauteur de Jakobshavn.

▌ La **saison « chaude »** ne dure pas plus de quatre mois, pendant lesquels une nature sauvage et quasiment vierge se manifeste avec une force presque brutale. Le long des côtes, le courant du Groenland charrie de grandes masses de glaces d'un bleu translucide. À l'intérieur, on peut accéder à l'*inlandsis* par hélicoptère. C'est bien sûr la meilleure période pour s'aventurer au Groenland, non seulement pour la température (qui reste très fraîche, même au sud), mais aussi pour le soleil de minuit, que l'on peut observer à partir de Jakobshavn. Le sud est assez pluvieux même à cette saison.

▌ Septembre est froid, et en octobre on parle déjà d'hiver. Les nuits sont longues, mais parfois brusquement illuminées par les aurores boréales. Le Groenland est une région où le vent ne se laisse jamais oublier très longtemps, mais c'est en hiver qu'il se manifeste avec le plus de force, de temps à autre sous forme de tourmentes – les *piterak* – qui ont une force comparable à celle des typhons tropicaux.

VALISE : pendant la belle saison, des vêtements chauds, des chaussures imperméables ou des bottes, quelques chemises ou tee-shirts pour les belles journées (il peut faire 20° !), anorak ou veste imperméable contre la pluie et le vent. Le reste de l'année, un équipement adapté aux très grands froids : sous-vêtements de soie ou de laine, couvre-chef en laine ou en fourrure, bottes fourrées, anorak en duvet, etc.

BESTIOLES : les moustiques eux non plus n'ont pas une minute à perdre en été... ●

🌡 **moyenne des températures maximales** / moyenne des températures minimales

	J	F	M	A	M	J	J	A	S	O	N	D
Eismitte	- 33	- 37	- 33	- 27	- 14	- 10	- 8	- 11	- 18	- 26	- 30	- 33
	- 43	- 48	- 45	- 42	- 27	- 21	- 19	- 23	- 30	- 38	- 43	- 44
Jakobshavn	- 10	- 10	- 9	- 4	4	9	12	10	5	0	- 4	- 8
	- 17	- 18	- 17	- 13	- 3	3	5	4	- 1	- 6	- 11	- 14
Angmagsalik	- 4	- 4	- 2	2	6	10	12	11	7	2	- 1	- 3
	- 10	- 11	- 10	- 7	- 1	2	4	3	2	- 3	- 6	- 8
Ivigtut	- 2	- 1	1	4	9	13	14	13	9	5	1	- 1
	- 9	- 8	- 7	- 3	1	4	6	5	3	- 1	- 5	- 7

☀ **nombre d'heures par jour** 🌧 hauteur en mm / nombre de jours

	J	F	M	A	M	J	J	A	S	O	N	D
Eismitte	0	2	6	10	13	16	10	10	8	4	0,5	0
	*/	*/	*/	*/	*/	*/	*/	*/	*/	*/	*/	*/
Jakobshavn	*	*	*	*	*	*	*	*	*	*	*	*
	10/5	15/5	15/5	15/6	18/4	19/3	30/4	30/4	40/6	30/6	20/6	17/5
Angmagsalik	*	*	*	*	*	*	*	*	*	*	*	*
	60/8	75/8	60/8	55/7	55/7	40/6	40/6	55/6	85/8	90/9	90/9	65/8
Ivigtut	*	*	*	*	*	*	*	*	*	*	*	*
	90/8	115/9	80/7	70/6	90/7	90/6	80/7	100/8	165/9	165/9	140/9	75/7

Guatemala

Superficie : 0,2 fois la France. Guatemala (latitude 14°35′N ; longitude 90°32′O) : GMT − 6 h. Durée du jour : maximale (juin) 13 heures, minimale (décembre) 11 heures.

▶ La meilleure saison pour aller au Guatemala se situe de la **fin novembre au début avril**. C'est la **saison sèche**, *el verano*, très marquée sur la côte pacifique et dans les bassins montagneux du centre (voir Guatemala), nettement moins sur la partie nord des montagnes (Coban), qui est exposée aux alizés venus de la mer Caraïbe. Quant au plateau du Petén, où se trouve le fantastique site maya de Tikal, la saison « sèche » y est plus courte et... encore moins sèche.

Au Guatemala, dont les volcans culminent à plus de 4 000 mètres, c'est l'altitude qui est le facteur déterminant pour les températures : à Guatemala, elles sont à cette saison agréablement chaudes pendant la journée et fraîches le soir ; sur les hautes terres (plus de 2 000 mètres), principalement concentrées à l'ouest du pays, il fait frais ou même froid ; enfin, dans les basses terres *(tierras calientes)*, il fait vraiment chaud (voir Mazatenango) et on est heureux de se baigner dans une mer toujours assez chaude.

▶ Pendant la **saison des pluies**, de mai à fin octobre, l'atmosphère est plus lourde, même en altitude, et les sommets des volcans, ponctuations nécessaires des grandioses paysages guatémaltèques, restent trop souvent perdus dans la brume. Dans la capitale, sauf en début de matinée, le soleil se fait prier. C'est l'époque où, particulièrement sur la côte pacifique, les orages sont fréquents et violents. Le 1ᵉʳ novembre 1998, le cyclone *Mitch*, bien que déjà très affaibli, y a provoqué des dégâts sévères.

VALISE : en toute saison, vêtements très légers, en fibres naturelles de préférence, pull et veste ou blouson pour les soirées dans la capitale. Des vêtements plus chauds si on projette de monter en altitude. Pendant la saison des pluies, un anorak ultra-léger à capuche.

SANTÉ : risques de paludisme toute l'année, surtout d'avril à octobre, en dessous de 1 500 mètres d'altitude. Vaccination antirabique conseillée pour de longs séjours.

BESTIOLES : moustiques toute l'année sur la côte (surtout actifs du crépuscule à minuit) et dans les vallées des régions montagneuses (actifs en milieu de journée). Les serpents sont assez nombreux au Guatemala (mais vous avez peu de chances d'en rencontrer un).

FOULE : une pression touristique modérée. Juillet et août, puis décembre sont les mois qui voient le plus de voyageurs. Septembre, mai et juin sont à l'opposé. Plus du quart des visiteurs sont Américains. Côté européen, les Italiens dépassent en nombre les Allemands et les Français. ●

moyenne des températures maximales / moyenne des températures minimales

	J	F	M	A	M	J	J	A	S	O	N	D
Guatemala (1 300 m)	23 12	25 12	27 14	28 14	29 16	27 16	26 16	26 16	26 16	24 16	23 14	22 13
Mazatenango	32 17	32 17	33 18	33 19	32 20	30 19	31 18	31 18	30 18	30 18	30 17	30 17

nombre d'heures par jour hauteur en mm / nombre de jours

	J	F	M	A	M	J	J	A	S	O	N	D
Guatemala	6 8/3	6 2/1	6 12/3	5 30/4	4 150/13	2 275/21	3 205/19	3 180/18	2 230/20	4 125/15	5 20/5	6 8/3
Mazatenango	6 10/1	6 5/1	6 35/3	5 100/7	5 260/17	4 445/22	4 370/21	4 350/22	4 470/23	5 420/21	6 50/5	6 20/2

température de la mer : moyenne mensuelle

	J	F	M	A	M	J	J	A	S	O	N	D
Mer des Caraïbes	25	25	26	26	27	28	29	28	28	28	27	27
Pacifique	27	27	27	27	28	28	28	28	28	28	27	26

Guinée

Superficie : 0,4 fois la France. Conakry (latitude 9°31'N ; longitude 13°43'0) : GMT + 0 h. Durée du jour : maximale (juin) 12 heures 30, minimale (décembre) 11 heures 30.

▶ La meilleure période pour un séjour en Guinée est la **saison sèche, de début décembre à fin avril**, en ce qui concerne le littoral (voir Conakry). Si vous prévoyez de vous déplacer à l'intérieur du pays, partez de préférence au début de cette saison sèche, en décembre ou janvier : en effet, les pluies démarrent dès le mois de mars dans le sud-est (voir Beyla) et, de février à mai, la chaleur est vraiment écrasante dans tout le nord (voir Kouroussa). Heureusement, à l'intérieur, les nuits sont nettement plus fraîches que sur la côte.

La saison sèche est aussi la période où souffle l'*harmattan*, vent saharien qui se fait sentir jusque sur la côte.

La température de la mer est agréable toute l'année.

▶ La **saison des pluies** est d'une extrême virulence sur la côte, avec des maxima considérables en juillet-août. Les pluies sont encore très fortes mais un peu moins diluviennes sur le massif du Fouta-Djalon, au nord-ouest et au centre du pays, et elles s'atténuent progressivement jusqu'à être assez modérées dans l'extrême nord, à proximité du Mali.

VALISE : pour toute l'année, vêtements très légers, d'entretien facile ; en coton ou en lin de préférence. Pour la saison des pluies, anorak léger ou parapluie (à vrai dire peu efficaces l'un comme l'autre pour lutter contre les déluges guinéens).

SANTÉ : vaccination contre la fièvre jaune recommandée ; vaccin antirabique conseillé pour de longs séjours. Risques de paludisme toute l'année dans tout le pays ; résistance à la Nivaquine.

BESTIOLES : dès la tombée de la nuit, pas de quartier pour les moustiques : c'est votre peau ou la leur. ●

moyenne des températures maximales / moyenne des températures minimales

	J	F	M	A	M	J	J	A	S	O	N	D
Kouroussa	33	35	38	37	35	31	31	30	31	32	34	33
(370 m)	14	16	20	21	21	20	20	20	20	20	18	14
Conakry	31	31	31	32	31	29	28	27	29	30	31	31
	22	23	23	23	24	23	22	22	23	23	24	23
Beyla	31	32	32	31	31	29	28	27	28	28	29	30
(690 m)	17	19	19	19	19	19	18	18	19	18	18	16

nombre d'heures par jour hauteur en mm / nombre de jours

	J	F	M	A	M	J	J	A	S	O	N	D
Kouroussa	9	9	8	8	8	7	6	5	5	7	9	8
	1/1	5/0	20/2	65/5	95/8	205/14	265/15	330/17	340/17	150/12	25/3	5/0
Conakry	8	8	8	7	6	5	3	2	4	6	7	7
	1/0	2/0	5/1	17/3	155/10	565/22	320/29	995/27	715/24	330/18	120/8	10/1
Beyla	9	9	8	7	7	7	6	5	5	7	9	8
	8/1	40/3	115/9	155/10	185/13	215/15	235/15	265/17	285/19	175/13	85/7	25/2

 température de la mer : moyenne mensuelle

	J	F	M	A	M	J	J	A	S	O	N	D
Conakry	25	24	24	25	26	27	26	26	26	27	27	26

Guinée-Bissau

Superficie : 0,07 fois la France. Bissau (latitude 11°52'N ; longitude 15°35'O) : GMT + 0 h. Durée du jour : maximale (juin) 13 heures, minimales (décembre) 11 heures 30.

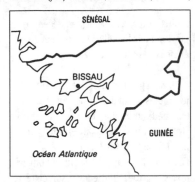

SÉNÉGAL

BISSAU

GUINÉE

Océan Atlantique

▶ La période idéale pour se rendre en Guinée-Bissau est la **saison sèche, de décembre à mai**. À cette période de l'année, le soleil est généreux, il fait souvent très chaud dans la journée mais soirées et nuits sont relativement douces. L'air est sec grâce à l'*harmattan*, ce vent du désert souvent chargé de poussière qui souffle alors sur l'ensemble du pays.

Sur les nombreuses plages de ce petit pays encore peu équipé sur le plan hôtelier, mais qui pourrait bien devenir dans les prochaines années un nouveau paradis pour voyageurs exigeants, on se baigne dans une eau agréable.

▶ Évitez la **saison des pluies**, et surtout les mois de juillet à septembre, qui sont extrêmement pluvieux. De plus, la chaleur devient beaucoup plus désagréable à cause de l'humidité persistante. Mais, même à cette période, le soleil reste assez présent, surtout sur le littoral.

VALISE : ce que vous avez de plus léger, en fibres naturelles de préférence, un pull ou une veste pour une éventuelle fraîcheur le soir pendant la saison sèche ; n'oubliez pas un foulard ou une écharpe de coton pour vous protéger des vents de poussière. Pendant la saison des pluies : un anorak.

SANTÉ : la vaccination contre la fièvre jaune n'est plus obligatoire depuis 2001, mais reste recommandée. Risques de paludisme toute l'année dans tout le pays. Résistance à la Nivaquine.

BESTIOLES : moustiques toute l'année, surtout actifs après le coucher du soleil. ●

moyenne des températures maximales / moyenne des températures minimales

	J	F	M	A	M	J	J	A	S	O	N	D
Bafata	33	36	38	39	38	34	31	30	31	32	33	32
	16	18	20	22	23	23	22	22	22	22	21	17
Bissau	32	33	34	34	33	32	30	29	30	31	32	31
	19	19	20	21	22	23	23	23	23	23	22	20

nombre d'heures par jour   hauteur en mm / nombre de jours

	J	F	M	A	M	J	J	A	S	O	N	D
Bafata	8	8,5	9	9	8,5	6,5	5,5	4,5	5,5	7	7,5	7,5
	0/0	1/0	0/0	2/0	30/2	150/11	315/21	440/23	350/20	180/12	25/2	1/0
Bissau	8	8,5	8,5	8,5	8	7,5	7	6	6	6	6	6
	0/0	1/0	0/0	1/0	25/2	150/11	450/22	580/24	400/21	180/12	30/2	2/0

température de la mer : moyenne mensuelle

	J	F	M	A	M	J	J	A	S	O	N	D
Atlantique	24	23	22	23	25	26	26	26	27	27	27	26

Guinée équatoriale

Superficie : 0,05 fois la France. Malabo (latitude 3°46'N ; longitude 8°46'E) : GMT + 1 h. Durée du jour : environ 12 heures toute l'année.

▶ Le climat de ce petit pays est très chaud et extrêmement humide toute l'année, avec des variations entre ses deux territoires qui concernent surtout la saison des pluies. Un explorateur espagnol, Iradier, décrivait ainsi la Guinée équatoriale : « On marche dans l'eau, on respire dans l'eau, on vit dans l'eau. »

▶ Dans l'île de Bioko, où se trouve Malabo, la capitale, la période où il pleut le plus se situe entre mai et octobre – très nettement à éviter car l'humidité atteint un taux très désagréable pour un organisme non accoutumé. Le ciel est alors presque constamment nuageux et bas.
De novembre jusqu'en mars soufflent des vents chauds et secs, les *tornados*, parfois très violents comme leur nom l'indique, mais qui assainissent quelque peu l'air. Les pluies sont alors beaucoup

moins fortes, très faibles en décembre et janvier, mais brouillard humide et nuages épais restent très fréquents.

▶ Dans la partie continentale, le Rio Muni, les pluies connaissent au contraire une très nette accalmie entre **début juin et fin septembre** : c'est la période la moins inconfortable (voir Bata).
Le reste de l'année, les pluies sont très fortes, parfois diluviennes, sur cette région couverte d'une épaisse forêt. Évitez surtout avril et octobre. Nuages et brouillards sont également une donnée climatique constante au Rio Muni.

▶ On peut se baigner toute l'année sur les rivages de Guinée équatoriale : la température de l'eau varie entre 23° en juillet et 30° en avril.

VALISE : vêtements très légers, amples, en quantité suffisante pour pouvoir se changer fréquemment ; contre la pluie, emportez un anorak léger.

SANTÉ : risques de paludisme toute l'année dans tout le pays ; résistance élevée à la Nivaquine. Vaccination contre la fièvre jaune recommandée pour les voyageurs se rendant en dehors des grandes agglomérations.

BESTIOLES : moustiques toute l'année, surtout actifs après le coucher du soleil. ●

Pour choisir une destination, voir également :
La santé en voyage, p. 401
Le coût de la vie, p. 441
Le monde tel qu'il est, p. 461

moyenne des températures maximales / moyenne des températures minimales

	J	F	M	A	M	J	J	A	S	O	N	D
Malabo	**31**	**32**	**31**	**32**	**31**	**29**	**29**	**29**	**30**	**30**	**30**	**31**
(Bioko)	19	21	21	21	22	21	21	21	21	21	22	21
Bata	**30**	**31**	**31**	**31**	**30**	**29**	**28**	**28**	**29**	**29**	**30**	**30**
(Rio Muni)	24	23	23	23	24	23	22	21	22	23	23	24

nombre d'heures par jour   hauteur en mm / nombre de jours

	J	F	M	A	M	J	J	A	S	O	N	D
Malabo	**3**	**4**	**4**	**3**	**3**	**2**	**1**	**2**	**1**	**2**	**3**	**3**
	30/3	65/4	105/8	180/9	240/12	280/13	190/12	170/10	245/14	265/13	90/8	40/3
Bata	**6**	**6**	**5**	**5**	**5**	**4**	**4**	**4**	**4**	**3**	**4**	**5**
	220/14	290/15	275/17	395/19	255/15	80/4	55/3	75/5	125/13	370/22	430/22	245/17

température de la mer : moyenne mensuelle

	J	F	M	A	M	J	J	A	S	O	N	D
Atlantique	27	27	28	28	27	26	25	24	25	25	26	27

Guyana

Superficie : 0,4 fois la France. Georgetown (latitude 6°49'N ; longitude 58°11'0) : GMT – 4 h. Durée du jour : environ 12 heures toute l'année.

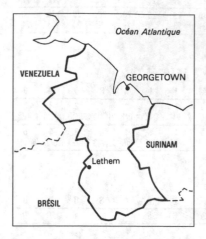

entre fin avril et mi-août, et la petite saison des pluies en décembre et janvier. Les mois les plus arrosés et les plus humides sont juin et décembre. La meilleure période : **septembre et octobre**.

◗ Sur les hauteurs qui s'étendent au centre-est et au sud du pays, les pluies sont encore plus importantes.
Au sud-est, la région de Lethem est une des seules à connaître une véritable saison sèche, de novembre à mars, qui s'accompagne d'une forte canicule.

VALISE : vêtements légers.

◗ Les températures sont élevées toute l'année, de jour comme de nuit, et il n'existe pas de mois vraiment exempt de pluies. Mais, entre deux violentes averses, le soleil fait de durables apparitions.

◗ Sur la côte (voir Georgetown) et dans toute la partie nord du pays, on évitera de préférence la grande saison des pluies

SANTÉ : vaccin contre la fièvre jaune recommandée. Risques de paludisme dans les zones rurales en dessous de 900 mètres d'altitude ; résistance élevée à la Nivaquine.

BESTIOLES : moustiques toute l'année dans les régions basses. ●

moyenne des températures maximales / moyenne des températures minimales

	J	F	M	A	M	J	J	A	S	O	N	D
Georgetown	29	29	29	30	30	29	30	30	31	31	30	29
	24	24	24	25	25	24	24	24	25	25	24	24
Lethem	32	33	33	32	31	30	30	31	33	34	33	33
	23	23	24	24	24	23	23	23	24	25	24	24

nombre d'heures par jour   hauteur en mm / nombre de jours

	J	F	M	A	M	J	J	A	S	O	N	D
Georgetown	6	7	7	7	6	6	7	8	8	7	7	6
	250/17	120/13	115/12	180/12	295/20	345/23	280/21	185/16	90/7	95/9	150/10	315/20
Lethem	7	8	7	6	5	5	5	6	8	8	7	7
	30/6	30/5	30/6	110/10	300/21	375/23	340/22	225/21	80/11	50/9	35/6	25/5

température de la mer : moyenne mensuelle

	J	F	M	A	M	J	J	A	S	O	N	D
Georgetown	26	26	26	26	27	27	27	28	28	27	27	26

Guyane française

Superficie : 0,2 fois la France métropolitaine. Cayenne (latitude 4°50'N ; longitude 52°22'O) : GMT – 3 h. Durée du jour : environ 12 heures toute l'année.

▶ Pour voyager en Guyane, choisissez de préférence la période qui va **de la mi-août à la mi-novembre**, c'est-à-dire la **saison sèche**, et en particulier septembre et octobre, qui sont les mois les plus ensoleillés. Les journées sont très chaudes mais souvent rafraîchies par les alizés ; c'est aussi l'époque où l'humidité est la moins forte, et les nuits sont agréables. La bonne période pour se rendre aux Antilles allant de février à avril, nous ne recommandons pas, contrairement à ce qui est parfois proposé, de coupler un voyage aux Antilles et un voyage en Guyane.

▶ Pendant la **saison des pluies**, de mi-décembre à mi-juillet, les précipitations sont très abondantes dans le nord-est du pays, sur la côte (voir Cayenne) et à l'intérieur. Dans le sud-ouest (voir Maripasoula), les pluies sont encore plus fréquentes, mais moins intenses. Mai et juin sont les mois les plus humides et les plus arrosés, et Cayenne peut alors se transformer certains jours en bagne pour touristes. En pleine saison des pluies, on observe parfois le « petit été de mars », une à deux semaines de beau temps.

▶ Sur la côte, la température de la mer est toujours très agréable : environ 27° toute l'année.

VALISE : en toute saison, des vêtements très légers et amples, éventuellement un anorak ; un lainage léger pour la saison sèche.

SANTÉ : vaccination contre la fièvre jaune obligatoire. Quelques risques de paludisme toute l'année ; résistance élevée à la Nivaquine à proximité des fleuves.

BESTIOLES : moustiques toute l'année ; ils prennent leur service après le coucher du soleil. ●

moyenne des températures maximales / moyenne des températures minimales

	J	F	M	A	M	J	J	A	S	O	N	D
Cayenne	29	29	29	29	29	30	30	31	32	32	31	30
	23	23	23	23	23	22	22	22	21	21	22	22
Maripasoula	30	30	30	30	30	30	31	32	32	33	32	31
	22	22	22	22	22	22	21	21	21	21	21	22

nombre d'heures par jour · hauteur en mm / nombre de jours

	J	F	M	A	M	J	J	A	S	O	N	D
Cayenne	5	5	6	6	5	6	8	8	9	9	8	6
	340/19	275/16	300/16	350/16	320/21	410/20	180/15	70/8	30/4	45/5	120/10	245/19
Maripasoula	5	5	5	6	5	6	7	8	9	9	8	6
	235/20	220/18	280/18	295/19	405/23	290/22	200/20	145/15	80/10	65/7	110/10	205/18

température de la mer : moyenne mensuelle

	J	F	M	A	M	J	J	A	S	O	N	D
Cayenne	26	27	27	27	27	28	28	28	28	27	27	27

Haïti

Superficie : 0,05 fois la France. Port-au-Prince (latitude 18°33'N ; longitude 72°20'O) : GMT – 5 h. Durée du jour : maximale (juin) 13 heures, minimale (décembre) 11 heures.

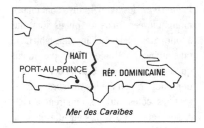

❱ La meilleure saison pour se rendre en Haïti se situe entre **décembre et mars**. C'est la **saison sèche**, qui a quelques semaines d'avance sur celle des Antilles françaises. À cette époque, les pluies, peu abondantes, tombent essentiellement la nuit, ce qui contribue à faire d'Haïti une des régions les plus ensoleillées de toutes les Antilles. Certaines régions sont même très arides, notamment la baie de Manzanillo et la plaine centrale ; d'autres, comme les côtes nord et surtout les versants nord-est des reliefs, sont moins sèches. Les températures sont élevées, mais leurs effets sont souvent modérés par le souffle des alizés.

❱ **La saison des pluies** dure d'avril à octobre, mais marque un ralentissement vers le mois de juin. Les violents orages tropicaux, surtout en fin d'après-midi, transforment les rue de Port-au-Prince en véritables torrents. La chaleur y est très forte pendant cette période et l'humidité la rend éprouvante. Malgré tout, le ciel est souvent dégagé.

D'août à novembre, Haïti reste exposé aux ouragans, qui peuvent être d'autant plus meurtriers que le pays est pauvre. Ainsi le passage de *Gordon* fit plus de mille morts en novembre 1994.

VALISE : vêtements d'été toute l'année avec, de décembre à mars, un ou deux lainages en plus.

SANTÉ : des risques de paludisme dans tout le pays, agglomérations comprises, toute l'année. Vaccin antirabique conseillé de pour longs séjours.

BESTIOLES : des moustiques toute l'année. ●

moyenne des températures maximales / moyenne des températures minimales

	J	F	M	A	M	J	J	A	S	O	N	D
Port-au-Prince	31	31	32	32	32	33	34	34	33	32	31	31
	20	20	21	22	22	23	23	23	23	22	22	21

nombre d'heures par jour hauteur en mm / nombre de jours

	J	F	M	A	M	J	J	A	S	O	N	D
Port-au-Prince	9	9	9	8	8	8	9	8	7	7	8	8
	30/3	35/5	75/7	155/11	190/13	110/8	65/7	135/11	165/12	160/12	80/7	45/3

température de la mer : moyenne mensuelle

	J	F	M	A	M	J	J	A	S	O	N	D
Mer des Caraïbes	25	25	25	26	26	27	27	28	28	28	27	26

Hawaii

Honolulu (latitude 21°21'N ; longitude 157°56'O) : GMT − 12 h. Durée du jour : maximale (juin) 13 heures 30, minimale (décembre) 11 heures.

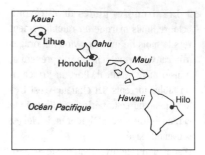

Les Hawaiiens divisent leur année en deux saisons : l'été (*kau*, dans la langue locale) et l'hiver (*hooilo*) ; bien que les termes « été » et « hiver », dans la mesure où les températures sont élevées tout le long de l'année, rendent mal compte de ce qui les différencie :

▶ **L'été – de mai à début octobre**, avec des variantes selon les régions –, est incontestablement la meilleure saison pour goûter au paradis en version hawaïenne ; encore faut-il ne pas se tromper de côte : les côtes ouest, « sous le vent » (par exemple Honolulu), sont alors particulièrement ensoleillées ; elles reçoivent peu de pluies, et les effets de la chaleur humide sont modérés par des alizés soutenus et rafraîchissants. Les côtes exposées directement aux vents du nord-est (voir Hilo) reçoivent des précipitations beaucoup plus abondantes et ne jouissent que d'un ensoleillement très moyen. C'est sur les pentes nord-est d'un ancien volcan de l'île Kauai – le mont Waialeale – que l'on enregistre le record mondial des moyennes des précipitations annuelles : près de 12 mètres d'eau... L'été est aussi la saison où sévissent les ouragans – qui sont heureusement assez rares aux îles Hawaii.

▶ **En hiver**, les températures sont un peu moins élevées, mais les pluies sont plus abondantes et le ciel incontestablement plus nuageux. Il n'en reste pas moins qu'un jour sans soleil demeure l'exception. Alors qu'en été les surfeurs investissent les côtes sud, ils émigrent à cette saison vers le nord. Les gigantesques vagues déferlantes dont ils font leurs délices y battent à cette période de l'année de fracassants records de hauteur. L'hiver est aussi la saison des tempêtes, plus nombreuses que les ouragans d'été, mais moins destructrices.

▶ **Si**, quelle que soit la saison, vous avez l'intention de grimper sur les volcans qui surplombent ces îles, n'oubliez pas que la température diminue au fur et à mesure que l'on monte. Sur les sommets (à plus de 4 000 mètres pour certains d'entre eux), il n'est pas rare qu'il neige.

VALISE : de mai à octobre, vêtements très légers, de préférence en fibres naturelles ; de novembre à avril, ajoutez un ou deux lainages légers, une veste, éventuellement un anorak très léger à capuche.

FOULE : très forte pression touristique. Les voyageurs à Hawaii sont originaires des États-Unis pour plus de la moitié, japonais pour un quart. Les Français représentent 0,3 % du total des visiteurs. ●

Voir également les rubriques :
La santé en voyage, p. 401
Le coût de la vie, p. 441
Le monde tel qu'il est, p. 461

moyenne des températures maximales / moyenne des températures minimales

	J	F	M	A	M	J	J	A	S	O	N	D
Lihue	**26**	**25**	**25**	**26**	**27**	**28**	**28**	**29**	**29**	**28**	**27**	**26**
(Kauai)	18	18	18	19	20	22	22	23	22	21	20	19
Honolulu	**26**	**26**	**26**	**27**	**28**	**29**	**29**	**29**	**30**	**29**	**28**	**26**
(Oahu)	19	19	19	20	21	22	23	23	23	22	21	20
Hilo	**26**	**26**	**26**	**26**	**27**	**28**	**28**	**28**	**28**	**28**	**27**	**26**
(Hawaii)	17	17	17	18	19	19	20	20	20	20	19	18

nombre d'heures par jour   hauteur en mm / nombre de jours

	J	F	M	A	M	J	J	A	S	O	N	D
Lihue	**6**	**6**	**6**	**6**	**7**	**8**	**9**	**9**	**8**	**7**	**6**	**6**
	140/11	135/11	115/11	85/13	65/13	35/13	50/15	60/15	55/12	100/14	115/14	130/14
Honolulu	**7**	**8**	**9**	**9**	**9**	**10**	**11**	**10**	**9**	**8**	**7**	**6**
	95/8	85/8	75/8	35/6	25/6	8/4	11/6	25/6	25/5	45/7	55/8	75/9
Hilo	**5**	**5**	**5**	**4**	**4**	**5**	**6**	**5**	**4**	**5**	**4**	**4**
	300/18	330/16	375/21	300/23	235/22	175/23	250/25	290/25	215/23	275/22	340/21	385/20

température de la mer : moyenne mensuelle

	J	F	M	A	M	J	J	A	S	O	N	D
Pacifique	24	24	24	24	25	26	26	26	27	27	26	25

Honduras

Superficie : 0,2 fois la France. Tegucigalpa (latitude 14°04'N ; longitude 87°13'O) : GMT - 7 h. Durée du jour : maximale (juin) 13 heures, minimale (décembre) 11 heures 30.

▶ La **saison sèche**, *el verano*, qui dure à peu de chose près **de novembre à avril**, est la meilleure saison pour se rendre au Honduras.

Sur les hauteurs qui occupent la plus grande partie du pays, la chaleur est forte pendant la journée, mais l'altitude en tempère les excès ; le soir, il peut faire frais, et même froid dans certains petits villages accrochés à des montagnes qui culminent à près de 3 000 mètres. Si l'on excepte tout le littoral caraïbe, les pluies sont à cette époque peu fréquentes et l'ensoleillement important. C'est la bonne période pour se rendre sur le site maya de Copan, situé à une altitude de 1 100 mètres près de la frontière guatémaltèque, ou encore pour descendre vers la petite fenêtre pacifique du pays, le golfe de Fonseca, et piquer une tête dans une mer tiède (27° ou 28°).

Sur la côte caraïbe (voir Tela) et dans les vallées et les plaines de la région ouvertes aux alizés, on peut seulement parler d'un net ralentissement des pluies de fin février à mi-juin. Sur les plages du nord, la température de la mer oscille entre 26° et 28°.

▶ La **saison des pluies**, *el invierno*, de mai à octobre, est aussi celle où les températures sont le plus élevées ; l'humidité de l'atmosphère aidant, la chaleur peut être étouffante même à Tegucigalpa, la capitale, pourtant située à 1 000 mètres d'altitude. Mais c'est sur les basses terres de la côte caraïbe que la moiteur de l'air est le plus incommodante. Cette région, où il tombe deux fois plus de pluies que dans le centre et le sud du pays, n'est pas à l'abri des cyclones. Ainsi, à la fin du mois d'octobre 1998, *Mitch* fit des milliers de morts et des dégâts considérables.

VALISE : vêtements de plein été, en fibres naturelles de préférence, amples et d'entretien facile ; un ou deux pulls, une veste ou un blouson pour les régions élevées ; un anorak très léger à capuche.

SANTÉ : risques de paludisme toute l'année, excepté dans les zones urbaines, le département d'Ocotepeque (le long de la frontière avec le Salvador et le Guatemala), et à plus de 1 000 mètres d'altitude. Vaccination antirabique conseillée pour de longs séjours.

BESTIOLES : moustiques toute l'année sur la côte, surtout actifs du crépuscule à minuit. Attention aux serpents dans les zones rurales et forestières (le risque de morsures est cependant très faible).

FOULE : pression touristique modérée. L'Amérique centrale et celle du Nord comptent pour 90 % des visiteurs. Les États-Unis représentent à eux seuls le tiers du total. Les Français, quant à eux, moins de 1 %. ●

moyenne des températures maximales / moyenne des températures minimales

	J	F	M	A	M	J	J	A	S	O	N	D
Tela	27	28	30	31	32	32	32	31	31	30	29	28
	19	20	21	22	23	23	23	23	23	22	21	20
Tegucigalpa (1 010 m)	26	27	29	30	30	29	28	29	28	27	26	25
	14	15	16	17	18	18	18	18	18	18	16	15
Choluteca	35	36	37	35	35	33	34	34	33	33	33	34
	23	23	24	25	24	23	24	24	23	23	23	23

nombre d'heures par jour hauteur en mm / nombre de jours

	J	F	M	A	M	J	J	A	S	O	N	D
Tela	*	*	*	*	*	*	*	*	*	*	*	*
	270/12	220/8	120/5	90/4	80/5	150/10	200/12	230/13	250/12	390/14	410/13	420/13
Tegucigalpa	7	8	8,5	8	7	6	6	6,5	6	6,5	6,5	7
	5/1	5/1	10/1	45/2	145/9	160/12	80/9	90/9	180/13	110/10	40/4	10/2
Choluteca	9,5	10	9,5	8	7,5	7	7,5	7,5	6,5	7,5	8	9
	2/0	5/1	8/8	30/3	290/13	270/17	140/10	240/14	360/20	280/15	80/4	9/1

température de la mer : moyenne mensuelle

	J	F	M	A	M	J	J	A	S	O	N	D
Mer des Caraïbes	26	26	27	27	27	28	28	28	28	28	27	27

Hongrie

Superficie : 0,2 fois la France. Budapest (latitude 47°31'N ; longitude 19°02'E) : GMT + 1 h. Durée du jour : maximale (juin) 16 heures, minimale (décembre) 8 heures 30.

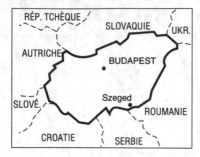

Le climat de la Hongrie est de type continental modéré, puisque la chaîne des Carpates la protège au nord et à l'est des influences polaires et sibériennes. Pour sa latitude, c'est un pays qui bénéficie d'un bon ensoleillement (à Budapest, il est supérieur de 15 % à celui de Paris).

▶ L'hiver, qui commence à la mi-novembre, est froid et long. Les précipitations, qui ne sont pas très abondantes à cette saison, tombent souvent sous forme de neige, aussi bien sur les massifs montagneux du nord du pays que dans la Grande Plaine, à l'est.

▶ Après un mois d'avril assez doux, un mois de mai aux températures très agréables dans la journée, bien ensoleillé malgré de fortes averses, c'est l'été qui commence, tout aussi prolongé que l'hiver. Il fait très chaud, mais partout l'ardeur du soleil est contrebalancée par la fraîcheur des nuits. La Grande Plaine orientale, région la moins pluvieuse du pays, souffre parfois de sécheresse à la fin de l'été, et le niveau du Danube lui-même baisse considérablement.

La fin du mois d'août et septembre sont sans doute les moments les plus propices à un voyage en Hongrie : il y fait moins chaud, et surtout plus sec qu'en juin et juillet, mois durant lesquels éclatent souvent de violents orages. C'est en outre la saison des vendanges dans de nombreux vignobles hongrois, parmi lesquels le fameux Tokay.

▶ Les Magyars et les touristes peuvent profiter tout l'été des plages de la Riviera hongroise (la température de l'eau monte à 22° aux mois les plus chauds). Il s'agit bien sûr des 200 kilomètres de rivage du lac Balaton.

VALISE : de juin à septembre, vêtements d'été légers, quelques lainages et une veste ou un blouson pour les soirées, éventuellement un imperméable ou un parapluie. De mi-novembre à mi-avril, vêtements chauds, manteau, bottes ou chaussures imperméables.

FOULE : une pression touristique assez forte. Août est très nettement le mois le plus fréquenté. Janvier et février, les plus délaissés.

Un flux touristique quasi exclusivement d'origine européenne, mais en premier lieu issu de ses voisins d'Europe centrale. Moins de 1 % des visiteurs viennent de France. ●

moyenne des températures maximales / moyenne des températures minimales

	J	F	M	A	M	J	J	A	S	O	N	D
Budapest	1	4	10	17	22	26	28	27	23	16	9	4
	- 4	- 2	2	7	11	15	16	16	12	7	3	- 1
Szeged	2	4	10	17	22	26	28	28	24	17	9	4
	- 4	- 3	1	6	11	15	17	16	12	7	3	- 1

nombre d'heures par jour   hauteur en mm / nombre de jours

	J	F	M	A	M	J	J	A	S	O	N	D
Budapest	2	3	5	7	8	9	10	9	7	5	2	1
	35/8	45/7	40/7	45/7	70/8	70/8	55/7	45/6	35/6	55/8	70/9	45/9
Szeged	2	3	5	7	8	9	10	10	8	5	2	2
	35/8	35/7	35/7	40/7	60/8	65/7	50/6	45/6	40/6	45/8	60/8	40/9

Inde

Superficie : 6 fois la France. New Delhi (latitude 28°35'N ; longitude 77°12'O) : GMT + 5 h 30. Durée du jour : maximale (juin) 14 heures, minimale (décembre) 10 heures 30.

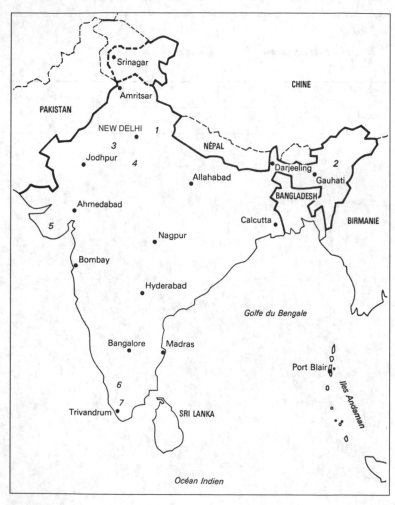

L'Inde connaît trois grandes saisons : l'hiver, l'été et la saison de la mousson, c'est-à-dire la saison des pluies.

▶ **L'hiver, de la mi-novembre à mars,** est la meilleure saison pour un voyage en Inde ; à condition naturellement d'exclure les hauteurs himalayennes de son itinéraire – c'est-à-dire essentiellement le Cachemire (voir Srinagar), le Ladakh, le Sikkim (voir Darjeeling) et le nord de l'Assam –, régions où il fait froid à cette saison. Dans la majeure partie du pays, les températures sont le plus souvent chaudes, mais sans grands excès. Il peut même faire très frais ou froid la nuit et le matin au Penjab (voir Amritsar), dans la région de New Delhi, au Rajasthan (voir Jodhpur), et dans l'Uttar Pradesh (voir Allahabad).

Excepté dans le sud-est de l'Inde (voir Madras) et à la pointe sud (voir Trivandrum), qui connaissent encore en novembre et décembre les pluies d'une mousson plus tardive, l'air est sec et le ciel bleu. Il fait de plus en plus chaud à partir de février. Que ce soit à Goa, ou sur les côtes du Kerala, ou encore à Pondichéry, on se baigne dans une mer chaude dont la température est d'environ 27° (vous trouverez une mer paisible sur la côte ouest, alors qu'elle est assez agitée sur la côte orientale).

▶ Au mois d'avril commence le caniculaire été indien. Le mois de mai – calme plat dans l'intérieur du pays –, est accablant, notamment à New Delhi, une des villes les plus polluées au monde. On attend avec impatience les premières grosses pluies de la mousson. Le seul moyen d'échapper à la canicule est de se réfugier en altitude. Aux temps de l'Empire britannique, les gouvernements de la région de Madras et du Bengale avaient respectivement fait de Ootacamund (sur les Ghâtes occidentales) et de Darjeeling leur capitale d'été ; la tradition est encore parfois respectée par les familles indiennes fortunées.

▶ La **mousson** est attendue à partir de la fin du mois de mai : elle fait la une des grands quotidiens, qui suivent sa progression au jour le jour. Accompagnée de vents violents, elle arrive par l'ouest (Bangalore, Goa, Bombay) ; empêchée par les hauteurs des Ghâtes d'atteindre la côte sud-est, elle arrose le reste du pays de manière assez irrégulière ; certaines années notamment, le Penjab reste tragiquement sec. En principe, les pluies de cette mousson atteignent leur apogée en juillet, puis diminuent et s'arrêtent entre la fin septembre (au nord-ouest) et la fin octobre (au nord-est).

Toujours accueillie comme une délivrance, la mousson peut aussi, quand elle est trop tardive, trop violente, ou qu'elle se prolonge, provoquer sécheresses, inondations et catastrophes. Si dans un premier temps le voyageur voit toujours avec satisfaction la température baisser de quelques degrés, il peut finir par se lasser des déluges, des jours sombres, et du taux très élevé d'humidité, d'autant plus que les pluies diluviennes ne sont, c'est le moins que l'on puisse dire, pas très favorables aux déplacements à travers le pays. Mais il lui reste alors la possibilité de gagner soit le Cachemire ou le Ladakh dont les vallées intérieures sont à l'abri de la mousson et qui vivent alors leur meilleure saison ; soit, si la saison de la mousson est déjà avancée, le nord-ouest du pays (Penjab, Rajasthan) où elle est moins marquée et plus courte ; soit encore le sud-est de l'Inde (Madras) où la mousson n'arrivera que plus tard. Cette mousson d'automne apportera moins de pluie, mais en revanche elle s'accompagne parfois, surtout en novembre, de formidables cyclones, d'une violence inouïe, qui frappent alors les côtes du golfe du Bengale.

Conseillons au voyageur qui tiendrait à tout prix à savoir ce que le mot pluie veut dire de se précipiter dès le début du mois de juin à Cherrapunji, au nord-est, qui subit alors sa période la plus imbibée : 5 mètres d'eau en moins de deux mois ! Il est vrai qu'il s'agit de la ville la plus arrosée de toute l'Asie...

▶ Attention, **cyclones** : moins fréquents que dans les Caraïbes ou à l'ouest du Pacifique, les cyclones qui frappent les côtes indiennes sont pourtant parmi les plus dévastateurs. Seuls de la planète à ne pas porter de noms, ils sont désignés par leur rang dans l'année, suivie d'une lettre (B pour golfe du Bengale, les plus féroces, et A pour golfe Arabique). Il y a trois ans, en 1999, le O5B, formé au large de la Thaïlande est venu un 29 octobre semer la mort (environ 10 000 victimes) dans l'État d'Orissa. Côté golfe Arabique, des cyclones ont frappé en juin la partie nord de la côte indienne deux années consécutives (1998 et 1999). Dans le nord de l'océan Indien, les cyclones se répartissent en effet sur les périodes avril-juin et fin septembre-novembre.

❯ Port Blair, la dernière ville qui figure sur nos tableaux, est la principale agglomération des îles Andaman, situées entre la Birmanie et Sumatra et dépendant de l'Union indienne. **Janvier, février et mars** sont les mois les plus propices à un séjour sur ces îles.

❯ Les données climatiques détaillées concernant le Ladakh sont limitées ; sachez seulement que cette région, dont l'altitude dépasse 3 500 mètres, a un climat très sec et des précipitations (neige ou pluie suivant la saison) peu fréquentes. De **mai à octobre** – la bonne période pour y voyager –, les maxima varient entre 20° et 30° et les minima entre 0° et 8°.

VALISE : de novembre à mars, vêtements très légers et confortables, faciles d'entretien, en fibres naturelles de préférence, un ou deux pulls et une veste ou un blouson pour les soirées et les matinées dans le nord ; prévoyez des sandales ou des chaussures sans lacets pour visiter les temples (on se déchausse à l'entrée) mais aussi des chaussures fermées pour marcher dans les zones rurales (à cause des serpents) ; si vous avez l'intention de voyager dans les régions himalayennes, il vous faudra en outre des vêtements chauds (anorak en duvet, bonnet, gants, etc.) et bien sûr des chaussures de marche. Pendant la mousson, un parapluie n'est pas inutile.

SANTÉ : vaccination contre la rage fortement conseillée. Risques de paludisme toute l'année, excepté dans certains États du nord du pays (Himachal Pradesh, Jammu, Cachemire et Sikkim). Zones de résistance à la Nivaquine.

BESTIOLES : l'Inde est l'un des pays où les serpents font le plus de victimes ; les voyageurs se font très rarement mordre, mais faites tout de même attention en zone rurale. Les moustiques sont présents partout, sauf dans les régions montagneuses du nord, en hiver.

FOULE : faible pression touristique, surtout si l'on considère l'importance du pays et de sa population. Décembre est le mois pendant lequel l'Inde accueille le plus de visiteurs ; mai, avril et juin sont à l'opposé. Parmi les voyageurs venus d'Europe, environ un tiers, les Britanniques sont les plus nombreux. Les Français représentent moins de 5 % du total des voyageurs. ●

Sur la piste de Shere Khan

Principales réserves animalières ainsi que, pour chacune, la saison idéale d'observation (les numéros permettent de localiser les réserves sur la carte) :

1. Le parc de Corbett (Uttar Pradesh), au pied de l'Himalaya, refuge du tigre, du léopard et des éléphants sauvages (mars et avril).

2. Kaziranga (Assam), l'un des derniers territoires du rhinocéros unicorne d'Asie (février et mars).

3. Sariska (Rajasthan), paradis des oiseaux, du sambar, de l'antilope nilgaut et de la gazelle chinkara. On assiste au repas des tigres auxquels on sacrifie régulièrement du bétail, plus rarement un touriste (décembre à février).

4. Keolado Ghana (Bharatpur), réserve d'oiseaux aquatiques parmi lesquels la grue « sarus » ; au sec, vivent des antilopes noires (août et septembre, saison des migrations).

5. La forêt de Gir (Gujarat), c'est le seul endroit

où l'on croise encore le fameux lion indien (janvier à mai).

6. Mudumalai et Bandipur (Tamil Nadu et Mysore), troupeaux de bisons sauvages (avril et mai).

7. Periyar (Kerala), on se rend aux différents points d'observation en bateau et à dos d'éléphant (février à mai).

moyenne des températures maximales / moyenne des températures minimales

	J	F	M	A	M	J	J	A	S	O	N	D
Srinagar	5	7	14	19	25	30	31	30	29	23	17	9
(1 580 m)	- 2	- 1	3	7	11	14	18	15	12	5	- 1	- 2
(Cachemire)												
Amritsar	19	23	28	34	38	40	36	34	34	31	26	21
(Penjab)	5	6	12	17	21	25	26	25	24	24	17	9
New Delhi	21	24	29	36	40	39	35	34	34	34	28	23
	6	10	14	20	26	28	27	26	24	18	11	7
Darjeeling	8	9	13	16	17	18	19	19	18	16	13	10
(2 120 m)	2	3	6	9	11	14	14	14	13	10	6	3
(Sikkim)												
Jodhpur	24	27	32	37	41	40	36	34	34	35	31	26
(Rajasthan)	9	11	16	21	26	28	27	25	24	18	13	10
Gauhati	24	26	30	32	31	32	32	32	32	30	28	25
(Assam)	11	13	17	20	23	25	26	26	25	22	17	13
Allahabad	24	26	33	39	42	39	33	32	33	32	29	24
(Uttar Pradesh)	8	10	16	22	27	28	27	26	25	20	12	8
Ahmedabad	29	31	36	40	42	39	34	32	34	36	34	30
(Gujarat)	14	16	20	24	26	27	26	25	24	23	19	15
Calcutta	26	29	34	36	35	34	32	32	32	32	29	26
(Bengale)	13	15	20	24	25	26	26	26	26	23	18	13
Nagpur	29	31	36	40	43	37	31	31	32	33	30	28
(310 m)	14	17	21	25	28	26	24	24	24	21	17	14
(Maharashtra)												
Bombay	28	28	30	32	33	31	30	29	30	32	32	30
(Maharashtra)	19	20	22	24	26	26	25	24	24	24	23	20
Hyderabad	29	32	36	38	40	35	31	30	30	31	30	29
(550 m)	15	17	20	24	27	24	23	22	22	20	16	14
(Andhra Pradesh)												
Madras	30	31	33	35	39	38	36	35	34	32	30	29
(Tamil Nadu)	20	20	22	26	28	27	26	26	25	24	22	20
Bangalore	27	30	33	34	33	29	28	28	28	28	27	26
(920 m)	14	16	18	21	21	19	19	19	18	18	17	15
(Karnataka)												
Trivandrum	30	31	31	31	31	29	28	29	29	29	29	30
(Kerala)	23	24	26	26	26	25	24	24	25	24	24	24
Port Blair	29	30	30	30	31	29	28	29	29	29	29	29
(îles Andaman)	24	25	26	26	26	25	25	25	25	24	24	23

Voir tableaux p. suivante

nombre d'heures par jour hauteur en mm / nombre de jours

	J	F	M	A	M	J	J	A	S	O	N	D
Srinagar	3	4	5	6	8	8	8	8	8	8	7	4
	75/8	70/7	105/10	80/10	65/7	35/5	60/7	65/7	30/4	30/4	18/2	35/5
Amritsar	7	8	8	10	10	9	7	8	8	9	9	7
	35/4	11/2	25/3	8/2	11/2	30/3	170/10	170/11	105/5	55/2	10/1	15/2
New Delhi	7	8	8	9	8	6	6	6	7	9	9	8
	25/3	20/2	17/2	7/1	8/1	65/4	210/12	175/11	150/6	30/2	1/0	5/1
Darjeeling	8	8	7	6	5	3	2	3	4	6	8	9
	20/2	25/4	55/6	110/10	185/18	520/24	715/28	575/26	420/30	115/7	14/2	5/1
Jodhpur	9	9	9	10	11	10	7	6	8	10	10	9
	8/1	5/1	2/1	2/0	6/1	30/3	120/8	145/9	45/3	7/1	3/0	1/0
Gauhati	8	8	8	8	7	5	5	5	6	7	8	8
	11/1	18/3	55/5	170/10	275/17	290/17	300/17	265/15	190/12	90/6	10/2	5/1
Allahabad	8	9	9	10	10	7	5	5	7	9	9	9
	20/3	20/3	14/2	5/1	8/1	100/7	285/16	335/18	195/11	40/4	6/1	6/1
Ahmedabad	10	10	10	10	11	9	5	4	7	10	10	10
	4/1	0/0	1/0	2/0	5/1	80/6	315/16	215/14	165/7	13/1	5/1	1/0
Calcutta	8	9	9	9	8	5	4	4	5	7	8	8
	13/1	25/2	25/2	45/4	130/8	260/15	300/21	305/21	290/17	160/9	35/2	3/1
Nagpur	9	10	9	10	10	6	3	4	5	8	9	10
	14/2	20/2	22/2	20/3	13/2	210/12	405/20	290/16	175/12	65/4	17/1	3/1
Bombay	9	10	9	10	10	5	2	3	5	8	9	9
	2/0	1/0	0/0	3/1	16/3	520/10	710/20	420/16	300/11	90/7	20/3	2/1
Hyderabad	10	10	8	9	9	7	4	5	6	8	9	9
	2/0	11/2	13/2	25/3	30/3	105/8	165/15	145/13	165/11	70/5	25/2	6/1
Madras	9	9	10	10	9	7	5	6	7	7	7	7
	24/2	7/1	15/1	25/2	50/2	55/7	85/10	125/11	120/9	265/12	310/11	155/7
Bangalore	8	9	9	9	8	5	3	4	5	6	6	7
	3/1	10/1	6/1	45/4	115/9	80/9	115/13	145/14	145/11	185/11	55/5	16/2
Trivandrum	9	9	8	7	6	4	4	6	6	6	6	6
	20/2	20/2	45/4	120/9	250/13	330/12	210/19	165/15	125/12	270/15	205/14	75/6
Port Blair	9	9	9	9	5	3	4	4	4	6	7	8
	40/3	20/2	16/2	65/7	395/17	600/25	470/24	450/23	440/23	360/19	215/13	105/8

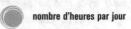 **température de la mer :** moyenne mensuelle

	J	F	M	A	M	J	J	A	S	O	N	D
Bombay	25	25	26	28	28	28	27	27	27	27	27	26
Trivandrum	27	27	28	28	28	28	27	27	27	27	27	27
Madras	26	27	27	28	29	28	28	28	28	28	27	26
Port Blair	27	27	28	28	29	28	28	28	27	27	27	27

Indonésie

Superficie : 3,7 fois la France. Djakarta (latitude 6°11'S ; longitude 106°50'E) : GMT + 7 h. Durée du jour : maximale (décembre) 12 heures 30, minimale (juin) 11 heures 30.

▶ En Indonésie, le climat est chaud et humide toute l'année. Choisissez de préférence pour y partir la **saison sèche, de mai à octobre**, et plus particulièrement les mois de juin à septembre qui sont les plus secs et ensoleillés dans les îles méridionales et orientales de l'archipel. Cette saison sèche est assez nette à Djakarta et très marquée au centre et à l'est de Java, à Bali, au sud de l'île de Sulawesi (voir Ujungpandang), à Florès et à Timor-ouest. Elle l'est un peu moins en Irian Jaya (moitié occidentale de l'île de Nouvelle-Guinée), où la chaleur et l'humidité ne s'atténuent quelque peu que dans les régions montagneuses.
On profitera du début ou de la fin de la saison sèche, tout en évitant les grandes marées touristiques, en se rendant à Bali en **mai, septembre** ou **octobre**.

▶ À Sumatra et à Bornéo, il pleut toute l'année avec un léger ralentissement entre juin et septembre (voir Medan, Pontianak). Les plus fortes pluies tombent entre décembre et mars, mois à éviter en priorité. Elles varient en intensité selon l'altitude et l'exposition : les côtes ouest et sud, les montagnes sont particulièrement arrosées.
À Bali, il pleut deux fois plus au nord qu'au sud. Tout à l'est, les îles Moluques

connaissent une inversion de la saison sèche, qui y commence donc en octobre.
En Indonésie, les pluies tombent surtout dans l'après-midi, provoquant parfois des inondations qui bloquent la circulation dans les grandes villes. Les matinées sont très belles, lumineuses et ensoleillées, ce qui fait que de nombreux voyageurs prennent le pli de se lever tôt (d'autant que la nuit tombe, brusquement, vers 18 heures toute l'année). Il faut également s'accoutumer à l'humidité qui peut être pénible, surtout en plaine.

▶ En altitude, la douceur du climat a conduit à l'établissement de nombreuses stations résidentielles et de cure (Bogor, Bandung). Il y fait assez frais dans la journée et parfois froid la nuit. Mais il y pleut souvent et beaucoup : Bogor détient le record mondial du nombre de jours avec orages (322 jours par an !).

▶ La mer est délicieusement chaude : entre 26° et 29° toute l'année, mais il faut se méfier des courants, très forts à certains endroits, et même parfois des requins.

VALISE : vêtements très légers, amples, en fibres naturelles de préférence ; au moins un pull-over chaud et une veste pour séjourner dans les régions élevées ; un anorak léger, des tennis. À Bali, qui a réussi à préserver jusqu'à présent sa culture et son mode de vie malgré les invasions touristiques de ces vingt dernières années, le port d'une écharpe nouée autour de la taille est obligatoire pour pénétrer dans un temple.

SANTÉ : quelques risques de paludisme au-dessous de 1 200 mètres d'altitude, excepté à Java, Bali et dans les grandes villes ; résistance à la Nivaquine, élevée en Irian Jaya.

BESTIOLES : moustiques toute l'année sauf dans les régions élevées.

FOULE : une pression touristique encore faible, bien qu'en hausse. Un flux touristique bien réparti tout le long de l'année, avec cependant des pointes en juillet et décembre. Des voyageurs d'abord asiatiques, en premier lieu de Singapour d'où viennent plus du quart des visiteurs. La présence des Français est très modeste, comme d'ailleurs celle des Européens en général. Bali concentre encore l'essentiel du tourisme à destination de l'Indonésie. ●

moyenne des températures maximales / moyenne des températures minimales

	J	F	M	A	M	J	J	A	S	O	N	D
Medan (Sumatra)	29 22	31 22	31 22	32 23	32 23	32 22	32 22	32 22	31 22	30 22	30 22	29 22
Pontianak (Bornéo)	31 23	32 24	32 24	32 24	32 24	32 24	32 23	32 23	32 24	32 24	31 24	31 24
Ujungpandang (Sulawesi)	29 23	29 24	29 23	30 23	30 23	30 22	30 21	31 21	31 21	31 22	30 23	29 23
Djakarta (Java)	29 23	29 23	30 23	31 24	31 24	31 23	31 23	31 23	31 23	31 23	30 23	29 23
Kupang (Timor-ouest)	31 26	31 26	32 25	32 25	32 25	31 24	31 23	31 23	31 23	31 24	32 25	32 26

nombre d'heures par jour · hauteur en mm / nombre de jours

	J	F	M	A	M	J	J	A	S	O	N	D
Medan	7 140/9	8 90/6	7 105/7	7 130/9	7 175/10	7 130/8	7 135/8	7 180/11	6 210/12	6 260/16	6 245/16	6 230/14
Pontianak	5 275/17	7 210/13	6 240/16	6 275/16	6 280/16	7 220/13	7 165/10	6 205/12	5 230/13	5 365/19	6 385/21	6 320/19
Ujungpandang	5 685/23	6 535/20	6 425/18	8 150/10	8 90/8	8 75/6	9 35/4	10 10/2	10 15/2	10 45/5	9 180/11	5 610/22
Djakarta	4 300/18	5 300/17	6 210/15	7 145/11	7 115/9	7 95/7	7 65/5	8 45/4	8 65/5	7 110/8	6 140/12	5 205/14
Kupang	6 130/11	7 120/12	6 140/12	6 110/10	6 85/6	6 25/3	5 10/2	5 5/1	7 2/1	5 20/2	5 50/6	5 140/11

température de la mer : moyenne mensuelle

	J	F	M	A	M	J	J	A	S	O	N	D
Ouest Sumatra	28	29	28	28	28	28	28	27	27	27	28	28
Sud Bornéo	28	28	28	28	29	28	27	26	27	27	27	28
Flores	28	28	28	29	29	27	26	26	26	27	28	28
Nlle-Guinée occidentale	28	28	28	29	29	28	26	26	26	27	28	29

Irak

Superficie : 0,8 fois la France. Bagdad (latitude 33°20'N ; longitude 44°24'E) : GMT + 3 h. Durée du jour : maximale (juin) 14 heures 30, minimale (décembre) 10 heures.

▶ Le climat irakien se caractérise d'abord par des **étés** brûlants : le thermomètre peut grimper à 50° entre juin et septembre, aussi bien au nord qu'au sud du pays. La sécheresse est totale, et c'est seulement dans le nord (voir Mossoul) que les nuits apportent un léger répit.

▶ En **hiver**, les journées sont douces et les nuits plutôt froides dans le sud (voir Bassorah). La température fraîchit encore à mesure que l'on se dirige vers le nord, où il fait très frais dans la journée et souvent vraiment froid la nuit entre décembre et février. Durant ces trois mois, il gèle et il neige fréquemment sur les collines et montagnes qui forment, au nord-est, les contreforts des chaînes du Taurus et du Zagros.

▶ Les saisons les plus agréables en Irak sont le début du printemps et la fin de l'automne (surtout à la **fin du mois de mars et de mi-octobre à mi-novembre**, qui sont des périodes chaudes, sans excès, bien ensoleillées).

▶ Les steppes et les montagnes du nord, c'est-à-dire les régions kurdes, sont les seules régions qui échappent à l'aridité, grâce aux précipitations qui tombent entre novembre et avril. Partout ailleurs, les pluies, très insuffisantes, ne permettent qu'à une végétation de type désertique de subsister (sauf dans l'immense delta mésopotamien, région de marais et de paysages amphibies).

VALISE : de décembre à février, des vêtements de demi-saison, une veste chaude ou un manteau. De mai à octobre : vêtements très légers, en coton de préférence, et adaptés au monde musulman. Aux intersaisons : vêtements d'été et lainages.

SANTÉ : de mai à novembre, quelques risques de paludisme en dessous de 1 500 mètres d'altitude, au nord du pays et dans les zones rurales situées le long de la frontière avec l'Iran.

BESTIOLES : moustiques, surtout en été dans les régions basses. ●

moyenne des températures maximales / moyenne des températures minimales

	J	F	M	A	M	J	J	A	S	O	N	D
Mossoul	13	15	19	25	33	40	43	43	39	31	22	15
	2	3	6	10	15	20	23	22	17	11	7	3
Bagdad	16	19	23	29	36	41	43	43	40	33	25	18
	4	6	10	15	20	23	25	25	21	16	10	5
Bassorah	19	21	25	31	36	39	41	41	40	35	27	20
	7	9	13	18	24	27	28	26	23	18	13	8

nombre d'heures par jour hauteur en mm / nombre de jours

	J	F	M	A	M	J	J	A	S	O	N	D
Mossoul	5	6	7	8	10	12	12	12	11	9	7	7
	70/10	65/8	65/9	55/7	20/4	1/0	0/0	0/0	0/0	7/1	45/5	60/7
Bagdad	6	7	8	9	10	12	11	11	11	9	7	6
	25/4	25/4	30/4	16/3	7/1	0/0	0/0	0/0	0/0	3/1	20/3	25/4
Bassorah	7	8	9	8	10	11	10	11	10	9	8	7
	25/3	17/3	25/3	20/3	7/1	0/0	0/0	0/0	0/0	1/0	30/2	40/4

Pour choisir une destination, voir également :

La santé en voyage, p. 401
Le coût de la vie, p. 441
Le monde tel qu'il est, p. 461
Obtenir ses visas, p. 471
La durée des vols, p. 485
Atlas du voyageur, en début de volume
Internet et les voyageurs, en fin de volume

Iran

Superficie : 3 fois la France. Téhéran (latitude 32°37'N ; longitude 51°40'E) : GMT + 3 h 30. Durée du jour : maximale (juin) 14 heures 30, minimale (décembre) 9 heures 30.

Le **début du printemps (fin mars à début mai)** et l'**automne (début octobre à mi-novembre)** sont les meilleures périodes pour partir en Iran si vous projetez de vous rendre à la fois sur le plateau central, sur les bords de la mer Caspienne, au nord, et sur le littoral du golfe Persique, au sud. Ce sont les époques pendant lesquelles on a le plus de chances d'échapper aux différents extrêmes climatiques (froid, chaleur, humidité) qui caractérisent certaines régions de ce pays.

◗ L'essentiel de l'Iran est occupé par un vaste plateau continental dont l'altitude varie entre 1 000 et 1 500 mètres (voir Tabriz, Téhéran, Ispahan et Chiraz) ; l'hiver y est rude et l'été torride.
En hiver, la neige n'est pas rare à Téhéran et Ispahan, elle est fréquente à Tabriz, et elle reste plusieurs mois sur les sommets des montagnes qui leur servent de toile de fond. Dès le début juin, une forte chaleur s'installe, encore que la sécheresse de l'air la rende assez supportable et que les nuits, grâce à l'altitude, restent relativement fraîches, en tout cas au nord. Mais cette saison est aussi celle des vents de poussière, notamment du terrible *bad-i-sad-o-bist-roz*, ou « vent de cent vingt jours », qui balaie constamment tout l'est du pays, de juin à septembre.
Le printemps est en revanche la saison idéale pour visiter les palais d'Ispahan – l'ancienne capitale de l'Iran – ou les fastueux jardins de Chiraz. La température est agréable durant la journée, voire déjà très chaude dès le début du mois de mai ; mais attention, les nuits restent fraîches, et sont même encore froides au début du mois d'avril.

◗ Au **nord** du pays, le rivage de la mer Caspienne est la seule région du pays à recevoir plus de 1 mètre de pluies par an, assez bien réparties sur toute l'année, bien que plus fréquentes au printemps et en automne. L'hiver y est doux mais humide, et l'été assez nuageux et souvent étouffant.

◗ Les rives du **golfe Persique** (voir Bandar-Abbās) connaissent des hivers agréablement chauds (de décembre à février). Par contre, dès que la température commence à monter (mi-mars), la très forte humidité transforme cette région en un véritable enfer qu'il vaut mieux éviter, tout particulièrement entre juin et septembre.

VALISE : aux intersaisons, vêtements légers pour la journée (très légers et de préférence sans fibres synthétiques pour le sud, vêtements de demi-saison pour l'intérieur du pays) et lainages, veste chaude pour les soirées et matinées. De décembre à février, vêtements d'hiver, sauf dans le sud. En été, vêtements très légers mais suffisamment couvrants pour ne pas choquer.

SANTÉ : de mars à novembre, risques de paludisme dans les zones rurales situées à une altitude inférieure à 1 500 mètres ; surtout dans le sud du pays, le long du golfe Persique. Dans le sud-est, résistance à la Nivaquine.

BESTIOLES : moustiques de mars à novembre sauf dans les régions élevées au centre et au nord, actifs surtout la nuit. ●

moyenne des températures maximales / moyenne des températures minimales

	J	F	M	A	M	J	J	A	S	O	N	D
Tabriz (1 360 m)	1 / -7	4 / -5	10 / 0	17 / 6	23 / 11	29 / 15	33 / 20	32 / 19	28 / 14	20 / 8	12 / 2	5 / -3
Meched (980 m)	7 / -5	9 / -3	14 / 2	21 / 8	27 / 12	32 / 16	34 / 18	33 / 15	29 / 10	22 / 5	16 / 1	10 / -3
Téhéran (1 190 m)	7 / -1	10 / 1	15 / 5	22 / 11	28 / 16	34 / 21	37 / 24	35 / 23	32 / 19	24 / 13	17 / 7	10 / 1
Ispahan (1 550 m)	9 / -2	12 / 0	17 / 5	22 / 9	28 / 14	34 / 19	36 / 21	35 / 20	31 / 15	24 / 9	17 / 4	11 / -1
Chiraz (1 490 m)	12 / 0	15 / 1	19 / 5	24 / 9	31 / 13	36 / 17	38 / 20	37 / 19	34 / 14	28 / 9	21 / 4	14 / 1
Bandar-Abbās	23 / 12	24 / 14	28 / 18	32 / 21	36 / 25	38 / 28	38 / 30	38 / 30	37 / 28	35 / 24	30 / 18	26 / 14

nombre d'heures par jour   hauteur en mm / nombre de jours

	J	F	M	A	M	J	J	A	S	O	N	D
Tabriz	4 / 25/6	5 / 25/6	5,5 / 45/8	6,5 / 55/10	8,5 / 40/7	11 / 18/4	11,5 / 3/1	11 / 4/1	10 / 9/1	7,5 / 30/6	6 / 30/5	4 / 25/6
Meched	5 / 35/6	5 / 35/6	5 / 50/8	6,5 / 50/8	9 / 25/4	11,5 / 3/1	11,5 / 1/0	11,5 / 1/0	10 / 2/1	8 / 11/2	6,5 / 16/3	5 / 25/5
Téhéran	5,5 / 35/6	6,5 / 35/5	6,5 / 35/6	7,5 / 30/5	9,5 / 15/4	11,5 / 3/1	11 / 3/1	11 / 1/0	10 / 1/0	8 / 14/3	7 / 20/3	5,5 / 35/6
Ispahan	6,5 / 17/4	7,5 / 14/3	8 / 18/4	8 / 19/4	10 / 9/2	11,5 / 1/0	11 / 1/0	10,5 / 0/0	10,5 / 0/0	9 / 4/1	7,5 / 10/2	6,5 / 20/4
Chiraz	7 / 80/7	8 / 50/6	7,5 / 50/6	8,5 / 30/4	10,5 / 7/1	12 / 0/0	11 / 1/0	10,5 / 0/0	10,5 / 0/0	9,5 / 5/1	8 / 20/3	7 / 65/6
Bandar-Abbās	7 / 40/3	7,5 / 50/3	7,5 / 35/3	8 / 11/1	10 / 5/0	10 / 0/0	8,5 / 1/0	8,5 / 2/0	9 / 1/0	9 / 1/0	8,5 / 5/0	7,5 / 25/2

température de la mer : moyenne mensuelle

	J	F	M	A	M	J	J	A	S	O	N	D
Bandar-Abbās	23	22	24	26	28	29	29	30	30	29	27	24

Irlande

Superficie : 0,15 fois la France. Dublin (latitude 53°26'N ; longitude 06°15'0) : GMT + 0 h. Durée du jour : maximale (juin) 17 heures, minimale (décembre) 7 heures 30.

▶ Leur pluie, non seulement ils n'en ont pas honte, les Irlandais, mais ils la revendiquent comme un des attributs essentiels du charme de leur pays, avec ses ciels fantasques, ses landes de bruyère et ses côtes tourmentées. Et puis ces fréquentes averses sont un excellent prétexte pour faire quelques haltes dans les pubs irlandais.

C'est la côte ouest (de Malin Head, au nord, à l'île de Valentia, au sud) qui est la plus arrosée, puisque la plus exposée aux vents océaniques qui balaient l'Irlande tout au long de l'année. La côte orientale est moins pluvieuse : il ne tombe à Dublin que 750 millimètres de précipitations par an, c'est-à-dire nettement moins qu'à Brest (1 100 millimètres). Sur tout le pays, le temps est suffisamment changeant pour que l'on puisse toujours espérer un retour du soleil après une averse.

▶ La fin du **printemps** est sans doute la saison la plus favorable à un voyage en Irlande, c'est-à-dire les mois de **mai et juin**, qui sont les plus ensoleillés de l'année. Les pluies sont assez modérées et, s'il fait encore très frais en mai, juin est

assez doux, du moins dans la journée. Au début de ce mois, la région du Kerry (au sud-ouest) est couverte de rhododendrons, que l'on peut apprécier en suivant la *Pink Road* (la Route rose).

▶ L'été est aussi une bonne période, bien qu'assez pluvieuse. À Dublin, il peut même faire vraiment chaud certains après-midi, mais dans l'ensemble les températures sont douces dans la journée, sans plus, et les soirées et les nuits restent fraîches. Même en plein été, les côtes irlandaises sont plus propices à la pêche (au requin, par exemple) qu'à la baignade : en effet, la température de la mer reste en dessous de 17° y compris au mois d'août.

▶ Après un automne pluvieux et nuageux, l'**hiver** irlandais est... pluvieux et venté mais doux, notamment dans le sud-ouest, où l'absence de gelées permet à des essences quasi exotiques de prospérer sur l'île de Valentia. La neige est rare en Irlande.

▶ En **avril-mai** et **septembre-octobre**, l'Irlande est une halte obligée pour des millions d'oiseaux en route vers le sud ou en revenant. Citons les observatoires d'oiseaux de Cape Clear au sud, dans le comté de Cork, et de Copeland au nord, dans le comté de Down.

VALISE : en plein été, même si l'on porte des vêtements assez légers, il est prudent d'avoir à portée de main un bon pull-over et un anorak ou un parapluie. En hiver, vêtements chauds et coupe-vent – un *riding-coat* est idéal –, bottes.

FOULE : pression touristique en forte progression ces dernières années. Une majorité de visiteurs britanniques, 10 % d'Américains qui, pour la plupart, viennent fouler la terre de leurs ancêtres. Avec des contingents de 6 %, Français et Allemands font jeu égal. ●

moyenne des températures maximales / moyenne des températures minimales

	J	F	M	A	M	J	J	A	S	O	N	D
Malin Head	8	8	9	11	13	15	16	17	15	13	10	9
	3	3	4	5	7	10	12	12	11	8	6	4
Dublin	8	8	10	13	15	18	20	19	17	14	10	8
	1	2	3	4	6	9	11	11	9	6	4	3
Birr	7	8	10	12	15	18	18	18	17	14	10	8
	1	2	3	4	6	9	11	10	9	7	3	2
Valentia	9	9	11	13	15	17	18	18	17	14	12	10
	5	4	6	6	8	11	12	13	11	9	7	6

nombre d'heures par jour   hauteur en mm / nombre de jours

	J	F	M	A	M	J	J	A	S	O	N	D
Malin Head	1	2	4	5	7	6	5	5	4	2	2	1
	100/18	65/15	60/12	55/13	55/11	70/13	95/17	80/14	100/16	100/17	95/17	105/19
Dublin	2	3	3	5	6	6	5	5	4	3	2	2
	65/13	55/10	50/10	45/11	60/10	55/11	70/13	75/12	70/12	70/11	65/12	75/14
Birr	2	3	3	4	6	5	4	4	3	3	2	2
	75/13	50/10	55/11	65/12	75/15	65/13	75/12	90/15	85/13	90/14	80/13	95/15
Valentia	2	3	4	5	7	6	5	5	4	3	2	1
	165/20	105/15	105/14	75/13	85/13	80/13	105/15	95/15	120/16	140/17	150/18	170/21

température de la mer : moyenne mensuelle

	J	F	M	A	M	J	J	A	S	O	N	D
Malin Head	9	8	9	9	10	12	14	15	14	12	11	10
Valentia	10	10	10	10	11	13	15	16	15	13	12	11

Islande

Superficie : 0,2 fois la France. Reykjavik (latitude 64°08'N ; longitude 21°56'O) : GMT – 1 h. Durée du jour : maximale (juin) 21 heures, minimale (décembre) 4 heures 30.

Cercle polaire arctique

Akureyri

REYKJAVIK

Océan Atlantique

Bien que son nom signifie « pays de glace », le climat de l'Islande n'est pas aussi rigoureux que le laisserait supposer sa situation aux confins du cercle polaire arctique. Il est sensiblement adouci par les effets d'un bras du Gulf Stream, qui longe l'île à l'ouest et au sud. En revanche, le conflit entre influence polaire et atlantique entraîne une instabilité climatique caractéristique : les tempêtes sont souvent violentes et le grand vent fréquent. Sur l'île de Vestmannaeyjar, au sud du pays, on enregistre pendant l'hiver des vitesses de vent record. Signalons qu'il pleut moins au nord du pays.

▶ Les randonneurs et amateurs de paysages sauvages choisiront la période qui va de **fin mai à mi-septembre** pour admirer les fjords profonds, les glaciers étincelants (un peu plus du dixième du territoire), les immenses champs de lave et les vertes vallées d'Islande. Ils profiteront alors du dépaysement offert par des journées qui durent presque 24 heures (de fin mai à fin juillet). Même en plein été, le ciel est souvent nuageux et le soleil ne brille pas assez longtemps d'affilée pour réchauffer beaucoup l'atmosphère. Il fait toujours frais, et froid pendant la « nuit ». Cependant, n'oubliez pas votre maillot de bain : il existe en Islande de nombreuses sources d'eau chaude aménagées.

La première quinzaine de juin est le meilleur moment pour observer les légions d'oiseaux migrateurs qui colonisent l'Islande au début de l'été.

▶ L'**hiver** islandais fait fuir les voyageurs à cause de ses nuits interminables et de ses tempêtes de neige, excepté peut-être les fans de ski nordique. Certes, l'immensité muette de ces espaces glacés, le sifflement obsédant du blizzard, le jaillissement des aurores boréales ont quelque chose d'effrayant... Mais ils peuvent aussi séduire certains audacieux.

Fin février, les journées durent déjà une dizaine d'heures et les vents se calment un peu. C'est la bonne période (jusqu'à mi-avril environ) pour une randonnée à ski de fond dans les immenses territoires inhabités du nord de l'île, au milieu des volcans et des forêts, ou pour faire du ski alpin dans les stations de sports d'hiver (il en existe près de Reykjavik).

VALISE : de juin à septembre, des vêtements confortables de demi-saison, pull-overs, manteau léger ou veste chaude, maillot de bain (voir ci-dessus). En hiver, vêtements chauds, anorak en duvet, bonnet, gants, etc.

FOULE : pression touristique modérée. Juillet est très nettement le mois où l'Islande reçoit le plus de visiteurs. Les Allemands sont les plus nombreux, suivis des Américains, Suédois et Danois. Les Français représentent environ 5 % du total des voyageurs. ●

moyenne des températures maximales / moyenne des températures minimales

	J	F	M	A	M	J	J	A	S	O	N	D
Akureyri	1	1	3	3	10	13	14	13	11	7	3	1
	- 4	- 4	- 3	- 1	3	6	8	7	5	1	- 2	- 3
Reykjavik	2	3	4	6	10	12	14	14	11	7	4	2
	- 2	- 2	- 1	1	4	7	9	8	6	3	0	- 1

nombre d'heures par jour hauteur en mm / nombre de jours

	J	F	M	A	M	J	J	A	S	O	N	D
Akureyri	0,2	1	3	4	5	5	5	4	3	2	0,4	0
	45/11	40/10	45/11	30/8	18/7	25/8	30/9	35/8	45/9	50/10	45/11	55/12
Reykjavik	1	2	4	5	6	6	6	5	4	2	1	0,3
	90/14	65/12	60/12	55/12	40/10	40/10	50/10	55/12	65/13	95/14	80/14	80/15

température de la mer : moyenne mensuelle

	J	F	M	A	M	J	J	A	S	O	N	D
Reykjavik	5	4	5	5	6	8	9	10	9	7	6	6

Israël

Superficie : 0,04 fois la France. Tel-Aviv (latitude 32°04'N ; longitude 34°47'E) : GMT + 2 h. Durée du jour : maximale (juin) 14 heures, minimale (décembre) 10 heures.

Les périodes les plus agréables pour séjourner en Israël sont soit les intersaisons, de **mars à mai** et **octobre-novembre**, soit l'**été** : tout dépend en définitive des régions que l'on projette de visiter.

▶ Sur la **côte** (voir Tel-Aviv, Haïfa), le climat est sec, chaud et ensoleillé d'avril à novembre ; juillet et août sont extrêmement chauds, mais des brises marines rafraîchissent l'atmosphère. Les hivers, courts (décembre à fin février), sont doux et pluvieux. La température de l'eau de mer est de 17° de janvier à mars, et dépasse 23° de juin à octobre (27° en août).

▶ Dans les **régions élevées** de l'intérieur, en particulier en Galilée, au nord, l'hiver est plus froid et encore plus arrosé que sur la côte. Des chutes de neige ne

sont pas exceptionnelles à Nazareth. Il peut aussi neiger quelques jours à Jérusalem qui, au temps de Noël, est envahie par des pèlerins de confessions diverses. L'été est très chaud, ensoleillé et assez venté. Grâce à l'altitude les nuits sont relativement fraîches.

▶ Dans les **dépressions orientales** (lac de Tibériade, mer Morte), et surtout dans les régions désertiques du **sud** du pays (voir Eilat), la chaleur est considérable de mai à septembre : à éviter durant cette période pour ceux qui craignent la canicule. Les hivers sont très doux et beaucoup plus secs que dans le reste du pays. Eilat est très agréable en mars-avril et de novembre à mi-décembre : soleil dans la journée, fraîcheur le soir et la nuit.

VALISE : de mai à octobre, vêtements d'été légers, et un ou deux pulls, une veste pour les soirées en altitude. De décembre à février : vêtements de demi-saison et un manteau léger ou une veste chaude, un imperméable (inutile à Eilat). Intersaisons à Eilat : vêtements d'été.

BESTIOLES : bien que les risques soient faibles, faites tout de même attention aux scorpions dans les régions désertiques (surtout en été).

FOULE : le tourisme a considérablement chuté avec les événements ; en temps normal, pas de très grands écarts d'affluence tout au long de l'année, si ce n'est un creux assez marqué en janvier. Parmi les touristes européens – 60 % des visiteurs –, Allemands, Français et Britanniques sont, dans cet ordre, les plus nombreux. Les Américains représentent quant à eux environ le quart des voyageurs. ●

moyenne des températures maximales / moyenne des températures minimales

	J	F	M	A	M	J	J	A	S	O	N	D
Haïfa	18	19	22	25	28	29	31	32	31	29	26	20
	9	10	11	14	17	20	23	24	22	19	15	11
Tel-Aviv	18	19	23	25	27	28	31	32	31	29	25	20
	9	10	11	14	17	19	22	23	21	18	14	10
Jérusalem (810 m)	13	13	18	23	27	29	31	31	29	27	21	15
	5	6	8	10	14	16	17	18	17	15	12	7
Eilat	21	23	26	31	36	38	39	40	37	33	28	23
	10	11	12	14	18	24	26	26	25	21	16	12

nombre d'heures par jour hauteur en mm / nombre de jours

	J	F	M	A	M	J	J	A	S	O	N	D
Haïfa	8	8	9	10	11	12	12	12	11	10	8	7
	180/13	145/11	25/7	18/4	3/1	1/0	1/0	0/0	0/0	13/2	70/7	170/11
Tel-Aviv	6	7	7	9	11	12	12	12	10	9	8	6
	130/10	95/8	60/9	15/3	4/1	0/0	0/0	0/0	2/1	18/2	80/6	130/9
Jérusalem	6	7	7	10	11	14	13	13	11	9	7	6
	130/9	135/11	65/7	30/3	3/1	2/0	0/0	0/0	1/0	13/1	70/4	85/7
Eilat	7	8	8	9	10	11	11	11	10	9	9	7
	2/1	5/1	5/2	3/1	0/0	0/0	0/0	0/0	0/0	2/1	9/2	25/3

température de la mer : moyenne mensuelle

	J	F	M	A	M	J	J	A	S	O	N	D
Haïfa	17	16	17	18	20	23	26	27	26	24	21	19
Eilat	19	20	21	23	25	26	27	27	25	23	21	19

Italie

Superficie : 0,6 fois la France. Rome (latitude 41°48'N ; longitude 12°14'E) : GMT + 1 h. Durée du jour : maximale (juin) 15 heures 30, minimale (décembre) 9 heures 30.

L'Italie, pays du soleil ? C'est vrai, bien sûr, en ce qui concerne les rivieras abritées et le sud, mais pour le reste du pays, il faut nuancer. La variété climatique est en effet assez grande entre la plaine du Pô et la Sicile quasi africaine.

▶ Au **nord** de l'Italie, la plaine du Pô connaît des hivers assez froids et nuageux : les températures sont plus basses à Milan qu'à Paris, les brouillards et le vent (le *maestral*) sont fréquents. L'été est ensoleillé mais souvent chaud et lourd, et les orages sont assez fréquents. Ces rigueurs continentales sont atténuées sur la côte orientale (voir Venise) par l'influence adoucissante de la mer Adriatique. En hiver, cette côte est cependant régulièrement balayée par un vent froid, la *bora*. À Venise, juillet et surtout août sont à éviter : les myriades d'insectes de toutes sortes et les pénibles relents qui émanent de la lagune polluée, ajoutés à l'affluence de touristes, vous convaincront vite que l'été n'est pas la meilleure saison pour flâner dans la Cité des doges.

Dans le nord de l'Italie, il faut encore distinguer le climat de montagne des Alpes italiennes (ski durant les mois d'hiver), les climats protégés de la région des lacs (Majeur, Côme, Garde...) et de la côte ligurienne, de Vintimille à Livourne : l'hiver y est plus doux, plus sec et lumineux que dans la plaine, et les étés y sont toujours agréables, très ensoleillés.

▶ À partir de Florence et dans le **centre**, le climat hivernal, assez pluvieux, s'adoucit sensiblement, excepté sur les hauteurs de l'Apennin, qui sont très ventées. De mai à fin septembre, on bénéficie d'un temps chaud, ensoleillé et assez sec : c'est, en dehors des jours de canicule, une bonne époque pour séjourner en Toscane, en Ombrie ou sur la côte des Marches. En octobre, les pluies deviennent beaucoup plus abondantes, et le ciel est très couvert en novembre et décembre.

▶ Dans tout le **Sud**, qui commence au-delà de Rome, les étés sont très chauds, secs et ensoleillés sur les côtes ; ils peuvent être torrides dans les collines et les plaines intérieures, particulièrement en Sardaigne et en Sicile et surtout quand souffle le *sirocco*, vent sec et brûlant d'origine africaine. Durant cette saison il pleut rarement, généralement sous forme d'orages violents. En hiver, la saison la plus arrosée, les températures sont modérées, bien que les hauteurs qui dominent Palerme soient souvent recouvertes de neige. Le printemps est une bonne période pour visiter le sud de l'Italie, la Sicile et la Sardaigne, surtout en mai-juin : à Pâques, le beau temps n'est pas toujours garanti.

▶ En résumé, pour voyager à travers l'Italie, et surtout pour accomplir un périple dans ses innombrables villes d'art, petites ou grandes, les saisons les plus agréables nous paraissent être la **fin du printemps** et le **début de l'automne**, mais aussi l'**été** pour ceux que la chaleur n'incommode pas, et qui projettent quelques haltes sur les plages. (À savoir : Ferragosto, le 15 août à l'italienne, est sans doute encore plus férié que son homologue français ; trouver une pompe à essence ou une épicerie ouverte relève de l'exploit.)

VALISE : en été, pour toute l'Italie, vêtements très légers, un pull-over, une veste ou un blouson de toile ; ajoutez de quoi vous protéger d'une averse pour la Lombardie et quelques vêtements plus chauds pour les séjours dans les Alpes ; en Sicile, en Calabre et dans des régions moins touristiques que le reste du pays, les femmes éviteront les shorts, minijupes, ou les robes très décolletées qui risquent de choquer. En hiver : vêtements chauds, manteau, bottes, parapluie ou imperméable.

BESTIOLES : en été, à Venise, des nuées de *zanzaras* (moustiques) et autres insectes qui accueillent les touristes.

FOULE : forte pression touristique, bien qu'en stagnation ces dernières années. Juillet et août reçoivent un maximum de visiteurs, surtout concentrés sur le littoral. Janvier-février, au cœur de la basse saison, est une période idéale pour les amateurs de musées déserts. ●

moyenne des températures maximales / moyenne des températures minimales

	J	F	M	A	M	J	J	A	S	O	N	D
Milan	4	8	13	18	23	27	29	28	24	17	10	6
	0	2	6	10	14	17	20	19	16	11	6	2
Venise	6	8	12	17	21	25	27	27	24	19	12	8
	0	2	5	10	14	17	19	18	16	11	7	3
Florence	9	11	14	19	23	27	30	30	26	20	14	11
	2	3	5	8	12	15	18	17	15	11	7	4
Pescara	9	11	13	17	21	25	28	28	25	20	15	12
	3	4	6	8	12	16	18	18	16	12	9	5
Rome	11	13	15	19	23	28	30	30	26	22	16	13
	5	5	7	10	13	17	20	19	17	13	9	6
Naples	12	13	15	18	22	26	29	29	26	22	17	16
	4	5	6	9	12	16	18	18	17	12	9	6
Cagliari (Sardaigne)	14	15	17	19	23	27	30	30	27	23	19	17
	7	7	9	11	14	18	21	21	19	15	11	9
Palerme (Sicile)	16	16	17	20	24	27	30	30	28	25	21	18
	8	8	9	11	14	17	20	21	19	16	12	10

température de la mer : moyenne mensuelle

	J	F	M	A	M	J	J	A	S	O	N	D
San Remo	13	12	13	14	16	20	22	23	21	19	17	14
Naples	14	13	14	15	18	21	24	25	23	21	18	16
Palerme	15	14	14	15	17	21	24	25	24	22	19	16
Cagliari	14	13	14	15	17	21	23	24	23	21	18	15
Pescara	13	12	13	15	17	20	23	24	22	19	16	14
Venise	10	9	11	14	16	20	23	24	22	18	15	12

nombre d'heures par jour   hauteur en mm / nombre de jours

	J	F	M	A	M	J	J	A	S	O	N	D
Milan	2	3	5	6	7	8	10	8	6	4	2	2
	45/6	60/7	75/7	95/8	75/8	120/9	65/6	90/7	70/5	125/8	120/10	75/7
Venise	3	4	5	6	8	9	10	8	7	5	2	3
	35/6	50/6	60/7	80/9	65/8	70/8	50/7	70/7	60/5	75/7	95/9	60/8
Florence	4	5	5	7	10	10	11	10	7	6	3	3
	65/8	65/8	60/8	60/8	70/8	55/7	35/3	45/4	70/6	95/8	110/10	95/10
Pescara	3	3	5	7	8	9	10	9	8	6	4	3
	80/8	50/7	65/8	65/7	50/6	45/5	50/4	40/4	50/5	85/8	90/9	100/9
Rome	4	4	6	7	8	9	11	10	8	6	4	4
	70/8	60/9	55/8	50/6	45/5	35/4	15/1	20/2	65/5	100/8	130/11	95/10
Naples	4	4	5	7	8	9	10	10	8	6	4	3
	115/11	85/10	75/9	60/8	45/7	30/4	19/2	30/3	65/5	105/9	145/11	135/12
Cagliari	4	4	6	7	9	9	11	10	8	6	4	3
	50/8	50/7	45/7	30/5	25/4	13/1	1/0	10/1	30/3	55/6	70/9	65/9
Palerme	5	5	6	8	9	10	11	10	8	7	5	4
	70/12	45/8	58/8	50/6	19/3	9/2	2/0	18/2	40/4	75/8	70/8	60/10

Pour choisir une destination, voir également :

La santé en voyage, p. 401
Le coût de la vie, p. 441
Le monde tel qu'il est, p. 461
Obtenir ses visas, p. 471
La durée des vols, p. 485
Atlas du voyageur, en début de volume
Internet et les voyageurs, en fin de volume

Jamaïque

Superficie : 0,02 fois la France. Kingston (latitude 17°56'N ; longitude 76°47'O) : GMT – 5 h. Durée du jour : maximale (juin) 13 heures, minimale (décembre) 11 heures.

▶ Quand partir pour la Jamaïque ? De préférence **entre novembre et avril**. La chaleur est un peu moins forte qu'en été et surtout l'air est moins humide, ce qui modère la touffeur ambiante. Pendant cette saison, les températures peuvent fraîchir sous l'effet de vents venus du nord, les *nortes*.

La côte nord, où se succèdent baies sablonneuses et éperons rocheux, est la plus belle ; malheureusement elle reçoit, surtout à l'est, nettement plus de pluies que la côte sud (où est située Kingston). Le climat de la capitale, protégée par les Blue Mountains, est particulièrement aride durant cette période.

▶ La saison des pluies, de mai à octobre, connaît un très net ralentissement vers le mois de juin. Les précipitations sont très abondantes sur le versant oriental des reliefs, mais d'une manière générale la Jamaïque est moins arrosée que les Antilles françaises. Les averses, fréquentes mais courtes, ont peu d'effets sur la durée d'ensoleillement. En revanche, les températures élevées associées à l'humidité de l'air et à la relative paresse des alizés peuvent rendre alors le séjour assez éprouvant...

Les ouragans qui frappent régulièrement l'île, surtout de la mi-août à octobre, sont parfois très destructeurs.

VALISE : quelle que soit la saison, vêtements légers ; de décembre à avril, un pull ou une veste légère ; et de mars à octobre, de quoi vous protéger des averses.

BESTIOLES : les moustiques s'activent surtout pendant la saison des pluies.

FOULE : mars et juillet sont les mois les plus courus. Septembre et octobre font figure de période creuse, mais les écarts d'affluence tout le long de l'année ne sont cependant pas très importants. Les voyageurs sont à 80 % d'origine nord-américaine. En 2002, dans cette île presque ignorée des Français, les Européens restaient à 65 % des Britanniques. ●

moyenne des températures maximales / moyenne des températures minimales

	J	F	M	A	M	J	J	A	S	O	N	D
Kingston	30	30	30	31	31	32	32	32	32	31	31	31
	19	19	20	21	22	23	23	23	23	23	22	21

nombre d'heures par jour — hauteur en mm / nombre de jours

	J	F	M	A	M	J	J	A	S	O	N	D
Kingston	8	9	9	9	8	8	8	8	8	7	8	8
	20/3	18/3	10/3	35/4	140/6	115/5	50/3	90/7	85/7	170/9	50/6	25/2

température de la mer : moyenne mensuelle

	J	F	M	A	M	J	J	A	S	O	N	D
Mer des Caraïbes	25	26	26	26	27	27	28	28	29	28	27	26

Japon

Superficie : 0,7 fois la France. Tokyo (latitude 35°41'N ; longitude 139°46'E) : GMT + 9 h. Durée du jour : maximale (juin) 15 heures 30, minimale (décembre) 9 heures 45.

Le climat, au pays du Soleil levant, est assez pluvieux toute l'année et se divise en quatre saisons bien marquées dont la durée est variable du nord au sud. Les deux saisons les plus agréables pour visiter le Japon sont incontestablement le **printemps** et l'**automne**.

▌ Dès le début du mois de mars, on peut suivre à la trace la progression du **printemps** grâce à un indice infaillible : la floraison des cerisiers. Elle se produit fin mars à Okinawa et à Kyushu (voir Naha, Kagoshima), mi-avril à Tokyo, et seulement mi-mai ou fin mai à Hokkaido, l'île la plus septentrionale, proche des côtes sibériennes (voir Sapporo). Le printemps, moins pluvieux que l'été, est assez ensoleillé. Dès le mois d'avril, la température est agréable à Tokyo, Kyoto et dans tout le sud du Japon. Mai et début juin sont sans doute les mois les plus plaisants dans tout l'archipel.

▌ L'**été** est la saison la plus arrosée. Il commence par une saison des pluies courte et violente, la « pluie des prunes » (juin-juillet), spécialement marquée au sud. La moiteur de l'air rend la chaleur pénible à supporter, en particulier dans les grandes villes du sud de Honshu et à Kyushu. À Hokkaido, l'été est moins pluvieux et moins chaud, donc plus agréable que dans les autres îles.
C'est également la saison des typhons qui font chaque année, surtout d'août à début octobre, des dégâts au moins matériels. Ils frappent surtout Kyushu et Shikoku, les deux îles méridionales de l'archipel ; mais Tokyo elle-même n'est pas toujours épargnée.

▌ En **automne**, il fait chaud dans le sud jusqu'à mi-novembre, et très doux dans la majeure partie du pays jusqu'à fin octobre. Un agréable vent frais chasse l'humidité de l'été.

▌ En **hiver**, les chutes de neige sont abondantes de décembre à mars sur Hokkaido et sur la moitié occidentale de Honshu, l'île principale, permettant de skier sur les principaux sommets. Sur ces régions, le ciel est le plus souvent couvert, avec de brèves éclaircies. L'hiver est glacial dans tout Hokkaido, où la neige bloque souvent les communications, sauf au nord-est de l'île, qui est abrité des vents humides.
À Tokyo et Osaka, c'est une période froide mais peu pluvieuse, et en général lumineuse et ensoleillée.

▌ Grâce à un courant chaud, le *kuroshio*, on peut se baigner dès le mois de mai dans le sud de l'archipel (la température de la mer y est alors de 23°), dès juin près de Tokyo (27° en août). Mais plus au nord, l'eau est au contraire très fraîche (5° en hiver !) ; elle atteint tout de même 22° en août au sud de Hokkaido, où l'on se baigne en général en juillet et août.

VALISE : pour Tokyo, de décembre à mars, vêtements d'hiver ; de mai à octobre, vêtements d'été et imperméable très léger ou parapluie. Sauf dans les stations balnéaires, shorts, minijupes ou débardeurs sont mal adaptés aux habitudes vestimentaires des Japonais. Et n'oubliez pas que l'on se déchausse tout le temps au Japon (à l'entrée d'une maison, d'un temple, ou même d'un restaurant) : si vous n'avez que des chaussures à lacets, vous allez souffrir... Pour Hokkaido, fourrures ou vêtements matelassés très chauds seront nécessaires en hiver, alors qu'au contraire dans les îles méridionales des vêtements de demi-saison suffiront.

BESTIOLES : d'affreux cancrelats, aussi inoffensifs qu'impopulaires, envahissent villes et campagnes en été.

FOULE : pression touristique modérée. Un flux sans grands écarts au cours de l'année. Avril, juillet, août et octobre restent cependant les mois de plus grande affluence ; février un léger creux pour les arrivées de voyageurs. ●

Un automne à Kyoto

Le Japon connaît aussi son été indien ; vers la mi-septembre, le flamboiement pourpre des érables embrase le pays tout entier. C'est aussi la meilleure époque pour approcher le Japon traditionnel. Dans les temples bouddhiques et les sanctuaires shintoïstes, baignés d'une douce lumière dorée, la foule des pèlerins afflue. L'automne est en effet la saison des pèlerinages et des mariages. On croise dans les parcs de jeunes mariés en kimonos de cérémonie brodés d'or et d'argent, le visage poudré et maquillé suivant les règles anciennes. Le spectacle est particulièrement magnifique à Kyoto, qui est à la fois une métropole moderne et l'âme du Japon sacré.

moyenne des températures maximales / moyenne des températures minimales

	J	F	M	A	M	J	J	A	S	O	N	D
Sapporo (Hokkaido)	- 2 / - 12	- 1 / - 11	2 / - 7	11 / 0	16 / 4	21 / 10	24 / 14	26 / 16	22 / 11	16 / 4	8 / - 2	1 / - 8
Niigata (Honshu)	4 / - 1	4 / - 1	8 / 1	15 / 6	19 / 11	24 / 16	28 / 21	30 / 22	26 / 18	19 / 12	14 / 6	8 / 1
Tokyo (Honshu)	8 / - 2	9 / - 1	12 / 2	17 / 8	22 / 12	24 / 17	28 / 21	30 / 22	26 / 19	21 / 13	16 / 6	11 / 1
Osaka (Honshu)	8 / 0	9 / 1	12 / 3	18 / 8	23 / 13	27 / 18	31 / 23	32 / 23	28 / 19	22 / 13	17 / 7	11 / 3
Kagoshima (Kyushu)	12 / 3	12 / 3	16 / 6	20 / 11	23 / 14	26 / 19	29 / 23	31 / 23	28 / 21	24 / 15	18 / 9	13 / 4
Naha (Okinawa)	19 / 13	19 / 13	21 / 15	24 / 18	27 / 20	29 / 24	32 / 25	31 / 25	31 / 24	27 / 21	24 / 18	21 / 14

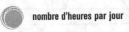 **nombre d'heures par jour** hauteur en mm / nombre de jours

	J	F	M	A	M	J	J	A	S	O	N	D
Sapporo	3	4	5	7	7	7	6	6	6	5	4	3
	110/17	80/14	65/12	65/10	60/8	65/9	100/9	110/10	145/11	110/12	110/13	105/15
Niigata	2	3	5	7	7	7	7	8	6	5	4	2
	195/22	125/19	120/17	100/12	95/10	125/11	190/13	105/11	175/13	165/14	170/18	265/24
Tokyo	6	6	6	6	6	5	6	7	5	4	5	5
	50/6	75/7	100/10	135/11	130/12	180/12	145/11	145/10	210/13	220/12	100/8	60/5
Osaka	5	5	6	7	7	6	7	8	6	5	5	5
	45/7	60/7	95/11	125/10	120/11	195/12	175/10	120/7	170/12	120/9	80/7	50/5
Kagoshima	5	5	6	6	6	5	7	8	7	6	6	6
	75/10	115/10	150/13	230/13	250/14	455/15	345/13	220/11	215/11	120/8	90/7	80/8
Naha	4	4	4	5	5	7	9	8	7	6	5	4
	120/13	135/13	165/12	165/12	245/14	330/13	180/9	295/15	165/11	155/9	145/10	115/10

température de la mer : moyenne mensuelle

	J	F	M	A	M	J	J	A	S	O	N	D
Naha	19	19	21	23	24	25	28	28	27	25	22	20
Kagoshima	18	17	16	18	20	23	26	27	26	24	22	19
Yokohama	15	14	14	16	18	22	25	27	25	23	20	17
Niigata	8	7	9	10	13	17	22	25	23	19	16	12

Jordanie

Superficie : 0,16 fois la France. Amman (latitude 31°57'N ; longitude 35°57'E) : GMT + 2 h. Durée du jour : maximale (juin) 14 heures, minimale (décembre) 10 heures.

Le climat jordanien varie surtout en fonction de l'altitude.

▶ Dans les régions basses, qu'il s'agisse d'Aqaba, du rivage de la mer Morte ou des zones désertiques au sud et à l'est du pays, l'été est torride : évitez de préférence les mois de mai à septembre. Aqaba est en revanche très agréable **entre novembre et avril**.
Le climat désertique (voir H 4) se caractérise, outre la sécheresse, par une amplitude thermique considérable : nuits fraîches en plein été alors que dans la journée il règne une chaleur écrasante ; journées très fraîches et nuits froides en hiver (le gel est fréquent). Les mois d'avril, **mai, octobre et novembre** sont les plus appropriés pour un voyage dans ces régions, riches en vestiges de la dynastie omeyyade (châteaux d'Amra et d'Azraq, à l'est d'Amman).

▶ Dans les régions situées en altitude (voir Amman, Shoubak), l'hiver est assez froid et pluvieux, mais pourtant bien ensoleillé ; le gel et la neige n'ont rien d'exceptionnel. Après un printemps court et peu arrosé, l'été, très ensoleillé et chaud, est tout à fait supportable grâce à la sécheresse de l'air et à la douceur des nuits.
Si vous projetez par exemple une visite des sites archéologiques (Jerash, Petra...), vous pouvez sans problème l'envisager en été, en vous déplaçant de préférence en dehors des heures chaudes. Mais l'automne est la saison la plus agréable pour un tel voyage.

VALISE : en hiver, dans les régions élevées, vêtements chauds, imperméable ; de mai à octobre, vêtements légers de plein été (ni épaules ni genoux découverts pour les femmes...) et pulls pour les soirées. À Aqaba, des vêtements de demi-saison suffisent en hiver.

FOULE : pression touristique en forte progression. Juillet, août et septembre sont les mois les plus fréquentés ; janvier le moins. Un tourisme encore majoritairement d'origine régionale – Syrie, Arabie saoudite, Égypte et pays du Golfe. ●

Voir également les rubriques :
La santé en voyage, p. 401
Le coût de la vie, p. 441
Le monde tel qu'il est, p. 461
Obtenir ses visas, p. 471
La durée des vols, p. 485
Atlas du voyageur, en début de volume
Internet et les voyageurs, en fin de volume

moyenne des températures maximales / moyenne des températures minimales

	J	F	M	A	M	J	J	A	S	O	N	D
H 4 (686 m)	14	17	21	26	32	36	38	38	34	29	22	17
	3	4	8	11	16	18	19	20	17	13	8	4
Amman (766 m)	13	14	18	23	28	31	32	33	31	27	21	15
	4	4	6	9	13	16	18	18	16	14	10	5
Shoubak (1 365 m)	9	10	14	19	22	26	27	28	26	23	17	12
	0	0	3	5	7	10	13	14	10	8	5	1
Aqaba	21	23	27	31	35	39	40	41	36	33	28	23
	10	10	14	18	22	24	26	25	24	21	16	12

nombre d'heures par jour — hauteur en mm / nombre de jours

	J	F	M	A	M	J	J	A	S	O	N	D
H 4	7	8	9	11	12	14	13	12	11	10	8	7
	9/1	13/2	10/2	11/2	7/1	0/0	0/0	0/0	0/0	3/1	10/1	14/2
Amman	7	7	8	10	11	13	13	13	11	10	8	6
	65/8	65/8	35/4	15/3	4/1	0/0	0/0	0/0	0/0	5/1	30/4	50/5
Shoubak	7	9	10	10	12	13	13	12	11	10	8	6
	70/8	70/8	65/7	18/3	6/2	0/0	0/0	0/0	0/0	2/0	30/4	75/7
Aqaba	7	8	8	9	10	11	11	11	10	9	8	7
	3/1	5/1	4/1	5/1	0/0	0/0	0/0	0/0	0/0	0,5/0	3/1	8/1

température de la mer : moyenne mensuelle

	J	F	M	A	M	J	J	A	S	O	N	D
Aqaba	19	20	21	23	25	26	27	27	25	23	21	19

Kazakhstan

Superficie : 5 fois la France. Astana (latitude 51°08'N ; longitude 071°22'E) : GMT + 4 h. Durée du jour : maximale (juin) 15 heures 30, minimale (décembre) 9 heures.

Ouvert sur la Sibérie au nord, le plus grand pays d'Asie centrale est limité à l'est et au sud par les hauts reliefs de l'Altaï et du Tien Chan. C'est pendant les saisons intermédiaires, de la **mi-mai à la mi-juin**, ou à la **mi-septembre**, que le Kazakhstan offre les conditions climatiques les plus propices au voyage.

▶ Le climat du Kazakhstan est fortement marqué par son caractère continental – hiver très froid, été très chaud. C'est un climat sec, les précipitations y sont limitées et même quasiment inexistantes en été dans certaines régions (voir Kzyl-Orda). Ce pays est aussi fameux pour ses tempêtes de poussière qui n'ont rien de très agréable ; au nord du pays, les environs d'Aktyoubinsk, de Kustanay et de Pavlodar sont particulièrement touchés par ce phénomène. Si, en Asie centrale, l'atmosphère a si souvent cet aspect un peu gris ou blanchâtre, elle le doit aux particules qui peuvent rester plusieurs jours en suspension avant de retomber au sol.

▶ En **hiver**, le froid rigoureux mais sec est finalement assez supportable, sauf quand il se trouve associé à des vents forts. Tout à l'est du pays par exemple, les vents venus de Chine et compressés dans les cols étroits qui séparent les deux pays font, de la région du lac Alakol, une des plus venteuses du pays, surtout en décem-

bre et en janvier (à cette époque, un thermomètre placé au vent enregistre régulièrement des minima nocturnes inférieurs à – 50°). Les chutes de neige ne sont pas très fréquentes dans les plaines ; suivant la longitude, la neige recouvre la terre durant un à quatre mois, mais d'une couche rarement très épaisse.

▶ Au début du **printemps** (mais aussi parfois en janvier), la moitié sud du pays subit périodiquement des tempêtes venues d'Iran. Elles apportent un air chaud et peuvent remonter jusqu'au lac Balkhach. Mai et juin sont plus calmes et bénéficient généralement de températures agréables.

▶ L'été est très chaud, souvent torride, mais sec. Le Kazakhstan connaît de temps à autre le phénomène du *soukhoviei*, surtout en juillet : un vent chaud associé à la sécheresse du sol et de l'air peut griller les récoltes sur pied au moment de leur pleine croissance. L'**automne** est court, et dès la mi-octobre, les températures nocturnes descendent fréquemment en dessous de 0°.

▶ Un coup d'œil sur les statistiques d'Omsk (chapitre Russie) et celles de Tachkent (chapitre Ouzbékistan) donnera un aperçu du climat des régions respectivement la plus septentrionale et la plus méridionale du Kazakhstan.

VALISE : en hiver, un voyage dans les steppes de l'Asie centrale impose d'être chaudement vêtu et protégé du vent. En été, on n'oubliera pas une écharpe de coton adaptée aux vents de poussière... On tiendra aussi compte des importants écarts de températures entre le jour et la nuit, particulièrement au printemps et en automne où le froid peut succéder en soirée à des températures élevées dans l'après-midi. Les voyageuses doivent aussi savoir que des vêtements trop décontractés risquent de choquer la population musulmane. ●

moyenne des températures maximales / moyenne des températures minimales

	J	F	M	A	M	J	J	A	S	O	N	D
Astana	- 13	- 11	- 5	9	20	26	29	26	20	10	- 3	- 9
(350 m)	- 21	- 21	- 11	- 3	6	13	15	12	7	- 2	- 11	- 18
Aktyoubinsk	- 10	- 9	- 1	12	23	27	29	27	21	10	1	- 7
(220 m)	- 19	- 19	- 10	0	8	13	16	13	7	0	- 6	- 15
Semipalatinsk	- 12	- 10	- 4	10	21	27	29	27	20	11	- 2	- 9
(200 m)	- 21	- 20	- 14	- 3	6	13	15	13	6	- 1	- 11	- 18
Karaganda	- 10	- 8	- 3	8	21	25	28	24	20	11	- 2	- 4
(550 m)	- 21	- 20	- 15	- 4	5	10	14	10	4	- 4	- 12	- 14
Atyran	- 4	- 3	5	17	26	30	33	31	24	14	6	- 1
	- 12	- 12	- 4	4	12	16	19	17	11	3	- 2	- 9
Kzyl-Orda	- 5	- 3	6	18	26	31	32	30	24	15	5	- 3
	- 14	- 12	- 6	4	11	16	17	14	10	1	- 6	- 11
Almaty	- 3,5	- 2	6	17	22	26	29	28	22	14	5	- 1
(850 m)	- 14	- 13	- 6	3	9	13	15	14	8	1	- 6	- 12

nombre d'heures par jour   hauteur en mm / nombre de jours

	J	F	M	A	M	J	J	A	S	O	N	D
Astana	4	5	6	8	9,5	11	11	9,5	7,5	4,5	3,5	3
	17/5	14/4	14/3	20/5	35/6	35/6	50/7	40/6	25/4	30/7	20/6	17/5
Aktyoubinsk	3	5	5,5	8	10	10,5	10,5	9,5	7,5	4,5	2,5	2
	20/6	19/5	20/5	25/5	25/5	35/5	30/5	25/4	25/5	30/6	25/5	25/6
Semipalatinsk	3,5	9	6,5	8	10	11	11	10	8	4,5	3,5	3
	16/5	16/5	17/4	18/4	25/6	30/5	35/6	30/5	19/4	25/6	25/7	20/6
Karaganda	3,5	5	6	7,5	9,5	11	10,5	10	8	4,5	3,5	3
	20/6	19/6	18/5	20/5	35/7	35/6	40/7	35/6	20/4	35/8	25/7	20/7
Atyran	3	5	5,5	8	10	11	11	10,5	9	6,5	3,5	2,5
	11/3	10/3	14/4	12/3	14/3	17/3	16/3	14/2	12/3	13/3	17/4	13/4
Kzyl-Orda	4	5	7	8	11	12	14	12	11	8	5	4
	13/5	15/5	14/5	14/3	11/3	5/1	4/1	3/1	4/1	7/2	10/4	14/5
Almaty	4	4,5	5	6,5	8	9,5	10	9,5	8	6	4	3,5
	30/6	35/6	70/10	105/10	105/10	65/7	30/5	25/4	30/4	60/7	55/7	30/6

Kenya

Superficie : 1,06 fois la France. Nairobi (latitude 1°18'S ; longitude 36°46'E) : GMT + 3 h. Durée du jour : environ 12 heures toute l'année.

Bien que le Kenya soit un pays équatorial, des climats très variés y coexistent : chaud et humide sur la côte (voir Mombasa) ; torride et quasi désertique dans la région du lac Turkana au nord (voir Lodwar), où souffle un vent violent et desséchant ; très agréable dans les régions de plateaux et de montagnes du centre, de l'ouest et du nord (vallée du Rift, réserves de Masaï-Mara, Amboseli, Tsavo, Meru, Samburu, etc. : voir Nairobi), même si les soirées y sont assez fraîches, et froides au-dessus de 3 000 mètres. Signalons que le Kenya subissait encore au printemps 2002 une sécheresse sévère commencée il y a plusieurs années, surtout dans la partie nord-est du pays.

▶ Ceux qui vont d'abord au Kenya pour y voir des animaux sauvages – notamment les « Cinq Grands » : léopards, lions, éléphants, buffles, rhinocéros, ou les centaines de milliers de flamants roses du lac

Nakuru – auront tout avantage à choisir soit les mois de **janvier et février**, soit la période qui va de **juillet à octobre** (bien que les principales réserves soient ouvertes toute l'année). Ils éviteront ainsi les deux saisons des pluies (la « pluie des haricots » et la « pluie du mil ») et seront dans les conditions les plus favorables pour observer les animaux (voir encadré ci-contre). À souligner cependant : l'affluence touristique en juillet et août impose de réserver longtemps à l'avance. Il faut savoir aussi que, en juillet et août, on peut assister à un fantastique spectacle au sud de la réserve de Masaï-Mara : celui de la migration de plus d'un million de gnous.

Autour du lac Victoria, les températures et l'humidité sont en général plus élevées, et il pleut davantage que sur le plateau central (voir Kisumu).

Si vous prévoyez une balade en montagne (monts Kenya, Aberdare), sachez que la saison des pluies rend impraticables certains itinéraires sur piste, et que le froid peut être vif le soir et la nuit.

▶ Si vous avez choisi de faire un safari balnéaire, il est préférable d'éviter, sur les plages de sable kenyanes, la pleine saison des pluies (avril à juillet), encore qu'il ne s'agisse que de violentes mais brèves averses tropicales, laissant vite la place au soleil. Les mois d'**août et septembre** sont une bonne période, précédant la plus forte canicule (décembre à mars).

VALISE : vêtements pratiques et légers, en coton ou en lin de préférence, et un ou deux pulls pour les soirées toujours fraîches à l'intérieur du pays ; des sandales de plastique pour ne pas se blesser sur les coraux à marée basse. Pour visiter les réserves, vêtements de couleurs neutres et chaussures de marche en toile. Pour la montagne, des vêtements chauds sont bien sûr indispensables.

SANTÉ : risques de paludisme toute l'année en dessous de 2 500 mètres d'altitude, excepté à Nairobi ; résistance élevée à la Nivaquine. Vaccinations contre la fièvre jaune et la typhoïde vivement conseillées.

BESTIOLES : les éléphants (il suffit de leur laisser le passage) sont beaucoup moins redoutables que les moustiques (toute l'année sur la côte et dans l'intérieur, surtout actifs la nuit).

FOULE : pression touristique assez forte. Un tourisme en majorité d'origine européenne, Britanniques et Allemands fournissant les plus gros contingents. Les Français représentent environ 5 % du total des visiteurs. ●

Des éléphants cachés dans les herbes

Voici trois bonnes raisons pour visiter les réserves africaines à la fin de la saison sèche :
C'est la période où la végétation est la moins abondante, ce qui permet de mieux observer la faune. Pendant la saison des pluies, même les éléphants peuvent disparaître dans un océan d'herbes gigantesques, à quelques mètres de la piste...
Les animaux se rassemblent autour des quelques rivières ou mares qui ne sont pas asséchées, alors que, plus tôt dans la saison, les points d'eau ne manquant pas, la faune est beaucoup plus disséminée.
Quant aux routes et pistes, elles sont bien sûr en meilleur état pendant la saison sèche que pendant la saison des pluies, qui les rend parfois impraticables, souvent incertaines.

moyenne des températures maximales / moyenne des températures minimales

	J	F	M	A	M	J	J	A	S	O	N	D
Lodwar	36 22	37 23	36 24	35 24	35 25	34 24	33 24	33 24	35 24	35 24	35 24	35 23
Kisumu (1 146 m)	31 17	31 17	30 18	29 18	28 17	28 17	28 17	28 16	29 16	31 17	30 17	30 17
Nairobi (1 650 m)	25 11	26 11	26 12	24 14	23 13	22 11	21 9	22 10	24 10	25 12	23 13	23 12
Mombasa	32 23	32 24	33 24	31 24	29 23	29 21	28 20	28 20	29 21	30 22	31 23	32 23

nombre d'heures par jour   hauteur en mm / nombre de jours

	J	F	M	A	M	J	J	A	S	O	N	D
Lodwar	10 8/1	10 5/1	9 20/3	9 40/5	10 25/3	10 8/1	9 13/3	10 9/1	10 3/1	10 8/1	9 10/1	10 13/2
Kisumu	9 55/7	9 70/8	8 160/12	8 195/18	8 175/17	8 100/12	7 70/10	7 95/12	8 80/11	8 65/11	7 105/11	8 105/10
Nairobi	9 90/9	10 70/7	9 95/13	7 155/17	6 190/18	6 30/5	4 17/5	4 20/5	6 35/7	7 65/8	7 190/16	8 115/11
Mombasa	8 25/5	9 15/3	9 60/7	7 200/15	6 320/19	7 110/14	7 90/14	8 65/15	8 70/12	9 85/10	9 95/9	9 60/9

température de la mer : moyenne mensuelle

	J	F	M	A	M	J	J	A	S	O	N	D
Mombasa	27	27	28	28	27	26	25	24	25	26	27	27

Kirghizistan

Superficie : 0,36 fois la France. Bichkek, ex-Frounzé (latitude 42°90'N ; longitude 73°80'E) : GMT + 5 h. Durée du jour : maximale (juin) 15 heures 30, minimale (décembre) 9 heures.

Près de la moitié du Kirghizistan est situé à des altitudes supérieures à 3 000 mètres. Le massif montagneux du Tien Chan y culmine tout à l'est à 7 400 mètres. Sur sa frange nord – les pentes des monts de Kirzie où s'étend Bichkek, la capitale – et au sud-ouest, en bordure de la dépression de Fergana, les altitudes sont inférieures à 1 000 mètres. La majorité de la population habite ces dernières régions.

▶ Il n'existe pas de statistiques climatiques complètes pour le Kirghizistan. Mais les données climatiques concernant Almaty (voir chapitre Kazakhstan) peuvent servir de base pour estimer les conditions de Bichkek ; celles de Fergana (voir chapitre Ouzbékistan) sont assez significatives du climat de la bordure sud-ouest du pays.

Les saisons intermédiaires – **fin avril, mai, 2ᵉ quinzaine de septembre et début octobre** – sont les périodes les plus propices à un voyage dans ce pays.

▶ L'hiver est froid et sec sur les bordures du pays. Un vent, du type *bora*, souffle surtout en altitude. Parfois aussi, certaines pentes du massif de Tien Chan et celles, orientées au nord, des monts de Kirzie peuvent voir leur neige fondre sous les effets du *fœhn* ; il arrive même que la neige se sublime alors directement en vapeur.

▶ À un printemps court, succède un été chaud et sec, du moins aux altitudes modérées. Comme tous les pays d'Asie centrale, le Kirghizistan offre régulièrement à ses visiteurs quelques tempêtes de poussière, assez fréquentes dans les parties les plus basses, plus rares quand on dépasse 2 000 mètres d'altitude. Dans les hautes altitudes, le régime des précipitations est inversé et c'est entre juin et septembre qu'elles atteignent leur maximum. Dans la région du glacier Fedchenko, il peut neiger même en juillet et en août.

VALISE : en hiver, un voyage au Kirghizistan impose d'être chaudement vêtu et protégé du vent. En été, on prévoira une écharpe de coton adaptée aux vents de poussière... On tiendra aussi compte des importants écarts de températures entre le jour et la nuit, particulièrement au printemps et en automne où, en soirée, le froid peut succéder à des températures élevées de l'après-midi. Les voyageuses doivent savoir que des vêtements trop décontractés risquent de choquer la population de tradition musulmane.

Pour choisir une destination, voir également :

La santé en voyage, p. 401
Le coût de la vie, p. 441
Le monde tel qu'il est, p. 461

Laos

Superficie : 0,4 fois la France. Vientiane (latitude 17°57'N ; longitude 102°34'E) : GMT + 7 h. Durée du jour : maximale (juin) 13 heures, minimale (décembre) 11 heures.

Le climat laotien, rythmé par la mousson, se divise en deux saisons.

▶ Le commencement de la **saison sèche**, de **début novembre** à **fin février**, est incontestablement la période la plus agréable : le ciel est dégagé et d'un bleu intense, sauf dans le nord (voir Luang-Prabang) où il reste assez souvent nuageux ; dans les vallées (voir Luang-Prabang, Vientiane, Savannakhet), la chaleur est très supportable dans la journée et les nuits sont fraîches ; il peut même faire froid en montagne.

De mars à début mai, c'est la période des grandes chaleurs, pénibles surtout dans les régions basses du pays où se trouvent les principaux centres urbains. Dans les régions montagneuses qui occupent une grande partie du territoire laotien, le climat reste plus tempéré.

▶ De début mai à mi-octobre, c'est la **saison des pluies** : des averses torrentielles s'abattent sur le pays, provoquant de fortes crues du Mékong et de ses affluents, et de fréquentes inondations. Les pluies sont moins abondantes dans les vallées que dans la montagne au nord et à l'est du pays. Mais dans tout le pays l'humidité, s'ajoutant aux températures élevées, peut être très pénible pour des organismes non entraînés. Sans parler des typhons qui, venant de mer de Chine, aboutissent parfois sur le Laos à la fin de cette période.

VALISE : en saison sèche, vêtements légers, pull-overs pour les soirées. En saison des pluies, ajoutez éventuellement un anorak très léger type K-way.

SANTÉ : vaccination antirabique fortement conseillée. Risques de paludisme toute l'année et particulièrement de mai à septembre, excepté à Vientiane ; résistance élevée à la Nivaquine et multirésistance.

BESTIOLES : moustiques toute l'année dans les régions forestières (actifs la nuit) et dans les régions montagneuses (surtout actifs en milieu de journée). ●

Voir tableaux p. suivante

moyenne des températures maximales / moyenne des températures minimales

	J	F	M	A	M	J	J	A	S	O	N	D
Luang-Prabang	28	32	34	35	35	34	32	32	33	32	29	27
	14	15	17	21	23	24	24	23	23	21	18	15
Vientiane	28	30	32	34	32	31	30	31	31	30	29	29
	14	17	19	23	24	24	24	24	24	21	18	15
Savannakhet	28	30	33	34	32	31	30	30	31	29	30	29
	14	18	19	23	24	24	23	24	24	21	18	16

nombre d'heures par jour / hauteur en mm / nombre de jours

	J	F	M	A	M	J	J	A	S	O	N	D
Luang-Prabang	5	6	6	5	5	5	4	4	6	7	5	4
	17/2	20/2	35/4	80/8	130/13	155/13	205/17	260/19	145/12	65/6	16/3	10/1
Vientiane	8	8	7	8	7	5	5	5	8	8	8	8
	15/1	14/2	25/4	80/7	225/15	260/17	260/18	355/18	385/16	50/7	16/1	1/1
Savannakhet	10	9	9	9	7	6	6	5	5	8	10	10
	6/1	18/2	20/4	85/7	180/14	250/15	240/16	325/18	280/15	60/6	3/1	0/0

Lesotho

Superficie : 0,05 fois la France. Maseru (latitude 29°20'S ; longitude 27°50'E) : GMT + 2 h. Durée du jour : maximale (décembre) 14 heures, minimale (juin) 10 heures.

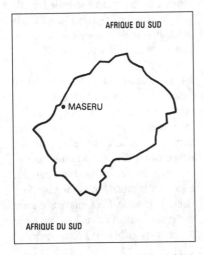

AFRIQUE DU SUD

• MASERU

AFRIQUE DU SUD

Le climat de ce petit pays de l'hémisphère austral, enclavé dans le sud-est de l'Afrique du Sud, est à la mesure de son relief montagneux et sauvage : très contrasté, et soumis à de brusques changements.

▶ L'été austral, **de novembre à février**, est sans doute la saison la plus agréable : les journées sont très chaudes mais les nuits sont fraîches, voire froides dans les régions élevées qui constituent la majeure partie du territoire. (Maseru, la capitale, est située au cœur des terres basses, les seules cultivables.) Il peut même neiger en décembre à Mokhotlong (2 400 mètres).

C'est aussi la saison des pluies, qui tombent sous forme d'orages de courte durée, souvent très violents entre octobre et avril ; elles sont trop peu abondantes pour empêcher longtemps le soleil de briller. À savoir cependant : certaines routes de montagne, comme celle qui mène aux spectaculaires chutes de Semonkong, au centre du pays, ne sont accessibles que durant les mois « secs ».

▶ **En hiver** (mai à septembre), les températures ne restent assez douces durant la journée que dans les régions les moins élevées (voir Maseru), et les nuits sont très froides partout. Les précipitations, faibles à cette saison, tombent parfois sous forme de neige sur tout le pays.

VALISE : pendant l'été austral, vêtements légers, pratiques et confortables, pull-overs, blouson ou veste pour les soirées ; un imperméable léger ou un anorak. De mai à septembre, des vêtements chauds sont indispensables. ●

moyenne des températures maximales / moyenne des températures minimales

	J	F	M	A	M	J	J	A	S	O	N	D
Maseru	30	28	26	23	19	17	17	20	23	26	27	29
(1 510 m)	15	14	12	7	3	- 2	- 1	1	5	9	11	14

nombre d'heures par jour   hauteur en mm / nombre de jours

	J	F	M	A	M	J	J	A	S	O	N	D
Maseru	10	9	7	8	7	8	8	9	9	10	10	10
	85/9	100/10	90/9	55/6	30/4	9/2	15/2	16/2	20/3	55/6	70/7	80/8

Lettonie

Superficie : 0,1 fois la France. Riga (latitude 56°58'N ; longitude 24°04'E) : GMT + 2 h. Durée du jour : maximale (juin) 18 heures, minimale (décembre) 6 heures 30.

▶ En Lettonie, la présence de la mer Baltique adoucit la rigueur des températures hivernales. Il n'empêche que s'il n'est pas aussi rigoureux qu'à Moscou, le froid est là ; et il est humide.

À Riga, la neige tient en moyenne trois mois, de la mi-décembre à la mi-mars ; un peu moins à Liepaïa située sur une côte plus ouverte.

▶ Dans la deuxième quinzaine de mars et le début avril, la gadoue laissée par la fonte des neiges peut rendre la circulation difficile. On ne parlera sérieusement de printemps qu'à partir de la mi-avril. Dès le début du mois de juin, le temps prend son rythme de croisière pour tout l'été.

▶ Moins nuageux qu'en hiver, le ciel de Lettonie n'est cependant pas toujours immaculé en été. Les chiffres d'ensoleillement doivent être interprétés en tenant compte de la durée totale du jour. Les températures diurnes sont rarement très élevées et les nuits peuvent être fraîches. L'été reste la saison la plus favorable pour visiter la Lettonie. L'automne passe assez vite et dès le début du mois de novembre le temps ressemble fort à notre hiver.

VALISE : si, en hiver, le pays connaît rarement des températures extrêmes, l'humidité y rend le froid pénétrant. L'été, emporter de quoi se couvrir pour les soirées fraîches et pour se protéger d'une bonne pluie. ●

moyenne des températures maximales / moyenne des températures minimales

	J	F	M	A	M	J	J	A	S	O	N	D
Riga	- 4	- 3	2	10	16	21	22	21	17	11	4	- 2
	- 10	- 10	- 7	1	6	9	11	11	8	4	- 1	- 7
Liepaïa	- 2	- 2	2	8	14	19	20	20	17	12	5	1
	- 8	- 8	- 5	2	6	10	13	13	10	6	1	- 5

nombre d'heures par jour   hauteur en mm / nombre de jours

	J	F	M	A	M	J	J	A	S	O	N	D
Riga	1	2	4	6	7	10	10	9	6	3	1	1
	30/13	30/12	25/11	35/9	45/9	45/7	55/8	70/11	65/12	60/13	60/13	50/14
Liepaïa	1	2	4	6	7	11	11	9	6	3	2	1
	40/12	35/11	25/10	35/8	40/9	35/6	50/8	90/10	75/11	55/11	65/13	55/13

température de la mer : moyenne mensuelle

	J	F	M	A	M	J	J	A	S	O	N	D
Liepaïa	2	1	2	3	7	12	16	17	15	11	7	5

Liban

Superficie : 0,02 fois la France. Beyrouth (latitude 33°49'N ; longitude 35°29'E) : GMT + 2 h. Durée du jour : maximale (juin) 14 heures 30, minimale (décembre) 10 heures.

Dans la **plaine côtière** (voir Beyrouth), l'été est chaud et très humide, bien que les pluies soient rares entre juin et septembre. L'hiver est doux et pluvieux. Vers mars-avril, le *khamsin* dessèche et réchauffe l'air une dizaine de jours.

Sur les pentes du **mont Liban**, la chaîne montagneuse qui longe la côte, l'air est plus sec et les températures baissent sensiblement : même en plein été, il fait rarement trop chaud dans la journée, et les nuits sont fraîches. En hiver, les sommets du mont Liban sont recouverts de neige de décembre à mai.

Dans la haute plaine de la **Bekaa** (voir Ksara), à l'est du pays, l'hiver est assez rude. Il gèle et il neige parfois. En été, les journées sont lumineuses et sèches, très chaudes et même souvent torrides en juillet-août, mais il fait frais la nuit grâce à l'altitude.
Au nord de la Bekaa, l'aridité s'accentue : la région de Baalbek et de Hermel est semi-désertique.

VALISE : en été, vêtements légers mais aussi des pull-overs pour les soirées en altitude. En hiver, vêtements chauds, imperméable. ●

moyenne des températures maximales / moyenne des températures minimales

	J	F	M	A	M	J	J	A	S	O	N	D
Beyrouth	17	18	20	22	25	28	29	30	29	26	23	19
	9	9	11	13	16	19	21	22	21	18	14	11
Ksara	12	12	15	21	26	29	32	33	30	25	19	13
(918 m)	2	2	4	7	10	13	15	16	13	10	7	3

nombre d'heures par jour   hauteur en mm / nombre de jours

	J	F	M	A	M	J	J	A	S	O	N	D
Beyrouth	4	5	6	8	10	12	11	11	10	8	7	5
	190/15	105/12	95/9	35/5	19/2	1/0	0/0	1/0	5/1	35/4	100/8	150/12
Ksara	5	6	7	9	11	13	12	12	11	9	9	5
	155/15	140/12	70/10	40/5	14/2	1/0	0/0	0/0	1/1	19/3	60/7	125/12

température de la mer : moyenne mensuelle

	J	F	M	A	M	J	J	A	S	O	N	D
Beyrouth	17	16	17	18	20	24	25	27	27	25	21	19

Libéria

Superficie : 0,2 fois la France. Monrovia (latitude 6°18'N ; longitude 10°48'O) : GMT + 0 h. Durée du jour : maximale (juin) 12 heures 30, minimale (décembre) 11 heures 30.

Le climat libérien est très humide et chaud toute l'année, avec une assez faible différence de températures entre le jour et la nuit sur la côte (voir Monrovia, Greenville), alors que dans les régions de plateaux et de petite montagne de l'intérieur, les nuits sont nettement plus fraîches.

▶ La meilleure saison au Libéria est la saison « sèche », de fin novembre à mars. L'*harmattan*, chaud mais très sec, souffle alors du Sahara, ce qui fait baisser le taux d'humidité jusque sur la côte et rend la chaleur beaucoup plus supportable. Mais le ciel reste assez souvent couvert ou brumeux même à cette période sur le littoral. Les pluies ne font que ralentir durant cette saison au sud de la côte, alors que dans la région de Monrovia il pleut très peu en janvier et février (les meilleurs mois).

À l'intérieur du pays, à mesure que l'on progresse vers le nord, le climat devient moins humide et plus sain. La fin de cette saison est la bonne période – en temps de paix – pour observer les animaux sauvages (lions, éléphants, léopards, antilopes...), nombreux dans la savane du nord du pays (voir chapitre Kenya).

▶ La saison des fortes pluies débute en avril par des tempêtes violentes. Les pluies sont torrentielles de début mai à fin octobre, particulièrement sur la côte (où elles marquent en général un net répit en août). La chaleur devient alors très inconfortable, les communications sont difficiles. L'intérieur du pays est moins arrosé (deux fois moins de pluies au nord du pays que sur le littoral).

▶ La mer bénéficie d'une température agréable toute l'année. Malheureusement, un fort ressac la rend dangereuse en de nombreux endroits de la côte.

VALISE : pour toute l'année, des vêtements légers : amples, de couleurs claires et faciles à entretenir.

SANTÉ : risques de paludisme toute l'année dans tout le pays ; résistance à la Nivaquine. Vaccination contre la fièvre jaune obligatoire.

BESTIOLES : moustiques toute l'année, surtout actifs la nuit. ●

moyenne des températures maximales / moyenne des températures minimales

	J	F	M	A	M	J	J	A	S	O	N	D
Monrovia	30	29	31	31	30	27	27	27	27	28	29	30
	23	23	23	23	22	23	22	23	22	22	23	23
Greenville	32	32	33	32	31	29	29	28	29	29	31	32
	22	22	22	22	22	22	23	22	22	22	20	22

nombre d'heures par jour hauteur en mm / nombre de jours

	J	F	M	A	M	J	J	A	S	O	N	D
Monrovia	8	8	8	7	5	3	2	5	3	3	6	7
	30/4	55/3	95/8	215/12	515/22	975/24	995/21	375/17	745/24	770/22	235/16	130/9
Greenville	7	7	7	7	4	3	3	6	4	3	6	6
	130/6	175/7	190/8	150/7	590/23	525/22	370/20	85/5	550/22	640/22	165/14	160/10

température de la mer : moyenne mensuelle

	J	F	M	A	M	J	J	A	S	O	N	D
Monrovia	27	27	27	27	27	27	26	25	26	26	27	27

Libye

Superficie : 3,2 fois la France. Tripoli (latitude 32°57'N ; longitude 13°12'E) : GMT + 1 h. Durée du jour : maximale (juin) 14 heures 30, minimale (décembre) 10 heures.

Vous rencontrerez en Libye deux climats assez différents, selon que vous vous trouverez sur la côte, au climat méditerranéen sauf en son centre (désert de Syrte), ou à l'intérieur du pays, désertique à 90 %.

▶ Sur la côte (voir Tripoli, Benghazi), les mois de transition, **avril-mai** et **septembre-octobre**, sont sans doute les plus agréables. Cependant même en plein été, s'il fait très chaud dans la journée, les nuits ne sont pas étouffantes. L'hiver est la saison pluvieuse sur le littoral : la quasi-totalité des pluies tombe entre octobre et mars. Durant cette saison, il fait toujours bon dans la journée, mais soirées et nuits sont très fraîches, surtout de décembre à mars. Il peut même geler sur les hauteurs de la Cyrénaïque. Le brouillard est assez courant en hiver.

▶ Dans le reste du pays, un **désert** parsemé d'oasis et de quelques rares agglomérations comme Sebha, la chaleur est torride dans la journée d'avril à octobre, beaucoup plus modérée le reste de l'année (voir Koufra). Le désert libyen détient le record mondial de la température la plus haute : 58°C à Al Aziziyah. En hiver, les nuits sont réellement froides. Les pluies sont très rares et lorsqu'elles tombent, c'est sous forme d'averses violentes qui transforment les *wadi* (cours d'eau le plus souvent asséchés) en torrents dévastateurs. (Voir aussi chapitre Algérie.)

▶ Le *ghlibi*, un vent de sable chaud et sec soulevant de grandes quantités de poussière jaune et brûlant les cultures, se fait sentir surtout au printemps. Il souffle par périodes allant de 24 heures à 3 jours.

VALISE : de mai à octobre, vêtements de plein été, en coton ou en lin de préférence, et une veste légère ou un pull-over ; bien entendu, ni jupes courtes, ni épaules nues, ni décolletés pour les femmes. En hiver, vêtements de demi-saison, imperméable. Dans les régions sahariennes, vêtements chauds pour le soir et la nuit, chèche pour se protéger de la poussière.

SANTÉ : de février à août, faibles risques de paludisme dans la région du Fezzan (au sud-ouest du pays).

BESTIOLES : moustiques d'avril à octobre dans les oasis du sud, surtout actifs après le coucher du soleil. Dans ces régions sahariennes, attention aux scorpions : les risques de se faire piquer sont faibles, mais il vaut mieux éviter de porter des sandales, de retourner des pierres, etc. (surtout en été). ●

moyenne des températures maximales / moyenne des températures minimales

	J	F	M	A	M	J	J	A	S	O	N	D
Tripoli	17	18	20	23	25	29	30	31	30	28	23	18
	8	9	10	13	16	19	21	22	21	18	13	9
Benghazi	17	18	21	24	28	29	29	30	27	26	24	20
	8	10	11	13	16	19	22	22	18	17	14	11
Koufra	21	23	27	33	37	39	38	38	36	32	27	22
	5	7	10	15	20	22	23	23	21	16	11	6

nombre d'heures par jour   hauteur en mm / nombre de jours

	J	F	M	A	M	J	J	A	S	O	N	D
Tripoli	6	7	7	9	10	10	12	11	9	7	6	5
	60/8	40/5	19/3	14/2	3/1	1/0	1/0	1/0	10/1	30/4	40/6	65/7
Benghazi	6	8	8	9	10	11	13	12	10	8	7	6
	65/14	35/8	20/7	5/2	7/2	1/0	0/0	1/0	4/1	20/4	30/7	65/12
Koufra	9	9	10	10	11	11	12	12	10	10	10	8
	0/0	0,5/0	0/0	0/0	0/0	0/0	0/0	0,5/0	0,5/0	0/0	0/0	0/0

température de la mer : moyenne mensuelle

	J	F	M	A	M	J	J	A	S	O	N	D
Benghazi	17	16	16	17	19	22	25	26	25	23	21	18
Tripoli	16	15	16	17	19	22	24	25	25	23	20	18

Lituanie

Superficie : 0,1 fois la France. Vilnius (latitude 54°38'N ; longitude 25°17'E) : GMT + 2 h. Durée du jour : maximale (juin) 17 heures 30, minimale (décembre) 7 heures.

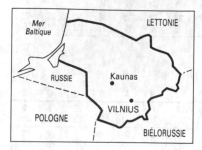

▶ La continentalité aidant, les températures hivernales de Vilnius sont sensiblement équivalentes à celle de Tallinn (Estonie), située à 500 km au nord, mais sur la mer.

La capitale offre un hiver froid. Il est moins rigoureux, mais plus humide, à Klaïpéda, le principal port du pays. Dans la région de Kaunas, la couverture neigeuse – moins de 20 cm d'épaisseur – dure de la mi-décembre à la mi-mars ; moins sur la côte.

▶ Le printemps est court et commence à la mi-avril, après que la neige fondue a transformé pendant une ou deux semaines la campagne en bourbier. Les températures grimpent rapidement, puis se stabilisent dès la mi-juin et resteront sensiblement égales jusqu'à la fin août. Le soleil le dispute aux nuages. Tout au sud, la presqu'île de Neringa bénéficie d'un micro-climat et d'un meilleur ensoleillement.

L'été s'impose comme la saison la plus propice pour un voyage en Lituanie.

Les températures baissent en septembre ; elles sont, dès le début de novembre, comparables à celles de l'hiver en France.

VALISE : des vêtements chauds en hiver. Pour l'été, de quoi se couvrir pendant les soirées fraîches et se protéger d'une bonne pluie. ●

moyenne des températures maximales / moyenne des températures minimales

	J	F	M	A	M	J	J	A	S	O	N	D
Kaunas	- 4	- 3	2	11	17	22	23	22	18	12	4	- 2
	- 10	- 9	- 5	2	7	10	12	11	8	4	0	- 7
Vilnius	- 5	- 3	1	12	18	21	23	22	17	11	4	- 3
	- 11	- 10	- 7	2	7	11	12	11	8	4	- 1	- 7

nombre d'heures par jour — hauteur en mm / nombre de jours

	J	F	M	A	M	J	J	A	S	O	N	D
Kaunas	1	2	3	5	7	9	9	8	6	3	2	1
	30/13	30/11	30/10	40/8	80/10	70/9	40/8	65/11	55/10	45/11	60/11	45/13
Vilnius	1	2	5	6	7	9	9	8	6	3	2	1
	30/14	40/12	40/10	40/9	85/12	65/9	50/9	100/10	60/10	50/10	65/12	40/14

température de la mer : moyenne mensuelle

	J	F	M	A	M	J	J	A	S	O	N	D
Mer Baltique	2	1	2	3	7	12	16	17	15	11	7	5

Luxembourg

Superficie : 0,005 fois la France. Luxembourg (latitude 49°37'N ; longitude 06°03'E) : GMT + 1 h. Durée du jour : maximale (juin) 16 heures, minimale (décembre) 8 heures.

BELGIQUE

ALLEMAGNE

● LUXEMBOURG

FRANCE

▶ Le menu climatique du Luxembourg est assez arrosé et relativement équilibré : étés modérément chauds et ensoleillés, avec des nuits qui restent très fraîches ; automnes assez pluvieux, avec un ciel nuageux et bas dès le mois d'octobre ; hivers froids et gris (neige fréquente en janvier et février) ; printemps plus secs, mais frais.
Le tiers nord du pays, appelé Ösling, le « mauvais pays », par contraste avec le Gutland, le « bon pays », doit à son altitude modérée un climat un peu plus rude en hiver et plus frais en été.

▶ La meilleure saison pour séjourner au Luxembourg se situe entre mai et fin septembre. On peut alors pleinement profiter des somptueuses forêts luxembourgeoises, sillonnées par un réseau de sentiers pédestres remarquablement balisés, et du charme des nombreux châteaux dispersés sur tout le territoire.
Fin septembre est souvent une période privilégiée, l'été indien embrasant alors les forêts grand-ducales qui s'étendent des portes de la ville de Luxembourg jusqu'au nord du pays.

VALISE : en été, vêtements légers mais aussi un ou deux pull-overs, une veste ou un blouson, un imperméable.
En hiver, vêtements chauds, manteau, imperméable.

FOULE : des visiteurs venus d'Europe à plus de 90 %. Les Français placés nettement après Belges, Néerlandais et Allemands. ●

moyenne des températures maximales / moyenne des températures minimales

	J	F	M	A	M	J	J	A	S	O	N	D
Luxembourg	3	4	10	14	18	21	23	22	19	13	7	4
	-1	-1	1	4	8	11	13	12	10	6	3	0

nombre d'heures par jour   hauteur en mm / nombre de jours

	J	F	M	A	M	J	J	A	S	O	N	D
Luxembourg	2	2	5	6	7	7	7	6	5	3	1	1
	75/13	55/10	45/8	55/9	60/9	65/10	65/10	75/10	65/10	55/10	65/11	70/12

Macédoine

Superficie : 0,05 fois la France. Skopje (latitude 41°59'N ; longitude 21°28'E) : GMT + 1 h. Durée du jour : maximale (juin) 15 heures 30, minimale (décembre) 9 heures.

La population de la plus orientale des républiques de l'ancienne Yougoslavie est surtout concentrée dans la vallée du Vardar, le principal fleuve qui débouche dans le golfe de Salonique, en Grèce.

◗ L'hiver est froid, surtout quand le *vardarac* souffle dans la vallée du fleuve. Cousin de la redoutable *bora*, il n'en a heureusement pas toute la vigueur. La couverture neigeuse est généralement suffisante pour skier dans la région de Tetovo. À proximité de la capitale en revanche, la neige ne reste généralement que deux ou trois semaines.

Les températures sont agréables en mai et peuvent être très élevées dès la mi-juin. Pendant toute la période estivale, les jours de canicule sont fréquents. En accord avec le régime climatique méditerranéen, c'est cette saison qui connaît le minimum de précipitations.

Mai, juin et **septembre** sont les mois les plus propices à la découverte de la Macédoine.

VALISE : en hiver, on pensera aux vêtements coupe-vent pour se protéger du *vardarac*. Pour l'été, il faut se souvenir que les soirées peuvent être fraîches en altitude, même s'il a fait très chaud pendant la journée. ●

moyenne des températures maximales / moyenne des températures minimales

	J	F	M	A	M	J	J	A	S	O	N	D
Skopje	5	8	12	20	23	28	31	31	26	19	12	7
(250 m)	– 3	– 2	1	5	10	13	15	14	11	6	3	– 1
Bitola	4	8	10	16	21	26	29	30	25	18	11	7
(600 m)	– 4	– 2	0	5	9	12	14	13	10	6	3	– 1

nombre d'heures par jour   hauteur en mm / nombre de jours

	J	F	M	A	M	J	J	A	S	O	N	D
Skopje	2	4	4	7	7	9	10	10	7	5	2	2
	40/7	30/5	30/6	40/5	55/8	45/5	30/4	30/2	35/4	60/6	55/8	55/6
Bitola	2	4	5	6	8	9	11	11	8	5	3	3
	55/9	50/7	55/8	50/7	60/9	45/6	35/4	40/3	45/5	70/8	75/10	60/8

Madagascar

Superficie : 1,1 fois la France. Antananarivo (latitude 18°54'S ; longitude 47°32'E) : GMT + 3 h. Durée du jour : maximale (décembre) 13 heures 30, minimale (juin) 11 heures.

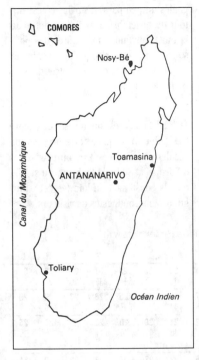

▶ Le climat malgache, chaud toute l'année, est si variable selon les régions en ce qui concerne les pluies que les mois de **septembre et octobre** sont les seuls à permettre de visiter l'ensemble de l'« Île rouge » dans de bonnes conditions au cours du même voyage.

▶ Sur la **côte orientale** (voir Toamasina), ce sont en effet les deux mois où il pleut le moins, et durant lesquels de belles éclaircies se développent, en général l'après-midi. Cette côte subit toute l'année des pluies très abondantes venues de l'est, qui se partagent entre la saison des pluies à proprement parler (novembre à mars), la saison pluvieuse (avril-mai), et... la saison où il pleut des crachins tièdes (juin à août) ! Les cyclones ne sont pas rares entre mi-janvier et début mars – le cyclone *Geralda*, qui s'est abattu sur l'île en février 1994, a été le plus dévastateur qu'ait connu Madagascar depuis 1927 ; plus récemment, le 15 février et le 2 mars 2000, *Eline* et *Gloria* ont durement frappé le pays. La violence des pluies coupe alors les routes et emporte les ponts. Cela dit, entre deux averses diluviennes, le soleil fait de fréquentes apparitions.

C'est donc souvent sous une pluie battante que, à la mi-août, des baleines à bosse se rassemblent devant l'île Sainte-Marie pour donner naissance à leur progéniture...

▶ À l'**intérieur** du pays, dans les régions élevées couvertes de savanes tropicales (voir Antananarivo), il y a une saison sèche, **d'avril à octobre** inclus, durant laquelle il fait souvent beau et modérément chaud. Les mois de juin à août correspondent à l'hiver austral : il peut faire très frais, voire froid le soir. Durant la saison sèche, ces plateaux sont balayés par un vent qui soulève des tourbillons de poussière rouge.

Les pluies, abondantes surtout de mi-novembre à fin mars, sont violentes mais d'assez courte durée pour permettre au soleil de briller assez souvent. Elles tombent le plus souvent dans l'après-midi.

▶ La **côte ouest** est beaucoup moins pluvieuse que la côte est. Au nord-ouest, dans la région de Nosy-Bé, la « Tahiti de l'océan Indien », la saison sèche s'étend **de mai à octobre**. Toutefois, même durant la saison des pluies Nosy-Bé est ensoleillée une bonne partie de la journée, les orages n'apparaissant qu'en début de soirée.

Plus on descend vers le sud, sur la côte ouest, et plus les pluies se font rares : à Toliary, il ne pleut que très modérément de décembre à mars. C'est une région aride de savanes parsemée d'« arbres à gros ventre ». L'ensoleillement y est excellent toute l'année.

VALISE : en toute saison, il faut emporter à la fois des vêtements de plage et d'été très légers, et une veste, un anorak à capuche, quelques pulls si on a l'intention de circuler à l'intérieur du pays ; des chaussures couvrantes pour les promenades en brousse, des sandales de plastique pour ne pas se blesser en marchant sur les coraux à marée basse.

SANTÉ : risques de paludisme toute l'année en dessous de 1 600 mètres d'altitude, surtout sur les côtes. Zones de résistance à la Nivaquine.

BESTIOLES : des moustiques sont signalés un peu partout sur les côtes, surtout de novembre à avril (surtout actifs la nuit). Attention aux piqûres des poissons-pierres et aux coquillages venimeux (cônes) que l'on peut rencontrer dans les récifs de corail.

FOULE : une pression touristique encore très faible, bien qu'en forte progression ces dernières années. Des touristes venus d'Europe à 80 % – Français puis Allemands constituant de loin les deux plus importants contingents de visiteurs. ●

moyenne des températures maximales / moyenne des températures minimales

	J	F	M	A	M	J	J	A	S	O	N	D
Nosy-Bé	31	31	31	31	31	29	29	29	31	32	32	31
	23	23	23	22	20	19	17	18	19	20	22	23
Toamasina (ex-Tamatave)	30	30	29	28	27	25	24	25	26	27	29	29
	23	23	22	21	19	18	17	17	17	18	20	22
Antananarivo (1 310 m) (ex-Tananarive)	25	26	25	24	22	21	20	20	22	25	26	25
	16	16	16	15	12	10	10	10	11	12	15	16
Toliary (ex-Tulear)	32	32	32	31	29	27	27	27	29	29	30	31
	23	23	22	20	17	15	14	15	16	18	20	22

nombre d'heures par jour   hauteur en mm / nombre de jours

	J	F	M	A	M	J	J	A	S	O	N	D
Nosy-Bé	7	7	7	8	9	8	9	9	10	10	9	7
	465/20	425/16	285/13	140/7	60/3	50/3	35/3	40/3	49/3	95/5	190/10	360/14
Toamasina	7	7	6	7	6	6	5	6	7	7	8	8
	420/19	440/18	530/19	405/19	305/17	300/20	255/20	210/20	135/14	90/11	185/12	260/16
Antananarivo	7	7	6	8	7	7	7	8	8	9	7	7
	285/18	220/15	230/14	35/5	13/3	9/2	10/2	10/2	15/2	45/4	145/10	255/17
Toliary	10	10	10	10	10	9	9	10	10	10	10	10
	70/5	70/5	40/3	7/1	18/2	11/2	4/1	3/1	10/1	14/1	35/2	55/4

température de la mer : moyenne mensuelle

	J	F	M	A	M	J	J	A	S	O	N	D
Nosy-Bé	28	28	28	27	27	25	24	24	25	25	26	27
Toamasina	27	28	27	27	26	24	24	23	23	24	25	26
Toliary	27	27	27	26	25	24	23	22	23	24	25	26

Madère

Superficie : 0,0015 fois la France. Funchal (latitude 32°38'N ; longitude 16°54'O) : GMT + 0 h. Durée du jour : maximale (juin) 14 heures, minimale (décembre) 10 heures.

▶ L'« île de l'éternel printemps », située au large de l'Afrique, bénéficie de températures agréables toute l'année. Cependant, l'automne est souvent orageux et les pluies sont assez fréquentes d'octobre à mars, bien que l'hiver reste une saison assez ensoleillée : la meilleure époque pour y séjourner est donc la fin du printemps et l'été, **de début juin à fin sep**tembre. C'est la période la plus ensoleillée et la plus chaude, durant laquelle les nuits peuvent être fraîches.

▶ Madère est toujours fleurie, mais c'est bien sûr au printemps que son exubérante végétation offre le spectacle le plus haut en couleurs.

▶ La côte, très accidentée, est peu propice aux baignades en mer : on se baigne surtout dans les nombreuses piscines de l'île, mais aussi sur la grande plage de l'île de Porto Santo, à une heure en bateau de Madère.

VALISE : de juin à septembre, vêtements d'été, un pull-over, une veste de toile ; des espadrilles ou des tennis pour les promenades sur les rochers. Le reste de l'année, une veste chaude et un imperméable vous seront utiles. ●

moyenne des températures maximales / moyenne des températures minimales

	J	F	M	A	M	J	J	A	S	O	N	D
Funchal	19	18	19	19	19	22	24	26	24	23	22	19
	13	13	13	14	16	17	19	19	19	18	16	14

nombre d'heures par jour   hauteur en mm / nombre de jours

	J	F	M	A	M	J	J	A	S	O	N	D
Funchal	5	6	7	7	7	7	8	8	8	6	5	5
	80/7	85/6	70/7	45/4	20/2	5/1	2/0	2/1	30/2	80/7	95/7	95/7

température de la mer : moyenne mensuelle

	J	F	M	A	M	J	J	A	S	O	N	D
Funchal	17	16	16	17	18	20	21	22	22	21	20	18

Malaisie

Superficie : 0,6 fois la France. Kuala Lumpur (latitude 3°08'N ; longitude 101°42'E) : GMT + 8 h. Durée du jour : environ 12 heures toute l'année.

▶ Le climat est uniformément chaud et humide toute l'année en Malaisie – aussi bien dans la péninsule malaise que dans les États orientaux, Sabah et Sarawak. La chaleur lourde est souvent oppressante pour un organisme européen, au moins les premiers jours (mais dans les grandes villes de nombreux hôtels, restaurants, bureaux et magasins sont climatisés). On vit beaucoup le soir et la nuit dans les grandes villes, pour profiter d'une très relative fraîcheur. L'altitude est le seul facteur qui fasse nettement baisser les températures : dans les stations élevées, les soirées sont fraîches et les nuits presque froides.

▶ La meilleure période pour voyager en Malaisie est sans doute celle qui correspond à notre été, **de début juin à fin septembre**. C'est la saison la moins pluvieuse et la plus ensoleillée sur la côte est (voir Kota Bharu, Mersing) et en Malaisie orientale (voir Sandakan, Kuching). C'est également une bonne saison pour Kuala Lumpur.
Préférez **décembre et mars** ou, à la rigueur, **juin et juillet** si vous pensez vous rendre sur la côte ouest : c'est entre

août et novembre que les pluies orageuses, accompagnées de « coups de Sumatra » (vents violents), sont les plus fortes sur cette côte (voir Penang).
Le Parc national de Malaisie (4 300 km^2 de jungle montagneuse, au centre du pays) est fermé du 15 novembre au 15 janvier, à cause des pluies.

▶ Dans les régions orientales, évitez surtout les mois de décembre à février : le Sabah et le Sarawak reçoivent à cette période des pluies assez diluviennes pour couper fréquemment les communications. Dans ces régions, les pluies sont surtout nocturnes et matinales (alors qu'à Kuala Lumpur elles tombent souvent l'après-midi).

▶ L'eau de mer est toujours chaude : entre 27° et 29° toute l'année.

VALISE : vêtements très légers, en fibres naturelles de préférence, éventuellement un anorak, un pull ou une veste si vous comptez séjourner dans les stations de montagne. Emportez des chaussures sans lacets : on se déchausse à l'entrée des maisons et des lieux de culte (que l'on visite les jambes et les épaules couvertes). La tradition islamique est particulièrement présente sur la côte est de Malaisie : c'est une région où les femmes éviteront de porter robes décolletées, vêtements moulants, etc. Sur la côte ouest, c'est beaucoup plus décontracté.

SANTÉ : risques de paludisme en dessous de 1 700 mètres. Les côtes et les zones urbaines sont protégées, sauf dans l'État de Sabah. Résistance à la Nivaquine.

BESTIOLES : en forêt, d'horribles sang-sues pourraient s'en prendre à vos mollets (pantalons longs de rigueur). Il y a des moustiques toute l'année sur les côtes et dans les régions à végétation dense.

FOULE : le tourisme en Malaisie, en forte progression, se développe essentielle-ment sur la partie continentale du pays, laissant à l'écart le nord de l'île de Bornéo (Sarawak et Labuan). La période d'octo-bre à décembre connaît la plus grande affluence. En 2001, les pays d'Asie four-nissaient encore plus de 85 % des visi-teurs (65 % pour Singapour). Dans la part congrue des pays occidentaux, Royaume-Uni et Australie sont les mieux représentés. ●

moyenne des températures maximales / moyenne des températures minimales

	J	F	M	A	M	J	J	A	S	O	N	D
Kota Bharu	29	30	31	32	33	32	32	32	31	31	29	29
	22	23	23	24	24	24	23	23	23	23	23	23
Penang	32	32	32	32	32	31	31	31	30	30	31	31
	23	23	24	24	24	24	23	23	23	23	23	23
Kuala Lumpur	32	33	33	33	33	32	32	32	32	32	31	31
	22	22	23	23	23	23	23	23	23	23	23	22
Mersing	28	29	30	32	32	31	31	31	31	31	30	28
	23	24	23	23	23	22	22	22	22	22	23	23
Sandakan	29	30	31	32	33	32	32	32	32	32	31	30
	23	23	23	24	24	23	22	23	23	23	23	23
Kuching	30	30	31	32	33	33	32	32	32	32	31	30
	23	23	23	23	23	23	23	23	22	23	23	23

nombre d'heures par jour   hauteur en mm / nombre de jours

	J	F	M	A	M	J	J	A	S	O	N	D
Kota Bharu	7	8	8,5	9	8	7	7	7	6,5	6	4,5	5
	130/8	50/5	90/6	85/5	100/9	125/9	155/11	170/12	200/14	270/16	660/20	570/17
Penang	8	8,5	7,5	7,5	6,5	7	6,5	6	5,5	5,5	6	6,5
	70/5	70/6	145/9	220/14	200/14	180/11	190/12	240/14	360/18	380/19	230/15	115/9
Kuala Lumpur	6	7	6,5	6,5	6,5	6,5	6,5	6	5,5	5,5	5	5,5
	165/10	145/11	220/14	280/16	185/13	125/9	130/10	145/11	190/13	270/17	280/18	230/15
Mersing	5,5	7	7,5	7	7	7	6,5	6,5	6	5,5	5	4
	290/12	125/8	130/8	125/10	145/11	140/11	160/13	175/13	180/14	200/14	380/19	660/20
Sandakan	5	6	7	8	8	7	7	7	6,5	6	6	5
	440/18	270/12	160/10	110/7	140/9	200/12	195/12	200/13	240/13	250/15	240/18	460/19
Kuching	3,5	4	4,5	5,5	6	6,5	6	5,5	5	5	5	4
	690/23	540/18	360/17	260/17	240/15	200/14	185/13	210/15	270/16	340/19	370/22	480/23

température de la mer : moyenne mensuelle

	J	F	M	A	M	J	J	A	S	O	N	D
Penang	27	27	28	28	28	28	28	27	27	27	27	27
Mersing	26	27	28	28	28	28	28	28	27	28	28	27
Sandakan	27	27	28	28	29	29	28	28	28	28	28	27

Malawi

Superficie : 0,2 fois la France. Lilongwe (latitude 13°58'S ; longitude 33°42'E) : GMT + 2 h. Durée du jour : maximale (décembre) 13 heures, minimale (juin) 11 heures 30.

▶ La meilleure période pour se rendre au Malawi est la **saison sèche**, qui s'étend **de mai à octobre**, et particulièrement la fin de cette saison : le temps est le plus souvent ensoleillé, il fait chaud dans la journée mais les nuits sont fraîches, et même un peu froides à partir de 1 000 mètres d'altitude (voir Lilongwe, Zomba). Les seules régions à souffrir de canicule sont les basses vallées comme celle du Shire, au sud.

Les plages qui bordent l'étincelant lac Malawi, encerclé de montagnes, bénéficient alors de brises lacustres qui rendent leur climat plus sec, moins étouffant que le reste de l'année. C'est également une bonne période pour parcourir le pays et découvrir la variété de ses paysages, des forêts tropicales du plateau Nyika au nord jusqu'au majestueux mont Mulanje au sud (attention au froid, il peut geler la nuit) ; et c'est enfin le meilleur moment pour visiter les réserves du parc national au nord et de Kasungu au centre (voir chapitre Kenya).

▶ Durant la **saison des pluies** (de mi-novembre à mi-avril), celles-ci tombent sous forme d'averses violentes qui permettent au soleil de se manifester assez souvent, mais peuvent rendre certaines pistes impraticables, particulièrement dans l'extrême Sud (Nsange), région la plus arrosée du pays. L'humidité ambiante rend la chaleur assez étouffante. Les pluies sont d'une manière générale beaucoup plus fortes sur les hauts reliefs comme le mont Mulanje que sur les bords du lac ou dans la vallée du Shire.

▶ À n'importe quel moment de l'année peut souffler, surtout sur les hautes terres, le *chiperone*, un vent froid du sud-est.

VALISE : en toute saison, vêtements très légers pour les journées et pull-overs pour les soirées ; des vêtements chauds si vous pensez grimper sur le mont Mulanje. Pour visiter les réserves : vêtements de couleurs neutres, chaussures de marche en toile.

SANTÉ : risques de paludisme toute l'année dans tout le pays ; résistance élevée à la Nivaquine. Vaccin antirabique conseillé pour longs séjours.

BESTIOLES : moustiques toute l'année dans les régions basses. ●

moyenne des températures maximales / moyenne des températures minimales

	J	F	M	A	M	J	J	A	S	O	N	D
Karonga	30	30	29	29	28	27	27	28	30	32	33	31
(480 m)	22	22	21	21	19	16	15	16	17	19	21	22
Lilongwe	27	27	27	27	26	24	24	25	25	30	30	28
(1 130 m)	17	17	16	14	10	8	6	8	10	15	17	18
Zomba	27	27	26	26	24	22	22	24	27	30	29	27
(950 m)	19	19	18	17	14	13	12	13	15	18	19	19

nombre d'heures par jour   hauteur en mm / nombre de jours

	J	F	M	A	M	J	J	A	S	O	N	D
Karonga	5	4	6	7	8	8	9	9	9	10	8	6
	185/12	165/13	315/18	185/12	35/5	6/1	1/0	2/0	1/0	4/0	40/3	140/2
Lilongwe	5	5	6	8	8	8	8	9	9	10	8	6
	210/14	210/12	130/9	35/4	5/1	1/1	0/0	2/0	3/0	5/1	70/4	175/12
Zomba	4	5	5	6	6	5	5	7	7	8	7	5
	300/18	270/16	245/17	70/7	19/3	13/2	6/2	8/1	8/1	25/2	120/9	285/16

Maldives

Superficie : 0,0005 fois la France. Malé (latitude 4°45'N ; longitude 73°10'E) : GMT + 5 h. Durée du jour : environ 12 heures toute l'année.

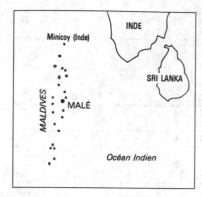

Que ce soit pour se consacrer à la plongée sous-marine (la température de la mer tourne autour de 28° toute l'année) ou aux bains de soleil, la meilleure époque va donc **de la mi-décembre à avril**.

▶ Les seules données statistiques fiables concernant les îles Maldives se rapportent à l'île de Minicoy (sous souveraineté indienne), tout au nord de l'archipel. En ce qui concerne les pluies, elles ne donnent donc pas une image exacte de ce qui se passe dans les régions centrale et méridionale, sur lesquelles les averses sont fréquentes tout au long de l'année, avec cependant un net ralentissement de novembre à début mai.

VALISE : en toute saison, vêtements très légers, simples et faciles d'entretien, en fibres naturelles de préférence ; des tennis ou des sandales en plastique pour marcher sur les récifs coralliens.

BESTIOLES : moustiques toute l'année, actifs après le crépuscule. Fuyez comme la peste les anémones de mer, qui sont urticantes.

FOULE : une forte pression touristique, d'autant plus qu'une bonne part de l'archipel est fermée aux voyageurs. La période de novembre à mars, avec une pointe en janvier, est celle qui connaît le plus d'affluence, pas loin du double de juin, mois le plus tranquille avec mai et juillet.
En 2001, les Italiens, grands amateurs de plongée sous-marine, devançaient Allemands et Britanniques. Derrière, on comptait, pour 4 Italiens, 2 Japonais, 1 Français et 1 Suisse. ●

▶ Les 1 200 îles de l'archipel des Maldives, au sud-ouest de Sri Lanka, s'égrènent du nord au sud sur une distance de près de 800 kilomètres. Les températures y sont à peu de chose près égales toute l'année : chaudes la nuit comme le jour, et parfois étouffantes durant la saison des pluies lorsque le vent ne souffle pas.
L'archipel est soumis à deux moussons : la mousson du sud-ouest arrive normalement à la fin du mois de mai et dure jusqu'en septembre. La pluie tombe en rafales, mais pendant de courtes périodes ; la mer est agitée et cette saison n'est pas très propice à la plongée sous-marine qui, le reste de l'année, est très pratiquée aux Maldives. Cette mousson touche avec plus d'intensité les îles situées dans le nord de l'archipel.
La mousson du nord-est, moins violente, arrive à partir d'octobre. Elle est assez discrète au nord, qui est relativement protégé par Sri Lanka. En revanche, dans la partie centrale, où débarque la majorité des touristes, les averses sont plus fréquentes, surtout au début de la deuxième mousson. Les brises qui soufflent durant cette dernière période rafraîchissent agréablement l'atmosphère.

moyenne des températures maximales / moyenne des températures minimales

	J	F	M	A	M	J	J	A	S	O	N	D
Minicoy	30	30	31	31	31	30	30	30	30	30	29	30
	23	24	25	26	26	25	25	25	25	25	24	23

 nombre d'heures par jour   hauteur en mm / nombre de jours

	J	F	M	A	M	J	J	A	S	O	N	D
Minicoy	7	7	7	7	6	5	5	5	6	6	6	7
	45/4	18/2	25/2	60/5	180/11	295/20	225/17	200/15	160/13	185/13	140/9	85/5

température de la mer : moyenne mensuelle

	J	F	M	A	M	J	J	A	S	O	N	D
Minicoy	27	27	28	28	28	28	28	28	27	27	27	27

Pour choisir une destination, voir également :

La santé en voyage, p. 401
Le coût de la vie, p. 441
Le monde tel qu'il est, p. 461
Obtenir ses visas, p. 471
La durée des vols, p. 485
Atlas du voyageur, en début de volume
Internet et les voyageurs, en fin de volume

Mali

Superficie : 2,3 fois la France. Bamako (latitude 12°38'N ; longitude 08°02'O) : GMT + 0 h. Durée du jour : maximale (juin) 13 heures, minimale (décembre) 11 heures 30.

▶ La période la plus agréable au Mali est le début de la **saison sèche, de novembre à février**. Le temps est bien sûr au beau fixe, avec des ciels plus blancs que bleus, typiques des régions sahéliennes lorsque la brume sèche voile le soleil.

Il fait très chaud dans la journée, surtout au sud (voir Bamako, Kayes), mais les nuits sont plus clémentes. Dans la région saharienne au nord (voir Tessalit), et plus encore dans l'extrême nord, il arrive que les nuits soient vraiment froides.

Si vous projetez de remonter jusqu'au Sahara, choisissez de préférence les mois de novembre ou décembre : les vents de sable, présents toute l'année dans le nord, deviennent plus violents à partir de janvier. Ils sont fatigants et peuvent effacer les pistes en les recouvrant de sable (voir chapitre Algérie).

▶ La fin de la saison sèche, de mars à mai, est torride dans tout le pays. *Harmattan*, tourbillons de sable irritants pour les muqueuses et brume sèche sont courants à cette période, surtout dans le nord du pays.

▶ De mi-mai ou début juin à fin septembre, c'est l'hivernage, la **saison des pluies**, qui tombent sous forme de grosses averses orageuses pouvant durer une journée entière. La chaleur est rendue plus pénible par l'humidité et ne cesse de croître jusqu'en septembre. Mais, après une averse, la luminosité et la pureté de l'air sont remarquables.

Les pluies, relativement abondantes dans le sud les années normales, diminuent progressivement vers le nord, jusqu'à être presque inexistantes dans la partie désertique du Mali. Dans les périodes de sécheresse comme en a de nouveau connu le Sahel récemment, la saison des pluies peut être écourtée et gravement insuffisante.

Si vous avez l'intention de remonter le fleuve Niger en bateau, vous devrez partir au Mali vers la fin de cette saison des pluies, au plus tard en novembre (voir encadré ci-dessous).

VALISE : vêtements très légers, amples, faciles à laver (éviter minijupes et shorts pour les femmes) ; pulls pour les soirées en saison fraîche. Pour une croisière sur le Niger, au moins un pull ou une veste chaude. Pour une randonnée au Sahara, anorak en duvet pour l'hiver, foulard pour se protéger des vents de sable.

SANTÉ : vaccination contre la fièvre jaune obligatoire. Risques de paludisme toute l'année dans tout le pays. Résistance à la Nivaquine.

BESTIOLES : moustiques toute l'année, surtout actifs après le coucher du soleil. ●

De Bamako à Gao sur le fleuve Niger

En période d'intensité normale des pluies, les bateaux de transport de la Compagnie malienne de navigation, d'un confort assez rudimentaire mais peu onéreux, circulent sur le Niger de Koulikoro (proche de Bamako) à Kabara (port de Tombouctou), entre juillet et fin novembre. À partir d'août, il est possible d'aller jusqu'à Gao. De début décembre à début janvier, en général, seul le tronçon Mopti-Gao est encore navigable.

Plus tard dans la saison, le trajet ne peut plus se faire que sur de grandes pirogues collectives, en général surchargées et beaucoup plus incommodes.

moyenne des températures maximales / moyenne des températures minimales

	J	F	M	A	M	J	J	A	S	O	N	D
Tessalit	27	30	33	37	41	43	42	41	40	38	32	28
(520m)	13	15	18	21	25	29	28	26	26	24	19	14
Tombouctou	31	34	36	40	42	42	39	36	38	39	36	31
	13	15	18	22	26	27	25	24	24	23	18	14
Gao	31	35	37	40	42	41	39	36	38	39	36	32
	15	17	20	24	28	28	26	25	25	25	20	16
Kayes	34	36	40	41	42	38	33	32	33	36	37	33
	17	19	22	25	28	26	24	23	23	23	21	17
Bamako	33	36	38	39	38	35	32	31	32	34	35	33
(340 m)	17	19	22	25	25	23	22	21	21	21	19	17

nombre d'heures par jour · hauteur en mm / nombre de jours

	J	F	M	A	M	J	J	A	S	O	N	D
Tessalit	9	9,5	9,5	10	10	9	9	9	9	9	9	8,5
	1/0	0/0	0/0	1/0	5/1	5/1	15/3	35/4	17/3	2/0	1/0	1/0
Tombouctou	9	9,5	9,5	9,5	9,5	9	9	9	9	9,5	9,5	8,5
	0/0	0/0	0/0	1/0	4/1	17/3	50/6	80/7	30/4	3/1	0/0	0/0
Gao	9,5	9,5	9,5	9,5	9,5	9	9	9	9	9,5	9,5	9
	0/0	0/0	0/0	3/1	8/2	25/3	70/7	95/8	33/4	6/1	0/0	0/0
Kayes	8,5	9	9,5	10	9	8	7,5	7	7,5	8,5	8,5	8
	0/0	1/0	0/0	1/0	15/2	90/7	170/10	220/16	150/11	45/4	5/1	1/0
Bamako	9	9,5	9	8,5	8,5	8	7,5	6,5	7,5	8	9	8,5
	1/0	0/0	4/1	19/3	50/5	120/10	240/16	280/17	195/13	60/5	6/1	1/0

Malte

Superficie : 0,0005 fois la France. La Valette (latitude 35°54'N ; longitude 14°31'E) : GMT + 1 h. Durée du jour : maximale (juin) 14 heures 30, minimale (décembre) 9 heures 30.

▶ Il ne fait jamais très froid dans les îles maltaises : l'**hiver** est assez doux mais venté et pluvieux ; le printemps et le début de l'automne sont des périodes idéales pour se promener à l'intérieur de la grande île et visiter les églises et châteaux construits par les grands maîtres de l'Ordre ; dès le début avril et jusqu'à la mi-octobre, ensoleillement très important.

▶ L'**été** est la meilleure saison pour se baigner dans les criques et sur les quelques plages de sable du nord des îles de Malte et de Gozo. De fin mai à fin septembre, le ciel est sans un nuage. Durant cette période, les vents, qui pendant les autres saisons sont souvent importuns, ont l'avantage de rendre les fortes chaleurs et l'ardeur du soleil plus supportables.

VALISE : de juin à septembre, vêtements légers, de préférence en fibres naturelles, un lainage ou une veste ; des tennis ou des espadrilles pour les promenades sur les rochers. En hiver, vêtements légers mais aussi une veste chaude, des pulls-overs, un imperméable ou un anorak qui vous protégera aussi du vent.

FOULE : très forte pression touristique. Août, juillet, septembre et octobre sont, dans cet ordre, les mois qui connaissent le plus d'affluence. Janvier et dans une moindre mesure février et décembre sont les mois « creux ».
En 2001, plus du tiers des visiteurs était britannique et 15 % allemands ; 5 % de Français environ. ●

moyenne des températures maximales / moyenne des températures minimales

	J	F	M	A	M	J	J	A	S	O	N	D
La Valette	14	15	16	18	22	26	29	29	27	24	20	16
	10	10	11	13	16	19	22	23	22	19	16	12

nombre d'heures par jour   hauteur en mm / nombre de jours

	J	F	M	A	M	J	J	A	S	O	N	D
La Valette	5	6	7	9	10	11	12	11	9	8	6	5
	90/12	60/8	40/5	15/2	12/2	2/0	0/0	8/1	30/3	65/6	90/9	110/13

température de la mer : moyenne mensuelle

	J	F	M	A	M	J	J	A	S	O	N	D
La Valette	15	14	15	16	18	21	24	25	25	23	20	17

Maroc

Superficie : 0,8 fois la France. Casablanca (latitude 33°34'N ; longitude 07°40'O) : GMT + 0 h. Durée du jour : maximale (juin) 14 heures 30, minimale (décembre) 9 heures 30.

De l'Atlantique au Sahara, des hauts reÉliefs du Rif et de l'Atlas aux plaines côtières, on trouve au Maroc une mosaïque de climats très différents.

▶ Si le but de votre voyage est d'abord de visiter les **villes impériales** (Fès, Meknès, Marrakech), choisissez de préférence le **printemps** ou l'**automne**. En été, la chaleur peut être étouffante dans les grandes villes, particulièrement au sud, où soufflent parfois le *chergui* et l'*arifi* (le « rôtisseur »), vents secs et brûlants venus du Sahara. Certains amoureux de Marrakech affirment toutefois que c'est en plein été et en pleine fournaise qu'il faut la découvrir. Et les montagnes, où les nuits restent fraîches même en été, ne sont jamais très loin.

▶ Les **côtes**, elles, sont épargnées par la canicule que connaît l'intérieur. **De mai à octobre**, il fait beau et agréablement chaud sur la côte méditerranéenne et sur la côte atlantique. Mais sachez tout de même que la température de la mer reste plutôt fraîche une bonne partie de l'année côté atlantique. À Tanger, les étés sont

plus chauds que sur le reste de la côte atlantique.
À signaler aussi : entre juillet et septembre, la baie d'Agadir est fréquemment affectée par du brouillard, surtout le matin. Les hivers sont toujours doux et assez ensoleillés sur les côtes.

▶ Dans les régions montagneuses, l'été est très agréable, l'hiver froid et très arrosé, surtout au nord. La neige est abondante sur l'Atlas : on peut skier à Ifrane, dans le Moyen Atlas, ou à Azrou, dans le Haut Atlas.

▶ De l'autre côté des chaînes montagneuses, les pluies sont de plus en plus faibles à mesure que l'on s'approche du Sahara. Les écarts de températures s'accentuent : à Zagora, dans le Grand Sud marocain, les nuits d'hiver peuvent être vraiment froides, et en été il fait encore plus chaud qu'à Marrakech. La période la plus favorable pour une randonnée dans les régions sahariennes se situe **entre octobre et février**.

VALISE : en été, vêtements légers, un pull pour les soirées sur les côtes ou en altitude (bien sûr, shorts et minijupes sont peu recommandés pour les femmes). En hiver, vêtements de demi-saison, imperméable ou anorak.

SANTÉ : de mai à octobre, faibles risques de paludisme dans certaines zones rurales des régions de Kenitra, Sidi Kacem et Goulimine. Vaccin antirabique conseillé pour de longs séjours.

BESTIOLES : moustiques en été sur les côtes, surtout actifs après le coucher du soleil. Dans le Grand Sud, en été, faites attention aux scorpions, qui sont assez nombreux.

FOULE : assez forte pression touristique. Distançant nettement août, juillet est le mois qui reçoit le plus de monde. Pas de grands écarts d'affluence le reste de l'année. En 2001, le contingent de voyageurs français (le tiers du total) était trois fois plus important que l'espagnol et l'allemand. C'est la région touristique du « balnéaire sud », c'est-à-dire celle d'Agadir, qui reçoit le plus de visiteurs. ●

moyenne des températures maximales / moyenne des températures minimales

	J	F	M	A	M	J	J	A	S	O	N	D
Fès	16	17	20	23	26	31	36	36	32	26	21	16
(415 m)	4	5	8	9	12	15	18	18	16	13	8	6
Casablanca	17	18	19	20	22	24	26	26	26	24	20	18
	9	9	11	12	15	17	19	20	19	15	12	10
Ifrane	9	11	13	16	18	24	31	30	25	18	14	9
(1 640 m)	- 5	- 3	- 1	3	4	9	12	12	8	5	1	- 3
Marrakech	18	20	22	24	28	31	36	36	32	27	21	18
(460 m)	7	8	10	12	15	17	20	20	18	15	10	7
Agadir	20	22	22	22	24	24	26	27	27	26	23	20
	9	9	11	12	15	16	18	18	17	15	12	8

nombre d'heures par jour hauteur en mm / nombre de jours

	J	F	M	A	M	J	J	A	S	O	N	D
Fès	5	6	7	8	10	11	12	11	9	8	6	5
	80/8	65/7	80/8	65/7	35/5	9/1	3/0	2/1	18/2	55/6	70/7	105/9
Casablanca	5	6	7	9	9	10	10	10	9	7	6	5
	65/8	55/6	55/7	40/5	20/4	2/1	0/0	1/0	7/1	40/5	55/7	85/9
Ifrane	5	6	7	8	9	10	11	10	9	7	5	5
	11/8	125/8	125/10	115/8	80/7	40/5	8/1	11/2	40/5	135/8	150/7	165/9
Marrakech	7	8	8	9	9	11	12	11	9	8	7	7
	30/7	30/6	30/6	30/6	17/4	7/2	2/1	3/1	10/1	20/4	30/6	35/8
Agadir	8	8	9	10	10	10	9	9	8	8	7	7
	50/5	30/4	25/5	16/3	5/2	1/1	0/0	1/1	6/1	20/3	30/4	40/6

température de la mer : moyenne mensuelle

	J	F	M	A	M	J	J	A	S	O	N	D
Méditerranée	15	15	15	16	18	19	22	23	22	20	18	16
Atlantique (Agadir)	17	16	16	17	19	20	21	22	22	21	19	18

Maurice (île)

Superficie : 0,004 fois la France. Port-Louis (latitude 20°06'S ; longitude 57°32'E) : GMT + 4 h. Durée du jour : maximale (décembre) 13 heures 30, minimale (juin) 11 heures.

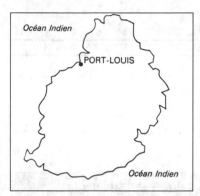

▶ La meilleure période pour un séjour sur l'île Maurice est celle qui va **de juin à novembre** : ce sont les mois les moins chauds et les moins pluvieux. La chaleur est rarement excessive grâce aux brises qui soufflent constamment à cette époque, et les nuits sont agréablement fraîches. Les pluies, relativement abondantes toute l'année, tombent sous forme de grosses averses orageuses. Sur les côtes, elles durent rarement plus de quelques heures, puis laissent place à de très belles éclaircies. Elles sont plus persistantes et plus fortes sur le plateau et les montagnes du centre de l'île : il pleut souvent à Curepipe alors que le soleil brille sur le littoral.

▶ **De janvier à mars**, le soleil continue à faire de fréquentes apparitions, mais il fait très chaud et humide, même la nuit. C'est la saison des plus fortes pluies et surtout des cyclones, qui menacent régulièrement l'île. Ainsi le cyclone *Dina* qui a frappé l'île le 22 janvier 2002 en causant plusieurs morts et des dégâts très importants.

▶ Les nombreuses plages mauriciennes sont baignées par une mer toujours calme, grâce à la barrière de corail.

VALISE : vêtements légers et pratiques, en coton ou en lin de préférence ; une petite laine ou une veste pour les soirées sur le plateau, un anorak léger. Des sandales de plastique ou des tennis pour marcher sur les récifs de corail.

SANTÉ : faibles risques de paludisme dans les zones rurales du nord de l'île.

BESTIOLES : les moustiques ne nous quittent plus dès que le soleil se couche. Attention aussi, sur la barrière de récifs, au corail bleu (il est très urticant), aux cônes venimeux et aux poissons-pierres.

FOULE : assez forte pression touristique. Janvier en premier lieu, août ensuite sont les mois de plus grande affluence. À l'opposé, juin, pourtant climatiquement favorable, est de loin le mois le plus tranquille. En 2001, les Français (2 métropolitains pour 1 Réunionnais) représentaient près de la moitié des visiteurs. Venaient ensuite les Britanniques (10 %), Sud-Africains et Allemands (chacun 8 %) et les Italiens (6 %). ●

moyenne des températures maximales / moyenne des températures minimales

	J	F	M	A	M	J	J	A	S	O	N	D
Port-Louis	30	29	29	28	26	24	24	24	25	27	28	29
	23	23	22	21	19	17	17	17	17	18	19	22

nombre d'heures par jour   hauteur en mm / nombre de jours

	J	F	M	A	M	J	J	A	S	O	N	D
Port-Louis	8	7	6	7	6	6	6	6	7	8	8	8
	235/18	240/18	385/21	205/16	175/19	115/16	130/16	85/16	85/13	55/9	80/10	170/13

température de la mer : moyenne mensuelle

	J	F	M	A	M	J	J	A	S	O	N	D
Port-Louis	26	27	27	26	25	24	23	22	23	23	24	26

Pour choisir une destination, voir également :

La santé en voyage, p. 401
Le coût de la vie, p. 441
Le monde tel qu'il est, p. 461
Obtenir ses visas, p. 471
La durée des vols, p. 485
Atlas du voyageur, en début de volume
Internet et les voyageurs, en fin de volume

Mauritanie

Superficie : 1,9 fois la France. Nouakchott (latitude 18°07'N ; longitude 15°56'O) : GMT + 0 h. Durée du jour : maximale (juin) 13 heures, minimale (décembre) 11 heures.

▌ La meilleure saison pour se rendre en Mauritanie se situe **entre novembre et février**. On échappe alors à la grande canicule, les journées sont très chaudes et ensoleillées mais les nuits suffisamment fraîches pour permettre un sommeil réparateur. De décembre à février-mars souffle parfois durant la journée un vent du nord-est, qui peut se transformer en tempêtes de poussière ; mais le plus souvent, ce sont des brises de mer qui, sur la côte, rafraîchissent l'atmosphère.
Au nord de la côte (Nouadhibou), le brouillard est assez fréquent le matin entre novembre et février.

▌ Les températures augmentent dès le mois de mars pour atteindre leur maximum en mai et restent torrides jusqu'en septembre. Elles sont encore plus élevées à l'intérieur du pays (voir Néma) que sur la côte (voir Nouakchott), qui bénéficie toujours des alizés marins. Voir le texte concernant les régions sahariennes.
À Nouadhibou, au nord du littoral, il fait nettement moins chaud que dans la capitale et le ciel est assez souvent nuageux le matin.
Les tempêtes de sable, fréquentes dans la capitale, se produisent surtout en mars-avril.

▌ La saison des pluies, lorsqu'elle a lieu, se situe entre juillet et septembre. Ces précipitations, qui tombent sous forme d'orages torrentiels de courte durée, peuvent rendre certaines pistes impraticables. Les pluies sont presque inexistantes dans le nord de la Mauritanie, plus conséquentes au sud, près du fleuve Sénégal (360 millimètres par an).

▌ On peut se baigner toute l'année dans la baie de Tanit, au nord de Nouakchott, ou dans la baie du Lévrier (Nouadhibou) : la température des eaux les plus poissonneuses du monde varie entre 19° et 27°.

VALISE : vêtements les plus légers possible, amples et d'entretien facile ; pullovers pour les soirées de novembre à avril ; une écharpe en coton pour se protéger le visage des vents de sable.

SANTÉ : risques de paludisme toute l'année au sud du pays, zones de résistance à la Nivaquine. Vaccination contre la fièvre jaune obligatoire.

BESTIOLES : moustiques toute l'année, surtout actifs la nuit. En dehors des grandes villes, regardez où vous mettez les pieds : les scorpions et serpents, aussi timides les uns que les autres, ne s'attaqueront à vous que s'ils se sentent en danger. ●

Quand l'harmattan se déchaîne

Ce qui nous incommoda le plus pendant cette horrible journée, ce furent les trombes de sable qui, dans leur course, menaçaient à chaque instant de nous ensevelir. Une de ces trombes surtout, plus considérable que les autres, traversa notre camp, culbuta toutes les tentes, et, nous faisant tournoyer comme des brins de paille, nous renversa pêle-mêle les uns sur les autres : nous ne savions plus où nous étions ; on ne distinguait rien à un pied de distance ; le sable, comme un brouillard épais, nous envelop-pait dans de noires ténèbres ; le ciel et la terre semblaient confondus et ne faire qu'un tout (...).

Tout le temps que dura cette affreuse tempête, nous restâmes étendus sur le sol, sans mouvement, mourant de soif, brûlés par le sable et battus par le vent. Du moins, nous n'eûmes pas à souffrir de l'ardeur du soleil : son disque, presque caché sous un voile épais de sable, paraissait terne et sans rayons.

Extrait du *Voyage à Tombouctou* (1830) de René Caillié

moyenne des températures maximales / moyenne des températures minimales

	J	F	M	A	M	J	J	A	S	O	N	D
Bir Moghrein	23	25	28	30	33	36	41	41	37	32	27	22
	10	11	13	14	16	18	23	24	22	19	15	10
Nouadhibou	24	25	26	26	27	28	27	28	31	30	27	25
	14	14	15	15	16	17	19	20	20	19	17	15
Nouakchott	29	31	33	33	34	34	32	33	35	36	34	29
	14	15	16	17	19	22	23	24	25	23	19	14
Néma	32	35	38	40	43	42	39	37	38	39	37	32
	18	20	23	27	30	29	27	25	26	26	24	19

nombre d'heures par jour  hauteur en mm / nombre de jours

	J	F	M	A	M	J	J	A	S	O	N	D
Bir Moghrein	8,5	9,5	10	10,5	11	11	10,5	10	9	9	8,5	8
	2/0	3/1	1/0	2/0	0/0	1/0	1/0	4/1	8/1	8/1	4/1	8/1
Nouadhibou	8,5	9	9,5	10	10	10	9	9	8,5	8,5	8,5	8
	1/0	2/0	2/0	1/0	0/0	0/0	1/0	3/1	7/1	4/1	3/1	1/0
Nouakchott	8,5	9	9,5	10	10	9,5	9	9	8,5	8,5	8,5	8
	1/0	2/0	2/0	0/0	0/0	1/0	15/2	40/4	35/3	9/1	3/1	7/1
Néma	9	9	9,5	9,5	9,5	9	9	8,5	8,5	8,5	9	8
	2/0	0/0	0/0	5/0	6/1	25/3	70/7	105/8	60/6	12/2	2/0	2/0

température de la mer : moyenne mensuelle

	J	F	M	A	M	J	J	A	S	O	N	D
Nouakchott	20	19	19	20	20	21	24	26	27	26	24	22

Mexique

Superficie : 3,5 fois la France. Mexico (latitude 19°24'N ; longitude 99°12'O) : GMT – 6 h. Durée du jour : maximale (juin) 13 heures 30, minimale (décembre) 11 heures.

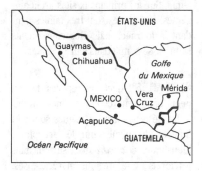

▶ Un immense désert accidenté, peuplé de cactus : cette image du Mexique rabâchée par les westerns ne correspond en réalité qu'à la partie nord du pays (voir Chihuahua). Sur ces hauts plateaux, la chaleur est en effet écrasante l'été, mais il peut aussi faire froid l'hiver, surtout en altitude. Il y pleut rarement, sinon sous la forme de violents orages en juillet, août et début septembre.

Les périodes les plus agréables dans cette région sont les intersaisons : **mars-avril et septembre-octobre**.

▶ Le reste du pays, où sont concentrés les principaux sites archéologiques, connaît deux saisons bien marquées : la saison des pluies et la saison sèche.

Que ce soit dans la région de Mexico (sites aztèques et toltèques), vers Oaxaca (sites zapotèques et mixtèques), à Palenque ou sur la presqu'île du Yucatan (sites mayas et toltèques), les pluies commencent à tomber en mai et sont très abondantes de juin à septembre. Dans la région de Palenque et sur la côte du Yucatan, il pleut aussi le reste de l'année, certes plus modérément. Ces pluies tombent en général à partir du milieu de l'après-midi et peuvent rendre les déplacements difficiles.

Dans ces régions, on passe selon l'altitude des *tierras calientas* (végétation tropicale, chaleur étouffante en particulier pendant les pluies) aux *tierras templadas* (autour de 1 200 mètres, climat tempéré) et aux *tierras frias* (hauts plateaux, par exemple Mexico où il fait froid la nuit en hiver ; dans cette ville, la plus polluée des capitales américaines, le soleil est toujours un peu voilé, quelle que soit la saison).

Si vous projetez un voyage « archéologique », nous vous conseillons donc, pour éviter la saison des pluies, de choisir la période qui va **d'octobre à avril**, et plus particulièrement les mois d'octobre, mars et avril durant lesquels le froid nocturne n'est pas encore trop vif sur les hauts plateaux.

▶ En ce qui concerne les plages mexicaines, sur la côte ouest on peut se baigner toute l'année : au sud de cette côte (voir Acapulco), la température de la mer se situe toujours entre 27° et 29°, mais on évitera les mois de juin à octobre où il pleut beaucoup. Plus au nord, à l'entrée du golfe de Californie, la mer est plus froide et on s'y baigne surtout entre mai et novembre. Au fond du golfe, dès que l'on entre dans les terres, on doit affronter des températures torrides en été (à Hermosillo, la moyenne des maxima est de 40° en juin).

Sur la côte ouest de la Basse Californie, l'eau est froide en hiver et jamais très chaude en été (21° en août-septembre).

Sur le golfe du Mexique, à l'est (voir Vera Cruz), il fait assez chaud même en hiver, excepté les jours où souffle *el Norte*, qui vous contraindra à mettre une petite laine.

Sur cette côte, le brouillard et les ciels

couverts sont assez fréquents. La température de la mer va de 23° en hiver à 29° en été. Pour y séjourner, les intersaisons – **mars à mai et novembre-décembre** – sont assez agréables : la mer n'est pas froide et on échappe à la saison des pluies.

À savoir : entre août et octobre, les côtes du Mexique sont régulièrement frappées par des cyclones (*hurricanes*) parfois destructeurs. Citons *Pauline* qui a frappé Acapulco le 9 octobre 1997 faisant plusieurs centaines de victimes.

VALISE : de novembre à mars, des vêtements très légers, en fibres naturelles de préférence, pour séjourner sur les côtes ; vêtements de demi-saison (pull-overs, veste ou blouson chaud...) pour Mexico et les *tierras templadas*. Le reste de l'année, vêtements d'été, quelques pulls, imperméable léger ou anorak.

SANTÉ : vaccination antirabique fortement conseillée. Quelques risques de paludisme dans certaines zones rurales. De mai à octobre dans certaines vallées du centre, en dessous de 1 000 mètres d'altitude, et sur le littoral du golfe du Mexique, de Tampico à la péninsule du Yucatan ; toute l'année sur la côte pacifique entre Guaymas et la frontière guatémaltèque. Sur les principaux sites archéologiques, les risques sont très faibles pendant la journée, mais plus conséquents si on passe la nuit dans leur voisinage.

BESTIOLES : quelques espèces de serpents dangereux dans les zones rurales et les déserts, mais les risques sont très limités ; de même pour les scorpions. Moustiques et *cucarachas*, surtout dans les forêts et les régions marécageuses, mais aussi sur les côtes.

FOULE : forte pression touristique, encore en hausse ces dernières années. Les touristes viennent des États-Unis à près de 95 %. Les Européens ne représentent qu'environ 2 % de la totalité des visiteurs. ●

moyenne des températures maximales / moyenne des températures minimales

	J	F	M	A	M	J	J	A	S	O	N	D
Chihuahua	18	20	24	28	32	34	32	31	29	27	22	19
(1 420 m)	2	3	7	11	15	19	18	18	16	11	6	2
Guaymas	23	24	26	29	32	34	35	35	35	32	28	24
	13	14	16	18	21	25	27	27	27	22	19	14
Mérida	28	29	31	32	33	33	32	32	32	30	28	27
	19	19	20	22	23	23	23	23	23	22	20	19
Mexico	21	23	25	27	26	25	23	23	22	22	21	21
(2 309 m)	4	6	7	9	10	11	11	11	11	9	6	5
Vera Cruz	25	25	26	28	30	31	31	31	30	29	27	26
	19	19	20	22	24	24	24	24	24	23	21	19
Acapulco	31	31	31	31	32	32	32	33	32	32	32	31
	22	22	22	23	24	25	25	25	25	24	24	23

température de la mer : moyenne mensuelle

	J	F	M	A	M	J	J	A	S	O	N	D
Vera Cruz	23	23	24	25	26	27	28	29	28	27	26	24
Acapulco	27	27	27	28	28	28	28	29	28	28	28	27

nombre d'heures par jour   hauteur en mm / nombre de jours

	J	F	M	A	M	J	J	A	S	O	N	D
Chihuahua	6	7	8	9	9	9	8	7	8	8	7	6
	11/2	2/0	2/0	2/0	10/2	30/4	80/7	80/8	70/6	20/3	10/2	10/2
Guaymas	7	8	8	9	10	10	8	8	8	8	7	6
	12/2	7/1	3/1	1/0	0/0	3/1	40/5	60/6	50/3	20/1	7/1	17/2
Mérida	5	5	6	6	7	6	6	6	6	5	5	5
	30/3	25/3	17/2	20/2	85/4	135/10	130/11	150/10	185/13	95/7	35/4	35/4
Mexico	7	8	8	8	8	7	6	6	6	6	7	7
	8/1	4/2	9/3	25/4	55/11	110/13	160/17	150/17	120/15	45/7	16/2	7/2
Vera Cruz	5	6	5	6	6	7	7	7	5	6	5	5
	18/3	14/3	10/3	25/3	70/5	270/11	430/13	305/13	385/13	185/9	75/8	25/6
Acapulco	9	9	9	8	7	7	7	7	6	7	9	9
	8/0	1/0	0/0	1/0	40/2	275/10	280/11	220/10	385/13	155/8	35/1	11/1

Micronésie

Guam (latitude 13°27'N ; longitude 114°39'E) : GMT + 10 h. Durée du jour : maximale (juin), 13 heures, minimale (décembre) 11 heures 30.

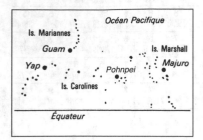

Ces trois archipels, des îles Carolines, des îles Mariannes et des îles Marshall, qui forment une nébuleuse de près de 1 500 îles d'origine volcanique ou corallienne, s'étendent dans la moitié ouest du Pacifique, au nord de l'équateur. Les îles les plus occidentales de l'archipel des Carolines (voir Yap) se trouvent dans la zone des moussons ; le reste de l'archipel (voir Pohnpei), comme les îles Mariannes et Marshall, appartiennent à la zone équatoriale humide.

▶ Les températures sont quasi constantes toute l'année : il fait très chaud dans la journée, et souvent étouffant lorsque les pluies sont abondantes ; les nuits ne sont guère plus fraîches.

La meilleure époque pour se rendre dans ces régions est donc déterminée par l'importance des pluies et le taux d'humidité. La période qui va de février à juin, bien ensoleillée, est la plus favorable pour se rendre dans les îles Mariannes (voir Guam) et dans la partie ouest de l'archipel des Carolines. Dans la partie orientale de cet archipel et aux îles Marshall (voir Majuro), on observe seulement un très léger ralentissement des précipitations en janvier et février. Cependant, quel que soit le moment de l'année, les averses, très violentes mais le plus souvent brèves, laissent une place très honorable au soleil.

À savoir : cette région du Pacifique est périodiquement soumise à de violents typhons qui peuvent arriver en toutes saisons. Quoique la période de décembre à avril soit généralement considérée comme la plus tranquille à cet égard, *Mitag*, le dernier typhon destructeur, a frappé l'île de Yap le 3 mars 2002.

▶ La température de la mer est toujours élevée, de 27° (février) à 29° (de juin à novembre).

VALISE : en toute saison, vêtements légers, faciles à entretenir, en coton de préférence ; éventuellement de quoi se protéger des averses. Pour les femmes, le bikini s'impose...

BESTIOLES : les moustiques attaquent au crépuscule.

FOULE : très forte pression touristique sur les îles Mariannes, notamment celle de Guam. Janvier, février et mars sont les mois qui connaissent le plus d'affluence ; mais septembre et août reçoivent près de deux fois moins de visiteurs. Pour plus des trois-quarts, ils viennent du Japon. Les îles Marshall voient des visiteurs mieux répartis tout le long de l'année, Japonais et Américains s'y rencontrent à parts égales. ●

moyenne des températures maximales / moyenne des températures minimales

	J	F	M	A	M	J	J	A	S	O	N	D
Guam (îles Mariannes)	**29** 24	**29** 23	**29** 24	**31** 24	**31** 25	**31** 25	**30** 24	**30** 24	**30** 24	**30** 24	**30** 25	**29** 24
Yap (îles Carolines)	**30** 24	**30** 24	**31** 24	**31** 25	**31** 25	**31** 24	**31** 24	**31** 24	**31** 24	**31** 24	**31** 24	**30** 24
Majuro (îles Marshall)	**29** 25	**30** 25	**31** 26	**31** 26	**31** 26	**31** 25	**31** 25	**31** 25	**31** 25	**32** 25	**31** 26	**30** 25
Pohnpei (îles Carolines)	**29** 24	**29** 24	**29** 24	**29** 24	**29** 24	**29** 23	**29** 23	**30** 23	**29** 23	**30** 23	**29** 23	**29** 24

nombre d'heures par jour   hauteur en mm / nombre de jours

	J	F	M	A	M	J	J	A	S	O	N	D
Guam	**6** 120/13	**7** 90/10	**8** 65/10	**8** 72/12	**8** 105/14	**8** 150/16	**6** 230/19	**6** 325/20	**5** 340/21	**6** 335/21	**6** 260/19	**6** 155/14
Yap	**6** 200/18	**7** 120/15	**7** 135/15	**8** 160/16	**7** 240/20	**7** 270/19	**6** 350/22	**6** 375/21	**6** 355/22	**5** 335/19	**6** 285/19	**6** 260/17
Majuro	**7** 175/15	**7** 215/13	**7** 300/13	**7** 315/18	**7** 325/20	**7** 325/22	**7** 320/22	**8** 295/19	**7** 305/20	**6** 385/21	**6** 405/21	**6** 280/18
Pohnpei	**6** 280/17	**5** 245/16	**6** 370/20	**5** 510/25	**5** 515/26	**6** 425/24	**6** 410/23	**6** 415/21	**6** 400/20	**6** 405/21	**6** 430/20	**5** 465/18

température de la mer : moyenne mensuelle

	J	F	M	A	M	J	J	A	S	O	N	D
Guam	27	27	26	27	28	29	30	29	29	29	29	28
Pohnpei	28	28	28	28	29	29	29	29	29	29	29	29
Majuro	27	27	27	28	28	29	29	29	29	29	29	28

Moldavie

Superficie : 0,06 fois la France. Kichinev (latitude 47°01'N ; longitude 28°52'E) : GMT + 2 h. Durée du jour : maximale (juin) 16 heures, minimale (décembre) 8 heures 30.

▶ **L'hiver** moldave est assez rigoureux : aucun relief sérieux ne protège en effet le pays des masses d'air polaire, alors que les Capartes l'isolent des influences océaniques. Cependant, plus on va vers le sud, plus la mer Noire joue son rôle modérateur. La neige qui reste généralement au sol du début janvier à la mi-février dans le nord du pays peut très bien certaines années ne pas apparaître du tout au sud.

▶ Le **printemps** arrivé, les températures grimpent rapidement. Dès le début du mois de mai, elles sont agréables et peuvent même être chaudes. Ce mois est aussi celui d'orages fréquents ; ces derniers s'espacent ensuite de plus en plus jusqu'en août.

▶ **L'été** est la saison où tombe le maximum des précipitations. Mais le pays accusant un léger déficit de pluviométrie, la saison estivale est rarement très mouillée. De temps à autre, mais ce n'est pas fréquent, le sud du pays subit quelques jours de *soukhoviei* qui dessèche la végétation. Septembre et début octobre offrent des températures agréables, puis elles diminuent rapidement au seuil de l'hiver. C'est **du mois de mai à la fin septembre**, que la Moldavie offre les conditions climatiques les plus propices au voyage. Cependant, en plein été, certains jours peuvent être très chauds.

VALISE : vêtements chauds en hiver. Au printemps et en automne, ne pas oublier d'emporter de quoi se couvrir pour les soirées fraîches. ●

moyenne des températures maximales / moyenne des températures minimales

	J	F	M	A	M	J	J	A	S	O	N	D
Kichinev	- 1	1	6	16	23	26	27	27	23	17	10	2
(Chisinau)	- 7	- 4	- 1	5	11	14	16	15	11	7	3	- 3

nombre d'heures par jour   hauteur en mm / nombre de jours

	J	F	M	A	M	J	J	A	S	O	N	D
Kichinev	2	3	4	7	9	9	9	9	7	6	2	1
	55/10	50/12	40/8	35/6	35/7	70/8	65/7	40/5	45/5	20/4	40/8	45/10

Mongolie

Superficie : 2,9 fois la France. Oulan-Bator (latitude 47°55'N ; longitude 106°50'E) : GMT + 8 h. Durée du jour : maximale (juin) 16 heures, minimale (décembre) 8 heures 30.

▌ Le climat de la Mongolie est l'un des plus continentaux du monde, avec des hivers extrêmement froids (il fait souvent – 40° la nuit en janvier) et secs.

L'essentiel des précipitations tombe en été, entre mars et octobre. Sur les régions montagneuses du nord-ouest, elles sont relativement importantes (de 300 à 500 mm par an) par rapport aux plateaux moins élevés qui sont situés plus à l'est (voir Oulan-Bator) et au désert de Gobi, au sud. La neige n'est pas rare en altitude, même en été.

Les températures varient peu d'un bout à l'autre du pays ; dans le désert de Gobi, elles sont de quelques degrés plus élevées qu'à Oulan-Bator.

▌ Une autre constante essentielle de ce climat rigoureux est la violence des vents qui, tout au long de l'année mais plus particulièrement au printemps, provoquent d'énormes tempêtes de sable. Rien ne résiste au *karaburan*, le « blizzard noir » du désert de Gobi, qui crée l'obscurité en plein jour.

▌ Conclusion : pour découvrir la Mongolie, que ce soient les montagnes boisées du nord et de l'ouest, les magnifiques paysages de la steppe centrale ou, pourquoi pas ? le désert, l'été est la saison qui s'impose ; et de préférence **juillet ou août** (en juillet, vous pourrez de plus assister au Naadam, la fête nationale, très populaire et qui s'accompagne de multiples réjouissances).

▌ Les journées sans nuages ou peu nuageuses sont largement prédominantes, mais il est fréquent que le soleil soit voilé par la poussière que soulèvent les vents.

VALISE : de juin à août, vêtements confortables et faciles à superposer ; foulard, veste longue protégeant du vent. En hiver, des vêtements très chauds sont indispensables. ●

Voir tableaux p. suivante

Voir également les rubriques :
La santé en voyage, p. 401
Le coût de la vie, p. 441
Le monde tel qu'il est, p. 461
Obtenir ses visas, p. 471
La durée des vols, p. 485
Atlas du voyageur, en début de volume
Internet et les voyageurs, en fin de volume

moyenne des températures maximales / moyenne des températures minimales

	J	F	M	A	M	J	J	A	S	O	N	D
Hatgal	**- 16**	**- 12**	**- 4**	**5**	**13**	**18**	**18**	**17**	**13**	**4**	**- 6**	**- 13**
(1 670 m)	- 30	- 30	- 22	- 11	- 4	2	6	4	- 3	- 11	- 21	- 27
Ulaangom	**- 26**	**- 23**	**- 12**	**6**	**19**	**24**	**25**	**23**	**17**	**7**	**- 6**	**- 21**
(930 m)	- 37	- 35	- 25	- 6	4	10	12	10	3	- 5	- 16	- 31
Choybalsan	**- 14**	**- 11**	**- 1**	**10**	**19**	**25**	**27**	**24**	**18**	**9**	**- 3**	**- 12**
(750 m)	- 25	- 24	- 15	- 4	4	11	14	12	5	- 4	- 15	- 23
Oulan-Bator	**- 16**	**- 11**	**- 2**	**8**	**17**	**22**	**23**	**21**	**16**	**7**	**- 4**	**- 14**
(1 310 m)	- 26	- 24	- 15	- 6	3	8	11	9	2	- 6	- 16	- 24
Uliastay	**- 15**	**- 11**	**- 2**	**8**	**17**	**22**	**22**	**21**	**15**	**7**	**- 5**	**- 13**
(1 760 m)	- 28	- 26	- 17	- 6	1	7	9	7	1	- 7	- 19	- 26
Bayanhongor	**- 11**	**- 7**	**- 1**	**9**	**17**	**22**	**23**	**22**	**16**	**8**	**- 3**	**- 10**
(1 860 m)	- 24	- 22	- 15	- 6	2	8	10	8	2	- 6	- 16	- 22

nombre d'heures par jour   hauteur en mm / nombre de jours

	J	F	M	A	M	J	J	A	S	O	N	D
Hatgal	**6**	**7,5**	**8,5**	**9**	**10**	**9,5**	**8,5**	**8,5**	**8**	**7**	**6**	**5**
	1/1	1/0	2/1	8/2	16/3	55/8	85/11	75/10	35/6	12/2	6/1	1/0
Ulaangom	**4,5**	**5,5**	**7,5**	**8,5**	**10**	**10,5**	**10**	**9,5**	**8,5**	**6,5**	**3,5**	**3,5**
	2/1	2/1	3/1	4/1	6/2	25/4	35/7	25/4	13/2	5/1	7/2	4/1
Choybalsan	**6,5**	**7,5**	**8,5**	**9**	**9,5**	**10**	**9,5**	**9,5**	**8,5**	**7,5**	**6,5**	**5,5**
	2/1	2/1	3/1	6/2	14/3	40/6	55/9	45/8	25/5	8/2	3/1	3/1
Oulan-Bator	**5,5**	**7,5**	**8,5**	**9**	**9,5**	**9**	**8**	**8,5**	**8**	**7,5**	**6**	**5**
	1/0	2/1	3/1	8/2	13/3	40/10	60/11	50/14	25/5	6/2	3/1	3/2
Uliastay	**6**	**7,5**	**8,5**	**9**	**10**	**10**	**9,5**	**9,5**	**9**	**7**	**6**	**5,5**
	2/1	2/1	5/2	9/2	15/3	35/6	55/10	50/8	20/4	9/3	5/2	3/1
Bayanhongor	**8,5**	**8**	**9**	**9**	**10,5**	**10,5**	**10**	**9,5**	**9,5**	**8,5**	**7,5**	**6,5**
	2/1	3/1	4/1	9/2	14/2	35/5	55/8	50/6	20/3	7/1	3/1	2/0

Monténégro

Superficie : . Podgorica (latitude 45°49'N ; longitude 15°59'E) : GMT + 1 h. Durée du jour : maximale (juin) 15 heures 30, minimale (décembre) 8 heures 30.

❚ L'hiver est doux sur le littoral, excepté quand souffle l'âpre *levanac* sur les Bouches de Kotor. Podgorica, déjà à l'intérieur du pays, voit tomber la pluie, mais assez rarement la neige. L'hiver est plus rude sur les hauteurs des Alpes Dinariques.

❚ Dès le mois de mai, il fait chaud. Le mois de juin connaît quelques périodes de grosses chaleurs, qui seront le lot du plein été. Sur la côte, les vents viennent modérer les effets des températures élevées. Les pluies sont peu fréquentes et l'ensoleillement important, notamment sur le littoral. En saison, on plonge dans une mer assez chaude : 21° dès juin et encore au début d'octobre ; en août, elle atteint 25°.

❚ À partir d'octobre, l'automne est particulièrement pluvieux dans la partie occidentale du Monténégro. Si, pendant cette période, on atteint sur le littoral des moyennes de précipitations mensuelles de l'ordre de 200 mm, on arrive à des scores très supérieurs dans l'arrière-pays de Kotor, sur les plateaux des chaînes Dinariques. Ici, les précipitations annuelles peuvent même atteindre de 4 000 à 5 000 mm, un record pour l'Europe !

❚ Sachant qu'il peut faire trop chaud en été, on choisira plutôt **le printemps ou le début de l'automne** si l'on compte beaucoup se déplacer : mai, juin et septembre sont des périodes propices au voyage.

VALISE : surtout en automne, le parapluie s'impose ; en hiver, n'oubliez pas le *levanac*. ●

🌡 **moyenne des températures maximales** / moyenne des températures minimales

	J	F	M	A	M	J	J	A	S	O	N	D
Podgorica	9	11	14	19	24	29	32	33	28	21	15	12
	2	3	5	9	14	18	21	21	17	12	8	4

☀ **nombre d'heures par jour** 🌧 hauteur en mm / nombre de jours

	J	F	M	A	M	J	J	A	S	O	N	D
Podgorica	4	4	6	7	8	10	11	11	8	6	4	4
	165/10	180/12	145/9	100/8	105/9	60/5	40/4	50/3	110/6	230/9	210/13	225/12

〰 **température de la mer :** moyenne mensuelle

	J	F	M	A	M	J	J	A	S	O	N	D
Mer Adriatique	14	13	14	15	17	21	23	24	23	21	17	15

Mozambique

Superficie : 1,4 fois la France. Maputo (latitude 25°58'S ; longitude 32°36'E) : GMT + 2 h. Durée du jour : maximale (décembre) 14 heures, minimale (juin) 10 heures 30.

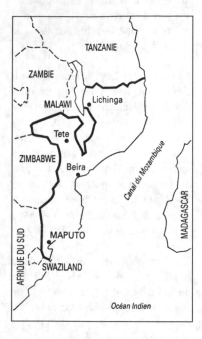

TANZANIE

ZAMBIE

MALAWI · Lichinga

Tete ·

ZIMBABWE

Beira ·

AFRIQUE DU SUD

MAPUTO

SWAZILAND

Canal du Mozambique

MADAGASCAR

Océan Indien

▌ La meilleure saison au Mozambique, pays de l'hémisphère austral, est la **saison sèche, de mai à mi-octobre.** Le temps est alors agréablement chaud et ensoleillé sur la côte, avec des nuits fraîches (voir Beira, Maputo) ; dans l'intérieur du pays, il fait très chaud en plaine durant la journée (voir Tete, où la canicule ne faiblit guère qu'en juin et juillet)

et plus frais en montagne (surtout au nord, voir Lichinga), où les nuits peuvent être presque froides.

▌ L'essentiel des **pluies** tombe entre novembre et mars ; elles sont relativement abondantes au sud de la côte et dans la plaine méridionale, nettement plus fortes au nord, surtout en altitude.
C'est la période la plus chaude. La chaleur devient particulièrement torride dans la vallée du Zambèze (Tete). Sur la côte, humidité et chaleur associées rendent le climat très pénible à supporter.
À cette saison, le Mozambique peut subir des cyclones comme *Eline* qui a provoqué d'importantes inondations en février et mars 2000.

VALISE : pendant la saison pluvieuse, vêtements très légers de coton, un pull pour les soirées, un anorak léger. Pendant la saison sèche, un ou deux pulls supplémentaires et une veste si vous allez dans les régions élevées.

SANTÉ : risques de paludisme toute l'année ; résistance élevée à la Nivaquine. Vaccin antirabique conseillé pour longs séjours.

BESTIOLES : moustiques toute l'année dans l'ensemble du pays, actifs la nuit. ●

moyenne des températures maximales / moyenne des températures minimales

	J	F	M	A	M	J	J	A	S	O	N	D
Lichinga	26	26	25	25	24	22	22	23	26	28	28	26
(1 360 m)	16	16	16	14	12	10	10	11	12	15	16	16
Tete	34	33	33	33	31	29	28	31	34	37	36	34
	22	23	22	21	18	15	15	17	20	22	23	23
Beira	31	32	31	30	28	26	25	26	28	29	30	31
	26	24	25	22	19	17	16	17	19	21	22	23
Maputo	30	30	30	29	27	25	25	26	27	28	28	30
	22	22	21	19	16	14	14	15	16	18	20	21

nombre d'heures par jour 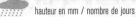 hauteur en mm / nombre de jours

	J	F	M	A	M	J	J	A	S	O	N	D
Lichinga	4	4	5	5	7	7	7	7	7	9	8	5
	260/21	260/19	175/14	105/10	25/2	6/2	1/0	3/0	3/1	20/2	35/5	225/19
Tete	6	7	8	8	8	7	8	9	9	9	8	7
	145/9	167/10	80/5	13/1	2/1	4/1	2/1	2/0	2/0	4/1	50/4	130/9
Beira	8	8	8	8	8	8	8	8	8	8	8	8
	265/12	225/12	245/12	105/7	60/6	40/5	35/4	30/3	25/3	30/3	135/7	235/10
Maputo	7	7	7	8	8	8	8	8	8	7	7	7
	130/9	125/8	100/9	65/6	30/3	25/2	13/2	13/2	40/4	45/6	85/8	190/8

température de la mer : moyenne mensuelle

	J	F	M	A	M	J	J	A	S	O	N	D
Maputo	24	25	25	24	23	22	21	20	21	21	23	24
Beira	25	26	26	25	24	23	22	22	23	23	24	25

Myanmar (ex-Birmanie)

Superficie : 1,2 fois la France. Yangon (ex-Rangoon) (latitude 16°46'N ; longitude 96°10'E) : GMT + 6 h 30. Durée du jour : maximale (juin) 13 heures, minimale (décembre) 11 heures.

▸ Longtemps fermé, ce pays ouvre depuis quelques années ses portes à des contingents de touristes bien encadrés et aussi, plus récemment, aux voyageurs individuels. C'est de préférence entre **fin octobre et fin février**, la saison « fraîche », que les amateurs de voyages très organisés choisiront de partir en Birmanie. Le temps est alors sec, ensoleillé, le ciel d'une grande luminosité et la chaleur est très supportable partout (mais à Yangon, il commence à faire très chaud en janvier). Les nuits sont même fraîches, et très fraîches dans les régions en altitude comme le pays Chan dont la capitale, Taunggyi (1 500 mètres), est un des hauts lieux du bouddhisme birman.

▸ De mars à mai, c'est la **saison chaude** : torride en plaine (Yangon, Mandalay), d'autant plus que les pluies commencent à tomber à la fin de cette période ; mais agréable en montagne.

Thingyan, la fête de l'eau, marque la fin de l'année birmane – aux environs du 15 avril.

▸ **La saison des pluies** dure de mai-juin à octobre. Ces pluies sont particulièrement diluviennes sur la côte nord (voir Sittwe), très fortes encore dans tout le delta de l'Irrawaddy (voir Yangon) et sur la côte du Tenasserim, repaire de contrebandiers et de pirates (voir Myeik).

Elles tombent surtout l'après-midi et le soir, sous forme d'averses courtes et violentes. Mais le ciel est très souvent nuageux et l'humidité rend la chaleur encore plus désagréable. Sur le plateau et dans la plaine de Mandalay, qui est protégée par les montagnes, il pleut beaucoup moins. Il y a souvent du soleil à Mandalay alors que Yangon est noyée sous une pluie battante.

▸ Dans les régions montagneuses situées à l'est du pays, la chaleur est bien sûr tempérée par l'altitude et les pluies sont abondantes. La saison chaude est très agréable dans ces régions.

Au nord de Myitkyina, dans la région himalayenne qui s'élève vers le plateau tibétain, il neige au-dessus de 3 000 mètres.

VALISE : des vêtements légers et confortables, faciles à entretenir surtout si vous voyagez (transports et infrastructure hôtelière sont encore assez rudimentaires) ; pas de shorts ni de minijupes pour les femmes dans ce pays au régime sévère ; des tongs ou des sandales faciles à enlever sont pratiques pour les visites des lieux sacrés (on doit se déchausser à l'entrée des pagodes). Durant la saison fraîche, un lainage ou une veste seront indispensables dans le nord. Saison des pluies : anorak léger à capuche (ou parapluie acheté sur place).

SANTÉ : dans les zones rurales, risques de paludisme toute l'année au-dessous de 1 000 mètres ; résistance élevée à la Nivaquine. Vaccin antirabique recommandé pour de longs séjours.

BESTIOLES : moustiques d'avril à décembre sur la côte (surtout actifs la nuit) et dans l'intérieur (actifs le jour dans les régions élevées). Attention aux serpents dans les zones rurales.

FOULE : la période novembre-février voit affluer le plus de voyageurs. En juin et septembre, le nombre de voyageurs est deux fois moindre.
Les principaux contingents de voyageurs viennent d'Asie (Taiwan, Thaïlande, Japon). Les Occidentaux sont d'abord originaires de France, puis des États-Unis, du Royaume-Uni et d'Allemagne. ●

moyenne des températures maximales / moyenne des températures minimales

	J	F	M	A	M	J	J	A	S	O	N	D
Myitkyina	26	27	31	34	34	32	31	31	32	31	27	24
	13	15	20	22	24	24	24	24	23	21	16	11
Mandalay	28	31	36	38	37	34	34	33	33	32	29	27
	13	15	20	25	26	26	26	26	25	24	20	15
Sittwe (ex-Akyab)	27	29	31	33	32	30	29	29	30	31	29	27
	15	16	20	24	25	25	25	25	25	24	21	17
Yangon (ex-Rangoon)	32	36	35	36	33	30	30	29	30	31	31	31
	19	20	22	24	25	25	24	24	25	25	23	20
Myeik (ex-Mergui)	31	32	32	33	32	30	29	29	29	30	31	30
	21	22	23	24	24	23	23	23	23	23	22	21

nombre d'heures par jour — hauteur en mm / nombre de jours

	J	F	M	A	M	J	J	A	S	O	N	D
Myitkyina	8	8	8	8	7	5	5	5	6	7	8	8
	10/1	25/3	25/3	45/5	160/10	480/19	475/21	430/19	255/13	180/9	40/2	12/1
Mandalay	10	9	9	9	8	8	8	7	7	7	9	10
	1/0	5/0	5/1	35/3	150/8	150/7	75/6	100/8	150/9	130/7	65/3	10/1
Sittwe	*	*	*	*	*	*	*	*	*	*	*	*
	3/0	5/0	10/1	50/2	390/11	115/24	400/28	130/27	580/19	285/9	130/4	20/1
Yangon	10	9	10	10	7	4	3	3	5	6	6	8
	2/0	5/0	8/1	50/2	310/14	485/24	580/26	530/25	395/20	180/10	70/3	10/1
Myeik	*	*	*	*	*	*	*	*	*	*	*	*
	25/1	5/3	80/5	130/7	425/18	760/25	835/26	760/26	630/23	310/16	95/6	20/2

température de la mer : moyenne mensuelle

	J	F	M	A	M	J	J	A	S	O	N	D
Sittwe	25	25	26	28	28	29	28	28	27	27	27	26
Myeik	26	26	27	28	28	28	28	28	27	27	27	26

Namibie

Superficie : 1,5 fois la France. Windhoek (latitude 22°34'S ; longitude 17°06'E) : GMT + 2 h. Durée du jour : maximale (décembre) 13 heures 30, minimale (juin) 11 heures.

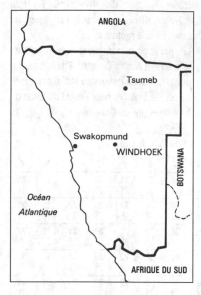

❱ Déroutante **côte de Namibie** : un immense désert au bord de l'eau, aux paysages étranges et fantastiques, pour ainsi dire jamais de pluies et pourtant des nuages assez fréquents ou du brouillard, des nuits très fraîches et des journées à peine chaudes...

Les stations balnéaires sont desservies par le courant froid de Benguela, qui empêche la mer de dépasser 18° en plein été austral. Au nord de Swakopmund, l'effet de ce courant s'atténue progressivement, et l'eau peut atteindre 22° ou 23° en mars. La période la plus chaude va **de janvier à mars**.

La saison des otaries – une des grandes colonies du monde – bat son plein au Cape Cross et près de Luderitz de novembre à janvier, à l'époque de la reproduction.

❱ À l'intérieur du pays (voir Tsumeb, Windhoek), les températures sont nettement plus élevées dans la journée : il fait très chaud, voire torride dans le nord de septembre à mars ; mais les nuits restent toujours fraîches grâce à l'altitude.

Il y a une saison des pluies de décembre à mars, assez marquée au nord-est, et dont les effets se font de moins en moins sentir à mesure que l'on descend vers le sud, où il ne pleut quasiment pas.

La meilleure saison pour découvrir la très belle réserve d'Etosha, au nord – une des plus vastes du monde – et les forêts tropicales de la région de Caprivi se situe **entre fin mars et début septembre** : c'est une période très ensoleillée, la chaleur n'est pas encore trop accablante et les animaux se rassemblent autour des points d'eau qui ne sont pas encore asséchés, à l'est du parc (surtout à la fin de cette période, voir chapitre Kenya). D'ailleurs le parc d'Etosha ferme ses portes de novembre à fin mars, ainsi que le canyon de la Fish River. Avril et mai sont des mois particulièrement appréciés pour la beauté des paysages, qui sont alors encore verdoyants. Toutefois, si vous vous trouvez en Namibie pendant la saison des pluies, ne manquez pas de faire un tour du côté de la dépression de Sossusvlei, au sud du pays : envahie par la rivière Tsauchab en crue, elle devient un prodigieux point de rassemblement pour une multitude d'oiseaux, d'autruches et d'antilopes.

À éviter en cas de voyages d'affaires : la période de l'Oktoberfest et celle qui va du 15 décembre au 15 janvier, durant lesquelles de nombreux bureaux sont fermés.

VALISE : sur la côte, vêtements de demi-saison. À l'intérieur du pays, de décembre à avril, vêtements très légers et pull-overs pour les soirées, imperméable ou anorak ;

le reste de l'année : vêtements d'été mais aussi veste ou blouson chaud, pulls. Pour visiter les réserves, vêtements de couleurs neutres, chaussures de marche en toile.

SANTÉ : de novembre à mai, quelques risques de paludisme au nord du pays ; résistance à la Nivaquine. Vaccin antirabique conseillé pour de longs séjours.

BESTIOLES : moustiques d'octobre à mai dans le désert du Namib et dans la bande de Caprivi (actifs la nuit). ●

moyenne des températures maximales / moyenne des températures minimales

	J	F	M	A	M	J	J	A	S	O	N	D
Tsumeb	31	30	30	29	27	25	25	28	32	34	33	32
(1 310 m)	18	18	17	15	10	7	7	10	15	18	18	18
Windhoek	30	28	27	26	23	20	20	23	29	29	30	30
(1 730 m)	17	16	15	13	9	7	6	9	11	15	15	16
Swakopmund	20	21	20	18	18	20	18	16	16	16	18	19
	15	16	15	13	11	11	9	9	10	11	13	14

nombre d'heures par jour hauteur en mm / nombre de jours

	J	F	M	A	M	J	J	A	S	O	N	D
Tsumeb	8	6	9	9	10	10	11	11	11	9	9	9
	120/12	140/12	80/9	40/5	6/1	0/0	0/0	0/0	1/0	19/3	55/6	95/11
Windhoek	9	9	9	9	10	10	11	11	11	10	10	9
	75/8	75/9	80/8	40/3	6/1	1/0	1/0	0/0	1/0	12/2	35/4	45/6
Swakopmund	7	7	7	8	8	8	8	7	6	7	7	7
	1/0	2/0	2/0	2/1	0/0	0/0	0/0	0/0	0/0	0/0	1/0	0/0

température de la mer : moyenne mensuelle

	J	F	M	A	M	J	J	A	S	O	N	D
Swakopmund	19	20	19	19	18	16	16	16	15	15	17	19

Népal

Superficie : 0,25 fois la France. Katmandou (latitude 27°42'N ; longitude 85°12'E) : GMT + 5 h 30. Durée du jour : maximale (juin) 14 heures, minimale (décembre) 10 heures 30.

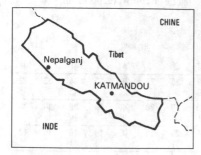

▶ La saison froide, **d'octobre à la mi-mars,** est la meilleure période pour voyager au Népal si l'on veut à la fois parcourir les régions basses comme le Teraï, en bordure de la grande plaine du Gange (voir Nepalganj), et s'adonner au trekking sur les contreforts des grands sommets himalayens. C'est une période sèche, bien ensoleillée. Il fait très frais la nuit, voire froid à Katmandou, mais les températures deviennent agréables dès que le soleil fait son apparition. L'hiver est aussi l'époque des grandes fêtes traditionnelles du royaume.

Quant aux expéditions de haute montagne sur les sommets de plus de 8 000 mètres, elles sont surtout organisées en septembre et octobre.

▶ Dès la fin du mois de mars, les températures deviennent excessives en basse altitude, mais la chaleur reste très supportable à Katmandou. La saison chaude finit à l'arrivée de la mousson, généralement en juin.

▶ Les pluies sont très fortes et violentes de mi-juin à fin août, le ciel est le plus souvent nuageux et la chaleur humide est pénible à supporter. La mousson, qui dure jusqu'à la fin du mois de septembre, est moins intense et un peu plus tardive dans l'ouest du pays (voir Nepalganj) ; elle est aussi beaucoup moins marquée dans les vallées protégées ; dans certaines des hautes vallées qui bordent le Tibet, les précipitations sont même quasi inexistantes.

VALISE : d'octobre à mars, vêtements d'été, pull-overs et veste chaude pour le soir et le matin, chaussures de marche. Le reste de l'année, vous aurez surtout besoin de vêtements très légers, en fibres naturelles, d'un ou deux pulls, et d'un anorak léger de mai à septembre. Si vous projetez un trekking, un équipement adapté est bien sûr indispensable (en période froide, sous-vêtements de laine et de soie, polaire, bonnet, gants, écharpe, etc.).

SANTÉ : vaccination contre la rage fortement conseillée. Quelques risques de paludisme toute l'année dans les zones rurales du sud du pays, en dessous de 1 200 mètres d'altitude. Résistance à la Nivaquine.

BESTIOLES : les *tsugas*, de petites sangsues, prolifèrent pendant la saison de la mousson, de juin à septembre. Pour les « trekkers » le seul moyen de les éviter est alors de grimper à plus de 3 000 mètres. Quand la mousson s'éternise, les *tsugas* sévissent encore en octobre. Les moustiques, eux, opèrent toute l'année dans les basses vallées et dans la plaine au sud du pays (surtout actifs en fin de journée).

FOULE : une pression touristique modérée, qui par ailleurs connaît une baisse sensible depuis 2001 avec l'activité d'une guérilla maoïste. Une petite moitié des voyageurs est européenne, avec surtout des Britanniques, des Allemands et des Français. ●

Le trekking

Pour pratiquer cette activité, qui ne fait pas appel aux techniques de la haute montagne et n'exige qu'une bonne condition physique et du souffle, la meilleure époque se situe entre la mi-octobre et la mi-mars.

Pendant toute cette saison, le ciel est habituellement dégagé et les conditions sont donc parfaites pour admirer les somptueux paysages népalais. Il ne neige jamais à Katmandou, point de passage quasi obligé des « trekkers ».

À une altitude de 4 000 mètres, d'octobre à décembre, les températures nocturnes tournent autour de – 10° ; elles sont encore plus basses en janvier et février. En revanche, pendant la journée, sur les versants sud, elles approchent fréquemment 20° à cette même altitude.

En avril et mai, la chaleur rend la marche plus difficile en dessous de 2 500 mètres ; de plus, la brume masque les paysages, et les pluies et les orages sont fréquents en fin d'après-midi. Mais c'est aussi l'époque de l'extraordinaire floraison des rhododendrons sauvages, qui sont au Népal de véritables arbres de 10 à 15 mètres de haut, aux fleurs rouges, roses ou blanches selon l'altitude.

De juin à septembre, pendant la saison de la mousson, les pluies violentes et la fonte des neiges rendent de nombreux chemins impraticables et les sommets de l'Himalaya restent cachés dans les nuages.

Pour éviter le mal des montagnes, provoqué par la raréfaction de l'oxygène en haute altitude, limitez les efforts physiques et prenez quelques précautions pendant les premiers jours (voir chapitre Santé).

moyenne des températures maximales / moyenne des températures minimales

	J	F	M	A	M	J	J	A	S	O	N	D
Nepalganj	23	25	32	37	39	37	33	32	33	32	28	24
	8	11	15	21	25	27	26	25	25	20	13	9
Katmandou	18	20	25	29	29	29	29	28	28	27	23	19
(1 340 m)	2	4	7	12	15	19	21	20	19	13	8	3

nombre d'heures par jour   hauteur en mm / nombre de jours

	J	F	M	A	M	J	J	A	S	O	N	D
Nepalganj	7	8	9	10	9	6	5	4	6	7	8	8
	20/1	25/3	9/1	8/1	30/4	155/10	310/17	325/17	215/10	40/4	7/1	8/1
Katmandou	7	6	8	9	6	5	3	2	3	6	6	6
	15/1	40/5	20/2	60/6	120/10	245/15	375/21	345/20	155/12	40/4	7/1	2/0

Nicaragua

Superficie : 0,24 fois la France. Managua (latitude 12°07'N ; longitude 86°11'0) : GMT – 6 h. Durée du jour : maximale (juin) 13 heures, minimale (décembre) 11 heures 30.

Il est fortement conseillé de choisir la **saison sèche** – *el verano* – pour un voyage au Nicaragua, c'est-à-dire **de décembre à avril**, période durant laquelle la chaleur est plus supportable que le reste de l'année.

Managua, la capitale, à quelques dizaines de kilomètres de la côte pacifique, n'a pas comme ses voisines centre-américaines l'avantage d'être située en altitude ; il y fait très chaud toute l'année, particulièrement à la fin de la saison sèche et au début de la saison des pluies (*el invierno*). On pourra cependant trouver des températures plus modérées sur les chaînes volcaniques du centre du pays, qui culminent à 2 000 mètres : vous gagnerez près d'un degré de fraîcheur chaque fois que vous vous élèverez de cent mètres. À l'est, le côté caraïbe est exposé aux alizés. La saison sèche y est moins marquée et ne dure que **de fin janvier à avril**.

Pendant la saison des pluies, la moitié sud de la côte caraïbe reçoit des précipitations records, en juin-juillet notamment (voir Bluefields). C'est aussi au sud de Bluefields que l'on trouve de très belles plages ; la côte nord, région où vivent les Indiens Miskitos, est marécageuse. Côté Pacifique, les pluies sont moins torrentielles, mais l'air est encore suffisamment lourd pour que l'on plonge avec un grand soulagement dans une mer chaude toute l'année.

À savoir : la côte caraïbe est, en septembre et en octobre, la plus exposée aux ouragans. Ils peuvent parfois être catastrophiques, comme celui qui a détruit Bluefields en 1988.

VALISE : vêtements très légers, amples et faciles à entretenir, en coton ou en lin de préférence. Le soir, chemise à manches longues et pantalon afin d'éviter les moustiques. De quoi se protéger des averses pendant la saison des pluies.

SANTÉ : risques de paludisme de juin à décembre, excepté dans le centre de certaines agglomérations (Managua, León, Granada, Chinandega et Tipitapa) et au-dessus de 1 000 mètres d'altitude. Vaccin antirabique conseillé pour longs séjours.

BESTIOLES : moustiques, surtout de mai à décembre, sur la côte et dans les basses vallées des régions montagneuses, mobilisés du crépuscule à minuit. Une morsure de serpent est toujours possible en zone rurale ; portez des chaussures fermées et des pantalons.

FOULE : pression touristique encore faible, mais en hausse. Décembre voit le plus grand nombre de visiteurs. Allemands et Britanniques sont en tête du modeste contingent de voyageurs européens. ●

moyenne des températures maximales / moyenne des températures minimales

	J	F	M	A	M	J	J	A	S	O	N	D
Managua	32	33	34	35	35	32	31	31	31	31	31	31
	21	21	22	23	24	23	23	23	22	22	21	21
Bluefields	29	29	31	31	31	30	29	31	32	31	30	29
	20	20	22	22	23	23	23	23	22	22	21	20

nombre d'heures par jour hauteur en mm / nombre de jours

	J	F	M	A	M	J	J	A	S	O	N	D
Managua	7	8	8	7	6	4	5	6	6	6	7	7
	4/2	1/0	5/1	6/1	75/6	300/22	135/20	130/17	180/20	245/19	60/10	6/2
Bluefields	5	6	7	7	5	4	3	4	5	5	5	5
	265/21	130/16	80/12	75/12	345/22	500/23	665/24	545/24	310/21	345/21	390/22	400/22

température de la mer : moyenne mensuelle

	J	F	M	A	M	J	J	A	S	O	N	D
Mer des Caraïbes	26	26	27	27	27	28	28	28	28	27	27	27
Pacifique	26	27	27	27	27	28	28	28	28	27	27	26

Niger

Superficie : 2,3 fois la France. Niamey (latitude 13°29'N ; longitude 02°10'E) : GMT + 1 h. Durée du jour : maximale (juin) 13 heures, minimale (décembre) 11 heures 30.

▶ La meilleure période pour faire un voyage au Niger est sans aucun doute la **saison sèche**, d'octobre-novembre à avril, en choisissant de préférence les mois de **décembre à février**, les moins torrides, et durant lesquels les nuits sont même fraîches.

C'est également une bonne période pour visiter le parc naturel W du Niger, au sud de Niamey, où se rassemblent éléphants, lions, léopards, hippopotames, etc. (voir chapitre Kenya).

Le soleil est toujours présent à cette saison, mais il peut être voilé par une brume sèche, surtout dans le sud du pays, et parfois même (en avril-mai) par des tempêtes de sable.

▶ Si vous projetez une expédition dans la région saharienne, évitez bien sûr absolument la canicule des mois de mai à septembre (voir Bilma). La chaleur y est plus supportable entre décembre et février, et les nuits, très fraîches ou froides, permettent de récupérer (voir chapitre Algérie).

▶ **La saison des pluies** – l'hivernage – dure cinq mois (de juin à octobre) dans le sud du pays (voir Niamey, Zinder). Rarement diluviennes, les pluies tombent sous forme d'averses orageuses, surtout en fin d'après-midi et la nuit, et sont souvent précédées de bourrasques poussiéreuses. C'est aussi la saison où la chaleur est le moins supportable à cause de l'humidité. Plus on remonte vers le nord et plus les pluies diminuent en durée et en intensité. Elles sont déjà pratiquement inexistantes au niveau d'Agadès. Même le massif montagneux de l'Aïr, en principe un peu plus arrosé, n'échappe pas toujours à des périodes de sécheresse absolue.

VALISE : des vêtements d'été, amples et légers, en coton ou autres fibres naturelles (pour les femmes, mieux vaut éviter minijupes et shorts) ; pendant la saison sèche, un pull pour les soirées ; éventuellement un anorak léger pour la saison des pluies dans le sud. Si vous allez au Sahara, vous aurez besoin de vêtements chauds pour la nuit, d'une écharpe en coton antipoussière.

SANTÉ : risques de paludisme toute l'année dans tout le pays. Résistance à la Nivaquine. Vaccination contre la fièvre jaune obligatoire.

BESTIOLES : les moustiques nigériens sévissent toute l'année, surtout après le coucher du soleil. ●

moyenne des températures maximales / moyenne des températures minimales

	J	F	M	A	M	J	J	A	S	O	N	D
Bilma	26	30	34	39	41	42	41	40	40	38	32	27
(335 m)	8	11	15	20	23	24	25	25	23	19	13	10
Agadès	29	32	36	39	41	41	39	37	39	38	33	29
(500 m)	11	14	18	22	25	25	24	23	23	21	16	12
N'Guigmi	29	32	36	39	39	39	37	34	36	37	33	30
(300 m)	13	15	19	22	24	24	24	23	23	21	17	13
Zinder	29	33	36	39	39	37	33	31	34	36	33	30
(450 m)	15	17	21	25	26	25	23	22	23	22	19	15
Niamey	33	36	39	41	40	37	34	32	34	37	37	34
	16	18	23	26	27	25	24	23	23	24	20	16

nombre d'heures par jour / hauteur en mm / nombre de jours

	J	F	M	A	M	J	J	A	S	O	N	D
Bilma	9,5	10	10	10	10,5	11	11	10,5	10	10	10	9,5
	0/0	0/0	0/0	0/0	0/0	2/0	2/0	9/1	1/0	0/0	0/0	0/0
Agadès	9,5	10	9,5	9,5	9,5	9,5	9,5	9	9,5	10	10	9,5
	0/0	0/0	0/0	2/0	8/1	10/1	40/4	70/7	14/2	1/0	0/0	0/0
N'Guigmi	9,5	9,5	9	9	9,5	9,5	8,5	7,5	8,5	9,5	10	9,5
	0/0	0/0	0/0	1/0	7/1	8/1	65/7	130/9	18/2	0/0	0/0	0/0
Zinder	9,5	10	9	9,5	9,5	9,5	8,5	8	9	10	10	9,5
	0/0	0/0	0/0	1/0	25/3	50/6	135/8	205/12	65/7	6/1	0/0	0/0
Niamey	9,5	9,5	9	8,5	9	9	8	7,5	8	9	9,5	9
	0/0	0/0	3/0	6/1	35/4	80/5	170/10	200/13	95/7	13/2	1/0	0/0

Nigeria

Superficie : 1,7 fois la France. Lagos (latitude 6°35'N ; longitude 03°20'E) : GMT + 1 h. Durée du jour : environ 12 heures toute l'année.

▶ On trouve au Nigeria des climats assez différents selon les régions. La saison la plus agréable est la **saison sèche**, de novembre à mars ou avril selon les régions, et particulièrement les mois **de novembre et décembre**.

À cette période, il fait encore très chaud sur la côte (voir Lagos, Calabar), y compris la nuit ; les journées peuvent même être torrides, mais l'humidité est un peu moins forte que le reste de l'année. Le ciel est assez souvent dégagé après des brumes matinales.

En remontant vers le nord, on rencontre un climat beaucoup plus sec et sain, très ensoleillé et chaud le jour avec des nuits fraîches sur les hauteurs du centre du pays (voir Jos), puis sec et aride dans le nord (voir Kano, Maiduguri), avec toujours beaucoup de soleil, de chaleur ou de canicule le jour et de fraîcheur la nuit. L'*harmattan* règne sur le nord de décembre à mars, provoquant des tempêtes de sable et des tourbillons de poussière qui voilent le ciel.

▶ Sur la côte, la **saison des pluies** dure au moins sept mois, de fin mars à fin octobre. Elle est très marquée à Lagos, où l'atmosphère est alors celle d'une serre chaude et étouffante, et encore beaucoup plus prononcée à l'est de la côte (voir Calabar), où elle dure au moins jusqu'à mi-novembre. En pays yoruba, à l'est, une petite saison presque sèche, au mois d'août, offre un certain répit.

Les pluies sont encore assez fortes sur les régions élevées du centre, mais nettement moins au nord, où elles ne durent que quatre mois (juin à septembre).

▶ La mer est assez chaude toute l'année le long des côtes nigérianes, battues par un ressac assez fort qui ne favorise pas les baignades.

VALISE : en toute saison, vêtements très légers, en fibres naturelles de préférence ; une veste, un pull léger pour l'air conditionné à Lagos et pour les soirées dans le nord pendant la saison fraîche. Pendant la saison des pluies, éventuellement un anorak léger.

SANTÉ : vaccination contre la fièvre jaune recommandée ; vaccin antirabique conseillé pour de longs séjours. Risques de paludisme toute l'année ; résistance à la Nivaquine et multirésistance.

BESTIOLES : moustiques toute l'année sur la côte et à l'intérieur du pays, surtout actifs la nuit. ●

moyenne des températures maximales / moyenne des températures minimales

	J	F	M	A	M	J	J	A	S	O	N	D
Kano (470 m)	30 / 13	33 / 15	37 / 19	38 / 24	37 / 24	34 / 23	31 / 22	29 / 21	31 / 21	34 / 19	33 / 16	31 / 13
Maiduguri (350 m)	32 / 12	34 / 14	38 / 18	40 / 22	38 / 25	36 / 24	32 / 23	30 / 22	33 / 22	36 / 20	35 / 15	32 / 12
Jos (1 220 m)	28 / 14	30 / 16	32 / 18	31 / 19	29 / 18	27 / 18	25 / 17	24 / 17	27 / 17	29 / 17	29 / 16	28 / 14
Lagos	31 / 23	32 / 25	32 / 26	32 / 25	31 / 24	29 / 23	28 / 23	28 / 23	28 / 23	29 / 23	31 / 24	31 / 24
Calabar	30 / 22	32 / 22	32 / 23	31 / 22	31 / 22	30 / 22	30 / 22	28 / 22	29 / 22	29 / 22	31 / 22	30 / 22

nombre d'heures par jour — hauteur en mm / nombre de jours

	J	F	M	A	M	J	J	A	S	O	N	D
Kano	9 / 0/0	9 / 0/0	9 / 2/0	9 / 10/1	9 / 70/6	8 / 115/7	7 / 205/12	7 / 310/17	8 / 140/10	9 / 13/1	9 / 0/0	9 / 0/0
Maiduguri	9 / 0/0	10 / 0/0	10 / 0/0	9 / 8/1	8 / 40/3	8 / 70/5	7 / 180/10	6 / 220/14	7 / 105/16	8 / 18/2	9 / 0/0	9 / 0/0
Jos	9 / 0/0	9 / 5/1	9 / 25/2	9 / 100/5	7 / 195/13	5 / 220/14	5 / 320/21	6 / 285/19	6 / 210/15	8 / 40/3	9 / 5/1	9 / 0/0
Lagos	7 / 30/2	7 / 45/2	7 / 100/5	7 / 150/8	7 / 270/13	5 / 460/16	4 / 280/13	5 / 65/7	5 / 140/11	6 / 205/13	8 / 65/5	7 / 2/1
Calabar	6 / 45/2	6 / 70/3	6 / 145/9	7 / 195/11	6 / 315/13	5 / 395/17	4 / 455/19	5 / 435/21	5 / 430/20	6 / 325/17	7 / 190/9	9 / 55/3

température de la mer : moyenne mensuelle

	J	F	M	A	M	J	J	A	S	O	N	D
Lagos	27	27	28	28	27	26	25	24	25	25	26	27

Norvège

Superficie : 0,6 fois la France. Oslo (latitude 59°6'N ; longitude 10°4'E) : GMT + 1 h. Durée du jour : maximale (juin) 18 heures 30, minimale (décembre) 6 heures.

▶ Le climat de toute la **côte ouest** du pays se distingue nettement de celui de l'intérieur : le courant chaud du Gulf Stream donne à ce littoral des hivers cléments, si l'on considère la latitude. Mais des vents tièdes du sud-ouest amènent aussi des précipitations assez fréquentes toute l'année, particulièrement de septembre à décembre. Elles tombent en général sous forme de neige au nord de la côte (voir Tromsö) de novembre à mars ou avril, plus rarement au sud (voir Bergen).
L'été (**mi-juin à fin août**) est la meilleure période pour faire une croisière dans les fjords ou des randonnées sur les montagnes qui les bordent et sur les glaciers : les journées sont très longues, assez ensoleillées, il fait frais la nuit mais relativement doux dans le nord et très bon dans le sud durant la journée.
Sachez aussi que la mer, à la belle saison, n'est pas tout à fait glaciale...

▶ À l'**intérieur** du pays, l'hiver est rigoureux, et d'autant plus bien sûr que l'on va vers le nord, mais les vents sont moins fréquents. Il neige d'octobre à fin avril au nord, où règne un froid particulièrement glacial de décembre à mars (voir Karasjok). Il fait moins froid durant cette période dans la capitale, au sud, mais le ciel n'y est pas beaucoup plus dégagé.
On pratique le ski de fond tout l'hiver dans le sud de la Norvège, et notamment dans la région de Telemark. Il vaut mieux attendre fin mars ou avril pour en faire autant dans le nord : la neige est encore là, mais les grands froids sont passés et les jours sont déjà longs.
En été, à latitude égale, il fait un peu plus chaud à l'intérieur du pays que sur le littoral. Malgré des pluies plus abondantes que le reste de l'année, c'est une période relativement ensoleillée à Oslo.

▶ Au **cap Nord**, on peut contempler le soleil de minuit de la mi-mai à la fin juin, bien qu'il soit parfois masqué par le brouillard. Il est encore visible jusqu'à 500 kilomètres plus au sud, mais durant une période beaucoup plus courte.

▶ Grâce au Gulf Stream, les îles Lofoten qui sont pourtant situées au nord du cercle polaire jouissent d'un climat beaucoup plus doux que le continent ; à tel point qu'en hiver les précipitations, assez abondantes, tombent plus souvent sous forme de pluie que de neige. L'été est frais et humide, avec des ciels souvent nuageux.

▶ Pour la partie norvégienne de la **Laponie**, voir chapitre Finlande.

VALISE : en été, vêtements légers pour la journée ; pull-overs, veste chaude sont nécessaires le soir. Pensez aussi à emporter un imperméable. En hiver, sous-vêtements en laine ou en soie, manteau, anorak en duvet, bottes ou chaussures imperméables, gants, etc.

BESTIOLES : les essaims de moustiques, rares sur la côte, sont un véritable fléau de l'été norvégien à l'intérieur du pays.

FOULE : pression touristique très modérée. Juillet, quand les jours sont encore très longs, est de loin le mois de la plus forte affluence, novembre se situe à l'opposé. Outre les autres Scandinaves ou Finlandais, les Allemands et les Britanniques sont bien représentés parmi les visiteurs. Les Français comptent environ pour 7 % du total. ●

moyenne des températures maximales / moyenne des températures minimales

	J	F	M	A	M	J	J	A	S	O	N	D
Tromsö	- 2	- 2	0	3	7	12	16	14	10	5	2	- 1
	- 6	- 6	- 5	- 2	1	6	9	8	5	1	- 2	- 4
Karasjok	- 9	- 10	- 3	1	7	14	18	16	9	2	- 4	- 9
	- 21	- 22	- 17	- 9	- 1	5	8	6	2	- 5	- 12	- 18
Bergen	3	3	6	9	14	16	19	19	15	11	7	5
	0	- 1	0	3	7	10	12	12	9	6	3	1
Oslo	- 2	- 1	4	10	16	20	22	21	16	9	3	0
	- 7	- 7	- 4	1	6	10	13	12	8	3	- 1	- 4

nombre d'heures par jour   hauteur en mm / nombre de jours

	J	F	M	A	M	J	J	A	S	O	N	D
Tromsö	0	2	3	6	5	7	8	5	3	2	0,5	0
	95/13	80/14	90/13	65/11	60/9	60/11	55/10	80/13	110/15	115/16	90/13	95/14
Karasjok	0	1	4	6	5	6	6	4	2	2	0	0
	15/6	15/6	15/6	15/5	20/6	45/9	55/9	55/10	40/9	25/7	20/7	20/7
Bergen	1	2	3	5	6	6	6	6	3	2	1	0,5
	145/16	140/14	190/12	140/14	85/11	125/13	140/15	170/15	230/17	235/19	210/16	205/18
Oslo	1	3	5	6	8	8	7	6	5	3	1	1
	50/8	35/7	25/6	45/7	45/7	70/10	80/11	95/11	80/10	75/10	70/11	65/10

température de la mer : moyenne mensuelle

	J	F	M	A	M	J	J	A	S	O	N	D
Tromsö	5	5	5	6	6	7	9	11	9	7	6	5
Bergen	6	5	6	7	8	10	12	13	12	10	9	7

Nouvelle-Calédonie

Superficie : 0,003 fois la France métropolitaine. Nouméa (latitude 22°16'N ; longitude 166°27'E) : GMT + 11 h. Durée du jour : maximale (décembre) 13 heures 30, minimale (juin) 11 heures.

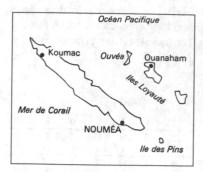

temps à autre refroidir la Grande Terre. Entre les « coups », on se baigne dans une mer encore accueillante.

▶ Vous devez aussi savoir que, quelle que soit la saison, la côte est, « au vent », est à peu près deux fois plus arrosée que la côte ouest, « sous le vent ». Il n'y a cependant pas beaucoup moins de soleil à l'est qu'à l'ouest, mais l'air y est plus humide.

▶ Canaques et Caldoches s'accordent en général pour dire que la meilleure période de l'année est celle qui va **de fin septembre à fin novembre**. C'est la saison sèche, le temps est ensoleillé et agréablement chaud, et l'alizé qui souffle presque en permanence n'est pas mal venu. Sur les plages de la région de Nouméa, les plus belles de l'île, on se baigne dans une eau dont la température est agréable.

▶ Comme il est de coutume en Nouvelle-Calédonie, à une période tourmentée succède une période de calme. De fin décembre à mars, c'est la **saison chaude et humide**, dite aussi saison des cyclones. Peu fréquents, surtout concentrés entre mi-février et mi-mars, ils peuvent cependant être très dévastateurs. De fortes tempêtes, qui s'accompagnent de pluies torrentielles, sont beaucoup moins rares. Néanmoins, tout ceci n'empêche pas le soleil de briller et l'eau d'être chaude ; mais l'air est lourd, souvent étouffant.

▶ **Avril et mai** négocient le retour au calme et le temps est assez beau. Puis la saison fraîche, toute relative, s'installe de juin à août, pendant laquelle les « coups d'ouest », d'origine polaire, viennent de

VALISE : en toute saison, vêtements très légers (évitez les tissus synthétiques), éventuellement de quoi se protéger des averses ; des sandales de plastique ou des tennis ; un pull, une veste légère pour les soirées (sauf de décembre à mars).

SANTÉ : la vaccination est recommandée contre la typhoïde. Attention à la « gratte », maladie communiquée par certains poissons pêchés à l'intérieur de la barrière de corail.

BESTIOLES : les moustiques sont particulièrement offensifs pendant la saison des pluies (surtout actifs après le coucher du soleil). Sur la côte, méfiez-vous des poissons urticants (voir ci-dessus) et des cônes, coquillages venimeux dont le poison est dangereux (ne pas les saisir à main nue, ne pas se promener nu-pieds sur les récifs).

FOULE : pression touristique soutenue. Pas de grands écarts d'affluence tout le long de l'année, mais un mois de décembre en pointe ; février et juin sont les moins fréquentés. À eux seuls, Japonais, Australiens et Français métropolitains composent 90 % des visiteurs. ●

moyenne des températures maximales / moyenne des températures minimales

	J	F	M	A	M	J	J	A	S	O	N	D
Koumac	30	30	29	28	27	25	24	24	25	27	28	29
	22	22	22	20	18	17	16	16	16	18	20	21
Nouméa	29	29	28	26	24	24	23	23	24	25	27	28
	23	23	23	21	20	19	17	17	18	19	21	22
Ouanaham	29	29	28	27	26	25	24	24	25	26	27	28
(île Lifou)	22	22	22	20	18	16	15	16	16	18	19	20

nombre d'heures par jour — hauteur en mm / nombre de jours

	J	F	M	A	M	J	J	A	S	O	N	D
Koumac	7	7	6	7	7	7	7	7	7	8	8	8
	140/10	135/10	135/10	70/6	120/6	50/5	55/4	45/3	60/4	20/2	45/4	120/7
Nouméa	8	8	6	7	6	6	6	7	7	9	9	9
	105/9	115/10	150/12	115/11	90/11	100/11	95/10	70/8	50/7	45/5	45/5	75/7
Ouanaham	7	7	6	7	6	5	6	6	7	8	8	8
	130/15	250/14	215/17	215/14	125/15	175/13	110/12	110/12	55/10	45/10	130/13	75/11

température de la mer : moyenne mensuelle

	J	F	M	A	M	J	J	A	S	O	N	D
Koumac	26	27	26	26	24	24	23	22	23	24	24	25
Nouméa	25	26	25	25	23	23	22	21	22	23	23	24
Ouanaham	26	27	26	26	24	23	23	22	23	24	24	25

Nouvelle-Zélande

Superficie : 0,5 fois la France. Wellington (latitude 41°16'S ; longitude 174°46'E) : GMT + 12 h. Durée du jour : maximale (décembre) 15 heures, minimale (juin) 9 heures.

La Nouvelle-Zélande – *Aotearoa*, « le pays du long nuage blanc », pour les Maoris – bénéficie d'un climat très tempéré pour sa latitude. Elle est située dans l'hémisphère austral, ses saisons sont donc inversées par rapport à celles de la France. Une particularité du climat néo-zélandais est son extrême variabilité, été comme hiver : soleil et pluie ou neige se succèdent souvent en l'espace de quelques heures.

▶ **L'été (décembre à février)** est chaud et assez ensoleillé dans l'île du nord ou « île fumante » (voir Auckland, Wellington) ; il est très agréable dans la plus grande partie de l'île du sud, ou « île de jade », à l'exception de l'extrême sud et de l'île Stewart, où les températures restent un peu fraîches. Mais l'humidité, élevée en permanence dans ce pays très maritime, contribue à créer une impression de serre chaude à la belle saison.
De décembre à février, on peut affronter l'eau de mer sur certaines côtes sans avoir un tempérament de Spartiate : sa température approche alors 20° sur la côte nord-est de l'île du nord (Auckland), la

seule avec le nord de l'île du sud à être baignée par une mer assez calme (mais en août, il vaut mieux avoir un scaphandre : elle descend à 14°).
L'été est en tout cas la période la plus propice aux randonnées en montagne, dans la région des lacs et des volcans du nord ou dans celle des fjords du sud-ouest. Il faut savoir que la luminosité des ciels néo-zélandais va de pair avec une irradiation solaire très forte : attention aux brûlures.

▶ **L'hiver** est doux : il ne gèle que rarement dans les terres basses de l'île fumante et sur les deux tiers de l'île de jade. Dans la partie méridionale de cette dernière, en revanche, chutes de neige et coups de froid polaire sont fréquents. Là encore, l'humidité ambiante intensifie la sensation de froid. Les neiges éternelles commencent au-dessus de 2 500 mètres au nord, de 2 100 mètres au sud.
On skie d'août à octobre dans l'île du nord, et surtout en août et septembre dans les Alpes néo-zélandaises au sud, notamment à proximité du lac Wakatipu. Les possibilités de remontées étant assez limitées, il s'agit surtout de ski de randonnée ou d'héliski.

▶ **Les précipitations** sont réparties assez également sur toute l'année, avec un maximum plus marqué en hiver sur l'île du nord. Elles sont beaucoup plus abondantes sur les régions montagneuses et sur les côtes ouest et sud que sur les côtes orientales, assez peu arrosées (voir Christchurch).

▶ **Les vents** sont omniprésents, et beaucoup plus violents également sur la côte ouest, surtout dans la région des fjords, fantastique théâtre où s'affrontent en toute saison vents déchaînés et pluies virulentes.

Dans la région de Christchurch, un vent sec et chaud de type fœhn provoque parfois une brusque montée des températures. Wellington, la capitale, est particulièrement ventée ; quant au nord de l'île fumante, il essuie parfois une tornade, à la fin de l'été.

VALISE : de décembre à mars, vêtements d'été, pulls, veste coupant le vent et imperméable. De juin à août, vêtements de demi-saison dans le nord, vêtements chauds dans le sud, et toujours un imperméable.

BESTIOLES : à la belle saison, moustiques et phlébotomes rivalisent de voracité dans les régions basses : les premiers la nuit, les seconds dans la journée.

FOULE : la fréquentation touristique a progressé ces dernières années. Décembre, en début d'été austral, fait le plein ; mai et juin sont, à l'opposé, les mois les plus délaissés. Australiens pour plus du tiers, les visiteurs viennent aussi à part égale du Japon, des États-Unis et du Royaume-Uni (environ 12 % pour chacun). Comme l'Australie, la Nouvelle-Zélande enregistre une hausse notable des visiteurs d'origine européenne. ●

moyenne des températures maximales / moyenne des températures minimales

	J	F	M	A	M	J	J	A	S	O	N	D
Auckland	23	23	22	19	17	14	13	14	16	17	19	21
	16	16	15	13	11	9	8	8	9	11	12	14
Wellington	21	21	19	17	14	13	12	12	14	16	17	19
	13	13	12	11	8	7	6	6	8	9	10	12
Christchurch	21	21	19	17	13	11	10	11	14	17	19	21
	12	12	10	7	4	2	2	2	4	7	8	11
Invercargill	19	19	18	15	12	10	9	11	13	16	16	18
	9	9	8	6	4	2	1	3	4	6	7	8

nombre d'heures par jour — hauteur en mm / nombre de jours

	J	F	M	A	M	J	J	A	S	O	N	D
Auckland	8	7	6	5	4	4	4	5	6	6	7	7
	80/7	95/7	80/8	95/10	125/14	135/14	145/16	115/14	100/13	100/11	90/10	80/8
Wellington	9	9	7	6	6	5	4	4	4	6	8	9
	80/7	80/6	80/8	95/9	115/11	115/12	135/13	115/12	95/10	100/9	90/9	90/8
Christchurch	7	6	6	5	4	4	4	5	6	6	7	6
	55/7	45/5	50/6	50/7	65/8	65/9	70/9	50/8	45/7	43/7	50/7	55/7
Invercargill	6	6	5	4	3	2	3	4	5	5	6	6
	105/12	85/9	100/11	105/12	110/13	90/12	80/12	80/11	80/10	105/12	105/13	100/11

température de la mer : moyenne mensuelle

	J	F	M	A	M	J	J	A	S	O	N	D
Auckland	18	19	19	18	16	15	15	14	14	15	16	17
Wellington	16	17	16	15	14	13	13	12	11	12	13	14
Christchurch	15	16	14	13	13	12	12	11	10	11	12	13
Invercargill	13	13	12	11	10	10	10	9	9	10	11	11

Oman

Superficie : 0,4 fois la France. Mascate (latitude 23°37'N ; longitude 58°35'E) : GMT + 4 h. Durée du jour : maximale (juin) 13 heures 30, minimale (décembre) 10 heures 30.

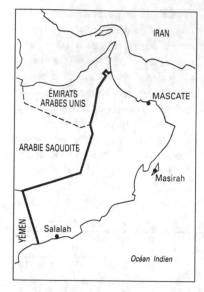

▶ La période la plus propice à un voyage dans le sultanat d'Oman se situe **entre début novembre et fin mars** : sur les côtes, la chaleur est alors très supportable, et les nuits sont relativement douces, parfois même fraîches. En janvier, il peut même ne pas faire assez chaud pour profiter des plages. Dans les régions élevées de l'intérieur, au nord du pays, certaines nuits sont froides.
C'est aussi la saison des pluies, très faibles sur le littoral, un peu plus abondantes (entre 200 et 300 millimètres par an) sur la montagne.

▶ Entre mi-avril et octobre, une écrasante canicule s'installe. Des vents brûlants, secs et chargés de poussière balaient sou-

vent le pays en été. Le Dhofar, au sud (voir Salalah), est la région la moins torride, et la seule à recevoir quelques pluies durant cette période (entre juin et septembre). À cette époque, cette région reçoit la mousson indienne et il y fait assez humide. L'oasis de Salalah et ses environs disparaissent alors dans la brume, puis verdissent à perte de vue.

▶ Il n'existe pas de données statistiques concernant l'ensoleillement à Oman : le ciel est presque toujours bleu, sauf en janvier et février, mois qui sont parfois un peu nuageux dans le Dhofar.

▶ Pour les amateurs de plongée sous-marine (les fonds coralliens sont très beaux à Mascate), les seuls mois où la mer peut être un peu agitée et troublée sont décembre, janvier et février.

VALISE : de décembre à mars, vêtements très légers en coton ou en lin de préférence, mais aussi un lainage ou une veste. Le reste de l'année, ce que vous avez de plus léger (mais laissez dans vos placards robes très décolletées ou très courtes, etc.).

SANTÉ : quelques risques de paludisme toute l'année dans tout le pays, zones de résistance à la Nivaquine.

BESTIOLES : moustiques toute l'année, surtout actifs après le coucher du soleil. ●

moyenne des températures maximales / moyenne des températures minimales

	J	F	M	A	M	J	J	A	S	O	N	D
Mascate	25	25	29	32	37	38	36	33	34	34	30	26
	19	19	22	25	30	31	30	29	28	27	23	20
Masirah	25	26	29	33	36	34	31	30	30	31	29	27
	24	24	25	26	28	29	30	30	29	27	25	24
Salalah	27	28	30	31	32	32	28	27	29	30	30	28
	18	19	21	23	25	26	24	23	23	21	20	19

nombre d'heures par jour hauteur en mm / nombre de jours

	J	F	M	A	M	J	J	A	S	O	N	D
Mascate	*	*	*	*	*	*	*	*	*	*	*	*
	30/2	18/1	10/1	10/1	3/0	3/0	3/0	2/0	0/0	2/0	10/1	18/2
Masirah	*	*	*	*	*	*	*	*	*	*	*	*
	3/0	3/0	5/1	0/0	3/0	3/0	3/0	2/0	2/0	2/0	3/0	10/1
Salalah	*	*	*	*	*	*	*	*	*	*	*	*
	3/1	3/1	2/0	2/0	3/0	5/1	25/11	25/11	3/1	13/1	3/0	3/1

température de la mer : moyenne mensuelle

	J	F	M	A	M	J	J	A	S	O	N	D
Mascate	24	23	25	27	28	29	28	29	28	28	26	25
Salalah	24	25	26	27	28	29	27	26	26	27	26	25

Ouganda

Superficie : 0,4 fois la France. Kampala (latitude 0°19'N ; longitude 32°36'E) : GMT + 3 h. Durée du jour : environ 12 heures toute l'année.

Dans ce pays équatorial, les températures varient peu tout au long de l'année : chaudes ou très chaudes le jour, douces ou fraîches la nuit. Elles ne varient guère d'une région à l'autre qu'en fonction de l'altitude, qui les fait baisser au point qu'à Kabalé, un feu de bois est nécessaire, le soir, pour se réchauffer.

▶ Le croissant fertile autour du lac Victoria (voir Kampala) est une région très pluvieuse : des averses torrentielles s'y déversent surtout en fin d'après-midi ; ce qui permet au soleil de briller le reste de la journée, lorsque les brumes matinales se sont dissipées. Il n'est pas rare, durant la saison des pluies, de voir les eaux du lac soulevées en vagues énormes par la tempête. Évitez de préférence les périodes des longues pluies (de mars à mai) et des petites pluies (octobre à décembre), durant lesquelles les abords du lac sont humides et étouffants. Le reste de l'année, il pleut moins et des brises lacustres remédient souvent à la moiteur ambiante. Les mois les plus secs, à choisir de préférence pour un séjour dans la capitale, sont

juillet, août et septembre. Mais il faut savoir que Kampala détient un triste record en Afrique : 242 jours d'orage par an en moyenne...

▶ La moitié ouest du pays est aussi pluvieuse, mais la période la plus sèche et la plus ensoleillée se situe entre décembre et février. C'est la meilleure période pour découvrir les parcs nationaux de Murchison Falls et de Kidepo Valley, entre autres.
Deux micro-climats à l'ouest du pays : celui de la Vallée du Rift qui, y compris dans les régions de lacs, peut être très aride, formant un contraste surprenant avec les forêts tropicales des plateaux qui la surplombent. Et celui du mont Ruwenzori (5 125 mètres), un des plus hauts sommets d'Afrique (à la frontière avec le Congo ex-Zaïre) ; ses pentes sont perpétuellement noyées dans le brouillard et, même durant la saison sèche, le soleil n'y fait que des apparitions espacées.

▶ Au nord-est du pays s'étend une zone aride de savanes semi-désertiques, frappée ces dernières années par la sécheresse et la famine. Dans cette région balayée par les vents du nord-est, la saison sèche dure de novembre à avril.

VALISE : quelle que soit la période de votre voyage, vêtements légers de plein été, auxquels il faut ajouter un ou deux pulls pour les soirées, et une veste ou un blouson chaud pour les régions un peu élevées. Pour visiter les réserves, des vêtements de couleurs neutres (mais ne portez rien qui ressemble à un vêtement militaire).

SANTÉ : vaccination contre la fièvre jaune recommandée, contre la rage fortement conseillée. Risques de paludisme toute l'année, y compris dans les villes ; résistance élevée à la Nivaquine.

BESTIOLES : moustiques toute l'année sauf dans les régions montagneuses, actifs surtout la nuit. ●

moyenne des températures maximales / moyenne des températures minimales

	J	F	M	A	M	J	J	A	S	O	N	D
Gulu	32	32	31	29	28	27	27	27	28	29	30	30
(1 110 m)	16	17	18	18	18	17	17	17	17	17	16	16
Kampala	27	27	27	26	26	25	25	25	26	26	26	26
(1 190 m)	17	17	18	18	18	17	16	16	16	17	17	17
Kabalé	24	24	23	23	22	22	23	23	24	23	23	23
(1 870 m)	10	10	10	11	11	9	9	10	10	10	10	10

nombre d'heures par jour   hauteur en mm / nombre de jours

	J	F	M	A	M	J	J	A	S	O	N	D
Gulu	9	9	8	8	8	8	6	6	8	8	8	9
	12/2	45/4	90/8	175/13	170/13	150/10	125/13	230/14	125/13	165/13	95/8	45/5
Kampala	8	7	6	6	6	6	6	6	6	6	6	7
	100/7	85/7	140/13	280/18	255/15	100/10	65/7	90/7	85/7	110/10	145/13	125/13
Kabalé	5	6	5	4	4	6	6	5	5	5	5	4
	60/8	90/9	115/12	135/15	90/11	25/4	20/2	55/6	95/10	100/13	105/13	90/11

Ouzbékistan

Superficie : 0,8 fois la France. Tachkent (latitude 41°16'N ; longitude 69°16'E) : GMT + 5 h. Durée du jour : maximale (juin) 15 heures, minimale (décembre) 9 heures.

que ces villes soient situées à une altitude plus élevée que Chimbay, elles offrent ainsi des températures hivernales plus modérées. Mais les précipitations y étant un peu plus importantes que dans le nord, la neige y est plus fréquente. Cette région, tout spécialement la dépression intermontagnarde de Fergana, voit aussi régulièrement des vents de fœhn – l'*ursatevskiy* notamment – faire brusquement grimper la température.

▶ De vastes zones désertiques, avec leurs oasis, occupent la moitié nord-ouest du pays. Au sud-est, l'altitude s'élève au fur et à mesure que l'on s'approche des contreforts du Pamir. Le climat permet la culture irriguée du coton. La majeure partie des Ouzbeks habite cette région sud-est que traversait l'antique route de la soie – la mythique Samarcande est à mi-chemin entre Tachkent et Termez.

▶ En hiver, les grandes altitudes exclues, c'est dans la partie occidentale du pays que le froid est le plus rigoureux ; mais il est sec (voir Chimbay). Quand le vent souffle, il n'est pas exceptionnel qu'un thermomètre placé hors abri puisse enregistrer des minima nocturnes de – 30°. Cependant, les précipitations restant faibles, il neige assez peu. Quand la couverture neigeuse se maintient – en moyenne une année sur deux – ce n'est que pour deux ou trois semaines en janvier. Périodiquement, surtout en janvier, une tempête vient, depuis la mer Caspienne, balayer les steppes et peut provoquer, même en plein hiver, des vents de poussière. Au sud du pays, Tachkent et plus encore Fergana et Termez sont protégées par les reliefs des influences sibériennes. Bien

▶ Le début de printemps est l'époque préférée des tempêtes venues d'Iran ; elles apportent désordre et air chaud. La fin du mois de mai marque le début d'un été long, chaud et même torride ; très sec, il ne connaît pour ainsi dire pas la pluie.
Les jours les plus chauds s'accompagnent souvent de vents de poussière. En suspension dans l'air pendant plusieurs jours, les particules donnent à l'atmosphère de ces pays de l'Asie centrale un aspect blanchâtre très typique.
Ce n'est qu'à la fin du mois de septembre que l'on échappe aux grosses chaleurs.
Dans ces régions au climat continental marqué, les saisons intermédiaires sont les plus favorables au voyage. **Avril, mai, septembre** et **octobre** offrent les meilleures conditions climatiques, avec des décalages (voir tableaux) suivant que l'on se rende au nord ou au sud du pays.

VALISE : en hiver, un voyage en Ouzbékistan impose d'être chaudement vêtu et protégé du vent. En été, on n'oubliera pas une écharpe de coton adaptée aux vents de poussière... On tiendra aussi compte des importants écarts de températures entre le jour et la nuit, particulièrement au printemps et en automne où le froid peut succéder en soirée à des températures élevées dans l'après-midi. Les voyageuses doivent aussi savoir que des vêtements trop décontractés peuvent choquer la population musulmane. ●

moyenne des températures maximales / moyenne des températures minimales

	J	F	M	A	M	J	J	A	S	O	N	D
Chimbay	- 2	2	8	19	27	32	34	31	23	17	7	0
	- 11	- 9	- 4	5	12	16	18	17	10	3	- 5	- 9
Tachkent	3	7	12	18	26	31	33	32	27	18	12	7
(480 m)	- 6	- 3	3	8	13	17	18	16	11	5	2	- 2
Fergana	3	7	15	23	28	33	35	33	27	20	12	7
(580 m)	- 9	- 6	0	7	12	17	19	17	10	3	- 2	- 6
Termez	10	13	19	27	33	39	40	39	33	27	18	12
(300 m)	- 4	- 2	3	10	15	19	21	20	13	7	1	- 3

nombre d'heures par jour   hauteur en mm / nombre de jours

	J	F	M	A	M	J	J	A	S	O	N	D
Chimbay	3	4	6	8	11	12	13	12	10	8	5	4
	7/4	14/4	13/4	12/4	10/3	6/2	2/1	2/1	3/1	7/2	5/2	8/3
Tachkent	4	4	5	8	10	12	13	12	10	8	5	4
	50/8	50/8	80/9	58/8	32/5	12/3	4/1	3/0	3/0	23/3	45/6	57/8
Fergana	4	4	5	7	9	11	12	12	10	8	5	3
	20/4	16/4	25/5	18/5	19/5	10/3	5/2	3/1	2/1	12/3	19/4	18/4
Termez	5	5	6	8	11	12	13	12	11	9	6	5
	20/5	25/5	30/5	19/4	10/2	1/0,5	0/0	0/0	0/0	3/1	0/0	17/5

Pacifique Sud (îles)

(Cook, Kiribati, Pâques, Salomon, Samoa, Tonga, Wallis et Futuna...)

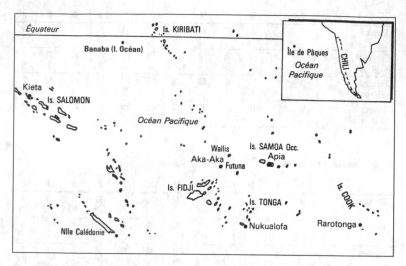

Les îles Fidji, la Nouvelle-Calédonie, la Polynésie française, le Vanuatu étant traités séparément, ce chapitre concerne les autres principaux archipels et îles du Pacifique sud.

Tous situés dans la zone tropicale humide, ils ont de nombreuses caractéristiques climatiques communes : chaleur élevée toute l'année, le jour comme la nuit (un peu moins en saison sèche pour les îles situées le plus au sud) ; pluies abondantes, également toute l'année, mais ensoleillement malgré tout assez bon. Leur climat varie cependant en fonction de leur latitude, de leur longitude et de leur relief. En effet, les îles d'origine volcanique, aux reliefs marqués, sont plus arrosées que les îles coralliennes qui sont quasiment plates. Ces îles volcaniques sont : les îles Salomon, Wallis et Futuna ; les trois grandes îles de Samoa ; les îles occidentales du royaume de Tonga ; les 9 îles qui constituent le sud de l'archipel Cook, dont Aitutaki et Rarotonga ; l'île de Pâques, qui ne culmine cependant qu'à 540 mètres. Ce sont les versants est des reliefs, exposés aux alizés, qui reçoivent le plus de pluies, les versants ouest, « sous le vent », étant plus abrités. Les îles coralliennes sont : les îles de Kiribati (ex-îles Gilbert), les petites îles de l'archipel de Samoa, les îles orientales de Tonga, les 7 îles du nord de l'archipel Cook. Certaines d'entre elles sont si plates que l'on craint que le réchauffement du climat et son corollaire, l'élévation du niveau de la mer, n'entraînent à terme leur disparition par submersion.

▶ Les îles Gilbert, Salomon, Wallis et Futuna et Samoa ont des températures à peu près constantes toute l'année ; les meilleures périodes pour s'y rendre sont celles où les pluies sont les moins fortes et l'air le moins humide : **de mai à octobre** pour les îles de Kiribati (voir Banaba-île Océan) ; **de juin à septembre** pour Wallis et Futuna (voir Aka-Aka) ; **de fin mai à la mi-septembre** pour les îles Samoa (voir Apia).

Les îles Salomon (voir Kieta), proches de l'Asie des moussons, sont particulièrement chaudes et humides toute l'année.

▶ Les îles des archipels de Tonga et de Cook, l'île de Pâques, situées plus au sud et donc plus éloignées de l'équateur, connaissent une saison fraîche qui est aussi la plus sèche. La meilleure période pour les visiter commence **en mai** pour les îles Tonga (voir Nukualofa), **en juin** pour les îles Cook (voir Rarotonga) et l'île de Pâques, et s'achève partout en **octobre**.

VALISE : vêtements très légers, amples et pratiques, en fibres naturelles de préférence ; un pull, une veste légère pour les soirées pendant la saison fraîche, éventuellement de quoi se protéger des averses.

SANTÉ : dans l'archipel des îles Salomon, risques de paludisme en dessous de 400 mètres d'altitude ; zones de résistance élevée à la Nivaquine.

BESTIOLES : les moustiques (surtout actifs après le coucher du soleil) et les moucherons (qui se déplacent en formations serrées) se disputeront l'honneur de vous piquer, si vous les laissez faire. ●

moyenne des températures maximales / moyenne des températures minimales

	J	F	M	A	M	J	J	A	S	O	N	D
Banaba (Île Océan)	31	31	31	31	31	31	31	31	32	32	32	31
(îles Kiribati)	25	25	25	25	25	25	25	25	25	25	25	25
Kieta	31	31	31	31	31	30	29	29	31	31	31	32
(îles Salomon)	24	24	24	24	24	24	23	23	23	24	24	24
Aka-Aka	30	30	30	30	29	29	28	28	29	29	30	30
(Wallis et Futuna)	24	24	25	25	25	25	24	24	25	25	25	25
Apia	30	29	30	30	29	29	29	29	29	29	30	29
(Samoa occidentale)	24	24	23	24	23	23	23	23	24	24	23	23
Nukualofa	29	29	29	28	25	25	25	24	25	26	27	28
(îles Tonga)	22	23	23	22	20	18	18	18	18	19	21	21
Rarotonga	29	29	28	27	26	25	25	25	25	26	27	28
(îles Cook)	23	23	23	22	21	19	18	18	19	20	21	22
Île de Pâques	29	29	29	28	28	25	24	25	25	26	29	29
	20	21	21	18	16	15	13	13	15	15	17	17

nombre d'heures par jour hauteur en mm / nombre de jours

	J	F	M	A	M	J	J	A	S	O	N	D
Banaba (Île Océan)	*	*	*	*	*	*	*	*	*	*	*	*
	310/14	225/10	195/10	150/7	110/7	110/8	145/10	105/10	95/7	100/6	140/10	205/10
Kieta	*	*	*	*	*	*	*	*	*	*	*	*
	265/19	270/18	285/15	295/18	235/18	230/17	275/17	240/18	205/17	250/18	245/15	240/18
Aka-Aka	6	6	7	7	7	7	7	7	7	7	7	6
	320/15	350/14	305/15	245/14	205/13	170/11	180/11	135/10	135/9	280/14	265/12	335/13
Apia	6	6	7	7	7	8	8	8	8	7	7	6
	425/22	370/19	355/19	245/14	170/12	135/7	95/9	105/9	140/11	195/14	260/16	370/19
Nukualofa	6	6	6	7	6	6	6	7	6	7	7	6
	200/12	220/11	225/14	150/12	115/11	90/11	105/9	110/7	110/9	115/8	110/8	130/10
Rarotonga	5	6	6	6	5	6	6	6	6	6	6	6
	235/15	255/15	285/16	195/12	150/13	120/11	110/9	120/10	125/8	135/10	160/11	205/12
Île de Pâques	*	*	*	*	*	*	*	*	*	*	*	*
	120/12	95/9	115/12	105/10	115/11	110/11	90/8	75/8	70/7	95/9	115/12	125/12

température de la mer : moyenne mensuelle

	J	F	M	A	M	J	J	A	S	O	N	D
Îles Kiribati	28	28	28	28	29	29	29	29	29	29	29	28
Îles Salomon	29	29	29	29	30	29	28	28	28	28	29	28
Wallis et Futuna	28	28	28	28	29	28	27	27	27	27	28	28
Îles Samoa	28	28	28	28	29	28	27	27	27	27	28	28
Îles Tonga	26	27	26	26	26	24	24	23	24	24	25	26
Îles Cook	26	27	26	26	26	24	24	23	24	24	25	26
Île de Pâques	24	25	24	23	22	21	21	20	20	21	22	23

Pour choisir une destination, voir également :

La santé en voyage, p. 401
Le coût de la vie, p. 441
Le monde tel qu'il est, p. 461
Obtenir ses visas, p. 471
La durée des vols, p. 485
Atlas du voyageur, en début de volume
Internet et les voyageurs, en fin de volume

Pakistan

Superficie : 1,5 fois la France. Karachi (latitude 24°48'N ; longitude 66°59'E) : GMT + 5 h. Durée du jour : maximale (juin) 14 heures, minimale (décembre) 10 heures 30.

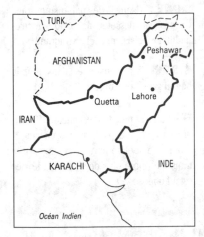

Bordé par l'Himalaya au nord et la mer d'Oman au sud, traversé dans toute sa longueur par la grande vallée de l'Indus, le Pakistan connaît des climats suffisamment variés et bien synchronisés pour qu'à chaque saison au moins une de ses régions présente son visage le plus accueillant, quel que soit le moment où l'on s'y rende.

▶ **L'été, de juin à septembre,** est la meilleure période pour se rendre au nord, dans la partie pakistanaise du Cachemire. Skardu, Gilgit ou Chitral, situées aux environs de 2 000 mètres d'altitude dans les vallées intérieures de l'Himalaya, sont à l'abri de la mousson et bénéficient d'un climat tempéré particulièrement agréable : chaud mais sans excès le jour, frais le soir. C'est aussi l'époque où les randonneurs s'adonnent au trekking. On peut également aller à Muree (2 100 mètres), sur le versant sud de l'Himalaya : les températures y sont agréables, mais c'est la seule région de ce pays où les pluies sont très abondantes. Au Cachemire, passé les premières semaines d'automne,

les températures baissent et la neige bloque de nombreux cols jusqu'au printemps, assez tardif.

▶ **Le printemps** et surtout l'**automne,** encore plus ensoleillé, sont fortement conseillés pour se rendre dans toute la région du Béloutchistan (voir Quetta), à l'ouest du pays, et dans la région de Peshawar, au nord-ouest, le long de la frontière afghane. Ces régions connaissent, en effet, un hiver qui, l'altitude aidant, peut être assez rigoureux, et un été très précoce, long et torride. Ici, comme dans tout le Pakistan, le mois le plus chaud est juin, et non juillet, comme il est plus habituel dans l'hémisphère Nord. Les records de chaleur appartiennent à la ville de Jacobabad, dont la moyenne des maxima en juin dépasse 45°, ce qui signifie que les températures de 50° n'y sont pas exceptionnelles.

La meilleure saison pour les expéditions sur les sommets de l'Himalaya se situe en septembre et octobre.

▶ Dans toute la plaine du Pendjab (voir Lahore, Multan) et au sud-ouest, dans le Sind désertique et le delta de l'Indus (voir Karachi), la période fraîche (**de novembre à la fin mars**) est la période à élire. À Karachi, il peut faire frais en soirée, mais pendant la journée on se baigne sur les plages de l'océan Indien. À Lahore, la capitale historique du Pakistan, les matinées et les soirées sont froides en décembre et janvier, mais le milieu de la journée est printanier ou même chaud.

En été, ces régions sont arrosées par une mousson qui vient de l'Inde. Au mois de juin, les vents marins apportent une forte humidité qui, associée aux températures élevées, rend l'atmosphère très lourde et étouffante, particulièrement dans la région de Karachi, au point que les premières pluies de la mousson (fin juin-début juillet) sont accueillies comme une délivrance. Les orages sont alors fréquents jusqu'en septembre ; cependant, les pluies de mousson restent en général relativement modestes, et sans comparaison avec celles de l'Inde.

VALISE : d'avril à novembre (et dès mai pour Karachi), vêtements très légers, confortables et d'entretien facile, en fibres naturelles ; un pull, une veste légère pour les soirées en altitude. Les shorts sont mal acceptés, même pour les hommes ; quant aux femmes, les vêtements moulants ou décolletés les mettront souvent dans des situations désagréables (maillot une pièce pour les plages de Karachi). En hiver, pulls et veste ou blouson chaud pour les soirées et pour les régions montagneuses.

SANTÉ : risques de paludisme toute l'année en dessous de 2 000 mètres d'altitude. Résistance à la Nivaquine.

BESTIOLES : moustiques dans tout le pays d'avril à octobre.

FOULE : très peu de tourisme, les Britanniques d'origine pakistanaise en représentant une bonne part. Décembre est le mois qui voit le plus de visiteurs ; février est à l'opposé. ●

moyenne des températures maximales / moyenne des températures minimales

	J	F	M	A	M	J	J	A	S	O	N	D
Peshawar	17	19	24	29	37	41	39	37	36	31	25	19
(360 m)	4	6	11	16	21	25	26	26	22	14	8	4
Lahore	21	22	28	35	40	41	38	36	36	35	28	23
	4	7	12	17	22	26	27	26	23	15	8	4
Quetta	10	12	18	23	29	34	35	34	31	25	18	13
(1 600 m)	- 3	- 1	3	7	11	15	18	17	10	4	- 1	- 3
Karachi	25	26	29	32	34	34	33	31	31	33	31	27
	13	14	19	23	26	28	27	26	25	22	18	14

nombre d'heures par jour 　 hauteur en mm / nombre de jours

	J	F	M	A	M	J	J	A	S	O	N	D
Peshawar	6	7	6	8	9	10	9	9	8	9	8	7
	40/3	40/4	65/5	40/3	40/2	7/1	40/2	40/2	14/1	10/1	10/1	15/2
Lahore	7	8	8	10	10	10	8	8	9	9	9	7
	30/2	25/2	25/3	15/1	12/1	40/3	122/6	125/6	80/3	9/1	3/0	11/1
Quetta	7	8	8	9	11	12	11	11	10	10	9	7
	35/3	45/4	40/5	12/1	7/1	1/0	18/2	4/1	1/0	1/0	6/1	25/2
Karachi	9	9	9	10	10	8	4	5	7	9	9	9
	7/1	11/1	6/0	2/0	0/0	7/1	95/3	50/2	15/1	2/0	2/0	6/1

température de la mer : moyenne mensuelle

	J	F	M	A	M	J	J	A	S	O	N	D
Karachi	24	24	25	27	28	29	28	27	27	26	26	25

Panamá

Superficie : 0,15 fois la France. Panamá (latitude 8°60'N ; longitude 79°30'O) : GMT – 5 h. Durée du jour : maximale (juin) 12 heures 30, minimale (décembre) 11 heures 30.

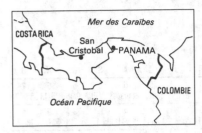

▶ La meilleure saison pour se rendre au Panama est la **saison dite « sèche »** (*el verano*), **de janvier à avril** : c'est l'époque où l'humidité ambiante est la moins éprouvante et où le soleil se manifeste le plus fréquemment. Sachez cependant que, dans ce pays exceptionnellement arrosé, vous trouverez toute l'année une chaleur lourde qui peut être pénible à supporter.

▶ De mai à novembre se déversent sur le Panama, pratiquement un jour sur deux, des orages d'après-midi – les *aguaceros* –, suivis de pluies qui peuvent durer jusqu'à la nuit. Le ciel est presque constamment plombé et l'on vit dans une moiteur accablante. La région la plus humide et étouffante est, au sud, la zone frontière avec la Colombie. La partie ouest du golfe de Panamá, sur le Pacifique, est la mieux abritée des pluies.

▶ Toute l'année, et surtout durant la saison des pluies, il faut monter sur les terres hautes, à l'ouest du pays en particulier, pour échapper à la chaleur humide des côtes (*tierras calientas*) : ce sont les *tierras templadas* et, plus haut encore, les *tierras frias*. Dans la région de Chiri-qui, dont les paysages évoquent la Suisse, on pourra même retrouver le plaisir de dormir sous une couverture !

▶ Soulignons tout de même un aspect positif de ce climat un peu ingrat : le Panamá est situé à l'écart de la zone des cyclones qui dévastent périodiquement les Caraïbes.

▶ Que ce soit sur les très jolies plages de la côte caraïbe, sur les îles coralliennes de l'archipel de San Blas ou sur la côte pacifique, on peut se baigner toute l'année dans une mer toujours tiède.

VALISE : toute l'année, vêtements amples et très légers (éviter les fibres synthétiques) ; pas d'imperméable (trop chaud) mais éventuellement un parapluie ; des tennis ou des sandales de plastique pour marcher sur les récifs dans les îles.

SANTÉ : risques de paludisme toute l'année en dessous de 800 mètres d'altitude, excepté dans la zone du canal et dans les villes de Panamá et Colón ; cas de résistance à la Nivaquine observés dans la partie sud du pays. Vaccination contre la fièvre jaune obligatoire pour les voyageurs séjournant dans la province de Darién.

BESTIOLES : moustiques toute l'année sur les côtes (surtout actifs du crépuscule à minuit). Faites attention aux serpents si vous circulez dans les zones rurales.

FOULE : pression touristique modérée. États-Unis et Colombie sont les deux pays qui envoient le plus de visiteurs. Les voyageurs français sont peu nombreux. ●

moyenne des températures maximales / moyenne des températures minimales

	J	F	M	A	M	J	J	A	S	O	N	D
San Cristóbal	29	29	29	30	30	30	29	29	30	30	29	29
	24	24	25	25	24	24	24	24	24	24	24	24
Panamá	31	32	32	32	31	30	31	31	30	29	29	31
	22	22	22	23	23	23	23	23	23	23	23	23

nombre d'heures par jour   hauteur en mm / nombre de jours

	J	F	M	A	M	J	J	A	S	O	N	D
San Cristóbal	8	8	9	8	6	5	5	5	6	5	5	7
	70/8	40/6	40/5	95/8	315/14	315/16	390/17	385/17	320/16	430/16	645/18	380/12
Panamá	7	8	9	9	6	6	4	4	6	5	5	4
	40/3	16/2	17/1	75/4	200/11	205/12	185/11	190/11	195/12	255/13	250/13	130/8

température de la mer : moyenne mensuelle

	J	F	M	A	M	J	J	A	S	O	N	D
Mer des Caraïbes	26	26	27	27	27	28	28	28	27	27	27	27
Pacifique	26	26	27	28	28	27	27	27	27	27	27	26

Papouasie-Nlle-Guinée

Superficie : 0,8 fois la France. Port Moresby (latitude 9°29'S ; longitude 147°09'E) : GMT + 10 h. Durée du jour : maximale (décembre) 12 heures 30, minimale (juin) 11 heures 30.

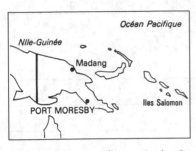

▶ En Papouasie-Nouvelle-Guinée, le climat est chaud et très humide toute l'année dans les terres basses, aussi bien dans la partie orientale de l'île de Nouvelle-Guinée que dans l'archipel Bismarck ou dans les îles Salomon du Nord.

Dans les hautes terres, la température baisse très nettement : vers 2 000 mètres, il fait très frais ou froid la nuit. Au-dessus, il gèle ou il neige parfois, et l'on peut apercevoir, en se baignant dans les eaux tièdes du golfe de Papouasie, les sommets enneigés et les glaciers des monts Owen Stanley (de 3 000 à 4 000 mètres).

▶ Pour éviter la période des plus fortes pluies, choisissez de préférence les mois de juin à septembre : c'est une saison presque sèche et bien ensoleillée sur le littoral de la mer de Corail (voir Port Moresby), qui est la région la moins pluvieuse et la moins humide de Nouvelle-Guinée.

Dans les autres régions – grande plaine (voir Madang) et surtout zones montagneuses –, les pluies, très abondantes toute l'année, connaissent durant ces mois une relative accalmie.

Ce sont les Highlands qui reçoivent les déluges les plus spectaculaires : jusqu'à 7 mètres d'eau par an. Dans ces régions élevées, recouvertes de « forêt de brouillard », le ciel est le plus souvent couvert et une brume épaisse stagne en permanence.

Dans l'archipel Bismarck, la Nouvelle-Bretagne est aussi très arrosée (4 à 5 mètres d'eau par an, sauf dans la région de Rabaul), alors que les autres îles le sont nettement moins.

Notons que la Papouasie-Nouvelle-Guinée n'est pas à l'abri des cyclones ; néanmoins ils restent peu fréquents.

▶ L'eau de mer est un délice pour baigneurs frileux : de 26° à 29°, selon la côte et la saison.

VALISE : vêtements très légers ; sandales de plastique ou tennis pour marcher sur les récifs coralliens. Pour les régions d'altitude moyenne, pulls, chaussures de marche en toile. Si vous avez l'intention de grimper plus haut, vêtements chauds.

SANTÉ : risques de paludisme toute l'année au-dessous de 1 800 mètres ; résistance élevée à la Nivaquine.

BESTIOLES : il y a des moustiques toute l'année en Papouasie-Nouvelle-Guinée ; ils sont actifs la nuit, mais aussi le jour quand le ciel est couvert.

FOULE : pression touristique très faible. Août et janvier sont respectivement les mois qui voient le plus et le moins de voyageurs. Ces derniers sont pour moitié Australiens ; les Britanniques sont les plus nombreux parmi le modeste contingent européen. ●

moyenne des températures maximales / moyenne des températures minimales

	J	F	M	A	M	J	J	A	S	O	N	D
Madang	31	30	31	31	31	31	31	31	31	31	31	31
	24	24	23	23	24	23	23	23	23	24	24	24
Port Moresby	32	31	31	30	29	28	27	27	28	28	29	31
	24	24	24	24	24	23	23	23	23	24	24	24

nombre d'heures par jour　　hauteur en mm / nombre de jours

	J	F	M	A	M	J	J	A	S	O	N	D
Madang	5	5	5	5	7	7	7	7	7	7	6	5
	305/17	300/16	380/19	430/18	385/17	275/11	195/11	120/9	145/10	255/11	340/13	370/18
Port Moresby	7	7	8	8	8	9	10	10	10	9	9	8
	180/9	195/8	170/10	105/6	65/3	35/4	30/3	18/2	25/2	35/3	50/4	110/7

température de la mer : moyenne mensuelle

	J	F	M	A	M	J	J	A	S	O	N	D
Madang	29	28	28	29	29	28	28	28	28	29	29	29
Port Moresby	28	28	28	28	28	27	26	26	27	28	28	28

Paraguay

Superficie : 0,7 fois la France. Asunción (latitude 25°16'S ; longitude 57°38'O) : GMT – 4 h. Durée du jour : maximale (décembre) 14 heures, minimale (juin) 10 heures 30.

On peut voyager toute l'année au Paraguay. Cependant, si on en a la possibilité, il vaut mieux éviter d'une part la canicule du plein été – en décembre et janvier –, d'autre part juin et juillet, en hiver, qui peuvent être assez frais et peu ensoleillés. Les saisons intermédiaires sont les plus agréables pour parcourir ce pays particulièrement attachant.

❱ Le **printemps** est chaud et humide dans le sud et l'est du pays où se trouvent les forêts de l'Alto Parana, peuplées de jaguars, de singes et de perroquets, et qui vous offriront, en septembre et octobre, le spectacle polychrome de la floraison des *lapachos*. Dans le Chaco (voir Mariscal Estigarribia), à l'ouest du rio Paraguay, il fait déjà très chaud. C'est la bonne époque pour remonter le fleuve, de la capitale à Puerto Casado.

❱ En **été**, les températures sont partout très élevées ; plus supportables, bien que la chaleur y soit encore plus forte, dans le Chaco où l'air est assez sec. Les pluies tombent sous forme de violents orages, le plus souvent en fin d'après-midi. Le reste du temps, un implacable soleil fait régner sa dictature, et impose l'état d'urgence : à cette saison, un stage à l'ombre est très apprécié pendant les heures les plus chaudes.

❱ Les températures accusent une baisse sensible à la mi-mai. Pendant l'**hiver** austral, elles se maintiennent à un niveau très respectable, si ce n'est que les nuits sont fraîches et que, de temps à autre, la campagne peut se recouvrir de gelées blanches et le Chaco être balayé par des vents froids venus du sud. C'est la saison sèche, assez peu sensible à Encarnación, beaucoup plus à la hauteur d'Asunción, et très marquée dans le Chaco qui ne reçoit quasiment pas de pluies en août. Le Paraguay ne connaît pas la neige.

VALISE : en été, vêtements les plus légers possible, amples, en fibres naturelles de préférence. En hiver, vêtements légers pour la journée, pulls, veste ou blouson chaud, chaussettes de laine pour les matinées et les soirées.

SANTÉ : d'octobre à mai, quelques risques de paludisme dans les régions bordant la frontière avec le Brésil ; cependant, pas de risques aux chutes de l'Iguazú. Vaccin antirabique conseillé pour de longs séjours.

BESTIOLES : moustiques (sauf en hiver), actifs à partir du crépuscule. La nuit, la capitale est traversée à basse altitude par des escadrilles de *cucarachas* volantes ; peu ragoûtantes, ces blattes sont aussi inoffensives que des libellules.

FOULE : le nombre de visiteurs est très modéré et assez bien réparti sur l'année. Juillet, décembre et janvier sont les mois qui voient cependant le plus de voyageurs ; juin est à l'opposé. Argentins et Brésiliens en constituant plus de la moitié. ●

moyenne des températures maximales / moyenne des températures minimales

	J	F	M	A	M	J	J	A	S	O	N	D
Mariscal Estigarribia	36	35	33	30	28	25	26	30	33	34	35	36
	23	23	21	18	16	15	13	16	18	20	22	23
Asunción	35	34	33	29	25	22	23	26	28	30	32	34
	22	22	21	18	14	12	12	14	16	17	18	21
Encarnación	33	32	30	27	24	21	21	24	25	27	30	33
	20	20	18	15	13	12	10	11	13	15	17	19

nombre d'heures par jour   hauteur en mm / nombre de jours

	J	F	M	A	M	J	J	A	S	O	N	D
Mariscal Estigarribia	9	8	8	7	7	6	6	7	7	7	9	9
	110/8	110/7	80/8	60/5	40/5	30/4	17/2	4/1	25/4	95/6	85/7	100/6
Asunción	9	9	8	7	6	6	6	7	7	8	9	10
	165/8	140/7	160/7	140/6	130/6	85/6	55/6	30/4	85/6	145/8	130/7	120/6
Encarnación	8	7	6	6	5	4	5	6	6	5	8	8
	125/8	160/8	150/8	180/8	165/8	140/9	105/6	85/7	135/9	190/9	135/7	135/7

Pays-Bas

Superficie : 0,06 fois la France. Amsterdam (latitude 52°21'N ; longitude 04°55'E) : GMT + 1 h. Durée du jour ; maximale (juin) 17 heures, minimale (décembre) 7 heures 30.

▶ **Printemps** et été sont les meilleures saisons pour séjourner aux Pays-Bas.
De mi-avril à mi-mai, il fait encore frais dans la journée, assez froid la nuit, mais le soleil commence à réchauffer l'atmosphère. C'est surtout la période où la Hollande se transforme en un immense champ de tulipes et autres plantes à bulbe (jacinthes, narcisses, etc.). **De juin à fin septembre**, les températures sont agréables, et suffisamment tempérées pour se prêter aux longues randonnées à vélo à travers les polders, ou dans les plaines intérieures de ce bas pays dont l'altitude est inférieure au niveau de la mer. Le crachin ne disparaît pas mais devient assez tiède...
Les Pays-Bas sont bordés de plages de sable, des îles du Waddenzee, au nord, à la côte zélandaise, au sud. Mais ces plages sont encore plus ventées que celles de la Belgique.

▶ **L'hiver** peut être une bonne saison pour admirer, dans des musées peu fréquentés à cette époque, les collections de primitifs flamands, les toiles de Rubens, Rembrandt, Vermeer et Van Gogh. Le froid est rarement très vif, mais les côtes sont très ventées, le ciel souvent bas et gris, les journées trop courtes, le brouillard et le crachin persistants.

▶ **L'homogénéité** du climat des Pays-Bas nous permet de ne donner les statistiques climatiques que pour Utrecht, située au centre du pays. Pour les températures, en hiver, compter 2° en plus sur la côte.

VALISE : de juin à septembre, vêtements légers pour la journée, pulls, veste ou blouson pour soirées et matinées. De novembre à mars, vêtements chauds.

FOULE : une pression touristique soutenue, avec un maximum en juillet et août, mais aussi une affluence très notable en avril au début de la floraison des tulipes. Janvier et février sont, en revanche, les mois des musées déserts. Allemands et Britanniques sont les plus nombreux à arpenter le plat pays ; les Français ne représentent qu'environ 6 % des visiteurs. ●

moyenne des températures maximales / moyenne des températures minimales

	J	F	M	A	M	J	J	A	S	O	N	D
Utrecht	4	5	10	13	18	21	22	22	20	14	9	5
	-1	-1	1	4	8	11	13	13	10	7	3	1

	J	F	M	A	M	J	J	A	S	O	N	D
Utrecht	2	2	4	5	7	7	6	6	5	3	2	1
	70/13	50/10	45/9	50/10	50/9	55/10	80/11	90/11	70/11	70/12	70/12	65/12

température de la mer : moyenne mensuelle

	J	F	M	A	M	J	J	A	S	O	N	D
Mer du Nord	5	4	5	7	10	13	16	17	16	13	10	8

Pour choisir une destination, voir également :

La santé en voyage, p. 401
Le coût de la vie, p. 441
Le monde tel qu'il est, p. 461
Obtenir ses visas, p. 471
La durée des vols, p. 485
Atlas du voyageur, en début de volume
Internet et les voyageurs, en fin de volume

Pérou

Superficie : 2,3 fois la France. Lima (latitude 12°06'S ; longitude 77°02'O) : GMT – 5 h. Durée du jour : maximale (décembre) 13 heures, minimale (juin) 11 heures 30.

▶ La meilleure saison pour visiter les sites archéologiques et les villes de l'*altiplano* péruvien est certainement l'hiver austral, **de mai à la mi-septembre**. Les mois de juillet et août, au cœur de cette période, sont aussi les plus propices à un voyage à Iquitos, au centre de l'Amazonie péruvienne. À cette époque en revanche, de fin mai à début octobre, Lima montre son visage le plus maussade.

▶ Il ne pleut pour ainsi dire jamais dans la capitale et sur toute la côte pacifique du centre et du sud du Pérou. Mais, de fin mai à début octobre, un brouillard humide, impalpable crachin – la *garua* –, s'installe sur la côte et sur les pentes andines jusqu'à une altitude de 800 mètres. C'est à peine si le soleil arrive à traverser l'écran nuageux une ou deux heures par jour. Ce phénomène est dû à la présence du courant froid de *Humboldt*. Au-dessus de la limite fatidique des 700 ou 800 mètres, le soleil est là. Cela explique qu'une ville comme Arequipa, au sud, perchée à

2 500 mètres sur la pente des Andes qui fait face au Pacifique, jouisse toute l'année d'un climat agréable : pas de pluies, excepté quelques averses en hiver, un bel ensoleillement, un air sec et des températures agréables en milieu de journée (22°-23° de moyenne des maxima tout au long de l'année), des matinées et des soirées très fraîches. Sur la côte et à Lima, il faut attendre la fin décembre pour profiter du soleil ; les citadins se précipitent alors sur les plages, nagent dans une eau fraîche ou se livrent aux plaisirs du surf. Dans la capitale, la belle saison dure **de décembre à mars**.

Il faut aller au nord de la côte pour trouver une eau plus chaude. Certaines années, le courant chaud *el Niño*, venu de l'équateur, provoque, comme en 1997, orages et inondations destructrices sur cette partie du désert côtier (où la brume est rare en hiver).

▶ Sur l'*altiplano* (voir Huancayo, Cuzco) les températures sont agréables toute l'année en fin de matinée et en début d'après-midi ; cependant, le vent impose souvent que l'on se couvre, notamment sur les rives du lac Titicaca. Le matin et en soirée, il fait froid, surtout en **hiver**, qui est pourtant la meilleure saison pour un voyage dans cette région : les pluies et la neige sont rares et le ciel est alors d'une luminosité peu commune. D'octobre à la fin du mois de mars, vous risquez au contraire de subir pendant des heures un petit crachin glacé fort déplaisant.

Notez que le site de Machu Picchu, situé à 2 000 mètres d'altitude sur le versant est des Andes, a des températures nettement supérieures à celles de Cuzco, dont il n'est pas très éloigné. En revanche, il est particulièrement arrosé, comme tout le versant oriental des Andes. Si vous prévoyez de grimper au-dessus de 3 500 mètres, donnez à votre corps le temps de s'habituer pour éviter le *soroche*, ou mal des montagnes (voir chapitre Santé).

◗ Dans la forêt amazonienne (voir Iquitos), les orages éclatent régulièrement dès midi. Les mois de **juillet-août** ont l'avantage d'être à la fois un peu moins arrosés, un peu plus ensoleillés et un peu moins chauds ; ce qui ne veut pas dire qu'on n'y étouffe pas... un peu.

VALISE : à Lima, vêtements de demi-saison de juin à octobre, vêtements d'été (avec un ou deux pulls et une veste légère) de décembre à mars. Sur l'*altiplano,* en toute saison vous aurez à la fois besoin de vêtements légers et de vêtements chauds et coupe-vent ; en Amazonie, vêtements très légers, en fibres naturelles de préférence, couvrant bras et jambes pour vous protéger des moustiques.

SANTÉ : en dessous de 1 500 mètres d'altitude, risques de paludisme toute l'année dans les régions nord et est du pays ; résistance à la Nivaquine dans la région amazonienne.
Vaccination contre la fièvre jaune souhaitable pour les voyageurs se rendant dans les zones rurales de toute la partie est du Pérou. Vaccin antirabique conseillé pour les longs séjours.

BESTIOLES : des moustiques sur la côte (surtout au nord et de décembre à mars à Lima) et dans la région amazonienne (super-actifs la nuit, et pas inactifs le jour !). Faites attention aux serpents méchants, même si les risques d'en rencontrer sont très minimes.

FOULE : un tourisme à nouveau en hausse, après un retour à une situation moins conflictuelle. Avant même ses proches voisins, ce sont des États-Unis que vient le plus gros contingent de voyageurs. Les Français représentent environ 3 % des visiteurs, un rang qui reste modeste vis-à-vis des autres grands pays européens. ●

Charles Darwin à Lima

19 juillet 1835. Nous jetons l'ancre dans la baie de Callao, port de Lima, capitale du Pérou. Nous y séjournons six semaines, mais le pays est en révolution ; aussi les voyages à l'intérieur me sont-ils interdits. Pendant tout le temps de notre séjour, le climat me semble bien moins délicieux qu'on ne le dit ordinairement. Une épaisse couche de nuages surplombe constamment les terres, de telle sorte que, pendant les seize premiers jours, je n'aperçois qu'une seule fois la Cordillère derrière Lima. Ces montagnes, s'élevant les unes derrière les autres et vues par échappées à travers les nuages, offrent un magnifique spectacle. Il est presque passé en proverbe qu'il ne pleut jamais dans la partie inférieure du Pérou. Je ne crois pas que ce soit très exact, car presque tous les jours il tombait une sorte de brouillard suffisant pour rendre les rues boueuses et pour mouiller les habits ; il est vrai qu'on ne donne pas à ce brouillard le nom de pluie ; on l'appelle rosée péruvienne. Il est certain d'ailleurs qu'il ne doit pas pleuvoir beaucoup, car les toits des maisons sont plats et faits tout simplement en boue durcie. Dans ce port, j'ai vu en outre d'innombrables amas de blé restant des semaines entières sans aucun abri. Je ne saurais dire que ce que j'ai vu du Pérou m'a beaucoup plu ; on prétend, toutefois, que le climat est beaucoup plus agréable en été.
Extrait du *Voyage d'un naturaliste autour du monde,* de Charles Darwin.

moyenne des températures maximales / moyenne des températures minimales

	J	F	M	A	M	J	J	A	S	O	N	D
Iquitos	31 22	32 22	32 22	32 22	31 21	29 21	27 20	27 21	28 21	29 21	30 22	31 22
Cajamarca (2 620 m)	22 8	21 7	21 7	21 7	22 5	22 3	22 3	22 4	22 5	22 7	22 6	22 6
Lima	26 19	26 19	26 19	24 17	22 16	19 15	18 14	18 14	19 14	20 15	22 16	24 17
Huancayo (3 380 m)	18 7	18 7	18 6	19 5	19 3	19 0	19 0	20 2	20 5	20 6	20 6	19 6
Cuzco (3 310 m)	19 7	19 7	19 6	19 5	19 3	19 1	19 1	20 2	20 5	21 6	21 6	20 7

nombre d'heures par jour   hauteur en mm / nombre de jours

	J	F	M	A	M	J	J	A	S	O	N	D
Iquitos	4 255/17	4 275/18	4 350/20	4 305/19	4 270/18	5 200/15	6 165/14	6 155/12	6 190/14	5 215/16	4 245/17	4 215/16
Cajamarca	6 90/13	5 105/17	5 115/17	6 85/14	7 45/9	8 12/4	8 5/2	8 8/2	7 60/9	7 60/9	7 50/8	7 80/11
Lima	6 1/0	7 0,5/0	7 0,5/0	6 0/0	4 0,5/0	1 1/0	1 2/1	1 2/1	1 1/0	3 0,5/0	4 0/0	5 0,5/0
Huancayo	6 120/16	5 125/15	6 105/14	7 55/9	7 25/4	8 8/2	8 8/2	8 14/4	7 40/8	7 70/10	7 65/11	7 90/13
Cuzco	5 165/18	5 150/13	6 110/11	7 50/8	8 15/3	8 5/2	8 5/2	8 10/2	7 25/7	7 65/8	6 75/12	6 135/16

température de la mer : moyenne mensuelle

	J	F	M	A	M	J	J	A	S	O	N	D
Callao / Lima	23	24	24	22	22	20	19	19	18	20	21	22

Philippines

Superficie : 0,5 fois la France. Manille (latitude 14°31'N ; longitude 121°00'E) : GMT + 8 h. Durée du jour : maximale (juin) 13 heures, minimale (décembre) 11 heures.

L'archipel des Philippines – 7 107 îles qui s'égrènent sur 3 000 kilomètres de long – a un climat uniformément chaud et humide toute l'année, avec une saison des pluies plus marquée au nord qu'au sud.

◗ La meilleure période pour voyager aux Philippines se situe **entre décembre et février**. C'est la saison (relativement) sèche pour une grande partie de l'archipel : le nord de Luzon, la région de Manille, toutes les côtes ouest des Visayas et l'ensemble de Palawan (voir Baguio, Manille, Zamboanga). C'est aussi la saison où les températures sont le moins élevées. Sachez cependant que c'est aussi la période où les côtes orientales de Luzon, de Samar et du nord de Mindanao subissent des pluies diluviennes apportées par la mousson du nord-est (voir Legaspi).

◗ Les mois de mars à mai sont encore relativement secs dans les mêmes régions, mais plus chauds, et ces quelques degrés supplémentaires peuvent rendre votre séjour moins agréable. C'est à cette saison que les habitants de Manille vont chercher un peu d'air et de fraîcheur à Baguio et dans les régions élevées de ces îles volcaniques au relief escarpé.

◗ Évitez en tout cas les mois de juin à octobre, non seulement parce que la saison des pluies bat son plein, mais aussi pour ne pas risquer de vous trouver pris dans un typhon... Ils éclatent le plus souvent entre la mi-août et la mi-septembre et sévissent surtout sur les côtes nord-est de Luzon. Ils n'atteignent que rarement les îles situées au sud de Samar.

Les pluies sont dans l'ensemble moins abondantes au sud (moins de 1,5 mètre de pluie par an à Tanjay et Zamboanga) qu'au nord (plus de 4 mètres à Baguio).

La saison des pluies est également la période la moins riche en fêtes, toujours exubérantes et spectaculaires, qu'elles soient religieuses ou profanes.

À savoir : la saison des pluies est souvent en retard et peut ne commencer qu'à la mi-juillet.

VALISE : pour toute l'année, vêtements très légers, un ou deux pulls, un blouson pour séjourner dans les stations d'altitude ; préférer un parapluie, que l'on peut acheter sur place, à un imperméable, qui se transforme vite en cabine de sudation.

SANTÉ : risques de paludisme toute l'année en dessous de 600 mètres, excepté dans les grands centres urbains, les îles de Bohol, Catanduanes, Cebu et Leyte, et les plaines de Negros et de Panay ; zones de résistance à la Nivaquine.

BESTIOLES : attention aux poissons-pierres et aux coquillages venimeux (cônes) sur les récifs de corail. À la saison des pluies, on peut, en se baignant, faire la désagréable rencontre d'une méduse venimeuse. Il y a des moustiques toute l'année, sauf en altitude (surtout actifs la nuit).

FOULE : en mars et avril, grande affluence touristique ; septembre est le plus tranquille. Américains (25 %), Japonais et Sud-Coréens, les plus nombreux, distancent de beaucoup Britanniques, Allemands et Singapouriens. La place des Français est très modeste : 1 Français pour 20 Américains. ●

moyenne des températures maximales / moyenne des températures minimales

	J	F	M	A	M	J	J	A	S	O	N	D
Baguio	29	27	29	28	27	27	26	26	26	27	27	28
(1 480 m)	8	8	10	10	12	12	13	13	13	12	10	9
Manille	30	31	33	34	34	33	31	31	31	31	31	30
	21	21	22	23	24	24	24	24	24	23	22	21
Legaspi	29	30	31	32	33	33	32	32	32	31	30	29
	23	23	24	25	25	25	24	24	24	24	24	24
Cebu	32	32	33	34	34	34	34	34	33	33	33	32
	19	19	20	20	21	22	21	21	21	21	20	20
Zamboanga	31	31	32	31	31	31	31	31	31	31	31	32
	23	23	23	23	24	24	23	24	23	23	23	23

nombre d'heures par jour hauteur en mm / nombre de jours

	J	F	M	A	M	J	J	A	S	O	N	D
Baguio	6	7	7	7	6	5	4	4	4	5	5	5
	20/4	20/4	50/6	120/10	350/20	420/23	920/27	995/27	650/25	360/19	160/10	55/6
Manille	6	7	8	9	8	7	7	7	6	6	6	6
	18/3	7/2	6/1	2/2	110/6	235/11	235/15	480/22	270/18	200/13	130/9	55/7
Legaspi	4	4	5	5	5	5	4	4	4	4	4	3
	345/20	235/14	240/14	185/14	225/14	180/13	195/13	235/17	245/16	325/19	490/20	525/20
Cebu	5	5	7	7	6	5	5	5	5	6	5	5
	105/14	70/11	55/11	55/8	120/12	175/16	195/17	155/16	185/17	200/19	165/15	140/16
Zamboanga	5	5	6	6	5	5	5	5	5	5	5	5
	0/5	50/5	45/5	55/6	95/10	130/12	120/12	140/12	140/11	170/11	135/12	95/9

température de la mer : moyenne mensuelle

	J	F	M	A	M	J	J	A	S	O	N	D
Nord du pays	26	25	26	27	28	29	29	29	28	28	27	26
Sud du pays	27	27	28	28	29	29	29	29	29	29	28	28

Pologne

Superficie : 0,6 fois la France. Varsovie (latitude 52°11'N ; longitude 20°58'E) : GMT + 1 h. Durée du jour : maximale (juin) 17 heures, minimale (décembre) 7 heures 30.

La Pologne est le théâtre d'un affrontement permanent entre les influences atlantiques apportant les pluies et adoucissant les températures d'une part, les influences continentales venant de l'est (froid en hiver, chaleur en été) d'autre part. Ce conflit se traduit par une instabilité caractéristique du climat polonais, qui voit parfois alterner beau temps, brouillard et pluies dans la même journée. Entre l'été et l'hiver, longs et très marqués, les saisons intermédiaires ne sont que de courtes transitions...

▶ La meilleure période pour se rendre en Pologne se situe **entre la mi-mai et la fin septembre**, que ce soit pour visiter Cracovie, la région de Varsovie, les lacs de Mazurie ou les Tatras. Les étés polonais sont chauds mais sans excès, et ensoleillés malgré des pluies orageuses assez abondantes (le mois de juillet est le mois le plus arrosé de l'année). Pendant cette saison, la région la moins chaude est la côte de la mer Baltique (voir Gdańsk), où se trouvent quelques-uns des principaux parcs nationaux polonais. La température de l'eau (assez polluée) est toujours fraîche. Septembre est généralement beau, avec des matinées un peu fraîches.

▶ L'hiver polonais est froid et gris, mais très supportable parce que sec. De décembre à mi-mars, la neige recouvre la plus grande partie de la Pologne. Le froid est bien sûr plus vif dans les montagnes situées au sud du pays : les Carpates. On pratique le ski dans les quelque trente stations de sports d'hiver des Tatras, et notamment à Zakopane, la plus importante.

VALISE : en été, des vêtements légers pour la journée et pulls, veste ou blouson pour le matin et le soir, un vêtement de pluie léger. En hiver, des vêtements chauds, manteau, imperméable, bottes, écharpes, gants, etc. ●

moyenne des températures maximales / moyenne des températures minimales

	J	F	M	A	M	J	J	A	S	O	N	D
Gdańsk	1	1	4	9	15	19	21	21	18	13	7	3
	- 3	- 4	- 1	2	7	11	14	14	11	7	2	- 1
Poznán	0	1	6	12	20	23	24	23	19	13	6	3
	- 4	- 5	- 1	2	8	11	14	13	9	5	1	- 2
Varsovie	0	0	6	12	20	23	24	23	19	13	6	2
	- 6	- 6	- 2	3	9	12	15	14	10	5	1	- 2
Cracovie	0	1	7	13	20	22	24	23	19	14	6	3
	- 5	- 5	- 1	3	9	12	15	14	10	5	1	- 2

nombre d'heures par jour · hauteur en mm / nombre de jours

	J	F	M	A	M	J	J	A	S	O	N	D
Gdańsk	1	2	4	5	7	9	8	7	6	3	1	1
	35/9	30/8	25/6	35/7	40/7	70/8	85/10	75/9	60/9	60/8	30/8	45/9
Poznán	2	2	5	6	8	8	7	7	6	4	2	1
	25/8	30/7	25/5	40/8	45/8	55/8	80/11	65/9	45/8	40/7	25/7	40/10
Varsovie	2	2	4	5	8	8	7	7	5	4	2	1
	25/8	30/7	25/5	35/7	45/7	70/8	90/11	65/8	45/8	40/6	30/8	45/9
Cracovie	2	2	4	5	7	7	7	6	5	3	2	1
	30/9	30/8	35/7	45/8	45/9	95/11	110/12	90/10	60/8	50/6	35/8	35/9

température de la mer : moyenne mensuelle

	J	F	M	A	M	J	J	A	S	O	N	D
Mer Baltique	3	2	3	4	8	13	16	17	15	12	8	5

Pour choisir une destination, voir également :

La santé en voyage, p. 401
Le coût de la vie, p. 441
Le monde tel qu'il est, p. 461
Obtenir ses visas, p. 471
La durée des vols, p. 485
Atlas du voyageur, en début de volume
Internet et les voyageurs, en fin de volume

Polynésie française

Superficie : 0,007 fois la France métropolitaine. Papeete (latitude 17°33'S ; longitude 149°37'O) : GMT − 10 h. Durée du jour : maximale (décembre) 13 heures, minimale (juin) 11 heures.

Une des traditions les mieux établies, chez les sirènes de la littérature « exotique » et de l'industrie touristique, est de décrire comme uniformément enchanteur le climat des archipels polynésiens (du nord au sud : Marquises, Tuamotu, îles de la Société – dont Tahiti –, Gambier, Tubuaï). Pourtant...

▶ ... à Tahiti, par exemple, la période qui va de novembre à début avril n'est pas à proprement parler idyllique. C'est la saison des pluies, des averses violentes et de courte durée : le soleil brille presque autant que le reste de l'année (voir Papeete), mais l'humidité peut rendre la chaleur assez désagréable. Même les nuits peuvent être étouffantes, lorsque le *hupe*, le vent de la montagne, ne souffle pas.
La côte est, « au vent », est plus humide et pluvieuse que la côte « sous le vent », à l'ouest (Papeete) : sur cette dernière côte, les districts de Paéa et de Punaania bénéficient d'un microclimat particulièrement ensoleillé.
Cette répartition des pluies se retrouve dans toutes les îles polynésiennes à relief volcanique prononcé (Tahiti, Mooréa, îles Marquises et Tubuaï). Elle est moins perceptible sur les îles coralliennes qui sont plates (Tuamotu, Gambier).
Dans toute cette région du Pacifique, les cyclones sont rares.

▶ **De mi-avril à mi-octobre**, en revanche, les alizés sont plus actifs et les températures fraîchissent légèrement : c'est durant cette période, et notamment en août et septembre, que le climat polynésien ressemble le plus à ce que l'on imagine à travers Gauguin et Segalen.

▶ **La mer**, toujours d'une limpidité extraordinaire à l'écart des « grandes » villes, est particulièrement agréable toute l'année : 26°-28° à la latitude de Tahiti, encore plus chaude dans les lagons et sur les plages abritées derrière les barrières de corail ; un peu plus fraîche dans les îles Gambier et australes.

VALISE : quelle que soit la saison, vêtements amples et légers, de préférence sans fibres synthétiques ; un ou deux pulls légers peuvent être utiles durant la saison fraîche ou pour l'air conditionné ; éventuellement, de quoi se protéger des averses ; des sandales de plastique ou des tennis pour les promenades sur les récifs coralliens.

BESTIOLES : nuages exaspérants de *nonos* (moucherons) et de moustiques qui attaquent à la nuit tombée. À Tahiti, méfiez-vous des poissons-pierres : leur dos est hérissé d'épines venimeuses (mais ils sont rares dans les sites touristiques et balnéaires). Attention aussi aux cônes, des coquillages venimeux qu'il ne faut pas ramasser à main nue.

FOULE : pression touristique très soutenue à Tahiti. Il n'y a pas, en Polynésie, d'écarts d'affluence très importants ; mais octobre, novembre et juillet sont, dans cet ordre, les mois qui connaissent le plus de visites, et février et mars ceux qui en reçoivent le moins. Les Américains, largement en tête, suivis des Français métropolitains, des Japonais et des Australiens représentent les deux tiers des visiteurs. ●

moyenne des températures maximales / moyenne des températures minimales

	J	F	M	A	M	J	J	A	S	O	N	D
Atuona	31	31	31	30	30	29	28	28	29	29	30	30
(îles Marquises)	23	23	24	23	23	23	22	22	22	22	22	23
Takaroa	29	30	30	30	29	28	28	28	28	29	29	29
(îles Tuamotu)	25	25	26	26	26	25	24	24	24	25	25	25
Bora-Bora	30	30	30	30	29	29	28	28	28	29	29	30
(îles de la Société)	24	24	24	24	23	23	22	23	23	23	23	24
Papeete	30	30	30	30	29	28	28	28	28	29	29	30
(îles de la Société)	23	23	23	23	22	21	21	20	21	22	23	23
Rikitea	27	28	28	27	26	24	24	23	24	25	25	27
(îles Gambier)	23	23	23	23	21	20	20	19	20	21	21	22
Tubuaï	28	28	28	27	25	24	23	23	24	24	26	27
(îles Australes)	22	23	23	22	20	19	18	18	18	19	20	21

nombre d'heures par jour   hauteur en mm / nombre de jours

	J	F	M	A	M	J	J	A	S	O	N	D
Atuona	8	8	8	8	7	6	7	7	7	8	8	8
	90/11	85/10	115/13	100/11	95/12	190/16	115/13	90/13	90/11	65/11	55/9	75/9
Takaroa	7	8	8	8	8	7	8	8	8	8	8	7
	260/18	145/16	125/14	135/14	90/11	100/12	70/10	70/12	80/12	130/15	155/17	180/19
Bora-Bora	6	6	7	8	7	7	7	7	8	7	6	6
	250/18	230/17	205/17	155/14	165/13	105/10	115/10	80/9	95/11	125/13	245/16	265/16
Papeete	7	7	7	8	7	7	7	8	8	7	7	6
	365/15	240/13	205/13	130/9	120/8	70/6	75/7	50/5	60/6	95/8	170/11	220/15
Rikitea	7	8	7	7	6	5	6	6	7	6	7	6
	215/13	155/11	170/11	160/10	155/12	180/11	125/12	130/9	125/9	170/11	135/9	205/13
Tubuaï	7	6	6	5	5	5	6	6	5	5	6	6
	215/13	218/13	230/12	190/11	135/10	90/8	135/10	170/9	145/9	110/7	140/8	255/11

température de la mer : moyenne mensuelle

	J	F	M	A	M	J	J	A	S	O	N	D
Îles Marquises	27	27	28	28	28	27	27	26	27	27	27	27
Îles Tuamotu	27	27	27	28	28	27	27	26	27	27	27	27
Île de Bora-Bora	27	28	28	27	27	26	26	25	26	26	26	27
Île de Tahiti	27	28	28	27	27	26	26	25	26	26	26	27
Îles Gambier	26	26	26	26	25	24	24	24	24	24	24	25
Îles australes	26	26	26	25	25	24	24	23	24	24	24	25

Porto Rico

Superficie : 0,016 fois la France. San Juan (latitude 18°26'N ; longitude 66°00'O) : GMT – 4 h. Durée du jour : maximale (juin) 13 heures, minimale (décembre) 11 heures.

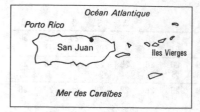

▶ **Janvier, février et mars** sont les meilleurs mois pour séjourner à Porto Rico. C'est la période la plus sèche de la saison « fraîche », qui va de décembre à avril. Elle est particulièrement appréciée des amateurs de voile qui évoluent entre les îles Vierges, situées au large de la côte est. La chaleur peut être très forte dans la journée, mais les brises marines la rendent assez supportable.

▶ **De mai à la mi-décembre**, c'est la saison des pluies, qui tombent essentiellement sous forme de grosses averses parfois orageuses, surtout en septembre.

Mais le soleil brille avec autant d'ardeur que pendant la saison sèche.

La côte est (Fajardo, Humacao), la plus exposée aux alizés, reçoit les pluies les plus abondantes ; la côte nord (San Juan) est aussi assez humide ; en revanche, la partie sud-ouest de l'île, la plus protégée, est presque aride (moins de 400 millimètres de pluie par an).

L'île de Porto Rico subit parfois des cyclones, le plus souvent entre la mi-août et octobre. Ainsi *Hortense* qui fit des victimes et de gros dégâts en septembre 1996.

VALISE : en toute saison, vêtements légers de plein été, en coton ou en lin de préférence ; un pull pour les soirées qui sont parfois fraîches de janvier à mars et pour la climatisation ; éventuellement, de quoi se protéger des averses.

BESTIOLES : des moustiques, surtout pendant la saison des pluies. ●

moyenne des températures maximales / moyenne des températures minimales

	J	F	M	A	M	J	J	A	S	O	N	D
San Juan	28	28	29	29	31	31	31	31	31	31	30	29
	21	21	22	22	23	24	24	24	24	24	23	22

nombre d'heures par jour   hauteur en mm / nombre de jours

	J	F	M	A	M	J	J	A	S	O	N	D
San Juan	7	8	8	8	8	8	8	8	8	8	7	7
	80/16	50/10	60/10	90/10	145/12	120/13	125/15	150/16	150/14	150/15	140/16	115/16

température de la mer : moyenne mensuelle

	J	F	M	A	M	J	J	A	S	O	N	D
San Juan	25	25	25	26	26	27	27	28	28	28	27	26

Portugal

Superficie : 0,17 fois la France. Lisbonne (latitude 38°46'N ; longitude 09°08'O) : GMT + 0 h. Durée du jour : maximale (juin) 14 heures 30, minimale (décembre) 9 heures 30.

▶ Les meilleures saisons pour voyager au Portugal sont le **printemps** – surtout **de fin avril à fin juin** – et l'**automne – septembre, début octobre**. Ce sont deux périodes ensoleillées, malgré des pluies passagères (un peu plus abondantes au nord : voir Bragança et Porto). Les températures sont très agréables aussi bien dans les villes que sur les routes de l'intérieur du pays. Au printemps, les maquis sont recouverts de fleurs et les campagnes verdoyantes ; en automne, les vendanges sont célébrées par la Fête du raisin, dans la région de Porto. Mai et octobre sont aussi les saisons des pèlerinages, celui de Fatima étant sans doute le plus impressionnant.

▶ Si vous souhaitez surtout profiter de la mer, choisissez les mois d'été les plus chauds, **juillet et août**. Même à cette saison, l'eau est un peu fraîche sur les plages du Portugal : sa température est d'environ 20° au sud entre juillet et octobre, et de 18° ou 19° dans la région de Porto. Il faut savoir aussi, que même en plein été, toute la partie nord du littoral est parfois brumeuse le matin.
L'été est sec et très chaud dans tout le pays, et souvent même torride dans les régions méridionales de l'Alentejo et du Ribatejo : la moyenne des températures maximales atteint 34° à Mourão. Ce n'est donc pas la meilleure époque pour s'y déplacer, ni sans doute pour séjourner à Lisbonne, où la chaleur est plus pénible à supporter comme dans toutes les grandes villes, malgré la proximité de la mer.

▶ En hiver, les températures restent très douces à Lisbonne et sur toute la façade atlantique, mais il y pleut souvent. En revanche, l'Algarve, au sud, bénéficie d'un microclimat. C'est une région qui reste assez ensoleillée même en hiver (voir Faro), d'où son surnom de Côte d'Azur portugaise. Elle se couvre en janvier d'une neige très particulière, celle des fleurs d'amandier, de citronnier et d'oranger. Certains jours de chaleur, à Noël, on peut même se baigner (dans une eau certes assez froide : 16°). Plus au nord et à l'intérieur du pays, il fait nettement plus froid, et une vraie neige recouvre les hauteurs du Tras-os-Montes, à l'est de Porto, et de la Serra da Estrela, à l'est de Coimbra, où l'on skie sur quelques pentes équipées. Notons aussi que la basse vallée du Douro, c'est-à-dire la région de Porto, est très venteuse, particulièrement en hiver. Dans la basse vallée du Tage (région de Lisbonne), le vent est un peu moins fort et a son maximum en été.

VALISE : en été, des vêtements légers pour la journée et des pull-overs, vestes ou blouson pour le soir et le matin. En hiver, des vêtements de demi-saison (un bon pull-over, une veste chaude, un imperméable) suffiront, sauf si vous allez dans le nord-est du pays.

FOULE : assez forte pression touristique. C'est août qui, de loin, est le mois qui connaît la plus grande affluence ; février est à l'opposé. Les Espagnols représentent près de la moitié des visiteurs. Les Britanniques sont de très honorables seconds, distançant largement les Allemands et les Français. ●

moyenne des températures maximales / moyenne des températures minimales

	J	F	M	A	M	J	J	A	S	O	N	D
Bragança	8	11	13	16	19	24	28	28	24	18	12	8
(720 m)	0	1	3	5	7	11	13	13	10	7	3	1
Porto	13	14	16	18	20	23	25	25	24	21	17	14
	5	5	8	9	11	13	15	15	14	11	8	5
Lisbonne	14	15	17	20	21	25	27	28	27	22	17	15
	8	8	10	12	13	15	17	17	16	14	11	8
Faro	15	16	18	20	22	25	28	28	26	22	19	16
	9	10	11	13	14	18	20	20	19	16	13	10

nombre d'heures par jour   hauteur en mm / nombre de jours

	J	F	M	A	M	J	J	A	S	O	N	D
Bragança	4	6	6	8	9	10	12	11	8	6	5	4
	150/10	105/8	135/12	75/8	70/8	40/5	15/2	16/2	40/5	80/8	110/9	145/11
Porto	5	6	6	8	9	10	11	10	8	6	5	4
	160/13	110/10	145/14	85/9	85/9	40/5	20/3	25/4	50/6	105/9	150/12	170/13
Lisbonne	5	6	7	9	10	11	12	12	9	7	6	5
	110/11	75/8	110/11	55/7	45/7	16/2	3/1	4/1	3/4	60/7	95/9	105/11
Faro	6	7	7	9	10	12	12	12	9	8	6	6
	70/7	50/6	70/8	30/5	20/3	5/1	1/0	1/0	18/2	51/4	65/7	65/7

température de la mer : moyenne mensuelle

	J	F	M	A	M	J	J	A	S	O	N	D
Côte nord	14	13	13	14	15	17	18	19	19	17	16	15
Côte sud	15	15	15	16	17	18	20	21	20	19	18	16

Réunion (La)

Superficie : 0,005 fois la France. Saint-Denis (latitude 20°53'S ; longitude 55°31'E) : GMT + 4 h. Durée du jour : maximale (décembre) 13 heures 30, minimale (juin) 11 heures.

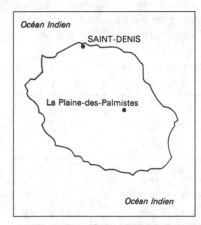

Pour nous autres Z'oreils, la meilleure saison pour goûter les charmes de la Réunion est sans conteste la **saison sèche, de mai à novembre**, qui est d'ailleurs loin d'être archisèche. En effet, même pendant cette période, la côte orientale, dite « au vent », et surtout les versants est de cette île au relief volcanique et tourmenté sont très arrosés.

La partie ouest de l'île est beaucoup plus à l'abri des précipitations, particulièrement sur la côte « sous le vent » (voir Saint-Denis) où il ne pleut que rarement de juillet à octobre. Les alizés qui soufflent presque constamment rafraîchissent l'atmosphère, et les températures sont très agréables, chaudes sans excès dans la journée, douces la nuit. D'où l'intérêt particulier de cette côte pour les amateurs de plages (les plus belles se situant entre Saint-Paul et Saint-Gilles, alors qu'ailleurs la côte est souvent rocheuse).

Dans l'intérieur de l'île, qui abonde en possibilités de randonnées, la température fraîchit à mesure que l'on prend de l'altitude : sur la Plaine-des-Palmistes, il peut faire assez froid durant la nuit de juin à septembre. Le piton des Neiges (3 070 mètres) mérite même son nom quelques jours par an.

La fin de cette saison « sèche » correspond à la période de la floraison, qui commence vers la fin septembre (en octobre pour les mille espèces d'orchidées qui s'épanouissent à la Réunion) : des champs de géranium, de vétyver, de vanille qui embaument l'air, à la cannelle, la « Patate à Durand » et autres « arbres à Kleenex », la flore de l'île est étonnante de richesse et de variété.

▶ **La saison des pluies** (été austral, de novembre à avril) est la période des « avalasses », pluies torrentielles de courte durée, et plus rarement des cyclones, de mi-janvier à début mars surtout (une fois tous les dix ans environ, ils peuvent être dévastateurs, comme *Dina* qui a frappé l'île le 22 janvier 2002, sans faire de morts cependant).

L'ensemble de l'île reçoit des précipitations abondantes, avec un maximum en mars, mais c'est la partie orientale qui en reçoit le plus. C'est un village réunionnais, Cilaos, qui détient le record mondial toutes catégories du déluge le plus exceptionnel : 1 870 millimètres de pluies en 24 heures (en mars 1952). Durant cette période, le soleil brille à peu près aussi souvent que pendant la saison sèche, mais la chaleur est moite et étouffante.

Dans les catégories « 72 heures » et « 10 jours », les records de précipitation ont été atteints en janvier 1980 lors du passage du cyclone *Hyacinthe*.

VALISE : pendant la saison sèche, des vêtements d'été, mais aussi un lainage et une veste ou un blouson pour les promenades à l'intérieur de l'île et pour les soirées. En saison des pluies, vous aurez besoin de vêtements très légers : anorak... Emportez des sandales de plastique ou des tennis pour marcher sur les récifs et dans le lagon.

BESTIOLES : des moustiques sur les côtes pendant la saison des pluies (actifs la nuit) et des... requins, pas au bord des plages bien sûr, mais il vaut mieux y regarder à deux fois avant de plonger du pont d'un bateau. Sur les récifs de corail attention aux cônes, des coquillages venimeux (ne pas les saisir à main nue), et dans l'eau aux poissons-pierres. ●

moyenne des températures maximales / moyenne des températures minimales

	J	F	M	A	M	J	J	A	S	O	N	D
Saint-Denis	29	30	29	28	27	26	25	24	25	26	27	28
	23	23	23	22	20	18	18	17	18	19	20	22
Plaine-des-Palmistes (1 200 m)	23	24	23	22	20	19	18	17	18	19	21	22
	15	15	15	13	11	9	9	8	9	10	12	14

nombre d'heures par jour · hauteur en mm / nombre de jours

	J	F	M	A	M	J	J	A	S	O	N	D
Saint-Denis	8	8	7	7	7	7	7	7	7	7	7	7
	265/13	215/11	290/12	160/9	80/9	75/10	70/12	50/11	45/7	45/7	95/9	150/100
Plaine-des-Palmistes	5	5	4	5	5	4	4	4	5	4	4	4
	800/15	665/15	970/16	400/12	240/11	195/11	245/13	220/12	195/11	170/11	205/11	375/14

température de la mer : moyenne mensuelle

	J	F	M	A	M	J	J	A	S	O	N	D
Saint-Denis	26	27	27	26	25	24	23	22	23	23	24	26

Roumanie

Superficie : 0,4 fois la France. Bucarest (latitude 44°25'N ; longitude 26°06'E) : GMT + 2 h. Durée du jour : maximale (juin) 15 heures 30, minimale (décembre) 9 heures.

Son climat est généralement assez continental – hivers froids et étés chauds –, sauf sur la mer Noire où il est moins contrasté.

❱ Pour profiter des plages de sable fin de la Riviera roumaine (voir Constanța), la meilleure période se situe **entre juin et la mi-septembre**. Le temps est le plus souvent ensoleillé et chaud, avec quelques orages et des nuits plutôt fraîches. La côte de la mer Noire est, avec l'est de la Moldavie, la région la moins arrosée de Roumanie. La mer est alors à une température agréable, elle peut approcher 25° au mois d'août. Quant à l'hiver doux « vendu » par certaines agences, n'y comptez pas trop, vous risquez d'être déçu...

❱ Si votre projet est de visiter l'intérieur de la Roumanie – admirer les fresques byzantines, les monastères et les citadelles de Moldavie et de Valachie, ou partir sur les traces de Dracula à travers les ténébreuses forêts de Transylvanie, ou encore découvrir le charme des quartiers anciens de Bucarest et les réalisations mégalomaniaques du défunt *conducator* –, les meilleures saisons sont la **fin du printemps** et l'**automne**.

Le printemps est court (fin avril-mi-juin) et assez pluvieux, mais malgré tout relativement ensoleillé. C'est la bonne saison pour découvrir que la Roumanie est aussi le pays des fleurs (des roses en particulier), et que le delta du Danube est une des plus vastes réserves naturelles d'oiseaux migrateurs du monde.

Au contraire, l'automne est généralement long et bien ensoleillé et baigne d'une idéale lumière dorée la sérénité des monastères et des « cathédrales de bois » du Maramures.

❱ En hiver, le froid est particulièrement vif dans les Carpates orientales et méridionales, où la neige tombe en abondance. Même en plaine (voir Bucarest), elle se maintient plus de deux mois par an (mi-décembre à fin février). Les amateurs de ski trouveront des stations de sports d'hiver dans les Carpates où elles commencent à se développer, surtout au nord-ouest de Bucarest.

VALISE : en été, des vêtements très légers mais aussi un ou deux pulls, une veste ou un blouson pour les soirées et les matinées parfois fraîches ; un imperméable ou un anorak léger vous sera peut-être utile. En hiver, des vêtements chauds, d'autant plus que les maisons et les hôtels sont souvent mal chauffés.

BESTIOLES : invasion de mouches de Columbacz dans la vallée du Danube en été (elles s'attaquent au bétail, mais aussi aux humains).

FOULE : pression touristique soutenue. Juillet et août, la pleine saison balnéaire, sont les deux mois qui connaissent le plus d'affluence ; janvier est le mois le plus creux. Les visiteurs originaires des pays issus de l'ex-URSS et des pays de l'Europe orientale sont largement majoritaires. Les Français, qui représentent moins de 1 % des voyageurs, sont trois fois moins nombreux que les Allemands. ●

moyenne des températures maximales / moyenne des températures minimales

	J	F	M	A	M	J	J	A	S	O	N	D
Cluj-Napoca	0	2	10	15	21	24	27	26	22	16	8	2
(315 m)	– 8	– 6	– 1	4	9	12	14	13	8	4	0	– 4
Bucarest	1	3	10	18	23	28	30	30	25	18	10	4
	– 7	– 5	– 1	5	10	14	16	15	11	6	2	– 3
Constanța	3	4	8	13	19	24	27	26	23	17	11	6
	– 4	– 2	1	6	11	16	18	17	14	9	4	– 1

nombre d'heures par jour   hauteur en mm / nombre de jours

	J	F	M	A	M	J	J	A	S	O	N	D
Cluj-Napoca	2	3	5	6	7	8	9	9	7	5	3	2
	30/6	35/6	25/5	45/7	75/10	80/10	80/8	85/9	35/5	40/5	35/7	30/6
Bucarest	2	3	5	6	8	9	11	10	8	5	2	2
	45/7	25/6	30/6	60/7	75/8	120/9	55/7	45/4	45/4	30/5	35/7	25/7
Constanța	3	4	4	6	8	10	11	10	8	5	3	2
	30/4	25/4	20/3	30/4	35/4	40/4	35/3	30/3	25/2	40/3	40/5	35/5

température de la mer : moyenne mensuelle

	J	F	M	A	M	J	J	A	S	O	N	D
Mer Noire	6	5	6	9	14	19	22	23	21	16	12	9

Royaume-Uni

Superficie : 0,5 fois la France. Londres (latitude 51°28'N ; longitude 00°19'O) : GMT + 0 h. Durée du jour : maximale (juin) 17 heures, minimale (décembre) 8 heures.

passe ainsi d'un taux d'ensoleillement annuel de 27 % (relativement à la durée théorique possible) à Duntulm, à presque 40 % dans le Sussex et le Kent.

▶ Pour savourer le romantisme brumeux de la lande écossaise balayée par les vents, **le début de l'automne** est sans aucun doute la période la plus favorable : la bruyère pourpre et mauve, les fantômes dans leurs châteaux, les monstres dans leurs lacs et les cornemuseux invisibles se chargeront de vous en laisser un souvenir impérissable.

▶ L'hiver est plus doux que sur le continent, surtout sur les côtes, mais il est aussi plus humide. Au sud-est par exemple, on trouve sur le littoral de Cornouaille des micro-climats qui permettent aux palmiers de pousser en pleine terre sans avoir à craindre le gel.

Mais l'hiver en Grande-Bretagne, c'est aussi l'époque du *fog*, qui se transforme en *smog* dans les grandes agglomérations quand s'y ajoute la pollution industrielle. Londres, Manchester et Glasgow connaissent bien ce phénomène, surtout en décembre et en janvier. Des mesures anti-pollution en ont cependant fait notablement baisser la fréquence et l'intensité depuis quelques années.

Sur les hautes terres d'Écosse, l'hiver est naturellement plus rigoureux, d'autant plus qu'il est venté. La neige persiste plusieurs mois – environ 3 mois à une altitude de 600 mètres dans sa partie orientale. La couche neigeuse est suffisante pour skier pendant quelques semaines, en janvier et février, aux altitudes supérieures à 1 000 mètres.

▶ En Grande-Bretagne, la **fin du printemps (mai-juin)** est la période la plus ensoleillée et offre aux voyageurs le spectacle d'un pays fleuri, le jardinage étant, comme on le sait, le hobby favori de nombreux Britanniques. Toutefois, les températures sont encore assez fraîches à cette saison. On peut donc préférer l'**été**, un peu plus chaud, en particulier si l'on veut se rendre sur les plages ; sans se cacher pour autant que même au cœur de l'été une averse peut toujours venir interrompre un pique-nique.

Novembre et décembre sont les mois les plus nuageux ; la règle veut que le ciel soit un peu plus dégagé sur les côtes qu'à l'intérieur du pays et que de manière générale l'ensoleillement, faible dans le nord-ouest, augmente au fur et à mesure que l'on se déplace vers le sud-est. On

▶ La Grande-Bretagne a la réputation non usurpée d'être un pays pluvieux. Il faut cependant nuancer : l'essentiel des pluies vient de l'Atlantique et tombe sur l'ouest et le sud de l'île. Les précipitations records sont relevées sur les hauteurs écossaises proches du littoral atlantique – près de 4 000 mm annuels pour le sommet du Ben Nevis (1 343 mètres). En ce qui concerne les régions basses, la région de Portsmouth se défend bien (1 700 mm). Surtout en Écosse, il s'agit rarement de précipitations fortes, mais essentiellement de pluies fines qui peuvent durer des heures ; ce qui explique le modeste ensoleillement de cette région (un dicton écossais : « Si tu peux voir la colline là-bas, c'est qu'il va pleuvoir. Si tu ne la vois pas, c'est qu'il pleut ! »). L'est de l'île est beaucoup moins arrosé : Londres ne reçoit pas beaucoup plus de pluies que Paris et certains secteurs de la bordure orientale de l'Écosse connaissent même un léger déficit pluviométrique.

Et n'oublions pas que le vert anglais ne serait ni aussi vert ni aussi anglais s'il n'était si soigneusement entretenu par ce doux crachin.

▶ Les vents sont une autre constante britannique, spécialement à l'ouest et au nord : dans les Orcades, ils soufflent près de 100 jours par an, et dans la région des lacs (Cumbrie), le *helm* a la réputation d'être « assez fort pour déraciner les navets » !

▶ Si vous désirez vous baigner sur les côtes anglaises, sachez qu'à l'ouest de la Cornouaille l'eau est la plus « tiède » : 17- 18° en plein été. Elle est plus froide sur la côte orientale, en mer du Nord.

VALISE : en été, des vêtements de coton léger, mais aussi des lainages, une veste chaude et « coupe-vent ». En hiver, vêtements chauds. En toute saison, l'imperméable (ou le parapluie) est un *must.* ●

moyenne des températures maximales / moyenne des températures minimales

	J	F	M	A	M	J	J	A	S	O	N	D
Lerwick (îles Shetland)	5 1	5 1	6 2	8 3	11 5	13 7	14 10	14 10	13 8	10 6	8 4	6 3
Duntulm	6 2	6 2	8 3	10 4	13 6	14 9	15 10	16 11	14 9	12 7	9 5	8 4
Édimbourg	6 1	6 1	8 2	11 4	14 6	17 9	18 11	18 11	16 9	12 7	9 4	7 2
Belfast	6 2	7 2	9 3	12 4	15 6	17 9	18 11	18 11	16 9	13 7	9 4	7 3
Manchester	5 0	5 0	8 1	11 3	14 6	17 9	19 11	18 11	16 9	12 6	8 3	6 2
Londres	6 2	7 2	10 3	13 6	17 8	20 12	22 14	21 13	19 11	14 8	10 5	7 4
Plymouth	8 4	8 4	10 5	12 6	15 8	18 11	19 13	19 13	18 12	15 9	11 7	9 5
Saint Hélier (Île Jersey)	9 5	8 4	11 6	13 7	16 10	19 13	21 15	21 15	19 14	16 11	12 8	10 6

nombre d'heures par jour hauteur en mm / nombre de jours

	J	F	M	A	M	J	J	A	S	O	N	D
Lerwick	1	2	3	4	5	5	4	4	4	3	2	0,5
	120/20	95/16	80/14	75/15	60/11	65/10	80/12	80/12	100/14	120/18	130/19	135/20
Duntulm	1	2	3	5	6	6	4	4	3	2	2	1
	135/18	95/16	80/14	85/14	65/13	85/14	115/17	115/16	130/17	160/18	145/19	145/20
Édimbourg	2	3	4	5	6	6	5	5	4	3	2	1
	55/12	40/11	40/11	40/10	55/10	45/11	85/12	75/11	55/11	65/12	60/12	55/13
Belfast	1,5	2	3	5	6	6	5	5	4	3	2	1
	80/17	50/14	50/13	50/13	50/12	70/13	95/16	75/14	80/15	85/16	70/16	90/18
Manchester	1	2	3	5	6	6	5	5	4	3	1	1
	75/13	55/11	45/9	50/10	55/10	60/11	80/13	80/12	65/12	80/12	80/14	70/14
Londres	2	2	4	5	6	7	6	6	5	3	2	1
	55/11	40/9	35/8	40/8	45/8	45/8	55/9	60/9	50/9	55/9	65/10	50/9
Plymouth	2	3	4	5	6	6	6	5	4	3	2	1
	105/14	75/11	80/10	55/9	65/9	60/9	70/10	80/10	80/11	95/12	115/14	115/15
Saint Hélier	2	3	5	7	8	9	8	8	6	4	3	2
	90/16	70/12	55/10	45/9	45/8	40/7	50/8	65/9	70/12	75/12	100/14	100/16

température de la mer : moyenne mensuelle

	J	F	M	A	M	J	J	A	S	O	N	D
Manche (ouest)	9	9	9	10	11	13	16	16	15	14	12	11
Mer du Nord (sud-Écosse)	7	6	6	7	9	11	13	14	13	11	9	8
Atlantique (ouest-Écosse)	8	7	8	9	10	11	13	14	13	11	9	8
Atlantique (îles Shetland)	8	7	7	7	9	10	12	12	11	10	9	8

Russie

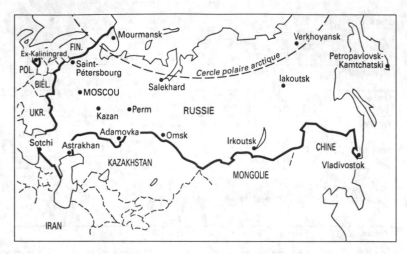

Superficie : 31 fois la France. Moscou (latitude 55°45'N ; longitude 37°34'E) : GMT + 3 h. Durée du jour : maximale (juin) 17 heures 30, minimale (décembre) 7 heures.

◗ Pour l'essentiel, la Russie est soumise à un climat continental très marqué. L'hiver y est froid, les saisons intermédiaires sont courtes et l'été peut y être assez chaud. Sauf exceptions régionales et locales, le pays reçoit des précipitations très modérées.

◗ **La partie européenne de la Russie** – les rives de la mer Noire exclues – connaît un hiver long et rigoureux. Dans la région de Moscou, la neige recouvre le paysage de la mi-novembre à la mi-avril. Les températures diurnes de − 20° ne sont pas exceptionnelles, mais la sécheresse et la modération du vent rendent ce froid assez supportable. Il fait un peu moins froid à Saint-Pétersbourg, située plus au nord mais bénéficiant de l'influence de la mer Baltique. Ce sont aussi les courants de la mer de Barents qui permettent à Mourmansk, pourtant située au-delà du cercle polaire, d'être un port libre de glace et de connaître des températures hivernales sensiblement égales à celles de Moscou. À mesure que

l'on va vers l'est, l'hiver est plus continental et donc encore plus rigoureux.

Le printemps, tardif et court, arrive fin avril à Moscou. Le ciel est souvent dégagé, les températures montent rapidement, mais sont encore basses la nuit.

C'est l'époque du dégel et de la formation de cette boue, la *raspoutitsa*, qui rend pendant une quinzaine de jours tout voyage à travers la Russie problématique. Juin à peine entamé, l'été est déjà là, chaud dans la journée et parfois orageux au cœur de la Russie, plus tempéré à Saint-Pétersbourg où les « *nuits blanches* » restent fraîches.

La moitié sud de la Russie est sujette aux *soukhoviei*, ces périodes de vents chauds qui balaient les plaines et dessèchent les cultures sur pied.

L'automne est précoce. Au mois de septembre, à Moscou, les journées agréables alternent avec des jours déjà frais. À Perm, il neige souvent dès la mi-octobre.

◗ **Sur les bords de la mer Noire,** on peut parler d'un climat presque méditerranéen. En hiver, les températures négatives sont peu fréquentes. Cependant, elles peuvent s'effondrer quand un vent du nord, du type *bora*, trouve un passage entre les derniers reliefs du Caucase et la mer. Ce vent peut souffler sans discontinuité deux ou trois jours, parfois plus. Cette région est aussi propice aux effets de fœhn. Au pied du Caucase, les précipitations hivernales sont importantes.

Le printemps se transforme vite en un été chaud et ensoleillé. On se baigne dans la mer Noire du début juin à la fin du mois de septembre : sa température peut approcher 25° au mois d'août.

▶ **La Sibérie**, qui occupe les trois quarts de la fédération de Russie, est d'abord un interminable hiver qui commence, à Irkoutsk par exemple, dès le début d'octobre pour ne s'achever que fin avril. C'est dans le nord-est de cette immense région que l'on enregistre les records de froid (− 67,8° enregistrés en janvier 1885 à Verkhoyansk !). Le printemps est très bref et boueux. En été, les températures sont assez chaudes le jour, fraîches la nuit. À Verkhoyansk toujours, les températures estivales de 30° ne sont pas exceptionnelles. La Sibérie, la partie sud surtout, est balayée à intervalles réguliers par des vents de poussières assez désagréables.

Dans les régions les plus septentrionales, on peut difficilement parler de véritable été : à neuf mois pendant lesquels tempêtes de neige et blizzard sont fréquents succèdent trois mois où le dégel ne porte qu'en surface et produit un cloaque boueux.

▶ La partie la plus orientale de la Sibérie – l'**Extrême-Orient russe** – ouvre sur le Pacifique et ses annexes. À latitude égale, l'hiver y est beaucoup plus rigoureux qu'en Russie occidentale.

À Sakhaline, pourtant une île, située plus au sud que la Grande-Bretagne, la neige ne disparaît des côtes qu'au début du mois de mai. De plus, Vladivostok, avec toute la côte située en contrebas de la chaîne de Sikhote-Alin, est incontestablement la partie la plus venteuse de Russie – l'île de Sakhaline et la côte orientale de la presqu'île du Kamtchatka n'étant pas en reste. Juin et juillet sont les mois les moins venteux.... mais c'est alors au tour du brouillard de battre quelques records (on remarquera dans les tableaux suivants qu'à Vladivostok le soleil est moins présent en été qu'en plein hiver).

▶ En résumé : l'**été** est une bonne saison pour se déplacer et découvrir la partie européenne de la Russie. Pour les régions les plus continentales du pays, on choisira **juin et septembre**. Quant à l'Extrême-Orient russe, c'est **entre la mi-août et la mi-septembre** qu'il faut s'y rendre, pour échapper à la fois aux excès de froid, de vent et de brouillard....

VALISE : l'hiver russe a son charme, à condition d'être bien protégé (bonnet de fourrure, polaire, moufles et bottes fourrées, etc.). En été, vous aurez besoin de vêtements légers mais aussi de lainages, d'une veste ou d'un blouson pour les soirées, et d'un vêtement de pluie.

BESTIOLES : la Sibérie, particulièrement au nord, est infestée de moustiques pendant tout l'été. ●

L'hiver russe

Mais Vladimir ne fut pas plus tôt dans la campagne que le vent commença à souffler, soulevant une telle tourmente de neige qu'on en était tout aveuglé. En un instant, le chemin fut recouvert ; les alentours disparurent dans une brume jaunâtre et trouble à travers laquelle tourbillonnaient les blancs flocons ; le ciel se confondit avec la terre. Vladimir se trouva dans le champ et s'efforça vainement de rejoindre la route. Le cheval avançait au hasard, montant sur les tas de neige, descendant dans les fossés, le traîneau versait à chaque instant. (...) Vladimir traversait une plaine coupée de profonds ravins. La bourrasque ne se calmait pas, le ciel restait obscur. Le cheval peinait ; Vladimir ruisselait de sueur, bien qu'à tout moment il enfonçât dans la neige jusqu'à mi-corps.

Pouchkine, *Récits de feu Ivan Pétrovitch Bielkine.*

moyenne des températures maximales / moyenne des températures minimales

	J	F	M	A	M	J	J	A	S	O	N	D
Mourmansk (68,58)	- 8	- 9	- 5	2	7	13	16	15	9	3	- 1	- 6
	- 15	- 16	- 12	- 5	0	5	8	8	4	- 2	- 6	- 12
Verkhoyansk	- 47	- 40	- 20	- 1	11	21	24	21	11	- 8	- 33	- 43
	- 51	- 48	- 40	- 25	- 7	4	6	1	- 6	- 20	- 39	- 47
Salekhard	- 21	- 18	- 13	- 4	4	13	19	17	10	2	- 12	- 17
	- 28	- 26	- 23	- 16	- 8	1	8	5	0	- 4	- 19	- 25
Iakoutsk	- 43	- 33	- 18	- 3	9	19	23	19	10	- 5	- 26	- 38
	- 47	- 40	- 29	- 14	- 1	9	12	9	1	- 12	- 31	- 43
Saint-Pétersbourg	- 1	- 5	0	8	15	20	21	20	15	9	2	- 3
	- 13	- 12	- 8	0	6	11	13	12	9	4	- 2	- 8
Perm	- 13	- 9	- 2	8	16	20	24	20	14	4	- 2	- 9
	- 20	- 18	- 11	- 1	5	9	13	10	6	- 1	- 7	- 16
Kazan	- 11	- 10	- 3	9	19	22	24	23	17	7	- 1	- 7
	- 19	- 17	- 10	0	8	11	14	12	8	1	- 5	- 13
Moscou	- 9	- 6	0	10	19	21	23	22	16	9	2	- 5
	- 16	- 14	- 8	1	8	11	13	12	7	3	- 3	- 10
Omsk	- 18	- 14	- 7	4	15	21	23	21	16	4	- 8	- 15
	- 26	- 23	- 18	- 6	4	11	13	11	5	- 3	- 13	- 22
Kaliningrad	- 2	- 1	3	11	16	21	22	21	18	12	5	0
	- 7	- 7	- 3	2	7	11	13	12	10	6	1	- 5
Irkoutsk (470 m)	- 16	- 12	- 4	6	13	20	21	20	14	5	- 7	- 16
	- 26	- 25	- 17	- 7	1	7	10	9	2	- 6	- 17	- 24
Petropavlovsk-Kamtchatski	- 4	- 4	1	6	12	17	20	21	19	13	3	- 2
	- 13	- 14	- 11	- 7	- 4	1	5	5	1	- 3	- 6	- 11
Adamovka (300 m)	- 13	- 11	- 3	10	21	25	28	25	19	8	0	- 9
	- 21	- 21	- 13	- 2	6	11	14	11	5	- 2	- 8	- 18
Astrakhan	- 2	- 1	6	17	25	29	31	30	24	16	8	1
	- 9	- 9	- 3	4	12	16	18	17	11	5	0	- 5
Sotchi	10	10	13	16	21	24	26	27	25	20	17	13
	3	4	5	9	13	16	19	19	16	12	10	6
Vladivostok	- 11	- 6	1	8	13	17	22	24	20	13	2	- 7
	- 18	- 14	- 7	1	6	11	16	18	13	5	- 4	- 13

 **nombre d'heures par jour** 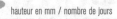 hauteur en mm / nombre de jours

	J	F	M	A	M	J	J	A	S	O	N	D
Mourmansk	0	0,5	4	6	6	6	5	5	3	1	0	0
	30/12	25/11	18/11	17/9	28/8	52/10	52/10	60/13	45/12	50/12	35/12	33/12
Verkhoyansk	0	3	7	10	10	10	10	8	4	2	1	0
	7/8	5/7	5/6	4/3	5/3	25/8	35/8	30/8	13/6	11/7	10/7	7/4
Salekhard	0,2	1,5	5	6	7	8	10	6	3	2	1	0
	25/14	20/13	25/12	30/8	40/9	50/9	55/8	55/9	55/8	45/10	30/12	30/14
Iakoutsk	1	4	8	9	9	11	11	9	6	3	2	0,5
	7/6	6/5	5/3	7/4	15/5	30/6	43/8	38/7	22/6	15/8	13/8	10/8
Saint-Pétersbourg	0,5	2	4	5	8	10	9	8	5	2	0,5	0
	35/14	30/12	30/9	35/8	45/8	50/8	72/8	78/10	65/11	75/12	45/12	40/14
Perm	1	3	4	7	8	7	8	8	4	2	1	1
	40/16	30/11	30/12	25/8	60/11	75/12	90/11	65/11	50/11	60/16	50/15	45/15
Kazan	2	4	5	7	9	10	9	9	5	3	1	1
	30/12	25/8	27/8	25/6	32/8	60/8	62/8	63/7	40/7	45/11	45/10	38/12
Moscou	1	2	4	5	8	9	8	7	5	2	1	1
	40/12	38/10	35/10	37/9	53/9	58/8	88/10	70/9	58/8	45/10	47/10	54/15
Omsk	3	4	6	8	9	11	10	8	6	3	2	2
	8/6	6/4	10/6	18/5	30/7	53/8	72/9	45/8	33/6	25/8	15/9	12/8
Kaliningrad	1	2	4	6	7	10	10	8	6	3	1	1
	50/15	40/13	40/11	30/9	55/11	50/9	75/11	105/13	90/12	55/12	90/14	55/14
Irkoutsk	3	5	7	7	8	8	8	7	6	5	3	2
	12/5	8/5	10/4	15/6	30/7	83/9	100/11	100/12	50/8	20/7	17/6	15/6
Petropavlovsk-Kamtchatski	3	4	5	6	7	6	6	6	5	5	3	3
	110/10	4/9	175/12	110/9	75/9	60/8	70/12	105/10	100/10	145/10	180/10	115/11
Adamovka	3	4	6	8	9	10	10	10	7	5	3	2
	20/8	15/5	25/7	17/5	30/6	55/9	45/7	25/5	25/5	30/9	25/7	25/8
Astrakhan	2	3	5	8	10	10	11	9	8	6	3	2
	15/6	10/4	15/6	15/4	15/4	20/4	10/3	25/4	22/4	15/4	15/5	17/6
Sotchi	3	4	4	6	7	9	10	9	8	6	4	3
	200/14	125/11	130/11	115/11	93/9	100/8	60/6	100/7	105/7	90/7	143/9	183/12
Vladivostok	6	7	7	6	6	5	4	5	7	7	6	6
	10/3	13/3	20/5	45/6	70/10	90/11	100/12	145/10	125/9	57/6	30/5	17/4

 température de la mer : moyenne mensuelle

	J	F	M	A	M	J	J	A	S	O	N	D
Mer Baltique (Kaliningrad)	3	2	2	4	8	13	16	17	15	12	8	5
Mer Noire (Yalta)	7	6	7	10	15	20	23	22	20	17	12	9
Mer Noire (Sotchi)	9	8	9	11	16	21	24	24	22	19	16	12
Mer du Japon (Vladivostok)	0	0	1	3	8	12	17	22	18	14	8	3
Pacifique (Petropavlovsk)	0	0	0	1	2	5	8	10	10	7	3	2

Rwanda

Superficie : 0,05 fois la France. Kigali (latitude 1°58'S ; longitude 30°08'E) : GMT + 2 h. Durée du jour : environ 12 heures toute l'année.

Au Rwanda, petit pays au relief contrasté, le climat varie en fonction de l'altitude et des pluies, mais il est sensiblement le même d'une saison à l'autre pour une région donnée.

❱ La meilleure période climatique est la **saison sèche, de juin à septembre.** Dans les régions d'altitude moyenne (voir Kigali), les températures sont agréables dans la journée et très fraîches la nuit. Dans les régions montagneuses, il fait bien sûr encore plus frais, et il arrive qu'il gèle la nuit durant la saison sèche.

Au bord du lac Kivu, à l'ouest du pays, il fait chaud toute l'année et assez humide (un peu moins pendant la grande saison sèche).

❱ La **saison des pluies** dure de fin septembre à fin mai, avec un ralentissement assez net en décembre-janvier, plus marqué sur les bords du lac Kivu que dans le reste du pays. Les pluies sont très abondantes sur la crête Zaïre-Nil, la chaîne montagneuse qui traverse le pays, et diminuent progressivement avec l'altitude. Elles tombent souvent dans l'après-midi.

VALISE : en toute saison, des vêtements légers pour la journée et des lainages, une veste chaude ou un blouson pour les soirées.

SANTÉ : vaccination contre la fièvre jaune obligatoire. Risques de paludisme toute l'année ; résistance élevée à la Nivaquine.

BESTIOLES : des moustiques toute l'année dans les régions basses, actifs la nuit. ●

moyenne des températures maximales / moyenne des températures minimales

	J	F	M	A	M	J	J	A	S	O	N	D
Kigali	25	25	24	24	21	21	22	22	23	22	22	22
(1 490 m)	11	11	11	12	12	10	10	11	11	11	11	11

nombre d'heures par jour hauteur en mm / nombre de jours

	J	F	M	A	M	J	J	A	S	O	N	D
Kigali	5	6	5	4	4	6	6	5	5	5	4	4
	90/11	90/11	105/13	165/15	125/12	25/2	7/1	20/1	60/5	100/7	100/13	90/10

Saint-Pierre et Miquelon

Superficie : 0,0004 fois la France métropolitaine. Saint-Pierre (latitude 46°46'N ; longitude 56°10'O) : GMT - 4 h. Durée du jour : maximale (juin) 16 heures, minimale (décembre) 8 heures 30.

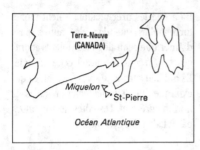

Ces îles et leurs satellites, situés à 20 kilomètres au large de Terre-Neuve, ont un climat généralement froid (sans excès) et surtout très humide.

▶ En **hiver** les précipitations, abondantes, tombent sous forme de neige de la fin de novembre jusqu'au début d'avril (100 jours de neige par an) ; en janvier et février, les îles sont encerclées par une ceinture de glace. Pendant cette période, on observe les plus fortes tempêtes. Le dégel commence vers la mi-mars, annonçant un printemps frais et humide.

▶ En **été**, les températures restent fraîches et il pleut assez souvent. De juin à août, les brouillards dus à la rencontre du courant froid du Labrador et du Gulf Stream sont fréquents, persistant parfois plusieurs jours, voire plusieurs semaines. L'été est malgré tout la période la plus indiquée pour séjourner dans l'archipel, en choisissant bien sûr les mois les plus « chauds » : **juillet et août**.

▶ À Saint-Pierre et Miquelon, les vents forts sont fréquents, surtout en hiver (vent glacé du nord) et en août-septembre.

VALISE : de juin à septembre, vêtements de demi-saison avec quelques pulls et une veste chaude. Le reste de l'année, vêtements chauds, bonnet, gants, etc. En toute saison, un imperméable, pour vous protéger de la pluie et du vent, et des bottes vous seront très utiles. ●

moyenne des températures maximales / moyenne des températures minimales

	J	F	M	A	M	J	J	A	S	O	N	D
Saint-Pierre	1	0	1	4	8	12	17	18	16	11	7	3
	- 4	- 5	- 3	0	2	6	11	13	11	6	2	- 2

nombre d'heures par jour 🌧 hauteur en mm / nombre de jours

	J	F	M	A	M	J	J	A	S	O	N	D
Saint-Pierre	2	3	4	5	6	6	5	6	6	4	2	1
	110/16	120/13	100/13	100/10	120/11	95/10	90/10	110/10	110/9	135/12	150/13	145/15

température de la mer : moyenne mensuelle

	J	F	M	A	M	J	J	A	S	O	N	D
Saint-Pierre	0	0	0	0	2	7	11	15	13	10	6	2

Salvador (el)

Superficie : 0,04 fois la France. San Salvador (latitude 13°43'N ; longitude 89°12'O) : GMT – 6 h. Durée du jour : maximale (juin) 13 heures, minimale (décembre) 11 heures 30.

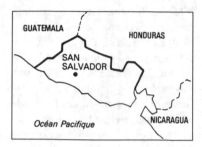

▶ La période la plus agréable pour se rendre au Salvador se situe pendant la **saison sèche, entre novembre et mi-avril**, avec une préférence pour **novembre et janvier**, durant lesquels la chaleur est un peu plus modérée et surtout plus sèche. Les nuits sont relativement fraîches toute l'année dans la majeure partie du pays, grâce à l'altitude. En revanche, sur la côte et dans la basse vallée du rio Lempa, les températures sont sensiblement plus élevées qu'à Salvador (5° de plus environ) et l'humidité, particulièrement dans le delta du Lempa, rend la canicule pénible à supporter.

À signaler : de janvier à avril, la floraison de l'arbre national, le *maquilishuat*.

▶ La saison des pluies, *el temporal*, dure de mai à octobre avec parfois une courte interruption fin juin, *el veranillo*.

Bien que les précipitations soient moins torrentielles que dans les autres pays d'Amérique centrale, vents violents et orages sont fréquents durant cette période. Ils ont lieu surtout le soir et la nuit, ce qui explique que l'ensoleillement reste assez bon malgré tout. Les côtes ne sont alors pas à l'abri des cyclones.

▶ On se baigne peu sur les côtes salvadoriennes, incommodes d'accès.

VALISE : en toute saison, vêtements légers et amples ; un ou deux lainages, une veste légère, et pendant la saison des pluies, de quoi s'en protéger.

SANTÉ : vaccination antirabique fortement conseillée. Quelques risques de paludisme toute l'année en dessous de 1 000 mètres d'altitude.

BESTIOLES : moustiques toute l'année sur la côte et dans les vallées de l'intérieur du pays (particulièrement actifs le soir).

FOULE : des visiteurs relativement peu nombreux et bien répartis sur toute l'année. Ils viennent d'abord des pays voisins, notamment du Guatemala ; et aussi des États-Unis, pour le quart. ●

moyenne des températures maximales / moyenne des températures minimales

	J	F	M	A	M	J	J	A	S	O	N	D
San Salvador	29	30	31	31	30	28	29	29	28	27	28	28
(700 m)	15	15	16	17	18	18	17	17	17	17	16	16

nombre d'heures par jour hauteur en mm / nombre de jours

	J	F	M	A	M	J	J	A	S	O	N	D
San Salvador	10	10	9	8	7	6	8	8	6	7	9	9
	5/1	3/1	8/1	60/5	190/13	320/20	305/20	215/20	325/20	220/16	35/4	7/2

température de la mer : moyenne mensuelle

	J	F	M	A	M	J	J	A	S	O	N	D
Pacifique	27	27	27	27	28	28	28	28	28	28	27	26

Pour choisir une destination, voir également :

La santé en voyage, p. 401
Le coût de la vie, p. 441
Le monde tel qu'il est, p. 461
Obtenir ses visas, p. 471
La durée des vols, p. 485
Atlas du voyageur, en début de volume
Internet et les voyageurs, en fin de volume

São Tomé et Principe

Superficie : 0,002 fois la France. São Tomé (latitude 0°23'N ; longitude 06°43'E) : GMT + 0 h. Durée du jour : 12 heures toute l'année.

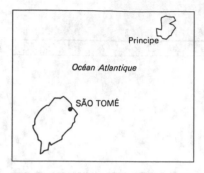

▶ Le climat de ces deux petites îles montagneuses situées face à la Guinée équatoriale et au Gabon est assez éprouvant : chaud et humide toute l'année.

Le nord de la plus grande des deux îles, où se trouve la capitale, São Tomé, est la région la plus salubre du pays. Recouverte d'une savane quasi sahélienne, elle est assez abritée des vents et les pluies y sont moins fortes qu'ailleurs ; ce qui n'empêche pas que le ciel soit souvent couvert.

Le sud de cette île et l'île de Principe, régions de jungle luxuriante, sont, en revanche, beaucoup plus arrosés.

▶ La meilleure période pour se rendre à São Tomé et Principe est la saison la plus sèche, **de juin à septembre**. Les nuages restent très fréquents, mais chaleur et surtout humidité marquent un léger répit.

VALISE : vêtements très légers, en fibres naturelles de préférence. Pendant la saison des pluies, un anorak léger ou même un parapluie vous seront utiles.

SANTÉ : risques de paludisme toute l'année ; résistance à la Nivaquine et multirésistance. Vaccination contre la fièvre jaune obligatoire.

BESTIOLES : moustiques toute l'année, surtout actifs la nuit. ●

moyenne des températures maximales / moyenne des températures minimales	J	F	M	A	M	J	J	A	S	O	N	D
São Tomé	29	30	30	30	29	28	27	28	29	29	29	29
	22	22	23	23	23	21	20	20	21	22	22	22

nombre d'heures par jour — hauteur en mm / nombre de jours	J	F	M	A	M	J	J	A	S	O	N	D
São Tomé	6	5	4	4	5	6	5	5	4	4	4	5
	80/6	85/8	130/9	120/10	115/8	19/2	0/0	1/0	17/3	110/9	100/9	110/7

température de la mer : moyenne mensuelle	J	F	M	A	M	J	J	A	S	O	N	D
Atlantique	27	27	28	28	27	25	24	24	25	25	26	27

Sénégal

Superficie : 0,35 fois la France. Dakar (latitude 14°44'N ; longitude 17°30'O) : GMT + 0 h. Durée du jour : maximale (juin) 13 heures, minimale (décembre) 11 heures.

▶ La meilleure saison pour un voyage au Sénégal est la **saison sèche**, qui dure sept ou huit mois (**de début ou mi-octobre à fin mai ou fin juin**) selon les régions. En effet, on trouve dans ce pays des zones climatiques assez différentes :

▶ Sur la côte, de Saint-Louis aux marigots du Siné-Saloum (voir Dakar), la chaleur n'est jamais accablante en saison sèche grâce aux brises marines qui soufflent régulièrement, et les nuits sont agréablement douces. Durant l'hivernage – la saison des pluies –, celles-ci tombent en averses violentes mais de durée limitée, et qui laissent place à de belles éclaircies ensoleillées.

▶ Toute la moitié nord de l'intérieur du pays (voir Matam) connaît un climat sahélien, brûlant et sec sous l'influence de l'*harmattan* durant la saison sèche (mais avec des nuits relativement fraîches). Dans ces régions, l'hivernage ne dure que trois ou quatre mois, quand il n'est pas encore réduit par la sécheresse qui sévit

depuis quelques décennies au Sénégal comme dans les autres pays sahéliens.

▶ Plus au sud à l'intérieur, vers Kaolack ou Tambacounda, les pluies augmentent légèrement et rendent la chaleur un peu moins torride que dans le nord durant la saison de pluies (voir Tambacounda).

▶ La luxuriante Casamance, au sud de la Gambie, est de loin la région la plus arrosée (voir Ziguinchor). Durant la saison des pluies, les averses peuvent durer plusieurs jours sans discontinuer et l'humidité peut être pénible à supporter. Mais pendant la saison sèche, le soleil est aussi généreux que dans le reste du pays.

▶ La saison sèche est également la meilleure période (voir chapitre Kenya) pour visiter les réserves sénégalaises, comme le parc du Niokolo-Koba, au sud de Tambacounda (ouvert du 15 décembre au 15 juin), ou le parc des oiseaux du Djoudj, investi par des milliers d'oiseaux migrateurs d'octobre à avril, ou encore le parc du delta du Saloum, où pullulent oiseaux, dauphins et tortues de mer, qui viennent y pondre entre mars et avril.

VALISE : vêtements très légers en fibres naturelles de préférence ; évitez les mini-jupes et les shorts (pour les femmes) en dehors des plages ; un lainage pour les soirées pendant la saison sèche ; un anorak pendant la saison des pluies. Pour visiter les réserves, vêtements de couleurs neutres, chaussures de marche en toile.

SANTÉ : vaccination contre la fièvre jaune conseillée ; vaccin antirabique pour

337

de longs séjours. Risques de paludisme toute l'année, mais plus faibles de décembre à mai dans la région de Dakar ; résistance à la Nivaquine.

BESTIOLES : moustiques des villes et moustiques des champs sont actifs toute l'année, mais particulièrement pendant la saison des pluies. ●

moyenne des températures maximales / moyenne des températures minimales

	J	F	M	A	M	J	J	A	S	O	N	D
Saint-Louis	30	30	31	30	29	29	30	31	31	32	32	30
	16	16	17	18	19	22	24	25	25	24	20	17
Matam	33	36	39	41	42	40	37	34	34	37	36	39
	15	16	19	22	26	26	25	24	24	24	20	16
Dakar	25	25	25	25	26	29	30	30	30	30	29	27
	17	17	17	18	20	23	24	25	24	24	22	20
Tambacounda	35	37	39	40	40	37	32	31	32	34	36	34
	16	19	21	24	26	25	23	23	22	22	19	16
Kedougou	35	37	39	40	39	34	32	31	31	33	35	34
	16	19	22	24	25	23	23	22	22	22	19	17
Ziguinchor	33	35	37	37	36	34	31	30	31	32	33	32
	16	17	17	19	21	23	23	23	23	23	20	17

nombre d'heures par jour ▨ hauteur en mm / nombre de jours

	J	F	M	A	M	J	J	A	S	O	N	D
Saint-Louis	8,5	9	9,5	10	9,5	8,5	8	8	8	8,5	8,5	8
	2/0	2/0	0/0	0/0	1/0	8/1	45/3	105/8	95/7	35/3	1/0	2/0
Matam	9	9,5	10	10,5	10	9,5	9	8	8,5	8,5	9	8,5
	0/0	2/0	0/0	1/0	2/0	30/3	110/8	150/11	110/9	25/2	4/1	1/0
Dakar	8,5	9	9,5	10	10	8,5	7,5	7	7,5	8,5	8,5	8
	2/0	1/0	0/0	0/0	1/0	10/1	85/7	185/12	155/11	55/4	2/1	3/1
Tambacounda	8,5	9,5	9,5	10	9	8	6,5	6	7	8	8,5	8
	0/0	1/0	0/0	2/0	16/2	105/8	210/15	245/16	205/14	70/6	3/1	1/0
Kedougou	8,5	9,5	9,5	9,5	9	8,5	7,5	7	7,5	8	8,5	8,5
	0/0	0/0	0/0	4/1	45/3	185/12	280/17	330/19	305/18	130/9	11/2	1/0
Ziguinchor	7,5	8,5	9,5	10	9,5	7,5	6	5	5,5	7	8,5	7,5
	0/0	1/0	0/0	0/0	6/1	115/8	320/19	470/21	340/18	125/8	10/1	1/0

température de la mer : moyenne mensuelle

	J	F	M	A	M	J	J	A	S	O	N	D
Dakar	21	20	20	21	22	25	26	26	27	27	26	23

Serbie

Superficie : . Belgrade (latitude 44°48'N ; longitude 20°28'E) : GMT + 1 h. Durée du jour : maximale (juin) 15 heures 30, minimale (décembre) 9 heures.

▶ Le Kosovo au sud, la Voïvodine au nord et la Serbie offrent des climats relativement peu différenciés, sinon par l'altitude.

▶ L'hiver est partout assez rude. La moitié nord du pays connaît la *kosava*. Ce vent souffle en violentes rafales ; il peut durer deux ou trois jours, ou même plus. La région de Belgrade garde une couverture neigeuse pendant un peu plus d'un mois, de mi-décembre à mi-janvier. La population s'adonne aux plaisirs du ski sur le massif de Kopaonik, le plus élevé du pays.

▶ Le printemps entamé, mai offre déjà des températures très agréables. Si la Serbie n'est que très moyennement arrosée, c'est en mai et juin qu'elle connaît son maximum de pluies, avec quelques bons orages. L'été est chaud. En octobre, les températures baissent sensiblement ; c'est aussi l'époque où la *kosava* recommence à sévir périodiquement, et ceci jusqu'en avril. La période qui va de **mai à septembre** est la plus propice pour circuler en Serbie ; mais il peut faire trop chaud certaines journées estivales.

VALISE : vêtements chauds en hiver. Certaines soirées estivales peuvent aussi être fraîches. ●

moyenne des températures maximales / moyenne des températures minimales

	J	F	M	A	M	J	J	A	S	O	N	D
Novi Sad (Voïvodine)	3 / − 4	5 / − 4	10 / 0	17 / 5	22 / 10	26 / 14	28 / 15	28 / 15	24 / 11	18 / 6	10 / 3	7 / 0
Belgrade	3 / − 3	5 / − 2	11 / 2	17 / 7	22 / 12	26 / 15	28 / 17	28 / 17	24 / 13	18 / 8	10 / 4	5 / 0
Nis	4 / − 3	7 / − 2	11 / 1	18 / 6	23 / 10	27 / 14	29 / 15	30 / 15	25 / 12	19 / 8	12 / 4	8 / 0

nombre d'heures par jour   hauteur en mm / nombre de jours

	J	F	M	A	M	J	J	A	S	O	N	D
Novi Sad	2 / 40/9	3 / 40/8	5 / 45/8	6 / 53/10	8 / 70/10	7 / 75/9	9 / 55/6	10 / 55/5	8 / 40/5	6 / 65/6	3 / 60/10	2 / 50/10
Belgrade	2 / 45/9	3 / 45/8	5 / 45/7	6 / 55/8	7 / 75/9	9 / 95/8	10 / 60/5	9 / 55/5	8 / 50/4	3 / 55/7	3 / 60/9	2 / 55/9
Nis	2 / 40/8	3 / 35/9	5 / 35/7	6 / 50/8	7 / 65/11	9 / 64/9	10 / 46/6	9 / 40/5	8 / 40/5	6 / 58/7	3 / 55/9	3 / 50/8

Seychelles

Superficie : 0,0008 fois la France. Mahé (latitude 4°37'S ; longitude 55°27'E) : GMT + 4 h. Durée du jour : environ 12 heures toute l'année.

▶ Même aux Seychelles, îles paradisiaques s'il en est, il existe de bonnes et de mauvaises saisons : les meilleures périodes sont d'une part de **fin avril à fin juin**, et d'autre part de **mi-septembre à mi-novembre**. Le temps est alors généralement très ensoleillé et sec, mis à part quelques orages, violents mais assez rares. Durant les autres périodes, si les températures sont toujours agréables – il fait chaud toute l'année aux Seychelles –, les pluies et les vents pourraient rendre votre séjour moins idyllique :

▶ De décembre à fin mars, c'est l'époque de la mousson. Il fait lourd et humide ; le ciel est souvent nuageux, mais les pluies tombent en général en fin de soirée et la nuit. Précisons aussi qu'elles sont plus abondantes sur les grandes îles qui ont un relief marqué (Mahé, Praslin, Silhouette) que sur les innombrables petites îles coralliennes. Cette période est certainement la moins indiquée pour un séjour aux Seychelles.

▶ De plus, de fin juin à mi-septembre, et surtout en juillet-août, des rafales de vent peuvent rendre la mer agitée. Ce risque mis à part, c'est tout de même une période agréable et bien ensoleillée.

Quelle que soit la saison que vous choisirez, vous serez à l'abri des cyclones tropicaux, dont les trajectoires n'atteignent pas l'archipel.

VALISE : vêtements légers et simples, se lavant facilement ; un ou deux pulls ; des tennis ou des sandales de plastique pour marcher sur les récifs ; vous pouvez emporter un anorak léger (mais de toute façon, tout sèche très vite).

FOULE : forte pression touristique. Pas d'écarts considérables d'affluence tout au long de l'année. Ordonnés selon le nombre de visiteurs, on trouve les mois d'août, nettement en tête, puis octobre, avril et mars ; à l'opposé, juin et février. 80 % des visiteurs viennent d'Europe. Français et Italiens en tête distancent nettement Allemands et Britanniques. ●

Les oiseaux

Un des plus grands meetings d'oiseaux migrateurs du monde a lieu aux Seychelles, de fin avril à octobre. Les sternes investissent pour y nidifier les îles de Frégate, Desnoeufs, Goélette, Cousin, l'île aux Vaches et surtout Bird Island, où ils sont près de 2 millions à jacasser à qui mieux mieux. Près d'un million de frégates, si balourdes sur la terre ferme et si élégantes en vol, occupent le lagon d'Aldabra, récif de corail aux découpes tourmentées, très fréquenté aussi par des dizaines de milliers de tortues de mer géantes à l'époque de la ponte. Quant aux fous blancs qui débarquent, avec quelque retard, sur Goélette, ils s'efforcent d'amuser la galerie avec leurs exercices de voltige aérienne.

moyenne des températures maximales / moyenne des températures minimales

	J	F	M	A	M	J	J	A	S	O	N	D
Victoria	29	29	30	31	30	29	28	28	29	29	30	29
(Mahé)	24	25	25	25	25	25	24	24	24	24	24	24

nombre d'heures par jour   hauteur en mm / nombre de jours

	J	F	M	A	M	J	J	A	S	O	N	D
Victoria	5	6	7	8	8	8	7	8	8	7	7	5
	310/11	300/7	180/9	190/7	100/6	50/4	65/4	110/4	125/4	220/7	230/9	305/11

température de la mer : moyenne mensuelle

	J	F	M	A	M	J	J	A	S	O	N	D
Océan Indien	28	29	28	28	27	26	25	24	25	26	27	27

Sierra Leone

Superficie : 0,1 fois la France. Freetown (latitude 8°30'N ; longitude 13°14'O) : GMT + 0 h. Durée du jour : maximale (juin) 12 heures 30, minimale (décembre) 11 heures 30.

GUINÉE

FREETOWN

LIBÉRIA

Océan Atlantique

▶ Quelle est la meilleure période climatique dans la « Montagne du Lion » (*serra da leo*, en portugais) ? Sans conteste la saison sèche, de fin novembre à mi-avril. Les températures sont très élevées, mais rendues assez supportables par les brises marines sur la côte, et par l'*harmattan* qui combat efficacement l'humidité à l'intérieur du pays (il n'atteint que rarement la région côtière, qui reste assez humide toute l'année). Le temps est bien ensoleillé durant cette période, excepté de fréquentes brumes matinales.

▶ La saison des pluies et surtout les mois de juillet à septembre sont assez éprouvants : l'humidité est alors étouffante, que ce soit sur la côte, sur les plateaux intérieurs couverts de luxuriantes forêts, ou dans les régions montagneuses du nord. À tel point que la Sierra Leone reçut, en des temps coloniaux, le surnom de « Tombeau de l'homme blanc ».
La côte est de loin la région la plus arrosée (jusqu'à 8 mètres d'eau par an dans sa partie sud) ; elle est souvent inondée durant la saison des pluies (Freetown, sur une péninsule montagneuse, échappe aux inondations).

VALISE : habits légers.

SANTÉ : risques de paludisme toute l'année dans tout le pays ; résistance à la Nivaquine. Vaccination contre la fièvre jaune recommandée en cas de déplacements en dehors des villes ; vaccination antirabique fortement conseillée.

BESTIOLES : moustiques toute l'année, surtout actifs après le coucher du soleil. ●

moyenne des températures maximales / moyenne des températures minimales

	J	F	M	A	M	J	J	A	S	O	N	D
Freetown	30	31	31	31	31	29	28	27	28	29	30	30
	23	23	24	25	24	23	23	23	23	22	23	23

nombre d'heures par jour   hauteur en mm / nombre de jours

	J	F	M	A	M	J	J	A	S	O	N	D
Freetown	8	8	8	7	6	5	3	2	4	6	7	7
	8/1	6/1	30/2	70/5	215/13	520/20	190/25	080/24	800/23	330/19	150/11	40/5

température de la mer : moyenne mensuelle

	J	F	M	A	M	J	J	A	S	O	N	D
Freetown	27	27	27	27	27	27	26	26	26	27	27	27

Singapour

Superficie : 0,001 fois la France. Singapour (latitude 1°21'N ; longitude 103°54'E) : GMT + 8 h. Durée du jour : environ 12 heures toute l'année.

▶ Chaleur et humidité sont, tout au long de l'année, les caractéristiques les plus significatives du climat de la ville-État Singapour. Ceci n'exclut cependant pas des variations notables de l'inconfort climatique selon les mois.

▶ **Décembre** et **janvier**, au cœur de la période de mousson de nord-est – et aussi, dans une moindre mesure, **novembre** et **février** – sont les mois qui bénéficient du meilleur confort climatique. Si on y connaît des périodes de fortes chaleurs, elles restent assez limitées dans la durée ; et les nuits, en tout cas, permettent à l'organisme de bien récupérer. Cette saison de la mousson de nord-est apporte les pluies les plus abondantes, mais ceci n'empêche pas le ciel d'être souvent clair et ensoleillé.

▶ **Mai**, au début de la mousson de sud-ouest, est certainement le mois le plus pénible. Cette période très défavorable s'étend en fait d'avril à juin compris. Les risques de coups de chaleur seraient alors importants, si Singapour n'était aussi une des villes les plus modernes de l'Asie, où la climatisation des hôtels et des transports permet de se protéger efficacement de cette chaleur humide et étouffante. Pendant cette période tout particulièrement, on apprécie de vivre sur le port et la lisière littorale, afin de bénéficier de la brise marine. En revanche, le centre de la ville de Singapour, véritable étuve, est plutôt à éviter.
Cette mousson de sud-ouest, installée de mai à septembre, est la période la mieux ensoleillée, mais c'est aussi l'époque de violents orages, les fameux « coups de Sumatra ».

VALISE : vêtements très légers, en fibres naturelles de préférence ; un pull fin pour les ambiances climatisées.

FOULE : très forte pression touristique. Peu d'écart d'affluence selon la période de l'année. Août est un mois de pointe ; février et avril, des mois de légers creux. Des visiteurs en grande majorité venus d'Asie. 5 % de Britanniques, 1 % de Français. ●

moyenne des températures maximales / moyenne des températures minimales

	J	F	M	A	M	J	J	A	S	O	N	D
Singapour	30	31	31	31	31	31	31	31	30	30	30	30
	23	23	24	24	25	25	25	24	24	24	24	23

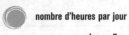 **nombre d'heures par jour** 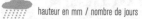 hauteur en mm / nombre de jours

	J	F	M	A	M	J	J	A	S	O	N	D
Singapour	5	6	6	6	6	6	6	6	6	5	5	5
	250/17	175/12	200/13	195/15	175/15	170/13	165/13	190/15	180/14	210/16	250/19	265/19

température de la mer : moyenne mensuelle

	J	F	M	A	M	J	J	A	S	O	N	D
Singapour	27	27	28	28	28	28	28	28	27	27	27	27

Pour choisir une destination, voir également :

La santé en voyage, p. 401
Le coût de la vie, p. 441
Le monde tel qu'il est, p. 461
Obtenir ses visas, p. 471
La durée des vols, p. 485
Atlas du voyageur, en début de volume
Internet et les voyageurs, en fin de volume

Slovaquie

Superficie : 0,09 fois la France. Bratislava (latitude 48°10'N ; longitude 17°10'E) : GMT + 1. Durée du jour : maximale (juin) 16 heures, minimales (décembre) 8 heures.

▶ La Slovaquie a un climat continental, avec quatre saisons bien marquées. C'est la région de Bratislava – la partie sud-ouest du pays, la moins élevée et la plus méridionale – qui bénéficie de l'hiver le moins rigoureux.

La neige tombe abondamment dans toute la partie nord, montagneuse, qui est par ailleurs assez venteuse à cette saison. Les principales stations de sports d'hiver sont réparties dans les chaînes des Hautes et Basses Tatras.

▶ La période qui va de mai à septembre est la plus propice pour partir à la découverte de la Slovaquie, bien que l'on puisse subir en plein été quelques jours de canicule, à Bratislava notamment. Cette saison est celle de l'essentiel des précipitations, ce qui n'empêche pas un ensoleillement très satisfaisant, dans la mesure où les pluies tombent principalement sous la forme de grosses et brèves averses.

VALISE : de juin à fin août, vêtements d'été, quelques lainages et une veste ou un blouson, et un vêtement de pluie léger. De fin novembre à mars, tenue de pays froid : manteau chaud, bottes, gants, etc.

FOULE : en 2001, Tchèques et Polonais constituaient à eux seuls la moitié des voyageurs en Slovaquie. Les Français, avec moins de 2 % du total, venaient loin derrière les Allemands (14 %). ●

moyenne des températures maximales / moyenne des températures minimales

	J	F	M	A	M	J	J	A	S	O	N	D
Košice	0	2	8	15	21	24	26	25	21	14	7	3
	- 7	- 6	- 2	3	8	12	13	13	9	3	0	- 3
Bratislava	2	4	9	16	21	24	26	26	22	15	8	4
	- 3	- 2	1	6	11	14	16	15	12	7	3	0

nombre d'heures par jour hauteur en mm / nombre de jours

	J	F	M	A	M	J	J	A	S	O	N	D
Košice	2	3	5	7	9	8	9	8	7	5	2	2
	30/8	30/7	25/6	40/7	60/9	85/10	85/9	80/9	50/6	40/7	50/8	40/8
Bratislava	2	3	5	7	9	9	9	9	7	5	2	1
	40/8	40/7	45/8	45/8	70/9	70/9	85/10	75/9	40/7	55/7	55/8	45/8

Slovénie

Superficie : . Ljubljana (latitude 46°04'N ; longitude 14°31'E) : GMT + 1. Durée du jour : maximale (juin) 16 heures, minimale (décembre) 8 heures.

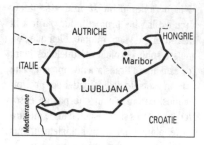

▶ La Slovénie est la plus occidentale – à tous points de vue – des républiques issues de l'ancienne Yougoslavie. Au nord-ouest, les Alpes Juliennes prolongent les Dolomites italiennes et culminent à près de 3 000 m ; les terres baissent vers l'est et le sud, et les reliefs du Karst occupent l'ouest du pays.

▶ L'hiver est de manière générale assez froid, mais sans exagération. Les températures sont nettement plus élevées sur la mini-portion du littoral Adriatique contrôlée par la Slovénie. Mais quand la *bora* se lève et sévit avec ses violentes rafales, on a l'impression qu'elle amène ici toute la froidure de l'Europe centrale. Dans la partie nord, on skie dans des stations comme Kranjska-Gora ou Bovec.

▶ La *bora* cesse à la fin du mois d'avril. La deuxième moitié du printemps et l'été voient des pluies relativement fréquentes, ce qui explique un ensoleillement très moyen – excepté sur les quelques kilomètres du littoral, au sud de Trieste. Dans la région de la capitale, l'été est chaud, sans pour autant que l'on connaisse des chaleurs caniculaires. La période qui va du mois **de juin à la fin de septembre** est la meilleure pour visiter le pays.

VALISE : pour l'hiver, des vêtements chauds ; en été, on pensera aux soirées fraîches sur les reliefs. ●

moyenne des températures maximales / moyenne des températures minimales

	J	F	M	A	M	J	J	A	S	O	N	D
Maribor (300 m)	3 -5	5 -5	10 -1	15 4	20 9	23 12	26 14	25 13	21 10	15 5	9 1	5 -2
Ljubljana (300 m)	2 -4	5 -4	10 0	15 4	20 9	24 12	27 14	26 14	22 10	15 6	8 2	4 -1

nombre d'heures par jour   hauteur en mm / nombre de jours

	J	F	M	A	M	J	J	A	S	O	N	D
Maribor	3 50/6	3 45/6	4 50/6	6 74/8	6 110/11	7 120/11	8 110/10	8 110/8	6 90/7	5 110/8	2 90/9	2 75/9
Ljubljana	2 90/9	3 90/8	4 75/8	5 100/9	7 120/13	7 135/13	8 115/9	8 130/9	5 140/8	3 150/11	1 130/12	1 115/11

température de la mer : moyenne mensuelle

	J	F	M	A	M	J	J	A	S	O	N	D
Mer Adriatique	11	10	11	14	16	20	23	24	22	18	16	12

Somalie

Superficie : 1,16 fois la France. Mogadiscio (latitude 2°02'N ; longitude 45°21'E) : GMT + 3 h. Durée du jour : environ 12 heures toute l'année.

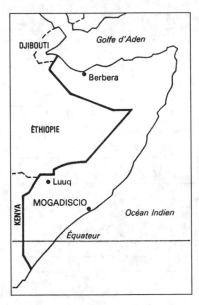

La Somalie est un pays sec et aride, qui a de nouveau connu une sécheresse très sévère en 2000 et 2001. Les températures, pour une même région, varient assez peu d'une saison à l'autre.

◗ Sur la **côte est**, où se trouve la capitale, Mogadiscio, il fait très chaud durant la journée, et les nuits ne sont jamais fraîches. L'essentiel des pluies, surtout orageuses, tombe entre avril et août. Les plages, immenses, sont protégées des requins par une barrière de corail, de la frontière sud à Mogadiscio.

◗ À l'intérieur de la partie **sud** du pays, la chaleur est torride toute l'année (voir Luuq). Les pluies, plus rares que sur la côte, sont réparties en deux saisons : le *gu*, qui dure généralement de mars à fin mai, et le *dayr*, d'octobre à début décembre.

◗ Sur la **côte nord** (voir Berbera), torride et humide, il ne pleut pratiquement jamais. Cette côte subit des températures records entre mai et septembre, sous l'effet de vents secs et brûlants comme le *karif*, qui soulève des tourbillons de poussière. La chaleur est moins extrême le reste de l'année, mais l'humidité, plus importante, la rend toujours assez pénible à supporter.

◗ En revanche, dès que l'on pénètre dans la zone montagneuse du nord, les températures sont beaucoup plus agréables, tièdes la nuit, voire très fraîches les nuits d'hiver.

VALISE : vêtements amples et très légers ; tennis ou sandales de plastique pour marcher sur les récifs coralliens ; on peut porter des maillots deux-pièces sur les plages, mais évitez bien sûr robes décolletées, minijupes dans ce pays musulman.

SANTÉ : vaccination contre la fièvre jaune recommandée. Risques de paludisme toute l'année dans tout le pays ; résistance à la Nivaquine.

BESTIOLES : moustiques toute l'année, surtout actifs la nuit. ●

Voir tableaux p. suivante

♦ moyenne des températures maximales / moyenne des températures minimales

	J	F	M	A	M	J	J	A	S	O	N	D
Berbera	28	29	31	32	36	42	42	42	39	33	30	29
	21	22	23	25	28	31	32	32	29	24	22	22
Luuq	39	40	41	38	36	35	34	34	36	37	37	38
	24	25	25	25	25	24	23	23	24	24	24	23
Mogadiscio	31	32	32	32	31	29	27	27	28	29	30	31
	23	23	23	23	23	23	22	22	23	23	23	23

◐ nombre d'heures par jour ☁ hauteur en mm / nombre de jours

	J	F	M	A	M	J	J	A	S	O	N	D
Berbera	8	7	9	9	11	10	8	9	10	10	10	9
	8/1	2/1	5/1	12/1	8/1	1/0	0/0	2/0	1/0	2/0	5/1	5/1
Luuq	*	*	*	*	*	*	*	*	*	*	*	*
	2/1	4/1	30/3	115/9	40/3	1/0	3/1	0/0	1/0	4/4	55/5	15/2
Mogadiscio	9	9	9	9	9	7	7	8	9	9	9	9
	1/0	0/0	9/1	60/5	55/7	80/13	60/13	40/10	25/5	25/4	30/4	9/2

⚑ température de la mer : moyenne mensuelle

	J	F	M	A	M	J	J	A	S	O	N	D
Mogadiscio	26	26	27	28	27	26	25	25	25	26	27	27
Berbera	24	25	26	28	28	29	28	28	28	27	26	25

Soudan

Superficie : 4,6 fois la France. Khartoum (latitude 15°36'N ; longitude 32°33'E) : GMT + 2 h. Durée du jour : maximale (juin) 13 heures, minimale (décembre) 11 heures 30.

Au Soudan, le pays le plus vaste d'Afrique, la variété de climats et de paysages est extrême, de l'aridité totale du désert de Nubie à la chaleur tropicale humide de la vallée du Haut-Nil.

▌Quelle que soit la région, la meilleure période climatique va **de novembre à janvier** : durant ces trois mois, on échappe à la fois aux plus fortes chaleurs dans le nord du pays et à la saison des pluies dans le sud.

▌Sur la **côte de la mer Rouge** (voir Port Soudan), à cette époque la chaleur est très supportable. Le littoral connaît d'ailleurs des températures un peu moins élevées que l'intérieur du pays toute l'année, sauf l'été. Quelques pluies, très insuffisantes, tombent entre novembre et décembre.

▌Dans la **moitié nord du pays** (jusqu'à Khartoum environ), c'est la sécheresse qui règne sur le désert de Nubie,

avec une chaleur particulièrement torride entre mai et septembre, mais beaucoup plus modérée de décembre à février (durant ces mois, les nuits sont plutôt froides, il peut même faire 0°). Les pluies sont bien sûr inexistantes.

Plus bas (voir Khartoum), il pleut en principe assez peu entre juillet et septembre. Dans tout le nord du pays et parfois même jusqu'au sud souffle le *haboub*, qui provoque des tempêtes de poussière et dresse de véritables murs de sable. Ce vent est surtout fréquent entre mai et septembre.

▌Le **moyen Soudan** est suffisamment arrosé entre juin et septembre pour être verdoyant durant cette période ; il redevient aride et sec de décembre à mars.

La région du Dinder, au sud-est de Khartoum, forme un immense parc naturel où de multiples espèces animales se côtoient. À l'ouest, le djebel Marra, qui culmine à 3 000 mètres, bénéficie de températures plus modérées ; cette région de lacs volcaniques, assez arrosée, est le verger du Soudan.

▌Au **sud** (voir Juba), la saison la plus pénible est la saison des pluies ; très abondantes d'avril à octobre, elles se manifestent sous forme de violentes averses orageuses et n'empêchent jamais très longtemps le soleil de briller. Mais l'humidité rend la chaleur très pénible, en particulier dans les régions marécageuses.

Durant la saison sèche, la canicule est inévitable dans la vallée du Nil blanc, mais il fait nettement plus frais sur les monts Imatong et Boma, à l'extrême sud-est.

VALISE : vêtements très légers, en fibres naturelles de préférence. De novembre à mars, un pull-over ou même une veste chaude seront nécessaires pour les soirées. Pour la saison des pluies dans le sud, emportez un anorak léger.

SANTÉ : vaccination contre la rage fortement conseillée. Risques de paludisme toute l'année dans tout le pays ; zones de résistance élevée à la Nivaquine. Vaccination contre la fièvre jaune obligatoire.

BESTIOLES : dans les régions désertiques, il y a des scorpions ; pendant les mois les plus chauds, il faut y penser. Les moustiques et autres insectes sont très nombreux dans les régions marécageuses du Haut-Nil. ●

moyenne des températures maximales / moyenne des températures minimales

	J	F	M	A	M	J	J	A	S	O	N	D
Port Soudan	27	27	29	32	35	38	41	41	38	34	31	29
	20	19	20	21	24	26	28	29	27	25	24	22
Khartoum	32	34	37	40	42	42	38	36	38	40	36	33
(380 m)	16	17	19	23	26	27	26	25	25	25	21	17
Juba	37	38	37	35	33	32	31	31	32	34	35	36
(460 m)	20	21	23	23	22	21	20	20	20	20	20	20

nombre d'heures par jour   hauteur en mm / nombre de jours

	J	F	M	A	M	J	J	A	S	O	N	D
Port Soudan	7	8	9	10	11	10	10	10	10	10	8	8
	4/1	1/0	1/0	1/0	2/1	0/0	9/1	3/1	0/0	12/1	50/4	25/3
Khartoum	11	11	10	10	10	10	9	9	10	10	11	11
	0/0	0/0	0/0	1/0	5/1	7/1	50/5	70/7	25/3	4/1	0/0	0/0
Juba	9	8	7	7	8	8	6	7	8	8	8	8
	5/1	10/2	45/6	105/11	155/12	115/11	135/11	155/12	105/10	100/9	35/5	1/2

température de la mer : moyenne mensuelle

	J	F	M	A	M	J	J	A	S	O	N	D
Mer Rouge	22	22	23	25	27	29	29	29	28	26	24	22

Sri Lanka

Superficie : 0,1 fois la France. Colombo (latitude 6°54'N ; longitude 79°52'E) : GMT + 5h 30. Durée du jour : environ 12 heures toute l'année.

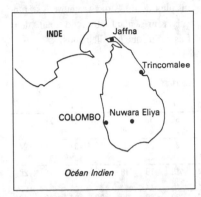

Le climat du Sri Lanka, pays équatorial, varie surtout en fonction de l'altitude et des moussons.

❱ Sur les côtes, il fait chaud, parfois très chaud, dans la journée et le thermomètre ne descend guère durant la nuit. La partie montagneuse du centre de l'île est nettement plus tempérée : à Nuwara Eliya, au cœur des plantations de thé, les soirées sont fraîches et les nuits peuvent être froides.
À savoir : cette région élevée n'est jamais très ensoleillée, mais plus bas, à Kandy par exemple, le soleil est beaucoup plus présent.

❱ Si vous prévoyez de passer au Sri Lanka des vacances consacrées d'abord au soleil et à ses magnifiques plages, sachez choisir la bonne côte au bon moment : vous avez tout intérêt à éviter les périodes de mousson, durant lesquelles le temps est lourd et moite, bien que les averses orageuses, qui tombent surtout en fin d'après-midi et le soir, laissent la place au soleil une bonne partie de la journée.
Sur la côte sud-ouest (voir Colombo), une région d'une luxuriante beauté mais aussi la plus humide de l'île, la période la plus ensoleillée et la moins pluvieuse va **de janvier à mars**.

En revanche, le nord et l'est (voir Jaffna, Trincomalee), qui ne sont touchés que d'octobre à fin janvier par la petite mousson, plus irrégulière, vous offrent **de février à septembre** leurs eaux bleues et un soleil radieux.
La mer est chaude toute l'année : 27°- 28° environ sur toutes les côtes, qui sont, il faut le savoir, longées en de nombreux endroits par des courants dangereux imposant de ne pas trop s'éloigner de la plage lorsqu'une barrière corallienne ne la protège pas. Sur la côte ouest, la mer est agitée d'avril à septembre, sur la côte est au contraire, elle est calme de mars à octobre.

❱ Si votre voyage associe farniente et découverte des anciennes cités royales (Polonnaruwa, Sigiriya, etc.) et de Kandy, la ville sacrée des bouddhistes cinghalais, la période idéale est **février-mars** : quelle que soit la partie de l'île visitée, vous aurez toutes les chances d'échapper alors aux déluges.

VALISE : vêtements de plein été, de couleurs claires et en fibres naturelles de préférence, mais aussi pull-overs, veste ou blouson pour les matinées et soirées en altitude ; des tennis ou sandales de plastique pour marcher sur les récifs ; si vous n'emportez que des chaussures à lacets, vous en aurez vite assez de visiter les temples bouddhistes et hindous (on se déchausse à l'entrée)...

SANTÉ : quelques risques de paludisme toute l'année dans tout le pays ; zones de résistance à la Nivaquine.

BESTIOLES : vers Trincomalee et Nilaveli, des milliers de petites méduses urticantes en octobre, avant la petite mousson. Et des moustiques toute l'année, surtout sur les côtes (actifs après le coucher du soleil).

FOULE : faible pression touristique. Un tourisme qui reste aujourd'hui, pour cause de guerre civile dans la partie nord du pays, très en deçà de ce qu'il a été il y a quelques années. Janvier et février en premier lieu, puis, décembre et mars sont les mois qui reçoivent le plus de visiteurs. Mai et juin sont à l'opposé. L'Europe fournit plus de 60 % des visiteurs, les Français représentant 10 % du total, deux fois moins que les Allemands. ●

moyenne des températures maximales / moyenne des températures minimales

	J	F	M	A	M	J	J	A	S	O	N	D
Jaffna	28	30	32	32	31	30	30	30	30	30	29	28
	22	22	24	27	28	27	27	26	26	25	24	23
Trincomalee	27	28	30	32	34	34	34	33	33	31	29	27
	24	24	25	25	26	26	26	25	25	24	24	24
Nuwara Eliya	20	21	22	22	21	19	19	19	19	20	20	20
(1 890 m)	9	8	8	10	12	13	13	13	12	11	11	10
Colombo	30	31	31	31	31	30	29	29	29	29	30	30
	22	22	23	24	25	25	25	25	25	24	23	22

nombre d'heures par jour — hauteur en mm / nombre de jours

	J	F	M	A	M	J	J	A	S	O	N	D
Jaffna	8	9	9	9	9	8	7	7	8	7	6	6
	95/8	35/3	30/3	70/7	65/4	16/1	17/2	30/4	50/3	245/13	410/18	265/14
Trincomalee	7	8	9	9	8	8	7	8	7	8	6	6
	210/13	95/6	50/5	75/7	70/6	19/2	55/4	105/7	90/6	235/16	355/19	375/10
Nuwara Eliya	5	6	6	5	3	3	2	2	3	4	4	5
	145/13	75/9	95/11	155/16	235/17	265/24	220/22	180/22	165/20	220/21	210/21	190/17
Colombo	8	8	9	8	6	6	6	6	6	6	7	7
	90/8	95/7	120/11	260/18	355/23	210/22	140/15	125/15	155/17	355/21	325/19	175/12

température de la mer : moyenne mensuelle

	J	F	M	A	M	J	J	A	S	O	N	D
Colombo	27	27	28	28	28	28	28	27	27	27	27	27
Trincomalee	27	27	28	28	28	28	27	27	27	27	27	27
Jaffna	26	27	28	28	28	28	27	27	27	27	27	27

Suède

Superficie : 0,8 fois la France. Stockholm (latitude 59°21'N ; longitude 17°57'O) : GMT + 1 h. Durée du jour : maximale (juin) 18 heures 30, minimale (décembre) 6 heures.

La Suède est nettement plus ensoleillée que sa voisine la Norvège : elle est, en effet, en grande partie protégée des pluies venant de l'ouest par les montagnes norvégiennes.

▶ La période la plus propice pour un voyage en Suède se situe **entre début juin et fin août**. Les journées sont alors très longues et le soleil ne chôme pas. Juin est un peu moins chaud, mais bénéficie des jours les plus longs. Il nous semble cependant qu'il faut être suédois, et encore mieux acteur dans un film de Bergman, pour garder son enthousiasme en plongeant dans la mer Baltique, même en été (16° ou 17° à Malmö en plein mois d'août, 15° à Stockholm). Les lacs sont plus tempérés, dépassant fréquemment les 20° en été.

À 100 kilomètres au sud de Stockholm, ancrées dans la Baltique, les îles de Gotland et de Farö bénéficient d'un microclimat particulièrement ensoleillé (deux heures de plus de soleil par jour que sur le continent).

▶ Dès la mi-septembre le ciel est très souvent couvert. Il commence à faire vraiment froid en octobre dans le nord (voir Pajala), fin novembre dans la capitale.

▶ L'hiver est rude et prolongé dans le nord, où les glaces persistent d'octobre à mai et où les lacs sont gelés de novembre à avril. Les nuits sont très longues dans ces régions, mais le froid est très supportable parce que sec. Au contraire, l'hiver du Götaland, au sud (voir Göteborg), bien que moins froid, a l'inconvénient d'être plus humide et venté.
L'hiver est la saison du ski nordique et aussi du ski alpin. C'est dans le centre (Jämtland) et le nord (Norrland) de la Suède que l'on trouve les stations les mieux équipées. Dans le centre, la saison court de décembre à début mai, et dans l'extrême nord du Norrbotten, de mars à début juin : on peut alors profiter de très longues journées de ski.

▶ Pour la partie suédoise de la Laponie, voir chapitre Finlande.

VALISE : de juin à août, vêtements de demi-saison auxquels vous ajouterez quelques « tenues légères » pour les journées les plus chaudes et un bon pullover... pour les journées les plus froides (et n'oubliez pas imperméable ou anorak léger). De novembre à mars, la panoplie du voyageur en pays froid : sous-vêtements en laine ou en soie, polaire et Goretex, bottes fourrées, bonnet, gants, etc.

BESTIOLES : en été, bonjour les moustiques ! ou plutôt : bonsoir ! (Ils s'agitent à partir du coucher du soleil et sont une véritable plaie dans les régions des lacs.)

FOULE : pression touristique modérée. Juillet, août et juin, dans cet ordre, sont les mois qui connaissent le plus d'affluence. Décembre et janvier, quand les nuits sont très longues, attirant au contraire moins de monde. Allemands et Britanniques représentent à eux seuls près de la moitié des visiteurs. Les Français comptent quant à eux pour moins de 3 % du total. ●

moyenne des températures maximales / moyenne des températures minimales

	J	F	M	A	M	J	J	A	S	O	N	D
Pajala	– 10	– 8	– 1	3	10	16	20	17	10	2	– 4	– 8
	– 21	– 17	– 12	– 8	0	6	8	6	2	– 5	– 11	– 17
Östersund	– 5	– 4	– 1	6	13	17	20	18	12	6	1	– 2
(340 m)	– 12	– 11	– 8	– 2	2	7	10	9	5	1	– 3	– 8
Stockholm	– 1	– 1	2	8	14	19	22	20	15	9	5	2
	– 5	– 5	– 4	1	6	11	14	13	9	5	1	– 2
Göteborg	1	1	4	9	15	19	21	20	16	11	6	3
	– 3	– 4	– 2	2	7	11	14	13	10	6	2	0

nombre d'heures par jour   hauteur en mm / nombre de jours

	J	F	M	A	M	J	J	A	S	O	N	D
Pajala	0	2	5	7	8	9	9	5	4	2	0,5	0
	30/7	25/7	14/5	2/7	45/6	60/9	75/9	60/10	25/9	25/8	25/9	35/9
Östersund	1	2	4	6	6	7	8	7	4	2	1	0,5
	35/9	25/6	25/6	30/6	30/6	70/10	75/11	75/10	50/9	45/8	40/9	35/9
Stockholm	1	3	5	7	9	10	8	6	3	3	1	1
	45/10	30/8	25/6	30/7	35/7	45/8	60/9	75/10	60/9	50/9	55/10	50/11
Göteborg	2	3	5	7	9	10	9	8	6	3	2	1
	50/10	35/8	30/7	40/8	35/7	55/9	85/11	85/11	75/11	65/11	60/11	55/12

température de la mer : moyenne mensuelle

	J	F	M	A	M	J	J	A	S	O	N	D
Stockholm	3	1	2	3	5	10	15	15	12	9	6	5
Göteborg	3	2	3	6	10	14	17	17	14	11	8	5

Suisse

Superficie : 0,075 fois la France. Genève (latitude 46°12'N ; longitude 06°09'E) : GMT + 1 h. Durée du jour : maximale (juin) 16 heures, minimale (décembre) 8 heures 30.

Le climat du grand plateau central, entre le Jura et les Alpes, est assez homogène, avec des hivers rudes et des étés assez chauds et orageux (voir Zurich). Dans les Alpes suisses (voir Davos) le climat varie suivant l'altitude, l'orientation des vallées et l'exposition, mais est reconnu comme particulièrement vivifiant et stimulant – au point que l'on pratique la « climatothérapie » dans plusieurs dizaines de stations. Tout au sud, le Tessin (voir Lugano) bénéficie d'un climat assez doux et ensoleillé, soumis à l'influence méditerranéenne.

▶ En hiver, la Suisse est le royaume du ski. La neige se maintient plusieurs mois dans le Jura et dans les Alpes, et plus de la moitié de l'année dans les régions les plus élevées. L'altitude de la plupart des grandes stations alpines leur permet d'offrir des pistes relativement bien ensoleillées, puisque situées au-dessus des nappes de brouillard. Les Alpes valaises, au sud-ouest du pays, bénéficient du meilleur ensoleillement. Zermatt, à la fois protégée par les Alpes bernoises au nord et les sommets valaisiens au sud, et bénéficiant en outre d'un grand domaine skiable sur ses glaciers, offre ainsi la plus longue saison de sports d'hiver en Suisse. Le fœhn – vent chaud et sec qui

souffle le plus souvent au printemps et en automne mais peut aussi, en hiver, retarder ou écourter la saison de ski – est relativement rare dans les Alpes valaises et bernoises ; mais il est plus fréquent dans les Grisons, et surtout dans le massif du Gothard. Tout à l'est, l'Engadine (Saint Moritz, Pontresina, Silvaplana...) échappe en revanche complètement à ce phénomène et offre un climat froid et sec particulièrement propice à la pratique du ski. À l'ouest, le Jura se consacre surtout au ski de fond.

À Berne et à Zurich, la neige s'installe parfois pour de longues semaines ; elle est moins persistante à Genève et à Lausanne, autour du lac Léman et dans le Tessin, où elle ne se maintient en général que quelques jours.

▶ Au printemps, les bords du lac Majeur (Locarno) et du lac de Lugano deviennent de petites rivieras où il est très agréable de séjourner. C'est aussi le début des festivals de musique (Lugano, Lausanne), et l'époque où l'on peut commencer à visiter toute la Suisse.

On skie encore dans les stations les plus élevées, en bénéficiant alors de températures douces et d'un bon ensoleillement.

▶ L'été suisse est chaud, c'est la saison des randonnées vers les belvédères – à faire le matin de préférence, pour profiter d'une fraîcheur appréciée des marcheurs. Il peut faire chaud dès la mijournée, et en plus les cumulus viennent alors souvent couvrir les sommets. En fin d'après-midi (18 h- 19 h), c'est au tour d'un vent froid de descendre.

Les plus sportifs feront du ski d'été (le matin), de l'alpinisme ou des courses sur les glaciers, sachant qu'elles sont rendues plus difficiles par la fonte des neiges à mesure que l'on avance dans la saison. Et les autres apprécieront le calme et le repos que leur offre la montagne suisse l'été.

Les amateurs de jazz ont toutes les chances de trouver à Montreux, en juillet, la chaleur et le soleil. Et de juin à septembre, la saison balnéaire bat son plein autour de l'eau assez polluée des lacs du Tessin.

L'été suisse est la période où tombent le plus de précipitations. Dans le sud, elles tombent essentiellement sous forme d'orages en fin de journée. Le nord, en revanche, connaît de petites pluies estivales, quelquefois assez tenaces.

▶ L'automne, jusqu'à mi-octobre, est particulièrement doux en basse altitude :

c'est une saison très agréable pour séjourner sur les nombreux lacs suisses, ou pour faire le tour des vignobles jurassiens.

VALISE : de juin à août, vêtements d'été légers, un ou deux pull-overs et une veste chaude pour les soirées, un vêtement de pluie léger ou un imperméable. De décembre à mars, vêtements chauds, bottes ou chaussures imperméables, gants, etc.

FOULE : forte pression touristique. Après une baisse sensible à la fin des années 1990, la Suisse connaît à nouveau, depuis 2000, une légère progression du nombre de ses visiteurs. Les Allemands sont de très loin les plus nombreux. Et les Français sont encore devancés par les Britanniques et les Néerlandais. ●

moyenne des températures maximales / moyenne des températures minimales

	J	F	M	A	M	J	J	A	S	O	N	D
Zurich (495 m)	2 / - 3	5 / - 2	10 / 1	15 / 4	19 / 8	23 / 12	24 / 14	24 / 13	20 / 11	14 / 6	7 / 2	3 / - 1
Davos (1 600 m)	- 2 / - 11	0 / - 10	4 / - 6	8 / - 2	13 / 2	16 / 5	18 / 7	17 / 7	14 / 4	9 / 0	3 / - 5	- 1 / - 9
Genève (405 m)	4 / - 2	6 / - 1	10 / 2	15 / 5	19 / 9	23 / 13	25 / 15	24 / 14	21 / 12	14 / 7	8 / 3	4 / 0
Lugano	6 / - 1	9 / 0	13 / 3	17 / 7	21 / 10	25 / 14	27 / 16	27 / 15	23 / 13	16 / 8	11 / 3	7 / 0

nombre d'heures par jour   hauteur en mm / nombre de jours

	J	F	M	A	M	J	J	A	S	O	N	D
Zurich	2 / 75/11	3 / 70/10	5 / 65/9	6 / 80/11	7 / 105/13	7 / 135/13	8 / 145/13	7 / 130/13	6 / 110/10	3 / 80/10	2 / 75/10	1 / 65/10
Davos	3 / 75/10	4 / 75/10	5 / 60/8	5 / 55/8	6 / 80/11	5 / 120/13	6 / 145/13	6 / 125/10	6 / 85/10	4 / 70/9	3 / 65/8	3 / 60/7
Genève	2 / 65/9	3 / 55/8	5 / 55/8	7 / 50/8	8 / 65/9	9 / 90/10	10 / 65/7	9 / 95/9	7 / 100/9	4 / 70/8	2 / 85/9	1 / 60/9
Lugano	4 / 65/6	5 / 65/6	6 / 100/7	6 / 150/10	6 / 215/13	8 / 200/12	9 / 185/10	8 / 195/10	6 / 160/9	5 / 175/9	4 / 145/8	3 / 95/7

Surinam

Superficie : 0,3 fois la France. Paramaribo (latitude 5°49'N ; longitude 55°09'O) : GMT − 3 h. Durée du jour : environ 12 heures toute l'année.

▌ Le climat du Surinam est très chaud, avec des températures qui varient très peu tout au long de l'année, et généralement humide, un peu moins toutefois qu'en Guyane française. La meilleure période pour séjourner à Paramaribo est la **saison la plus sèche, de fin août à mi-novembre**, et surtout les mois de septembre et octobre, qui sont les plus ensoleillés et les moins humides.

▌ **La saison des fortes pluies** dure de mi-décembre à mi-août, avec un léger répit en février-mars ; elle atteint son apogée en mai et juin.
Ce sont les régions orientales, le long du fleuve Maroni, et les hauteurs qui occupent la moitié sud du pays (voir Tafelberg) qui sont le plus arrosées.

VALISE : rappelez-vous qu'on peut être heureux d'avoir des vêtements couvrant bras et jambes lorsque les moustiques se déchaînent.

SANTÉ : risques de paludisme toute l'année sauf à Paramaribo et sur une partie de la côte. Résistance élevée à la Nivaquine. La vaccination contre la fièvre jaune est recommandée.

BESTIOLES : moustiques, particulièrement pendant la saison des pluies, surtout actifs après le coucher du soleil. ●

moyenne des températures maximales / moyenne des températures minimales

	J	F	M	A	M	J	J	A	S	O	N	D
Paramaribo	30	30	31	31	30	30	31	32	33	33	32	31
	23	23	23	24	23	23	23	24	24	24	23	23
Tafelberg (1 026 m)	29	29	29	30	29	29	30	31	32	33	32	30
	21	21	21	22	22	21	21	22	22	22	22	22

nombre d'heures par jour   hauteur en mm / nombre de jours

	J	F	M	A	M	J	J	A	S	O	N	D
Paramaribo	6	6	6	6	6	7	8	9	9	9	7	6
	195/18	150/13	160/14	230/16	320/23	305/23	225/20	165/14	85/9	85/9	110/12	175/18
Tafelberg	4	5	5	5	5	6	7	8	8	8	6	5
	305/19	250/14	255/14	285/15	400/21	400/20	320/18	190/12	65/4	50/4	110/7	190/14

température de la mer : moyenne mensuelle

	J	F	M	A	M	J	J	A	S	O	N	D
Paramaribo	27	26	26	26	27	27	27	28	28	27	27	27

Swaziland

Superficie : 0,03 fois la France. Mbabane (latitude 26°30'S ; longitude 31°10'E) : GMT + 2 h. Durée du jour : maximale (décembre) 14 heures, minimale (juin) 10 heures 30.

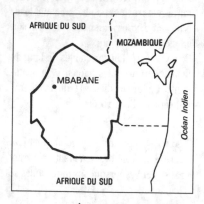

Dans ce petit État parfois surnommé la « Suisse de l'Afrique australe », les variations climatiques dépendent essentiellement de l'altitude et des pluies.

▶ De mi-avril à mi-octobre, c'est la saison sèche. Dans le haut veld (de 900 à 1 800 mètres), le temps est agréablement chaud et ensoleillé dans la journée, mais les nuits sont fraîches (voir Mbabane). De mai à août, les températures nocturnes peuvent même être négatives. Dans le moyen veld, au centre du pays, et dans le bas veld, à l'est, il fait nettement plus chaud, mais tout aussi sec et ensoleillé que dans les terres plus élevées.

L'hiver austral est la période la plus agréable au Swaziland, en choisissant de préférence **avril-mai** ou **septembre-octobre** pour se rendre dans le haut veld, et **juin à août** dans le bas veld.

▶ De fin octobre à début avril, c'est la **saison des pluies**. Elles sont deux fois plus abondantes dans le haut veld que dans le bas veld. Dans ces terres basses, la chaleur est excessive à cette saison, d'autant plus que l'humidité la rend lourde et pénible.

VALISE : durant la saison sèche, vêtements d'été simples et pratiques pour la journée, auxquels il faut ajouter des vêtements chauds pour le matin et le soir (pulls, veste ou blouson matelassé, etc.). Pendant la saison des pluies, vêtements légers, un ou deux pulls.

SANTÉ : risques de paludisme toute l'année dans le bas veld ; zones de résistance élevée à la Nivaquine.

BESTIOLES : pendant la saison des pluies, les moustiques s'en donnent à cœur joie dans les régions basses ou peu élevées. ●

🌡 **moyenne des températures maximales** / moyenne des températures minimales

	J	F	M	A	M	J	J	A	S	O	N	D
Mbabane	29	29	28	27	25	23	23	25	27	28	28	29
(1 380 m)	19	19	17	15	10	7	7	9	12	15	17	18

nombre d'heures par jour 🌧 hauteur en mm / nombre de jours

	J	F	M	A	M	J	J	A	S	O	N	D
Mbabane	7	7	7	7	8	8	8	8	7	7	6	6
	125/10	130/9	100/8	55/5	19/3	10/2	11/2	12/1	30/4	55/6	110/10	150/10

Syrie

Superficie : 0,3 fois la France. Damas (latitude 33°29'N ; longitude 36°14'E) : GMT + 2 h. Durée du jour : maximale (juin) 14 heures 30, minimale (décembre) 10 heures.

▌ Les deux intersaisons – **avril-mai et de mi-septembre à fin octobre** – sont sans doute les périodes les plus agréables pour un voyage en Syrie, en particulier si vous avez l'intention de vous déplacer du littoral aux régions quasi désertiques de l'intérieur (où se trouvent les vestiges des cités antiques de Palmyre, Mari, Ebla, et les « châteaux du désert »). Le temps est partout ensoleillé, chaud dans la journée et frais la nuit.

▌ **L'hiver** est assez doux mais très pluvieux et humide sur la côte (voir Lattaquié). Il est également pluvieux mais froid sur les hauts plateaux (voir Alep, Damas). À l'est, dans la vallée de l'Euphrate (voir Deir-ez-Zor), il pleut beaucoup moins, mais le froid est assez vif durant la nuit.

▌ **L'été** est chaud et étouffant sur le littoral, sous l'influence des vents humides qui soufflent régulièrement de la mer à cette saison. Passé les montagnes qui bordent la côte, l'air devient sec mais la canicule s'installe de juin à septembre. À Damas ou Alep, les nuits apportent un peu de fraîcheur grâce à l'altitude, alors que dans les régions basses elles ne permettent guère de récupérer de la canicule diurne.

VALISE : en été, vêtements légers (mais bien sûr ni minijupes ni robes décolletées), un pull ou deux. Aux intersaisons, même chose plus veste, blouson, imperméable sur la côte. En hiver, vêtements chauds, imperméable. Emportez des chaussures sans lacets pour visiter les mosquées (on se déchausse à l'entrée).

SANTÉ : quelques risques de paludisme de mai à octobre dans les zones rurales uniquement (excepté les districts de Deir-ez-Zor et de Es Sweida).

BESTIOLES : des moustiques en été, en particulier sur la côte et dans la vallée de l'Euphrate.

FOULE : 2002 a vu se tasser le courant touristique issu d'Europe vers la Syrie. La majorité des visiteurs vient encore du Liban et de la Jordanie. Juillet-août, pourtant une période de canicule, connaît le plus d'affluence. Février est le mois qui reçoit le moins de visiteurs. ●

Voir tableaux p. suivante

Voir également les rubriques :

La santé en voyage, p. 401
Le coût de la vie, p. 441
Le monde tel qu'il est, p. 461
Obtenir ses visas, p. 471
La durée des vols, p. 485

moyenne des températures maximales / moyenne des températures minimales

	J	F	M	A	M	J	J	A	S	O	N	D
Alep	10	13	17	22	29	34	36	37	33	27	19	12
(395 m)	2	4	5	8	13	17	20	20	16	12	6	4
Lattaquié	14	16	18	21	25	27	29	30	29	26	22	17
	8	9	10	13	17	19	21	22	20	18	14	10
Deir-ez-Zor	13	16	19	25	31	37	40	40	36	30	21	15
	3	4	7	12	17	22	25	25	20	14	8	4
Damas	12	14	18	23	29	34	36	36	32	27	20	14
(730 m)	3	3	5	9	13	16	17	18	15	12	8	4

nombre d'heures par jour — hauteur en mm / nombre de jours

	J	F	M	A	M	J	J	A	S	O	N	D
Alep	4	6	8	9	11	13	13	12	11	9	7	4
	65/11	55/10	40/7	35/4	19/2	3/1	0/0	1/0	1/0	19/4	25/8	70/10
Lattaquié	4	4	5	7	10	12	11	11	9	7	6	4
	215/16	190/13	135/11	75/6	19/2	0/0	0/0	2/1	25/2	70/5	130/8	210/13
Deir-ez-Zor	6	8	8	9	10	13	13	12	11	10	8	6
	35/6	25/5	25/3	20/4	9/1	1/0	0/0	0/0	0/0	7/2	11/5	30/4
Damas	6	7	9	10	11	13	13	13	11	10	8	5
	60/7	40/6	25/2	14/3	8/1	0/0	0/0	0/0	8/1	10/2	30/5	50/5

température de la mer : moyenne mensuelle

	J	F	M	A	M	J	J	A	S	O	N	D
Méditerranée	17	16	17	18	20	23	25	27	27	25	22	20

Tadjikistan

Superficie : 0,3 fois la France. Douchanbé (latitude 38°35'N ; longitude 68°47'E) : GMT + 5 h. Durée du jour : maximale (juin) 15 heures, minimale (décembre) 9 heures 30.

▶ Dans toute sa partie orientale, ce pays est occupé par les hauts plateaux et les sommets du massif du Pamir qui se prolonge en Afghanistan et en Chine. Le pic Lénine et le pic du Communisme (lui même ex-pic Staline !) sont toujours debout et culminent respectivement à 7 200 et 7 500 m.

Au nord, le Tadjikistan occupe une partie du bassin de Fergana, pour lequel on consultera les données climatiques au chapitre Ouzbékistan.

▶ En **hiver**, comparées aux températures des autres pays d'Asie centrale, celles de Douchanbé sont relativement peu rigoureuses compte tenu de l'altitude proche de 1 000 m. Les masses d'air d'origine sibérienne sont, en effet, stoppées au nord par les montagnes. À cette saison, la capitale connaît la pluie ou la neige, mais sans excès.

▶ C'est au début du **printemps**, en mars et avril, que les précipitations sont les plus importantes. C'est aussi l'époque privilégiée de tempêtes nées en Iran ou au Pakistan. On en voit aussi en janvier ou en octobre, mais moins fréquemment.

▶ L'**été** est long, suffisamment pour favoriser la culture du coton. Les chaleurs commencent dès la fin du mois de mai.

Elles diminuent au fur et à mesure que l'on monte en altitude. À noter que sur les sommets, les neiges éternelles commencent haut – environ à 5 000 m dans l'est du Pamir.

Souvent, les mois de juillet, d'août et de septembre ne voient pas tomber la moindre goutte de pluie dans la majeure partie du pays. Les plus hautes régions du Pamir ont, en revanche, le maximum de leurs précipitations pendant cette période.

▶ Le véritable **automne** commence en octobre, et il est court. Avec le **printemps**, l'autre saison intermédiaire, ce sont les **meilleures périodes** pour se rendre au Tadjikistan.

▶ Le Tadjikistan connaît de multiples variétés de vents. En hiver, ils rendent souvent pénibles des températures de quelques degrés en dessous de 0°. À cette même saison, l'*harmsil* – un vent de fœhn très sec et chaud – peut aussi faire considérablement grimper la température en quelques heures. Moins fréquentes qu'en Ouzbékistan ou au Kazakhstan, les tempêtes de poussière ne sont cependant pas rares, surtout pendant l'été à l'est du pays.

VALISE : en hiver, il faut être chaudement vêtu et bien protégé du vent. Particulièrement au printemps et en automne, on tiendra compte des importants écarts de températures entre le jour et la nuit. Pour les voyageuses, des vêtements trop décontractés risquent de choquer la population musulmane.

SANTÉ : quelques risques de paludisme au sud du pays. ●

moyenne des températures maximales / moyenne des températures minimales

	J	F	M	A	M	J	J	A	S	O	N	D
Douchanbé	**6**	**8**	**14**	**21**	**27**	**32**	**37**	**37**	**31**	**24**	**16**	**10**
(820 m)	- 3	- 2	3	9	13	16	19	18	13	6	3	0
Khorog	**- 3**	**- 1**	**5**	**14**	**21**	**26**	**30**	**30**	**26**	**18**	**8**	**0**
(2 080 m)	- 13	- 11	- 3	4	9	12	15	15	10	3	- 1	- 8

nombre d'heures par jour　hauteur en mm / nombre de jours

	J	F	M	A	M	J	J	A	S	O	N	D
Douchanbé	**4**	**4**	**5**	**7**	**9**	**11**	**12**	**11**	**10**	**8**	**5**	**4**
	80/11	75/11	110/10	110/10	75/7	19/3	1/0,5	3/1	1/0,5	19/2	45/6	70/9
Khorog	**3**	**3**	**5**	**5**	**7**	**9**	**10**	**9**	**8**	**6**	**4**	**3**
	30/6	30/6	40/6	40/6	25/4	9/2	3/1	0/0	1/1	11/3	19/3	24/5

Taiwan

Superficie : 0,065 fois la France. Taipei (latitude 25°02'N ; longitude 121°31'E) : GMT + 8 h. Durée du jour : maximale (juin) 13 heures 30, minimale (décembre) 10 heures.

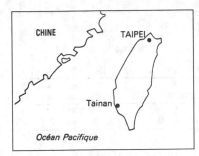

Le climat de Taiwan, île aux deux tiers montagneuse, est de type tropical : chaud et pluvieux la plus grande partie de l'année. On trouve toutefois au nord et à l'est de l'île des microclimats beaucoup plus tempérés dans certaines régions abritées par les montagnes.

▶ **D'avril à septembre**, c'est la période de la mousson d'été, c'est-à-dire des pluies très abondantes (encore davantage au sud de l'île qu'au nord : voir Tainan) et des typhons. En juillet 2001, 3 typhons ont fait une centaine de victimes et provoqué dans le centre de l'île les pires inondations et glissements de terrain depuis un demi-siècle.

Les pluies sont particulièrement fortes sur les versants montagneux exposés au sud. Le soleil brille entre deux averses, mais la chaleur devient souvent pénible à cause de l'humidité.

▶ **D'octobre à mars**, le nord de l'île (voir Taipei) et les régions montagneuses sont encore assez arrosés, beaucoup moins abondamment toutefois, par les pluies de la mousson d'hiver. Le sud est beaucoup plus sec. C'est sans doute la période la plus agréable dans l'ensemble de l'île, dans la mesure où la chaleur est modérée, mais dans le nord le ciel est très souvent nuageux et l'humidité reste importante.

Les mois d'**octobre et novembre** et, dans une moindre mesure, **mars** vous permettront d'éviter la fraîcheur parfois un peu trop marquée du plein hiver.

▶ Taiwan doit au *kuroshio*, le courant chaud qui longe sa côte orientale, la tiédeur de l'eau qui baigne ses côtes. En hiver, la mer est plus fraîche au nord (18° en janvier et février) que dans le sud (23°), où se situent d'ailleurs les plus belles plages de l'île.

VALISE : de novembre à mars, vêtements de demi-saison, imperméable. Aux intersaisons, vêtements légers et quelques lainages. En été, vêtements très légers, en fibres naturelles de préférence.

FOULE : pression touristique soutenue, bien répartie sur toute l'année. Une légère pointe en novembre et décembre, petits creux en janvier et septembre. Près de la moitié des visiteurs sont Japonais, les Américains occupant, mais loin derrière, la deuxième place. Les Français représentent moins de 1 % du total. ●

Voir tableaux p. suivante

moyenne des températures maximales / moyenne des températures minimales

	J	F	M	A	M	J	J	A	S	O	N	D
Taipei	**19**	**18**	**20**	**24**	**28**	**31**	**32**	**32**	**30**	**27**	**23**	**20**
	12	11	13	17	20	22	24	24	22	19	16	13
Tainan	**22**	**22**	**25**	**28**	**31**	**31**	**32**	**31**	**31**	**30**	**27**	**24**
	12	12	14	18	22	24	24	23	23	20	16	13

 nombre d'heures par jour hauteur en mm / nombre de jours

	J	F	M	A	M	J	J	A	S	O	N	D
Taipei	**3**	**3**	**3**	**4**	**4**	**6**	**7**	**7**	**6**	**5**	**4**	**3**
	90/9	145/13	165/12	180/14	205/12	320/13	270/10	265/12	190/10	115/9	70/7	75/8
Tainan	**6**	**6**	**6**	**7**	**7**	**8**	**8**	**7**	**8**	**8**	**7**	**6**
	20/4	35/4	50/3	65/3	170/10	370/14	430/18	450/17	155/13	35/5	16/5	16/3

température de la mer : moyenne mensuelle

	J	F	M	A	M	J	J	A	S	O	N	D
Pacifique (côte nord)	18	18	19	21	23	26	28	28	27	24	21	20
Pacifique (côte sud)	23	23	24	25	26	27	28	28	28	26	24	23

Tanzanie

Superficie : 1,7 fois la France. Dar es-Salaam (latitude 6°10'S ; longitude 35°45'E) : GMT + 3 h. Durée du jour : environ 12 heures toute l'année.

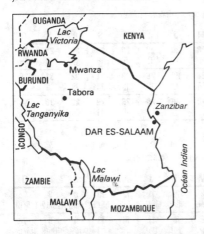

▌ La saison la plus agréable pour séjourner en Tanzanie est la saison sèche, **de juin à septembre ou octobre**, aussi bien dans la plaine côtière que sur les hauts plateaux de l'intérieur.

▌ Sur la **côte** (voir Dar es-Salaam) et dans l'île de Zanzibar, le climat est le plus souvent chaud, humide et lourd. Les pluies sont particulièrement abondantes de mars à mai : c'est la période la moins ensoleillée et la plus étouffante. Au contraire, de juin à septembre, il ne pleut pratiquement pas, et des brises de mer rafraîchissent un peu l'atmosphère. Les eaux du lagon, protégées des requins par des récifs de corail, sont toujours chaudes : en face de Zanzibar, leur température varie entre 26° et 29°.

▌ Les **hauts plateaux** de l'est et le pays masaï (voir Mwanza, Tabora) ont un climat beaucoup plus sec et sain, très chaud dans la journée tout au long de l'année, mais avec des nuits fraîches. On y trouve de très belles réserves animalières, comme celles du lac Manyara et de Serengeti (ouvertes toute l'année), ou encore de Tarangire, de Ruaha, sans parler de l'immense réserve de Selous (40 000 km^2). La meilleure saison pour les visiter est la saison sèche, de juin à octobre (voir chapitre Kenya). Toutefois, si vous êtes prêt à affronter les fortes pluies du mois de mai, vous ne regretterez pas de vous être trouvé dans le parc de Serengeti, au nord du pays, au moment de la grande migration des gnous.
De novembre à mai, la rive ouest du lac Victoria, le nord du lac Malawi et les montagnes situées au nord-est de ce lac reçoivent des pluies beaucoup plus abondantes que les autres régions de l'intérieur.

▌ Dans le cratère de Ngorongoro (2 600 mètres), site d'une exceptionnelle beauté et lieu de rassemblement pour toutes sortes d'animaux, les températures sont beaucoup plus fraîches (de 17° dans la journée à 7° au petit matin).
Toujours au nord du pays, on trouve aussi un climat de **haute montagne** : on pratique l'alpinisme sur le Kilimanjaro dont le sommet (5 930 mètres) est recouvert de neiges éternelles.

VALISE : quelle que soit la saison, des vêtements légers et pratiques de plein été, de préférence en coton ou en lin, et un ou deux pulls pour les matinées et soirées. Pour visiter les réserves, vêtements de couleurs neutres et chaussures de marche en toile. Un anorak léger pour la saison des pluies. Les shorts (masculins et féminins) risquent de choquer en dehors des zones les plus touristiques. Évitez également les vêtements de style militaire.

SANTÉ : risques de paludisme toute l'année en dessous de 1 800 mètres ; résistance élevée à la Nivaquine. Vaccinations recommandées contre la fièvre jaune et la typhoïde. Vaccin antirabique conseillé pour de longs séjours.

BESTIOLES : moustiques toute l'année sauf dans les régions montagneuses (actifs surtout la nuit). ●

moyenne des températures maximales / moyenne des températures minimales

	J	F	M	A	M	J	J	A	S	O	N	D
Mwanza	28	28	28	28	28	29	29	29	29	29	29	28
(1 130 m)	18	18	18	18	18	17	17	17	18	19	19	18
Tabora	28	28	28	28	28	28	28	29	31	32	31	28
(1 265 m)	17	17	17	17	16	15	15	16	18	19	19	18
Dar es-Salaam	30	31	31	30	30	29	29	29	29	29	30	30
	25	25	24	23	22	20	19	19	19	20	22	24

nombre d'heures par jour — hauteur en mm / nombre de jours

	J	F	M	A	M	J	J	A	S	O	N	D
Mwanza	7	7	7	7	8	10	11	10	10	9	8	7
	100/10	120/8	160/12	125/14	95/11	18/3	15/1	20/3	55/3	45/5	125/12	135/10
Tabora	7	7	7	8	9	10	11	10	10	9	8	7
	130/12	130/10	165/11	135/9	25/3	2/0	0/0	1/0	7/1	17/3	105/9	175/15
Dar es-Salaam	8	9	7	5	6	8	8	8	8	8	9	9
	70/4	65/4	120/7	280/12	305/9	35/4	35/2	25/4	30/2	50/4	80/5	90/6

température de la mer : moyenne mensuelle

	J	F	M	A	M	J	J	A	S	O	N	D
Dar es-Salaam	27	27	28	28	27	25	24	25	26	27	27	27

Tchad

Superficie : 2,3 fois la France. N'Djaména (latitude 12°08'N ; longitude 15°02'E) : GMT + 1 h. Durée du jour : maximale (juin) 13 heures, minimale (décembre) 11 heures 30.

Au Tchad, on passe du climat désertique des torrides montagnes du Tibesti, au nord, au climat tout aussi chaud mais humide, avec forte saison des pluies, des savanes du sud.

❱ Au **sud** (voir Moundou), région agricole, la chaleur est intense dans la journée, et particulièrement entre février et avril, à la fin de la saison sèche. La meilleure période est celle qui va **de novembre à février** : sécheresse et chaleur dans la journée, mais nuits assez fraîches. Entre février et avril, la chaleur est suffocante, d'autant que l'humidité est beaucoup plus forte.

Durant la saison des pluies, de fin avril à fin septembre, les températures baissent un peu, mais l'humidité reste très pénible ; la violence des pluies peut provoquer des inondations qui rendent les déplacements problématiques.

Le parc de Zakouma est ouvert du mois de décembre au mois de mai (de même pour les réserves de Mandelia, de Dougia et de Manda).

❱ Plus on remonte vers le nord et plus la saison des pluies faiblit en importance et en durée : à **N'Djaména**, elles tombent surtout en juillet et août ; à Faya-Largeau, elles sont exceptionnelles. Ces dernières années, toute la zone sahélienne a connu une sécheresse aggravée. Dans ces régions, la chaleur est particulièrement torride entre mars et mai. L'*harmattan*, qui peut soulever des tourbillons de poussière et provoquer des tempêtes de sable, souffle durant la saison sèche.

❱ Au **nord**, le Tibesti a un climat désertique extrême, accentué par l'altitude : en hiver, les écarts de températures atteignent 30° entre le jour et la nuit, et il peut même neiger en altitude. L'air est très sec et le ciel dégagé en permanence.

VALISE : vêtements très légers et amples, en fibres naturelles de préférence ; de novembre à mai, ajouter un ou deux pulls, une veste ou un blouson pour les soirées. Pour la saison des pluies, un anorak léger.

SANTÉ : risques de paludisme, particulièrement dans la partie sud et de mai à octobre ; résistance à la Nivaquine. La vaccination contre la fièvre jaune n'est plus obligatoire depuis 2001, mais reste recommandée ; vaccin antirabique conseillé pour de longs séjours.

BESTIOLES : moustiques toute l'année, surtout au sud. ●

moyenne des températures maximales / moyenne des températures minimales

	J	F	M	A	M	J	J	A	S	O	N	D
Faya-Largeau	27	31	35	39	41	42	41	40	40	37	32	28
	13	15	18	22	25	26	26	26	26	23	18	14
Abéché (550 m)	35	37	39	41	40	38	34	32	35	37	36	35
	16	18	22	25	25	24	23	22	21	21	19	17
N'Djaména (300 m)	33	36	39	41	40	37	33	31	33	36	36	33
	14	16	21	24	25	24	23	22	22	22	17	14
Moundou (420 m)	34	38	39	38	35	32	30	30	31	33	35	34
	15	18	22	24	23	22	21	21	21	21	18	15

nombre d'heures par jour — hauteur en mm / nombre de jours

	J	F	M	A	M	J	J	A	S	O	N	D
Faya-Largeau	10	10	10	10,5	11	11,5	10	10	10,5	10,5	10	10
	0/0	0/0	0/0	0/0	0/0	2/0	3/0	9/1	1/0	0/0	0/0	0/0
Abéché	10	10,5	9,5	10	10	9,5	8	7	8,5	9,5	10	10
	0/0	0/0	0/0	3/0	18/2	35/6	115/3	200/16	60/7	7/1	0/0	0/0
N'Djaména	9,5	10	9	9	9	8	6,5	5	7,5	9,5	10	10
	0/0	0/0	0/0	9/1	30/6	65/7	150/13	215/17	105/12	25/2	0/0	0/0
Moundou	9,5	9	8	7,5	8	7	5,5	5	6	7,5	9,5	10
	0/0	0/0	8/1	50/6	95/9	150/13	250/18	300/20	215/17	75/8	3/1	0/0

Tchèque (Rép.)

Superficie : 0,14 fois la France. Prague (latitude 50°06'N ; longitude 14°17'E) : GMT + 1 h. Durée du jour : maximale (juin) 16 heures 30, minimale (décembre) 8 heures.

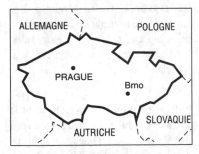

▶ La République tchèque a un climat continental modéré, avec quatre saisons bien marquées. Le climat est assez homogène dans l'ensemble du pays, compte tenu bien entendu des différences dues à l'altitude. Les régions élevées reçoivent notamment des précipitations plus abondantes (800 à 1 000 mm par an) que les régions basses (environ 500 mm à Prague et à Brno).

▶ L'hiver est froid et assez sec, avec un ciel souvent couvert. Il est plus rigoureux dans les régions montagneuses comme les monts Métallifères et les monts des Géants au nord, les monts de Bohême au sud. On pratique le ski alpin en altitude, surtout dans les régions frontalières avec la Pologne, dans les stations des monts des Géants.

▶ Que vous ayez le projet de séjourner à Prague, une des plus fascinantes capitales d'Europe, dans les stations thermales de Bohême (Marienbad, Karlovy-Vary), ou de visiter ses innombrables châteaux, vous le ferez dans les meilleures conditions en partant **de la mi-mai à la fin septembre**. Le temps est alors agréable et assez ensoleillé, malgré les pluies qui sont plus abondantes en été qu'aux autres saisons, mais elles tombent surtout en grosses averses. Le début de l'automne est par ailleurs propice aux randonnées dans les forêts qui couvrent encore une part importante du territoire.

VALISE : de juin à fin août, vêtements d'été, quelques pull-overs et une veste ou un blouson, et un vêtement de pluie léger. De fin novembre à mars, une tenue pour les pays froids : manteau chaud, bottes, gants, écharpe, etc. ●

moyenne des températures maximales / moyenne des températures minimales

	J	F	M	A	M	J	J	A	S	O	N	D
Prague	0	1	7	13	18	22	24	23	19	12	6	1
	– 4	– 3	0	3	9	11	13	13	10	5	2	– 3
Brno	1	3	8	15	20	23	25	25	21	14	7	3
	– 5	– 5	– 1	4	8	12	14	13	9	4	2	– 1

nombre d'heures par jour   hauteur en mm / nombre de jours

	J	F	M	A	M	J	J	A	S	O	N	D
Prague	2	3	5	6	8	8	8	8	6	4	2	1
	25/7	25/6	25/6	30/7	60/10	65/10	80/11	65/9	35/7	40/8	25/6	25/7
Brno	2	3	5	6	8	8	8	8	6	4	2	1
	25/7	25/6	20/5	35/7	55/8	80/9	75/10	65/9	35/6	40/7	40/7	30/8

Thaïlande

Superficie : 0,9 fois la France. Bangkok (latitude 13°44'N ; longitude 100°30'E) : GMT + 7 h. Durée du jour : maximale (juin) 13 heures, minimale (décembre) 11 heures 30.

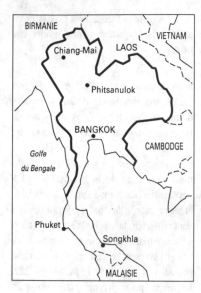

▶ La période la plus agréable pour se rendre en Thaïlande est, de **mi-novembre à mi-février**, la **saison dite « fraîche »** – aimable euphémisme, puisque les températures restent élevées toute l'année dans la plus grande partie du pays. Le nord (voir Chiang-Mai et Phitsanulok) est en effet, grâce à l'altitude, la seule région où les nuits soient fraîches, voire un peu froides durant cette saison, alors que les journées restent très chaudes.
Mais c'est sans aucun doute la plus belle saison – soleil et ciel bleu garantis, quelques rares orages – sauf à l'extrême sud de la péninsule (voir Songkhla) où, d'octobre à mi-janvier, les pluies sont au contraire très abondantes.

▶ Entre mi-mars et mi-mai, c'est la **saison chaude**, en réalité la saison torride : soleil implacable, nuits guère rafraîchissantes. Le thermomètre atteint fréquemment les 40° à Chiang-Mai et à Bangkok

dans la journée, et encore davantage dans la grande plaine aride située au nord-est de la capitale. (Dans les grandes villes, hôtels, restaurants et magasins sont souvent climatisés.)

▶ Ensuite, jusqu'à fin octobre, c'est la **saison des pluies**. La chaleur est un peu moins forte, mais l'humidité ambiante peut la rendre aussi pénible à supporter. Dans la région de Bangkok, les pluies tombent sous forme d'orages très violents mais de courte durée, dans l'après-midi ou la nuit : elles laissent donc place à des heures de soleil non négligeables. Dans la capitale, une des villes les plus polluées du monde, certains quartiers sont régulièrement inondés ou bloqués par des embouteillages monstres, pendant les périodes orageuses. La région de Pattaya, une des plus réputées avec Phuket pour les plages, bénéficie d'un microclimat particulièrement ensoleillé. Sur la côte ouest de la péninsule (voir Phuket) les pluies, plus abondantes, se prolongent jusqu'à fin novembre.
Dans le nord, en revanche, les pluies sont moins violentes mais durent souvent plusieurs jours d'affilée. Septembre et octobre sont particulièrement à éviter : ce sont les mois où sévissent les typhons.

▶ L'eau de mer est un vrai rêve pour grands frileux : de 26° minimum (en janvier) à 29° maximum (en mai), aussi bien près de Bangkok qu'à Phuket.

VALISE : vêtements d'été en coton, légers et pratiques mais « décents ». Un pull-over contre les traîtrises de l'air conditionné et pour les soirées dans le nord. Pendant la saison des pluies, un parapluie (que vous trouverez sur place) vous sera très utile.

SANTÉ : vaccination contre la rage fortement recommandée pour les longs séjours. Des risques de paludisme toute l'année dans les zones rurales et le nord du pays, excepté dans les grandes agglomérations. Résistance élevée à la Nivaquine et multirésistance dans les zones frontalières.

BESTIOLES : les moustiques thaïlandais se piquent de ne pas rater un touriste, que ce soit sur la côte ou dans l'intérieur.

FOULE : pression touristique soutenue toute l'année. La période de novembre à février est cependant la plus fréquentée ; mai et juin sont à l'opposé. En 2000, les deux-tiers des visiteurs venaient d'Asie (d'abord du Japon et de Malaisie) et 25 % d'Europe. Parmi ces derniers, Allemands et Britanniques étaient les plus nombreux. ●

moyenne des températures maximales / moyenne des températures minimales

	J	F	M	A	M	J	J	A	S	O	N	D
Chiang-Mai	29	32	34	36	34	32	31	31	31	31	30	28
(315 m)	13	14	17	22	23	23	23	23	23	21	19	15
Phitsanulok	32	34	36	37	35	33	33	32	32	32	32	31
	17	20	22	24	26	25	24	24	24	24	21	18
Bangkok	32	33	34	35	34	33	32	32	32	31	31	31
	20	22	24	25	25	24	24	24	24	24	22	20
Phuket	31	32	33	33	31	31	31	31	30	31	31	31
	23	23	24	25	25	25	25	24	24	24	24	24
Songkhla	31	33	34	35	34	33	32	32	32	32	30	30
	21	20	21	23	23	23	23	23	23	23	22	22

nombre d'heures par jour   hauteur en mm / nombre de jours

	J	F	M	A	M	J	J	A	S	O	N	D
Chiang-Mai	9	10	9	9	8	6	5	4	6	7	8	9
	7/1	11/1	15/2	50/5	140/12	155/16	190/18	220/21	290/18	125/10	40/4	10/1
Phitsanulok	9	9	8	9	9	7	5	5	5	7	8	9
	7/1	25/3	40/5	75/5	160/12	180/15	205/16	225/18	270/17	130/10	35/3	1/0
Bangkok	9	9	9	8	6	5	4	4	4	6	8	9
	9/2	30/3	35/3	90/6	165/14	170/16	180/18	190/18	305/21	255/16	55/16	7/1
Phuket	9	9	9	8	6	6	6	6	5	6	7	8
	35/4	40/3	75/6	125/15	295/19	265/19	215/17	246/17	325/19	315/19	195/14	80/8
Songkhla	8	9	8	9	7	7	7	6	6	5	5	6
	155/14	60/7	60/7	90/10	120/14	100/12	95/12	95/13	105/14	315/22	575/23	440/20

température de la mer : moyenne mensuelle

	J	F	M	A	M	J	J	A	S	O	N	D
Bangkok	26	27	28	28	28	28	28	28	27	27	27	27
(à proximité de)												
Phuket	27	27	28	28	28	28	28	27	27	27	27	27
Songkhla	26	27	28	28	29	28	28	28	27	27	27	27

Timor oriental

Superficie : 0,03 fois la France. Dili (latitude 8°35'S ; longitude 125°36'O) : GMT + 9 h. Durée du jour : maximale (décembre) 12 heures 30, minimale (juin) 11 heures 30.

▶ Dans cette ancienne colonie portugaise, annexée pendant vingt-cinq ans par l'Indonésie, qui a accédé au rang d'État en mai 2002, on n'enregistre pas de grands écarts de températures tout au long de l'année. C'est la pluviométrie, déterminée par un régime de mousson, qui permet cependant de distinguer deux saisons bien marquées, une saison humide et une saison sèche.

▶ De novembre à mai, les vents qui soufflent du nord-est apportent la « mousson humide ». Les orages, auxquels succèdent des pluies fortes mais brèves, sont alors très fréquents.
De juin à la fin octobre, les vents modérés venus d'Australie s'imposent ; c'est la saison sèche, pendant laquelle les températures baissent sensiblement, surtout les températures nocturnes.
Le début de cette saison sèche, **juin-août**, est la période conseillée pour se rendre à Timor.

▶ On distingue en outre 3 zones climatiques à Timor :

La côte nord, escarpée, où se situe Dili, la capitale du nouvel État, est la moins arrosée et bénéficie d'une saison sèche qui s'étend de juin à octobre, sur les 5 mois signalés précédemment.
Les reliefs – jusqu'à près de 3 000 mètres au centre de cette île qui s'allonge sur un axe est-ouest – sont déjà plus arrosés et ont une saison sèche réduite à 4 mois. La température y décroît avec l'altitude, et ces montagnes servent de refuge quand la chaleur humide de la côte devient trop désagréable.
Enfin la côte sud, qui fait face à L'Australie et à l'arrière de laquelle s'étend l'essentiel des plaines de l'île, est la région la plus arrosée et connaît une saison sèche limitée à 3 mois.

▶ La mer est toujours chaude : entre 26° et 29° toute l'année.

VALISE : vêtements très légers, amples, en fibres naturelles de préférence ; au moins un pull-over chaud et une veste pour rester dans les régions élevées après le coucher du soleil.

SANTÉ : quelques risques de paludisme au-dessous de 1 200 mètres d'altitude (résistance à la Nivaquine).

BESTIOLES : moustiques toute l'année sauf dans les régions élevées. ●

moyenne des températures maximales / moyenne des températures minimales

	J	F	M	A	M	J	J	A	S	O	N	D
Dili	31	31	32	32	32	31	30	30	30	31	32	32
	26	25	25	25	24	24	23	23	23	24	25	26

nombre d'heures par jour   hauteur en mm / nombre de jours

	J	F	M	A	M	J	J	A	S	O	N	D
Dili	6	6	6	6	6	6	6	6	6	5	5	5
	140/8	130/8	140/7	120/7	85/6	25/6	11/4	5/4	6/2	20/3	50/4	140/9

température de la mer : moyenne mensuelle

	J	F	M	A	M	J	J	A	S	O	N	D
Dili	28	28	28	29	29	27	26	26	26	27	28	28

Pour choisir une destination, voir également :

La santé en voyage, p. 401
Le coût de la vie, p. 441
Le monde tel qu'il est, p. 461
Obtenir ses visas, p. 471
La durée des vols, p. 485
Atlas du voyageur, en début de volume
Internet et les voyageurs, en fin de volume

Togo

Superficie : 0,1 fois la France. Lomé (latitude 6°10'N ; longitude 01°15'E) : GMT + 0 h. Durée du jour : environ 12 heures toute l'année.

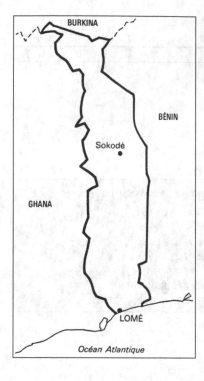

pluies, le plus souvent de grosses averses orageuses, tombent traditionnellement en fin d'après-midi sur la côte (voir Lomé), mais brouillard et nuages sont fréquents le matin.

Au nord-ouest du littoral, le plateau d'Akposso doit à son altitude d'être très arrosé (jusqu'à 1,7 mètre par an) ; dans cette région, la petite saison sèche est à peine un ralentissement des pluies.

Sur la côte, les températures sont élevées toute l'année, mais durant les pluies la chaleur est rendue beaucoup plus incommodante par le taux élevé d'humidité.

Vous pouvez vous baigner en toute saison sur les plages togolaises (en faisant attention à la barre assez violente qui se brise sur le cordon littoral).

▶ Au **nord** (voir Sokodé), les pluies tombent en une seule saison, de fin mars à fin octobre, avec un maximum en septembre. Dans l'extrême nord (Mango), elles débutent en mai.

Les nuits sont un peu plus fraîches dans ces régions que sur la côte, surtout en décembre et janvier.

L'*harmattan*, sec et brûlant, souffle surtout au nord entre décembre et février. Il se fait sentir jusque sur la côte, mais très atténué.

▶ Quel est le meilleur moment pour séjourner au Togo ? Sans aucun doute le **début de la saison sèche : novembre et décembre.** C'est une période ensoleillée, qui vous permettra d'éviter à la fois l'humidité étouffante de la saison des pluies et la chaleur la plus extrême des mois de janvier à mars (surtout dans le nord). De plus, les nuits sont relativement fraîches, surtout dans le nord, pour vous permettre de récupérer de la chaleur diurne.

▶ Au **sud**, il y a deux saisons des pluies : la grande, de fin mars à mi-juin, et la petite, de mi-septembre à fin octobre. Ces

VALISE : toute l'année, des vêtements très légers, en coton ou en lin, faciles à laver. Les femmes éviteront de porter minijupes et shorts, qui ne sont pas habituels au Togo. Un lainage pour les soirées, en particulier de novembre à janvier.

SANTÉ : vaccination contre la fièvre jaune obligatoire ; vaccin antirabique recommandé pour les longs séjours. Risques de paludisme toute l'année dans tout le pays ; résistance à la Nivaquine.

BESTIOLES : moustiques en toutes saisons, mais particulièrement actifs la nuit. ●

moyenne des températures maximales / moyenne des températures minimales

	J	F	M	A	M	J	J	A	S	O	N	D
Sokodé	34	35	35	34	32	30	27	28	29	29	32	33
(400 m)	18	20	22	22	21	20	20	20	20	20	19	17
Lomé	31	32	32	32	31	29	28	28	29	30	31	32
	22	23	24	23	22	22	22	21	22	22	22	22

nombre d'heures par jour   hauteur en mm / nombre de jours

	J	F	M	A	M	J	J	A	S	O	N	D
Sokodé	9	9	8	7	7	5	4	3	3	7	8	8
	14/1	13/1	45/4	105/6	155/9	190/12	220/13	245/15	260/16	125/10	30/3	17/2
Lomé	8	8	8	7	7	5	4	4	6	7	8	8
	17/1	35/2	80/5	105/6	155/8	200/10	55/5	16/3	50/6	155/9	20/3	6/1

température de la mer : moyenne mensuelle

	J	F	M	A	M	J	J	A	S	O	N	D
Atlantique	27	27	27	28	27	26	26	26	25	26	26	27

Trinidad et Tobago

Superficie : 0,01 fois la France. Port of Spain (latitude 10°37'N ; longitude 61°21'O) : GMT – 4 h. Durée du jour : maximale (juin) 12 heures 30, minimale (décembre) 11 heures 30.

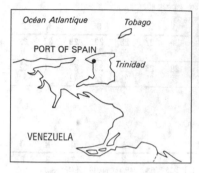

Dans ces îles, situées au large du Venezuela, les températures sont élevées toute l'année, mais rendues cependant supportables par le souffle des alizés.

▶ La **saison sèche, de janvier à fin avril**, est la période tout indiqué pour y séjourner. C'est de plus (de janvier à mars) l'époque des fameux concerts nocturnes de calypso.

▶ Durant la **saison des pluies** – de juin à septembre – l'humidité, s'ajoutant à la chaleur, rend l'atmosphère vite étouffante pendant les périodes de « pannes d'alizés » (surtout en septembre et octobre).

Les côtes nord et est des deux îles, ainsi que l'intérieur de Trinidad, reçoivent plus de pluies que les côtes sud et ouest. Ainsi Charlotteville, au nord de Tobago, est deux fois plus arrosée que Port of Spain. L'archipel est en général à l'abri des ouragans.

▶ La mer est toujours bonne le long des rivages de sable, de rochers ou envahis par la mangrove.

VALISE : en toute saison, vêtements légers, en coton ou en lin de préférence ; éventuellement de quoi se protéger des averses pendant la saison des pluies.

SANTÉ : vaccination contre la fièvre jaune souhaitable pour les voyageurs séjournant dans les zones rurales.

BESTIOLES : des moustiques assez voraces pendant la saison des pluies.

FOULE : en comparaison de février et d'août, les mois les plus fréquentés, les mois de septembre à novembre, font figure de période creuse. ●

moyenne des températures maximales / moyenne des températures minimales

	J	F	M	A	M	J	J	A	S	O	N	D
Port of Spain	29	30	31	31	32	31	31	31	31	31	31	30
	19	19	19	21	21	22	21	22	22	22	21	21

nombre d'heures par jour — hauteur en mm / nombre de jours

	J	F	M	A	M	J	J	A	S	O	N	D
Port of Spain	8	9	9	9	8	7	7	7	7	7	7	7
	60/14	30/8	35/8	35/7	70/11	165/17	200/20	195/21	175/18	140/16	165/17	120/16

température de la mer : moyenne mensuelle

	J	F	M	A	M	J	J	A	S	O	N	D
Port of Spain	26	25	26	26	26	27	28	28	27	27	27	26

Tunisie

Superficie : 0,3 fois la France. Tunis (latitude 36°50'N ; longitude 10°14'E) : GMT + 1 h. Durée du jour : maximale (juin) 14 heures 30, minimale (décembre) 9 heures 30.

▶ Le climat de la Tunisie, justement renommée pour ses plages et son soleil, ne permet cependant pas, comme on le croit parfois, de se baigner toute l'année :
Au nord, dans le golfe de Tunis, la saison balnéaire s'étend de **fin mai à fin octobre**. La côte nord, de Tabarka à Bizerte, est un peu moins abritée : le mois d'octobre peut y être assez pluvieux.
En descendant le long de la côte vers Hammamet, Monastir, Sfax, puis Gabès et l'île de Djerba, les températures s'élèvent progressivement, mais restent supportables même en plein été grâce aux brises marines. À Djerba, les plages sont fréquentables dès la fin avril, mais, à cette époque, la mer est encore fraîche et le vent peut être perturbant.

L'arrière-saison est particulièrement agréable : il fait encore très chaud en septembre-octobre, et les grandes foules ont déserté les plages.
À partir de la fin octobre, les pluies, qui sont quasi inexistantes sur les côtes en été, augmentent progressivement jusqu'en janvier. Elles sont en général assez violentes et de durée limitée. La région la plus arrosée est la côte nord et son arrière-pays.

▶ Si vous avez l'intention de voyager à l'intérieur de la Tunisie, l'été, en revanche, n'est pas la meilleure saison, sauf dans le haut Tell ou les monts de Tebesa, où la chaleur est atténuée par l'altitude, surtout la nuit, et qui sont agréables de mai à octobre. Il peut y faire froid en hiver : les précipitations, assez abondantes, tombent parfois sous forme de neige. Partout ailleurs dans l'intérieur du pays (voir Gafsa), l'été est brûlant. Choisissez de préférence les intersaisons, **de mars à mai**, ou **de mi-septembre à fin octobre**, qui vous permettront d'échapper à la grosse canicule. L'hiver peut être froid – les gelées ne sont pas exceptionnelles, même en plaine –, mais il est beaucoup plus sec que sur les côtes...

▶ Dans les oasis du sud (voir Kebili) et au Sahara, la meilleure saison va **de novembre à mars**. Les nuits, entre décembre et février, peuvent être très froides (voir chapitre Algérie).

▶ Le sirocco, appelé *chehili* en Tunisie, souffle du Sahara jusqu'au nord du pays. C'est en été qu'il se manifeste avec le plus de virulence, au sud où il provoque des tourbillons de sable, et dans le centre, notamment vers Kairouan. Il est très affaibli le long des côtes.

VALISE : en été, vêtements très légers (ni shorts ni minijupes pour les femmes) ; en hiver, vêtements de demi-saison, manteau léger, imperméable. Dans les régions sahariennes, prévoir des vêtements chauds pour les soirées et les nuits de novembre à avril et une écharpe en coton pour se protéger des vents de sable.

SANTÉ : vaccin antirabique conseillé pour de longs séjours.

BESTIOLES : attention aux scorpions et aux serpents dans le sud tunisien : si vous ne les dérangez pas, ils ne vous piqueront ni ne vous mordront. Les moustiques sont plus difficiles à éviter.

FOULE : forte pression touristique pour ce pays qui est la première destination africaine des Européens. Août et juillet sont les deux mois les plus fréquentés, suivis de juin et septembre. La période creuse s'étale de novembre à février.
En 2001, on comptait 20 Allemands pour 15 Français, 5 Britanniques et 5 Italiens. Mais l'attentat islamique sur l'île de Djerba en avril 2002 a porté un coup important au tourisme tunisien ●

moyenne des températures maximales / moyenne des températures minimales

	J	F	M	A	M	J	J	A	S	O	N	D
Tunis	15	16	18	21	23	29	32	32	29	25	20	16
	7	8	9	11	4	18	20	21	20	16	12	8
Gafsa (310 m)	14	17	20	24	28	34	37	36	32	26	20	15
	4	5	8	11	15	19	21	22	19	15	9	5
Gabès	16	17	20	22	25	28	32	32	30	26	22	17
	6	7	10	13	17	20	22	23	21	17	12	8
Kebili	18	21	26	32	37	42	43	42	38	32	24	19
	3	4	8	13	18	22	22	22	19	15	9	4

nombre d'heures par jour   hauteur en mm / nombre de jours

	J	F	M	A	M	J	J	A	S	O	N	D
Tunis	5	6	7	8	10	11	12	11	9	7	6	5
	70/9	45/7	40/7	40/5	25/4	10/2	1/6	11/1	35/4	50/6	55/7	70/9
Gafsa	7	8	8	9	10	10	12	12	10	8	7	7
	15/3	14/2	20/5	18/4	11/4	6/2	2/1	6/2	12/3	20/4	20/4	15/3
Gabès	8	8	8	9	9	10	12	12	10	8	7	7
	17/2	17/2	17/3	17/2	9/2	2/1	0/0	1/0	14/2	40/3	30/3	19/2
Kebili	10	10	10	10	10	11	12	12	11	10	9	9
	5/1	3/1	5/1	2/0	2/0	1/0	0/0	0/0	1/0	2/0	5/1	1/0

température de la mer : moyenne mensuelle

	J	F	M	A	M	J	J	A	S	O	N	D
Tunis (Bizerte)	15	14	15	16	18	20	23	25	24	22	19	16
Île de Djerba	15	15	15	16	18	21	24	25	25	23	20	17

Turkménistan

Superficie : 0,9 fois la France. Ashkhabad (latitude 37°58'N ; longitude 58°20'E) : GMT + 5 h. Durée du jour : maximale (juin) 15 heures, minimale (décembre) 9 heures 30.

Un vaste désert occupe la majeure partie du Turkménistan. Ouvert au nord, il est limité à l'ouest par la mer Caspienne et bordé au sud et à l'est par les reliefs du Kopet Dag et les contreforts des chaînes afghanes. La population se répartit essentiellement sur le pourtour du pays.

▶ En hiver, la latitude, mais aussi la proximité de grandes masses d'eau – la mer Caspienne et ce qu'il reste de la mer d'Aral – limitent un peu la rigueur des températures. On trouve même un climat clément tout au sud de la Caspienne dans le bassin de la rivière Atrek, bien isolé des influences sibériennes par le relief.
Janvier est le mois préféré des tempêtes venues du sud de la mer Caspienne. Quand la neige ne recouvre pas le sol, elles s'accompagnent de tempêtes de poussière.
La région de la capitale connaît de temps à autre de brusques coups de fœhn qui peuvent élever très rapidement la température de 10 à 20°.

▶ Surtout au début du printemps – sans pour autant ignorer les mois d'hiver – un autre type de tempêtes, les « cyclones de Murgab », balaient périodiquement la moitié orientale du pays. Ils se forment en Iran et apportent un air chaud.

▶ L'été est long, chaud, ensoleillé et très sec. Les précipitations sont rares et même inexistantes dans tout le sud du pays où on relève des records absolus de températures supérieures à 50°. C'est cette région qui connaît les tempêtes de poussière les plus fréquentes. Les tempêtes peuvent arriver même en été, mais surtout dans la moitié occidentale du pays. L'automne offre une saison assez agréable ; avec le printemps ce sont, du point de vue climatique, les périodes les plus propices pour se déplacer dans ce pays. Plus précisément : de la fin avril au début de juin, et de la fin septembre à la mi-octobre.

VALISE : en hiver, il faut être chaudement vêtu et bien protégé si le vent se lève. Dès le mois de mars, on peut trouver quelques journées chaudes. Au printemps et en automne tout particulièrement, il faut à la fois pouvoir s'adapter aux chaleurs de l'après-midi et à la fraîcheur du soir. Les voyageuses doivent aussi savoir que des vêtements trop décontractés risquent de choquer la population musulmane. ●

Voir tableaux p. suivante

moyenne des températures maximales / moyenne des températures minimales

	J	F	M	A	M	J	J	A	S	O	N	D
Krasnovodsk	**5**	**7**	**10**	**18**	**25**	**30**	**33**	**33**	**27**	**20**	**13**	**9**
(– 10 m)	– 2	– 1	2	7	15	18	22	22	17	9	3	0
Ashkhabad	**8**	**12**	**17**	**24**	**31**	**36**	**39**	**37**	**31**	**24**	**15**	**9**
(220 m)	– 4	– 2	1	8	15	20	23	21	15	8	0	– 3
Kushka	**8**	**11**	**15**	**21**	**29**	**34**	**37**	**35**	**29**	**23**	**16**	**10**
(630 m)	– 3	– 1	3	7	12	16	17	16	9	5	0	– 2

nombre d'heures par jour   hauteur en mm / nombre de jours

	J	F	M	A	M	J	J	A	S	O	N	D
Krasnovodsk	**4**	**4**	**5**	**7**	**10**	**11**	**12**	**12**	**10**	**8**	**5**	**4**
	25/7	21/7	45/8	40/7	30/4	6/2	2/1	1/0,5	3/1	11/3	15/4	19/7
Ashkhabad	**4**	**4**	**5**	**6**	**10**	**11**	**12**	**12**	**10**	**8**	**5**	**4**
	25/7	21/7	45/8	40/7	30/4	6/2	2/1	1/0,5	3/1	11/3	15/4	19/7
Kushka	**4**	**4**	**5**	**7**	**10**	**13**	**13**	**12**	**11**	**9**	**6**	**5**
	40/7	40/7	60/8	30/6	12/3	2/1	0/0	0/0	1/0,5	9/1	25/3	25/6

Turquie

Superficie : 1,4 fois la France. Ankara (latitude 39°57'N ; longitude 32°53'O) : GMT + 2 h. Durée du jour : maximale (juin) 15 heures, minimale (décembre) 9 heures 30.

▶ Si vous allez en Turquie pour voyager à travers les multiples civilisations qui y ont laissé leurs empreintes – des Hittites et des Perses aux Ottomans, en passant par les Grecs, les Romains et l'Empire byzantin –, le **printemps** et l'**automne** sont les saisons à retenir. Ce sont deux périodes ensoleillées (en particulier **les mois de mai, début juin et septembre**) et tempérées. L'été est en effet souvent trop chaud, surtout sur le haut plateau intérieur, pour se livrer à de longues marches ; l'hiver, déjà très froid et enneigé au centre du pays, est glacial dans toute sa partie orientale.

Dès le début du mois d'avril, vous pourrez flâner dans les ruines d'Éphèse, près d'Izmir, en profitant de températures agréables. En mai, Istanbul est très ensoleillée; c'est aussi une bonne période pour se rendre à Ankara, au centre du plateau d'Anatolie, ou découvrir les surprenants reliefs et les villes souterraines de la Cappadoce. La capitale n'est cependant pas à l'abri de soirées et de matinées très fraîches, voire froides.

Il vaut mieux attendre le début du mois de juin pour grimper sur le Nemrut dag (2 150 mètres) et admirer les ruines du mausolée du roi Antiochos, ou, encore plus à l'est, longer les rives du lac de Van (1 700 mètres), berceau du peuple arménien, ou partir à la recherche de l'arche de Noé sur le mont Ararat. Vous pouvez aussi choisir l'automne. Dans ce cas, commencez votre périple, au début du mois de septembre, par l'est du pays : il y fait déjà très frais à la mi-octobre et froid au début du mois de novembre, qui voit tomber les premières neiges. L'automne est aussi la saison où l'on peut voir des millions de volatiles survoler en rangs serrés le détroit du Bosphore pour échapper au terrible hiver russe.

▶ En revanche, en **été** la Turquie est un pays rêvé pour les amoureux de la mer et du soleil. Sur les côtes ouest et sud (voir Izmir et Antalya), l'été est sec, particulièrement ensoleillé, et aux heures les plus chaudes la sieste est le seul moyen de lutte efficace contre la fournaise. On a plutôt tendance à se réjouir de l'insistance des vents, quoiqu'on puisse aussi s'en lasser. La situation est différente au nord : à Istanbul, l'été est chaud et humide, quelque peu étouffant. Sur la mer Noire (Sinop, Trabzon), les températures, que ce soit celles de l'air ou celles de l'eau, sont sensiblement moins élevées que sur les côtes sud et ouest ; surtout, les pluies orageuses sont plus fréquentes, et le soleil se fait parfois prier.

▶ Sur les côtes méditerranéenne et égéenne, l'**hiver** est doux mais assez pluvieux, spécialement dans la région d'Antalya. Istanbul subit aussi à cette saison un petit crachin glacé fort déplaisant, et quelques jours de neige. L'air de cette mégalopole de sept millions d'habitants est surtout très pollué.

VALISE : de fin mai à fin septembre, vêtements d'été légers, un ou deux pull-overs pour les soirées à l'intérieur du pays. Si, dans certaines villes de la côte où l'afflux de touristes est important, on peut se permettre une certaine décontraction vestimentaire, shorts, robes décolletées, etc., restent provocants dans ce pays relativement rigoriste ; pour visiter les mosquées, femmes et hommes doivent avoir les épaules et les jambes couvertes (et se déchausser). En hiver : sur la côte, vêtements assez chauds, de demi-saison pour les jours ensoleillés ; dans l'intérieur, les mêmes vêtements que dans un pays froid ; dans les deux cas, un imperméable.

SANTÉ : vaccination contre la rage fortement conseillée. Faibles risques de paludisme de mars à la fin novembre dans le sud-est du pays.

BESTIOLES : des moustiques en été ; il y en a davantage à l'intérieur du pays et sur la côte sud que sur la côte est.

FOULE : pression touristique soutenue, d'autant plus que les vacanciers de l'ancienne Europe de l'Est affluent en Turquie. Août est le mois de plus grand affluence, suivi de septembre et octobre, deux mois nettement plus fréquentés que juillet. En 2001, les Allemands représentaient à eux seuls le quart du total des voyageurs. Britanniques et Russes sont à part égale, suivis des Néerlandais et des Français. ●

---

moyenne des températures maximales / moyenne des températures minimales

	J	F	M	A	M	J	J	A	S	O	N	D
Istanbul	8	9	11	16	21	25	28	28	24	20	15	11
	3	2	3	7	12	16	18	19	16	13	9	5
Trabzon	11	10	12	15	19	23	26	26	23	20	17	13
	5	4	5	8	13	17	20	20	17	14	10	7
Ankara	4	5	11	17	22	27	30	30	26	20	13	6
(900 m)	− 4	− 3	0	4	9	13	15	15	11	7	3	− 1
Van	1	2	4	11	18	24	28	28	24	17	11	3
(1 730 m)	− 8	− 8	− 5	1	6	10	14	14	9	5	1	− 6
Izmir	12	13	16	21	26	30	33	33	29	24	19	14
	5	5	7	10	14	18	21	21	17	14	10	7
Antalya	15	15	18	21	25	30	34	34	31	26	21	17
	6	7	8	11	15	20	23	23	19	15	11	8

température de la mer : moyenne mensuelle

	J	F	M	A	M	J	J	A	S	O	N	D
Trabzon	9	8	8	10	14	21	24	24	22	19	16	12
Izmir	15	13	14	15	17	20	23	23	22	19	17	14
Antalya	17	15	16	17	20	23	26	27	27	24	21	19

	J	F	M	A	M	J	J	A	S	O	N	D
Istanbul	2	3	4	6	8	10	11	11	8	6	4	2
	110/12	90/11	70/10	45/6	40/5	35/4	35/3	30/2	60/5	80/8	105/11	120/13
Trabzon	3	3	4	5	7	8	7	7	5	5	4	3
	90/10	70/9	60/10	55/9	55/8	50/8	35/8	45/5	80/8	110/8	100/9	80/10
Ankara	3	4	6	7	9	11	12	12	10	7	5	3
	35/8	40/8	35/7	35/7	50/7	30/5	13/2	8/1	19/3	20/5	30/6	45/9
Van	3	5	6	7	9	11	12	12	10	6	5	3
	55/9	25/8	50/9	60/10	35/8	15/2	5/1	2/1	8/1	50/7	40/7	35/7
Izmir	4	6	6	8	10	12	12	12	10	7	5	4
	135/10	105/8	70/7	45/5	40/4	9/2	3/0	2/0	16/2	50/4	85/6	140/11
Antalya	5	7	7	9	10	12	12	12	10	8	7	5
	245/11	160/9	90/6	45/4	30/3	11/1	2/0	3/0	13/1	50/4	105/6	275/12

Pour choisir une destination, voir également :

La santé en voyage, p. 401
Le coût de la vie, p. 441
Le monde tel qu'il est, p. 461
Obtenir ses visas, p. 471
La durée des vols, p. 485
Atlas du voyageur, en début de volume
Internet et les voyageurs, en fin de volume

Ukraine

Superficie : 1,17 fois la France. Kiev : (latitude 50°24'N ; longitude 30°27'E) : GMT + 2 h. Durée du jour : maximale (juin) 16 heures 30, minimale (décembre) 8 heures.

▶ Bordée au sud par la mer Noire et son appendice de la mer d'Azov, au sud-ouest par la chaîne des Carpates, l'Ukraine est grande ouverte au nord et à l'est aux influences polaires.

▶ **De mai à la fin septembre**, il n'existe pas de contre-indications pour un voyage en Ukraine ; certains étés cependant, il peut y faire très chaud.

▶ Les grandes plaines des parties nord et orientale de l'Ukraine connaissent une sorte d'hiver russe, mais dans une version moins rigoureuse et abrégée : la région de Kiev est en moyenne recouverte par la neige une centaine de jours (150 pour celle de Moscou) et la moyenne des minima relevés au pied de la cathédrale Sainte-Sophie s'écarte de celle enregistrée devant le Kremlin de plus de 5°. La règle générale est la suivante : plus on avance vers le nord, mais surtout vers l'est, et plus l'hiver est rigoureux. Surtout à l'est du pays, les jours de brouillard sont nombreux.

Au sud, les bords de la mer Noire offrent des températures plus clémentes. Il neige rarement sur le littoral de la Crimée ; cependant, même Yalta est loin de pou-

voir véritablement prétendre être une « Côte d'Azur » (1° et 7° pour Yalta, 5° et 12° pour Nice, sont leurs moyennes respectives des mini et des maxi en janvier). L'Ukraine n'est jamais à l'abri, même en hiver, d'une bonne tempête – le *buran* si la neige est soulevée, et le *buran noir* si, en l'absence de neige, c'est la poussière qui s'envole. Le nord de la Crimée et les bords de la mer d'Azov sont les secteurs les plus souvent affectés par ces tempêtes.

▶ Au début du mois d'avril, la neige a en principe disparu des vastes plaines de l'Ukraine et les températures montent allégrement. Le printemps voit aussi quelques coups de fœhn viser la Crimée et y faire brusquement s'effondrer son taux d'humidité. À la fin du printemps et jusqu'en août, les orages sont fréquents, tout particulièrement dans la région d'Oujgorod, à l'extrême ouest du pays au-delà des reliefs des Carpates.

▶ L'été ukrainien est long. Juin et juillet sont les mois où tombent les pluies les plus importantes – rien de très excessif cependant puisque ces régions souffrent d'un déficit général de précipitations. Périodiquement, les steppes connaissent les tempêtes de poussière (l'Ukraine exporte ainsi un peu de son lœss jusqu'en Scandinavie). Le pays, surtout sa moitié sud, connaît aussi de temps à autre le phénomène du *soukhoviei* : un vent chaud associé à la sécheresse de l'air et du sol arrive à faire griller la végétation sur pied.

VALISE : vêtements chauds en hiver. Au printemps et en automne, ne pas oublier d'emporter de quoi se couvrir pour les soirées qui peuvent être très fraîches. ●

moyenne des températures maximales / moyenne des températures minimales

	J	F	M	A	M	J	J	A	S	O	N	D
Kiev	– 4	– 2	3	14	21	24	25	24	20	13	6	– 1
	– 10	– 8	– 4	5	11	14	15	14	10	6	0	– 6
Chernivtsy	– 3	0	4	14	20	23	24	24	21	15	8	– 1
(250 m)	– 10	– 7	– 3	3	9	12	13	13	9	5	1	– 6
Kharkov	– 5	– 3	2	14	22	25	27	26	21	13	5	– 1
	– 12	– 10	– 4	4	10	13	15	14	9	4	– 1	– 6
Odessa	0	2	5	12	19	23	26	26	21	16	10	4
	– 6	– 4	0	6	12	16	18	17	14	9	4	– 2
Simferopol	3	5	9	16	22	25	28	28	23	17	12	7
(200 m)	– 4	– 3	0	5	10	14	16	15	11	7	4	0

nombre d'heures par jour   hauteur en mm / nombre de jours

	J	F	M	A	M	J	J	A	S	O	N	D
Kiev	1	2	4	5	8	9	9	8	6	4	2	1
	43/12	40/10	35/9	45/8	55/9	65/10	70/10	72/10	47/7	47/8	53/10	40/12
Chernivtsy	2	2	4	6	8	9	9	8	6	5	2	1
	40/13	45/12	50/9	55/7	63/9	110/9	110/10	45/8	45/6	30/6	40/8	40/10
Kharkov	1	2	4	6	9	9	10	8	7	5	2	1
	50/12	40/9	30/9	30/7	30/6	50/6	45/7	65/6	30/5	20/5	45/9	65/14
Odessa	2	2	4	7	9	10	10	10	8	6	2	1
	57/10	62/10	30/8	20/7	35/6	35/6	42/5	37/5	37/5	13/4	35/8	70/10
Simferopol	2	4	5	7	10	11	11	10	9	7	4	2
	45/10	35/10	40/8	30/6	40/6	35/6	65/5	40/4	35/5	25/4	45/9	50/11

température de la mer : moyenne mensuelle

	J	F	M	A	M	J	J	A	S	O	N	D
Odessa	2	2	3	8	15	19	21	22	18	13	9	3

Uruguay

Superficie : 0,3 fois la France. Montevideo (latitude 34°42'N ; longitude 56°12'O) : GMT – 3 h. Durée du jour : maximale (décembre) 14 heures 30, minimale (juin) 10 heures.

En Uruguay, petit pays encadré par ses deux géants voisins, le Brésil et l'Argentine, le climat est assez tempéré, en particulier sur la côte.

▶ La meilleure saison pour se rendre à Montevideo est l'été austral, **de décembre à mars**. Il fait alors chaud, parfois très chaud dans la journée, mais nettement moins étouffant qu'à Buenos Aires, de l'autre côté du Rio de la Plata, et les nuits sont douces. Le temps est très ensoleillé malgré les quelques pluies qui, à cette saison comme aux autres, sont apportées par le *sudestada*, un vent frais venu de l'océan (d'où le dicton : « *Viento del este, lluvia como peste* »).

C'est la bonne époque pour profiter des très belles plages qui s'étendent à l'est de Montevideo, notamment à Punta del Este. Il faut savoir toutefois que la mer n'y est jamais très chaude.

Sur le littoral, les températures de l'air restent agréables pendant les saisons intermédiaires, et en hiver (juin à septembre) le temps est encore assez doux durant la journée, mais il peut faire froid la nuit. Les pluies, qui sont réparties assez également sur toute l'année, sont rarement excessives.

▶ À l'intérieur du pays (voir Salto), il fait un peu plus chaud et l'on peut préférer les intersaisons, par exemple **mars à mai** et **septembre-octobre**, bien que les pluies – le plus souvent de violents orages – soient un peu plus fortes durant ces deux périodes que le reste de l'année. Ces pluies ont tendance à augmenter à mesure que l'on s'approche de la frontière brésilienne, au nord.

L'hiver est, de même que sur la côte, relativement doux et ensoleillé.

VALISE : de novembre à mars, vêtements légers et amples, en fibres naturelles de préférence, un ou deux lainages et une veste, éventuellement de quoi se protéger des averses. De juin à août, vêtements de demi-saison (pull-overs, veste chaude, imperméable ou anorak). ●

moyenne des températures maximales / moyenne des températures minimales

	J	F	M	A	M	J	J	A	S	O	N	D
Salto	32	31	29	24	21	18	18	20	22	24	29	32
	19	19	17	13	10	8	7	9	11	13	15	18
Montevideo	28	28	26	22	18	15	14	15	17	20	23	26
	17	16	15	12	9	6	6	6	8	9	12	15

nombre d'heures par jour   hauteur en mm / nombre de jours

	J	F	M	A	M	J	J	A	S	O	N	D
Salto	**11**	**11**	**10**	**9**	**7**	**6**	**6**	**7**	**8**	**9**	**11**	**11**
	110/7	100/5	120/6	130/6	105/6	120/7	75/6	60/6	120/7	140/7	75/4	110/6
Montevideo	**11**	**10**	**9**	**8**	**6**	**5**	**5**	**6**	**7**	**8**	**10**	**10**
	75/7	75/7	100/9	105/8	95/9	95/9	65/8	85/8	90/8	70/8	80/9	80/8

température de la mer : moyenne mensuelle

	J	F	M	A	M	J	J	A	S	O	N	D
Atlantique (Punta del Este)	20	21	20	19	17	15	13	12	12	14	17	19

Vanuatu

Superficie : 0,02 fois la France. Port-Vila (latitude 17°44'S ; longitude 168°19'E) : GMT + 11 h. Durée du jour : maximale (décembre) 13 heures, minimale (juin) 11 heures.

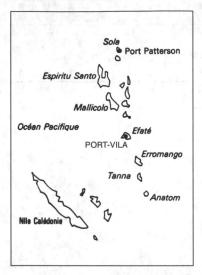

Il fait généralement chaud et humide dans cet archipel (ex-Nouvelles-Hébrides) qui s'étend, au nord-est de la Nouvelle-Calédonie, sur environ 900 kilomètres de long.

▶ **La saison « fraîche », de mai à octobre**, est la période la plus agréable : les pluies sont moins abondantes que le reste de l'année et les alizés tempèrent un peu la chaleur.
Dans les îles situées au nord du 17e parallèle (voir Port Patterson), il pleut assez souvent même pendant cette saison, et l'humidité peut parfois être désagréable. En revanche, plus au sud, de l'île Efaté (voir Port-Vila) à celle d'Anatom, les pluies sont nettement plus modérées durant cette période.

▶ Pendant la saison chaude, et en particulier de décembre à mai, l'ensemble de l'archipel reçoit des précipitations très abondantes et peut également essuyer des cyclones tropicaux (surtout au nord).

▶ Il n'existe pas de données statistiques fiables concernant l'ensoleillement au Vanuatu, qui est très satisfaisant au sud de l'archipel et prédominant au nord en saison sèche, plus incertain durant la saison des pluies, surtout au nord.

VALISE : quelle que soit la saison, vêtements très légers et éventuellement de quoi se protéger des averses (mais quand il pleut, il pleut, et pas grand-chose n'y résiste...).

SANTÉ : risques de paludisme toute l'année, sauf sur l'île de Futuna. Zones de résistance élevée à la Nivaquine.

BESTIOLES : après le coucher du soleil, nuages de moucherons et de moustiques, toute l'année.

FOULE : pression touristique soutenue. Décembre est le mois qui connaît le plus d'affluence ; la période qui va de juillet à octobre fait aussi figure de haute saison. Février et mars sont au contraire les moins fréquentés. Plus de la moitié des visiteurs sont Australiens ; les autres issus de la région : originaires de Nouvelle-Zélande, de Nouvelle-Calédonie ou des îles mélanésiennes. ●

Voir également les rubriques :
La santé en voyage, p. 401
Le coût de la vie, p. 441
Le monde tel qu'il est, p. 461
Obtenir ses visas, p. 471
La durée des vols, p. 485

moyenne des températures maximales / moyenne des températures minimales

	J	F	M	A	M	J	J	A	S	O	N	D
Port Patterson	**30**	**30**	**30**	**29**	**29**	**28**	**28**	**28**	**28**	**28**	**29**	**30**
	3	24	24	23	23	23	23	23	23	23	23	24
Port-Vila	**30**	**30**	**30**	**28**	**27**	**26**	**25**	**26**	**26**	**27**	**28**	**29**
	23	23	23	22	21	20	19	19	20	20	21	22

nombre d'heures par jour   hauteur en mm / nombre de jours

	J	F	M	A	M	J	J	A	S	O	N	D
Port Patterson	*	*	*	*	*	*	*	*	*	*	*	*
	415/20	360/19	445/23	425/20	370/19	245/17	225/15	235/15	305/17	490/18	265/14	300/17
Port-Vila	*	*	*	*	*	*	*	*	*	*	*	*
	320/18	280/17	365/20	210/17	135/14	130/13	112/12	110/12	105/12	110/12	175/13	180/14

température de la mer : moyenne mensuelle

	J	F	M	A	M	J	J	A	S	O	N	D
Port-Vila	28	28	28	28	27	26	26	25	26	26	27	27

Venezuela

Superficie : 1,7 fois la France. Caracas (latitude 10°30'N ; longitude 66°53'O) : GMT - 4 h. Durée du jour : maximale (juin) 12 heures 30, minimale (décembre) 11 heures 30.

▶ La période qui va de la mi-décembre à la mi-avril et qui correspond à la saison sèche (*el verano*) sur l'essentiel du territoire est la meilleure saison pour se rendre au Venezuela, que vous ayez le projet de parcourir le pays ou de vous prélasser à l'ombre des palmiers sur les plages caraïbes. (Et à l'intérieur de cette période, partez de préférence entre mi-février et avril.)

Sur la côte nord du pays (voir Maracaibo), comme sur les îles Margarita et La Tortuga, la chaleur est un peu moins forte et surtout moins étouffante que pendant la saison des pluies. Les îles et la splendide côte encore peu fréquentée qui s'étend à l'est de Barcelona sont les régions les plus ensoleillées.

Caracas, la capitale, et Mérida, au centre d'une petite cordillère andine qui s'allonge à l'ouest du pays, jouissent grâce à leur altitude de températures plus modérées pendant la journée et qui peuvent être fraîches en matinée. Mérida et surtout la Guyane vénézuélienne – massif de montagnes douces et de plateaux couverts de forêts tropicales, au sud-est du pays (voir Santa Elena) – ne sont jamais à l'abri des averses et des orages, même pendant la saison sèche.

Au-dessus de 3 000 mètres, dans la cordillère andine, et jusqu'à 5 000 mètres, où règnent les neiges éternelles, il fait constamment froid et humide. On trouve des pistes de ski dans l'État de Mérida.

C'est dans les plaines centrales, les interminables *llanos*, que l'on observe à cette saison les températures les plus élevées (voir San Fernando). Les pointes de 40° sont très fréquentes et, en début d'après-midi, chevaux et cavaliers ont tout intérêt à faire la sieste à l'ombre d'un arbre, si toutefois ils en trouvent un, avant de repartir à la recherche du bétail.

Au Venezuela, c'est en janvier et février que fleurit le *bucare*, un arbre magnifique aux fleurs rouge-orangé.

▶ Pendant la saison des pluies, grosso modo de la fin avril à la fin novembre, la chaleur humide est assez éprouvante sur la côte, même à Maracaibo, où il pleut relativement peu. À Caracas, l'eau des *aguaceros*, dévalant les ravins qui surplombent la capitale, provoque régulièrement des inondations. Au centre du pays, de larges étendues de *llanos* se transforment en marécages et la circulation dans cette région devient très problématique. Mais les régions les plus arrosées sont le bassin de l'Orénoque et les reliefs – la cordillère de Mérida et surtout le plateau des Guyanes (plus de 4 mètres d'eau par an dans certaines zones), pays de jungle mythique pour les chercheurs d'or.

VALISE : vêtements légers (évitez les fibres synthétiques), un ou deux lainages, une veste ou un blouson pour les soirées en altitude ; un vêtement de pluie léger d'avril à novembre.

SANTÉ : risques de malaria (en dessous de 600 mètres d'altitude) le long de l'Orénoque et de ses affluents, dans la partie sud de la lagune de Maracaibo, et le long de la frontière avec le Guyana ; résistance élevée à la Nivaquine. Vaccination contre la fièvre jaune recommandée. Vaccin antirabique conseillé pour de longs séjours.

BESTIOLES : les serpents sont nombreux au Venezuela ; les risques de les rencontrer sont très faibles, mais faites cependant attention quand vous vous déplacez à pied dans les zones rurales. Il y a aussi des moustiques dans les régions boisées ou peu élevées (actifs toute l'année, le soir et la nuit).

FOULE : pression touristique très modérée. 1/3 des visiteurs viennent d'Amérique du Nord. Parmi les Européens, Allemands et Italiens, puis Espagnols et Britanniques sont les plus nombreux. ●

moyenne des températures maximales / moyenne des températures minimales

	J	F	M	A	M	J	J	A	S	O	N	D
Maracaibo	32	32	33	33	33	34	34	34	34	33	33	33
	23	23	23	24	25	25	25	25	25	24	24	24
Caracas (1 030 m)	24	25	26	26	27	26	26	26	27	26	25	26
	13	13	14	16	17	17	16	16	16	16	16	14
Barcelona	31	32	32	32	31	29	27	27	28	29	30	31
	23	23	23	23	23	23	22	23	23	23	23	23
Mérida (1 500 m)	23	23	23	24	24	24	24	24	24	24	23	23
	13	14	15	16	16	16	15	15	15	16	15	14
San Fernando	32	34	35	34	32	29	29	30	31	32	32	32
	21	22	23	24	23	22	22	23	23	23	22	22
Santa Elena (910 m)	30	31	31	30	29	28	28	28	29	29	30	29
	16	17	18	18	18	18	17	17	17	17	17	17

nombre d'heures par jour / hauteur en mm / nombre de jours

	J	F	M	A	M	J	J	A	S	O	N	D
Maracaibo	9	9	8	7	6	7	8	8	7	6	7	8
	2/0	1/0	8/1	20/2	70/5	55/5	45/4	55/5	70/6	150/8	85/6	15/1
Caracas	8	8	8	7	6	7	7	7	7	7	7	7
	20/5	10/2	15/2	33/2	80/8	100/13	110/13	110/13	105/12	110/11	95/11	45/8
Barcelona	10	10	10	9	9	7	7	7	8	9	9	9
	10/1	4/1	6/1	7/1	45/4	100/12	135/14	110/13	75/10	65/7	50/6	25/3
Mérida	8	8	7	6	6	6	6	7	6	6	7	8
	65/8	40/6	90/8	170/15	250/19	185/18	120/17	145/18	170/18	240/20	210/19	85/10
San Fernando	9	10	9	8	6	5	5	6	7	8	9	9
	1/0	4/1	14/1	70/4	185/12	280/19	305/24	280/20	170/15	130/10	40/4	11/2
Santa Elena	7	7	7	6	5	5	5	6	8	8	7	6
	50/10	60/9	95/11	135/16	215/23	250/24	215/24	170/22	95/15	90/12	130/14	120/14

température de la mer : moyenne mensuelle

	J	F	M	A	M	J	J	A	S	O	N	D
Barcelona	26	25	25	26	26	27	28	28	27	27	27	26

Vietnam

Superficie : 0,6 fois la France. Hô Chi Minh-Ville, ex-Saigon (latitude 10°49'N ; longitude 106°40'E) : GMT + 7 h. Durée du jour : maximale (juin) 12 heures 30, minimale (décembre) 11 heures 30.

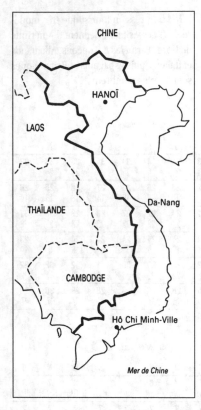

Au Vietnam, qui se situe dans la zone des moussons, le climat est généralement chaud et humide, avec de sensibles différences régionales du nord au sud.

▶ À Hanoï, les meilleures périodes sont **novembre et fin avril-début mai** : il pleut relativement peu et le soleil fait d'assez fréquentes apparitions. En hiver, il pleut encore moins mais le ciel est presque constamment couvert ; en été, le temps est plus ensoleillé mais très orageux et humide. Au centre du pays, la meilleure saison est la moins pluvieuse, **de février à juin** (voir Da Nang), ainsi que dans le sud, de **décembre à avril** (voir Hô Chi Minh-Ville, ex-Saigon).

▶ **La saison des fortes pluies** démarre en mai dans le nord (voir Hanoï) et dure jusqu'à fin octobre. Dans cette région, les mois de juillet et août sont les plus pénibles : c'est une période de pluies extrêmement violentes.
Au centre (voir Da Nang), la saison des pluies est plus tardive (juillet à janvier).
Au sud (voir Hô Chi Minh-Ville, ex-Saigon), elle commence à peu près à la même période qu'au nord, mais se prolonge jusqu'en novembre et les pluies sont encore plus abondantes. Les typhons menacent le centre et le sud le plus souvent en septembre et octobre ; il arrive qu'ils remontent jusqu'au nord du pays. En 1997, au début du mois de novembre, *Linda* a frappé le sud, faisant près de 200 morts.

VALISE : d'avril à octobre, vêtements légers, en fibres naturelles de préférence ; le reste de l'année, des vêtements légers, mais aussi des lainages, une veste ou un blouson chaud.

SANTÉ : risques de paludisme toute l'année dans tout le pays. Résistance élevée à la Nivaquine. Vaccin antirabique recommandé pour longs séjours.

BESTIOLES : moustiques toute l'année dans les régions forestières et dans les régions montagneuses. ●

moyenne des températures maximales / moyenne des températures minimales

	J	F	M	A	M	J	J	A	S	O	N	D
Hanoï	**20**	**21**	**23**	**28**	**32**	**33**	**33**	**32**	**31**	**29**	**26**	**22**
	13	14	17	21	23	26	26	26	24	22	18	15
Da Nang	**24**	**26**	**27**	**30**	**33**	**34**	**33**	**34**	**31**	**28**	**27**	**25**
	19	20	21	23	24	25	25	25	24	23	22	20
Hô Chi Minh-Ville (ex-Saigon)	**32**	**33**	**34**	**35**	**33**	**32**	**31**	**31**	**31**	**31**	**31**	**31**
	21	22	23	24	24	24	24	24	23	23	23	22

nombre d'heures par jour   hauteur en mm / nombre de jours

	J	F	M	A	M	J	J	A	S	O	N	D
Hanoï	**1**	**1**	**1**	**2**	**4**	**5**	**5**	**4**	**4**	**4**	**3**	**2**
	20/9	35/14	45/15	90/14	215/14	255/15	335/16	335/16	275/14	115/10	50/7	25/7
Da Nang	**4**	**5**	**6**	**7**	**8**	**8**	**8**	**7**	**6**	**5**	**4**	**4**
	100/15	30/7	12/4	18/4	45/8	40/7	100/11	115/12	445/17	530/21	220/21	210/20
Hô Chi Minh-Ville	**6**	**7**	**7**	**7**	**5**	**5**	**4**	**5**	**4**	**5**	**5**	**6**
	16/2	3/1	13/2	40/5	220/17	330/22	315/23	270/21	335/22	270/20	115/11	55/7

température de la mer : moyenne mensuelle

	J	F	M	A	M	J	J	A	S	O	N	D
Vung Tau (ex-Cap Saint-Jacques)	25	25	26	28	28	28	29	28	27	27	27	26
Da Nang	24	24	25	27	27	28	29	28	28	27	26	24

Yémen

Superficie : 0,8 fois la France. Sanaa (latitude 15°23'N ; longitude 44°11'E) : GMT + 3 h. Durée du jour : maximale (juin) 13 heures, minimale (décembre) 11 heures.

Le Yémen, situé dans une région principalement désertique, bénéficie toutefois dans sa partie ouest, grâce à l'altitude, d'un climat assez différent du reste de la péninsule Arabique.

▶ Sur ces **hauts plateaux** fertiles – l'Arabie heureuse des souverains de Saba –, où se dressent villes et villages forteresses témoins d'une étonnante architecture millénaire, la chaleur est forte dans la journée, mais les nuits sont rafraîchissantes (voir Saada, Sanaa, Moukayras). Elles sont même froides, parfois très froides en hiver : il n'est pas rare qu'il gèle en cette saison, et il peut aussi neiger sur les sommets. Les pluies de mousson, qui permettent cultures et élevage, tombent surtout en avril-mai et entre juin et septembre. Elles ne sont jamais assez abondantes pour empêcher longtemps le soleil de briller.
Les périodes les plus agréables sont sans doute les mois de **mars-avril** et d'**octobre-novembre** sur les hautes terres du nord (Saada, Sanaa), et d'**avril à septembre** plus au sud (Moukayras).

▶ Les **côtes** subissent une chaleur étouffante et humide toute l'année, bien que les pluies soient très rares. Que ce soit sur la *tihama*, l'étroite plaine côtière bordée par la mer Rouge (voir Al-Hodeidah) ou le long du golfe d'Aden (voir Aden, Moukallah), la meilleure période – la moins torride – se situe **entre décembre et février**.

▶ Au **nord-est**, le plateau s'abaisse progressivement et devient de plus en plus aride jusqu'aux confins du redoutable désert saoudien de Roub al-Khali.

VALISE : sur les côtes, quelle que soit la période, des vêtements très légers, amples, d'entretien facile. Dans l'intérieur du pays, d'octobre à avril, des vêtements chauds pour le soir et le matin et des vêtements d'été pour la journée ; le reste de l'année, vêtements très légers.

SANTÉ : vaccination contre la rage fortement recommandée dans le nord du pays. Risques de paludisme, surtout de septembre à février, dans tout le pays sauf à Aden. Résistance à la Nivaquine.

FOULE : l'après-11 septembre 2001 a été fatal au tourisme yéménite, déjà très touché par l'issue tragique d'un enlèvement de voyageurs en décembre 1998. À l'époque où cette destination commençait à rencontrer un certain succès, Allemands, Italiens et Français constituaient les principaux contingents. ●

Aden l'enfer

L'été finit ici vers le 15 octobre. Vous ne vous figurez pas du tout l'endroit. Il n'y a aucun arbre ici, même desséché, aucun brin d'herbe, aucune parcelle de terre, pas une goutte d'eau douce. Aden est un cratère de volcan éteint et comblé au fond par le sable de la mer. On n'y voit et on n'y touche donc absolument que des laves et du sable qui ne peuvent produire le plus mince végétal. Les environs sont un désert de sable absolument aride. Mais ici, les parois du cratère empêchent l'air de rentrer, et nous rôtissons au fond de ce trou comme dans un four à chaux. Il faut bien être forcé de travailler pour son pain, pour s'employer dans des enfers pareils !
Arthur Rimbaud, *Lettre à sa famille*, 28 septembre 1885.

moyenne des températures maximales / moyenne des températures minimales

	J	F	M	A	M	J	J	A	S	O	N	D
Saada	25	26	29	29	32	33	33	34	32	28	26	25
(1 600 m)	1	6	9	13	15	15	15	15	13	8	7	6
Sanaa	26	27	28	28	29	31	31	31	29	26	26	26
(2 350 m)	3	4	7	9	11	12	12	13	10	4	4	5
Al-Hodeidah	29	30	31	34	36	37	38	37	37	35	32	30
	18	19	21	24	26	28	29	27	26	23	20	23
Moukallah	27	28	29	31	33	34	34	33	32	31	30	28
	20	20	21	24	25	27	25	25	26	23	21	20
Moukayras	17	19	21	22	25	27	26	24	24	23	20	18
(2 040 m)	3	6	7	10	11	13	15	14	12	8	6	5
Aden	28	29	30	32	34	37	36	36	36	33	30	29
	22	23	24	25	28	29	28	28	28	25	23	23

nombre d'heures par jour   hauteur en mm / nombre de jours

	J	F	M	A	M	J	J	A	S	O	N	D
Saada	10	9	9	10	10	8	7	8	10	10	10	9
	0/0	5/1	5/1	25/2	7/1	1/0	35/3	70/5	30/2	1/0	0/0	0/0
Sanaa	11	9	8	7	10	8	7	8	10	11	10	9
	1/0	9/2	7/1	35/3	13/2	3/1	45/3	95/6	30/2	1/0	1/0	1/0
Al-Hodeidah	10	8	8	8	10	8	7	7	8	10	10	9
	0/0	18/2	5/1	4/0	7/1	3/0	18/2	2/2	5/1	3/0	8/1	10/2
Moukallah	*	*	*	*	*	*	*	*	*	*	*	*
	7/1	4/1	14/2	13/2	5/1	0/0	4/1	4/1	1/0	1/0	3/0	3/0
Moukayras	*	*	*	*	*	*	*	*	*	*	*	*
	1/1	9/2	7/1	35/2	13/2	3/1	45/5	95/7	30/3	1/1	0/0	0/0
Aden	*	*	*	*	*	*	*	*	*	*	*	*
	7/1	3/1	5/1	2/0	1/0	0/0	3/1	3/1	4/0	1/0	3/0	6/1

température de la mer : moyenne mensuelle

	J	F	M	A	M	J	J	A	S	O	N	D
Al-Hodeidah	23	23	25	27	28	29	30	29	28	27	26	24
Aden	23	24	26	27	28	28	28	28	28	27	26	25

Zambie

Superficie : 1,4 fois la France. Lusaka (latitude 15°25'S ; longitude 28°19'E) : GMT + 2 h. Durée du jour : maximale (décembre) 13 heures, minimale (juin) 11 heures 30.

Des trois saisons que connaît la Zambie, la plus agréable est celle qui va de mi-avril à août : il ne pleut pas, la chaleur est très supportable dans la journée et les nuits sont fraîches ; l'ensoleillement est partout excellent. Attention : il arrive même (assez rarement il est vrai) qu'il gèle durant cette période dans la partie ouest du pays, que ce soit en altitude, dans les Highlands, ou dans le Barotseland, région semi-désertique (voir Mongu).

Septembre et octobre sont encore des mois sans pluies – les plus indiqués pour visiter les réserves, comme celles du Luangwa, au nord, et celle de Kafué, à l'ouest de la capitale (voir chapitre Kenya) – mais ce sont aussi les mois des grandes chaleurs. Elles atteignent précisément des records dans la vallée du Luangwa et dans celle du Zambèze, qui traverse le Barotseland.

De novembre à mi-avril, c'est la saison des pluies et l'ensoleillement est nettement moins bon. Février est généralement le mois le plus humide, en particulier dans le nord (voir Kasama) et dans la Copper Belt, qui sont les régions les plus arrosées. Le Zambèze inonde périodiquement le Barotseland à cette époque de l'année. Au sud (voir Maramba ou « Livingstone »), les pluies sont moins fortes.

C'est à la fin de la saison des pluies que les chutes Victoria sont le plus impressionnantes ; il faut alors se munir d'un imperméable pour les approcher, alors qu'en septembre ou octobre le fond des gorges dans lesquelles se précipitent les eaux du Zambèze est pratiquement visible.

VALISE : en toute saison, des vêtements légers, de coton ou de lin de préférence ; des lainages, une veste pour les soirées, et même davantage si vous projetez d'aller dans l'ouest. Pour la saison des pluies, un imperméable léger ou un anorak. Pour visiter les réserves, vêtements de couleurs neutres et chaussures de marche en toile.

SANTÉ : risques de paludisme toute l'année dans la vallée du Zambèze, de novembre à mai-juin dans le reste du pays ; zones de résistance élevée à la Nivaquine. Vaccination contre la fièvre jaune souhaitable pour les voyageurs se rendant en dehors des grandes villes ; vaccin antirabique conseillé pour de longs séjours.

BESTIOLES : moustiques, pendant la saison des pluies. ●

moyenne des températures maximales / moyenne des températures minimales

	J	F	M	A	M	J	J	A	S	O	N	D
Kasama	26	26	26	26	26	24	25	28	30	31	29	27
(1 380 m)	16	16	16	16	13	10	10	11	14	16	17	16
Mongu	28	28	28	29	28	26	26	29	33	34	31	29
(1 050 m)	19	19	18	17	13	10	9	12	16	18	18	18
Lusaka	26	26	26	26	25	23	23	26	29	31	29	27
(1 270 m)	17	17	16	15	12	10	10	12	15	18	18	17
Maramba	29	29	30	30	28	25	25	28	32	35	33	30
(985 m)	19	19	17	15	11	7	7	10	15	19	19	19

nombre d'heures par jour hauteur en mm / nombre de jours

	J	F	M	A	M	J	J	A	S	O	N	D
Kasama	4	4	5	8	9	10	10	10	10	9	7	5
	265/21	250/19	260/18	70/7	8/1	0/0	0/0	1/0	1/0	17/2	135/13	235/19
Mongu	5	6	7	9	10	10	10	10	9	8	7	6
	215/17	210/16	145/12	35/4	1/0	0/0	0/0	0/0	2/0	35/4	100/11	220/17
Lusaka	5	5	7	9	9	9	9	10	10	9	7	6
	220/17	195/16	105/10	21/2	4/0	0/0	0/0	0/0	0/0	15/2	90/8	185/16
Maramba	6	6	8	9	10	9	10	10	9	9	7	6
	185/15	175/14	100/8	30/2	5/0	0/0	0/0	0/0	2/0	2/2	90/8	165/12

Zimbabwe

Superficie : 0,7 fois la France. Harare (latitude 17°56'S ; longitude 31°06'E) : GMT + 2 h. Durée du jour : maximale (décembre) 13 heures, minimale (juin) 11 heures.

▶ **La saison sèche, d'avril à octobre,** est la période la plus agréable pour voyager au Zimbabwe. On profite alors d'autant mieux du soleil et des ciels lumineux qu'il ne fait pas trop chaud, et que l'air est pur et sec.

À l'intérieur de cette période, certains mois sont préférables à d'autres selon les régions que vous comptez visiter : sur les hauts plateaux (plus de 1 000 mètres), qui couvrent la plus grande partie du pays (voir Harare, Bulawayo), il fait très bon en avril-mai et en septembre-octobre ; en revanche, les nuits sont presque froides en juin-juillet.

Dans les régions basses et notamment, au nord-ouest, celles de la très belle réserve de Wankie, des chutes Victoria et du lac Kariba, ceux qui craignent les fortes chaleurs éviteront le début et la fin de la saison sèche.

▶ **La saison des pluies,** de novembre à mars, est très supportable sur les plateaux, puisqu'elles tombent surtout sous forme d'orages et de violentes averses, n'empêchant jamais très longtemps le soleil de briller.

Mais cette période est beaucoup moins indiquée pour un voyage dans la région de Wankie ou dans la plaine du Limpopo, au sud : à une très forte chaleur s'ajoutent alors les difficultés de déplacement sur des pistes parfois inondées.

VALISE : de septembre à mars, vêtements de plein été, un pull pour les soirées en altitude, un anorak ou un imperméable léger ; le reste de l'année, le même genre de garde-robe, plus une veste chaude.

SANTÉ : risques de paludisme toute l'année dans la vallée du Zambèze, d'octobre à mai dans le reste du pays en dessous de 1 200 mètres d'altitude. Zones de résistance élevée à la Nivaquine.

BESTIOLES : moustiques dans les régions basses, surtout pendant la saison des pluies.

FOULE : pression touristique modérée, et même en baisse ces dernières années. Des visiteurs surtout issus des pays voisins : pour moitié de l'Afrique du Sud, pour le quart de Zambie. Avec environ 5 % du total des visiteurs, les Britanniques représentent l'essentiel des voyageurs venus d'Europe. ●

Voir également les rubriques :
La santé en voyage, p. 401
Le coût de la vie, p. 441
Le monde tel qu'il est, p. 461
Obtenir ses visas, p. 471
La durée des vols, p. 485

moyenne des températures maximales / moyenne des températures minimales

	J	F	M	A	M	J	J	A	S	O	N	D
Harare	**26**	**26**	**26**	**25**	**23**	**21**	**21**	**23**	**27**	**29**	**27**	**26**
(1 470 m)	16	16	14	12	9	7	7	8	12	15	15	16
Wankie	**32**	**32**	**32**	**32**	**30**	**27**	**27**	**30**	**34**	**37**	**36**	**33**
(780 m)	21	21	20	18	14	11	11	13	18	22	22	21
Bulawayo	**27**	**27**	**26**	**26**	**24**	**21**	**21**	**24**	**27**	**30**	**28**	**27**
(1 340 m)	16	16	15	13	10	7	7	9	12	15	16	16

nombre d'heures par jour   hauteur en mm / nombre de jours

	J	F	M	A	M	J	J	A	S	O	N	D
Harare	**6**	**6**	**7**	**8**	**9**	**8**	**9**	**9**	**9**	**9**	**7**	**6**
	210/15	170/13	100/9	40/4	11/2	5/1	1/0	3/0	5/1	30/4	100/10	185/14
Wankie	**6**	**6**	**8**	**9**	**10**	**10**	**10**	**10**	**9**	**9**	**7**	**6**
	145/13	145/10	80/7	18/2	6/1	2/0	0/0	1/0	2/0	18/2	60/7	110/10
Bulawayo	**7**	**7**	**8**	**9**	**9**	**9**	**9**	**10**	**10**	**9**	**7**	**7**
	135/10	110/9	65/5	20/3	9/1	3/0	0/0	1/0	5/1	25/3	90/8	125/10

LA SANTÉ EN VOYAGE

Introduction

« La malaria a disparu de Thaïlande. »
« Malaria : 80 % des cas en Thaïlande sont du type falpicarum (sic) malaria, incurable donc mortelle. »

Ces deux affirmations, radicalement opposées mais aussi fantaisistes et irresponsables l'une que l'autre, sont extraites des chapitres « Santé » de guides touristiques appartenant l'un comme l'autre à des collections de guides établies et respectées. Toujours concernant le paludisme (*malaria* est le terme anglo-saxon), les guides de voyages diffusés actuellement en France ne mentionnent pas, à quelques exceptions près, la moustiquaire imprégnée d'insecticide – stratégie préventive pourtant vivement recommandée par l'OMS (Organisation mondiale de la santé) depuis plusieurs années.

La minimisation des risques – les informations recueillies auprès de responsables du tourisme du pays concerné sont souvent inspirées par la crainte d'effrayer et de dissuader le lecteur du guide d'entreprendre son voyage – aussi bien que l'alarmisme excessif – dû à l'incompétence, et aussi parfois le fait de certains guides qui s'adressent aux « aventuriers » et où la mise en avant de dangers exagérés, ou même complètement imaginaires, semble avoir pour but essentiel de confirmer le lecteur dans ce statut d'aventurier – sont aussi critiquables l'un que l'autre.

Souvent, même dans le cas où ces textes ont été rédigés, en leur temps, par des personnes compétentes, ils deviennent rapidement obsolètes si le guide n'est pas très régulièrement mis à jour.

On trouvera fréquemment la même absence d'informations sérieuses dans les documents remis par des agences de voyages, dont le souci premier est de ne pas alarmer leurs clients potentiels.

Les médecins spécialistes des maladies tropicales et ceux des centres de vaccinations internationales sont les mieux à même de conseiller les voyageurs avant leur départ vers des destinations lointaines. Née il y a quelques années à l'initiative de ces médecins, la

Société de médecine des voyages (SMV)* s'est donné pour but de rassembler le maximum d'entre eux, ainsi que des médecins généralistes afin de pallier l'absence de sources de référence concernant les conseils à donner aux voyageurs dans le domaine de la santé. Cette société publie le guide *Médecine des voyages* dont la dernière édition est parue en juin 2002. C'est en collaboration étroite avec les médecins de la SMV que ce chapitre a été rédigé.

La mise à jour de ce chapitre a été réalisée avec l'aide du docteur Frédéric Sorge. Elle tient compte des communications présentées à la 3e Conférence européenne de médecine des voyages, réunie à Florence du 15 au 18 mai 2002, et à la 5e Journée biennale de médecine des voyages, organisée par la SMV le 20 juin 2002 à Paris.

---

* Société de médecine des voyages. Service des vaccinations – Hôpital de l'Institut Pasteur, 209, rue de Vaugirard, 75015 Paris. Tél. : 01 40 61 38 43 ; fax : 01 40 61 38 39 ; e-mail : cgoujon@pasteur.fr

Avant le départ

CONSULTATIONS

▶ **Chez le médecin.** Une visite chez son médecin est toujours conseillée avant un départ en voyage. Par ailleurs, si ni le fait d'être enceinte – les vols sont possibles en l'absence de risque d'accouchement –, ni le grand âge, ni certains problèmes cardiaques, ni même le diabète ne sont des contre-indications formelles au voyage, encore faudra-t-il prendre quelques précautions que le médecin qui vous connaît le mieux vous précisera. Les personnes en cours de traitement doivent naturellement prévoir d'emporter une quantité de médicaments en rapport avec la durée de leur déplacement.

▶ **Chez le dentiste.** À l'étranger, une simple carie peut gâcher vos vacances. Et si vous deviez prendre l'avion avec une carie non traitée, bonjour la douleur ! On ne saurait donc trop conseiller une visite au cabinet dentaire avant de partir en voyage.

▶ **Les consultations « Conseils aux voyageurs ».** Les centres de vaccinations internationales dispensent aussi, pour la plupart, des consultations d'information aux voyageurs. Ces centres, plus d'une centaine, sont répartis sur tout le territoire ; leur liste complète figure en annexe, à la fin de ce chapitre. Ces consultations sont tout particulièrement recommandées à ceux qui ont le projet de partir en zone tropicale. Leurs médecins spécialistes sont les plus compétents pour vous informer sur les vaccinations pertinentes, les protections antipaludiques et les précautions les mieux adaptées à votre destination et au type de voyage entrepris.

LES VACCINATIONS

– Pensez à vous faire vacciner 2 mois avant le départ.
– Aucune vaccination n'exige que l'on soit préalablement à jeun.
– Cette liste est destinée aux voyageurs adultes.

▶ **La vaccination contre le tétanos, la poliomyélite et la diphtérie.** Attention, la quasi-disparition de la poliomyélite et de la diphtérie en France a pour conséquence d'exposer d'autant plus le voyageur non vacciné qui se rend dans les pays du tiers monde où ces maladies restent présentes. Il faut savoir que 80 % des Français âgés de plus de 60 ans ne sont pas, ou mal, protégés contre la poliomyélite et la diphtérie ; et 40 % ne sont pas bien protégés contre le tétanos.

Aujourd'hui, un vaccin combiné protège contre les trois maladies en une seule injection. Un rappel est nécessaire tous les 10 ans.

▶ **La vaccination contre la fièvre jaune.** Elle est obligatoire ou conseillée pour les pays d'Afrique intertropicale et certains pays d'Amérique latine (du Panama à 15° de latitude sud).

Elle doit se faire au moins 10 jours avant le départ. Sa validité couvre une période de 10 ans.

Elle ne peut être pratiquée que dans un centre agréé (pour la France, la Belgique, le Luxembourg et la Suisse, voir les adresses à la fin de ce chapitre) et doit figurer sur un carnet international de vaccination délivré par ces centres.

▶ **La vaccination contre l'hépatite virale B.** Elle est fortement conseillée, tout particulièrement pour l'Afrique subsaharienne et l'Asie du Sud-Est (l'hépatite B est essentiellement transmise par voie sexuelle et par le sang – aiguilles souillées).

2 injections à 1 mois d'intervalle. Un rappel à 6 mois, puis tous les 5 à 10 ans selon les risques d'exposition.

▶ **La vaccination contre l'hépatite virale A.** Elle est recommandée si l'on doit voyager dans un pays à bas niveau d'hygiène (la transmission de l'hépatite A, « la jaunisse », se fait essentiellement par voie digestive : boissons, aliments, mains sales portées à la bouche) et aussi à tous les voyageurs amateurs de coquillages.

Une injection, rappel 6 mois à 1 an plus tard, puis tous les 10 ans.

▶ **La vaccination contre la fièvre typhoïde.** Elle est recommandée si l'on risque de voyager dans de mauvaises conditions d'hygiène, tout particulièrement en Afrique, dans l'Amérique intertropicale, dans le sous-continent indien et en Asie du Sud-Est.

Une injection unique au moins 3 semaines avant le départ ; elle est valable 3 ans.

▶ **La vaccination contre la méningite à méningocoque.** Elle est conseillée pour certains pays à risque en période d'épidémie et pour les longs séjours, notamment dans les pays du Sahel et de l'Afrique de l'Est, le Brésil, le Népal et l'Inde du Nord. Ces épidémies surviennent toujours en saison sèche.

Une injection unique au moins 10 jours avant le départ ; elle est valable 3 ans.

▶ **La vaccination contre la rage.** Surtout conseillée à certains professionnels (vétérinaires, forestiers...), aux expatriés en situation isolée, elle peut aussi l'être à tous ceux qui voyagent hors des sentiers battus, du routard au chasseur.

Elle est réalisée en 3 injections à J0, J7, J28, suivies d'un rappel 1 an plus tard, puis tous les 5 ans.

Attention, la vaccination contre la rage n'exclut pas la nécessité du traitement curatif en cas de contact (morsure, griffure, ou même simple léchage sur une peau écorchée) avec un animal suspect – 1 à 2 injections immédiates de rappel.

▶ **La vaccination contre l'encéphalite à tiques.** Elle est conseillée à tous les promeneurs en forêt qui se rendent, de mai à septembre, en Autriche et dans les pays de l'est de l'Europe.

▶ **La vaccination contre l'encéphalite japonaise.** Elle est conseillée pour un séjour en zone rurale au sud et à l'est du continent asiatique.
3 injections réparties sur 1 mois.

▶ **La vaccination contre le choléra.** L'efficacité de l'ancien vaccin étant contestée, cette vaccination n'est plus conseillée par l'OMS depuis longtemps et ce vaccin n'est d'ailleurs plus fabriqué par l'Institut Pasteur.
Aujourd'hui, la vaccination anticholérique n'est plus obligatoire dans aucun pays.
Un nouveau vaccin oral, *Mutacol* du laboratoire suisse Berna, est dès à présent disponible dans certains pays, notamment en Suisse et au Canada, mais pas en France. Cependant, ce vaccin est surtout destiné aux camps de réfugiés et aux travailleurs de santé exposés et n'est pas recommandé au voyageur, qui trouvera dans une bonne hygiène alimentaire la protection la plus efficace contre le choléra.
Des vaccins contre des formes de *tourista* dues à la bactérie *Escherichia Coli* (la plus fréquente) sont en phase d'essais. Cependant, les laboratoires GlaxoSmithKline ont abandonné en 2002 la mise au point du vaccin ETEC, une fois constatées les limites de son efficacité.

▶ Il existe d'autres vaccins, contre la leptospirose par exemple, qui ne s'adressent qu'à des cas très particuliers. Selon votre destination et l'activité envisagée, les médecins des consultations « Conseils aux voyageurs » seront en mesure de vous les prescrire. Enfin, un vaccin contre la dengue est en cours de mise au point.

FAIRE SA VALISE

▶ **Des vêtements bien adaptés au climat.** Avant de partir, étudiez bien les conditions climatiques qui vous attendent. Attention, comme vous avez pu le constater à la lecture de *Saisons & Climats*, le lointain et l'exotique ne sont pas toujours synonymes de chaleur : à Pékin, il fait en moyenne – 10 °C aux premières heures de la matinée en hiver ; à Nairobi (Kenya), les nuits sont fraîches, surtout de juillet à septembre.
Une bonne protection contre le froid, ou la chaleur, commence par le choix de vêtements adaptés : ils vous éviteront bien des désagréments et des problèmes de santé.
Même si vous partez vers des climats torrides, n'oubliez jamais d'emporter un pull pour les ambiances climatisées, ne serait-ce que celle de l'avion...

▶ **La trousse à pharmacie.** Rien de plus idiot qu'un petit bobo mal soigné, il peut gâcher un séjour. Aiguilles stériles, pansements et compresses antiseptiques doivent donc trouver une place dans la valise du voyageur. De même, les pommades, collyres et médicaments de base, qu'il peut être parfois plus difficile de se procurer à l'étranger, d'autant qu'ils y sont souvent distribués sous des noms ou des marques différents de ceux auxquels vous êtes habitués. Soyez attentifs au fait qu'il se développe, notamment en Afrique, des trafics de « faux » médicaments. Votre médecin est à même de vous faire une ordonnance afin que vous ayez tout le nécessaire avant votre départ. Demandez-lui de rédiger cette ordonnance en « DCI », c'est-à-dire en « Dénomination commune internationale » qui fait référence aux noms des molécules plutôt qu'aux noms commerciaux sous lesquels les médicaments sont vendus en France. Cette ordonnance sera ainsi lisible par les médecins d'autres pays qui pourront également vous prescrire ces médicaments sur place.

Aspirine ou paracétamol (Doliprane®) pour les douleurs, vitamine C contre l'état grippal, lopéramide (Imodium®) ou acétorphan (Tiorfan®) en cas de diarrhée bénigne, crème Urtiflor® contre les réactions à une piqûre d'insecte, Zolpidem en cas d'insomnie consécutive au décalage horaire, collyre Opticron® en cas d'allergie oculaire, pommade Biafine® pour les coups de soleil, un antibiotique à large spectre contre les infections, ce sont quelques-uns des médicaments de soins courants dont les modes d'emploi sont précisés dans les brochures qui accompagnent « Le bagage santé du voyageur » diffusé par SMI Équipements (tél. : 01 30 05 05 40).

▶ **Avant le départ vers un pays de l'Union européenne,** procurez-vous auprès de votre centre de sécurité sociale le formulaire E-111. Sur place, ou à votre retour, il facilitera le remboursement des frais médicaux engagés.

Enfin, particulièrement en voyage, ayez toujours sur vous un document où sont mentionnés en français et en anglais votre groupe sanguin, vos problèmes particuliers de santé (allergies, problèmes cardiaques, etc.), et aussi le numéro de téléphone de votre assurance-assistance, celui de votre médecin traitant et d'une personne proche qu'il est facilement possible de joindre en France.

Les contrats d'assistance

L'ASSISTANCE

À s'en tenir à son aspect voyage et santé, l'assistance, qui va souvent de pair avec un volet strictement assurance, c'est notamment :

▶ **Une ligne de téléphone** est ouverte 24 heures sur 24, auprès de laquelle trouver des conseils en cas de problèmes de santé. C'est une garantie de ne pas gâcher votre voyage par des décisions prises dans l'ignorance ou la panique. (Avant de partir : afin de savoir comment joindre la France depuis l'étranger, notamment avec la carte France Télécom internationale, appeler le 12 ou le 1014).

▶ **La possibilité d'être soigné sur place** dans de bonnes conditions grâce au réseau médical de l'assisteur, et ainsi de pouvoir poursuivre votre séjour.

▶ **Un rapatriement rapide** et contrôlé en cas de problème grave et si les raisons médicales le justifient.

▶ **Le remboursement des frais médicaux** engagés en cas de maladie ou d'accident, après accord de l'assisteur, à concurrence d'un plafond fixé dans le contrat d'assistance choisi. Et beaucoup d'aides de toutes sortes apportées au voyageur et à ses proches en cas de problèmes de santé.

UN EXEMPLE DE PLATEAU D'ASSISTANCE

▶ **IMA.** Le standard téléphonique est le premier contact du voyageur avec sa société d'assistance. On y parle un large panel de langues étrangères; donc, même si la personne qui réalise l'appel n'est pas le voyageur lui-même, mais une autre personne du pays hôte, elle sera parfaitement en mesure de se faire comprendre.

Selon la provenance de l'appel et le caractère de la demande, le standardiste met le voyageur en contact avec le plateau d'assistance. C'est à ce niveau que les techniciens d'assistance ouvrent un dossier qu'ils seront chargés de suivre jusqu'à son bouclage définitif (mise en œuvre et suivi de l'aide, mais aussi remboursement des frais médicaux, etc.).

S'il est médical, le problème est aussitôt soumis au médecin « trieur » qui oriente le cas vers un des médecins « régulateurs ». Ce dernier dispose alors d'une entière autonomie de décision. Il évalue l'importance et l'urgence du cas, après avoir recueilli l'avis de médecins présents sur place. Puis, il décide des mesures à prendre : soins sur place sous le contrôle de son réseau de correspondants, ou, si la situation et l'intérêt du patient l'imposent, le rapatriement. Selon les circonstances et la gravité du problème, le rapatriement peut consister en un simple retour par avion de ligne – avec, ou sans, accompagnement médical –, jusqu'à la mise à disposition d'un avion sanitaire spécialement affrété.

Une fois la décision prise, les techniciens d'assistance sont chargés de la mettre en œuvre et d'assurer la logistique des moyens nécessaires à son application. À Niort, pendant la période estivale et pour le seul « BES » (Bureau des évacuations sanitaires), ce sont une trentaine de personnes qui se relaient jour et nuit.

INFORMEZ-VOUS BIEN

Assuré comme conducteur, pour votre habitation, assuré multirisque, possesseur d'une ou plusieurs cartes de crédit, ou simplement client de tel ou tel voyagiste, vous êtes très probablement – sans même toujours le savoir – déjà bénéficiaire d'un ou de plusieurs contrats d'assistance « en inclusion », c'est-à-dire inclus dans vos contrats d'assurance. Informez-vous des garanties proposées par ces contrats, afin de pouvoir juger s'il est nécessaire de les compléter en souscrivant des options supplémentaires ou un nouveau contrat d'assistance.

Le plus souvent, ces contrats d'assistance sont valables pour des voyages d'une durée inférieure à 3 mois et proposent des remboursements de frais médicaux de 1 000 à 3 000 euros. Ces sommes peuvent sembler très modestes dans l'éventualité d'un voyage dans des pays comme les États-Unis, où les frais d'hospitalisation sont très élevés. Des options « frais médicaux » permettent généralement de monter ce plafond à 80 000, voire 150 000 euros.

Si les « étiquettes » des contrats d'assistance sont innombrables et variées, elles renvoient toutes aux activités d'un nombre de sociétés d'assistance très limité. Ce sont elles, et uniquement elles, qui auront à charge de mettre en œuvre les moyens pour vous venir en aide. Vous devez donc pouvoir exiger de celui qui vous vend un contrat d'assistance qu'il vous informe clairement sur la société d'assistance qui sera éventuellement appelée à vous porter secours... ce n'est pas toujours très transparent. Pour ne prendre qu'un exemple, Contact-Assistance (tél. : 0825 077 222), « assisteur » de nombreux TO, est un courtier qui ne dispose pas de moyens logistiques propres, mais fait assister ses clients par un grand de l'Assistance. Depuis le début de l'année 2002, par le Groupe Mondial Assistance.

24 heures sur 24, 7 jours sur 7 une assistance

AUX SOCIÉTAIRES DES MUTUELLES

Au cours de leurs déplacements touristiques d'une durée de 1 an ou professionnels d'une durée de 3 mois.

AUX EXPATRIÉS DE LA MGEN ET DE LA MUTUELLE DES AFFAIRES ÉTRANGÈRES

Assistance rapatriement, assistance en cas de décès, tiers payant hospitalier...

AUX EXPATRIÉS D'ENTREPRISES
adhérentes à la MUTUALITÉ FRANÇAISE et aux groupes MALAKOFF MÉDÉRIC.

B.P. 8000 - 118, AVENUE DE PARIS
79033 NIORT CEDEX 9

TELEPHONE	05	49 75 75 75
N° VERT EN FRANCE	0800	75 75 75
TEL DE L'ETRANGER	+33 5	49 75 75 75
N° VERT UNIVERSEL	+800	75 75 75 75

http://www.ima.tm.fr

LES GRANDES SOCIÉTÉS D'ASSISTANCE

▶ **AXA Assistance** est un réseau national et international d'assistance et de services pour les entreprises et les particuliers. AXA Assistance est l'assisteur d'American Express. Sa gamme de produits diversifiée permet d'assister des sociétés comme Alcatel, Michelin, Terres d'Aventure et Jetset. Des contrats « Missions aux expatriés » sont proposés aux personnes en déplacement professionnel. AXA Assistance a par ailleurs, en 2002, créé à l'intention des entreprises un produit *Sécurité des personnes* pour les destinations à risques (par exemple, Afghanistan, Colombie...). Vente *on line* des contrats aux particuliers (www.axa-assistance.fr).
12 bis, bd des Frères-Voisin, 92798 Issy-les-Moulineaux Cedex 9.
Tél. : 01 55 92 40 00 ; fax : 01 55 92 40 59.

▶ **Europ Assistance**. Née en 1963 et pionnière de l'assistance médicale au voyageur, Europ Assistance est incontestablement la plus connue du grand public. Cette société présente dans tous les pays demeure une référence. Si 20 % des contrats sont pris par des voyageurs individuels, elle cultive aussi le partenariat. D'abord avec de nombreuses compagnies d'assurance, dont Generali France Assurance et avec des organisateurs de voyages comme Nouvelles Frontières ou le Club Med et Donatello. La carte *Visa Premier* ouvre droit à Europ Assistance, qui dispose d'une capacité d'interventions médicales du meilleur niveau, permettant d'assurer une sécurité optimale à ses clients, et cela dans les circonstances les plus complexes dans le monde entier.
1, Promenade de La Bonnette, 92633 Gennevilliers Cedex.
Tél. (assistance) : 01 41 85 85 85. Tél. (informations) : 01 41 85 85 41.
Site Internet : www.europassistance.com/fr

▶ **Inter Mutuelles Assistance**. « Près de vous, loin de vous, nous sommes prêts », c'est la devise d'Inter Mutuelles Assistance. IMA est aujourd'hui la filiale des sociétés d'assurance mutuelles MAAF, MACIF, FILIA-MACIF, MAIF, Filia-MAIF, MATMUT, MAPA, SMACL, AGPM, MAE, AMF et Mutuelle des Motards. 16 millions de sociétaires bénéficient des services d'Inter Mutuelles Assistance qui est largement en tête pour les budgets consacrés à la mise en œuvre des moyens d'assistance ; d'autant que d'autres partenaires mutualistes, Mutualité française, MGEN, Mutuelle des Affaires étrangères, Mutuelle nationale des hospitaliers, les groupes Malakoff et Médéric en bénéficient également.
Grâce à son fonctionnement mutualiste, les garanties offertes sont les plus complètes du marché : frais médicaux à l'étranger couverts à concurrence de 80 000 euros en complément des prestations dues par les organismes sociaux, garanties de haut niveau aux expatriés avec mise à disposition d'un réseau hospitalier dans le monde entier.
BP 8000 - 118, avenue de Paris, 79033 Niort Cedex 9.
Tél. n° vert : 0800 75 75 75 ; depuis l'étranger : 33 5 49 75 75 75.
Site Internet : www.ima.tm.fr

▶ **Groupe Mondial Assistance**. Le groupe s'appuie sur 37 centres opérationnels et sur un réseau de prestataires couvrant le monde entier. En France, le groupe est implanté à travers Elvia, Mondial Assistance France et France Secours. Ce sont surtout les deux premières sociétés qui commercialisent, sous leurs noms respectifs, des produits d'assistance et d'assurance voyage.

Elvia. Comme assisteur, Elvia propose aux voyageurs individuels des contrats annuels ou temporaires tels que *Elvia Soleïs* et est également devenu un des spécialistes de l'assistance aux déplacements professionnels. Assisteur privilégié du réseau d'agences de voyages Havas, de Fnac Voyages, Vacances Carrefour et des agences de voyage d'Air France, Elvia est aussi un partenaire important du marché de l'e-commerce (lastminute.com, travelprice.com et voyages-sncf.com). Elvia travaille en inclusion avec de nombreux TO comme Asia, Kuoni, Fram, Look Voyages, sans oublier les contrats d'inclusion des cartes Visa. Elvia s'est également spécialisée dans de nouveaux services aux entreprises avec des produits tels que *La cellule de crise ELVIA*, lancée récemment auprès des professionnels du tourisme, ou encore la *Hotline Elvia*. Il est possible de souscrire une assurance en ligne *(www.elvia.fr)*.

153, rue du faubourg Saint-Honoré, 75381 Paris Cedex 08. Tél. : 01 42 99 02 99.

Mondial Assistance France. Créée il y a 25 ans, cette société commercialise ses services aux entreprises (banques, assurances, constructeurs, collectivités locales, caisses de retraites...) qui choisissent d'inclure ces prestations dans leurs offres.

2, rue Fragonard 75807 Paris Cedex 17.

Tél. (informations) : 01 40 25 52 04, Tél. (assistance) : 01 40 255 255.

Site Internet : www.mondial-assistance.fr

▶ **Mutuaide Assistance.** Cette société travaille presque exclusivement en inclusion. Inclusions en premier lieu avec les assurances de Groupama et du GAN, qui contrôlent son capital, mais aussi avec la carte Eurocard.

8-14, avenue des Frères-Lumière, 94366 Bry-sur-Marne Cedex.

Tél. (informations) : 01 45 16 64 40.

Tél. Groupama Assistance : 01 45 16 66 66.

Les risques du voyage, en chiffres

Les chiffres qui suivent, fournis par le Dr Prioux, concernent les « EVASAN » (les évacuations sanitaires, c'est-à-dire les rapatriements effectués avec déplacement d'une équipe médicale pour le transport) assurées par Inter Mutuelles Assistance ces dernières années. Ils permettent de bien rendre compte de certains risques du voyage. Risques que l'on pourrait notablement limiter, si les voyageurs en étaient mieux informés et y prêtaient une attention suffisante. Les pourcentages qui suivent ont été calculés sur la base des évacuations sanitaires effectuées à partir de pays en dehors de l'Europe.

▶ Plus de la moitié de ces évacuations (53 %) étaient dues à des problèmes traumatiques, dont les deux tiers liés aux accidents de véhicules. Les accidents sportifs représentant la deuxième cause de la pathologie traumatique.
À ce sujet, l'Afrique est incontestablement la région où la circulation automobile est la plus dangereuse. Il est notamment conseillé d'éviter les routes africaines la nuit. Même si votre propre voiture dispose d'un éclairage correct, ce ne sera pas toujours le cas des autres véhicules que vous serez amené à croiser. Quant aux véhicules à deux roues, ils représentent, ici comme ailleurs, le risque maximal ; d'autant plus que le port du casque paraît, à tort, trop souvent une incongruité sous les cieux exotiques.

▶ 13 % des rapatriements médicalisés sont associés à des accidents vasculaires cérébraux. C'est une pathologie plus fréquente chez les personnes assez âgées, et celles-ci sont de plus en plus nombreuses à voyager loin.
Le voyage, c'est la santé ! En effet, le voyage fait presque toujours office de véritable thérapeutique psychologique, d'autant plus pour une personne âgée ; on peut même, à leur sujet, parler de véritable « bain de jouvence ». Aussi, ni l'âge, ni d'ailleurs les problèmes cardiaques ne sont des contre-indications formelles au voyage. Mais les chiffres cités ci-dessus doivent tout naturellement inciter à mieux préparer son voyage afin d'éviter les imprudences – programmes surchargés, mauvaise préparation à de nouvelles conditions climatiques, etc., qui entraîneront des excès de fatigue.

▶ Enfin, psychiatrie et cardiologie représentent respectivement environ 10 % et 8 % des causes d'évacuations sanitaires.

▶ Les risques infectieux et les maladies « exotiques » ne représentent qu'une faible part des évacuations sanitaires (moins de 3 %). En effet, elles ne se déclarent souvent qu'après le retour ; et par ailleurs, une simple crise de paludisme pendant le voyage – en l'absence de complications – se traite fort bien sur place sans que l'on ait à envisager un rapatriement.

Le voyage et l'arrivée

▶ **Le stress du départ**. Le départ en voyage, surtout pour les personnes naturellement anxieuses, peut représenter une véritable épreuve. Pour être sûr de ne rien oublier – c'est un des principaux sujets d'angoisse –, on ne saurait donc trop conseiller de boucler ses valises la veille du départ et de préparer tous les papiers nécessaires (billets de transport, passeport, éventuellement permis de conduire international ou carnet de vaccination, carnet d'adresses, etc.). Arriver à l'aéroport ou à la gare à l'avance, en s'y faisant conduire si possible.

LES TRANSPORTS

▶ **L'avion**. Pour ceux, rares, sujets au mal de l'air, on conseillera de choisir une place proche du centre de gravité de l'avion, en zone non fumeur, et d'éviter l'absorption d'alcool. Le dimenhydrinate (Dramamine® et Nausicalm®) peut aussi être un palliatif du mal de l'air.

Le voyage en avion pose des problèmes en cas d'otite ou de rhino-pharyngite non traitées. Pour les oreilles sensibles au décollage et à l'atterrissage, il existe aujourd'hui des boules Quies « avion » qui protègent les conduits auditifs des variations de pression. Il peut aussi provoquer des pulpites douloureuses sur des caries profondes non soignées. Dans un avion, l'air est très sec, il est donc conseillé de boire régulièrement de l'eau minérale (1 litre environ pour 4 heures de vol). Pour éviter les « jambes lourdes », on conseillera aussi de se les dégourdir de temps en temps. Les passagers atteints de varices ou ayant des antécédents de phlébite demanderont conseil à leur médecin sur l'intérêt d'un traitement préventif. Les bas de contention sont un moyen simple et efficace pour éviter les risques de phlébite et d'embolie pulmonaire.

▶ **Le bateau**. Il est exceptionnel de n'avoir jamais éprouvé le mal de mer. Pour diminuer les risques d'en être la victime, on suivra les conseils suivants : éviter toute absorption d'alcool et avoir l'estomac bien calé (pâtes, pomme de terre, riz). Se tenir au plus près du centre de gravité du navire afin de limiter les effets du roulis et du tangage.

Le mieux est de se placer à l'air libre, vers le milieu du bateau, le visage au vent. On prendra soin, surtout si la houle est forte, de fixer les yeux loin vers l'horizon, ou tout autre but relativement immobile – côte, phare, lune, etc. Éviter de suivre des yeux les mouvements du navire dans la mer.

Les produits classiques (Dramamine®, Nausicalm®, Mercalm®...) ont une certaine efficacité contre le mal de mer, mais ils provoquent la sécheresse de la bouche et une certaine somnolence. On a récemment découvert les effets antinauséeux du gingembre ; ainsi Zintrona®, à base de racines de gingembre, paraît être efficace contre le mal de mer. Son action purement gastrique évite les effets de somnolence. Les « bracelets de mer » sont, quant à eux, tout à fait inefficaces.

▶ **Les effets du décalage horaire.** Il est impossible d'éviter totalement les effets fâcheux du décalage horaire, ou « Jet-lag », surtout quand il dépasse 4 ou 5 heures. Il est cependant conseillé d'adopter immédiatement les horaires de sommeil et de repas locaux, en essayant de dormir le plus possible la première nuit, au besoin en utilisant un somnifère. Les effets du décalage horaire sont plus sensibles quand on se déplace vers l'est que vers l'ouest. Dans le premier cas, par exemple celui d'un décollage le matin pour la Thaïlande, la journée vous semblera avoir rétréci et la nuit tomber très vite. À votre arrivée, la population du pays hôte dort profondément alors qu'il vous semble qu'il est encore trop tôt pour dîner : c'est le lendemain qui peut être dur.

En se dirigeant vers l'ouest, au contraire, la journée vous paraîtra interminable et les amis californiens qui comptaient dîner avec vous le soir même de votre arrivée seront déçus de vous trouver si endormi : tenez bon les yeux ouverts, couchez-vous cependant assez tôt relativement à l'heure américaine, et le matin suivant, les espoirs de bonne forme vous seront encore permis.

La Mélatonine agit efficacement sur notre horloge biologique et réduit les effets du décalage horaire. La prise de Mélatonine se fait différemment selon que l'on se dirige vers l'ouest ou vers l'est. En vente libre aux États-Unis et dans certains pays d'Europe, la Mélatonine est, en France, l'objet d'une demande d'Autorisation de Mise sur le Marché (AMM) toujours en cours d'instruction en 2002. L'exposition au soleil augmente la synthèse de votre propre mélatonine.

▶ **La fatigue du voyage.** Un décalage horaire important, le choc climatique (voir ci-dessous), auxquels il faut ajouter la durée du voyage et son éventuel inconfort, provoquent presque toujours un état de fatigue, mais il est souvent masqué par l'euphorie de l'arrivée. Ne prévoyez donc aucune activité importante le premier jour de votre arrivée. Rien de plus imprudent, par exemple, que de prendre immédiatement le volant d'une voiture et de se lancer sur la route pour un long trajet.

▶ **L'arrivée en altitude et le mal des montagnes.** Si on n'y prend pas garde, et que l'on s'agite à peine débarqué, il n'est pas rare d'être victime du mal de montagne après un atterrissage dans des villes de haute altitude comme La Paz ou Lhassa, perchées l'une et l'autre à 3 600 m. Il peut aussi en être de même, mais plus rarement, à Bogotá (2 600 m). L'arrivée en altitude impose en effet au voyageur de modérer ses efforts pendant au moins 48 heures, le temps de s'acclimater à l'altitude.

Les amateurs de haute montagne et de trekking le savent bien : pour éviter le mal de montagne, le meilleur conseil est d'éviter de monter trop vite trop haut. En revanche, même une personne non entraînée s'acclimatera très bien si elle se limite à grimper, au-delà de 3 500 m, de 300 à 400 m d'altitude par 24 heures.

Par ordre de gravité croissante, les premiers signes du mal des montagnes sont les suivants : maux de tête, insomnies, nausées, vertiges, vomissements, essoufflements au repos, grande fatigue, baisse de la quantité d'urine. Suivant l'importance des premiers effets du mal de montagne, il faudra s'interdire tout effort violent, ralentir sa progression, ou même rester au repos. Il peut être nécessaire de redescendre à une altitude inférieure pour s'acclimater, ou encore de revenir à moins de 2 500 mètres*.

---

* L'ARPE publie un bulletin *Médecine et Montagne* qui s'impose comme la référence dans ce domaine : pour contacter cette association, on s'adressera au professeur Richalet, UER de médecine, 74, rue Marcel-Cachin, 93012 Bobigny Cedex. Tél. : 01 48 38 77 57 ; fax : 01 48 38 77 77.

Les climats et la santé

L'INCONFORT CLIMATIQUE

▶ De nombreuses études scientifiques* ont mis en relief les effets – qu'ils soient bénéfiques ou négatifs – des conditions climatiques sur la santé de l'homme. Certains facteurs climatiques, comme la chaleur, le froid ou l'humidité, etc., peuvent avoir d'autant plus d'effets néfastes sur la santé du voyageur que celui-ci n'y est souvent pas habitué, n'en est pas même averti et s'y est donc mal préparé. Ajoutons que la saison des pluies est celle où le moustique anophèle, vecteur du paludisme, prospère.

▶ Différents indices – nous ne nous étendrons pas ici sur les bases de calcul de chacune de ces formules – tentent de mesurer l'inconfort climatique. S'il faut tenir compte de nombreux facteurs, la température, le taux d'humidité et la vitesse du vent sont de loin les trois principaux.
Si le climat du Panamá, par exemple, a une réputation aussi exécrable – au demeurant parfaitement méritée, surtout pour la période qui s'étend de mai à novembre –, ce n'est pas seulement à cause de ses températures élevées (de 30 °C à 33 °C pour les moyennes des maxima), mais c'est surtout, comme le souligne J.-P. Besancenot, responsable du laboratoire « Climat et Santé », « parce qu'elles sont fortement aggravées, dans leurs répercussions sur l'organisme humain, par la faible animation de l'air et par un état hygrométrique qui ne s'éloigne jamais beaucoup de la saturation ». Nous aurions aussi pu prendre l'exemple de Singapour où certains jours, comme le décrivait un article de la revue *Géo*, « il y fait une température de serre à dormir debout, la gorge battante comme les crapauds ! ».
Ici ou ailleurs, dans ce type d'environnement, un des meilleurs conseils que l'on puisse donner à un voyageur soucieux de sa santé, c'est d'abord de respecter une coutume sage et encore assez répandue sous ce type de climat, celle de la sieste aux heures les plus pénibles de la journée.

---

* En France, au sein de l'université de Bourgogne, un groupement de recherche associé au CNRS publie sur ce sujet la revue *Climats et Santé, cahiers de bioclimatologie et biométéorologie humaines* (adresse : Faculté de médecine, 7, bd Jeanne-d'Arc, 21033 Dijon Cedex).

Outre les risques du coup de chaleur, cependant très rare, la forte chaleur humide accroît la fatigue, peut provoquer des effets de stress, augmente les risques cardiaques et pulmonaires ; elle est aussi propice au développement de problèmes infectieux cutanés. Les basses températures quant à elles, surtout accompagnées d'une forte humidité, ne sont pas non plus sans risque pour les personnes qui ont des problèmes cardiaques ou articulaires.

LE SOLEIL : SES BIENFAITS ET SES DANGERS

▶ **Rôle antidépresseur**, fabrication de vitamine D et par conséquent effets antirachitiques... les bienfaits du soleil sont incontestés. Mais comme toutes les bonnes choses, il faut en user avec modération. Les excès d'exposition au soleil peuvent en effet avoir des conséquences néfastes : coups de soleil, mais aussi le vieillissement cutané (perte de l'élasticité de la peau), ou, plus grave, l'apparition de cancers de la peau (mélanomes notamment).

▶ **Les coups de soleil.** Les voyageurs ne sont pas tous égaux devant l'astre solaire : les roux à peau laiteuse sont les plus sensibles et doivent abandonner l'espoir de revenir « bronzés ». À l'opposé, les bruns à peau mate attrapent difficilement un coup de soleil. Blonds et châtains occupent des positions intermédiaires.

▶ **Pour éviter les coups de soleil :**
– Ne s'exposer au soleil que progressivement. Les premiers jours surtout, on évitera les bains de soleil entre 11 h et 14 h, le moment où il frappe le plus intensément. En outre, en début de séjour, on ne restera pas plus de 15 à 30 minutes consécutives immobile au soleil.
– Utiliser une crème solaire adaptée. Les crèmes et laits solaires ont des indices de protection étalonnés de 1 à 30 (par exemple, protégé par une crème solaire indice 12, il faudra 12 fois plus de temps de durée d'exposition pour attraper un coup de soleil que sans aucune protection). Elles combinent des filtres chimiques – substances qui ont la propriété d'absorber les rayons solaires les plus nocifs – et des écrans physiques, dont les substances opaques sont imperméables aux rayons solaires et les réfléchissent. Pour les zones les plus fragiles du visage – lèvres, nez, contour des yeux –, on peut utiliser des sticks solides.
Pour en augmenter l'efficacité, il est inutile d'user des crèmes solaires en couches épaisses ; par contre, on commencera les applications une demi-heure avant l'exposition et on renouvellera les applications, surtout après les bains.
Attention ! S'il peut rafraîchir l'atmosphère, le vent n'évite pas les coups de soleil, au contraire ! En effet, le vent masque souvent la seule alerte dont dispose l'estivant : l'impression de chaleur sur la peau qui le pousse à se mettre à l'ombre. Cela explique d'ailleurs la fréquence des coups de soleil pris sur un bateau. Non pas, comme on le croit très souvent, à cause des effets de la réflexion du soleil sur l'eau, mais parce que la fraîcheur du vent et des embruns fait oublier que le soleil frappe fort et qu'il faut donc s'en protéger. Ajoutons qu'un temps nuageux ne signifie pas toujours l'absence de risques de coups de soleil et que les rayons ultraviolets sont plus intenses à mesure que l'on s'élève en altitude.

▶ **Le port de lunettes de soleil** est nécessaire à la protection des yeux. Pour des raisons de chromatisme, on conseille des verres bruns aux myopes, et verts aux hypermétropes. À noter que les verres teintés en bleu absorbent peu les rayons solaires.

Des parfums et des cosmétiques – notamment ceux qui contiennent de l'essence de bergamote, de citron ou de lavande –, de même que certains médicaments (bien lire les notices), peuvent provoquer des réactions cutanées après une exposition au soleil.

▶ **L'insolation** est la conséquence d'une exposition excessive au soleil, d'autant plus tête nue et si la chaleur est forte. L'insolation est surtout à craindre chez les personnes âgées et les jeunes enfants. La meilleure prévention consiste à porter un chapeau à large bord. L'insolation – fatigue, nausées, maux de tête, sueurs – s'accompagne d'une élévation de la température du corps. 24 heures de repos dans une ambiance fraîche, linge humide sur les yeux et prise d'aspirine sont les moyens de la guérison.

▶ **Le coup de chaleur**, très rare, est aussi beaucoup plus grave. Il frappe surtout dans les ambiances suffocantes de la zone tropicale humide où la sudation se fait mal. Le coup de chaleur s'accompagne d'une fièvre égale ou supérieure à 40 °C, avec peau sèche et luisante, souvent suivie d'un coma. Il faut appeler un médecin d'urgence et, en l'attendant, plonger le malade dans un bain froid ou lui appliquer des poches de glace sur le corps en évitant un contact direct avec la peau. Ici encore, les personnes âgées et les enfants sont les plus exposés.

▶ **Pour limiter les risques liés à la chaleur :**
– Éviter les efforts intenses, surtout à l'arrivée.
– Porter des vêtements amples pour permettre une bonne ventilation et faciliter la sudation (préférer le pur coton au nylon et autres fibres synthétiques).
– Boire régulièrement de l'eau en quantité suffisante, sans attendre d'avoir soif.
– Limiter, ou même proscrire, la consommation d'alcool.

LE FROID

Le froid est le principal souci de ceux qui vont chercher le dépaysement dans les vastes déserts blancs, jusqu'aux régions polaires, et des amateurs de marche en altitude.

▶ **Une bonne protection** commence par le choix de vêtements adaptés. Aussi étonnant que cela puisse paraître, certains des principes qui permettent de se protéger de la chaleur sont aussi valables pour se protéger du froid : éviter les vêtements serrés, afin de permettre à une couche d'air de circuler autour du corps ; une fois réchauffée à la température du corps, elle fera office de bouclier thermique. Aux vêtements épais et engonçants, il est préférable de substituer plusieurs couches d'habits plus légers en fibropolaires. Bien que fragile, la soie est particulièrement chaude et agréable à porter, que ce soit pour les sous-vêtements (T-shirt, collant), une première paire de chaussettes ou des gants.

Pour réchauffer les pieds, deux épaisseurs de chaussettes sont une bonne solution, à condition que la seconde paire soit d'une taille supérieure à la première, et que la pointure des chaussures soit adaptée ; tout cela afin d'éviter que le pied ne soit serré et la circulation sanguine ralentie, auquel cas la deuxième paire de chaussettes non seulement ne serait d'aucun bénéfice, mais aurait pour effet de vous refroidir plus rapidement les pieds ! Pour les mêmes raisons, les mains sont plus à l'abri du froid avec des moufles qu'avec des gants.

▶ **Pour lutter contre le froid.** Il est primordial d'être à la fois bien protégé du vent (voir tableau ci-dessous) et de l'humidité (la pluie, la neige, mais aussi sa propre transpiration). C'est le vêtement extérieur qui joue ici le plus grand rôle. Il doit être à la fois imperméable et « respirant », c'est-à-dire que la trame du tissu doit être suffisamment serrée pour couper le vent et ne pas laisser passer les molécules d'eau, et assez lâche pour permettre l'évacuation de la vapeur d'eau due à la transpiration.

À cet égard, les vêtements doublés en *Gore-tex* sont très efficaces. Pour ces mêmes raisons, les bottes en caoutchouc nu sont contre-indiquées.

Sur la neige, crème de haute protection pour la réverbération, lunettes de glaciers (verres très filtrants et protections latérales).

▶ **Les dangers du froid.** L'acclimatation au froid impose au cœur un supplément de travail : c'est pourquoi les voyageurs atteints d'une maladie cardiaque doivent redoubler de prudence. Plus généralement, une nourriture riche en lipides (les graisses), un apport supplémentaire de vitamines, surtout de vitamine C, des boissons abondantes, si possible chaudes, aident à lutter contre les effets du froid. Ne pas oublier qu'il ne faut jamais rester immobile exposé à des températures glaciales ou à un blizzard violent. Il est au contraire indispensable de s'activer afin de favoriser une meilleure circulation du sang.

▶ **Gelures et hypothermie.** Les oreilles et le nez, parties les plus externes du visage, sont très exposés aux gelures. De même, les mains et les pieds, situés à la périphérie du réseau sanguin. Il ne faut donc pas hésiter à battre des mains et taper des pieds pour activer la circulation et empêcher l'engourdissement. En cas de gelure, masser doucement la partie atteinte. Mais ne jamais se déchausser avant d'être à l'abri d'une tente ou d'un refuge – vous pourriez ne pas pouvoir vous rechausser.

En cas d'hypothermie (abaissement de la température du corps en dessous de 35°), mettre le sujet le plus rapidement possible à l'abri, bien le couvrir, le faire boire chaud et sucré.

▶ **Le vent.** Pour évaluer les effets du froid à l'extérieur, il ne suffit pas de consulter un thermomètre. Il faut y ajouter, le cas échéant, les effets du vent qui est un facteur essentiel de refroidissement.

Le tableau ci-dessous permet de quantifier ce que les Américains appellent le *wind chill factor*, c'est-à-dire le refroidissement dû à la vitesse du vent pour une température sous-abri donnée. On peut le considérer comme stable pour tous les vents dépassant la force 8 sur l'échelle de Beaufort (elle est étalonnée jusqu'au degré 12, correspondant aux vitesses supérieures à 118 km/h). Exemple : les effets d'une température de – 18 °C lorsque s'y ajoute un vent de force 4 (qui n'a rien d'une tempête) sont équivalents à ceux d'une température de – 36 °C sans vent.

Lorsqu'on se déplace contre le vent, il faut bien sûr ajouter la vitesse de son déplacement à celle du vent : assez négligeable si l'on marche, elle l'est beaucoup moins si l'on skie ou si l'on se déplace en moto.

Échelle de Beaufort	Vitesse en km/h	Températures réelles						
		10°	4°	−1°	−7°	−12°	−18°	−23°
		Températures équivalentes compte tenu du vent						
0	0	10	4	−1	−7	−12	−18	−23
2	8	9	2	−3	−9	−14	−21	−26
3	16	4	−2	−9	−16	−23	−31	−36
4	24	2	−5	−13	−20	−28	−36	−43
5	34	0	−8	−16	−24	−32	−40	−48
6	44	−1	−10	−18	−27	−35	−43	−52
7	56	−3	−12	−20	−29	−37	−46	−55
8	68	−3	−12	−21	−30	−38	−47	−56

Les maladies digestives

LA « TOURISTA »

Plus prosaïquement diarrhée du voyageur, la fameuse *tourista* touche une part importante des voyageurs séjournant dans les pays du tiers monde. Citons à ce propos les résultats d'une enquête du professeur Robert Steffen, spécialiste suisse de la médecine du voyage. La proportion des voyageurs touchés par la turista sur deux semaines de séjour était de 20 % à Fortaleza (Brésil), 38 % à Montego Bay (Jamaïque), 61 % à Goa (Inde) et 66 % à Mombasa (Kenya). Précisons que la turista atteint aussi les voyageurs, certes dans une proportion moindre, aux États-Unis et en Europe. Cette diarrhée est ordinairement bénigne et dure rarement plus de 2 jours, même en l'absence de tout traitement. Elle est cependant à prendre au sérieux chez les jeunes enfants et les personnes âgées. La *tourista* est due aux microbes véhiculés par l'eau de boisson ou les aliments. 50 % des diarrhées sont causées par des bactéries. La diarrhée provoquée par *Escherichia coli* est la plus fréquente. L'hygiène alimentaire est et restera le seul moyen vraiment efficace d'éviter la turista. Même les vaccins actuellement à l'étude ne préviendront qu'une proportion modeste de ces épisodes diarrhéiques.

▶ **Le traitement de l'eau.** Les éléments pathogènes présents dans l'eau – bactéries, parasites et virus – ne sont pas de même nature. Les bactéries sont les agents vecteurs de pathologies comme les salmonelloses, la turista ou le choléra ; amibes et giardiases sont des exemples de parasites qui entraînent également des troubles digestifs, alors que les virus sont des vecteurs de maladies comme la poliomyélite ou l'hépatite A.
Il est toujours conseillé de ne boire que de l'eau en bouteille, de préférence de marque connue, et dont la bouteille a été décapsulée devant vous (quoique dans certains pays, on pratique parfois le « recapsulage » de bouteilles remplies aux robinets de la ville). À défaut d'être certain de la qualité de l'eau, elle sera traitée selon les recommandations suivantes, recueillies auprès du Dr Olivier Schlosser (Vivendi) :
– Pour l'eau du robinet, on a le choix entre :
● Faire bouillir l'eau une minute.

• OU procéder à une désinfection chimique par un agent chloré (*Micropur forte®*, *Drinkwellchlore®* ou *Aquatabs®*) en prenant le soin d'attendre de 30 minutes à 1 heure avant de boire l'eau.

• OU procéder à une désinfection par microfiltration à l'aide de filtres portables à pompe manuelle. On distingue les filtres en céramique (*Mini-filter®*, et *Pocket-filter®* de la marque *Katadyn*, ou *Miniworks®* de *MSR*) et les filtres à matrice synthétique (*First Need Deluxe®* de *General Ecology*, *WalkAbout®* et *Guardian®* de la marque *SweetWater*). Les modèles *Guardian Plus* de *SweetWater* et *Bottle* de *Katadyn* sont en outre équipés d'une cartouche de résine iodée qui augmente la protection contre les virus. On évitera cependant l'utilisation de résine iodée en cas de pathologie de la thyroïde et chez la femme enceinte.

– Pour les eaux de surfaces (rivières, lacs) et eaux de puits, en cas de randonnées, il est conseillé avant tout autre traitement de préfiltrer l'eau sur deux ou trois épaisseurs de filtres à café en papier, puis de choisir entre :

• Faire bouillir l'eau pendant une minute (2 à 3 minutes en altitude).

• OU procéder par microfiltration par filtre portable, avec ou sans résine iodée : filtre à pompe manuelle (voir ci-dessus) ou gourde *PentaPure Sport®*.

• OU, à défaut, de procéder à la désinfection par un agent chloré, en portant alors le délai d'attente à deux heures.

Si l'eau traitée doit être stockée, on prendra soin d'utiliser un jerrican adapté et de rajouter un conservateur d'eau potable comme les sels d'argent (*Micropur®*).

En cas de séjour de moyenne et longue durée, des appareils de microfiltration et désinfection peuvent être installés dans l'hébergement à l'arrivée d'eau ou sous l'évier. Pour mémoire : le whisky ne désinfecte pas l'eau.

Les produits Micropur®, Katadyn®, Drinkwell® et Pentapure® sont en vente à la boutique « Voyage et Santé » de la « Planète Havas voyage » (26, avenue de l'Opéra 75001 Paris ; tél. : 01 53 29 40 22 ou sur le site : www.smi-voyage-sante.com). Certains de ces produits sont aussi en vente dans les magasins *Au vieux campeur* (tél. : 01 53 10 48 48) et les magasins *Decathlon*.

▶ Les mesures d'hygiène suivantes assurent aussi une protection efficace :

– Se laver les mains avant de se mettre à table, en zone tropicale encore plus qu'ailleurs. À défaut d'eau, utiliser les lingettes nettoyantes à usage unique ou mieux, un savon sans eau ne nécessitant pas de rinçage comme le *Bacti Control*.

– Ne manger que de la viande et du poisson bien cuits et aussi chauds que possible. Éviter absolument la viande hachée et le steak tartare.

– Préférer les plats maintenus chauds (température supérieure à 65°) jusqu'à consommation.

– Ne consommer ni légumes ni fruits crus qui n'aient été lavés et pelés par vous-même (4 ou 5 gouttes de Javel à 12° par litre d'eau pour le lavage).

– Prendre garde aux hors-d'œuvre, à la charcuterie, aux crustacés. Éviter les œufs crus ou peu cuits, les fromages frais et la mayonnaise artisanale.

– Éviter les glaces et autres desserts glacés.

Toutes ces précautions permettront de se protéger d'autres maladies comme la typhoïde, l'amibiase, la dysenterie bacillaire, l'hépatite A, le choléra...

▶ **Une solution pour se réhydrater.** La *tourista* et les diarrhées s'accompagnent d'une déshydratation. Le traitement principal de la diarrhée est donc la réhydratation. Si la déshydratation reste modérée, le voyageur peut se contenter d'augmenter sa consommation de liquides : eau de riz, bouillon de légumes salé (carottes, pommes de terre, lentilles). Il évitera le lait, les laitages, les jus de fruits et les aliments riches en fibres comme la salade ou les haricots verts.

Dans l'hypothèse d'une déshydratation plus sévère, on se procurera des sachets de solution de réhydratation (SRO). Citons les solutions Gallialite®, Adiaril® ou GES 45® ; on peut aussi reconstituer une solution de réhydratation de la manière suivante : dans un litre d'eau potable, ajouter 5 cuillères à café (5 ml chacune) de sucre, 3/4 de cuillère de sel de table, 1/2 de bicarbonate de soude, 1/4 de chlorure de potassium. Boire cette solution à volonté.

Le seul vrai traitement de la diarrhée est la réhydratation. Les ralentisseurs de transit comme la Lopéramide (Imodium®) peuvent raccourcir l'épisode de diarrhée, mais ils peuvent entraîner une constipation problématique et sont, pour cela, contre-indiqués chez le jeune enfant.

LE CHOLÉRA

Même dans le cas d'un séjour dans des régions atteintes par une épidémie de choléra, on exagère très souvent le danger réel que cette maladie fait courir au voyageur.

Le choléra est une maladie bactérienne liée au manque d'hygiène, et donc fréquente dans les pays pauvres, notamment en Afrique, en Asie et en Amérique latine. Le choléra ne frappe que très rarement le voyageur originaire des pays développés – dans la mesure où ce dernier bénéficie habituellement d'une hygiène satisfaisante, ce qui lui assure une relative protection. Le choléra est essentiellement véhiculé par l'eau – ainsi se propage-t-il plus facilement pendant les saisons pluvieuses –, ensuite par les aliments ; il peut aussi, plus rarement, se transmettre par contact direct avec une personne contaminée. Le respect des mesures d'hygiène présentées ci-dessus et l'usage du savon de Marseille – il est connu pour ses vertus antiseptiques et il est recommandé de se laver fréquemment les mains, surtout avant les repas et après un contact avec des personnes susceptibles d'être contaminées – sont des moyens très efficaces pour éviter tout risque de choléra.

Le paludisme

▶ Le paludisme est endémique dans une centaine de pays. Selon le *Bulletin épidémiologique hebdomadaire* (n° 24, 11 juin 2002), on a compté en France, en 2001, un peu plus de 7 000 cas de paludisme importé, dont une vingtaine de cas mortels. Les pays de contamination sont majoritairement situés en Afrique subsaharienne (95 % des cas), ce qui explique que plus de 80 % des cas sont dus à *Plasmodium falciparum*. En ce qui concerne ces cas importés en France, l'incidence est, respectivement, 15 et 23 fois plus élevée en Afrique qu'en Amérique du Sud et en Asie. S'il s'agit en majorité de familles d'origine africaine et de Français expatriés, il y a aussi, dans une proportion non négligeable, de simples voyageurs.

Une récente étude du CNRM (Centre national de référence des maladies d'importation) a montré que la moitié des voyageurs français en partance vers un pays où sévit le paludisme ne sont pas, ou mal, protégés contre cette maladie.

Quels sont les pays et territoires où il n'existe pas de risques de paludisme ?

Afrique : Lesotho, Libye, île de La Réunion, île Sainte-Hélène, îles Seychelles, Tunisie.

Amérique : toutes les villes, Antigua et Barbuda, Antilles néerlandaises, Bahamas, Barbade, Bermudes, îles Caïmans, Canada, Chili, Cuba, Dominique, États-Unis, Guadeloupe, Grenade, Jamaïque, îles Malouines (Falkland), Martinique, Porto Rico, Sainte-Lucie, Trinité et Tobago, Uruguay, îles Vierges.

Asie : toutes les villes et Brunei, Corée du Nord, îles Christmas, îles Cook, Géorgie, Guam, Japon, Kazakhstan, Kirghizistan, Maldives, Mongolie, Ouzbékistan, Singapour, Taiwan, Turkménistan.

Europe : tous les pays (y compris Açores, Canaries, Chypre, toute la Russie et Turquie d'Europe).

Moyen-Orient : toutes les villes et Bahreïn, Israël, Jordanie, Koweït, Liban, Qatar.

Océanie : toutes les villes et Australie, Fidji, Hawaii, îles Mariannes, îles Marshall, Micronésie, Nouvelle-Calédonie, Nouvelle-Zélande, île de Pâques, Polynésie française, Samoa, Tonga, Tuvalu.

QUELS SONT LES PAYS À RISQUES ?

▶ L'OMS a divisé les pays à risques en trois groupes, selon l'efficacité des différents antipaludiques sur les souches autochtones.

– Le groupe 1 réunit les pays où la chloroquine (Nivaquine®) se révèle très efficace.

– Le groupe 2 réunit les pays qui ont des souches qui résistent parfois à la chloroquine ; la prévention consiste alors en une association du proguanil avec la chloroquine (Savarine®).

– Le groupe 3 réunit les pays dont certaines souches peuvent à la fois résister à la chloroquine et au proguanil. On y prescrit donc la méfloquine (Lariam®). Cependant, de part et d'autre des frontières de la Thaïlande avec la Birmanie, le Laos et le Cambodge, à la méfloquine, qui n'y est plus toujours efficace, on préfère la doxycycline (Vibramycine®). Attention, il existe des contre-indications à la méfloquine comme à la doxycycline : femmes enceintes ou susceptibles de le devenir, et autres cas particuliers (se renseigner auprès des médecins).

Le tableau qui suit, mis à jour chaque année, est adapté de celui paru dans le n° 24 du *Bulletin épidémiologique hebdomadaire* (11 juin 2002) précédemment cité.

Soulignons que, dans de nombreux États, le paludisme ne touche qu'une partie du pays.

Précisons aussi que le risque de paludisme est négligeable au-dessus d'une altitude de 2 000 mètres. Ainsi, un voyageur qui atterrirait à La Paz (Bolivie) ou à Quito (Équateur) et limiterait ses déplacements aux régions de l'Altiplano n'aurait rien à craindre des moustiques anophèles.

▶ **Comment lire le tableau**

– (*) : les pays ou les régions dont le nom est suivi d'un astérisque sont ceux où sévit essentiellement le *Plasmodium vivax*. Contrairement à *Plasmodium falciparum* qui expose à un risque mortel, *Plasmodium vivax* donne des accès palustres d'évolution en général bénigne.

– Dans la colonne « groupe », le numéro est celui de la classification de l'OMS expliquée ci-dessus.

– Dans la colonne « note » :

● : dans ces pays du groupe 3, pour les zones situées de part et d'autre des frontières de la Thaïlande avec la Birmanie, le Laos et le Cambodge, on prescrit la doxycycline (Vibramycine®) à la place de la méfloquine qui n'y est pas toujours efficace.

○ : pour ces pays et régions, la chimioprophylaxie est impérative pour les séjours d'une durée supérieure à 7 jours, mais facultative pour les séjours inférieurs à 7 jours (mais, dans les mois qui suivent le retour, consulter en urgence en cas de fièvre). Ce délai de 7 jours correspond au temps minimal entre la piqûre de moustique infestante et les premiers signes cliniques du paludisme.

Pays/Régions	Groupe	Note
A Afghanistan	2	○
Afrique du Sud (moitié Nord)	3	
Angola	3	
Arabie Saoudite (Ouest)	2	○
Argentine* (Nord)	1	○
B Bangladesh (Sud-Est)	3	
Bangladesh (sauf Sud-Est)	2	
Belize*	1	○
Bénin	3	
Bhoutan (alti. < 2000 m.)	2	○
Bolivie (Amazonie)	3	
Bolivie* (sauf Amazonie et alti. > 2000 m.)	1	○
Botswana	3	
Brésil (Amazonie)	3	
Burkina-Faso	2	
Burundi	3	
C Cambodge	3	●
Cameroun	3	
Centrafrique	3	
Chine* (Nord-Est)	1	○
Chine (Yunnan et Hainan)	3	
Colombie (Amazonie)	3	
Colombie (sauf Amazonie et alti. > 2000 m.)	2	
Comores	3	
Congo Brazza.	3	
Congo (ex-Zaïre)	3	
Costa Rica*	1	○
Côte d'Ivoire	2	
D Djibouti	3	
Dominicaine (République)	1	
E Équateur (Amazonie)	3	
Équateur (Ouest)	1	
Érythrée	3	
Éthiopie	3	
G Gabon	3	
Gambie	2	
Ghana	3	
Guatemala*	1	○
Guinée	2	
Guinée-Bissau	2	
Guinée équatoriale	3	
Guyana	3	
Guyane française (fleuves)	3	
H Haïti	1	
Honduras*	1	○
I Inde	2	

Pays/Régions	Groupe	Note
Indonésie (Irian Jaya)	3	
Indonésie (sauf Irian Jaya, et Bali qui est libre de paludisme)	2	
Iran (Sud-Est)	2	○
Iran (sauf Sud-Est)	1	○
Iraq*	1	○
K Kenya	3	
L Laos	3	●
Libéria	2	
M Madagascar	2	
Malaisie (Sabah, Sarawak)	3	
Malaisie (sauf Sabah et Sarawak)	2	
Malawi	3	
Mali	2	
Mauritanie	2	
Mayotte	3	○
Mexique*	1	○
Mozambique	3	
Myanmar (ex-Birmanie)	3	●
N Namibie	2	
Népal (alti. < 2000 m.)	2	
Nicaragua*	1	○
Niger	2	
Nigeria	3	
O Ouganda	3	
P Pakistan	2	
Panamá* (Est)	3	
Panamá* (Ouest)	1	○
Papouasie-Nouvelle Guinée	3	
Paraguay* (Est)	1	○
Pérou (Amazonie)	3	
Pérou* (sauf Amazonie et alti. > 2000 m.)	1	○
Philippines	2	
R Rwanda	3	
S El Salvador*	1	○
Sao Tomé et Principe	3	
Salomon (îles)	2	
Sénégal	2	
Sierra Leone	2	
Somalie	3	
Soudan	3	
Sri Lanka*	2	○
Surinam	3	
Swaziland	3	
T Tadjikistan*	1	○
Tanzanie	3	
Tchad	2	

Pays/Régions	Groupe	Note		Pays/Régions	Groupe	Note
Thaïlande (Sud-Ouest)	2	○		Venezuela (Amazonie)	3	
Thaïlande (frontières avec le Cambodge, le Laos et le Myanmar)	3	●		Venezuela (sauf Amazonie)	1	
				Vietnam (sauf côtes et deltas qui sont libres de paludisme)	3	
Timor Oriental	3		**Y** Yémen	2	
Togo	3		**Z** Zambie	3	
V Vanuatu	2		Zimbabwe	3	

COMMENT ATTRAPE-T-ON LE PALUDISME ?

– Le paludisme est une maladie parasitaire, transmise à l'homme par une piqûre de moustique du genre anophèle.

– Les anophèles transmettent le paludisme du crépuscule à l'aube surtout, de 20 heures à 4 heures du matin.

– Une seule piqûre infectante peut transmettre le paludisme.

– On se méfiera d'autant plus des anophèles que leur vol est silencieux et leurs piqûres indolores.

– Dans les pays concernés, les risques de piqûres d'anophèles augmentent notablement pendant les saisons des pluies et jusqu'à 6 semaines après les dernières précipitations.

COMMENT ÉVITER LE PALUDISME ?

▌ **Éviter les piqûres d'anophèles.** Devant l'extension des résistances aux antipaludiques, la stratégie de lutte contre cette maladie a évolué : aujourd'hui, l'accent est d'abord mis sur les moyens d'éviter les piqûres d'anophèles. Sur cette première ligne de défense, on dispose de nombreux moyens dont la mise en œuvre coordonnée offre une protection efficace :

Des recommandations, à suivre au mieux. Porter des vêtements longs et amples, notamment pantalons longs et chemises à manches longues pour les sorties nocturnes. On peut aussi imprégner ses vêtements de la classique Perméthrine ou, depuis 2002, d'Etofenprox, qui a l'avantage d'être moins toxique pour l'environnement et moins dangereux en cas d'ingestion accidentelle.

Dès la tombée de la nuit, préférer les maisons équipées de fenêtres-moustiquaires. À noter que si la climatisation ne tue pas les moustiques anophèles, elle limite grandement leur agressivité.

Les produits répulsifs. À base de DEET, 35/35, Ethylexanediol ou, depuis 2002, le Citriodiol (*Mosi-guard®*) moins toxique pour les enfants, les produits répulsifs éloignent les moustiques. On les utilise sur la peau sous forme de pommade, de gels ou de spray. Mais leur efficacité est limitée à quelques heures et on doit en renouveler régulièrement l'application.

Attention ! La vitamine B1, les ultrasons, la citronnelle... n'ont aucune efficacité prouvée contre les moustiques.

Les insecticides, à base de différents types de pyréthrinoïdes de synthèse.

– Les bombes aérosols (à base d'insecticides) éliminent de manière efficace, par pulvérisation, les moustiques présents, mais leur action n'est pas persistante.

– Sous forme de spray (à base d'Etofenprox ou de Perméthrine), pour la pulvérisation sur les vêtements. Citons Biovectrol®, Insect Ecran Vêtement® et Repel insect-vêtement®, efficaces pendant deux mois et 8 à 10 lavages à 40°C.
– Pour la nuit, la moustiquaire imprégnée (de Deltaméthrine ou de Perméthrine) offre la meilleure des protections. Citons notamment les moustiquaires 5 sur 5 et le modèle DUO de SMI. Équipement disposant d'un système d'accroche ingénieux.
– La nuit toujours, les diffuseurs électriques sont assez efficaces. Ils agissent par sublimation de l'insecticide liquide (Bio-alléthrine, Bio-resméthride) ou imprégnant des plaquettes (Deltaméthrine) dans des pièces closes ou peu ventilées. Les classiques tortillons fumigènes pour les lieux ouverts sont au mieux répulsifs mais pas insecticides, c'est-à-dire qu'ils éloignent les moustiques mais ne les tuent pas. En outre, la fumée peut être mal tolérée par certaines personnes, notamment les asthmatiques

▶ **Adopter un traitement préventif.** Dans les zones impaludées, et quelles que soient les précautions prises, rien ne garantit de n'être jamais piqué par un moustique vecteur du paludisme. Dans cette mesure, le traitement préventif – chloroquine, proguanil, méfloquine ou doxycycline selon les régions impaludées visitées – est conseillé. Les doses prescrites sont différentes pour les enfants et les adultes. Pour les femmes enceintes, les jeunes enfants et certains cas particuliers, la méfloquine et la doxycycline sont contre-indiquées (se renseigner auprès des médecins des consultations « conseils aux voyageurs »).
Les dérivés de l'artémésinine (artémether et artésunate) peuvent vous être proposés au cours d'un voyage pour traiter un paludisme, particulièrement en Asie et en Afrique.

▶ **En cas de fièvre...**, nausées, vomissements, diarrhées, ou fatigue pendant le séjour et plusieurs mois après le retour – surtout les 2 premiers mois – d'une zone impaludée, on doit toujours faire l'hypothèse d'une crise de paludisme. Il faut alors consulter en urgence un médecin et faire un examen (analyse au microscope d'une goutte de sang). Au cas où c'est impossible – cas d'un séjour prolongé dans une région isolée et sans couverture médicale –, ne prendre aucun risque et utiliser avec précaution le « traitement de réserve » que vous aura délivré votre médecin avant le départ.

Du sida... au scorpion

LE SIDA

▶ Réalité de la planète entière, le SIDA n'épargne aucun pays, aucune région du monde n'en est à l'abri. Le tourisme apporte malheureusement sa contribution à la diffusion de cette pandémie. En effet, des études comportementales ont montré que les vacances et les voyages lointains sont propices au vagabondage sexuel ; et surtout le phénomène du « tourisme sexuel » se développe de manière inquiétante, notamment dans des pays comme la Thaïlande, les Philippines ou le Vietnam, où il est un facteur important de l'explosion du SIDA dans ces régions.

Le dernier rapport de l'ONUSIDA, présenté au 14ᵉ Congrès mondial sur le sida qui s'est tenu en juillet 2002 à Barcelone, a dressé un tableau alarmant de la situation mondiale. 95 % des séropositifs vivent dans des pays du tiers monde et un tiers d'entre eux ont de 15 à 24 ans. Si l'Afrique australe est aujourd'hui la zone au monde la plus touchée par ce fléau, la Chine pourrait bientôt, l'incurie de ses dirigeants aidant, devenir le pôle mondial de cette pandémie.

En Afrique australe, un tiers des adultes du Botswana, du Lesotho, du Swaziland et du Zimbabwe vivent avec le virus. En Afrique du Sud, 1 adulte sur 5 est séropositif. Si pendant des années, les taux de prévalence étaient restés plus bas en Afrique de l'Ouest, on assiste actuellement à une augmentation rapide des taux d'infection dans des pays tels que le Nigeria et le Cameroun. Le VIH/sida a déjà causé la mort de 22 millions de personnes. 10 % de ces décès sont survenus l'année dernière dans la seule Afrique subsaharienne. L'Afrique n'est pas la seule région touchée. Les taux d'infection dans certaines îles des Caraïbes sont aujourd'hui parmi les plus élevés au monde. En Haïti et en République dominicaine, notamment, les résultats du dépistage indiquent qu'au moins 1 adulte sur 12 est infecté par le virus.

En Russie et dans les républiques de l'ex-URSS, le taux d'augmentation des cas de VIH/sida est le plus élevé au monde. Le nombre de cas enregistrés « officiellement » est passé de moins de 11 000 en 1998 à 160 000 à la mi-2002 pour la seule Russie et certains estiment que les chiffres réels sont très probablement beaucoup plus élevés.

En Asie, où la prévalence était restée plus faible, on relève des signes de changements. L'Inde compte maintenant quelque 4 millions d'habitants infectés par le virus. En Indonésie, où le VIH était, il y a encore quelques années, inexistant chez les prostitué(e)s, le taux d'infection dans ce groupe a atteint maintenant 26 %. Il est de 30 % chez les prostituées d'Hô Chi Minh-Ville.

Mais, toujours en Asie, c'est en Chine que la situation est, à moyen et long terme, la plus préoccupante, d'autant plus que ses dirigeants se refusent à reconnaître l'ampleur de la catastrophe. La province du Hainan, longtemps exploitée à l'occasion de campagnes de dons du sang, est pour le moment la plus touchée. Mais la situation est déjà très alarmante dans 5 autres provinces : Guangdong, Guanxi, Yunnan, Sichuan et Xinjiang.

Comment se propage le SIDA ?

On ne saurait trop répéter, à tous les voyageurs, les informations suivantes.

Le SIDA ne s'attrape pas dans les transports publics, les toilettes ou les piscines ; il ne se propage pas dans les aliments, ni sur les couverts ; il n'est véhiculé ni par l'eau ni par l'air. Et nul ne peut le transmettre en vous touchant, en vous caressant, ou encore en éternuant.

Le SIDA se propage le plus souvent à l'occasion d'un rapport sexuel – hétérosexuel ou homosexuel, génital, oral ou anal. Il est aussi véhiculé par du sang contaminé – lors d'une transfusion ou d'une simple perforation de la peau par une aiguille (par exemple, injection avec une seringue souillée), d'un tatouage ou de tout autre situation à risque de coupures (rasoir...).

Comment se protéger du SIDA ?

Évitez tout contact sexuel avec des prostitué(e)s ou des rencontres de hasard. En cas de relations sexuelles : si vous êtes un homme, utilisez toujours un préservatif du début à la fin de vos rapports sexuels ; si vous êtes une femme, assurez-vous que votre partenaire prend cette précaution. Homme ou femme, emportez des préservatifs conformes aux normes de fabrication assurant une protection optimale.

Il existe maintenant un « traitement après exposition » (moins de 48 heures après). On en discutera avec son médecin.

Les transfusions sanguines

La transmission par contact avec le sang ou les produits sanguins contaminés reste encore importante dans certains pays sous-développés. En revanche, ce type de transmission a quasiment disparu dans les pays industrialisés, grâce au contrôle systématique des dons du sang. C'est une raison supplémentaire pour encourager les voyageurs à contracter une assurance-assistance qui prendra en charge l'évacuation vers un hôpital adapté et sûr, en cas d'accident et d'intervention chirurgicale nécessaire.

Signalons à ce propos, les « trousses d'urgence du voyageur » diffusées par SMI. Elles contiennent des éléments stériles à usage unique (seringues, aiguilles, etc.) qui doivent être remis au médecin local si un geste médico-chirurgical bénin se révèle nécessaire pendant votre voyage.

▶ **Au retour,** si vous avez pris des risques à l'occasion d'un voyage, n'hésitez pas à demander un test (informations à Sida Info Service au 0 800 840 800, n° gratuit, ouvert 24 h sur 24 h).

LES MALADIES TROPICALES

▶ **Des maladies parasitaires**, dans certaines régions d'Afrique tropicale, imposent d'éviter les bains en eau douce (bilharziose) ou même de marcher pieds nus sur les sols humides. La maladie du sommeil en Afrique noire, véhiculée par la mouche tsé-tsé, et la maladie de Chagas en Amérique latine, propagée par des punaises, sont toutes deux des trypanosomiases ; l'encéphalite japonaise, qui sévit en période de mousson en Extrême-Orient et dans la péninsule indienne ; la dengue, surtout en Asie du Sud-Est ; les filarioses, le ver de Cayor... On pourrait allonger à loisir la liste des maladies tropicales et de leurs vecteurs, mais rassurez-vous, il est rare que le voyageur en soit la victime. Cependant, selon votre destination et le type d'activités prévues, les médecins des consultations « Conseil aux voyageurs » des centres de vaccination agréés (voir pages suivantes) sont les mieux à même de vous informer des véritables risques d'un départ à l'aventure, et des meilleurs moyens de prévention pour les limiter au maximum.

NOS ENNEMIES LES BÊTES

▶ **Najas et cobras** en Asie, vipères des sables en Afrique du Nord, mambas en Afrique noire, crotales, fer de lance, serpents corail dans les Amériques... Ces serpents sont, potentiellement, parmi les plus dangereux. Il n'en reste pas moins que les voyageurs mordus par des serpents sont une espèce heureusement très rare !

Quelques précautions simples prises dans les régions rurales des pays à risques – chaussures montantes, pantalons longs, ouvrir son chemin avec un bâton à la main, utiliser une lampe pendant la nuit – en limitent encore la fréquence.

Cela posé, certaines morsures de serpents peuvent être mortelles si le patient n'est pas rapidement hospitalisé, bien que le temps écoulé entre la morsure et la mort se mesure plus souvent en jours qu'en heures. Pour les premiers secours, on s'abstiendra des recettes archaïques qui traînent encore dans certains ouvrages du type *L'Aventure en 10 leçons*, par exemple : incision, succion. La pose d'un tourniquet (ou garrot) est à haut risque. Il faut laver la plaie à grande eau et la désinfecter, calmer le patient et le transporter en lui évitant tout mouvement inutile.

En l'absence de compétence particulière en la matière, il est déconseillé aux voyageurs d'emporter du sérum antivenimeux. Mal conservé ou utilisé à contretemps, il risquerait surtout d'aggraver la situation en cas de morsure.

▶ **Les piqûres de scorpions et d'araignées** peuvent être très douloureuses, mais les conséquences en sont, sauf exceptions, peu sévères chez les adultes ; plus graves cependant chez les enfants. L'Amérique du Sud abrite une bonne partie des araignées les plus patibulaires (phoneutrias, mygales, lycoses), mais l'atrax, elle aussi peu fréquentable, est australienne. Le Mexique et les pays d'Afrique du Nord attirent quant à eux les scorpions les plus antipathiques.

Serpents, araignées et scorpions se déplacent surtout la nuit : une raison de plus pour dormir sous une moustiquaire imprégnée (elle repousse tous les animaux à sang froid) dans les zones rurales. Le matin, on vérifie avant de s'habiller qu'aucune bestiole ne s'est nichée dans les plis des vêtements ou à l'intérieur des chaussures. Le soir, on ouvre totalement le lit ou le sac de couchage.

Côté mer, citons parmi les ennemis du touriste le poisson-pierre qui circule dans les eaux peu profondes de récifs coralliens de l'océan Indien et du Pacifique. Au repos, il ressemble à une pierre sur laquelle il est préférable de ne pas marcher pieds nus (au cas où, les premiers soins consistent en un bain de pieds de 30 minutes dans une eau très chaude).

Dans les mers chaudes, les physalies, avec leurs longs filaments, peuvent entraîner des réactions sévères chez le nageur ; surtout chez celui qui se laisse prendre pour la seconde fois.

Les centres de vaccinations internationales et les consultations « Conseils aux voyageurs »

Tous les centres de vaccination mentionnés ci-dessous ont été agréés par la Direction générale de la santé (DGS). Ils sont les seuls en France habilités à délivrer les certificats internationaux de vaccination contre la fièvre jaune.

Pour la plupart, les centres français sont associés à la Société de médecine des voyages (SMV). Ils ont mis en place des consultations « Conseils aux voyageurs » qui permettront à chacun de recevoir des avis personnalisés en fonction de ses propres problèmes médicaux, du lieu, de la durée et du type de voyage envisagé. En cas de problèmes de santé au retour, n'hésitez pas à consulter à nouveau. Ces médecins seront les mieux à même de discerner si vos problèmes ont leur source dans une affection liée aux pays dans lesquels vous venez de séjourner.

À l'occasion de cette édition 2003, nous avons complété cette liste par les adresses des centres de vaccination et de « Conseils aux voyageurs » des régions francophones de la Belgique, du Luxembourg et de la Suisse.

FRANCE

AIN (01) : **Bourg-en-Bresse** CHU ; 900, route de Paris ; tél. 04 74 45 43 58.

AISNE (02) : **Laon :** Centre hospitalier ; rue M. Berthelot ; tél. 03 23 24 33 33. **Saint-Quentin :** CHU ; av. Michel-de-l'Hospital ; tél. 03 23 06 71 71.

ALLIER (03) : **Moulins** Centre de vaccination ; 4, rue Réfembre ; tél. 04 70 46 25 40.

ALPES-MARITIMES : (06) **Nice** Hôpital Cimiez ; 4, av. de la Reine-Victoria ; tél. 04 92 03 44 11. Aéroport de Nice-Côte d'Azur ; tél. 04 93 21 38 81.

ARDENNES (08) : **Charleville-Mézières** Hôpital Corvisart ; 28, rue d'Aubilly ; tél. 03 24 56 78 14.

AUBE (10) : **Troyes** CHU ; 101, av. Anatole-France ; tél. 03 25 49 48 04.

AVEYRON (12) : **Rodez** Centre de vaccination ; 1, rue Séguy ; tél. 05 65 75 42 20.

BOUCHES-DU-RHÔNE (13) : **Marseille** Centre de vaccination ; 50, rue Gillibert ; tél. 04 91 55 32 81. Hôpital A. Laveran ; bd A. Laveran (13013) ; tél. 04 91 61 71 13. Hôpital Houphouët-Boigny ; 416, chemin de la Madrague-Ville (13015) ; tél. 04 91 96 89 11.

CALVADOS (14) : **Caen** CHU ; 16, av. de la Côte-de-Nacre ; tél. 02 31 06 50 28.

CHARENTE (16) : **Angoulême** Centre de vaccination ; 8, rue Léonard-Jarraud ; tél. 05 45 90 76 05.

CHARENTE-MARITIME (17) : **La Rochelle** Centre de vaccination ; 25, quai Maubec ; tél. 05 46 51 51 43.

CHER (18) : **Bourges** Centre hosp. ; 145, av. F. Mitterrand ; tél. 02 48 48 48 48.

CORRÈZE (19) : **Brive-la-Gaillarde** Centre de vaccination ; 13, rue du Dr. Massenat ; tél. 05 55 24 03 72.

CORSE-DU-SUD (2A) : **Ajaccio** Centre de vaccination ; 18, bd Lantivy ; tél. 04 95 29 12 65.

HAUTE-CORSE (2B) : **Bastia** Centre de vaccination ; 3, bd du Général Giraud ; tél. 04 95 31 68 14.

CÔTE-D'OR (21) : **Dijon** CHU ; 10, bd de Lattre-de-Tassigny ; tél. 03 80 29 34 36.

DORDOGNE (24) : **Périgueux** Centre de vaccination ; 17, rue Louis Blanc ; tél. 05 53 53 22 65.

DOUBS (25) : **Besançon** CHU ; 2, place Saint-Jacques ; tél. 03 81 21 82 09.

DRÔME (26) : **Valence** Centre de vaccination ; place Louis-le-Cardonnel ; tél. 03 75 79 22 11.

EURE (27) : **Évreux** CHU ; 17, rue Saint-Louis ; tél. 02 32 33 80 52.

FINISTÈRE (29) : **Brest** Hôpital Clermont-Tonnerre ; rue du Colonel Fonferrier ; tél. 02 98 43 70 00.

GARD (30) : **Nîmes** Centre de vaccination ; 2, rue Mathieu Lacroix ; tél. 04 66 21 98 14.

HAUTE-GARONNE (31) : **Toulouse** Hôpital D. Larrey ; 24, chemin de Pourvourville ; tél. 05 62 25 60 21. Hôpital Purpan ; place du Dr-Baylac ; tél. 05 61 77 21 62.

GIRONDE (33) : **Bordeaux** Hôpital Robert-Picqué ; route de Toulouse ; tél. 05 56 84 70 99.
Espace Santé-Voyages ; 9, rue de Condé ; tél. 05 56 01 12 36.
Hôpital Saint-André ; 86, cours d'Albret ; tél. 05 56 79 58 17.

HÉRAULT (34) **Béziers** : caserne Saint-Jacques ; av. de la Marne ; tél. 04 67 36 71 28. **Montpellier** : Institut Bouisson-Bertrand ; rue de La-Croix-Verte ; tél. 04 67 84 74 00.

ILLE-ET-VILAINE (35) : **Rennes** CHU ; 2, rue Henri-le-Guillou ; tél. 02 99 28 43 23.

INDRE (36) : **Châteauroux** CHU ; 216, av. de Verdun ; tél. 02 54 29 60 04. Centre de vaccination ; place de la République ; tél. 02 54 08 33 00.

INDRE-ET-LOIRE (37) : **Tours** Hôpital Bretonneau ; 2, bd Tonnelle ; tél. 02 47 47 38 49.

ISÈRE (38) : **Grenoble** CHU ; La Tronche ; tél. 04 76 76 54 45 Centre de vaccination ; 33, rue Joseph-Chanrion ; tél. 04 76 42 77 58.

LOIRE (42) : **Saint-Étienne** CHU ; bd Pasteur ; tél. 04 77 42 77 22.

LOIRE-ATLANTIQUE (44) : **Nantes** CHU ; place Alexis-Ricordeau ; tél. 02 40 08 30 75. **Saint-Nazaire :** Centre hospitalier ; service des urgences ; tél. 02 40 90 62 44.

LOIRET (45) : **Orléans** Hôpital de La Source ; tél. 02 38 51 43 61.

MAINE-ET-LOIRE (49) : **Angers** CHU ; 4, rue Larray ; tél. 02 41 35 36 57.

MANCHE (50) : **Cherbourg** Hôpital R. Lebas ; 61, rue de l'Abbaye ; tél. 02 33 92 78 12.

MARNE (51) : **Reims** Hôpital R. Debré ; av. du Général Kœnig ; tél. 03 26 78 71 85.

MAYENNE (53) : **Laval** CHU ; rue du Haut-Rocher ; tél. 02 43 66 50 80.

MEURTHE-ET-MOSELLE (54) : **Vandœuvre-les-Nancy** : CHU ; Tour Drouet ; tél. 03 83 15 35 14.

MOSELLE (57) : **Metz** Hôpital Legouest ; 27, av. des Plantières ; tél. 03 87 56 47 43.

Nièvre (58) : **Nevers** CHU ; 1, av. Colbert ; tél. 03 86 68 30 61.

NORD (59) : **Lille** Institut Pasteur ; 1, rue du Pr-Calmette. tél. 03 20 87 79 80. **Tourcoing** : Hôpital G. Dron ; 156, rue du Président Coty ; tél. 03 69 20 46 14.

PUY-DE-DOME (63) : **Clermont-Ferrand** Hôtel-Dieu ; tél. 04 73 31 60 62.

PYRÉNÉES-ATLANTIQUES (64) :
Bayonne Hôpital de la Côte-Basque ; 13, av. de l'Interne -J. Loeb ; tél. 05 59 44 39 03. **Pau** : Espace Santé-Voyages ; 24, bd Alsace-Lorraine ; tél. 05 59 02 05 22.

HAUTES-PYRÉNÉES (65) : Tarbes Centre de vaccination ; place Ferre ; tél. 05 62 51 26 26.

PYRÉNÉES-ORIENTALES (66) : Perpignan Centre de vaccination ; 11, rue Emile-Zola ; tél. 04 68 66 31 32.

BAS-RHIN (67) : Strasbourg Centre de vaccination ; hôpital civil ; tél. 03 88 21 27 30.

HAUT-RHIN (68) : Mulhouse CHU ; 87, av. d'Altkirch ; tél. 03 89 64 70 38.

RHÔNE (69) Lyon : Institut Pasteur ; av. Tony-Garnier ; tél. 04 72 72 25 20. Hôpital Desgenettes ; 108, bd Pinel ; tél. 04 72 36 61 24. Hôpital de la Croix-Rousse ; 93, Grande-Rue de la Croix-Rousse ; tél. 04 72 07 18 69.

HAUTE-SAÔNE (70) : Vesoul Hôpital Paul Morel ; 41, av. Aristide Briand ; tél. 03 84 96 60 34.

SAÔNE-ET-LOIRE (71) : Mâcon Hôpital Les Chanaux ; bd de l'Hôpital ; tél. 03 85 20 32 24.

SARTHE (72) : Le Mans Centre de vaccination ; 10, rue Barbier ; tél. 02 43 47 38 88.

SAVOIE (73) : Chambéry Centre de vaccination ; 28, place du Forum ; tél. 04 79 72 36 40.

HAUTE-SAVOIE (74) : Annecy CHU ; 1, av. de Trésum ; tél. 04 50 88 33 71.

SEINE (75) : Paris A.P.A.S ; 52, av. du Général-Michel-Bizot (75012) ; tél. 01 53 33 22 22. Centre médical des entreprises travaillant à l'extérieur ; 10, rue du Colonel-Driant (75001) ; tél. 01 42 60 07 32. Centre de vaccination Air-France ; Aérogare des Invalides ; 2, rue Esnault-Pelterie (75007) ; tél. 01 43 17 22 04. Hôpital d'enfants Armand-Trousseau ; 8 av. du Docteur A. Netter (75012) ; tél. 01 44 73 60 10. Hôpital Cochin ; 27, rue du Faubourg Saint-Jacques (75014) ;tél. 01 42 34 14 98. Centre de vaccination Edison ; 44, rue Charles Moureu (75013) ; tél. 01 44 97 86 80. Hôpital de l'Institut Pasteur ; 209, rue de Vaugirard (75015) ; tél. 01 40 61 38 46. Hôpital Pitié-Salpêtrière ; 47, bd. de L'Hôpital (75013) ; tél. 01 42 16 00 00. Hôpital Claude-Bernard ; 170, bd. Ney (75018) ; tél. 01 40 25 88 86. Voyageurs du monde ; 55, rue Sainte-Anne (75002) ; tél. 01 42 86 16 48. UNESCO ; place de Fontenoy (75007) ; tél. 01 45 68 08 58. Centre de soins CIVEM ; Tour Lyon, 209-211 rue de Bercy (75012) ; tél. 01 49 28 53 40. Maison des jeunes et de la Santé Montparnasse ; 8, rue de l'Arrivée (75015) ; tél. 01 42 84 43 01.

SEINE-MARITIME (76) : Le Havre CHU ; 55 bis, rue Gustave-Flaubert ; tél. 02 32 73 37 80 Centre médical des marins ; 1, rue Voltaire ; tél. 02 35 22 42 75. Rouen : Hôpital Charles-Nicolle ; 1, rue de Germont ; tél. 02 35 08 82 36.

SEINE-ET-MARNE (77) : Melun Hôpital Marc-Jacquet ; rue Freteau-de-Peny ; tél. 01 64 71 60 02.

YVELINES (78) : Saint-Germain-en-Laye CHU ; 20, rue Armagis ; tél. 01 39 21 41 25.

DEUX-SÈVRES (79) : Niort CHU ; av. Charles-de-Gaulle ; tél. 05 49 32 79 79.

SOMME (80) : Amiens CHU ; place Victor-Pauchet ; tél. 03 22 45 59 75.

TARN (81) : Albi CHU ; 1, av. Camille-Boussac ; tél. 05 63 47 44 57.

VAR (83) : Toulon Hôpital Sainte Anne ; 2, bd Sainte-Anne ; tél. 04 94 09 92 52.

VAUCLUSE (84) : Avignon Centre de vaccination ; 1, rue Bourguet ; tél. 04 90 27 94 38.

VIENNE (86) : Poitiers CHU ; tour Jean-Bernard ; tél. 05 49 44 44 22.

HAUTE-VIENNE (87) : Limoges Centre de vaccination ; 4, rue Jean-Pierre Timbaud ; tél. 05 55 45 62 04.

TERRITOIRE DE BELFORT (90) : Belfort CHU ; 14, rue de Mulhouse ; tél. 03 84 57 46 46.

HAUTS-DE-SEINE (92) : Boulogne : Hôpital Ambroise Paré ; 9, av. Charles-de-Gaulle ; tél. 01 49 09 54 62. Garches :

Hôpital Raymond-Poincaré ; 104, bd Raymond-Poincaré ; tél. 01 47 41 79 00. **La Défense** : Espace Santé-Voyages ; 2, place de la Défense ; tél. 01 42 89 31 10. SEINE-SAINT-DENIS (93) : **Saint-Denis** : Hôpital La Fontaine ; 2, rue La Fontaine ; tél. 01 42 35 61 40. **Roissy** : Aéroport Roissy-Charles-de-Gaulle ; tél. 01 34 29 02 37.

VAL-DE-MARNE (94) : **Le Kremlin-Bicêtre** : Hôpital de Bicêtre ; 78, rue du Général-Leclerc ; tél. 01 45 21 33 39. **Orly** : Aéroport d'Orly-Sud ; tél. 01 49 75 45 14. **Villeneuve-Saint-Georges** : CHU ; 40, allée de la Source ; tél. 01 43 86 20 84. **Saint-Mandé** : Hôpital Bégin ; 69, av. de Paris ; tél. 01 43 98 50 00.

GUADELOUPE (971) : **Pointe-à-Pitre** Institut Pasteur ; tél. 05 90 89 69 40.

MARTINIQUE (972) : **Fort-de-France** Centre de vaccination ; 35, bd Pasteur ; tél. 05 96 71 34 52.

GUYANE (973) **Sinnamary** : Centre de santé ; bd Banque-Vernet ; tél. 05 94 34 52 78. **Maripasoula** : Centre de santé ; tél. 05 94 37 20 50. **Saint-Georges-de-l'Oyapock** : Centre de santé ; tél. 05 94 37 02 00. **Kourou** : Centre de prévention ; allée du Bac ; tél. 05 94 32 18 81. **Saint-Laurent-du-Maroni** : Hôpital André-Bouron ; tél. 05 94 34 23 36.

LA RÉUNION (974) : **Saint-Denis** Hôpital Félix-Guyon Bellepierre ; tél. 02 62 90 58 55.

BELGIQUE
Bruxelles
Centre méd. du Ministère des Aff. étrangères ; rue de Namur 59 ; tél. 02 501 35 11.
CHU Saint-Pierre ; rue Haute 290 ; tél. 02 535 33 43.
Charleroi
Polyclinique, Hôpital civil ; Bd Zoé Drion ; tél 071 921 111.
Libramont
Centre hosp. de l'Ardenne ; av. De Houffalize 35 ; tél. 061 238 700
Liège
Institut Malvoz ; quai du Barbou 4 ; tél. 04 344 79 54.
Mons
Centre Ambroise Paré ; bd Kennedy 2 ; tél. 065 392 560 et 561.
Namur
Centre Hospitalier ; av. Albert Ier, 185 ; tél. 081 726 111.

LUXEMBOURG
Luxembourg Centre hospitalier ; 4, rue Barblé ; tél. 44 11 30 91.

SUISSE
Genève Hôpital universitaire ; 24, rue Micheli-du-Crest ; tél. 022 372 33 11.
Lausanne Polyclinique universitaire ; 19, rue César-Roux ; tél. 021 314 74 74.
Sion Inst.central des hôpitaux valaisans ; av. du Grand-Champsec ; tél. 027 603 47 90 ou 47 80.

▶ **L'information « Santé-Voyages » par téléphone**
Il est possible, auprès de certains des centres indiqués ci-dessus, d'obtenir directement par téléphone des informations « Santé-Voyages ». Elles sont délivrées par des médecins, aux numéros qui suivent.
À Paris : 01 40 25 78 82 (Hôpital Claude-Bernard, de 9 h à 13 h, du lundi au vendredi.)
01 45 68 81 98 (Hôpital de l'Institut Pasteur, de 9 h à 17 h, du lundi au vendredi.)
01 45 85 90 21 (Hôpital Pitié-Salpêtrière, de 9 h à 12 h, du lundi au samedi.)
01 49 28 55 60 (Espace Santé-Voyages, de 9 h à 19 h, du lundi au vendredi).
À Toulouse : 05 61 77 21 62 (Hôpital Purpan, de 9 h à 12 h 30 du lundi au vendredi.)

▶ **L'information « Santé-Voyages » sur Internet**

Le site Internet de l'Institut Pasteur (www.pasteur.fr) dispense, selon la destination, des « conseils au voyageurs » accessibles par la rubrique « Santé publique ».

Le site internet de Service médical international (www.smi-voyage-sante.com) propose des fiche « Info-santé » pour l'essentiel des pays du monde. Les informations concernent les vaccinations recommandées, les principales maladies (le paludisme, la bilharziose...) et les moyens de les prévenir, les problèmes liés à l'eau et à l'alimentation, les animaux venimeux, etc.

Outre ces conseils, ces fiches dressent pour chaque pays une liste d'adresses de centres d'urgence, d'hôpitaux ou de médecins francophones agréés par l'ambassade de France.

Par ailleurs, la galerie virtuelle du site de SMI permet de commander *on line* tous les produits du catalogue *Voyage et Santé* de SMI.

Voyager pratique en 2003

Cette rubrique *Voyager pratique* présente des produits astucieux ou services nouveaux qui facilitent et sécurisent la vie des voyageurs.

Bacti Control

Savon antibactérien, le gel *Bacti Control* ne nécessite aucun rinçage. En voyage, se laver les mains avant les repas est indispensable pour limiter les risques de *tourista*. Mais souvent cet acte simple ne va pas sans poser quelques difficultés, soit qu'il n'y ait pas d'eau ou de savon, soit que la propreté de l'eau ou les serviettes disponibles laissent à désirer. On applique le gel sur les mains et on frotte quelques instants jusqu'à ce qu'elles soient sèches.

Le conditionnement en flacon de 80 ml permet de se laver les mains environ 50 fois. (Prix : 4,9 5 €. Poids : 90 g.)

Bug Net

Pièce de tulle rectangulaire de 2 m x 2 m, *Bug net* est imprégnée de perméthrine. Très utile en voyage, elle peut recouvrir un matelas et neutraliser les insectes (puces, poux, punaises, acariens...) qui en ont fait leur champ de bataille. Étalé sur le sol à l'occasion d'un repas dans la nature, ce voile peut aussi éviter aux voyageurs de servir de cible aux cohortes de fourmis, araignées et tiques... (Prix : 8,90 €. Poids : 190 g.)

Mosi-Guard

Mis au point en Angleterre, où il est en vente depuis 1996, *Mosi-Guard*, est accessible sur le marché français depuis 2002, sous forme de spray et de pommade. Une fois vaporisé ou étalé sur la peau, il protège avec efficacité sur une période d'au moins 6 h des moustiques, moucherons et tiques. Produit naturel à base de plante, il est respectueux de l'environnement et n'a pas l'inconvénient du DEET qui dissout certains vernis et plastiques. (Prix : 9,9 € en spray, 8,9 € en tube).

LE COÛT DE LA VIE, PAYS PAR PAYS

Introduction

À l'occasion de cette édition 2003, 18 nouveaux pays ou territoires sont venus compléter le tableau du coût de la vie de ce chapitre : la Bolivie (La Paz) en Amérique latine ; en Afrique, le Botswana (Gaborone), le Congo (Kinshasa), l'Éthiopie (Addis-Abeba), le Malawi (Blantyre), la Namibie (Windhoek) et la Tanzanie (Dar es-Salaam) ; Oman (Mascate) au Moyen-Orient ; l'Arménie (Erevan), l'Azerbaïdjan (Bakou) et le Kirghizistan (Bichkek) en Asie centrale ; toujours en Asie, le Cambodge (Phnom-Penh), la Mongolie (Oulan-Bator) et le Myanmar (Yangon, ex-Rangoon). Ajoutons l'arrivée de départements et territoires d'outre-mer : la Guadeloupe (Pointe-à-Pitre), la Guyane (Cayenne), La Réunion (Saint-Denis) et la Polynésie française (Papeete).

En 2003, les voyageurs de l'Union européenne bénéficieront sans doute de la revalorisation de l'euro vis-à-vis du dollar amorcée en 2002.

Indépendamment de cela, on constate toujours de grandes disparités entre les destinations. Les écarts sont encore plus marqués – dans le sens de la vie chère comme dans le sens des prix très modiques – pour le voyageur individuel que pour l'habitué des formules des tour-opérateurs. En 2003, la Russie restera très chère pour le voyageur individuel. Le prix des hôtels à Saint-Pétersbourg a rejoint celui des hôtels moscovites. Les hôtels ont fortement augmenté à Istanbul et si le confort de type occidental est toujours prohibitif au Kazakhstan, il reste très abordable en Thaïlande, en Malaisie ou au Sri Lanka. En Argentine, et aussi au Brésil, le tourisme est le seul secteur qui se sort bien de la grave crise économique que traversent ces pays. L'Argentine qui affichait des prix très élevés jusqu'en janvier 2002, offre aujourd'hui la possibilité de voyager dans d'excellentes conditions à des coûts particulièrement modiques. En quelques mois, le nombre de voyageurs européens y a d'ailleurs sensiblement augmenté. Enfin, l'Australie reste, une fois le billet d'avion payé, une terre accueillante aux budgets modestes.

Comme chaque année, ce chapitre a été rédigé sur la base des résultats des enquêtes du département Information de *Mercer Human Resource Consulting*, entreprise internationale spécialisée dans le conseil et l'information en ressources humaines[1]. *Mercer*

MERCER
Human Resource Consulting

(1) Mercer Human Resource Consulting : 20, rue François-Perréard, 1225 Genève, Suisse.
Tél. : (41) 22 869 30 00.
Fax : (41) 22 349 49 04.
Site Internet : www.mercerhr.com

HRC réalise des enquêtes bi-annuelles sur le coût de la vie pour les expatriés dans les principales villes du monde ; leurs résultats aident ses clients, essentiellement des entreprises, à évaluer les frais de séjour de leurs cadres en déplacement.

Les enquêtes qui nous ont permis d'établir nos indices datent de mars 2002 alors que l'euro était au plus bas. Si des crises financières surviennent dans tel ou tel pays ou région du monde, le lecteur devra tenir compte des évolutions des devises vis-à-vis de l'euro (voir rubrique *La santé des monnaies* dans le hors-texte *Internet et les voyageurs*).

La base de données de *Mercer HRC* comprend une rubrique *Business Travel Expense* qui propose trois évaluations selon le niveau de confort choisi par l'homme d'affaires en déplacement. Nos indices ont été calculés en prenant en compte le niveau de dépenses le plus modeste.

Le premier indice, « Repas et divers », est établi sur la base des coûts des repas pris dans un restaurant correct, auxquels s'ajoutent la consommation hors restaurant d'un café et d'un cocktail, l'achat d'un journal local, ainsi que celui d'un grand quotidien et d'un magazine étrangers.

Le second indice, « Nuit d'hôtel », correspond au logement dans un établissement confortable – sans être de luxe pour autant –, l'équivalent d'un bon « trois étoiles » selon les normes françaises.

Les coûts à Paris nous ont servi de base pour établir nos indices. Pour l'année 2002, évalués par CRG à 48,81 $ pour la rubrique « Repas et divers » et 154,08 $ pour l'hôtel, ils correspondent donc aux indices *100* de notre échelle. Pour chaque ville de cette liste figurent les indices chiffrés « Repas et divers » et « Nuit d'hôtel » représentés par des lignes à la couleur différenciée.

À des villes où les prix des repas apparaissent particulièrement bon marché en comparaison de ceux qui sont pratiqués en France peuvent correspondre des hôtels dont les coûts dépassent largement leurs équivalents parisiens. C'est le cas de pays où l'offre en hôtels confortables est très limitée. Ajoutons que si les prix des repas sont souvent très modestes dans les pays dont la monnaie est faible, les hôtels de bon confort (aux normes occidentales) sont rares. Ils sont essentiellement fréquentés par des étrangers et leurs tarifs parfois fixés en dollars, surtout si l'hôtel appartient à une chaîne internationale (Mercure, Novotel, Holliday Inn, etc.). Dans ce cas, le voyageur trouvera facilement des hébergements « au prix local », s'il consent à être un peu moins exigeant sur le niveau de confort. Il y gagnera souvent en authenticité et en charme.

On constatera aussi que les coûts peuvent considérablement varier dans un même pays selon les villes de destination. En témoigne l'exemple des États-Unis où les prix des hôtels à New York sont plus de trois fois supérieurs à ce qu'ils sont à Cincinnati.

Les pays cités sur cette liste sont regroupés selon les grandes régions géographiques classées dans cet ordre : Amérique du Nord (sauf le Mexique classé dans la partie suivante), Amérique latine, Europe, Afrique, Moyen-Orient, Asie et Océanie.

AMÉRIQUE DU NORD ET CARAÏBES

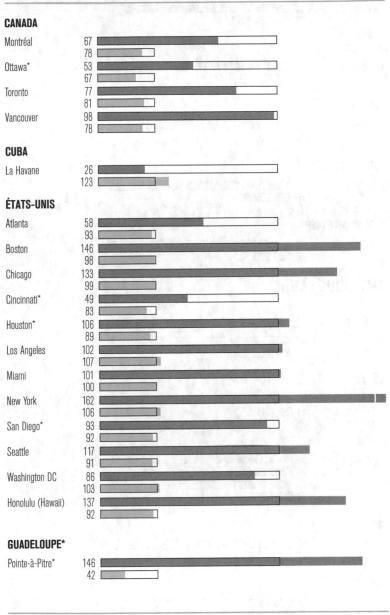

CANADA

Montréal 67 / 78

Ottawa* 53 / 67

Toronto 77 / 81

Vancouver 98 / 78

CUBA

La Havane 26 / 123

ÉTATS-UNIS

Atlanta 58 / 93

Boston 146 / 98

Chicago 133 / 99

Cincinnati* 49 / 83

Houston* 106 / 89

Los Angeles 102 / 107

Miami 101 / 100

New York 162 / 106

San Diego* 93 / 92

Seattle 117 / 91

Washington DC 86 / 103

Honolulu (Hawaii) 137 / 92

GUADELOUPE*

Pointe-à-Pitre* 146 / 42

Les pays et les villes suivis d'un astérisque (*) n'étaient pas mentionnés dans la précédente édition de *Saisons & Climats* **(millésime 2002).**

Paris 100 / 100   Nuit d'hôtel   Repas et divers

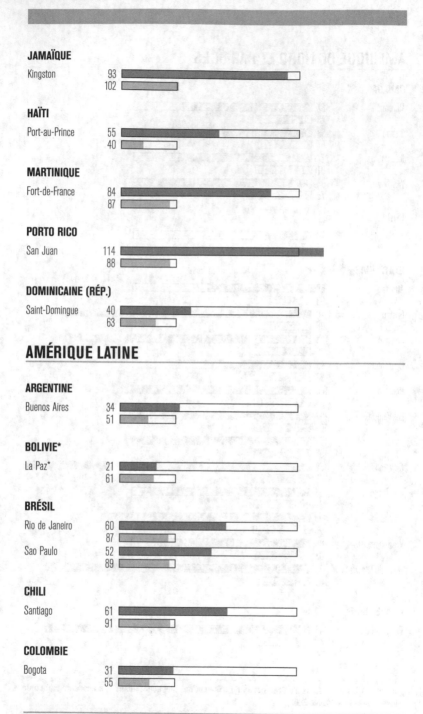

JAMAÏQUE
Kingston 93
102

HAÏTI
Port-au-Prince 55
40

MARTINIQUE
Fort-de-France 84
87

PORTO RICO
San Juan 114
88

DOMINICAINE (RÉP.)
Saint-Domingue 40
63

AMÉRIQUE LATINE

ARGENTINE
Buenos Aires 34
51

BOLIVIE*
La Paz* 21
61

BRÉSIL
Rio de Janeiro 60
87
Sao Paulo 52
89

CHILI
Santiago 61
91

COLOMBIE
Bogota 31
55

Les pays et les villes suivis d'un astérisque (*) n'étaient pas mentionnés dans la précédente édition de *Saisons & Climats* (millésime 2002).

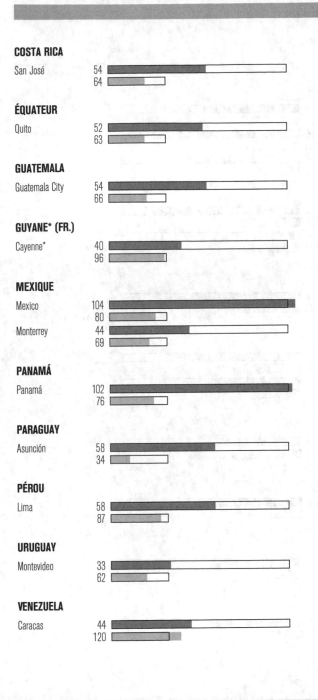

COSTA RICA

San José — 54 / 64

ÉQUATEUR

Quito — 52 / 63

GUATEMALA

Guatemala City — 54 / 66

GUYANE* (FR.)

Cayenne* — 40 / 96

MEXIQUE

Mexico — 104 / 80

Monterrey — 44 / 69

PANAMÁ

Panamá — 102 / 76

PARAGUAY

Asunción — 58 / 34

PÉROU

Lima — 58 / 87

URUGUAY

Montevideo — 33 / 62

VENEZUELA

Caracas — 44 / 120

Paris — 100 / 100

Nuit d'hôtel
Repas et divers

EUROPE

ALLEMAGNE

Berlin	84
	90
Düsseldorf	96
	93
Essen*	69
	72
Francfort	55
	95
Hambourg	78
	86
Munich	45
	88

AUTRICHE

| Vienne | 79 |
| | 100 |

BELGIQUE

Bruxelles	76
	84
Anvers*	51
	72

BOSNIE

| Sarajevo | 46 |
| | 41 |

BULGARIE

| Sofia | 60 |
| | 48 |

CHYPRE

| Limassol | 51 |
| | 76 |

CROATIE

| Zagreb | 54 |
| | 110 |

Les pays et les villes suivis d'un astérisque (*) n'étaient pas mentionnés dans la précédente édition de *Saisons & Climats* (millésime 2002).

Internet
et
les voyageurs

Introduction • Le temps à votre descente d'avion
La température de la mer • Cyclones, ouragans et typhons
Le réchauffement climatique • Les sites météo, pays par pays
L'atlas du voyageur • Taux de change et santé des monnaies
Quelle heure est-il ? • Lire le journal du pays de destination
Quel vol ? • Épidémies • Traduire pour le voyage
Les conseils du quai d'Orsay

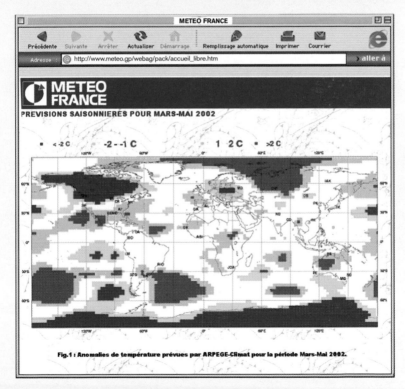

Prévisions saisonnières par Météo France
www.meteo.gp/webag/pack/accueil_libre.htm

Introduction

Comme les années précédentes, l'édition 2003 d'*Internet et les voyageurs* ne prend en compte que des informations libres d'accès et donc gratuites. Cette année, nous privilégions encore les contenus liés à la météorologie et à la climatologie, avec un intérêt particulier pour les prévisions météorologiques à moyen terme.

La première partie de ce hors-texte est réservée aux sites à vocation mondiale, c'est-à-dire ceux que l'on peut interroger quelle que soit sa destination, à propos de prévisions météorologiques, d'alertes aux cyclones ou de la température de la mer... Remarquons que Météo France y est mise pour la première fois à l'honneur, tant *www.meteo.fr* s'est amélioré depuis l'édition précédente de cet ouvrage.

Le lecteur fidèle de ce guide constatera que de nombreux sites déjà considérés " de référence " dans la première édition de ce document, il y a cinq ans, le demeurent. Mais ils se sont souvent considérablement enrichis.

Au moment où le réchauffement de la planète occupe de plus en plus souvent la une de la presse, insistons sur la richesse des ressources proposées par le site de l'IPCC, qui est présentée à la fin de cette première partie.

Dans la seconde partie, nous avons multiplié les illustrations afin de souligner la diversité des informations proposées par les instituts nationaux de météorologie.

La troisième partie présente d'autres sites de référence traitant de divers thèmes utiles au voyageur.

Nous serons reconnaissants aux internautes de nous communiquer leurs découvertes susceptibles d'être utiles à nos lecteurs.

Jean-Noël Darde   dardejn@aol.com

Le temps à votre descente d'avion

Sur le site de Météo France, la rubrique *dans le Monde* introduit à un planisphère interactif à partir duquel on accède à des prévisions à 4 jours. Leurs avantages sont de bien distinguer les conditions météorologiques du matin (6h ou 8h) et de l'après-midi (12h ou 14h) et de présenter de manière claire les prévisions concernant le vent (vitesse et direction). Nous présentons ci-dessous le résultat de la requête *Rarotongua* (Îles Cook, Polynésie).

→ www.meteo.fr

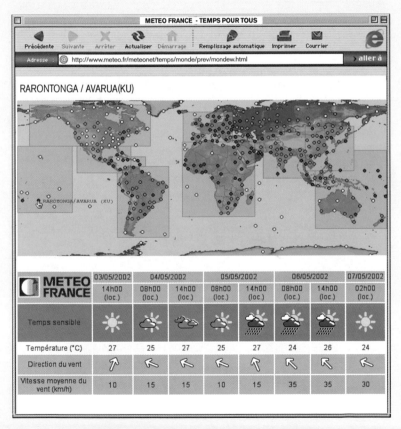

Rarotongua : le temps n'est pas toujours au beau fixe
www.meteo.fr/meteonet/temps/monde/prev/mondew.html

CNN Weather

Ce site permet d'accéder rapidement à des prévisions à 5 jours pour environ 10 000 villes du monde. Ces informations sont complétées par des cartes satellites.

→ www.cnn.com/WEATHER

À titre d'exemple, il offre la météo de 41 villes au Turkménistan, 350 en Chine, 130 en Argentine. Mais le quadrillage du continent africain est beaucoup plus lâche : fin 2002 encore, une seule ville pour l'Angola (Luanda) ou le Cameroun (Yaoundé).

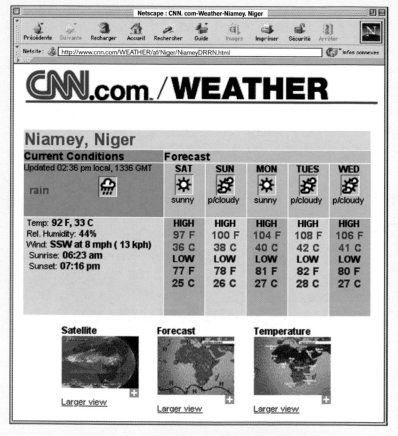

Chaud, mais peu d'humidité
www.cnn.com/WEATHER/af/Niger/NiameyDRRN.html

Les meilleures cartes satellites

Le site de *Weather Channel* (www.weather.com) s'essaye aux prévisions à 10 jours. Il propose en outre les meilleures cartes satellites :

→ **www.weather.com/maps/satelliteworld.html**

La coloration des cartes facilite leur interprétation. 6 couleurs rendent compte de la température des nuages de haute altitude : du gris (les moins froids) au brun foncé (les plus froids). Aux nuages les plus froids correspondent des risques de pluies abondantes. Une fois l'image satellite affichée, il est possible en cliquant sur la mention *Show this map in motion* de passer en continu les images des dernières 12 heures. Cette animation est intéressante pour suivre l'évolution des cyclones.

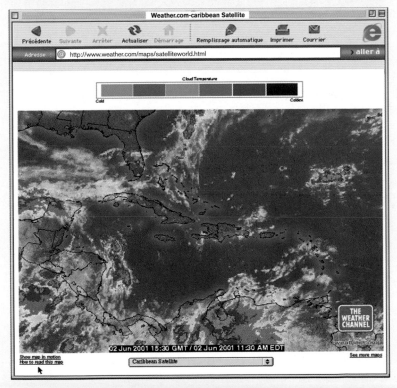

Temps contrasté sur les Caraïbes et l'Amérique centrale
www.weather.com/maps/satelliteworld.html

La température de la mer

Le FNMOC (*Fleet Numerical Meteorology and Oceanography Center*) est rattaché à l'US NAVY. Ses puissants ordinateurs traitent des données concernant tous les océans (relevés des navires, balises flottantes, données satellites, etc.). Pour le voyageur avisé, l'adresse suivante est une véritable aubaine ;

→ www.fnoc.navy.mil/PUBLIC

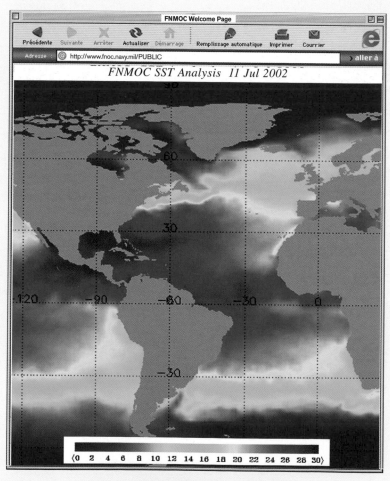

Juillet, mer fraîche au Maroc, très chaude en Floride
www.fnoc.navy.mil/PUBLIC

Bains de mer

La carte mondiale des températures de la mer (voir page précédente, accès par *OTIS*, puis *Sea Surface Temperature*) est actualisée toutes les 12 heures. La même adresse permet à ceux qui projettent de débarquer en Antarctique ou de faire le tour du Spitzberg en voilier, de suivre, jour après jour, l'état de la banquise (cliquer sur *Southern Ice Concentration* ou *Northern Ice Concentration*).

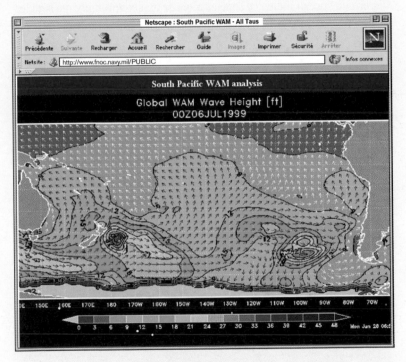

Au large de la Nouvelle Zélande, une croisière bien compromise
www.fnoc.navy.mil/PUBLIC

Croisières :
attention au mal de mer

Un clic sur *WW3* ouvre sur des prévisions à 6 jours concernant l'état de la mer (notamment la hauteur des vagues), un délai suffisant pour se fournir en *Nausicalm®*.

Cyclones, ouragans et typhons : les avoir à l'œil...

En mer Caraïbe, dans le Pacifique et en mer de Chine, septembre est le mois où les cyclones sont les plus fréquents, et souvent les plus dévastateurs.

Au nord de l'océan Indien ce sont les mois de mai et novembre qui sont les plus menacés. Au sud de l'océan Indien, février est le mois de tous les dangers.

Reste que les cyclones peuvent aussi arriver dès juin et sévir jusqu'en novembre dans les Antilles, aux Philippines et au Japon, d'avril à décembre en Inde, d'octobre à mai à Madagascar, à La Réunion ou au nord de l'Australie.

Tous les cyclones et typhons de 2001
www.solar.ifa.hawaii.edu/Tropical/ GifArchive/wld2001.gif

Le voyageur en partance pour ces destinations éprouvera donc souvent le besoin d'être informé au mieux de l'actualité des cyclones et des éventuelles menaces qu'ils représentent.

Parmi les nombreux sites Internet consacrés aux ouragans, cyclones et autres typhons, celui ouvert par l'Institut d'Astronomie de l'université d'Hawaï nous paraît être un des mieux adaptés à l'information du voyageur :

→ **www.solar.ifa.hawaii.edu/Tropical**

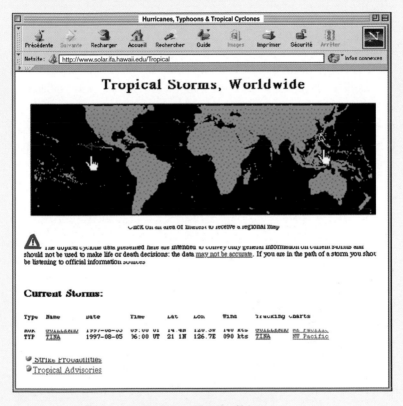

Menaces sur Hawaï et Taiwan
www.solar.ifa.hawaii.edu/Tropical

En cliquant soit la carte, soit sur le tableau, on a accès au parcours précis de l'ouragan depuis sa naissance (la couleur du tracé varie selon la force de l'ouragan), aux prévisions concernant le trajet à dans les jours à venir, à la liste des territoires susceptibles d'être atteints, à l'évaluation des risques, etc. Le *National Hurricane Center* (www.nhc.noaa.gov) est un autre site de référence pour les ouragans (voir rubrique *États-Unis*).

Le réchauffement climatique

L e site de l'IPCC (groupe de travail intergouvernemental sur le changement climatique) est le lieu de référence pour se tenir au courant des dernières études et rapports sur le réchauffement climatique.

→ www.ipcc.ch

À partir de cette adresse (cliquer sur *Others links*, puis *IPCC Data Distribution Centre, Scenario Data Gateway* et *Data Visualisation*), sélectionner un modèle de changements climatiques et choisir entre différents scénarios, du plus optimiste au plus pessimiste.

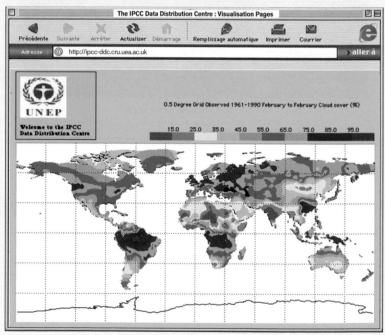

Couverture nuageuse en février : moyennes observées
http://ipcc-ddc.cru.uea.ac.uk

Sur la base d'un modèle et d'un scénario modérés (HadCM2 / GS dX) et en comparaison des moyennes observées de 1961 à 1990 du taux de couverture nuageuse en février (voir ci-dessus), nous obtenons pour 2020, 2050 et 2080 les écarts présentés ci-contre.

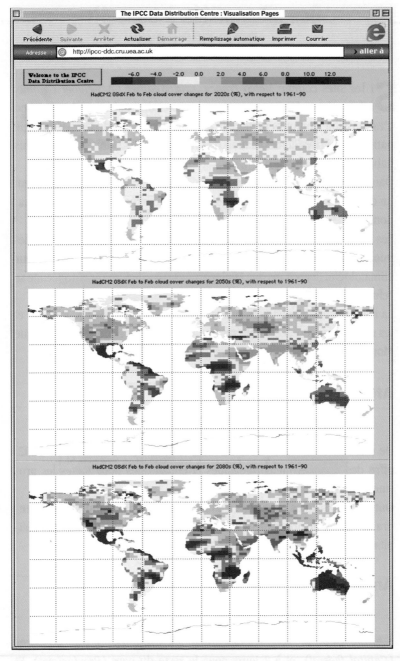

Couverture nuageuse et réchauffement climatique
http://ipcc-ddc.cru.uea.ac.uk

Colombie

→ www.ideam.gov.co

Le site de l'*Instituto de Hidrología, Meteorología y Estudios ambientales* est riche en informations. Les rubriques *El tiempo* et *Pronósticos* ouvrent à des choix très divers. *El tiempo* notamment, donne accès à une sous-rubrique vouée à la météo des 25 principaux aéroports du pays qui informe des fermetures temporaires (assez fréquentes) liées aux conditions climatiques. On trouve aussi les alertes aux cyclones, les prévisions climatiques à moyen terme, les risques d'incendies et le suivi des crues (*Los Rios,* voir ci-dessous).

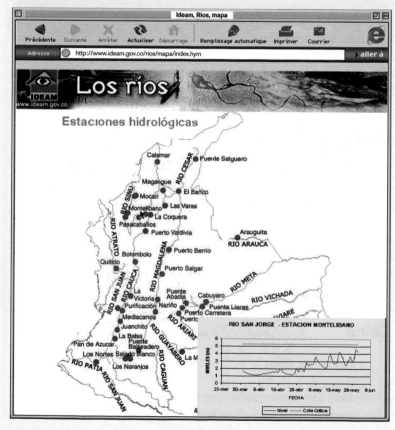

Le suivi des crues
www.ideam.gov.co

États-Unis

→ **www.noaa.gov**

Le *National Oceanic and Atmospheric Administration* (NOAA) est un organisme public chargé de la recherche en climatologie et en météorologie. La qualité de son site est exceptionnelle.

NOAA est divisé en plusieurs départements, notamment le *National Weather Service* (www.nws.noaa.gov), le *Climate Prediction Center* (www.cpc.ncep.noaa.gov) et le *National Hurrican Center* (www.nhc.noaa.gov).

Sur la page d'accueil du site du *National Weather Service,* une carte interactive des États-Unis donne accès aux détails des alertes météo, que ce soit à propos de cyclones, tempêtes, tornades, inondations, vents, ou encore vagues de froid, brouillards, canicules et sécheresses.

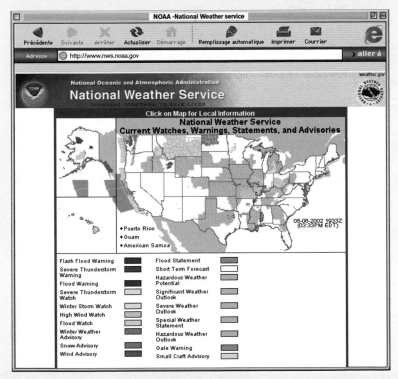

6 mai 2002 : alertes à...
www.nws.noaa.gov

France

→ www.meteo.fr

Depuis 2002, Météo France offre en accès libre des prévisions météorologiques à 4 jours, département par département et ville par ville, sur toute la Métropole. Sécurité oblige, bonnes alertes au cyclones pour l'Outre-mer. Le planisphère interactif de la *Météo dans le monde* offre des prévisions à 4 jours, et de 12h en 12h, pour plusieurs centaines de destinations.

Jordanie

→ www.jmd.gov.jo

Ce site, ouvert en 2002, offre par *Weather forecast,* des prévisions à 4 jours pour une vingtaine de villes jordaniennes. Par ailleurs, bonnes images satellites et cartes météos par *Satellite Image* et *Weather Charts.*

Malaisie

→ www.kjc.gov.my

Une fois entré sur la version anglaise du site, accès par *Weather forecast* à des prévisions à 5 jours pour 25 villes et les principales régions touristiques du pays.

Mexique

→ http://smn.cna.gob.mx/SMN.html

Pronóstico Meteorológico introduit à des cartes interactives illustrant les prévisions météorologiques à 4 jours pour les principales villes du Mexique.

Oman

→ www.met.gov.om

Par *Numerical Forecast,* on accède à des prévisions à 3 jours (températures, humidité et vent), présentées sous forme de cartes limitées à Oman ou couvrant tout le Moyen-Orient (voir ci-contre).

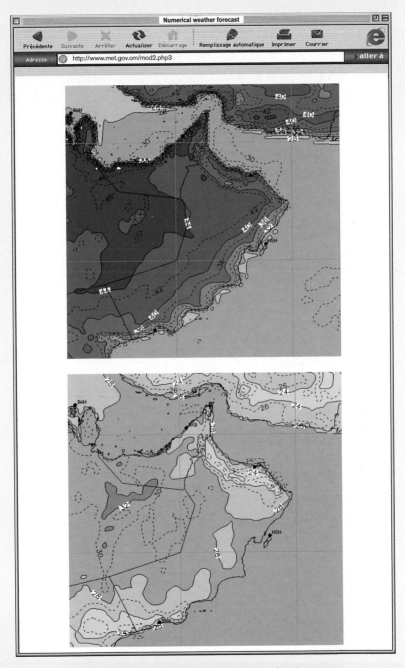

Oman, prévisions pour le 8 mai 2002 : à midi et à minuit
www.met.gov.om/mod2.php3

Royaume-Uni

→ www.metoffice.gov.uk

Le *Met. Office,* un des plus fameux instituts de météorologie au monde, offre sur son site des prévisions météo assez fournies (rubrique *More UK weather*). Ce site vaut aussi pour la qualité des rubriques *Education et Tropical Cyclone Monthly Bulletin.* Cette dernière rubrique permet, sur des bases statistiques, d'évaluer la pertinence et la précision des prévisions concernant les trajets et la force des cyclones.

Seychelles

→ www.pps.gov.sc/meteo

À la rubrique *Daily Forecast,* prévisions à 5 jours. On trouve sur ce site, après un délai de quelques mois, des analyses détaillées des conditions climatiques des saisons antérieures.

Singapour

→ www.gov.sg/metsin

Un site assez riche, mais dont une partie seulement est en accès libre. *Fortnightly Weather Outlook* tente une prévision pour la quinzaine à venir.

Taiwan

→ www.cwb.gov.tw

Ce site (cliquer sur *English*) offre des informations présentées sous des formes originales : probabilités des précipitations à 24h, prévisions à 7 jours ; date, localisation et amplitude des 10 dernières secousses sismiques, horaires et amplitudes des marées, etc.

Turquie

→ www.meteor.gov.tr

Dans la rubrique *Tourism Holiday ressorts,* les prévisions à 3 jours pour toutes les régions du pays sont accompagnées des normales climatiques ; en appoint, températures de la mer.

L'atlas du voyageur

Situer avec précision *Watukarere*, petit village indonésien dont on vous a conseillé la visite, vérifier que *Settignano*, où un voyagiste vous propose une chambre d'hôtel, est bien à proximité de Florence, repérer *La Dificultad*, bourg perdu quelque part au Venezuela, rien de plus facile ! Il suffit d'entrer ces noms sur le site *Expedia. com* (accès par *maps* puis *Find a map*) :

→ **www.expedia.com**

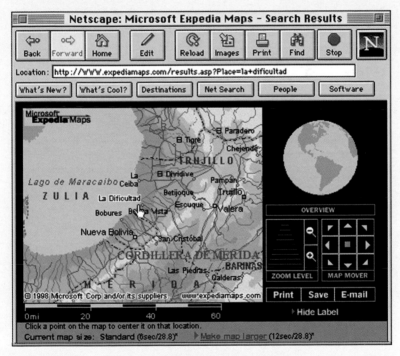

Rechercher "La Dificultad", c'est facile !
www.expedia.com

La Perry-Castañeda Library, de l'Université du Texas, offre aussi une sélection de cartes de tous les pays du monde à www.lib.utexas.edu/Libs/PCL/Map_collection. html.

Les taux de change
et la santé des monnaies

Oanda est le nom du service Internet de *Olsen Associates,* compagnie zurichoise. Il offre les informations les plus utiles qu'un voyageur-internaute puisse trouver sur les monnaies :

→ **www.oanda.com**

La rubrique *FX Converter* affiche le dollar canadien et le yen japonais comme la gourde haïtienne ou l'escudo du Cap-Vert; en tout, 164 monnaies. Ce même service permet l'impression d'une *feuille de calcul* qui, une fois sur place, facilite l'évaluation rapide du coût de la vie à l'étranger et donne *l'historique des taux,* très utile pour établir ses notes de frais au retour d'un voyage professionnel.

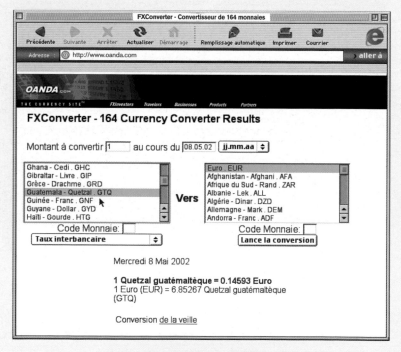

Le cours du Quetzal guatémaltèque en Euro
www.oanda.com

Fx Analysis est quant à lui un formidable outil qui trace les courbes des évolutions relatives des monnaies sur des périodes d'un mois à dix ans. De ces graphiques, le voyageur peut tirer des indications précieuses sur le coût de la vie dans le pays visité, en comparaison de celle du pays de départ. Par ailleurs, si la monnaie de ce pays se déprécie régulièrement par rapport à l'euro ou au dollar, mieux vaut éviter de changer trop d'argent dès son arrivée. Au contraire, si la devise du pays visité se renforce, il vaut alors mieux changer rapidement ses euros (si on peut garder cet argent en sécurité).

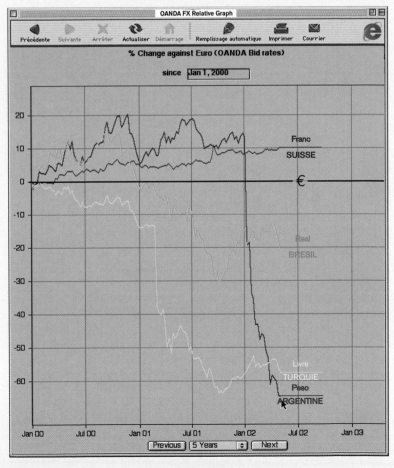

Argentine : du peso-dollar... au peso
www.oanda.com

Quelle heure est-il ?

Le site *World Time server* affiche l'heure dans les pays du monde en tenant compte des heures d'été (DST) et de nombreuses exceptions locales.

→ www.worldtimeserver.com

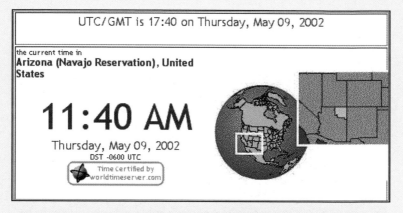

UTC/GMT is 17:40 on Thursday, May 09, 2002

the current time in
Arizona (Navajo Reservation), United States

11:40 AM

Thursday, May 09, 2002
DST -0600 UTC
Time Certified by
worldtimeserver.com

Le territoire navajo, contrairement au reste de l'Arizona, a adopté l'heure d'été
www.worldtimeserver.com

Parti, sans laisser d'adresse

Sur Internet, les adresses des sites changent parfois. Si une adresse URL proposée dans ce chapitre n'aboutit plus, il existe deux moyens d'y remédier :
- ouvrir une page située en amont de celle recherchée. Ainsi, en cas d'échec avec " www.bom.gov.au/climate ", on tentera " www.bom.gov.au ".
- lancer une requête sur un moteur de recherche (" www.google.com " le plus efficace) avec un ou plusieurs mots clés en relation avec le site recherché. Par exemple " FNMOC ", pour les températures de la mer, " timeanddate ", pour les fuseaux horaires, etc.

Le site *time and date,* recense toutes les dates et les horaires précis des passages de l'heure d'été à l'heure d'hiver (et vice-versa) sur toute la planète. Une information qui peut s'avérer utile pour ne pas rater son avion de retour !

→ www.timeanddate.com/time/dst2003a.html

Lire un journal du pays de destination

De nombreux sites proposent des liens avec les versions *on-line* de journaux classés pays par pays. Pour les sites francophones, la rubrique *Presseweb* du site de l'excellent magazine suisse *L'Hebdo* paraît la plus rigoureusement mise à jour :

→ **www.webdopresse.ch**

Le site de l'Agence France Presse (**www.afp.com**) permet aussi de se connecter avec de nombreux journaux et magazines en ligne.

Citons encore *Chaplin News*. Limité aux journaux anglophones, il couvre cependant une bonne partie du monde.

→ **www.geocities.com/Heartland/2308/statenew.html**

On trouvera la liste la plus exhaustive des journaux hispanophones sur le site *Prensalatina* (**www.prensalatina.com**).

Affrontements entre hindous et musulmans dans l'État du Gujarat
http://timesofindia.indiatimes.com/

Quel vol ?

De Sabre, Galileo et Amadeus, les 3 grandes centrales de réservations aériennes, la dernière propose la plate-forme la plus pratique pour s'informer des possibilités et des horaires de vol :

→ www.amadeus.net

Épidémies : les dernières nouvelles

L'Organisation mondiale de la santé (OMS, ou WHO) et le *Center for Disease Control* d'Atlanta (CDC) publient régulièrement des communiqués sur les problèmes épidémiologiques dans le monde entier. Ces communiqués sont accessibles depuis le site de l'*International Society of Travel Medecine* (ISTM), à la rubrique *News from CDC & WHO*.

→ www.istm.org

On accède par le site de l'ISTM à de nombreux autres documents liés à la santé du voyageur, mais ils sont d'abord destinés aux médecins.

Traduire pour le voyage

Le site *Travlang* permet de consulter et d'imprimer de brefs glossaires adaptés aux besoins du voyageur dans plus de 80 langues (voir ci-contre). Pour chacune d'entre elles, ce site renvoie à des liens en rapport avec son apprentissage (départements universitaires, cours d'été à l'étranger) :

→ http://travlang.com/languages

Travlang donne accès à de nombreux dictionnaires. En août 2002, on comptait 12 dictionnaires disponibles depuis, et vers, le français (anglais, espagnol, portugais, allemand, italien, hollandais, suédois, finnois, tchèque, polonais, turc et même latin et esperanto).

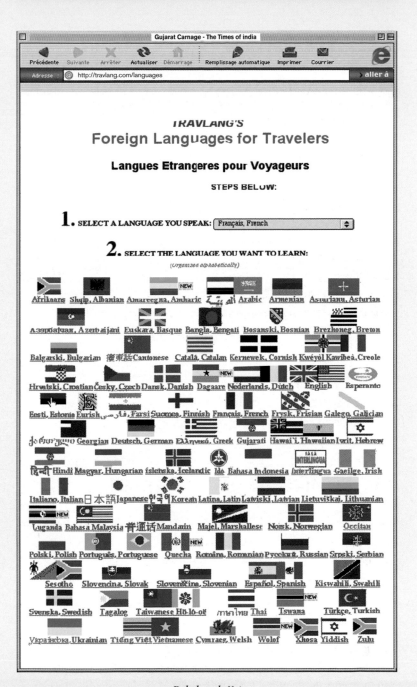

Babel sur le Net
http://travlang.com/languages

Les conseils du Quai d'Orsay

L e ministère des Affaires étrangères délivre, pays par pays, des informations très utiles aux touristes comme aux expatriés. Sous la rubrique *Sécurité,* on trouve les adresses de l'ambassade et des consulats français, (à imprimer et à garder sur soi). La liste des pays et des régions où le voyage est déconseillé est très régulièrement actualisée.

→ **www.dfae.diplomatie.fr/voyageurs**

Où ne pas partir ?
www.dfae.diplomatie.fr/voyageurs

En complément de ces informations de source française, le voyageur pourra consulter le site équivalent du Département d'État :

→ **http://travel.state.gov/travel_warnings.html**

Pour certaines destinations, les notices rédigées par les services consulaires américains sont plus complètes que celles du site français.

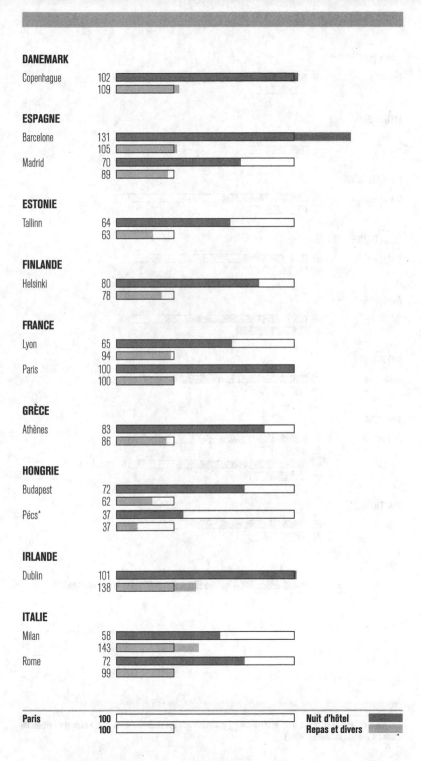

DANEMARK

Copenhague 102 / 109

ESPAGNE

Barcelone 131 / 105

Madrid 70 / 89

ESTONIE

Tallinn 64 / 63

FINLANDE

Helsinki 80 / 78

FRANCE

Lyon 65 / 94

Paris 100 / 100

GRÈCE

Athènes 83 / 86

HONGRIE

Budapest 72 / 62

Pécs* 37 / 37

IRLANDE

Dublin 101 / 138

ITALIE

Milan 58 / 143

Rome 72 / 99

Paris 100 / 100

Nuit d'hôtel
Repas et divers

LETTONIE

Riga · 127 · 84

LITUANIE

Vilnius · 65 · 72

LUXEMBOURG

Luxembourg · 48 · 78

MACÉDOINE

Skopje* · 36 · 46

NORVÈGE

Oslo · 80 · 118

PAYS-BAS

Amsterdam · 116 · 83

POLOGNE

Poznán* · 49 · 63

Varsovie · 64 · 74

PORTUGAL

Lisbonne · 50 · 81

ROUMANIE

Bucarest · 141 · 54

Les pays et les villes suivis d'un astérisque (*) n'étaient pas mentionnés dans la précédente édition de *Saisons & Climats* **(millésime 2002).**

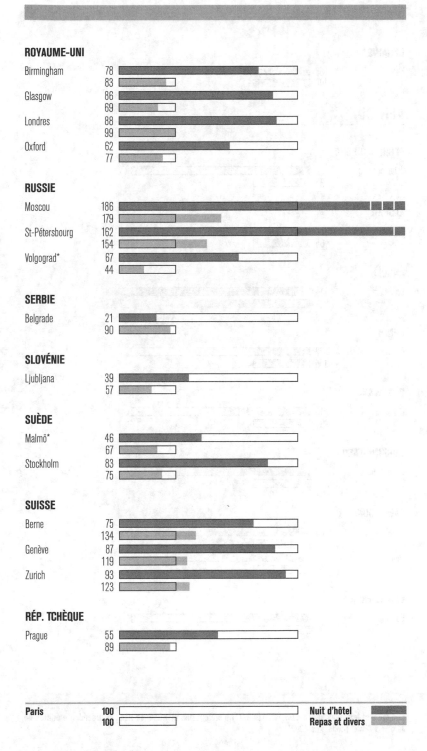

ROYAUME-UNI

Birmingham	78	
	83	
Glasgow	86	
	69	
Londres	88	
	99	
Oxford	62	
	77	

RUSSIE

Moscou	186	
	179	
St-Pétersbourg	162	
	154	
Volgograd*	67	
	44	

SERBIE

| Belgrade | 21 | |
| | 90 | |

SLOVÉNIE

| Ljubljana | 39 | |
| | 57 | |

SUÈDE

Malmö*	46	
	67	
Stockholm	83	
	75	

SUISSE

Berne	75	
	134	
Genève	87	
	119	
Zurich	93	
	123	

RÉP. TCHÈQUE

| Prague | 55 | |
| | 89 | |

| **Paris** | **100** | | **Nuit d'hôtel** |
| | **100** | | **Repas et divers** |

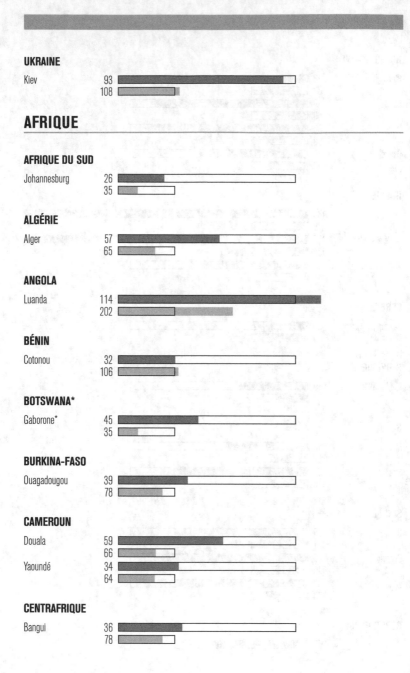

UKRAINE

Kiev   93
       108

AFRIQUE

AFRIQUE DU SUD

Johannesburg   26
               35

ALGÉRIE

Alger   57
        65

ANGOLA

Luanda   114
         202

BÉNIN

Cotonou   32
          106

BOTSWANA*

Gaborone*   45
            35

BURKINA-FASO

Ouagadougou   39
              78

CAMEROUN

Douala   59
         66

Yaoundé   34
          64

CENTRAFRIQUE

Bangui   36
         78

Les pays et les villes suivis d'un astérisque (*) n'étaient pas mentionnés dans la précédente édition de *Saisons & Climats* **(millésime 2002).**

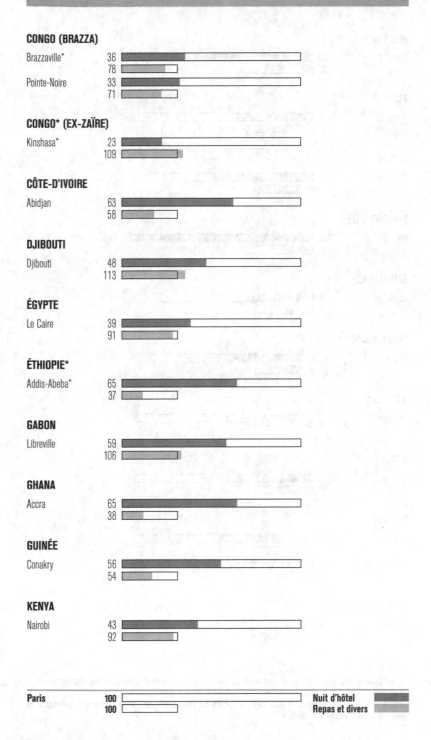

CONGO (BRAZZA)

Brazzaville* 36
78

Pointe-Noire 33
71

CONGO* (EX-ZAÏRE)

Kinshasa* 23
109

CÔTE-D'IVOIRE

Abidjan 63
58

DJIBOUTI

Djibouti 48
113

ÉGYPTE

Le Caire 39
91

ÉTHIOPIE*

Addis-Abeba* 65
37

GABON

Libreville 59
106

GHANA

Accra 65
38

GUINÉE

Conakry 56
54

KENYA

Nairobi 43
92

Paris 100
100

Nuit d'hôtel
Repas et divers

453

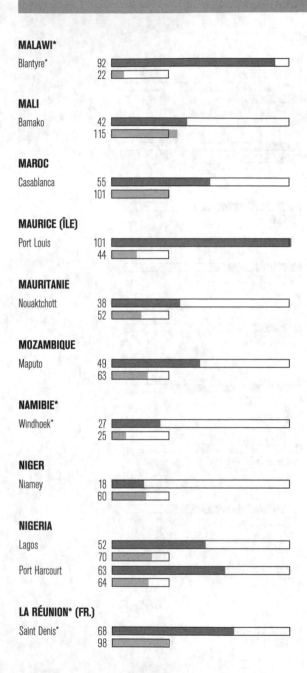

MALAWI*

Blantyre* 92
22

MALI

Bamako 42
115

MAROC

Casablanca 55
101

MAURICE (ÎLE)

Port Louis 101
44

MAURITANIE

Nouaktchott 38
52

MOZAMBIQUE

Maputo 49
63

NAMIBIE*

Windhoek* 27
25

NIGER

Niamey 18
60

NIGERIA

Lagos 52
70

Port Harcourt 63
64

LA RÉUNION* (FR.)

Saint Denis* 68
98

Les pays et les villes suivis d'un astérisque (*) n'étaient pas mentionnés dans la précédente édition de *Saisons & Climats* **(millésime 2002).**

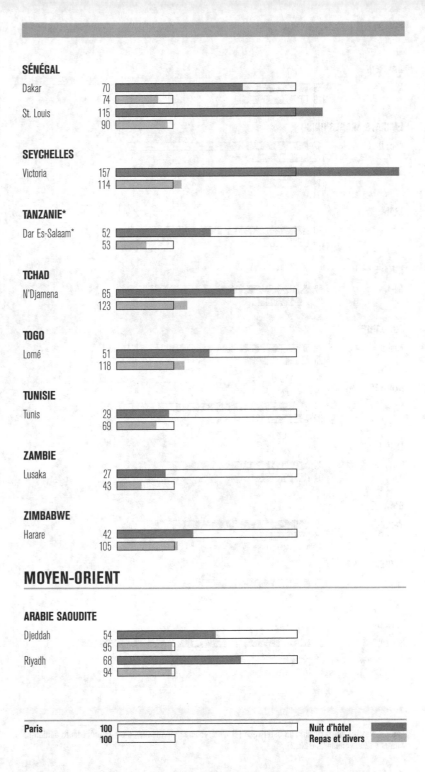

SÉNÉGAL
Dakar 70
74
St. Louis 115
90

SEYCHELLES
Victoria 157
114

TANZANIE*
Dar Es-Salaam* 52
53

TCHAD
N'Djamena 65
123

TOGO
Lomé 51
118

TUNISIE
Tunis 29
69

ZAMBIE
Lusaka 27
43

ZIMBABWE
Harare 42
105

MOYEN-ORIENT

ARABIE SAOUDITE
Djeddah 54
95
Riyadh 68
94

Paris 100
100

Nuit d'hôtel
Repas et divers

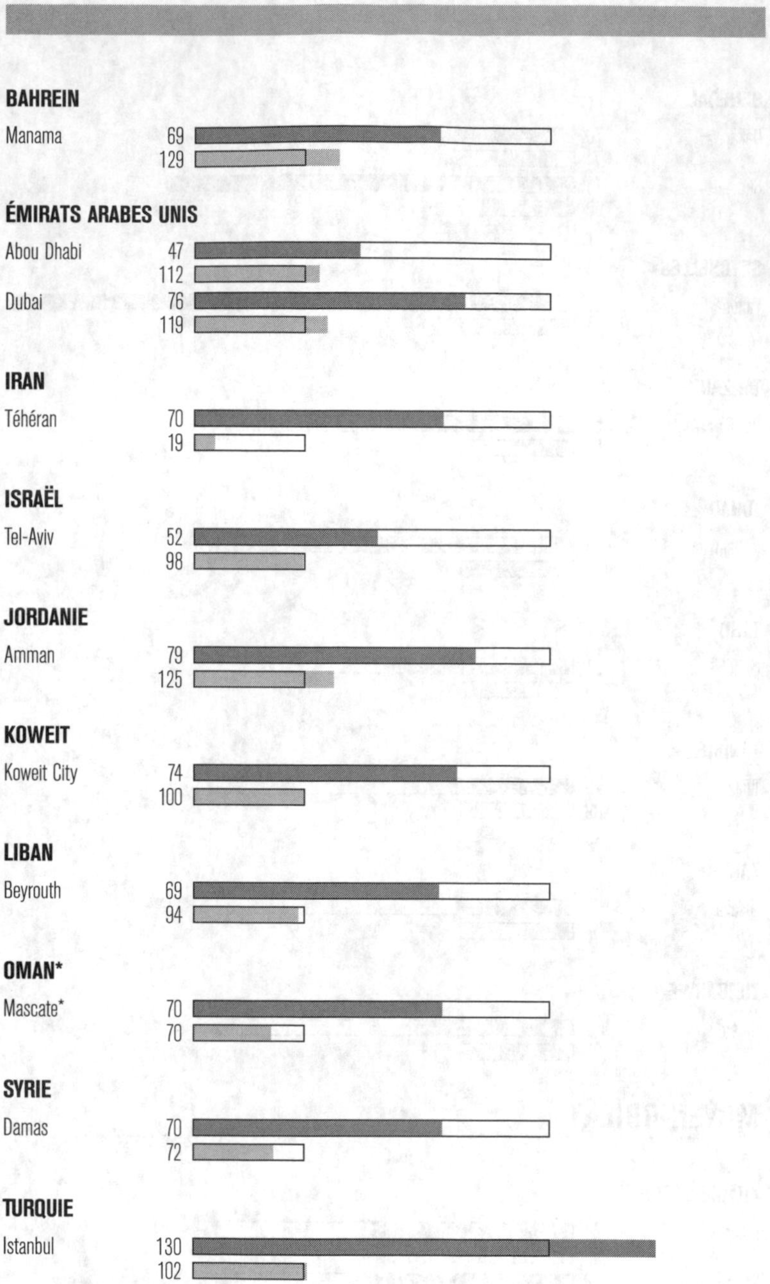

BAHREIN

Manama 69
129

ÉMIRATS ARABES UNIS

Abou Dhabi 47
112
Dubai 76
119

IRAN

Téhéran 70
19

ISRAËL

Tel-Aviv 52
98

JORDANIE

Amman 79
125

KOWEIT

Koweit City 74
100

LIBAN

Beyrouth 69
94

OMAN*

Mascate* 70
70

SYRIE

Damas 70
72

TURQUIE

Istanbul 130
102

Les pays et les villes suivis d'un astérisque (*) n'étaient pas mentionnés dans la précédente édition de *Saisons & Climats* (millésime 2002).

ASIE

ARMÉNIE*

Erevan* 75
54

AZERBAÏDJAN*

Bakou* 116
175

BANGLADESH

Dacca 67
103

BRUNEI

Bandar Seri 75
Begawan
58

CAMBODGE*

Phnom-Penh* 86
59

CHINE

Chengdu* (Sichuan) 44
70
Canton 73
91
Hong Kong 125
151
Nankin* 49
80
Pékin 120
107
Shanghai 83
113

CORÉE DU SUD

Séoul 72
94

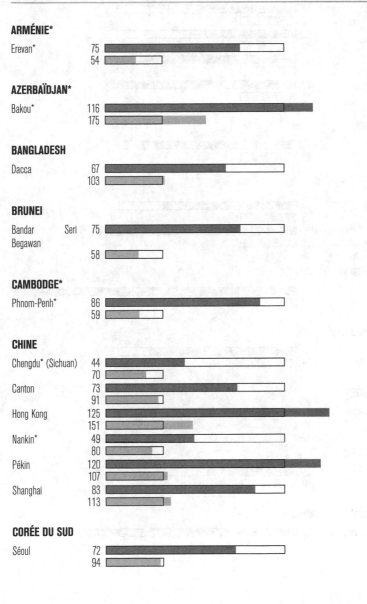

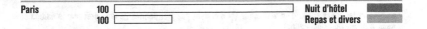

Paris 100
100

Nuit d'hôtel
Repas et divers

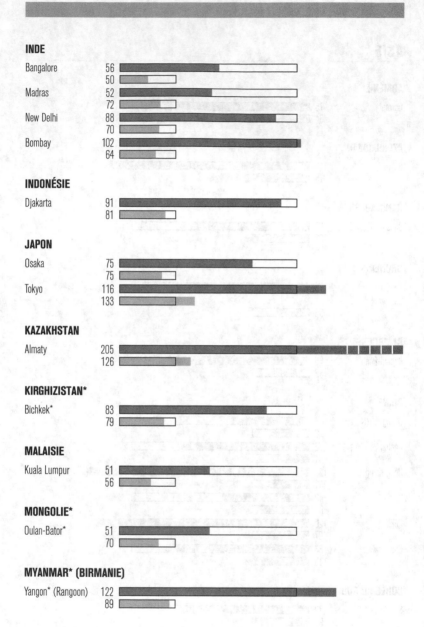

INDE

Bangalore	56	
	50	
Madras	52	
	72	
New Delhi	88	
	70	
Bombay	102	
	64	

INDONÉSIE

Djakarta	91	
	81	

JAPON

Osaka	75	
	75	
Tokyo	116	
	133	

KAZAKHSTAN

Almaty	205	
	126	

KIRGHIZISTAN*

Bichkek*	83	
	79	

MALAISIE

Kuala Lumpur	51	
	56	

MONGOLIE*

Oulan-Bator*	51	
	70	

MYANMAR* (BIRMANIE)

Yangon* (Rangoon)	122	
	89	

Les pays et les villes suivis d'un astérisque (*) n'étaient pas mentionnés dans la précédente édition de *Saisons & Climats* **(millésime 2002).**

OUZBÉKISTAN

Samarcande*	33
	31
Tachkent	97
	31

PAKISTAN

| Karachi | 67 |
| | 50 |

PHILIPPINES

| Manille | 121 |
| | 61 |

SINGAPOUR

| Singapour | 69 |
| | 103 |

SRI LANKA

| Colombo | 42 |
| | 53 |

TAIWAN

| Taipei | 95 |
| | 119 |

THAÏLANDE

| Bangkok | 43 |
| | 58 |

VIETNAM

Hanoï	137
	83
Hô Chi Minh-Ville	62
	79

| Paris | 100 | | Nuit d'hôtel |
| | 100 | | Repas et divers |

459

OCÉANIE

AUSTRALIE

Ville		
Adelaïde	51	
	61	
Brisbane	63	
	61	
Melbourne	69	
	60	
Perth	35	
	68	
Sydney	59	
	60	

NLLE CALÉDONIE (FR.)

Nouméa	126	
	114	

NLLE ZÉLANDE

Auckland	67	
	66	
Wellington	53	
	66	

TAHITI* (FR.)

Papeete*	71	
	109	

Les pays et les villes suivis d'un astérisque (*) n'étaient pas mentionnés dans la précédente édition de *Saisons & Climats* (millésime 2002).

Paris	100	Nuit d'hôtel
	100	Repas et divers

LE MONDE
TEL QU'IL EST

Introduction

Il est utile de connaître de manière fiable le niveau de développement socio-économique du pays que l'on s'apprête à visiter. Cela permet de mieux s'adapter à la réalité de ce pays.

Chaque année, le PNUD (Programme des Nations unies pour le développement) publie un rapport mondial où les pays sont classés selon leur *Indicateur de développement humain*. Cet IDH mesure le niveau moyen atteint par un pays selon trois critères essentiels au développement et au bien-être de l'homme : la longévité, l'accès au savoir et le niveau de vie. Ces trois aspects sont respectivement exprimés par l'espérance de vie à la naissance, le taux d'alphabétisation des adultes de plus de 15 ans et le revenu annuel par habitant (PIB) exprimé en dollars (calcul réalisé en tenant compte de la parité de pouvoir d'achat).

Le PNUD distingue trois groupes de pays. Les pays, moins de 50, dont l'IDH est supérieur à 0,8, sont considérés à « développement humain élevé ». On retrouve en tête de ce groupe les pays occidentaux. Le second groupe, le plus nombreux et le plus éclectique, réunit environ 80 pays au « développement humain moyen », c'est-à-dire dont l'IDH est compris entre 0,8 et 0,5. Le troisième groupe, enfin, est celui des pays au « développement humain faible » (IDH inférieur à 0,5). Il comprend une quarantaine de pays, pour la plupart africains.

Si, en Europe occidentale, on ne repère pas de grands écarts de développement entre deux pays frontaliers, il n'en va pas de même dans d'autres régions du monde. Ainsi du Chili, pays frontalier de la Bolivie, ou du prospère territoire de Singapour, juste séparé de l'Indonésie par le détroit de Malacca.

Soulignons que l'IDH ne mesure que le niveau moyen atteint par un pays, il n'indique rien concernant la répartition, souvent très inégale, de ce développement à l'intérieur de ce pays. Cette inégalité pouvant apparaître selon les catégories de population et les secteurs géographiques. À titre d'exemple, citons le Népal où l'IDH des intouchables est deux fois inférieur à celui des brahmanes, ou le Brésil où l'État de Rio grande do Sul, au sud du pays, affiche un IDH très supérieur à celui qui prévaut dans les États du Nordeste.

Compte tenu du temps nécessaire à la réunion, au traitement et à la publication de ces données, ces résultats peuvent ne pas tenir compte des événements économiques les plus récents. Ce tableau n'en reste pas moins un portrait assez fidèle de la situation du monde en 2003 ; même si, par exemple, il ne fait aucun doute que l'Argentine ne se maintiendra pas dans le prochain IDH au 34ᵉ rang qui est ici le sien.

Classement selon l'IDH 2001 (rang)	Espérance de vie (années)	Taux d'alphabétisation des adultes (%)	PIB par habitant Pouvoir d'achat annuel (en dollars)	Indicateur du développement humain 2001

Développement humain élevé

1 Norvège	78,5	99	28 400	0,939
2 Australie	79	99	24 600	0,936
3 Canada	78,5	99	26 300	0,936
4 Suède	79,5	99	22 600	0,936
5 Belgique	78	99	25 400	0,935
6 États-Unis	77	99	31 900	0,934
7 Islande	79	99	27 800	0,932
8 Pays-Bas	78	99	24 200	0,931
9 Japon	81	99	24 900	0,928
10 Finlande	77,5	99	23 100	0,925
11 Suisse	79	99	27 200	0,924
12 Luxembourg	77	99	42 800	0,924
13 France	78,5	99	22 900	0,924
14 Royaume-Uni	77,5	99	22 100	0,923
15 Danemark	76	99	25 900	0,921
16 Autriche	78	99	25 100	0,921
17 Allemagne	77,5	99	23 700	0,921
18 Irlande	76,5	99	25 900	0,916
19 Nlle-Zélande	77,5	99	19 100	0,913
20 Italie	78,5	98	22 200	0,909
21 Espagne	78,5	98	18 100	0,908
22 Israël	78,5	96	18 400	0,893
23 Grèce	78	97	15 400	0,881
24 Hong Kong, Chine	79,5	93	22 000	0,880
25 Chypre	78	97	19 000	0,877
26 Singapour	77,5	92	20 800	0,876
27 Corée du Sud	75	98	15 700	0,875
28 Portugal	75,5	92	16 100	0,874

Classement selon l'IDH 2001 (rang)	Espérance de vie (années)	Taux d'alphabétisation des adultes (%)	PIB par habitant Pouvoir d'achat annuel (en dollars)	humain 2001
29 Slovénie	75,5	99	16 000	0,874
30 Malte	78	92	15 200	0,866
31 Barbade	76,5	97	14 400	0,864
32 Brunei	76	91	17 900	0,857
33 Rép. tchèque	75	99	13 000	0,844
34 Argentine	73	97	12 300	0,842
35 Slovaquie	73	99	10 600	0,831
36 Hongrie	71	99	11 400	0,829
37 Uruguay	74	98	8 900	0,828
38 Pologne	73	99	8 500	0,828
39 Chili	75	96	8 700	0,825
40 Bahrein	73	87	13 700	0,824
41 Costa Rica	76	96	8 900	0,821
42 Bahamas	69	96	15 300	0,820
43 Koweit	76	82	17 300	0,818
44 Estonie	70,5	98	8 400	0,812
45 Émirats A. U.	75	75	18 200	0,809
46 Croatie	73,5	98	7 400	0,803
47 Lituanie	72	99	6 700	0,803
48 Qatar	69,5	81	18 800	0,801

Développement humain moyen

49 Trinité et Tobago	74	94	8 200	0,798
50 Lettonie	70	99	6 300	0,791
51 Mexique	72,5	91	8 300	0,790
52 Panamá	74	92	5 900	0,784
53 Biélorussie	68,5	99	6 900	0,782
54 Belize	74	93	5 000	0,776
55 Russie	66	99	7 500	0,775

Classement selon l'IDH 2001 (rang)	Espérance de vie (années)	Taux d'alphabétisation des adultes (%)	PIB par habitant Pouvoir d'achat annuel (en dollars)	Indicateur du développement humain 2001
56 Malaisie	72	87	8 200	0,774
57 Bulgarie	71	98	5 100	0,772
58 Roumanie	70	98	6 000	0,772
59 Lybie	70,5	79	7 600	0,770
60 Macédoine	73	94	4 700	0,766
61 Venezuela	72,5	92	5 500	0,765
62 Colombie	71	92	5 700	0,765
63 Maurice	71	84	9 100	0,765
64 Surinam	70,5	93	4 200	0,758
65 Liban	73	86	4 700	0,758
66 Thaïlande	70	95	6 100	0,757
67 Fidji	69	93	4 800	0,757
68 Arabie saoudite	71,5	76	10 800	0,754
69 Brésil	67,5	85	7 000	0,750
70 Philippines	69	95	3 800	0,749
71 Oman	71	70	13 400	0,747
72 Arménie	72,5	98	2 200	0,745
73 Pérou	68,5	90	4 600	0,743
74 Ukraine	68	99	3 500	0,742
75 Kazakhstan	64,5	99	5 000	0,742
76 Géorgie	73	99	2 400	0,742
77 Maldives	66	96	4 400	0,739
78 Jamaïque	75	86	3 600	0,738
79 Azerbaïdjan	71,5	97	2 850	0,738
80 Paraguay	70	93	4 400	0,738
81 Sri Lanka	72	91	3 300	0,735
82 Turquie	69,5	85	6 400	0,735
83 Turkménistan	66	98	3 300	0,730
84 Équateur	70	91	3 000	0,726
85 Albanie	73	84	3 200	0,725

Classement selon l'IDH 2001 (rang)	Espérance de vie (années)	Taux d'alphabétisation des adultes (%)	PIB par habitant Pouvoir d'achat annuel (en dollars)	Indicateur du développement humain 2001
86 Rép. dominicaine	67	83	5 500	0,722
87 Chine	70	84	3 600	0,718
88 Jordanie	70	89	4 000	0,714
89 Tunisie	70	70	6 000	0,714
90 Iran	68,5	76	5 500	0,714
91 Cap-Vert	69,5	74	4 500	0,708
92 Kirghizistan	67,5	97	2 600	0,707
93 Guyana	63,5	98	3 600	0,704
94 Afrique du Sud	54	85	8 900	0,702
95 El Salvador	69,5	78	4 300	0,701
96 Samoa Occid.	69	80	4 000	0,701
97 Syrie	71	74	4 500	0,700
98 Moldavie	66,5	98,7	2 050	0,699
99 Ouzbékistan	68,5	89	2 250	0,698
100 Algérie	69,5	67	5 100	0,693
101 Viêt-Nam	68	93	1 850	0,682
102 Indonésie	66	86	2 850	0,677
103 Tadjikistan	67,5	99	1 030	0,660
104 Bolivie	62	85	2 350	0,648
105 Égypte	67	55	3 400	0,635
106 Nicaragua	68	68	2 300	0,635
107 Honduras	65,5	74	2 350	0,634
108 Guatemala	64,5	68	3 700	0,626
109 Gabon	52,5	63	6 000	0,617
110 Guinée équatoriale	50,5	82	4 700	0,610
111 Namibie	45	81	5 500	0,601
112 Maroc	67	48	3 400	0,596
113 Swaziland	47	79	4 000	0,583
114 Botswana	42	76	6 900	0,577
115 Inde	63	57	2 250	0,571

Classement selon l'IDH 2001 (rang)	Espérance de vie (années)	Taux d'alphabétisation des adultes (%)	PIB par habitant Pouvoir d'achat annuel (en dollars)	Indicateur du développement humain 2001
116 Mongolie	62,5	62	1 700	0,569
117 Zimbabwe	43	88	2 900	0,554
118 Myanmar	56	84	1 030	0,551
119 Ghana	56,5	70	1 900	0,542
120 Lesotho	48	83	1 850	0,541
121 Cambodge	56,5	68	1 360	0,541
122 Papouasie-Nle-Guinée	56	64	2 350	0,534
123 Kenya	51, 5	82	1 020	0,514
124 Comores	59,5	59	1 430	0,510
125 Cameroun	50	75	1 600	0,506
126 Congo (Brazza.)	51	80	730	0,502

Faible développement humain

127 Pakistan	59,5	45	1 850	0,498
128 Togo	51,5	56	1 410	0,489
129 Népal	58	40	1 240	0,480
130 Bhoutan	61,5	42	1 340	0,477
131 Laos	53	47	1 470	0,476
132 Bangladesh	59	41	1 480	0,470
133 Yémen	60	45	810	0,468
134 Haïti	52,5	49	1 460	0,467
135 Madagascar	52	66	800	0,462
136 Nigeria	51,5	63	850	0,455
137 Djibouti	44	63	2 400	0,447
138 Soudan	55,5	57	660	0,439
139 Mauritanie	51	42	1 600	0,437
140 Tanzanie	51	75	500	0,436
141 Ouganda	43	66	1 170	0,435
142 Congo (Kinsha.)	51	60	800	0,429

Classement selon l'IDH 2001 (rang)	Espérance de vie (années)	Taux d'alphabétisation des adultes (%)	PIB par habitant Pouvoir d'achat annuel (en dollars)	Indicateur du développement humain 2001
143 Zambie	41,0	77,2	756	0,427
144 Côte-d'Ivoire	48	46	1 650	0,426
145 Sénégal	53	36	1 420	0,423
146 Angola	45	42	3 200	0,422
147 Bénin	53,5	39	930	0,420
148 Érythrée	52	53	880	0,416
149 Gambie	46	36	1 600	0,398
150 Guinée	47	35	1 950	0,397
151 Malawi	40,5	59	590	0,397
152 Rwanda	40	66	890	0,395
153 Mali	51	40	750	0,378
154 Rép. centrafricaine	44,5	45	1 170	0,372
155 Tchad	45,5	41	850	0,359
156 Guinée-Bissau	44,5	37,7	680	0,339
157 Mozambique	40	43,2	860	0,323
158 Éthiopie	44	37	630	0,321
159 Burkina Faso	46	23	970	0,320
160 Burundi	40,5	47	580	0,309
161 Niger	45	15	750	0,274
162 Sierra Leone	38,5	32	450	0,258

OBTENIR SES VISAS

Introduction

Les statistiques des compagnies aériennes et des tour-opérateurs publiées en 2002 confirment les progrès des départs de dernière minute, même pour des destinations lointaines. Les « 35 heures » multiplient les opportunités de congés dont la date est négociée au dernier moment avec l'employeur. L'achat *on line* de billets d'avion à prix soldés (*lastminute.com*) et la vente aux enchères pour des départs immédiats (Nouvelles Frontières, Lufthansa...) favorisent cette tendance.

Ces nouveaux modes de consommation imposent, avant l'achat du billet, de vérifier si les conditions du départ sont remplies. Ce chapitre de *Saisons & Climats* permet à chacun d'évaluer le délai nécessaire pour se procurer un éventuel visa.

Comparé à celui de l'année 2002, ce tableau 2003 ne fait pas apparaître de changements très importants, si ce n'est que le coût des visas est aujourd'hui exprimé en euros. Contrairement à ce que l'on aurait pu craindre à la suite des événements du 11 septembre à New York, on n'a pas constaté dans le monde une volonté particulière de limiter ou d'entraver la circulation des voyageurs. La décision de supprimer le visa touristique pour l'Égypte est même envisagée et pourrait être prise en 2003. Signalons aussi la création d'un « visa de l'entente » commun à 5 pays africains francophones : Bénin, Burkina-Faso, Côte-d'Ivoire, Niger et Togo. Ce visa, qui n'est pour l'instant délivré efficacement que par le consulat du Togo, s'adresse aux voyageurs justifiant d'un déplacement dans au moins 2 de ces 5 pays. L'année 2002 n'aura, par contre, apporté aucun progrès concernant les conditions, toujours aussi fastidieuses, dans lesquelles sont délivrés les visas pour la Russie et ses anciennes républiques d'Asie centrale : Azerbaïdjan, Kazakhstan, Kirghizistan, Ouzbékistan, Tadjikistan...

Les informations suivantes ont été établies avec l'aide de la Société VIP Visas Express* qui, depuis près de quinze ans, propose aux voyageurs de les représenter dans les démarches auprès des consulats. Chaque année, elle traite des dizaines de milliers de demandes de visas, aussi bien pour des voyagistes (Nouvelles Frontières, Club aventure...) que pour les voyageurs individuels qui représentent plus de 40 % de sa clientèle. Le coût de la prise en charge des démarches auprès des consulats est de 21 € pour un visa de tourisme et de 28 € pour un visa d'affaires. Pour quelques pays, essentiellement situés au Moyen-Orient et en Asie, ce prix monte respectivement à 23 € ct 36 €. À ce coût, le voyageur doit ajouter les frais de poste si les documents ne sont pas remis et repris directement au siège de Visas Express à Paris (courrier recommandé ou chronopost, selon l'urgence) et des frais en sus en cas d'intervention particulière.

* VIP Visas Express :
54, rue de l'Ouest – BP 48
75661 Paris Cedex 14
Tél. : 01 44 10 72 72
Fax : 01 44 10 72 73
e-mail : visas-express@wanadoo.fr
Site Iinternet : www.visas-express.com

S'informer

▶ Le passeport

Le passeport s'obtient auprès de la mairie de son domicile. Les documents à fournir sont les suivants :

- 1 timbre fiscal de 62 € (achat dans la plupart des bureaux de tabacs et les hôtels des impôts).
- 2 justificatifs de domicile (factures France Télécom ou EDF, avis d'imposition, carte de sécurité sociale, carte d'électeur, etc.)
- soit 1 extrait d'acte de naissance avec mention de la filiation complète, soit une carte d'identité ou un passeport délivré, l'un comme l'autre, il y a moins de 10 ans.
- 1 livret de famille en cas de changement d'état-civil (femme divorcée par exemple).

À Paris, le passeport est le plus souvent établi immédiatement. Dans les autres communes de France, il faut compter un délai moyen de 8 à 10 jours, et jusqu'à 3 semaines pendant les périodes qui précèdent les vacances.

La durée de validité d'un passeport est de 5 ans. Au-delà, il peut servir de pièce d'identité pour une période supplémentaire de 5 ans et permet encore l'entrée dans les pays de l'espace Schengen (Allemagne, Autriche, Belgique, Danemark, Espagne, Finlande, Grèce, Italie, Luxembourg, Pays-Bas et Portugal), ainsi qu'en Suisse et en Turquie.

▶ Le visa

Les demandes de visa de tourisme doivent être accompagnées, selon les pays, de 1 à 4 photos d'identité, et parfois d'une attestation remise par l'agence de voyage (destination, dates d'entrée et de sortie).

Pour les visas affaires, outre les photos, le dossier doit être accompagné d'une lettre établie sur papier à en-tête de l'entreprise précisant le motif du voyage, les références du correspondant local, la garantie de prise en charge des frais de séjour et de déplacement du requérant et parfois d'une invitation manuscrite du correspondant. Le signataire doit indiquer sa qualité et apposer le tampon commercial de la société.

Un visa ne constitue pas un droit impératif d'entrer dans un pays. La police des frontières a toujours le dernier mot. Elle peut, par exemple, interdire l'entrée à un voyageur qui se présenterait muni d'un visa de tourisme alors qu'il aurait le projet évident de chercher un travail.

Les délais d'obtention des visas sont précisés dans le tableau qui suit. Attention, ils sont évalués en terme de « jours ouvrables ». Pour calculer le délai effectif, il faut prendre en compte les jours de fermeture habituelle (samedi et dimanche), les fêtes nationales ou religieuses fériées en France, mais aussi les jours fériés propres au pays de destination. En outre, certains consulats ne sont pas ouverts au public tous les jours et cela peut retarder d'autant l'obtention du visa.

Certains consulats proposent des délais dits d'urgence. Dans ce cas, les taxes consulaires sont majorées, souvent doublées (c'est le cas pour la Chine, la Russie, les États de la CEI et quelques pays africains).

▶ Le voyage des enfants

Un enfant doit être titulaire de son propre passeport après l'anniversaire de ses quinze ans. Par ailleurs, lorsque les enfants sont inscrits sur le passeport d'un des parents, il faut toujours préciser si l'enfant participe au voyage. En effet, si certains pays n'ajoutent aucune mention sur le visa, d'autres y précisent le nom et le prénom de l'enfant autorisé à voyager ou y apposent une note particulière.

Passeports et visas : mode d'emploi

Ce tableau présente les conditions d'entrée des voyageurs dans tous les pays du monde à la date du 1er août 2002. Les notes numérotées de 1 à 22 renvoient à des situations particulières concernant les visas et, pour certains pays africains, à l'obligation du vaccin contre la fièvre jaune.

Ces informations sont susceptibles d'évoluer selon les décisions prises par les pays concernés. Il est donc toujours recommandé avant un départ de se faire confirmer l'actualité de ces données par le consulat ou, à défaut, par VIP Visas Express.

▶ **Légendes**

C.I.	=	Carte d'identité en cours de validité.
C.T.	=	Carte de tourisme (voir note n° 9).
Passeport	=	Passeport en cours de validité.
Pass. + 3 mois	=	Passeport valide encore au moins 3 mois à compter du jour d'entrée dans le pays.
Pass. + 6 mois	=	Passeport valide encore au moins 6 mois à compter du jour d'entrée dans le pays.
Visa	=	Visa obligatoire quelle que soit la durée du séjour.
Visa ND	=	Actuellement ce visa n'est plus délivré.
Visa*	=	Avec visas, ou sans visas, il existe des cas particuliers. S'informer auprès du consulat ou, à défaut, auprès de VIP Visas Express.
2 j	=	2 jours de délai.
jj	=	le jour même.

Quand deux indications (ex : 10j-2j) figurent dans la colonne « Délais standard » la seconde correspond au délai « d'urgence ».

Les notes se trouvent à la fin du tableau.

Pays	Pièces d'identité	Visa de tourisme		Visa d'affaires		Délais standard	Attention !
		Visa	Prix de base	Visa	Prix de base		
A Afghanistan	Passeport	Visa*	11 €	Visa*	11 €		
Afrique du Sud	Pass. + 6 mois						Note 1
Albanie	Passeport						
Algérie	Pass. + 6 mois	Visa*	33 €	Visa*	33 - 91 €	3j	Notes 16 et 17
Allemagne	C.I. ou Pass.						
Andorre	C.I. ou Pass.						
Angola	Pass. + 6 mois	Visa	60 €	Visa	60 €	3j	Note 13
Antigua & Barbuda	Passeport						
Antilles néerland.	Passeport						
Arabie saoudite	Pass. + 6 mois	Visa	70 €	Visa	70 €	3j	Notes 6, 7 et 17
Argentine	Pass. + 6 mois						Note 1
Arménie	Pass. + 3 mois	Visa	61 €	Visa	61 €	7j - 2j	Note 19
Australie	Passeport	Visa/ETA	Gratuits	Visa/ETA	37 €/Gratuit	7	Note 21
Autriche	C.I. ou Pass.						
Azerbaïdjan	Passeport	Visa	50 €	Visa	50 €	7j - 2j	Notes 19 et 20
B Bahamas	Passeport						
Bahrein	Passeport	Visa	60 €	Visa	60 €	2j	Notes 6 et 17
Bangladesh	Pass. + 6 mois	Visa	31 €	Visa	31 €	3j	
Barbade	Passeport						
Belgique	C.I. ou Pass.						
Bénin	Passeport	Visa	20-35 €	Visa	20-35 €	3j	Notes 20, 22 et 24
Bermudes	Passeport	Visa					Note 12
Bhoutan	Passeport	Visa					Note 19
Biélorussie	Passeport	Visa	50 €	Visa	65 - 120 €	6j - jj	Note 19
Bolivie	Passeport	Visa	50 €				Note 1
Bosnie-Herzégov.	Passeport						

Pays	Pièces d'identité	Visa de tourisme		Visa d'affaires		Délais standard	Attention !
		Visa	Prix de base	Visa	Prix de base		
Botswana	Passeport						
Brésil	Pass. + 6 mois						Note 1
Brunei	Passeport						
Bulgarie	Passeport						
Burkina-Faso	Pass. + 6 mois	Visa	16 €	Visa	16 €	1j	Notes 20, 22 et 24
Burundi	Pass. + 6 mois	Visa	31 €	Visa	31 €	4j	Note 20
Cambodge	Pass. + 3 mois	Visa	25 €	Visa	30 €	2j	Notes 7 et 19
Cameroun	Pass. + 6 mois	Visa	46 €	Visa	46 €	2j	Note 22
Canada	Passeport						Note 1
Cap-Vert	Passeport	Visa	27 €	Visa	27 €	2j	
Centrafrique	Passeport	Visa	31 €	Visa	31 €	2j	Note 22
Chili	Passeport						Note 1
Chine	Pass. + 6 mois	Visa	35 - 50 €	Visa	35 - 50 €	10j - 2j	Note 19
Chypre	C.I. ou Pass.						
Colombie	Passeport						
Comores	Passeport	Visa	31 €	Visa	31 €	5j	Note 22
Congo (Brazza.)	Pass. + 6 mois	Visa	66 €	Visa	66 €	5j	Notes 19 et 22
Congo (ex-Zaïre)	Pass. + 6 mois	Visa ND		Visa*		30j	
Corée du Nord	Passeport						Note 1
Corée du Sud	Pass. + 6 mois						Note 2
Costa Rica	Passeport						
Côte-d'Ivoire	Passeport	V sa	31 €	Visa	31 €	1j	Notes 22 et 24
Croatie	Passeport						
Cuba	Pass. + 6 mois	V sa C.T.	19 €	Visa	82 €	1j (C.T.), 10j (visa)	Note 8
D Danemark	C.I. ou Pass.						
Djibouti	Pass. + 6 mois	Visa	35 €	Visa	35 €	3j	

477

Pays	Pièces d'identité	Visa de tourisme		Visa d'affaires		Délais standard	Attention !
		Visa	Prix de base	Visa	Prix de base		
É Dominicaine (Rép.)	Passeport	Visa C.T.	15 €	Visa	92 €	2j	Notes 8 ou 9
Égypte	Pass. + 6 mois	Visa	25 €	Visa	25 €	1j	Notes 20 et 23
Émirats arabes unis	Pass. + 6 mois	Visa	30 €	Visa	30 €	2j	Notes 17 et 23
Équateur	Pass. + 6 mois						
Érythrée	Pass. + 6 mois	Visa	34 €	Visa	37 €	3j	
Espagne	C.I. ou Pass.						
Estonie	Passeport						
États-Unis	Passeport	Visa*					Note 1
Éthiopie	Passeport	Visa	58 €	Visa	60 €	3j	
F Fidji	Pass. + 6 mois	Visa					Note 11
Finlande	C.I. ou Pass.						Note 1
G Gabon	Pass. + 6 mois	Visa	54 €	Visa	54 €	5j - 1j	Notes 19 et 22
Gambie	Pass. + 3 mois	Visa	25 €	Visa	25 €	2j	
Géorgie	Pass. + 6 mois	Visa	49 €	Visa	49 €	5j - jj	Notes 19 et 20
Ghana	Pass. + 3 mois	Visa	25 €	Visa	25 €	2j	Note 22
Grèce	C.I. ou Pass.						
Guatemala	Pass. + 6 mois						
Guinée (Rép. de)	Pass. + 6 mois	Visa	60 €	Visa	60 €	4j	Note 20
Guinée-Bissau	Pass. + 6 mois	Visa	40 €	Visa	40 €	2j	
Guinée équator.	Passeport	Visa	77 €	Visa	77 €	3j	
Guyana	Pass. + 6 mois						
H Haïti	Pass. + 6 mois	Visa	31 €	Visa	31 €	2j	Note 20
Honduras	Pass. + 6 mois						Note 2
Hong Kong	Pass. + 6 mois						Note 2
Hongrie	C.I. ou Pass.						
I Inde	Pass. + 6 mois	Visa	50 €	Visa	50 - 80 €	8j - 1j	Note 18

478

Pays	Pièces d'identité	Visa de tourisme		Visa d'affaires		Délais standard	Attention !
		Visa	Prix de base	Visa	Prix de base		
Indonésie	Passeport			Visa	25 €	2j	
Irak	Passeport	Visa ND		Visa*	62 €		Note 17
Iran	Passeport	Visa	60 €	Visa	64 €	5j	Note 12 et 17
Irlande	C.I. ou Pass.						
Islande	C.I. ou Pass.						
Israël	Pass. + 6 mois						
Italie	C.I. ou Pass.						
J Jamaïque	Pass. + 6 mois			Visa*			Note 2
Japon	Passeport						Note 1
Jordanie	Pass. + 6 mois	Visa	17 - 32 €	Visa	17 - 32 €	5j	Note 23
K Kazakhstan	Pass. + 3 mois	Visa	61 €	Visa	61 €	5j - 1j	Note 20
Kenya	Pass. + 6 mois	Visa	57 €	Visa	57 €	3j	Depuis 01/03/2001
Kirghizistan	Pass. + 6 mois	Visa*	61 €	Visa*	61 €	2j	Note 20
Koweit	Pass. + 6 mois	Visa	25 €	Visa	25 €	2j	Note 17
L Laos	Passeport	Visa*	23 - 70 €	Visa	23 €	15j - 2j	Note 5
Lesotho	Pass. + 6 mois						
Lettonie	Passeport						
Liban	Pass. + 3 mois	Visa	39 €	Visa	39 €	4j	Notes 17, 20 et 23
Libéria	Passeport	Visa*	70 €	Visa*	70 €	3j	Note 22
Libye	Pass. + 6 mois	Visa	23 €	Visa	23 €	15j	Notes 14 et 17
Liechtenstein	C.I. ou Pass.						
Lituanie	Passeport						
Luxembourg	C.I. ou Pass.						
M Macédoine	Passeport						
Madagascar	Pass. + 6 mois	Visa	26 €	Visa	26 €	5j	Notes 20 et 23
Malaisie	Pass. + 6 mois						Note 2

Pays	Pièces d'identité	Visa de tourisme			Visa d'affaires			Délais standard	Attention !
		Visa	Prix de base		Visa	Prix de base			
Malawi	Passeport	Visa	77 €		Visa	77 €		5j	
Maldives	Passeport								
Mali	Pass. + 6 mois	Visa	16 €		Visa	16 €		5j	Note 22
Malte	Passeport								
Maroc	Passeport								
Maurice (île)	Passeport								Note 1
Mauritanie	Pass. + 6 mois	Visa	23 €		Visa	13 €		3j	Note 22
Mayotte	C.I. ou Pass.								
Mexique	Pass. + 6 mois	Visa C.I.		Visa*					Note 9
Micronésie	Passeport								Note 2
Moldavie	Pass. + 6 mois	Visa	45 €		Visa	45 €		5j	
Monaco	C.I. ou Pass.								
Mongolie	Passeport	Visa	45 €		Visa	35 €		3j	
Monténégro	Passeport	Visa			Visa				
Mozambique	Pass. + 6 mois	Visa	40 - 70 €		Visa	40 - 70 €		2j	
N Myanmar (ex-Birmanie)	Pass. + 6 mois	Visa	25 €		Visa	35 €		5j - 2j	Notes 5 et 7
Namibie	Pass. + 6 mois								Note 1
Népal	Pass. + 6 mois	Visa	40 - 70 €		Visa	40 - 70 €		3j	Note 23 p/ séjour ≤15j
Nicaragua	Pass. + 6 mois								
Niger	Passeport	Visa	50 €		Visa	50 €		3j	Notes 22 et 24
Nigeria	Pass. + 6 mois	Visa*	49 €		Visa	49 €		3j	
Norvège	C.I. ou Pass.								
Nlle-Calédonie	C.I. ou Pass.								
Nlle-Zélande	Passeport								Note 1
O Oman	Pass. + 6 mois	Visa	27 €		Visa	27 €		5j	
Ouganda	Pass. + 6 mois		31 €			31 €		2j	Note 20

480

Pays	Pièces d'identité	Visa de tourisme		Visa d'affaires		Délais standard	Attention !
		Visa	Prix de base	Visa	Prix de base		
P Ouzbékistan	Pass. + 6 mois	Visa		Visa	48 €	10j	Note 19
Pakistan	Pass. + 6 mois	Visa	37 €	Visa	37 €	3j	Note 20
Palestine	Passeport	Visa		Visa			Note 11
Panamá	Passeport	Visa C.T.	10 €	Visa	10 €	2j	Note 9
Papouasie-Nlle-Guinée	Passeport	Visa	6 €	Visa	12 €	2j	
Paraguay	Pass. + 6 mois						
Pays-Bas	C.I. ou Pass.						
Pérou	Passeport						Note 1
Philippines	Passeport	Visa		Visa	39 €	2j	Note 3
Pologne	Passeport						Note 1
Polynésie fr.	C.I. ou Pass.						
Porto Rico	Passeport						Note 1
Portugal	C.I. ou Pass.						
Q Qatar	Passeport	Visa*		Visa	31 €	5j	Notes 13 et 17
R Roumanie	Pass. + 3 mois						
Royaume-Uni	C.I. ou Pass.						
Russie	Passeport	Visa	54 €	Visa	54 €	7j – ij	Notes 19 et 20
Rwanda	Passeport	Visa	39 €	Visa	39 €	3j	Note 22
S Salvador	Pass. + 6 mois	Visa		Visa			Notes 15 et 22
Sao Tomé et Principe	Passeport	Visa		Visa			
Sénégal	Passeport						
Serbie	Passeport	Visa	22 €	Visa	22 €		
Seychelles	Passeport	Visa		Visa*			Note 11
Sierra Leone	Pass. + 6 mois	Visa*					
Singapour	Pass. + 6 mois				25 €	5j	
Slovaquie	Passeport						Note 1

Pays	Pièces d'identité	Visa de tourisme		Visa d'affaires		Délais standard	Attention !
		Visa	Prix de base	Visa	Prix de base		
Slovénie	Passeport						
Somalie	Passeport	Visa		Visa	46 €	2j	Note 22
Soudan	Pass. + 6 mois	Visa	50 €	Visa	50 €	5j	Note 22
Sri Lanka	Pass. + 6 mois						Note 1
Suède	C.I. ou Pass.						
Suisse	Passeport						
Surinam	Pass. + 6 mois	Visa		Visa			Note 15
Swaziland	Passeport						
Syrie	Pass. + 6 mois	Visa	35 €	Visa	35 €	5j	Note 17
T Tadjikistan	Passeport	Visa*		Visa*			
Taiwan	Pass. + 6 mois	Visa	40 €	Visa	40 €	2j	Note 4
Tanzanie	Pass. + 6 mois	Visa	35 €	Visa	35 €	4j – 1j	Note 19
Tchad	Pass. + 6 mois	Visa	70 €	Visa	70 €	3j	Note 22
Tchèque(Rép.)	Passeport						
Thaïlande	Pass. + 6 mois			Visa	75 €	3j	Note 2
Togo	Passeport	Visa	20 €	Visa	20 €	3j	Notes 20, 22 et 24
Trinidad et Tobago	Passeport						
Tunisie	Passeport						
Turkménistan	Pass. + 6 mois	Visa	55 €	Visa	55 €	8j	
Turquie	C.I. ou Pass.						Note 1
U Ukraine	Passeport	Visa	32 €	Visa	32 €	10j – jj	Notes 19 et 20
Uruguay	Passeport						Note 1
Vanuatu	Passeport						Note 2
V Venezuela	Passeport	Visa C.T.		Visa			Note 9
Vietnam	Passeport	Visa	40 - 63 €	Visa	40 - 100 €	10j – 6j	Notes 19 et 20
Y Yémen	Pass. + 6 mois	Visa*		Visa	40 €	5j	Notes 12 bis et 17

Pays	Pièces d'identité	Visa de tourisme		Visa d'affaires		Délais standard	Attention !
		Visa	Prix de base	Visa	Prix de base		
Z Zambie	Pass. + 6 mois	Visa	19 €	Visa	19 €	3	Notes 11 et 15
Zimbabwe	Passeport	Visa	70 €	Visa	70 €	21	Note 20

Notes

1 Visa obligatoire pour les séjours supérieurs à 3 mois.

2 Visa obligatoire pour des séjours supérieurs à 1 mois.

3 Visa de tourisme obligatoire pour les séjours supérieurs à 21 jours.

4 Visa obligatoire pour les séjours supérieurs à 14 jours.

5 Visa valide pour un séjour d'une durée maximale de 14 jours.

6 Visa valide pour un séjour d'une durée maximale de 30 jours.

7 L'entrée dans le pays doit être effectuée dans les 30 jours qui suivent la date d'émission du visa.

8 Carte de tourisme obligatoire. Elle s'obtient avant le départ auprès du consulat ou de l'agence de voyage.

9 La carte de tourisme, obligatoire, s'obtient lors de l'embarquement aérien ou à l'arrivée.

10 La taxe consulaire varie suivant la durée du séjour demandée.

11 Obtention du visa sur place pour un séjour inférieur à 30 jours.

12 Visa individuel délivré sous condition de la garantie d'un hébergement.

12 bis Départs en groupe exclusivement, avec une agence de voyage.

13 Visa de tourisme uniquement délivré pour les visites familiales (familles d'expatriés par ex.).

14 Traduction préalable du passeport en arabe par un traducteur agréé.

15 Pas de représentation consulaire en France (demande de visa adressée à Bruxelles).

16 Le visa s'obtient auprès du consulat le plus proche du domicile du requérant.

17 Le visa n'est pas accordé si la mention d'une entrée en Israël figure sur le passeport.

18 Pour des raisons d'affluence, le délai d'obtention du visa varie selon les périodes de l'année.

19 Possibilité d'obtention du visa en urgence. La taxe consulaire est alors majorée.

20 Possibilité d'obtention d'un visa pour plusieurs entrées. La taxe consulaire est alors majorée.

21 Pour les séjours inférieurs à 3 mois, le visa est remplacé par une Electronic Travel Autorisation (ETA, autorisation électronique de voyage). Cet enregistrement, par le consulat, des données du passeport sur support électronique est obligatoire, mais gratuite. Transmise aux postes frontières australiens, cette autorisation donne droit à 3 mois de séjours cumulés sur une période d'un an.

22 Vaccination contre la fièvre jaune obligatoire (mention sur un carnet de vaccination international). Attention : de nombreux pays exigent cette vaccination pour tous les voyageurs en provenance d'un pays où la fièvre jaune est endémique.

23 Possibilité d'obtenir le visa sur place à l'arrivée à l'aéroport.

24 Création récente du « visa de l'entente », valable à la fois pour le Bénin, le Burkina-Faso, la Côte-d'Ivoire, le Niger et le Togo. Il est destiné aux voyageurs justifiant de la visite d'au moins 2 de ces 5 pays.

LA DURÉE DES VOLS

Introduction

L'amélioration des performances des avions et la baisse des prix du transport aérien se sont conjuguées pour favoriser le choix de destinations lointaines. Par ailleurs, le fractionnement des congés a multiplié les départs à l'étranger pour de simples week-ends ou des séjours limités à quelques jours.

Dans ces conditions, la durée de vol devient un critère important pour choisir une destination en toute connaissance de cause. S'il n'est pas très raisonnable, quand on dispose de 8 jours de vacances, de vouloir à tout prix partir sur l'île de Bora-Bora, on constatera que pour la même période l'Inde, la Thaïlande, les Caraïbes et le Brésil restent envisageables, d'autant plus si les horaires de vol sont bien adaptés. Pour Rio par exemple, le vol Varig de 23 heures laisse largement le temps de préparer ses valises après une journée normale de travail et permet de se plonger dans la mer avant le déjeuner du lendemain. Mais pour un week-end, même long, il vaut mieux préférer les plages d'Hammamet (3 heures de vol) à celles du Vanuatu (plus de 28 heures).

Le tableau qui suit permet donc de comparer les durées des vols selon les destinations. Il faut tenir compte que même dans le cas de vols réguliers (les seuls retenus pour établir ce tableau), l'offre varie souvent avec les saisons. Les résultats ci-dessous correspondent, dans leur majorité, à des vols proposés pendant l'été 2002. Des écarts de durées peuvent se révéler assez importants, surtout dans le cas de vols avec correspondance. Ainsi, certains mois, et seulement le mercredi, on peut atteindre Asunción (Paraguay) en 15 h 30. Mais il faut compter au moins 17 h 45 pour les vols quotidiens tout le long de l'année. En l'espèce, c'est cette dernière durée que nous avons retenue.

Nous avons fait figurer les escales dans le seul cas où elles impliquent un changement d'avion et ne se limitent pas à un simple arrêt. Dans le cas où il serait nécessaire de changer d'avion, nous avons privilégié les combinaisons qui n'imposent ni un change-ment de compagnie aérienne (le transfert des bagages est ainsi plus sûr), ni un changement d'aéroport (par exemple, transfert de Kennedy Airport à l'aéroport de Newark, où à celui de La Guardia, dans le cas d'une escale à New York). Par ailleurs, nous n'avons pas tenu compte des vols de Concorde et de toutes les correspondances qui leur sont liées.

Londres et Bruxelles, qu'il est plus commode de rejoindre par le train – respectivement par l'Eurostar (2 h) et le Thalys (1 h 30) – ne figurent pas non plus dans ce tableau.

Chaque destination est suivie des trois lettres correspondant au sigle en usage dans le transport aérien (ex : HNL pour Honolulu, BKK pour Bangkok). Pour une meilleure lisibilité, les durées de vol sont arrondies au quart d'heure.

Rappelons que sur Internet, le site d'Amadeus (www.amadeus.net) offre le meilleur outil pour s'informer des horaires et des disponibilités des vols.

AMÉRIQUE DU NORD ET CARAÏBES

BAHAMAS

Nassau (NAS)   12 h 30

BERMUDES

Bermudes (BDA)   11 h

CANADA

Montréal (YUL)   7 h 30
Toronto (YTO)   8 h 30
Vancouver (YVR)   11 h 45

CUBA

La Havane (HAV)   10 h

CURAÇAO

Curaçao (CUR)   12 h 45

ÉTATS-UNIS

Los Angeles (LAX)   11 h 30
Miami (MIA)   9 h 30
New York (JFK)   8 h
Washington (WAS)   8 h 15
Anchorage (Alaska) (ANC)   12 h 45
Honolulu (Hawaii) (HNL)   18 h 30

JAMAÏQUE

Kingston (KIN)   12 h 15

HAÏTI

Port-au-Prince (PAP)   12 h

MARTINIQUE (FR.)

Fort-de-France (FDF)   8 h 30

PORTO RICO

San Juan (SJU)   11 h 15

Vol direct   1 connexion   2 connexions

SAINT-DOMINGUE

Saint-Domingue (SDQ) 9 h

TRINIDAD ET TOBAGO

Port of Spain (POS) 11 h 30

AMÉRIQUE LATINE

ARGENTINE

Buenos Aires (BUE) 13 h 45
Ushuaïa (USH) 22 h

BELIZE

Belize (BZE) 14 h

BOLIVIE

La Paz (LPB) 17 h 45
Santa Cruz (VVI) 16 h 30

BRÉSIL

Rio de Janeiro (RIO) 11 h 45
Salvador de Bahia (SSA) 12 h 30

CHILI

Santiago (SCL) 17 h

COLOMBIE

Bogota (BOG) 11 h 15

COSTA RICA

San José (SJO) 14 h

ÉQUATEUR

Quito (UIO) 16 h

GUATEMALA CITY

Guatemala City (GUA) 14 h 45

Vol direct   1 connexion   2 connexions

HONDURAS

Tegucigalpa (TGU) 16 h 30

GUYANA

Georgetown (GEO) 13 h 45

GUYANE (FR.)

Cayenne (CAY) 9 h

MEXIQUE

Mexico (MEX) 12 h

PANAMA CITY

Panama City (PTY) 14 h

PARAGUAY

Asunción (ASU) 15 h 30

PÉROU

Lima (LIM) 15 h

SALVADOR

San Salvador (SAL) 14 h 45

SURINAM

Paramaribo (PBM) 12 h

URUGUAY

Montevideo (MVD) 15 h 15

VENEZUELA

Caracas (CCS) 10 h

EUROPE

ALBANIE

Tirana (TIA) 3 h 45

Vol direct　　　1 connexion　　　2 connexions

ALLEMAGNE

Berlin (BER)	1 h 45	
Francfort (FRA)	1 h 30	
Hambourg (HAM)	1 h 30	

AUTRICHE

Vienne (VIE) 2 h

BIÉLORUSSIE

Minsk (MSQ) 4 h 30

BOSNIE

Sarajevo (SJJ) 3 h 30

BULGARIE

Sofia (SOF) 2 h 45

CHYPRE

Larnaca (LCA) 4 h

CROATIE

Zagreb (ZAG) 2 h

DANEMARK

Copenhague (CPH) 2 h

ESPAGNE

Barcelone (BCN)	1 h 45	
Madrid (MAD)	1 h 45	
Las Palmas (Canaries) (LPA)	5 h 45	

ESTONIE

Tallinn (TLL) 4 h 15

FINLANDE

Helsinki (HEL) 3 h

GRÈCE

Athènes (ATH)	3 h 15	
Heraklion (Crète) (HER)	5 h	

Vol direct   **1 connexion**   **2 connexions**

HONGRIE
Budapest (BUD)   2 h 15

IRLANDE
Dublin (DUB)   1 h 45

ISLANDE
Reykjavik (KEF)   3 h 30

ITALIE
Milan (MXP)   1 h 30
Rome (FCO)   2 h

LETTONIE
Riga (RIX)   4 h 15

LITUANIE
Vilnius (VNO)   3 h 15

LUXEMBOURG
Luxembourg (LUX)   1 h

MALTE
Malte (MLA)   2 h 45

MOLDAVIE
Kichinev (KIV)   3 h

NORVÈGE
Oslo (OSL)   2 h 15

PAYS-BAS
Amsterdam (AMS)   1 h 15

POLOGNE
Varsovie (WAW)   2 h 15

Vol direct   1 connexion   2 connexions

PORTUGAL

Lisbonne (LIS)	2 h 30
Ponta Delgada (Açores) (PDL)	6 h
Funchal (Madère) (FNC)	4 h 30

ROUMANIE

Bucarest (BUH)	3 h

ROYAUME-UNI

Édimbourg (EDI)	1 h 45

RUSSIE

Moscou (MOW)	3 h 45
St-Pétersbourg (LED)	3 h 15
Irkoutsk (IKT)	11 h 30

SERBIE-MACÉDOINE

Belgrade (BEG)	2 h 15
Skopje (SKP)	4 h

SLOVAQUIE

Bratislava (BTS)	3 h 30

SLOVÉNIE

Ljubljana (LJU)	1 h 45

SUÈDE

Stockholm (STO)	2 h 30

SUISSE

Berne (BRN)	1 h 15
Genève (GVA)	1 h 15
Zurich (ZRH)	1 h 15

RÉP. TCHÈQUE

Prague (PRG)	1 h 45

UKRAINE

Kiev (IEV)	3 h

Vol direct   **1 connexion**   **2 connexions**

AFRIQUE

AFRIQUE DU SUD

Johannesburg (JNB)	10 h 30	
Le Cap (CPT)	14 h	

ALGÉRIE

Alger (ALG)	2 h 15	
Tamanrasset (TMR)	6 h	

ANGOLA

Luanda (LAD)	8 h 15	

BÉNIN

Cotonou (COO)	6 h 15	

BOTSWANA

Gaborone (GBE)	13 h	

BURKINA-FASO

Ouagadougou (OUA)	5 h 30	

BURUNDI

Bujumbura (BJM)	13 h 45	

CAMEROUN

Douala (DLA)	6 h 45	
Yaoundé (YAO)	6 h 45	

CAP-VERT

Cabral (SID)	6 h	

CENTRAFRIQUE

Bangui (BGF)	8 h 45	

COMORES

Moroni (HAH)	12 h 30	

Vol direct   **1 connexion**   **2 connexions**

493

Durée des vols

CONGO (EX-ZAÏRE)
Kinshasa (FIH)　　　7 h 45

CONGO (BRAZZA.)
Brazzaville (BZV)　　7 h 45

CÔTE-D'IVOIRE
Abidjan (ABJ)　　　6 h 15

DJIBOUTI
Djibouti (JIB)　　　7 h

ÉGYPTE
Le Caire (CAI)　　　4 h 30
Louxor (LXR)　　　 4 h 45

ÉRYTHRÉE
Asmara (ASM)　　　9 h 45

ÉTHIOPIE
Addis-Abéba (ADD)　10 h

GABON
Libreville (LBV)　　 6 h 45

GAMBIE
Banjul (BJL)　　　　11 h

GHANA
Accra (ACC)　　　　8 h 30

GUINÉE
Conakry (CKY)　　　6 h 15

GUINÉE-BISSAU
Bissau (OXB)　　　 8 h 45

GUINÉE ÉQUATORIALE
Malabo (SSG)　　　9 h

Vol direct　　　　　1 connexion　　　　2 connexions

494

KENYA
Nairobi (NBO)   9 h 45

LIBÉRIA
Monrovia (ROB)   11 h 30

LIBYE
Tripoli (TIP)   4 h 30

MADAGASCAR
Antananarive (TNR)   10 h 30

MALAWI
Blantyre (BLZ)   14 h 45

MALI
Bamako (BKO)   5 h 45

MAROC
Casablanca (CAS)   3 h
Marrakech (RAK)   3 h 15

MAURICE
Port Louis (MRU)   11 h 15

MAURITANIE
Nouaktchott (NKC)   5 h 30

MAYOTTE
Pamanzi (DZA)   14 h

MOZAMBIQUE
Maputo (MPM)   14 h 30

NAMIBIE
Windhoek (WDH)   12 h 15

NIGER
Niamey (NIM)   5 h 30

Vol direct   **1 connexion**   **2 connexions**

Durée des vols

NIGERIA
Lagos (LOS) 6 h 15

OUGANDA
Kampala (EBB) 11 h

LA RÉUNION (FR.)
St-Denis (RUN) 11 h 15

RWANDA
Kigali (KGL) 13 h 30

SAO TOMÉ ET PRINCIPE
Sao Tomé (TMS) 11 h 30

SÉNÉGAL
Dakar (DKR) 5 h 45

SEYCHELLES
Victoria (SEZ) 9 h 45

SIERRA LEONE
Freetown (FNA) 14 h

SOMALIE
Mogadiscio (MGQ) 12 h 30

SOUDAN
Khartoum (KRT) 7 h

TANZANIE
Dar es-Salaam (DAR) 12 h

TCHAD
N'Djamena (NDJ) 5 h 45

TOGO
Lomé (LFW) 8 h

Vol direct   **1 connexion**   **2 connexions**

496

TUNISIE

Tunis (TUN) 2 h 30

ZAMBIE

Lusaka (LUN) 13 h

ZIMBABWE

Harare (HRE) 13 h 30

MOYEN-ORIENT

ABOU DHABI

Abou Dhabi (AUH) 8 h

ARABIE SAOUDITE

Djeddah (JED) 6 h
Riyadh (RUH) 6 h

BAHREIN

Bahrein (BAH) 6 h 30

DUBAÏ

Dubaï (DXB) 6 h 45

IRAN

Téhéran (THR) 5 h 30

ISRAËL

Tel-Aviv (TLV) 4 h 30

JORDANIE

Amman (AMM) 4 h 30

KOWEIT

Koweit City (KWI) 8 h 15

LIBAN

Beyrouth (BEY) 4 h 15

Vol direct   **1 connexion**   **2 connexions**

Durée des vols

OMAN

Mascate (MCT) 8 h 45

SYRIE

Damas (DAM) 4 h 45

TURQUIE

Istanbul (IST) 3 h 30

YÉMEN

Sanaa (SAH) 7 h

ASIE

ARMÉNIE

Erevan (EVN) 4 h 30

AZERBAÏDJAN

Bakou (BAK) 5 h 15

BANGLADESH

Dacca (DAC) 9 h 30

BRUNEI

Bandar Seri Begawan (BWN) 16 h

CAMBODGE

Phnom-Penh (PNH) 14 h

CHINE

Pékin (BJS) 9 h 45
Canton (CAN) 15 h 30
Hong Kong (HKG) 11 h 45
Shanghai (SHA) 11 h

CORÉE DU SUD

Séoul (SEL) 11 h

Vol direct   1 connexion   2 connexions

GÉORGIE
Tbilissi (TBS)   4 h 30

INDE
Calcutta (CCU)   12 h 30
New Delhi (DEL)   8 h 30
Bombay (Mumbay) (BOM)   8 h 30

INDONÉSIE
Djakarta (JKT)   15 h 45

JAPON
Tokyo (NRT)   11 h 30

KAZAKHSTAN
Almaty (ALA)   9 h 15

KIRGHIZISTAN
Pichpek (FRU)   10 h

LAOS
Vientiane (VTE)   15 h

MALAISIE
Kuala Lumpur (KUL)   12 h 45

MALDIVES
Minicoy (MLE)   10 h 30

MYANMAR (BIRMANIE)
Yangon (Rangoon) (RGN)   14 h 45

MONGOLIE
Oulan-Bator (ULN)   12 h

NÉPAL
Katmandou (KTM)   10 h 45

Vol direct   **1 connexion**   **2 connexions**

OUZBÉKISTAN

Tachkent (TAS)   6 h 45

PAPOUASIE-NLLE-GUINÉE

Port Moresby (POM)   21 h 30

PAKISTAN

Karachi (KHI)   9 h 45

PHILIPPINES

Manille (MNL)   13 h 15

SINGAPOUR

Singapour (SIN)   12 h 30

SRI LANKA

Colombo (CMB)   10 h 45

TAIWAN

Taipei (TPE)   13 h 45

TADJIKISTAN

Douchanbé (DYU)   16 h 15

THAÏLANDE

Bangkok (BKK)   11 h 15

TURKMÉNISTAN

Ashkhabad (ASB)   8 h 45

VIETNAM

Hanoï (HAN)   14 h 15
Hô Chi Minh-Ville (SGN)   14 h 30

Vol direct   **1 connexion**   **2 connexions**

OCÉANIE

AUSTRALIE

Melbourne (MEL)	21 h	
Sydney (SYD)	21 h 30	
Perth (PER)	18 h 45	

FIDJI

Nandi (NAN)	25h	

NELLE-CALÉDONIE (FR.)

Nouméa (NOU)	22 h 15	

NELLE-ZÉLANDE

Auckland (AKL)	24 h 45	

TAHITI (FR.)

Papeete (PPT)	22 h 15	
Bora-Bora (BOB)	25 h	

VANUATU

Port Vila (VLI)	28 h 15	

Vol direct   1 connexion   2 connexions

Index des noms de pays
et des villes

C